Einführung in das Handels- und Gesellschaftsrecht

Grundkurs für Studierende der Rechts- und Wirtschaftswissenschaften

begründet von

Dr. Eugen Klunzinger †

Professor
an der Universität Tübingen

fortgeführt von

Dr. David Bartlitz

Professor
an der Universität Paderborn

Dr. Jochen Hoffmann

Professor
an der Friedrich-Alexander-Universität
Erlangen-Nürnberg

Verlag Franz Vahlen München

Prof. Dr. David Bartlitz ist Professor für Deutsches und Internationales Unternehmensrecht an der Universität Paderborn und betreut Studierende der Wirtschaftswissenschaften im Privatrecht.

Prof. Dr. Jochen Hoffmann ist Professor für Wirtschaftsprivatrecht an der Friedrich-Alexander-Universität Erlangen-Nürnberg und betreut Studierende der Rechts- und Wirtschaftswissenschaften im Privatrecht.

vahlen.de

ISBN PRINT 978 3 8006 8036 8

Dieser Titel ist auch als E-Book erhältlich.

Wilhelmstr. 9, 80801 München
info@vahlen.de
Druck und Bindung: Beltz Grafische Betriebe GmbH
Am Fliegerhorst 8, 99947 Bad Langensalza

Satz: Medienservice Frauchiger
Zweikirchener Str. 7, 84036 Kumhausen
Produktion: Sieveking Agentur, München
Umschlag: Druckerei C.H. Beck, Nördlingen

vahlen.de/nachhaltig
produktsicherheit.vahlen.de

Gedruckt auf säurefreiem, alterungsbeständigem Papier
(hergestellt aus chlorfrei gebleichtem Zellstoff)

Vorwort zur Neuauflage

Mit der vorliegenden Neuauflage werden die von Eugen Klunzinger begründeten, bislang in der Reihe „Vahlens Lernbücher" erschienenen Lehrbücher „Grundzüge des Handelsrechts" (zuletzt 14. Aufl. 2011) und „Grundzüge des Gesellschaftsrechts" (zuletzt 16. Aufl. 2012) in einem einheitlichen Werk zusammengeführt, nunmehr, analog zu dem Werk „Einführung in das Bürgerliche Recht", in der Reihe „Vahlens Handbücher".

Seit Erscheinen der Vorauflagen der zuvor getrennten Werke zum Handels- und Gesellschaftsrecht ist viel Zeit vergangen, die eine Aktualisierung des Werkes und eine teilweise Neubearbeitung, verbunden mit einigen strukturellen Änderungen, erforderlich machte. Eingearbeitet ist insbesondere das zum 1. Januar 2024 in Kraft getretene Gesetz zur Modernisierung des Personengesellschaftsrechts (MoPeG).

Die auffälligste Neuerung der Neuauflage betrifft indes den Autorenkreis dieses Einführungslehrbuchs. Mit Jochen Hoffmann und David Bartlitz haben gleich zwei jüngere Autorengenerationen die Bearbeitung übernommen, die einst durch Eugen Klunzinger begonnen wurde. Dem Werkbegründer ist es bedauerlicherweise nicht vergönnt gewesen, das Neuerscheinen dieses Lehrbuchs zum Handels- und Gesellschaftsrechts noch zu erleben: Am 29. August 2025, ziemlich genau ein Jahr vor der Fertigstellung der Druckfahnen, ist Eugen Klunzinger im Alter von 86 Jahren verstorben. Die Neuauflage sei daher seinem ehrenden Andenken gewidmet. Die beiden Neuautoren fühlen sich der besonderen didaktischen Ausrichtung der Klunzinger Lehrbücher – einfache Sprache, knapp, auf Grundzusammenhänge konzentriert und mit zahlreichen Schaubildern sowie Zusammenfassungen versehen – in besonderer Weise verpflichtet und hoffen, zu einer erfolgreichen Zukunft des Werks beitragen zu können.

Das vorliegende Lehrbuch ist als **Studienliteratur** konzipiert, das Lehrveranstaltungen begleitet, die schwerpunktmäßig das deutsche Handelsrecht und/oder Gesellschaftsrecht zum Gegenstand haben. Es richtet sich sowohl an Studierende, die Rechtswissenschaft im Hauptfach studieren (insb. mit dem Ziel der Ablegung der Ersten Juristischen Prüfung), als auch an Studierende, die sich im Nebenfach mit handels- und gesellschaftsrechtlichen Inhalten befassen (insb. Studierende in wirtschaftswissenschaftlichen Bachelor- oder Masterstudiengängen). Das vorliegende Lehrbuch ist dabei – anders als viele auf dem Markt befindliche Lehrbücher – auf eine möglichst komprimierte Vermittlung des in der Ersten Juristischen Prüfung üblicherweise erwarteten Pflichtfachwissens bzw. des typischerweise in Prüfungen des wirtschaftswissenschaftlichen Studiums erwarteten Standardwissens ausgerichtet. Alle Inhalte, die in den (meisten) Bundesländern zum **Pflichtfachwissen** der schriftlichen Klausuren der Ersten Juristischen Prüfung gehören, sind im Inhaltsverzeichnis mit einem (E) (für „Examen") gekennzeichnet. Dies soll es dem Studierenden ermöglichen, die erstmalige Erarbeitung des examensrelevanten Stoffs möglichst zeitsparend zu gestalten. Freilich schadet es nicht, ergänzend zu diesem Lehrbuch weitere Studienliteratur – sei es in Gestalt eines (vertiefenden) Lehrbuchs, sei es in Gestalt eines Beitrags in einer Ausbildungszeitschrift – heranzuziehen, sofern entsprechende zeitliche Ressourcen und ein entsprechendes fachliches Interesse vorhanden sind. Die Erfahrung lehrt, dass es gerade bei der Einarbeitung in ein bislang unbekanntes Rechtsgebiet hilfreich sein kann, die anfangs möglicherweise noch schwer zugänglichen Rechtsinstitute aus der Perspektive unterschiedlicher Autoren zu betrachten. Jeder Lehrende nähert sich einer Materie auf anderem Wege und zeichnet sich durch eine besondere Form der sprachlichen und inhaltlichen Darstellung aus.

Steht die Aufgabe des vorliegenden Lehrbuchs damit klar vor Augen, bleibt die Frage, wie die in diesem Lehrbuch vermittelten Lerninhalte effektiv verinnerlicht werden können. Um sie zu beantworten, ist es erforderlich, den Prozess des Erwerbs der im Examen bzw. der Prüfung geforderten juristischen Kompetenzen als **Lernpfad** zu begreifen, auf welchem der Studierende Schritt für Schritt voranschreitet. Ein sinnvoller, speziell auf die Anforderungen juristischer (Gutachten-) Klausuren abgestimmter Lernpfad (nach *Bartlitz*, ZDRW 2020, 388 ff.) kann idealtypisch wie folgt aussehen.

Sinnvolles Lernen beginnt bei einer sorgfältigen **Erfassung des relevanten Stoffes**. Werfen Sie zunächst einen Blick in die für Sie geltende Prüfungsordnung, um herauszufinden, welcher Stoff überhaupt prüfungsrelevant ist.

Den ermittelten Stoff **teilen** Sie sich dann in dem zur Verfügung stehenden Zeitraum so auf die einzelnen Lerntage auf, dass Sie an jedem Lerntag ausreichend Zeit für eine sog. **Input-Phase** (erstmalige Erarbeitung neuen Stoffes) und – je nachdem – bis zu vier **Wiederholungsphasen** haben. Die Erkenntnisse der modernen Lernpsychologie lehren uns, dass eine mehrmalige und sinnvoll terminierte Wiederholung des erlernten Stoffes zwingende Voraussetzung dafür ist, den Stoff ab einem bestimmten Zeitpunkt dauerhaft behalten und jederzeit abrufen zu können. In der Zeit der Examensvorbereitung bzw. Klausurvorbereitung sollten Sie sich – zusätzlich zu den Input- und Wiederholungsphasen – einen Tag in der Woche reservieren, der ausschließlich zur Anfertigung von Übungsklausuren unter Prüfungsbedingungen bestimmt ist (sog. **Simulationsphase**). Der Umstand, dass Sie an jedem Tag (außer dem Simulationstag) nicht nur eine Input-Phase, sondern zusätzlich bis zu vier – indes jeweils deutlich weniger Zeit als die Inputphase in Anspruch nehmende – Wiederholungsphasen zu absolvieren haben, bedingt, dass Sie die in der einzelnen Input-Phase zu bewältigende Stoffmenge hinreichend klein bemessen müssen. Überfordern Sie sich und Ihr Zeitbudget bei der Planung Ihrer Lerntage also nicht, sondern lassen Sie lieber etwas Raum für einen zeitlichen „Sicherheitspuffer". Nehmen Sie sich überdies pro Woche am besten einen Tag, den Sie komplett **frei von allem Juristischen** halten, um sich zu entspannen und für die folgenden Lerntage wieder Energie sammeln zu können.

Auf Grundlage der vorstehenden Ausführungen sieht der für jede von Ihnen bemessene Lerneinheit zu absolvierende Lernpfad folgendermaßen aus:

Ordnungsnr. (Abfolge)	Lernphase	Funktion	Zeitpunkt	Ort	Aufgaben (Aufnahmekanal)
1	Erarbeitung	Input	Tag n	Selbststudium	Skript (textuell) / Lehrbuch (textuell) / Podcast (auditiv/textuell) → bei allem aktive Elaboration durch SQ3R + Exzerpieren oder Fragen an Text über Randnummernmethode (beides kinästhetisch)
2	Wiederholung 1	Verknüpfung	Tag n+1	Vorlesung / Selbststudium (z.B. PdW)	kleinere Fälle lösen [Lösungsskizze im Prüfungsaufbau, problematische Prüfungspunkte ausformulieren] (kinästhetisch), [später freigeschaltete] Musterlösung durcharbeiten und Exzerpte / Randnummern um Probleme der Fälle ergänzen (kinästhetisch)
3	Wiederholung 2	Verknüpfung	Tag n+7	App / private AG	Fragen zu bereits erarbeitetem Gebiet beantworten und Exzerpte / Randnummern ergänzen (textuell + kinästhetisch + kommunikativ, sofern in Gruppe)
4	Wiederholung 3	Anwendung	Tag n+14	PÜ / private AG	größere Fälle lösen [Lösungsskizze im Prüfungsaufbau, problematische Prüfungspunkte ausformulieren] (kinästhetisch + kommunikativ), [später freigeschaltete] Musterlösung durcharbeiten und Exzerpte / Randnummern um Probleme der Fälle ergänzen (kinästhetisch)
5	Wiederholung 4	Input	Tag n+30	Selbststudium	Vervollständigte Exzerpte / Randnummern wiederholen

Ordnungsnr. (Abfolge)	Lernphase	Funktion	Zeitpunkt	Ort	Aufgaben (Aufnahmekanal)
6	Prüfungssimulation	Anwendung	vor Examen / Klausur	Selbststudium	Examensfall / realen Prüfungsfall unter Prüfungsbedingungen in Reinschrift lösen (kinästhetisch), korrigieren lassen und Musterlösung durcharbeiten (textuell + kinästhetisch)

Um nicht nur effektiv (also „das Richtige“), sondern auch effizient (also „richtig“) zu lernen, empfiehlt es sich dringend, vor (!) dem Beschreiten des Lernpfads einen individuellen **Lerntypentest** durchzuführen, damit Sie Klarheit darüber haben, über welchen sog. Aufnahmekanal Ihnen ein besonders großer Lernnutzen zufließt. Professionelle Lerntypentests werden von öffentlicher (z.B. Volkshochschulen der Kommunen) und privater Seite angeboten. Falls Ihnen das zu aufwändig erscheint, finden Sie Lerntypentests für die häusliche Durchführung unter https://www.kapiert.de/lerntypentest/. Neuere empirische Untersuchungen haben allerdings gezeigt, dass sich ein optimaler Lerneffekt nicht nur über das Ansprechen eines Aufnahmekanals, sondern vielmehr die kombinierte Ansprache **möglichst vieler Aufnahmekanäle** – z.B. über die unterschiedlichen Lernphasen – erreichen lässt. Freilich darf dabei eine Gewichtung je nach individuellem Lernstil vorgenommen werden.

Haben Sie sich auf den Weg gemacht, Ihren Lernpfad nach Ihrem individuellen Lernstil zu beschreiten, stellt sich abschließend nur noch die Frage, wie die von Ihnen über das Semester zu absolvierenden Lerneinheiten sinnvoll abgegrenzt und zeitlich geplant werden können. Zu diesem Zweck empfiehlt es sich, einen individuellen **Arbeitsplan** zu erstellen, der Ihnen für Ihre Arbeitspakete eine gewisse Struktur vorgibt.

Wir wünschen Ihnen viel Erfolg, Freude und Durchhaltevermögen beim Studieren. Lassen Sie uns gemeinsam in die spannende Welt des Handels- und Gesellschaftsrechts eintauchen!

Paderborn/Nürnberg, im August 2026

David Bartlitz
Jochen Hoffmann

Inhaltsübersicht

§ 1. Handels- und Gesellschaftsrecht als Prüfungsstoff

Grundzüge des Handels- und Gesellschaftsrechts sind typische Ausbildungs- und Prüfungsinhalte sowohl in wirtschaftswissenschaftlichen und wirtschaftsrechtlichen Bachelor- und Masterstudiengängen als auch im klassischen Jurastudium mit dem Ziel der Ersten Juristischen Staatsprüfung. Für die Bachelor- und Masterstudiengänge werden Umfang und behandelte Themen zwar an den Universitäten und Hochschulen eigenständig festgelegt, typischerweise erstreckt sich die Ausbildung aber auf die in diesem Buch behandelten Themengebiete. Bezüglich der juristischen Staatsprüfung lässt sich feststellen, dass Handels- und Gesellschaftsrecht in allen Bundesländern zum Pflichtfachstoff der staatlichen Pflichtfachprüfung gehört. Umfang und Zuschnitt variieren jedoch: Im Handelsrecht werden regelmäßig der Kaufmannsbegriff, Firmenrecht, Publizität und allgemeines Handelsgeschäftsrecht einschließlich Handelskauf genannt. Im Gesellschaftsrecht regelmäßig erfasst sind OHG, KG und – ggf. über die Formulierung „im Überblick“ – die GbR sowie die GmbH (insb. Errichtung, Vertretung und Geschäftsführung). Weitergehende Bereiche (insb. das Aktienrecht) sind vielfach nicht Pflichtstoff. In der exemplarisch für Bayern maßgeblichen Rechtsgrundlage des § 18 Abs. 2 BayJAPO (nahezu wortlautgleich in § 11 JAG NRW, § 8 JaPrO BW und § 7 JAG Hessen) heißt es:

> Pflichtfächer sind:
>
> 1. aus dem Bürgerlichen Recht: a) der **Allgemeine Teil des Bürgerlichen Gesetzbuchs (ohne Abschnitt 1 Titel 2 Untertitel 2)**;
>
> […]
>
> 2. aus dem Handels- und Gesellschaftsrecht **in Grundzügen**:
>
> a) das **Handelsrecht**: nur Kaufleute, Publizität des Handelsregisters, Handelsfirma (ohne Eintragungsverfahren), Prokura, Handlungsvollmacht, allgemeine Vorschriften über Handelsgeschäfte (ohne Kontokorrent und kaufmännische Orderpapiere), Handelskauf;
>
> b) das **Recht der Personengesellschaften** (ohne die Vorschriften über die Handelsbücher und ohne die stille Gesellschaft);
>
> c) das **Recht der Gesellschaft mit beschränkter Haftung**: nur Errichtung, Vertretung und Geschäftsführung); […]

Bei den unter das Bürgerliche Recht fallenden Prüfungsgebieten iSd Ziff. 1 handelt es sich um das Recht der Vereine (§§ 21–79a BGB) und das Recht der juristischen Personen des öffentlichen Rechts (§ 89 BGB). Ausgenommen ist mitunter (insb. in NRW, Bayern und Baden-Württemberg) das Recht der rechtsfähigen Stiftungen (§§ 80–88 BGB).

Wenn das im Handelsgesetzbuch (HGB) und im Gesetz betreffend die Gesellschaften mit beschränkter Haftung (GmbHG) kodifizierte Handels- und Gesellschaftsrecht nur **in Grundzügen** zum Pflichtfachstoff erklärt wird, so bedeutet dies, wie sich aus § 18 Abs. 1 3 BayJAPO ergibt, dass die gesetzliche Systematik, wesentliche Normen und Rechtsinstitute (insb. deren Struktur und Bedeutung im Gesamtzusammenhang) Prüfungsgegenstand sein können. Das vorliegende Lehrbuch ist darauf ausgelegt, Ihnen diese Grundzüge in möglichst komprimierter Form zu vermitteln. Gleichwohl sollte die einschränkende Formulierung in der BayJAPO nicht dazu verleiten, das Handels- und Gesellschaftsrecht als zivilrechtliches „Nebengebiet" zu begreifen, das bei der Examensvorbereitung vernachlässigt werden könnte. Es lässt sich weder annehmen, handels- und gesellschaftsrechtliche Klausuren seien im Ersten Juristischen Staatsexamen deutlich seltener anzutreffen als sonstige zivilrechtliche Klausuren, noch lässt sich ableiten, in solchen Klausuren würden weniger umfassende Rechtskenntnisse für eine erfolgreiche Bearbeitung genügen. Beides steht im Widerspruch zur Examensrealität, wie ein Blick auf die Klausuren vergangener bayerischer Examenstermine zeigt: Handelsrechtliche Themen waren seit 2002 15 mal Gegenstand der Prüfungen; gesellschaftsrechtliche Themen waren in 12 Klausuren zu bearbeiten. Auch wenn dies immer in Kombination mit anderen Gebieten der Fall ist, setzen die Klausuren durchgehend fundierte Kenntnisse voraus, zumal nicht nur Standardthemen wie die Gesellschafterhaftung im Personengesellschaftsrecht, die kaufmännische Rügeobliegenheit oder die Haftung bei Firmenfortführung Prüfungsgegenstand waren, sondern auch speziellere Bereiche wie die Schnittstellen zwischen Gesellschafts- und Zivilprozessrecht oder zwischen Gesellschafts- und Arbeitsrecht oder auch Fragen der Vor-GmbH.

Von besonderer Bedeutung erscheint es, auf die Aktualität des herangezogenen Studienmaterials zu achten. Zwar ist das Handelsrecht eine eher statische Materie (abgesehen von der Digitalisierung des Handelsregisters, die inzwischen aber auch schon längere Zeit umgesetzt ist), im Gesellschaftsrecht sehen wir aber eine erhebliche gesetzgeberische Dynamik. So leisteten das zum 1. August 2022 in Kraft getretene Gesetz zur Umsetzung der Digitalisierungsrichtlinie (**DiRUG**) sowie das zeitgleich in Kraft getretene Gesetz zur Ergänzung der Regelungen zur Umsetzung der Digitalisierungsrichtlinie (**DiREG**) einen wesentlichen Beitrag zur Digitalisierung des Gesellschaftsrechts im Allgemeinen: u.a. Online-Gründung und Online-Beurkundung in Teilbereichen, Auswirkungen auf Entstehungsvoraussetzungen und Prüfabläufe (insb. GmbH/UG, Registeranmeldungen). Einen weitreichenden dogmatischen Neustart im Personengesellschaftsrecht (hier dargestellt im 5. Kapitel) bewirkte sodann das zum 1. Januar 2024 in Kraft getretene Gesetz zur Modernisierung des Personengesellschaftsrechts (**MoPeG**): u.a. kodifizierte Rechtsfähigkeit der Außen-GbR, Gesellschaftsregister, neues Beschlussmängelrecht, neue Regeln zu Gesellschafterwechsel, geänderte Vermögenszuordnung. Alle vorgenannten Reformlinien sind in dem vorliegenden Lehrbuch berücksichtigt.

Nehmen Sie daher das Handels- und Gesellschaftsrecht von vornherein ernst und nutzen Sie die Lehrveranstaltungen sowie die Ihnen zur Verfügung stehenden Begleitmaterialien, um sich gleich „im ersten Anlauf" auf Examensniveau in die Thematik einzuarbeiten. Während Ihrer Examensvorbereitung müssen Sie dann im Idealfall nur noch einmal das wiederholen, was Sie im Rahmen ihrer universitären gesellschaftsrechtlichen Ausbildung gelernt haben. Ihr Zeit- und Freizeitbudget in der Examensvorbereitung wird es Ihnen danken.

A. Handelsrecht

Teilübersicht

1. Kapitel: Einführung und Überblick

§ 2. Wesensmerkmale des Handelsrechts (E)

I. Handelsrecht als Sonderprivatrecht der Kaufleute

Handelsrecht wird häufig als das **„Sonderprivatrecht der Kaufleute"** bezeichnet. Hieraus ergeben sich bereits mehrere Merkmale des Handelsrechts:

1. Zunächst handelt es sich beim Handelsrecht um **Privatrecht**. Geregelt werden also privatrechtlich, häufig vertraglich begründete Rechtsbeziehungen zwischen Privaten, nicht das im öffentlichen Recht geregelte Über- und Unterordnungsverhältnis zwischen Staat und privaten Rechtssubjekten. Einzelne Rechtspflichten, die ggf. auch hoheitlich durchgesetzt werden (zB die Eintragungspflicht nach § 29 HGB) ändern an diesem grundsätzlichen Charakter des Handelsrechts nichts.
2. Weiter enthält das Handelsrecht **Sondervorschriften**, die den allgemeinen privatrechtlichen Rechtsrahmen (der sich insbesondere aus dem BGB ergibt) ergänzen und modifizieren. Als **speziellere Vorschriften („lex specialis")** sind sie gegenüber den allgemeinen Regelungen grundsätzlich vorrangig, soweit ein Widerspruch besteht. Allerdings enthält das Handelsrecht (anders als das BGB) keine umfassende Kodifikation, sondern nur punktuelle Regelungen, so dass die allgemeinen Vorschriften auch auf die dem Handelsrecht unterliegenden Rechtsbeziehungen anzuwenden sind, soweit keine speziellere Vorschrift besteht. Daher sind viele handelsrechtliche Vorschriften überhaupt nur vor dem Hintergrund des BGB überhaupt verständlich (zB § 350 HGB).
3. Zuletzt handelt es sich um Recht der „Kaufleute", so dass die Anwendbarkeit einen **subjektiven Anknüpfungspunkt** hat. Man spricht insofern vom **„subjektiven System"**. Die Regelungen zur „Kaufmannseigenschaft" haben daher zentrale Bedeutung für das Handelsrecht und finden sich ganz am Anfang des HGB. Vereinfacht gesagt ist Kaufmann gemäß § 1 Abs. 1 HGB (lesen!), wer ein **Handelsgewerbe** betreibt, oder wer sich sonst ins **Handelsregister** hat eintragen lassen, als Kleingewerbetreibender oder Land- und Forstwirt (§§ 2, 3 HGB). Wer also ein Handelsgewerbe betreibt, ist ohne Weiteres und zwingend Kaufmann („**Istkaufmann**"), ansonsten kann durch die Registereintragung (die nur auf Antrag erfolgt) die Kaufmannseigenschaft freiwillig erworben werden („**Kannkaufmann**"). Zu den Einzelheiten vgl. unten §§ 3, 4. Die Terminologie stammt noch aus dem 19. Jahrhundert – auch die „Kauffrau" ist daher „Kauf-

mann" im Rechtssinne. Seit 1998 gibt es aber zumindest im Handelsregister die „eingetragene Kauffrau" (§ 19 Abs. 1 Nr. 1 HGB). Neutral ist aber der Plural („Kaufleute"), der daher vorzuziehen ist – das ist freilich nicht immer möglich, der Begriff der „Kaufleuteeigenschaft" macht keinen Sinn.

II. Handelsstand und Handelsgeschäfte

An das Vorliegen der Kaufmannseigenschaft knüpft das HGB die Anwendbarkeit einerseits von Sonderregelungen für den **Handelsstand**, die den Betrieb des kaufmännischen Unternehmens betreffen, und andererseits für die **Handelsgeschäfte**, also die Verträge, die die Kaufleute im Rahmen ihres Unternehmens abschließen.

Die Regelungen des **Handelsstandes** (§§ 1–104 HGB) betreffen zunächst die mit der Führung des **Handelsregisters** zusammenhängenden Fragen (zB Eintragungspflicht und -möglichkeit, Zuständigkeit, Rechtsfolgen der Eintragung), ferner die **Firma**, also die Bezeichnung, unter der die Kaufleute im Rechtsverkehr auftreten, sowie Regelungen der Organisation des Unternehmens, insbesondere in Bezug auf Stellvertretung durch Angestellte und die Einbeziehung selbständiger Vertriebsmittler (zB Handelsvertreter). Zu den Einzelheiten vgl. unten §§ 6–9. Auch die Regelungen zur **Rechnungslegung** („Handelsbücher", §§ 238–342e HGB) gehören der Sache nach hierher. Diese Materie wird in der Ausbildung üblicherweise indes nicht im Rahmen des Handelsrechts, sondern in den betriebswirtschaftlichen Veranstaltungen zu Rechnungslegung und Bilanzierung behandelt und ist daher auch in diesem Buch nicht weiter zu berücksichtigen. Zuletzt gehört auch das Organisationsrecht des gemeinsamen Betriebs eines Handelsgewerbes durch mehrere Personen zum Handelsrecht. Dieses **Recht der Handelsgesellschaften** (das zum Teil im HGB, zum Teil in Spezialgesetzen geregelt ist) ist Teil des Gesellschaftsrechts. Zu den Einzelheiten vgl. Teil B.

Unter „**Handelsgeschäften**" versteht § 343 HGB „alle Geschäfte eines Kaufmanns, die zum Betriebe seines Handelsgewerbes gehören." Schon aus der Formulierung ergibt sich, dass nicht alle Geschäfte bzw. Verträge, die die Kaufleute abschließen, erfasst werden. Wenn Kaufleute natürliche Personen sind, haben sie auch eine private Sphäre – werden Geschäfte nur zu privaten Zwecken abgeschlossen, liegt kein Handelsgeschäft vor. Die Abgrenzung ist daher von erheblicher Bedeutung. Um insoweit Rechtssicherheit zu schaffen, besteht eine **Vermutung für die Zugehörigkeit zum betrieblichen Bereich** (§ 344 Abs. 1 HGB). Mit anderen Worten: **In der Regel sind Rechtsgeschäfte der Kaufleute nach Handelsrecht zu beurteilen.** Bei Handelsgesellschaften stellt sich die Frage freilich nicht, da diese keine private Sphäre haben – hier sind alle im Namen der Gesellschaft abgeschlossenen Geschäfte Handelsgeschäfte.

Der Begriff des Handelsgeschäfts bestimmt den **Anwendungsbereich der vertragsrechtlichen Sonderregelungen**, die das HGB sowohl allgemein (also unabhängig vom Vertragstyp, §§ 343–372 HGB) als auch für bestimmte Vertragstypen (zB Kaufverträge, §§ 373–382 HGB) enthält. Da es hier um Geschäfte bzw. Verträge geht, sind notwendigerweise zwei Geschäftspartner beteiligt. Man könnte nun meinen, dass das Handelsrecht nur im kaufmännischen Geschäftsverkehr anzuwenden ist, also bei Geschäften zwischen Kaufleuten. Tatsächlich unterscheidet das Gesetz aber zwischen den **„beiderseitigen"** und **„einseitigen"** Handelsgeschäften, je nachdem ob

- an einem Rechtsgeschäft auf beiden Seiten Kaufleute beteiligt sind **(beiderseitiges Handelsgeschäft)**
- oder ob ein Kaufmann mit einem Nichtkaufmann Rechtsgeschäfte tätigt **(einseitiges Handelsgeschäft).**

Im Grundsatz genügt bereits die Kaufmannseigenschaft einer Vertragspartei, um das Handelsrecht auf das gesamte Geschäft zur Anwendung zu bringen – nach § 345 HGB sind die Vorschriften auf einseitige Handelsgeschäfte anwendbar, soweit für eine bestimmte Norm nichts anderes geregelt ist. Daher sind die allermeisten Vorschriften auch auf einseitige Handelsgeschäfte anwendbar. Ein wichtiges Beispiel ist die Regelung des Kontokorrents (§ 355 HGB), die vor allem für die Führung von Bankkonten durch Kreditinstitute (=Kaufleute) relevant ist, auch bei Konten von Privatkunden (dazu näher in § 10). Das mit Abstand wichtigste Gegenbeispiel ist § 377 HGB, der eine Untersuchungs- und Rügeobliegenheit des Käufers in Bezug auf Sachmängel nur bei beiderseitigen Handelsgeschäften anordnet (dazu näher in § 11).

Hinzuweisen ist allerdings darauf, dass das HGB den Begriff „Handelsgeschäft" noch in einem anderen Sinne verwendet, was etwas verwirrend ist: In einer Reihe von Vorschriften wird als „Handelsgeschäft" auch **das Unternehmen als solches** bezeichnet, also synonym zum Begriff des „Handelsgewerbes". Das ist nur historisch zu erklären – einen tieferen Sinn hat es nicht.

Beispiele: Bei einem bestehenden „Handelsgeschäft" kann auch nach Veräußerung oder Gesellschafterwechsel die bisherige Firma gem. §§ 22, 24 HGB fortgeführt werden. Der Erwerber des „Handelsgeschäfts" haftet nach näherer Maßgabe der §§ 25, 26 HGB für frühere Verbindlichkeiten. Gem. § 48 Abs. 1 HGB wird die Prokura vom Inhaber des „Handelsgeschäfts" erteilt (weitere Beispiele: §§ 53, 230 HGB).

Halten wir fest:

- Handelsrecht ist das besondere Recht der Kaufleute, das
- Sondervorschriften für den kaufmännischen Organisationsbereich (**Handelsstand**),
  und
- Sondervorschriften für die kaufmännischen Rechtsgeschäfte (**Handelsgeschäfte**)
  umfasst.

III. Handelsrecht und allgemeines bürgerliches Recht

Wie bereits angesprochen enthält das HGB keine umfassenden, für sich alleinstehende Regelungen, sondern nur punktuelle Sondervorschriften, die den allgemeinen privatrechtlichen Rechtsrahmen des BGB ergänzen und ggf. als lex specialis verdrängen. Das Handelsrecht ist daher grundsätzlich neben dem BGB anzuwenden, nicht anstelle des BGB. Oder anders formuliert:

Soweit keine speziellen handelsrechtlichen Normen eingreifen, kommt nach wie vor das BGB (ergänzend, subsidiär) zur Anwendung. Diese Selbstverständlichkeit wurde in Artikel 2 des Einführungsgesetzes zum HGB ausdrücklich festgehalten:

„In Handelssachen kommen die Vorschriften des Bürgerlichen Gesetzbuches nur insoweit zur Anwendung, als nicht im Handelsgesetzbuch … ein anderes bestimmt ist."

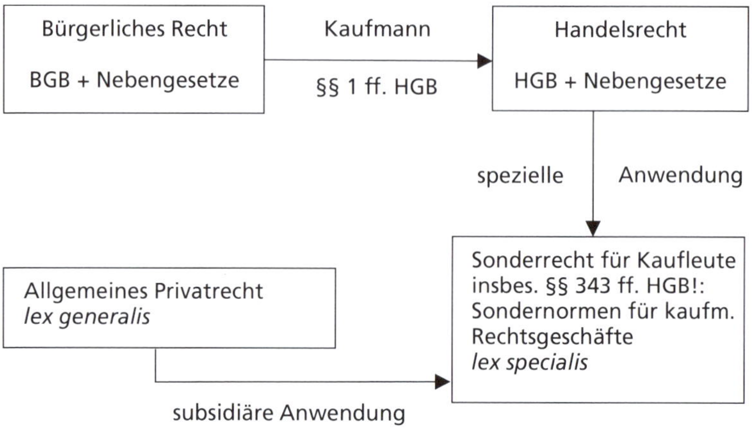

Abb. 1: Rechtssystematischer Standort des Handelsrechts

Zur Verdeutlichung:

- Neben den besonderen Vorschriften des Handelsrechts für den **Handelskauf** (§§ 373 ff. HGB) finden selbstverständlich ergänzend §§ 433 ff. BGB Anwendung, daher beschränkt sich das HGB hier auch auf wenige Sonderregelungen für Einzelaspekte, während zentrale kaufrechtliche Fragestellungen (etwa die Hauptpflichten von Käufer und Verkäufer oder der Mängelbegriff) beim Handelskauf dem BGB unterliegen. Dies gilt auch für die Käuferrechte bei Mängeln – vorrangiges Handelsrecht kann diese aber bei Verletzung der Rügeobliegenheit (§ 377 HGB) ausschließen (näher in § 11).
- Ebenso ist das **Bürgschaftsrecht** der §§ 765 ff. BGB auch anwendbar, wenn es sich um ein Handelsgeschäft handelt, so dass die meisten Aspekte dem BGB unterliegen – Sonderregelungen enthalten §§ 349, 350 HGB nur für die Form und die Einrede der Vorausklage (näher in § 10).
- Andererseits sind **Prokura** und **Handlungsvollmacht** nichts anderes als besondere (gesetzlich umschriebene, handelsrechtliche) Vollmachten, so dass neben §§ 48 ff. HGB bzw. §§ 54 ff. HGB die allgemeinen Vorschriften über die Stellvertretung gem. §§ 164 ff. BGB anwendbar sind. Auch die Prokura erlischt daher etwa bei Kündigung des Arbeitsvertrags gemäß § 168 S. 1 BGB.

Aufgrund dieser Gemengelage handels- und bürgerlich-rechtlicher Vorschriften setzt das Verständnis der Rechtslage häufig voraus, dass sowohl BGB als auch HGB berücksichtigt werden. **Die Kenntnis des BGB wird in diesem Buch grund-**

sätzlich vorausgesetzt, wenn auch auf die im jeweiligen Kontext relevanten Bestimmungen hingewiesen wird. Es empfiehlt sich jedenfalls bei der Arbeit mit diesem Buch, die jeweiligen Themen anhand der *Einführung in das Bürgerliche Recht* zu wiederholen.

Lernhinweis: Verdeutlichen Sie sich das Handelsrecht als ein vom allgemeinen Recht abweichendes Sonderprivatrecht anhand der unterschiedlich im BGB und HGB geregelten Sachkomplexe (jeweils im Gesetz nachschlagen und die Norm im Vorgriff auf die spätere Detaildarstellung analysieren!) Sie können dabei zugleich Ihre BGB-Kenntnisse testen!

Themenkomplexe	Allg. Regelung im BGB	Spezielle Regelung im HGB
Schweigen auf ein Vertragsangebot	§ 146	§ 362
Vertragsauslegung	§ 157	§ 346
Stellvertretung	§§ 164 ff..	§§ 48 ff., §§ 84 ff., §§ 93 ff..
Gattungsschuld	§ 243 I	§ 360
gesetzl. Zinssatz	§ 246	§ 352
Verzugszinsen	Mit Verbraucher: § 288 I BGB	Kein Verbraucher beteiligt: § 288 II BGB
Fälligkeitszinsen	-	§ 353
Zeit der Leistung	§ 271	§ 358
Zurückbehaltungsrecht	§ 273	§§ 369 ff..
Sorgfaltsmaßstab	§ 276 II	§ 347 I
Leistungsbestimmungsrecht	§ 315 ff..	§ 375
Abtretungsverbot	§ 399	§ 354 a
Vertragsstrafe	§ 343	§ 348
Fixgeschäft	§ 323 II Nr. 2	§ 376
Annahmeverzug des Käufers	§§ 372 ff..	§ 373
Sachmängelhaftung	§§ 434, 437 ff..	§ 377
Geschäftsbesorgung	§ 675	§§ 383 ff., §§ 407 ff., §§ 453 ff..
Schriftform bei Bürgschaft, Schuldversprechen, Schuldanerkenntnis	§ 766, § 780, § 781	§ 350
Einrede der Vorausklage	§ 771	§ 349
Gutgl. Eigentumserwerb	§§ 932 ff..	§ 366 I, 1. Alt.
Gutgl. Pfandrechtserwerb	§ 1207	§ 366 I, 2. Alt.
Lastenfreier Erwerb	§ 936	§ 366 II
Gutgl. Erwerb gesetzlicher Pfandrechte	Nicht geregelt	§ 366 III

Abb. 2: Handelsrechtliche Besonderheiten

IV. Handelsrecht und Unternehmerbegriff

Neben dem Kaufmannsbegriff, der den Anwendungsbereich des Handelsrechts abgrenzt, kennt das deutsche Privatrecht auch den Begriff des „Unternehmers“, der in § 14 BGB definiert ist. Die Begriffe sind aufgrund ihrer unterschiedlichen Funktionen nicht deckungsgleich, dient doch der **Unternehmerbegriff im BGB** vor allem der Abgrenzung des Anwendungsbereichs des Verbraucherschutzrechts, das grundsätzlich nur bei Verträgen zwischen Unternehmern und Verbrauchern anwendbar ist (vgl. § 310 Abs. 3 BGB). Er ist daher weiter als der Kaufmannsbegriff, erfasst er doch jede „gewerbliche oder selbständige berufliche Tätigkeit“ einschließlich der Kleingewerbetreibenden und freien Berufe. Allerdings lässt sich feststellen, dass die Kaufleute stets auch Unternehmer im Sinne des BGB sind, es gilt also: **Nicht jeder Unternehmer ist Kaufmann, aber jeder Kaufmann ist Unternehmer.** Insoweit kommt es aber auf den Zweck des Rechtsgeschäfts an, soweit der Unternehmer (als natürliche Person) auch eine private Sphäre hat: Als Unternehmer gilt die Person nur, wenn das konkrete Rechtsgeschäft „in Ausübung“ der unternehmerischen Tätigkeit vorgenommen wird – bei einem überwiegend privaten Zweck genießt die Person dagegen die Verbrauchereigenschaft (dazu sogleich V.).

Der Unternehmerbegriff hat im BGB allerdings nicht nur Bedeutung für den Anwendungsbereich des Verbraucherschutzrechts, sondern dient auch der Anknüpfung einer Reihe von **Sondervorschriften für den unternehmerischen Geschäftsverkehr**. Dies gilt insbesondere für § 310 Abs. 1 BGB, der die eingeschränkte Anwendung des AGB-Rechts bei Verwendung gegenüber Unternehmern regelt. Der Sache nach ist dies eine handelsrechtliche Regelung, wie sich nicht zuletzt daraus ergibt, dass nach Satz 2 bei der AGB-Kontrolle „auf die im Handelsverkehr (!) geltenden Gewohnheiten und Gebräuche angemessen Rücksicht zu nehmen“ ist – durch die Anknüpfung an die Unternehmereigenschaft wurde der Anwendungsbereich weiter gefasst. Ähnlich verhält es sich bei § 288 Abs. 2 BGB, der einen erhöhten Verzugszinssatz für den unternehmerischen Geschäftsverkehr regelt – auch wenn hier nicht an den Unternehmerbegriff, sondern daran angeknüpft wird, dass an dem betroffenen Rechtsgeschäft „ein Verbraucher nicht beteiligt ist“. Praktisch unterscheidet sich der so abgegrenzte Anwendungsbereich aber nicht von dem des § 310 Abs. 1 BGB.

Neben dem Begriff des Unternehmers findet sich im deutschen Recht auch gelegentlich der **Begriff des Unternehmens**. Insoweit besteht keine einheitliche Definition, so dass der Begriff je nach Kontext unterschiedlich ausgelegt wird. Beispiele sind der konzernrechtliche (vgl. §§ 15–19 AktG) oder der kartellrechtliche (vgl. §§ 1, 19 GWB, Art. 101, 102 AEUV) Unternehmensbegriff. Auch hier gilt, dass die Begriffsabgrenzung grundsätzlich weit erfolgt und keine Kaufmannseigenschaft voraussetzt.

V. Handelsrecht und Verbraucherschutz

Das BGB enthält eine Vielzahl von Verbraucherschutzvorschriften, die grundsätzlich daran anknüpfen, dass ein Vertrag zwischen Verbraucher und Unternehmer geschlossen wird (Verbrauchervertrag, § 310 Abs. 3 BGB), in dem der Unternehmer zur charakteristischen Leistung verpflichtet wird (zB Warenlieferung, Dienstleistungserbringung, digitale Leistungen, Darlehensgewährung), während der Verbraucher einen Preis bezahlt (§ 312 Abs. 1 BGB). Hieran knüpft das BGB einen besonderen Schutz des Verbrauchers, um das das strukturelle Ungleichgewicht zwischen den Parteien auszugleichen, insbesondere durch Widerrufsrechte und Informationspflichten, aber auch zwingende Vorgaben für den Vertragsinhalt (zB Mängelrechte).

Auf den ersten Blick könnte man meinen, dass Handelsrecht und Verbraucherschutzrecht nicht viel miteinander zu tun haben: Der Anwendungsbereich des Verbraucherschutzes hängt gerade nicht von der Kaufmannseigenschaft ab, sondern der eigenständigen, weiteren Unternehmereigenschaft – ferner muss stets ein Verbraucher beteiligt sein, der außerhalb des Handelsrechts steht. Auch inhaltlich unterscheiden sich die Ansätze der Rechtsgebiete grundlegend, beruht doch das Verbraucherschutzrecht auf dem Gedanken der Schutzbedürftigkeit einer unterlegenen Vertragspartei, während das Handelsrecht von eigenverantwortlichen, geschäftserfahrenen Parteien, die sich auf der Ebene der Gleichordnung begegnen, ausgeht (sogleich VI.). Gleichwohl ist es nicht untypisch, dass Verträge **sowohl dem Verbraucher- als auch dem Handelsrecht** unterliegen: Wie gesehen (oben II.) ist das Handelsrecht grundsätzlich auch auf einseitige Handelsgeschäfte anwendbar (§ 345 HGB). Ein solches ist bei einem Verbrauchervertrag grundsätzlich gegeben, wenn der beteiligte Unternehmer (wie meistens) zugleich Kaufmann ist. Es ist also geradezu typisch, dass bei Verbraucherverträgen zugleich handelsrechtliche Normen anwendbar sind, soweit diese nicht auf beiderseitige Handelsgeschäfte beschränkt sind (wie § 377 HGB). Probleme wirft das aber in der Regel nicht auf, da bei diesen Normen (die nur untergeordnete Einzelfragen betreffen) Konflikte mit dem Verbraucherschutzrecht grundsätzlich nicht bestehen.

Im Widerspruch zum Verbraucherschutz steht vor allem § 377 HGB, der es dem Käufer auferlegt, die Ware unverzüglich zu untersuchen und einen Mangel zu rügen, wobei er andernfalls sämtliche Rechte wegen des Mangels verliert (näher in § 11) – der Verbraucher soll dagegen die Möglichkeit haben, seine Mängelrechte uneingeschränkt innerhalb von zwei Jahren geltend zu machen (§ 438 Abs. 1 Nr. 3 BGB). Auf den ersten Blick ist auch dies kein Problem, da beim Verbrauchervertrag gerade kein beiderseitiges Handelsgeschäft vorliegt. Tatsächlich gibt es indes Fälle, in denen ein Käufer im Rechtssinn **sowohl als Verbraucher als auch als Kaufmann** anzusehen ist, was darauf beruht, dass die Abgrenzung nach dem Zweck des Rechtsgeschäfts im Verbraucherrecht anders erfolgt als im Handelsrecht: Wird der Kaufvertrag teilweise zu unternehmerischen, teilweise zu privaten Zwecken abgeschlossen, kommt es für die Abgrenzung Unternehmer/Verbraucher auf die **überwiegende Zwecksetzung** an. In Bezug auf den Kaufmannsbegriff entnimmt man dagegen der Vermutung des § 344 Abs. 1 HGB, dass **jede unternehmensbezogene Zwecksetzung**, auch eine untergeordnete, dazu führt, dass das Geschäft zum Betrieb des Handelsgewerbes gehört und somit als Handelsgeschäft anzusehen ist. Soweit ein Konflikt zwischen den Regelungen besteht, ist dieser zugunsten des Verbraucherschutzes aufzulösen, was letztlich daran liegt, dass insbesondere die Gewährleistungsrechte beim Verbrauchsgüterkauf europarechtlich vorgegeben sind.

Beispiel: Eine natürliche Person kauft von einem kaufmännischen Händler ein Auto, das zu 60% privat und zu 40% für sein Handelsgewerbe genutzt werden soll – der private Zweck überwiegt und es handelt sich um einen Verbrauchervertrag. Zugleich handelt es sich um ein beiderseitiges Handelsgeschäft, da der Käufer auch einen auf sein Handelsgewerbe bezogenen Zweck verfolgt. §377 HGB ist gleichwohl nicht anwendbar, da der Käufer die ihm als Verbraucher zwingend zustehenden Gewährleistungsrechte andernfalls verlieren könnte.

VI. Charakteristika des Handelsrechts

Das Handelsrecht enthält Sonderregelungen im Vergleich zum allgemeinen Rechtsrahmen des BGB, um den Besonderheiten des kaufmännischen Geschäftsverkehrs Rechnung zu tragen. Es geht davon aus, dass die betroffenen Kaufleute im Rechtsverkehr erfahren sind und von ihnen daher ein **erhöhtes Maß an Pflichten und Sorgfalt** erwartet werden kann. Ob der einzelne Kaufmann über diese Erfahrung tatsächlich verfügt, ist irrelevant – wer die Kaufmannseigenschaft erwirbt, muss sich auf die erhöhten Anforderungen einstellen. Den Besonderheiten tragen insbesondere folgende Prinzipien des Handelsrechts Rechnung:

1. Das Prinzip der Entgeltlichkeit

Der kaufmännische Rechtsverkehr ist kommerzialisiert. Altruistische Tendenzen sind ihm fremd. Leistung bedingt Gegenleistung. Wirtschaftliche Tätigkeit erfolgt in Gewinnerzielungsabsicht. Auch wenn man nichts vereinbart hat, kann man nicht erwarten, dass Kaufleute umsonst tätig werden. Eine gesetzliche Ausprägung dieses Prinzips finden sich vor allem in §354 HGB, wonach bei Leistungserbringung im Handelsverkehr auch ohne besondere Absprache die **übliche Vergütung** („Provision") zu bezahlen ist. Ferner können Kaufleute nach §353 S.1 HGB (lesen!) für ihre Forderungen aus beiderseitigen Handelsgeschäften vom Tage der Fälligkeit an **Zinsen** verlangen, während §288 Abs.1 S.1 BGB eine Verzinsungspflicht erst bei Schuldnerverzug vorsieht. Größere Bedeutung hat dies freilich nicht, ist doch der gesetzliche Zinssatz mit 5% (§352 HGB) niedriger als der Verzugszinssatz (der nach §288 Abs.2 BGB im unternehmerischen Geschäftsverkehr 9% über dem Basiszinssatz beträgt – ohne dass es hierfür indes auf die Kaufmannseigenschaft ankommt, vielmehr ist die fehlende Beteiligung eines Verbrauchers für die Zinshöhe ausschlaggebend). Auch Kaufleute lösen daher so schnell wie möglich den Verzug aus.

2. Verzicht auf Schutzvorschriften des bürgerlichen Rechts

Handelsrecht wendet sich an den geschäftserfahrenen Teilnehmer am Rechtsverkehr, der weiß, was er tut und sagt. **Überlegungsfristen und Bevormundungen** zum Schutze vor sich selbst hält der Gesetzgeber für unangebracht. Dass der Gesetzgeber nicht „das Kindermädchen der Rechtsordnung" sein kann, gilt insbes. im Handelsrecht! Daraus erklärt sich, dass eine ganze Reihe bürgerlich-rechtlicher Schutznormen, die Rechtssubjekte vor den Folgen unbedachter Entschlüsse bewahren wollen, auf Handelsgeschäfte nicht anwendbar sind. Hierzu gehören insbesondere die Formvorschriften für Bürgschaft (§766 BGB), Schuldversprechen (§780 BGB) und Schuldanerkenntnis (§781 BGB), die §350 HGB ausschließt, bei der Bürgschaft wird dem Kaufmann ferner die Einrede der Vorausklage verweigert (§349 BGB, näher zur Bedeutung in §10). Außerhalb des HGB fällt auch §38 ZPO in diese Kategorie, der es zwischen Kaufleuten ermöglicht, den Gerichtsstand für Streitigkeiten verbindlich vertraglich festzulegen. Wenig praktische Bedeutung hat dagegen §348 HGB, der die richterliche Herabsetzung einer überhöhten Vertragsstrafe (die im bürgerlichen Recht nach §343 BGB möglich ist) ausschließt. Die geringe Bedeutung ergibt sich daraus, dass auch im Handelsverkehr das AGB-Recht grundsätzlich anwendbar ist (§310 Abs. 1 BGB) und überhöhte Vertragsstrafeversprechen gegen §307 BGB verstoßen. Auch im AGB-Recht sind aber im Handelsverkehr nicht alle Schutzmechanismen anwendbar, ausgeschlossen ist insbesondere die Einbeziehungskontrolle nach §305 Abs. 2 BGB, ferner erfolgt die Inhaltskontrolle allein anhand der Generalklausel des §307 BGB (näher in §10).

3. Typisierung von Rechtsinstituten

Im Interesse des Verkehrsschutzes schafft das Handelsrecht Typisierungen. Der Geschäftsverkehr soll sich einrichten können, ohne im Einzelnen die Umstände des speziellen Falles näher untersuchen zu müssen. Dies hat vor allen Dingen Auswirkungen bei der **Stellvertretung im kaufmännischen Geschäftsverkehr.** Während nach bürgerlichem Recht die Rechtsmacht des Stellvertreters nach außen vom Vollmachtgeber bestimmt wird, kennt das HGB bei der Prokura und der Handlungsvollmacht Standardisierungen der Vertretungsmacht.

- Der Prokurist ist gem. §49 HGB grundsätzlich zu „allen Arten von gerichtlichen und außergerichtlichen Geschäften und Rechtshandlungen ermächtigt, die der Betrieb eines Handelsgewerbes mit sich bringt". Beschränkungen des Umfangs der Prokura sind Dritten gegenüber (also im Außenverhältnis) unwirksam (§50 Abs. 1 HGB).
- Die Handlungsvollmacht ist ebenso typisiert, wenngleich ihrem Umfang nach geringer, nur als Auslegungsregel ausgestaltet und durch eine Rechtsscheinshaftung abgesichert: Sie ermächtigt (grundsätzlich) gem. §54 HGB zu „allen Geschäften und Rechtshandlungen, die der Betrieb eines derartigen Handelsgewerbes oder die Vornahme derartiger Geschäfte gewöhnlich mit sich bringt". Beschränkungen über §54 Abs. 2 HGB hinaus können Dritten nur bei Bösgläubigkeit entgegengesetzt werden (§54 Abs. 3 HGB). Ähnliches gilt für die einem Handelsvertreter erteilte Vollmacht (§§55, 91 HGB).

Darüber hinaus enthält das HGB auch **Typisierungen von spezifischen Vertragsverhältnissen des Handelsverkehrs**, die nicht nur punktuelle Sonderregelungen in Ergänzung zum BGB darstellen (wie beim Handelskauf), sondern eigenständige, im BGB nicht geregelte Vertragstypen ausgestalten. Beispiel sind der Handelsvertretervertrag (§§ 84 ff. HGB), ferner die Kommissions-, Lager-, Speditions- und Frachtgeschäfte (§§ 383–475h HGB).

4. Transparenz kaufmännischer Organisationsakte

Rechtsklarheit ist eine vorrangige Forderung des kaufmännischen Geschäftsverkehrs. Im Wirtschaftsleben muss man wissen, „woran man ist" und „mit wem man es zu tun hat". Diesem Bedürfnis wird vor allem durch die Einrichtung öffentlich zugänglicher Register Rechnung getragen. Das **Handelsregister** enthält die für den kaufmännischen Geschäftsverkehr wesentlichen Tatsachen, über die sich jedermann durch Einsicht informieren kann. Publizitätspflichtige Daten sind von den Unternehmen elektronisch u. a. dem Handelsregister zu melden und können von der interessierten Öffentlichkeit online aus dem Registerportal oder dem Unternehmensregister (das kein eigenständiges Register darstellt, sondern der Zusammenführung von Daten verschiedener Register zum Zweck der online-Bereitstellung dient) abgerufen werden.

Für eine Reihe von Vorgängen sieht das HGB vor, dass sie verpflichtend in das Handelsregister einzutragen sind, so dass eine Anmeldepflicht des Kaufmanns besteht. Diese Vorgänge nennt man **„einzutragende Tatsachen"**, worunter vor allem Fragen fallen, die sich auf die rechtsgeschäftliche Vertretung des Kaufmanns beziehen. Beispiele sind Erteilung und Erlöschen der Prokura (§ 53 HGB) sowie die Regelung der organschaftlichen Vertretungsmacht für Gesellschaften (§ 106 Abs. 2 Nr. 3 HGB), aber auch die Firma (§ 29 HGB), unter der der Kaufmann auftritt. Durch die öffentliche Zugänglichkeit des Handelsregisters kann sich jedermann über die wesentlichen Verhältnisse informieren, insbesondere eine behauptete Vertretungsmacht verifizieren.

Wie bei allen Registern muss man sich innerhalb bestimmter Grenzen ebenso auf erfolgte Eintragungen verlassen können, wie umgekehrt darauf, dass bei fehlender Eintragung entgegenstehende Tatsachen nicht vorliegen (das Handelsregister also „schweigt"). Allerdings haben die meisten Eintragungen keinen konstitutiven Charakter, sondern sind nur deklaratorisch: Tatsachen treten also außerhalb des Registers ein und werden dort nur nachträglich, wenn sie bereits in Kraft sind, eingetragen – die Eintragung ist keine Wirksamkeitsvoraussetzung. Den Vertrauensschutz gewährleistet die in § 15 HGB geregelte **Publizität des Handelsregister,** die es grundsätzlich erlaubt, sich gegenüber dem Kaufmann sowohl auf eine eingetragene Tatsache zu berufen, wenn sie tatsächlich nicht erfolgt ist, als auch auf das Fehlen einer einzutragenden Tatsache, wenn sie nicht eingetragen ist – man kann sich also sowohl als das „Reden" als auch das „Schweigen" des Handelsregisters berufen (näher in § 5).

5. Die Erweiterung des Vertrauensschutzes bei Verfügungen

Das bürgerliche Recht ermöglicht den **gutgläubigen Erwerb** von Eigentum und bestimmten dinglichen Rechten vom Nichtberechtigten – insbesondere das Eigentum an beweglichen Sachen kann auch von einem Nichteigentümer erworben werden, wenn dieser (vereinfacht gesagt) den Besitz verschafft und der Erwerber ohne grobe Fahrlässigkeit davon ausgeht, dass der Veräußerer Eigentümer ist (vgl. §§ 932 ff. BGB).

Die Besonderheiten des Handelsverkehrs machen eine Erweiterung des gutgläubigen Erwerbs im HGB erforderlich. Denn im kaufmännischen Geschäfts- und Warenverkehr verfügt häufig ein Nichteigentümer aufgrund einer Ermächtigung des Eigentümers über Waren. Der Grund liegt vor allem darin, dass im Handelsverkehr Waren fast immer unter Eigentumsvorbehalt (§ 449 BGB) verkauft werden und der Kaufpreis häufig erst nach Weiterverkauf bezahlt wird – und selbst wenn der Kaufpreis bereits bezahlt ist, besteht häufig noch eine Sicherungsübereignung am Warenlager. In beiden Fällen wird der Händler aber **ermächtigt, über die Ware im eigenen Namen zu verfügen**, um das Geld zu erwirtschaften, das er für Kaufpreiszahlung an den Eigentümer (bzw. die Bedienung der abgesicherten Verbindlichkeit) benötigt. § 366 HGB erweitert daher den gutgläubigen Erwerb auf Fälle, in denen der Erwerber zwar nicht gutgläubig in Bezug auf das Eigentum des Kaufmanns ist, aber vom Bestehen einer solchen Veräußerungsermächtigung ausgehen kann.

6. Beschleunigung

Das Handelsrecht muss auf die Zügigkeit des kaufmännischen Geschäftsverkehrs Rücksicht nehmen. Verzögerungen und Schwebezustände sollen vermieden werden. Dies zeigt sich vor allem beim beiderseitigen Handelskauf, bei dem der Käufer die Ware unverzüglich zu **untersuchen** und (ggf.) einen Mangel zu **rügen** (vgl. § 377 HGB) hat. Versäumt er dies, droht der Verlust der Gewährleistungsansprüche. Kommt der Käufer mit der Annahme der Ware in Verzug, dann kann der Verkäufer die von ihm selbst gelieferte Ware gem. § 373 Abs. 1 HGB hinterlegen oder sie im Wege des Selbsthilfeverkaufs gem. § 373 Abs. 2–5 HGB versteigern lassen, um die Abwicklung zu beschleunigen. Zu erwähnen ist in diesem Zusammenhang auch die Erweiterung des kaufmännischen Zurückbehaltungsrechts gem. §§ 369 ff. HGB (lesen!), das dem Gläubiger erlaubt, sich gem. § 371 HGB aus dem zurückbehaltenen Gegenstand für seine Forderung zu befriedigen, was der Beschleunigung der Durchsetzung seiner Ansprüche dient. Zuletzt kommt dem **Schweigen des Kaufmanns** unter bestimmten Voraussetzungen Erklärungswert zu, was neben der Rechtsklarheit und Rechtssicherheit dem Bedürfnis nach einer raschen Beseitigung von Schwebezuständen dient. So muss ein Kaufmann, dessen Gewerbebetrieb die Besorgung von Geschäften für andere mit sich bringt, gem. § 362 HGB unverzüglich antworten, wenn ihm ein Antrag über die Besorgung solcher Geschäfte von jemandem zugeht, mit dem er in Geschäftsverbindung steht oder dem gegenüber er sich zur Geschäftsbesorgung angeboten hat. Schweigt er, so gilt dies als Annahme des Antrags. Auch beim Schweigen auf ein **„kaufmännisches Bestätigungsschreiben"** kann ein Vertrag zustande kommen oder geändert werden – um diese Folge zu vermeiden, muss der Kaufmann unverzüglich widersprechen, so dass das Rechtsinstitut ebenfalls der Beschleunigung des Geschäftsabschlusses dient (näher in § 10).

2. Kapitel: Handelsstand

§ 3. Überblick zur Kaufmannseigenschaft (E)

Lernhinweis: Handelsrecht ist das Sonderrecht der Kaufleute, die Kaufmannseigenschaft somit Anknüpfungspunkt für die Anwendung des Handelsrechts. Die Definition des Kaufmanns entscheidet also zugleich über die Anwendung handelsrechtlicher Normen. Im Folgenden werden zunächst die allgemeinen Voraussetzungen der Kaufmannseigenschaft dargestellt, anschließend die verschiedenen Kaufmannsarten.

I. System der Erwerbstätigkeit

Die Standortbestimmung des Kaufmannsbegriffs innerhalb der erwerbswirtschaftlichen Tätigkeit lässt sich anhand nachfolgender Übersicht verdeutlichen:

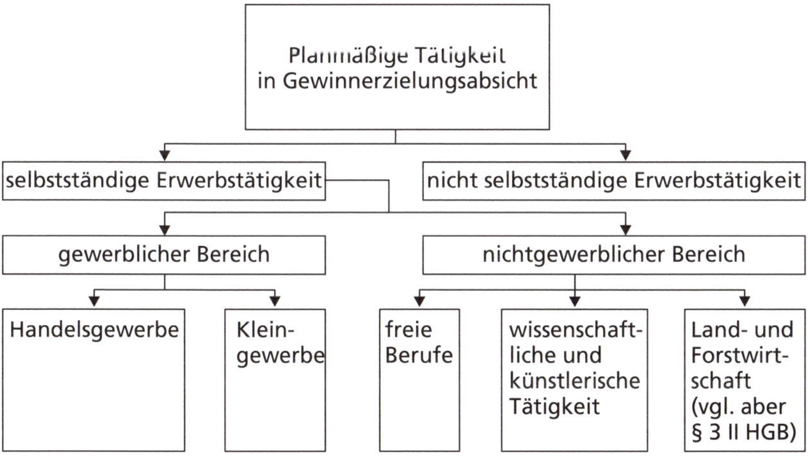

Abb. 3: System der Erwerbstätigkeit

II. Systematik der Kaufleute

Das HGB kennt keinen einheitlichen Typus des Kaufmanns. Die Methoden seiner Begriffsbestimmung sind unterschiedlich.

1. Kriterien der Begriffsbestimmung

Das Gesetz bedient sich verschiedener, teils generalklauselartiger und teils formaler Kriterien:

a) Nach §1 Abs. 1 HGB ist Kaufmann, wer ein Handelsgewerbe betreibt (man bezeichnet ihn formelhaft als **„Kaufmann kraft Gewerbebetriebs", „Istkaufmann", „Musskaufmann"**). §1 Abs. 2 HGB definiert generalklauselartig als Handelsgewerbe „jeden Gewerbebetrieb, es sei denn, dass das Unternehmen nach Art oder Umfang einen in kaufmännischer Weise eingerichteten Geschäftsbetrieb nicht erfordert."

b) Nach §2 HGB wird auf das formale Kriterium der durch Ausübung einer Eintragungsoption erlangten Registereintragung abgestellt: Ein gewerbliches Unternehmen, dessen Gewerbebetrieb nicht schon nach §1 Abs. 2 HGB Handelsgewerbe ist, gilt als Handelsgewerbe, wenn die Firma des Unternehmens in das Handelsregister eingetragen ist **(„Kannkaufmann", „Optionskaufmann").** Dasselbe gilt für die Land- und Forstwirtschaft. Auch wenn die Voraussetzungen einer Eintragung nicht vorliegen, begründet die (unrechtmäßige) Eintragung die Kaufmannseigenschaft (§5 HGB – **„Fiktivkaufmann"**).

c) Bei Handelsgesellschaften wird auf das formale Kriterium der Rechtsform abgestellt **(„Formkaufmann").**

d) Auch Nicht-Kaufleute müssen sich unter Umständen als Kaufleute behandeln lassen: Von einem **„Scheinkaufmann"** spricht man, wenn ein Nicht-Kaufmann durch tatsächliches Verhalten den Anschein erweckt, ein Kaufmann zu sein (zB durch Auftreten als e.K.). Dieser muss sich zwar von gutgläubigen Dritten wie ein Kaufmann behandeln lassen, erwirbt aber nicht die Kaufmannseigenschaft – er kann sich also nicht selbst auf das Handelsrecht zu seinen Gunsten berufen.

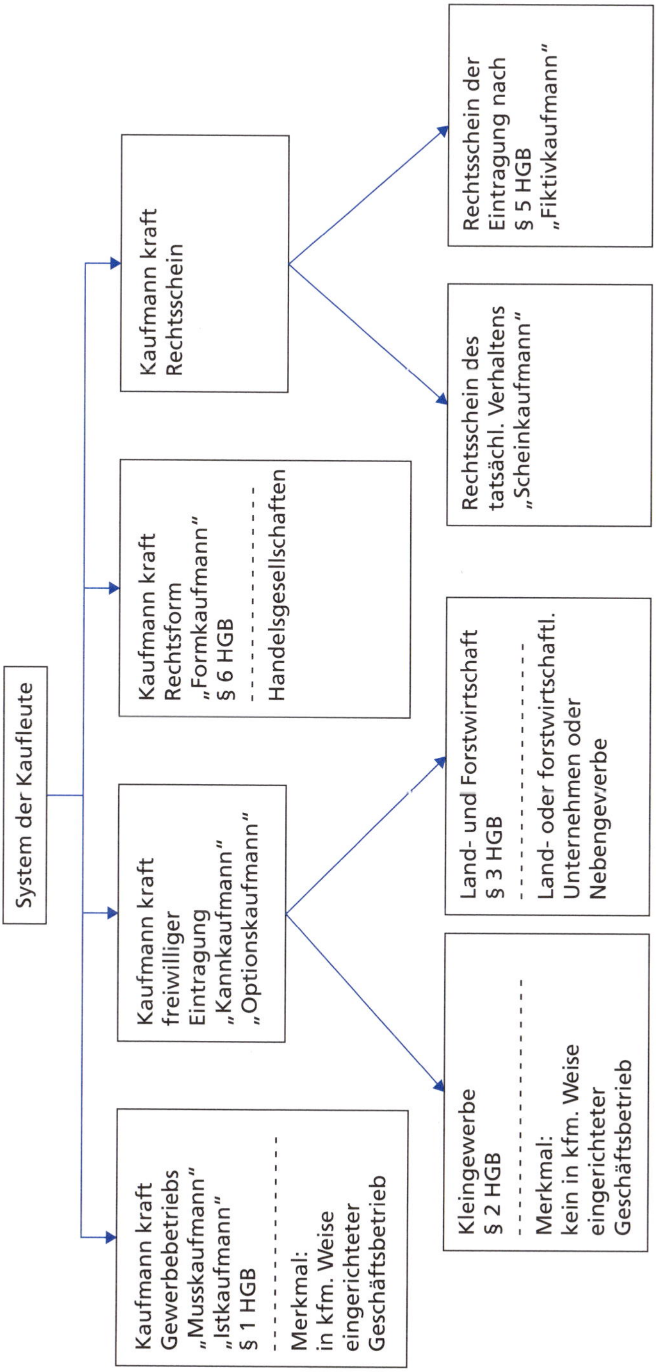

Abb. 4: System der Kaufleute

2. Die Handelsregistereintragung

Nach §29 HGB ist jeder Kaufmann verpflichtet, seine Firma zur Eintragung in das Handelsregister anzumelden. Der Istkaufmann erlangt die Kaufmannseigenschaft schon durch die Ausübung des Handelsgewerbes und unterliegt mit Aufnahme der Tätigkeit der Anmeldepflicht. Die Registereintragung hat somit nur deklaratorischen Charakter, bildet also eine Tatsache ab, die bereits außerhalb des Registers eingetreten war.

„Kannkaufleute" sind privilegiert: Kleingewerbetreibende können nach §2 HGB selbst entscheiden, ob sie für das Handelsrecht optieren wollen. Dasselbe gilt nach §3 Abs. 2 u. 3 HGB für die Landwirtschaft. Einer Anmeldepflicht unterliegen sie daher nicht, entscheiden sie sich dafür, ist die Eintragung konstitutiv für das Erlangen der Kaufmannseigenschaft, begründet diese also erst.

Für die Formkaufleute ergibt sich Anmelde- und Eintragungspflicht bereits aus den einschlägigen Gesetzen des Gesellschaftsrechts (vgl. §§36 Abs. 1 AktG, 7 Abs. 1 GmbHG) – die Kapitalgesellschaft als solche entsteht erst mit der Eintragung (§41 Abs. 1 AktG, §11 Abs. 1 GmbHG) und erwirbt zugleich die Kaufmannseigenschaft.

III. Beginn und Ende der Kaufmannseigenschaft

Auch hier ist wieder nach den verschiedenen Kaufleuten zu differenzieren:

Die Kaufmannseigenschaft im Falle des §1 HGB beginnt mit der Eröffnung des Handelsgewerbes, sofern dieses bereits als Handelsgewerbe anzusehen ist. Wird der Betrieb zunächst als Kleingewerbe betrieben und wird dies später durch Wachstum zum **Handelsgewerbe**, beginnt die Kaufmannseigenschaft mit dem Überschreiten der Schwelle – ein Zeitpunkt, der sich praktisch nicht sicher bestimmen lässt, so dass anzuraten ist, die Registereintragung zur Vermeidung von Unsicherheit frühzeitig herbeizuführen. Denn bei den Kannkaufleuten nach §§2 und 3 HGB (zu denen der spätere Istkaufmann vor Erreichen der Schwelle zählt) ist die Eintragung in das Handelsregister **konstitutiv,** sie begründet also die Kaufmannseigenschaft im Moment der Eintragung. Bei den Formkaufleuten ist die Eintragung in das Handelsregister ohnehin für die Entstehung der Gesellschaft erforderlich, so dass der Beginn der Kaufmannseigenschaft mit der Handelsregistereintragung der Gesellschaft zusammenfällt. Allerdings kann die Vorgesellschaft bereits ein Handelsgewerbe betreiben und dann schon vor der Eintragung als Vor-GmbH oder Vor-AG Kaufmann sein (zu den Gründungsphasen der Kapitalgesellschaft unten in Teil B).

Die Kaufmannseigenschaft endet beim Istkaufmann mit der endgültigen Betriebsaufgabe. Auch wenn der Betrieb zu einem Kleingewerbe absinkt, kann die Kaufmannseigenschaft enden – dieser Zeitpunkt lässt sich indes kaum sicher bestimmen. Liegt nämlich kein Handelsgewerbe mehr vor, wird der bisherige Istkaufmann zum Kannkaufmann, und dann ist zu differenzieren: War das Handelsgewerbe (rechtswidrig) nicht im Handelsregister eingetragen, endet die Kaufmannseigenschaft, anderenfalls besteht sie aufgrund der Eintragung gem.

§2 HGB fort. §2 wirkt insofern als **„Auffangtatbestand".** Beim Kannkaufmann endet die Kaufmannseigenschaft mit der Löschung der Registereintragung. Diese kann der Kleingewerbetreibende nach §2 S. 3 HGB jederzeit herbeiführen.

Eine Besonderheit gilt für ins Handelsregister eingetragene land- und forstwirtschaftliche Unternehmen: Haben diese sich einmal eintragen lassen und haben damit für das Handelsrecht optiert, können sie sich nach §3 Abs. 2 HGB nur noch unter den allgemeinen Voraussetzungen löschen lassen (vgl. §3 Abs. 2 a. E. HGB) – die Wahlmöglichkeit ist dann verbraucht.

	Istkaufmann	Kannkaufmann	Formkaufmann
Registeranmeldung	obligatorisch	fakultativ	obligatorisch
Registereintragung	deklaratorisch	konstitutiv	konstitutiv

Abb. 5: Wirkung der Handelsregistereintragung auf die Erlangung der Kaufmannseigenschaft

§4. Die verschiedenen Arten der Kaufleute (E)

I. Der Kaufmann kraft Gewerbebetriebs („Istkaufmann", Musskaufmann"), §1 HGB

Lernhinweis: Die Kaufmannssystematik wird von vielen Studierenden als eine mehr theoretische Materie empfunden. Sie spielt in Klausuren trotzdem eine nicht unwichtige Rolle: Oft ist als „Vorfrage" zu prüfen, ob ein Vorgang dem Handelsrecht unterliegt. Dies hängt entsprechend dem zuvor erwähnten „subjektiven System" von der Kaufmannseigenschaft der handelnden Personen ab. Oft genügt dazu ein Satz: „Verkäuferin V ist eine Aktiengesellschaft, Käuferin K eine GmbH; somit sind beide gem. §6 HGB Kaufleute kraft Rechtsform – auf ihre Rechtsgeschäfte findet deshalb das Handelsrecht Anwendung." Enthält die Aufgabe dagegen verschiedene Angaben zur Unternehmensstruktur, seiner Größe, seines Umsatzes etc., möchte der Aufgabensteller, dass Sie das Anforderungsprofil an Kaufleute ausführlich prüfen. Bejahen Sie dies, ist die Brücke zum Handelsrecht geschlagen und Sie können nun bezogen auf den konkreten Fall auf die Besonderheiten der für kaufmännische Rechtsgeschäfte geltenden Vorschriften der §§343 ff. HGB eingehen. Dabei wiederum ist ein Augenmerk darauf zu richten, dass manche Vorschriften ein „beiderseitiges Handelsgeschäft" voraussetzen (also verlangen, dass beide Vertragsparteien Kaufleute sind), andere wiederum bereits zur Anwendung kommen, wenn ein „einseitiges Handelsgeschäft" vorliegt, also schon genügen lassen, dass einer der beiden Teile die entsprechenden Kriterien erfüllt.

Nach §1 HGB ist Kaufmann,

wer ein Gewerbe betreibt, es sei denn, sein Unternehmen erfordert nach Art oder Umfang keinen in kaufmännischer Weise eingerichteten Geschäftsbetrieb.

Merke: Sind diese Voraussetzungen erfüllt, besteht die Kaufmannseigenschaft kraft Gesetzes (daher „Istkaufmann"), also auch ohne Eintragung ins Handelsregister (der Unternehmer ist aber verpflichtet, die Eintragung herbeizuführen, daher „Musskaufmann").

Zwei Merkmale sind demnach entscheidend für die Einstufung als Musskaufmann:

1. es muss ein **Gewerbe** ausgeübt werden
2. das ausgeübte Gewerbe muss einen in **kaufmännischer Weise eingerichteten Betrieb erfordern**. Es kommt also nicht darauf an, ob das Unternehmen tatsächlich so eingerichtet ist, sondern darauf, ob dies **erforderlich wäre**. Hierfür ist Umfang und Komplexität der Geschäftstätigkeit entscheidend – ausgeschlossen werden Kleingewerbe. Eine unzureichende kaufmännische Organisation des Unternehmens ändert aber nichts an der Kaufmannseigenschaft!

Lernhinweis: Die negative Formulierung in Abs. 2 („es sei denn") bringt eine **Vermutung** für das Handelsgewerbe zum Ausdruck. Wer sich also darauf beruft, dass es sich bei einem Gewerbebetrieb nicht um ein Handelsgewerbe handelt, ist dafür darlegungs- und beweisbelastet. In der Klausur kann man die Vermutung anwenden, wenn die Sachverhaltsangaben nicht klar zeigen, dass nur ein Kleingewerbe vorliegt – die Vermutung kann dann als ergänzende Begründung herangezogen werden.

1. Der Gewerbebegriff

Das Handelsgesetzbuch definiert den Begriff des Gewerbes nicht. Er wird allerdings auch in anderen Rechtsgebieten verwendet, insbesondere im Steuerrecht (wo sich in § 15 Abs. 2 EStG sogar eine gesetzliche Definition findet) und in der Gewerbeordnung. Auch wenn sich die Begriffe im Kern entsprechen, ist bei der Übertragung dieser Definitionen auf das HGB Vorsicht geboten. Denn die Rechtsprechung betont, dass der Gewerbebegriff „für jedes Gesetz selbstständig nach Inhalt und Zweck der jeweiligen Vorschrift und unabhängig vom Verständnis des Begriffs in anderen Rechtsgebieten zu bestimmen" ist (BGH NJW 2000, 1940, 1941).

Im Handelsrecht liegt ein Gewerbe vor bei einer **selbstständigen, planmäßig auf Dauer angelegten, nach außen gerichteten, legalen Tätigkeit mit Gewinnerzielungsabsicht, die weder der Ausübung eines freien Berufs, noch der Land- und Forstwirtschaft, noch der privaten Vermögensverwaltung zuzurechnen ist.**

Daraus folgt:

- Die Tätigkeit muss **selbstständig** betrieben werden; Arbeitnehmer betreiben kein Gewerbe, sondern werden für das Gewerbe ihres Arbeitgebers tätig.
- Nicht ausreichend ist eine gelegentliche Geschäftstätigkeit. Arbeitsgemeinschaften von Unternehmen, die nur für einzelne Aufträge gebildet werden (zB im Baugewerbe) betreiben kein eigenes Gewerbe (wohl aber die Mitglieder)
- Auch eine **Nebentätigkeit** kann aber gewerblichen Charakter haben.
- Nach außen gerichtet ist nur eine **Tätigkeit am Markt** im Wettbewerb mit anderen Wirtschaftsteilnehmern. Wird nur eine interne Funktion (zB für konzernverbundene Unternehmen) übernommen, kann es daran fehlen.
- **Verbotene Tätigkeiten** begründen kein Gewerbe – illegale Drogendealer können sich mit dieser Tätigkeit nicht ins Handelsregister eintragen lassen (was wohl auch keine gute Idee wäre).

- Die **Gewinnerzielungsabsicht** wird bei privaten Unternehmen vermutet. Ob Gewinne tatsächlich erwirtschaftet werden, ist nicht entscheidend – ist die Absicht gegeben, hindern auch Verluste nicht die Qualifizierung eines Unternehmens als Gewerbebetrieb. Ausgenommen werden so vor allem rein karitative Einrichtungen. Betreibt die öffentliche Hand ein Unternehmen, das gegen Entgelt Leistungen am Markt anbietet, ist dies auch dann ein Gewerbe, wenn die Kosten nicht gedeckt werden – bei der reinen Erfüllung öffentlicher Aufgaben liegt aber kein Gewerbe vor.
- Negative Voraussetzung ist, dass die Tätigkeit nicht den Bereichen **freie Berufe, Land- und Forstwirtschaft oder private Vermögensverwaltung** zuzurechnen ist, die traditionell nicht dem Gewerbebegriff zugeordnet werden. Land- und Forstwirte können dennoch nach §3 HGB für das Handelsrecht optieren. Angehörigen freier Berufe (etwa Rechtsanwälte, Steuerberater, Ärzte, Apotheker) steht dies zwar so nicht offen, sie können aber (im Rahmen des jeweiligen Berufsrechts) Handelsgesellschaften (insbes. GmbH) gründen, um die Kaufmannseigenschaft zu erwerben.
- Bei **Immobilienbesitz** hängt die Frage, ob es sich noch um eine private Vermögensverwaltung handelt, oder ob bereits gewerbliche Vermietung vorliegt, vom Umfang des Besitzes ab.

2. Das Handelsgewerbe

Zentrale Bedeutung für den Anwendungsbereich des §1 HGB hat die Abgrenzung zwischen dem Handelsgewerbe nach Abs. 2 und dem Kleingewerbe, das von §2 HGB erfasst wird. Hierfür ist auf **„das Gesamtbild des Betriebes"** abzustellen, wobei sowohl quantitative („Umfang") als auch qualitative („Art") Kriterien heranzuziehen sind – wobei ein Handelsgewerbe positiv formuliert nur vorliegt, wenn es sowohl nach Art als auch nach Umfang die kaufmännische Einrichtung erfordert. Letztlich wird aber eine Gesamtabwägung aller Kriterien vorgenommen.

Mit dem in kaufmännischer Weise eingerichteten Geschäftsbetrieb ist vor allem gemeint, dass es zur Abbildung der Geschäftstätigkeit einer **kaufmännischen Buchführung und Rechnungslegung** bedarf. Qualitativ ist insoweit auf die Komplexität der Geschäftstätigkeit abzustellen, etwa in Bezug auf das Leistungsspektrum, unterschiedliche Betriebsstätten sowie die Größe des räumlichen Tätigkeitsgebiets. Quantitativ ist Hauptkriterium sicher die **Umsatzhöhe**, ferner haben die **Anzahl der Geschäftsvorfälle** sowie die **Beschäftigtenzahl** erhebliche Bedeutung. Klare Grenzwerte hinsichtlich der Umsatzhöhe gibt es indes nicht. Einen Anhaltspunkt kann man allerdings der Regelung des §241a HGB (bzw. der steuerlichen Parallelregelung in §141 AO) entnehmen, der von der Buchführungspflicht befreit, wenn der Jahresumsatz unter 800.000 € und der Jahresüberschuss unter 80.000 € beträgt. Werden diese Schwellen überschritten, wird man im Regelfall von einem Handelsgewerbe ausgehen können. In der Literatur wird auch häufig auf eine Umsatzhöhe von 500.000 € abgestellt, was wohl noch auf die bis 2015 geltende Fassung des §241a HGB zurück geht – die Schwellenwerte sind (nicht zuletzt inflationsbedingt) mehrfach (zuletzt 2024) erhöht worden. Die ältere Rechtsprechung zu dieser Frage ist daher nur sehr bedingt auf heutige Bedingungen übertragbar. Jedenfalls kann auch der Umsatz immer nur ein Indiz bei der Gesamtbetrachtung sein – wird ein Umsatz von 1 Mio. € ohne Mitarbeiter durch einen einzigen Geschäftsvorfall erzielt (was etwa bei der Vermittlung von Großaufträgen oder speziellen Beratungsleistungen denkbar ist) liegt sicher kein Handelsgewerbe vor. Umgekehrt kann ein komplexer Geschäftsbetrieb mit vielen Angestellten, der in der Start up-Phase nur ganz geringe Umsätze tätigt, durchaus als Handelsgewerbe anzusehen sein. Die Abgrenzung lässt sich daher kaum rechtssicher vornehmen. In der Praxis empfiehlt es sich daher, im Zweifelsfall von der Option des §2 HGB Gebrauch zu machen, um Unsicherheit zu vermeiden.

II. Der Kannkaufmann, §§2, 3 HGB

Liegt kein Handelsgewerbe iSv §1 Abs. 2 HGB vor, kann in zwei Konstellationen die Kaufmannseigenschaft freiwillig durch Anmeldung der Firma zum Handelsregister und die daraufhin erfolgende Eintragung erworben werden. In diesem Fall bewirkt erst die Registereintragung die Kaufmannseigenschaft, sie hat also konstitutive Wirkung – bis dahin ist der Unternehmer als Nichtkaufmann anzusehen.

1. Kleingewerbe

§2 HGB ermöglicht die freiwillige Eintragung bei einem „gewerblichen Unternehmen", das kein Handelsgewerbe ist. Voraussetzung ist also, dass ein Gewerbe vorliegt, so dass zB ein Freiberufler (Rechtsanwalt) keine Eintragung als Einzelkaufmann erhalten kann. Die Freiwilligkeit besteht auch nach Eintragung fort, so dass der Kannkaufmann nachträglich wieder herausoptieren kann, indem er einen Löschungsantrag stellt und seine Eintragung gelöscht wird (§2 S. 3 HGB). Mit Löschung wird er wieder zum Nichtkaufmann. Zulässig ist das freilich nur, wenn nicht in der Zwischenzeit durch Wachstum die Schwelle zum Handelsgewerbe überschritten wurde – da sich die Kaufmannseigenschaft dann ja schon aus §1 HGB ergibt, wird diese auch dann nicht aufgehoben, wenn die Löschung tatsächlich erfolgt.

Beachte: Ist der Kleingewerbetreibende im Handelsregister eingetragen, so hat er die volle Rechtsstellung eines Kaufmanns – man kann nur ganz oder gar nicht Kaufmann sein!

2. Land- und forstwirtschaftliche Betriebe

Land- und forstwirtschaftliche Unternehmen betreiben kein Gewerbe und werden daher – unabhängig von der Unternehmensgröße – weder von §1 noch von §2 HGB erfasst. Dennoch können sie nach §3 HGB Kaufmannseigenschaft erwerben, **wenn ihr Unternehmen nach Art und Umfang einen in kaufmännischer Weise eingerichteten Geschäftsbetrieb erfordert.** Die Betriebsgröße, die im gewerblichen Bereich das Handelsgewerbe begründet, ist hier also Voraussetzung, um überhaupt für das Handelsrecht zu optieren – der Kleinlandwirt kann sich also nicht eintragen lassen. Die Kaufmannseigenschaft entsteht auch hier (wie nach §2

HGB) erst aufgrund des freiwilligen Antrags mit der konstitutiven Eintragung im Handelsregister. Der wesentliche Unterschied zu §2 HGB ist aber, dass die Freiwilligkeit nur die ursprüngliche Eintragung betrifft, die Kaufmannseigenschaft anschließend aber nicht einfach durch Löschung wieder aufgegeben werden kann. Der Verweis auf die „allgemeinen Vorschriften" in §3 Abs. 2 HGB bedeutet, dass zu differenzieren ist: Unternehmen, die einen in kaufmännischer Weise eingerichteten Geschäftsbetrieb erfordern, können sich (ebenso wie allgemeine Handelsgewerbe) nicht löschen lassen, solange der Betrieb nicht unter die Schwelle absinkt. Kleinland- und Forstwirte können dagegen – ebenso wie der Kannkaufmann nach §2 HGB – durch einen Löschungsantrag die Kaufmannseigenschaft wieder aufgeben (was nur bei Absinken unter die Schwelle in Betracht kommt, da sonst ja schon keine Eintragung erfolgt).

Zuletzt enthält §3 Abs. 3 HGB eine Sonderregelung für **gewerbliche Nebenbetriebe** eines Land- oder Forstwirts. Diese werden trotz ihres gewerblichen Charakters nicht nach §§1, 2 HGB, sondern nach §3 HGB behandelt, sind also niemals Musskaufmann, sondern allenfalls Kannkaufmann oder als Kleingewerbe nicht eintragungsfähig. Ein Nebenbetrieb liegt aber nur vor, wenn eine Abhängigkeit vom Hauptbetrieb besteht und er diesen fördert, insbesondere durch Weiterverarbeitung der Produkte. In Betracht kommt das etwa bei Brauereien und Brennereien, in der Forstwirtschaft auch ein Sägewerk. Ferner muss er organisatorisch verselbständigt sein, sonst gilt er als Teil des Hauptbetriebs. Die Verselbständigung ist erforderlich, da die Voraussetzungen für Haupt- und Nebenbetrieb getrennt zu prüfen sind und über die Eintragung getrennt zu entscheiden ist. Die Kaufmannseigenschaft kann daher (sofern die Voraussetzungen jeweils vorliegen) nur für den Hauptbetrieb, nur für den Nebenbetrieb oder für beide Betriebe begründet werden. Der Betreiber kann also je nachdem, für welchen Betrieb ein Rechtsgeschäft abgeschlossen wird, als Kaufmann oder als Nichtkaufmann anzusehen sein.

III. Anwendung handelsrechtlicher Vorschriften auf Nichtkaufleute

Wir haben bereits gesehen, dass einige handelsrechtliche Vorschriften im Rahmen von einseitigen Handelsgeschäften auch auf Nichtkaufleute anzuwenden sind (§345 HGB). Einige Vorschriften zur Ausgestaltung handelsrechtlicher Rechtsverhältnisse werden darüber hinaus vom Gesetz auch dann für anwendbar erklärt, wenn atypischerweise einmal **kein Kaufmann** beteiligt ist. So setzt etwa das Handelsvertreterrecht keine Kaufmannseigenschaft des Geschäftsherrn („Unternehmer", §84 Abs. 1 HGB) voraus. Der Handelsvertreter ist zwar häufig selbst Kaufmann, aber (bei einem Kleingewerbe) nicht notwendigerweise. Ein Handelsvertretervertrag ist daher auch zwischen Nichtkaufleuten möglich. Gleichwohl sind die §§84 ff. HGB auch in diesem Fall nach §84 Abs. 4 HGB anwendbar, nicht zuletzt, da sie Schutzvorschriften für den Handelsvertreter enthalten und dessen Schutzbedürftigkeit nicht von der Eintragung ins Handelsregister abhängt. Ebenso verhält es sich für den Handelsmakler (§93 Abs. 3 HGB).

Ähnliche Regelungen finden sich bei bestimmten Handelsgeschäften im 4. Buch des HGB, die typischerweise im Handelsverkehr abgeschlossen werden. Da das Bedürfnis für spezielle Regelungen für diese Vertragstypen unabhängig von der Kaufmannseigenschaft besteht, werden auch hier die Vorschriften für anwendbar erklärt, wenn der Leistungserbringer kein Kaufmann ist – auf die Kaufmannseigenschaft des Vertragspartners kommt es ohnehin nicht an. Hier werden darüber hinaus auch die allgemeinen Vorschriften für Handelsgeschäfte im Kontext des betroffenen Vertragsverhältnisses weitgehend für anwendbar erklärt. Solche Regelungen finden sich in Bezug auf den Kommissionär (§383 Abs. 2 HGB), den Frachtführer (§407 Abs. 3 HGB), den Spediteur (§453 Abs. 3 HGB) und den Lagerhalter (§467 Abs. 3 HGB). In allen Fällen ist aber Voraussetzung, dass der Vertrag im Rahmen eines **gewerblichen Unternehmens** abgeschlossen wurde – wer nicht zumindest Gewerbetreibender ist, gelangt auch auf diesem Weg nicht in den Anwendungsbereich des Handelsrechts.

IV. Die Kaufmannseigenschaft der Handelsgesellschaften, §6 HGB

Die Regelung des §6 HGB differenziert zwischen den Handelsgesellschaften in Abs. 1 und den Formkaufleuten in Abs. 2. Mit den **Handelsgesellschaften** sind die im 2. Buch des HGB geregelten und so bezeichneten (was bei der stillen Gesellschaft nicht der Fall ist, die demnach selbst keine Kaufmannseigenschaft besitzt) Gesellschaftsformen gemeint, also **offene Handelsgesellschaft (oHG)** und **Kommanditgesellschaft (KG).** Diese Rechtsformen setzen bereits begrifflich den Betrieb eines Handelsgewerbes voraus (vgl. §§105 Abs. 1, 161 Abs. 1 HGB), so dass die Zuerkennung der Kaufmannseigenschaft konsequent ist. Auch hier ist aber danach zu unterscheiden, ob es sich schon nach Art und Umfang um ein Handelsgewerbe oder um ein Kleingewerbe handelt: Im ersten Fall liegt stets ein oHG vor und es besteht Anmeldepflicht (§106 HGB), im zweiten Fall ist die Gesellschaft zunächst als Gesellschaft bürgerlichen Rechts anzusehen (§§705 ff. BGB), hat aber die Option, für das Handelsrecht zu optieren und ihre Firma zur Eintragung anzumelden. In diesem Fall wandelt sie sich durch die insoweit konstitutive Eintragung zur oHG und erwirbt die Kaufmannseigenschaft (§107 HGB). Anders als nach §§1, 2 HGB steht die Option für eine Handelsgesellschaft (und damit die Kaufmannseigenschaft) auch Gesellschaften offen, die kein Gewerbe betreiben, so dass bei Eintragung auch Handelsgesellschaften zur privaten Vermögensverwaltung und seit 2024 sogar für freie Berufe zulässig sind (§107 Abs. 1 HGB). Die Kaufmannseigenschaft betrifft indes nur die Handelsgesellschaft selbst, die als Unternehmensträger das Handelsgewerbe betreibt, erstreckt sich aber (nach der heute vorherrschenden Auffassung) **nicht auf die Gesellschafter**. Handelsrecht gilt also nur, wenn die Gesellschafter für die Gesellschaft tätig werden, nicht für ihre private Vermögenssphäre, selbst wenn ein Bezug zum Unternehmen besteht. Allerdings können bei vergleichbarer Interessenlage einzelne handelsrechtliche Vorschriften analog anzuwenden sein.

Beispiel: Der geschäftsführende Gesellschafter A übernimmt gegenüber der Bank B eine Bürgschaft. Tut er dies im Namen der Gesellschaft aufgrund seiner Vertretungsbefugnis, ist dies formfrei möglich (§350 HGB). Tut er dies im eigenen Namen (so dass nur er, nicht aber die Gesellschaft haftet) wäre eigentlich die Schriftform des §766 BGB zu wahren. Hat die Bürgschaft aber einen gewerblichen Bezug (insbesondere bei Absicherung einer Verbindlichkeit der oHG), ist §350 HGB analog auf die Erklärung anwendbar – als geschäftsführender Gesellschafter ist er schließlich mit den Gepflogenheiten des Handelsverkehrs vertraut und geschäftserfahren.

Bei den **Formkaufleuten** des Abs. 2 ergibt sich die Kaufmannseigenschaft nicht aus dem HGB selbst, sondern aus gesellschaftsrechtlichen Vorschriften, die bestimmte Körperschaften schon aufgrund ihrer Rechtsform und damit unabhängig von Tätigkeitsgegenstand oder -umfang dem Handelsrecht unterwerfen. Der in Abs. 2 verwendete Begriff des „Vereins" ist hier irreführend. Tatsächlich geht es vor allem um die **Kapitalgesellschaften**, der Begriff erklärt sich so, dass der „Verein" als Grundform aller Körperschaften und damit auch der Kapitalgesellschaften anzusehen ist. Der „eingetragene Verein" ist dagegen (mangels gesetzlicher Anordnung) gar kein Formkaufmann. Angeordnet ist die Kaufmannseigenschaft für die Aktiengesellschaft in §3 Abs. 1 AktG, für die Kommanditgesellschaft auf Aktien in §278 Abs. 3 AktG, für die Gesellschaft mit beschränkter Haftung in §13 Abs. 3 GmbHG und für die eingetragene Genossenschaft in §17 Abs. 2 GenG. Wie gesagt kommt es nicht auf Tätigkeitsbereich oder Handelsgewerbe an, so dass auch nicht gewerblich tätige Kapitalgesellschaften, etwa die Freiberufler-GmbH, als Kaufleute anzusehen sind.

V. Fiktiv- und Scheinkaufmann

Die eigenartige Regelung des §5 HGB fingiert bei einem ins Handelsregister eingetragenen Gewerbebetrieb die Kaufmannseigenschaft („**Fiktivkaufmann**"), auch wenn diese tatsächlich nicht vorliegt. Einen Anwendungsbereich hat die Vorschrift aber wohl nur theoretisch: Liegt ein Kleingewerbe vor, begründet schon §2 HGB die Kaufmannseigenschaft, liegt schon kein Gewerbe vor, hilft auch §5 HGB nicht weiter, da die Vorschrift ein „unter der Firma betriebenes Gewerbe" voraussetzt. Es verbleiben daher nur die Fälle einer unwirksamen, da insbesondere nicht vom Berechtigten beantragten Eintragung – das dürfte nur theoretische Bedeutung haben.

Scheinkaufmann ist dagegen derjenige, der im kaufmännischen Rechts- und Geschäftsverkehr als Kaufmann auftritt, ohne es tatsächlich zu sein („sich als Kaufmann geriert"). Beim Scheinkaufmann handelt es sich nur um einen Anwendungsfall der allgemeinen, letztlich aus dem Grundsatz von Treu und Glauben abgeleiteten Rechtsscheinhaftung: Wer im Rechtsleben durch sein Verhalten Vertrauenstatbestände schafft, muss sich zugunsten schutzwürdiger Dritter so behandeln lassen, als entsprächen seine Behauptungen den Tatsachen. Ein **Auftreten als Kaufmann** kommt vor allem durch den Gebrauch einer Firma (zB „Fa. Auto Hoffmann"), da dies nur dem Kaufmann zusteht, oder einen Firmenzusatz nach

§ 19 HGB (zB „Auto Hoffmann e.K.“) in Betracht, ferner das Vorspiegeln einer Unternehmensgröße, die ein Handelsgewerbe begründen würde.

Dieser Grundsatz gilt aber immer nur **zugunsten eines gutgläubigen Dritten** (der also die Wahrheit nicht kannte und nicht kennen musste, er also nicht grob fahrlässig gehandelt hat), so dass sich der Scheinkaufmann selbst nicht auf die Kaufmannseigenschaft berufen kann. Der Dritte hat dagegen grundsätzlich die **Wahl**, ob er sich auf die wahre Rechtslage oder den Rechtsschein der Kaufmannseigenschaft berufen möchte.

Eine andere Frage ist dagegen, ob der gutgläubige Dritte sich nur einheitlich auf die wahre Rechtslage oder den Rechtsschein berufen kann, oder ob er sich je nach Kontext selektiv entscheiden kann („Rosinenpicken“), also sich etwa bei wechselseitiger Lieferbeziehung für den Ankauf vom Scheinkaufmann auf die wahre Rechtslage (so dass bei eigener Kaufmannseigenschaft kein beiderseitiges Handelsgeschäft vorliegt und § 377 HGB nicht anwendbar ist), beim Verkauf an den Scheinkaufmann dagegen auf den Rechtsschein (und damit die Anwendbarkeit des § 377 HGB) berufen kann. In der Rechtsprechung ist diese Frage nicht geklärt, überwiegend wird richtigerweise davon ausgegangen, dass das Wahlrecht nur einheitlich ausgeübt werden kann, da der Vertragspartner nur in seinem Vertrauen auf den Rechtsschein geschützt werden soll. Dagegen soll er nicht besser stehen, als er es aufgrund des Rechtsscheins erwarten konnte. Wir werden einer vergleichbaren Konstellation noch einmal im Rahmen der Publizität des Handelsregisters begegnen – hier aber mit anderer Bewertung aufgrund der besonderen Funktion der Registereintragung (unten in § 5).

§ 5. Das Handelsregister

Lernhinweis: Im kaufmännischen Rechts- und Geschäftsverkehr besteht ein besonderes Bedürfnis nach rascher und zuverlässiger Information. Ein Kaufmann muss wissen, „woran er ist“. Diesem Bedürfnis kommt die Einrichtung des Handelsregisters entgegen. Es will die Öffentlichkeit über wichtige Rechtsverhältnisse des handels- und gesellschaftsrechtlichen Bereiches unterrichten. Die in ihm verlautbarten Eintragungen genießen demzufolge einen bestimmten Vertrauensschutz. Diese Handelsregisterpublizität nach § 15 HGB dient in vielen Prüfungsaufgaben als Aufhänger für zahlreiche handels- und gesellschaftsrechtliche Themen und ist daher sehr klausurrelevant.

Die Rechtsgrundlage für das Handelsregister finden Sie zunächst im Handelsgesetzbuch (§§ 8–16 HGB). Dort ist geregelt, von wem das Handelsregister geführt wird, wer Einsicht nehmen kann, wie die Eintragungen und die Bekanntmachungen zu erfolgen haben und vor allem, welche Wirkungen diese Eintragungen besitzen. Daneben sind die §§ 374 ff. FamFG heranzuziehen, welche die näheren Angaben über das Verfahren bei der Anmeldung, Eintragung und Bekanntmachung enthalten. Ergänzend greift die Handelsregisterverordnung (HRV) ein. Sie enthält die praktischen Details über die Führung des Handelsregisters.

I. Die Funktionen des Handelsregisters

1. Die allgemeine Publikationsfunktion

Das Handelsregister ist das allgemeine Publikationsmittel für solche Tatsachen, die für den kaufmännischen Rechts- und Geschäftsverkehr wichtig sind.

Durch die Eintragung in das Handelsregister wird die Öffentlichkeit informiert. Diese Funktion kennen wir bei allen Registern (Grundbuch, Güterrechtsregister, Vereinsregister usw.), die Offenlegung erfolgt dabei grundsätzlich im Interesse des Rechtsverkehrs (also Dritter, die in rechtsgeschäftlichem Kontakt zu den Kaufleuten treten). Daher besteht in Bezug auf die einzutragenden Tatsachen grundsätzlich eine Anmeldepflicht des Kaufmanns – ohne Anmeldung erfolgt keine Eintragung, daher besteht die Pflicht bei allen **eintragungspflichtigen Tatsachen**. In wenigen Fällen kann eine vom Kaufmann gewünschte Rechtsfolge nur durch die Registereintragung herbeigeführt werden, so dass hier die Anmeldung optional ist – man spricht von **lediglich eintragungsfähigen Tatsachen** (etwa bei der Eintragung des Kannkaufmanns nach §2 HGB).

Diese Publikationsfunktion kann das Handelsregister nur erfüllen, wenn eine umfassende Informationsmöglichkeit besteht, wozu ein besonders weitgehendes Einsichtsrecht der Öffentlichkeit besteht:

Die Einsicht des Handelsregisters sowie der zum Handelsregister eingereichten Schriftstücke ist jedermann zu Informationszwecken gestattet (§9 Abs. 1 S. 1 HGB – lesen!).

Im Unterschied zum Grundbuch bedarf es also nicht eines wie auch immer gelagerten „berechtigten" oder gar „rechtlichen" Interesses. Der neugierige Interessent (auch die Konkurrenz!) kann sich deshalb in gleichem Maße informieren wie der angehende Geschäftspartner, der sich vor Geschäftsabschluss zB über die Vertretungsverhältnisse seines Partners informieren will.

Seit der Umstellung des früher in Papierform geführten Handelsregisters auf die elektronische Kommunikation ist die **Informations- und Publikationsfunktion** des Handelsregisters erheblich verstärkt: Das nach §9 Abs. 1 S. 2 HGB geschaffene elektronische Informations- und Kommunikationssystem ermöglicht den elektronischen Abruf von Daten aus dem **Gemeinsamen Registerportal der Länder** (das unter www.handelsregister.de den Zugang zu allen dezentral an den Amtsgerichten geführten Handelsregistern ermöglicht) oder indirekt über das vom Bund geführte elektronische **Unternehmensregister** (www.unternehmensregister.de). Der Zugang erfolgt einfach über eine frei zugängliche Suchmaske, es bedarf nicht einmal einer Registrierung. Versuchen Sie es einmal! Die Beschränkung auf „einzelne Abrufe" in §9 Abs. 1 S. 1 HGB bedeutet nur, dass man nicht durch automatisierte Abrufe eine Vielzahl an Datensätzen herunterladen darf, etwa um eine Kopie des Registerinhalts zu erstellen. Denn dies könnte genutzt werden, um private Dienstleistungen anzubieten, auf die das Registerportal bewusst verzichtet, insbesondere eine Personensuche, um alle Eintragungen in Bezug auf eine bestimmte Person zu finden. Es geht also nur um den Schutz der personenbezogenen Daten, nicht um die Begrenzung des freien Zugangs durch normale Nutzer.

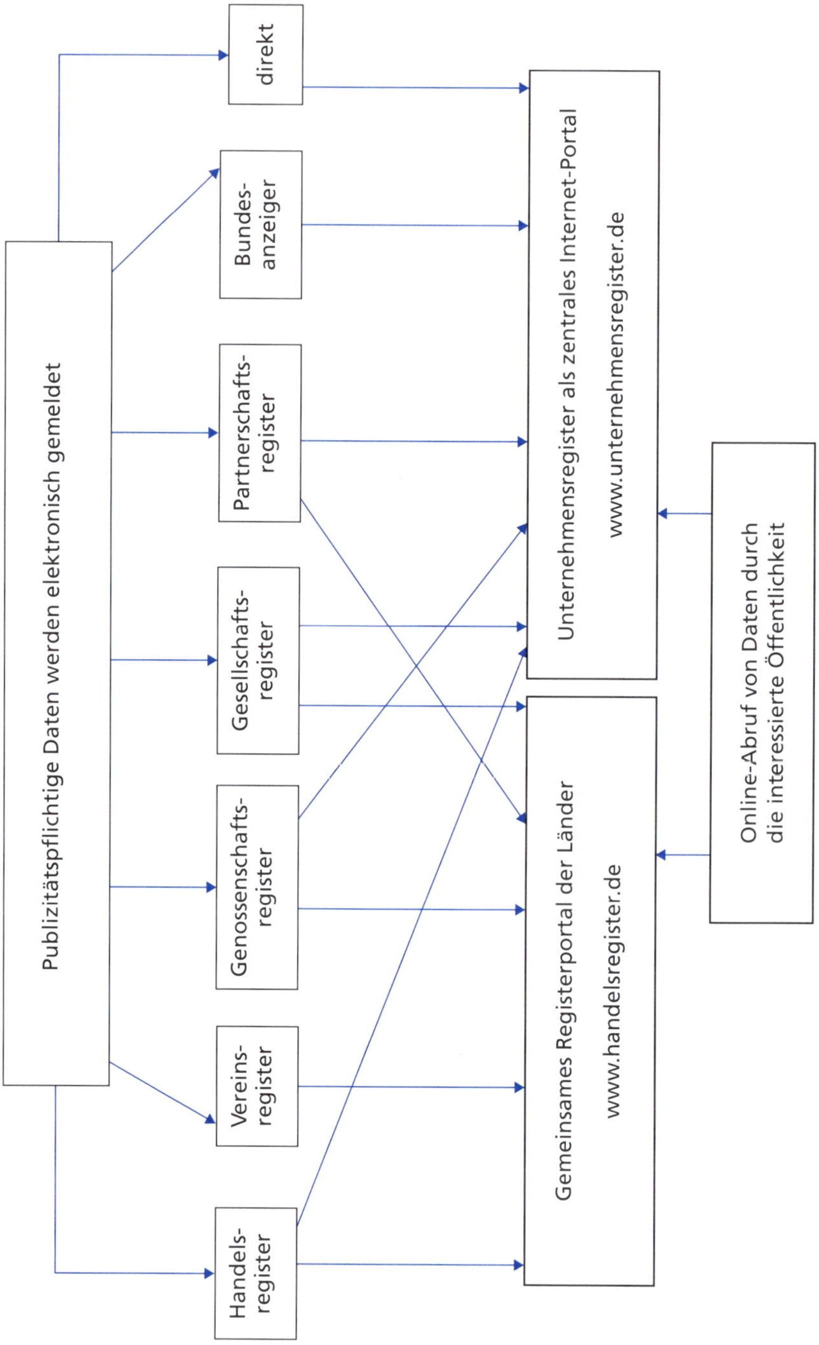

Abb. 6: Zugang zu publizitätspflichtigen Tatsachen

2. Die Schutzfunktion

Auf Eintragungen in öffentlichen Registern darf man sich verlassen. Wenn das anders wäre, hätten derartige Register keinen Sinn. Gleichwohl können Eintragungen falsch oder Inhalte unvollständig sein. Wir haben (in Bezug auf die Kaufmannseigenschaft) bereits die Differenzierung zwischen konstitutiven und deklaratorischen Eintragungen kennengelernt. Die meisten Eintragungen sind deklaratorisch, die Rechtsänderung tritt also außerhalb des Registers ein und wird erst danach angemeldet und eingetragen – zwischenzeitlich ist das Register unvollständig, der Inhalt damit in dem Sinne falsch, als es die Rechtslage nicht zutreffend abbildet.

Die entscheidende Frage lautet daher, in welchem Umfang das Vertrauen auf die Registereintragung geschützt ist. Der Vertrauensschutz ist in §15 HGB (lesen!) geregelt, wobei unterschieden wird zwischen der **positiven und der negativen Publizität**, je nachdem, ob man auf die Richtigkeit einer bestehenden Eintragung (das „Reden" des Registers) oder das Nichtbestehen einer eintragungspflichtigen, nicht eingetragenen Tatsache vertraut (das „Schweigen des Registers"). Zu den Einzelheiten s. unten IV.

3. Die Beweisfunktion

Soweit eine Tatsache wie zB die Erteilung einer Prokura (und damit das Bestehen von Vertretungsmacht für den Kaufmann) im Rahmen einer gerichtlichen Auseinandersetzung relevant ist, bedarf es ihres **Nachweises**. Durch die Eintragung in das Handelsregister kann dieser Nachweis grundsätzlich geführt werden. Um den Inhalt des Registers nachzuweisen kann von den Eintragungen gem. §9 Abs. 4 HGB ein amtlicher Ausdruck verlangt werden, ferner besteht ein Anspruch auf Erteilung eines sog. „Negativattests" (§9 Abs. 5 HGB), also eine Bestätigung dahingehend, dass bzgl. des Gegenstands einer Eintragung keine weiteren Eintragungen vorhanden sind bzw., dass eine bestimmte Eintragung nicht erfolgt ist. Diese besonderen Nachweise haben indes heute kaum noch Bedeutung, da jeder Interessent ganz einfach selbst den Registerauszug einsehen kann – auch der Richter im Rahmen des Rechtsstreits. Der BGH hat daher anerkannt, dass die ins Handelsregister eingetragenen Tatsachen für das Gericht „**offenkundig**" sind, es also keines weiteren Nachweises bedarf (BGH NJW 2023, 2489).

4. Die Kontrollfunktion

Vor der Eintragung werden die angemeldeten Tatsachen vom Registergericht auf ihre rechtliche Plausibilität geprüft (dazu sogleich III.). Zudem wirken die berufsständischen Vertretungen mit: Nach §380 FamFG i. V. m. §23 HRV sind die **Industrie und Handelskammern** verpflichtet, die Registergerichte bei der Verhütung unrichtiger Eintragungen, bei der Berichtigung und Vervollständigung des Handelsregisters sowie beim Einschreiten gegen unzulässigen Firmengebrauch zu unterstützen. Darüber hinaus ist sie berechtigt, zu diesen Zwecken Anträge bei den Registergerichten zu stellen und gegen Verfügungen der Registergerichte Beschwerde einzulegen. Auf diese Weise ermöglicht das Handelsregister eine Kontrolle des kaufmännischen Geschäftsverkehrs.

II. Die Handelsregister-Eintragungen

Es versteht sich von selbst, dass nur die wichtigsten, für den kaufmännischen Geschäfts- und Rechtsverkehr erheblichen Tatsachen in das Handelsregister aufgenommen werden. Dabei ist einerseits zwischen eintragungspflichtigen, lediglich eintragungsfähigen und nicht eintragungsfähigen Tatsachen, und andererseits zwischen konstitutiven und deklaratorischen Eintragungen zu unterscheiden:

1. Eintragungspflichtige, lediglich eintragungsfähige und nicht eintragungsfähige Tatsachen

Eintragungen in das Handelsregister werden nur auf gesetzlicher Grundlage vorgenommen. Es bedarf also grundsätzlich einer gesetzlichen Norm, die anordnet, dass eine bestimmte Tatsache in das Handelsregister eingetragen werden kann oder sogar „einzutragen ist" – mit der letztgenannten Formulierung bringt das Gesetz die Pflicht zum Ausdruck, die Eintragung durch Anmeldung zu initiieren. In wenigen Fällen ist ferner anerkannt, dass auch ohne spezielle Norm aufgrund einer Auslegung des Gesetzes Tatsachen eintragungsfähig oder -pflichtig sind. Hieraus ergeben sich drei Kategorien von Tatsachen:

Eintragungspflichtige Tatsachen sind solche, an deren Offenlegung der Rechtsverkehr ein starkes Interesse hat. Da das Handelsregister nicht durch weniger relevante Informationen überfrachtet werden soll, besteht für die meisten überhaupt eintragungsfähigen Tatsachen die Pflicht zur Anmeldung, die die Eintragung nach sich zieht. Bei Einzelkaufleuten handelt es sich vor allem um die Firma einschließlich Änderung und Erlöschen der Firma (§§ 29, 31 HGB), womit die grundsätzliche Eintragung des Kaufmanns selbst gemeint ist, ferner Erteilung und Erlöschen der Prokura (§§ 53 Abs. 1, 53 Abs. 2 HGB), um die damit verbundene weitreichende Vertretungsbefugnis für den Kaufmann offenzulegen. Einzutragen sind ferner nach § 32 HGB eine Reihe insolvenzrechtlicher Vorgänge, insbesondere die Eröffnung des Insolvenzverfahrens. Anerkannt ist ferner, dass auch ohne spezielle Norm die Befreiung vom Verbot des Selbstkontrahierens (§ 181 BGB) eintragungspflichtig ist, ebenso die Erweiterung der Prokura um die Veräußerungsbefugnis für Grundstücke nach § 49 Abs. 2 HGB. Die meisten eintragungspflichtigen Tatsachen beziehen sich dagegen auf die Handelsgesellschaften (Personen- und Kapitalgesellschaften), worauf im Kontext des Teil B. zurückzukommen sein wird. Derartige Regelungen finden sich nicht nur im HGB, sondern in großem Umfang auch in den kapitalgesellschaftsrechtlichen Spezialgesetzen (GmbHG, AktG) sowie dem Umwandlungsgesetz.

Lediglich eintragungsfähige Tatsachen sind solche, deren Eintragung zwar gesetzlich vorgesehen ist, für die aber keine Eintragungspflicht besteht, sondern deren Anmeldung im Ermessen des Kaufmanns liegt. Denn die Eintragung liegt hier nicht im Interesse des Rechtsverkehrs, sondern ist Voraussetzung für eine bestimmte Rechtsfolge, die der Kaufmann auslösen möchte. Hauptfall ist die fakultative Eintragung des Kannkaufmanns (§§2, 3 HGB), der dadurch erst die Kaufmannseigenschaft erwirbt. Weitere Beispiele sind die Haftungsbeschränkungen nach §§25 Abs. 2, 28 Abs. 2 HGB, die einem Dritten nur bei Eintragung oder Kenntnis entgegengehalten werden können.

Nicht eintragungsfähig sind dagegen alle Tatsachen, für die weder eine Norm noch eine Gesetzesauslegung die Eintragungsfähigkeit anordnet. Dies betrifft aber nicht nur irrelevante Tatsachen – es gibt durchaus handelsrechtliche Vorgänge, bei denen das Offenlegungsbedürfnis lediglich als weniger hoch angesehen und daher auf eine Regelung verzichtet worden ist. Dies gilt insbesondere für die Handlungsvollmacht (§54 HGB), die (in einem engeren Rahmen) ebenso zur Vertretung des Kaufmanns befugt wie die Prokura, gleichwohl aber nicht eintragungsfähig ist.

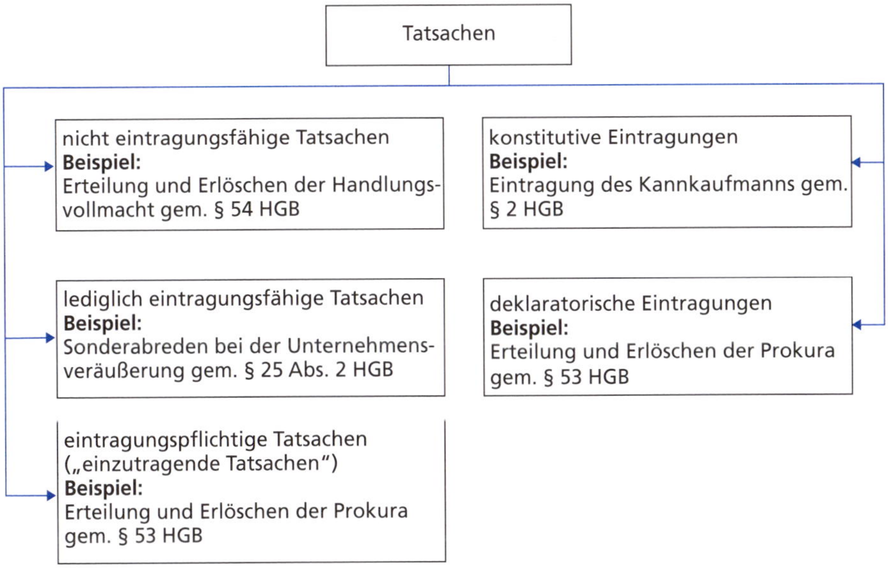

Abb. 7: Tatsachen im Handelsregister

2. Konstitutive und deklaratorische Eintragungen

Zu unterscheiden ist ferner im Hinblick auf die Wirkung einer Handelsregistereintragung. Eine **konstitutive Eintragung** liegt vor, wenn erst die Vornahme der Eintragung die Rechtsfolge auslöst, die Gegenstand der Eintragung ist. Bei einer wirksamen Eintragung fallen also Eintritt der Tatsache und Registereintragung notwendig zusammen, es gibt keinen Zwischenzeitraum, während dessen das Handelsregister unrichtig bzw. unvollständig wäre. Von einer **deklaratorischen Eintragung** spricht man dagegen, wenn eine Tatsache außerhalb des Handelsregisters (also durch einen realen Vorgang) eingetreten ist und erst anschließend im Handelsregister eingetragen wird – während der Zwischenzeit ist das Register also notwendig unrichtig bzw. unvollständig. Den daraus resultierenden Konflikt löst das HGB durch die Publizitätswirkung nach § 15 HGB auf.

Fast alle Eintragungen in das Handelsregister haben nur deklaratorische Wirkung. Beispielsweise wird die Prokura nicht erst mit der Eintragung, sondern bereits mit der Erteilung wirksam. Dies gilt selbst für einige lediglich eintragungsfähige Tatsachen, da insbesondere die Haftungsbeschränkung der §§ 25 Abs. 2, 28 Abs. 2 HGB außerhalb des Handelsregisters wirksam vereinbart sind und bei Kenntnis dem Dritten auch ohne Eintragung entgegengehalten werden können. Insoweit ist die Terminologie indes uneinheitlich, teilweise werden auch solche Eintragungen als konstitutiv bezeichnet, obwohl die Haftungsbeschränkung bei Kenntnis des Dritten auch ohne Eintragung wirksam ist (was neben den genannten Vorschriften vor allem die beschränkte Kommanditistenhaftung nach § 176 HGB betrifft). Konstitutive Wirkung hat außerhalb des Gesellschaftsrechts lediglich die Eintragung des Kannkaufmanns nach §§ 2, 3 HGB, der erst hierdurch die Kaufmannseigenschaft erwirbt. Auch im Personengesellschaftsrecht des HGB ist nur der parallele Fall des § 107 HGB zu nennen, wo die Eigenschaft als Handelsgesellschaft (mangels Handelsgewerbes) erst mit Eintragung begründet wird. Größere Bedeutung haben konstitutive Eintragungen dagegen im Kapitalgesellschafts- und Umwandlungsrecht, da schon die Kapitalgesellschaft „als solche" erst durch die Eintragung entsteht (§ 41 AktG, § 11 GmbHG) und auch Änderungen der satzungsmäßigen Grundlagen der Gesellschaft (sei es durch Satzungsänderung, Kapitalmaßnahmen oder Umwandlungsvorgänge) erst mit Eintragung wirksam werden (vgl. etwa § 181 Abs. 3 AktG, § 54 Abs. 3 GmbHG für die Satzungsänderung).

III. Das Eintragungsverfahren

1. Die Führung des Handelsregisters

Das Handelsregister wird gem. § 8 HGB von den Gerichten elektronisch geführt. Zuständig sind nach §§ 23 a GVG, 374 ff. FamFG die Amtsgerichte. Dort sind die Aufgaben weitgehend auf den Rechtspfleger delegiert. Es gibt also nicht nur ein Handelsregister, sondern es wird an jedem Amtsgericht ein eigenes Register geführt. Hiervon zu unterscheiden ist allerdings die elektronische Einsichtnahme nach § 9 Abs. 1 HGB, für die gemäß § 9 Abs. 1 S. 4 HGB eine bundeseinheitliche digitale Infrastruktur geschaffen worden ist, das unter handelsregister.de erreichbare Gemeinsame Registerportal der Länder (dazu noch unten V.).

Ähnlich wie das Grundbuch gliedert sich das Handelsregister in mehrere Abteilungen, nämlich in die Abteilung A und in die Abteilung B.

In Abt. A werden insbes. eingetragen:

- die Einzelkaufleute,
- die offenen Handelsgesellschaften,
- die Kommanditgesellschaften,

in Abt. B werden eingetragen:

- die Aktiengesellschaften,
- die Europäischen (Aktien-)Gesellschaften (SE),
- die Kommanditgesellschaften auf Aktien,
- die Gesellschaften mit beschränkter Haftung,
- die Versicherungsvereine auf Gegenseitigkeit.

Anmerkung: Gesellschaften bürgerlichen Rechts, Genossenschaften und Partnerschaften fehlen in dieser Aufstellung, sie werden in das Gesellschafts-, Genossenschafts- bzw. Partnerschaftsregister eingetragen.

2. Das Verfahren

Es sind drei Stadien zu unterscheiden:

- die Anmeldung,
- die Eintragung und
- die Bekanntmachung.

Anmeldungen zur Eintragung in das Handelsregister müssen gem. § 12 HGB elektronisch in öffentlich beglaubigter Form eingereicht werden. Das bedeutet, dass es zwingend der **Beteiligung eines Notars** bedarf, der entweder bei Erstellung der Anmeldung in Papierform die Unterschrift gem. § 129 BGB beglaubigt und anschließend ein elektronisches Zeugnis (§ 39a BeurG) errichtet, oder aber nach § 40a BeurkG durch ein besonderes Videokommunikationssystem direkt eine qualifizierte elektronische Signatur beglaubigt, und in beiden Fällen die elektronische Einreichung vornimmt. Dokumente sind ebenfalls elektronisch nach näherer Maßgabe des § 12 Abs. 2 HGB einzureichen. Der Notar hat dabei nicht nur die Identität zu prüfen, sondern auch die Eintragungsfähigkeit der angemeldeten Tatsache (§ 378 Abs. 3 FamFG). Papier akzeptiert das Handelsregister mithin ebenso wenig wie Anmeldungen, die nicht durch den Notar übermittelt werden.

Wie die **Eintragungen in das Handelsregister** zu erfolgen haben, ist im Einzelnen in der Handelsregisterverordnung (HRV) geregelt (vgl. §§ 12 ff. HRV). Grundsätzlich erfolgen Eintragungen nur aufgrund einer wirksamen Anmeldung durch den Berechtigten, eine Eintragung von Amts wegen ist nur in wenigen Ausnahmefällen vorgesehen, vor allem in Bezug auf die Eröffnung des Insolvenzverfahrens (§ 32 HGB). Die Eintragungspflicht bedeutet also nicht, dass das Gericht verpflichtet oder auch nur berechtigt wäre, eine Tatsache ohne Anmeldung einzutragen, vielmehr ist nach § 14 HGB ggf. die Anmeldepflicht durch Zwangsgeld durchzusetzen – was allerdings nur sehr selten vorkommt.

Jeder Einzelkaufmann, jede juristische Person sowie jede Handelsgesellschaft ist unter einer in derselben Abteilung fortlaufenden Nummer (Registerblatt) in das Register einzutragen. Dabei sind die Eintragungen deutlich, klar verständlich sowie in der Regel ohne Verweis auf gesetzliche Vorschriften und ohne Abkürzungen vorzunehmen. Aus dem Register darf nichts durch technische Eingriffe oder sonstige Maßnahmen entfernt werden, zulässig ist es lediglich, eine bedeutungslos gewordene Eintragung als gegenstandslos zu kennzeichnen, idR durch rote Unterstreichung.

Ist die Eintragung erfolgt, bedarf es im letzten Schritt der **Bekanntmachung**. Früher ist dies in Printmedien erfolgt, so dass es ein wirklicher weiterer Verfahrensschritt war, bei dem Fehler passieren konnten, so dass Registerinhalt und Bekanntmachung nicht notwendig identisch waren und auch zeitlich nicht zusammenfielen. Daher differenziert das Gesetz weiterhin zwischen Eintragung und Bekanntmachung, etwa in § 15 Abs. 1 – 3 HGB. Durch die elektronische Registerführung hat der Unterschied indes seine Bedeutung praktisch verloren. Denn die Bekanntmachung erfolgt heute schlicht durch die erstmalige Abrufbarkeit im Gemeinsamen Registerportal der Länder (§ 10 Abs. 1 HGB). Die Eintragung wird also vorgenommen, der dabei generierte Datensatz freigegeben und damit ohne weiteres bekannt gemacht. Weder eine nennenswerte zeitliche Verzögerung noch eine inhaltliche Abweichung von Eintragung und Bekanntmachung sind daher heute praktisch relevante Szenarien.

Lernhinweis: Machen Sie sich mit dem Inhalt des Handelsregisters vertraut, indem Sie unter www.handelsregister.de in einige Registerblätter Einsicht nehmen. Sie müssen lediglich die Firma eines Unternehmens in die Suchfunktion eingeben. Wählen Sie möglichst ein Ihnen bekanntes kleineres Unternehmen, das eindeutige Suchtreffer ermöglicht – sucht man nach bekannten Großunternehmen wie „Siemens" oder „Daimler Benz" erhält man ggf. Hunderte von Treffern, die den Begriff als Firmenbestandteil nutzen, da es sich um Konzerngesellschaften handelt.

3. Prüfung durch das Registergericht

Vor der Eintragung prüft das Registergericht, ob die Voraussetzungen vorliegen und nimmt die Eintragung nur vor, wenn diese rechtmäßig und wirksam erfolgen kann; ein falscher Registerinhalt wird so vermieden. Bereits der einreichende Notar übernimmt die Vorprüfung der Eintragungsfähigkeit (§ 378 Abs. 3 FamFG), das Registergericht überprüft dann zunächst die **formalen Voraussetzungen,** insbesondere das Vorliegen eines wirksamen, vom Berechtigten oder einer für diesen vertretungsberechtigten Person gestellten Antrags, aber auch die Form der Anmeldung. Darüber hinaus prüft das Gericht die **materiellen Voraussetzungen**, ob insbesondere die einzutragende Tatsache wirklich eingetreten und rechtlich wirksam ist. Eine nähere Prüfung ist hier aber nur vorzunehmen, wenn insoweit Zweifel bestehen. Nicht geprüft wird grundsätzlich, ob ein Verstoß gegen öffentlich-rechtliche Vorschriften vorliegt, sofern nicht besondere Vorschriften dies anordnen (wie es etwa § 43 KWG für den Bezeichnungsschutz als „Bank" vorsieht). Auch zur Geltendmachung von Rechten Dritter (zB aufgrund eines Markenrechts an der Firmenbezeichnung) stehen andere Verfahren zur Verfügung. Ansonsten ist der Prüfungsumfang für bestimmte Fragen gesetzlich geregelt, etwa in § 18 Abs. 2 HGB bezüglich der Irreführungseignung der Firma (muss für eine Ablehnung der Eintragung „ersichtlich" sein), oder in § 9c GmbHG für die Gründung einer GmbH.

IV. Die Wirkung von Handelsregistereintragungen (E)

Schon aufgrund des deklaratorischen Charakters der meisten Eintragungen treten zumindest vorübergehend Diskrepanzen zwischen dem Registerstand und der wahren Rechtslage ein – wird die Anmeldepflicht verletzt oder werden rechtlich nicht wirksame Tatsachen rechtsirrig zur Eintragung angemeldet, kann dies auch über einen längeren Zeitraum der Fall sein. Es ist also nicht gewährleistet, dass das Handelsregister stets den richtigen Rechtsstand ausweist – gleichwohl soll der Rechtsverkehr in seinem Vertrauen in die Eintragungen geschützt werden. Dieser Vertrauensschutz ist unterschiedlich je nachdem, ob es sich um richtige, unrichtige oder fehlende Eintragungen und Bekanntmachungen handelt. Grundsätzlich unterscheidet man insoweit zwischen **negativer Publizität** und **positiver Publizität**.

Lernhinweis: Lesen Sie zunächst § 15 HGB aufmerksam durch. Dieser hat drei Absätze:

In Absatz 2 ist gewissermaßen der *Normalfall* geregelt: Hier geht es um die Folgen richtig eingetragener und bekannt gemachter Tatsachen – der Vertrauensschutz betrifft hier nur eine Übergangszeit (dazu nachfolgend 2.).

In Absatz 1 ist die sog. „negative Publizität" geregelt. Dort geht es um die Frage, welche Folge es hat, wenn eine einzutragende *Tatsache nicht eingetragen* und bekannt gemacht wurde (dazu nachfolgend 1.).

In Absatz 3 ist die sog. „positive Publizität" geregelt: Dort geht es um die Frage, welche Rechtsfolgen es hat, wenn eine Tatsache unrichtig eingetragen wurde (dazu nachfolgend 3.).

Wichtig: Der Gesetzeswortlaut stellt meist kumulativ auf Eintragung und Bekanntmachung ab – durch die heutige Form der Bekanntmachung durch „erstmalige Abrufbarkeit" über das Gemeinsame Registerportal (§ 10 Abs. 1 HGB) ist ein Auseinanderfallen von Eintragung und Bekanntmachung aber nicht mehr relevant, die Fallkonstellation daher nicht zu behandeln. Zur Vereinfachung werden wir daher die Bekanntmachung im Folgenden ausblenden, wenn von der Eintragung gesprochen wird, ist die Bekanntmachung mit gemeint.

1. Die negative Publizität

Ist eine in das Handelsregister einzutragende Tatsache nicht eingetragen worden, so kann diese Tatsache gem. § 15 Abs. 1 HGB einem Dritten „nicht entgegengesetzt werden". Das heißt: „Auf das **Schweigen des Handelsregisters** kann man sich verlassen".

Beispiel: Das Ausscheiden aus einer offenen Handelsgesellschaft ist gem. § 106 Abs. 6 HGB eine einzutragende Tatsache. Wird versäumt, das Ausscheiden eines Gesellschafters aus der Gesellschaft eintragen zu lassen, so schweigt sich das Handelsregister über diesen Umstand aus. Ein Dritter kann also darauf vertrauen, dass diese Tatsache nicht eingetreten ist, d. h. den bereits ausgeschiedenen Gesellschafter auch für Neuverbindlichkeiten in Anspruch nehmen (§ 126 HGB), obwohl er nach der wahren Rechtslage nur für die bis zu seinem Ausscheiden begründeten Verbindlichkeiten haftet (§ 137 HGB). Es liegt daher im Eigeninteresse des ausscheidenden Gesellschafters, die Eintragung zeitnah herbeizuführen und ggf. die Anmeldung gegenüber seinen Mitgesellschaftern durchzusetzen.

Weshalb die Eintragung unterblieben ist, ist unerheblich; insbesondere ist ein Verschulden nicht erforderlich. Durch die Publizitätswirkung wird der Kaufmann also dazu angehalten, seiner Anmeldepflicht nachzukommen – verletzt er diese, riskiert er, negativen Rechtsfolgen ausgesetzt zu sein. Die Erfüllung der registerrechtlichen Pflichten liegt dadurch im Eigeninteresse des Kaufmanns – ein wirksamerer Durchsetzungsmechanismus als § 14 HGB!

Wichtig: Bezüglich der Abgrenzung von positiver und negativer Publizität ist zu bedenken, dass im Handelsregister keine Zustände, sondern einzelne Tatsachen eingetragen werden. Im Beispiel der oHG-Gesellschafter wird zB nicht eingetragen, dass eine Person Gesellschafter ist, sondern, dass sie Gesellschafter geworden ist – und später ist als weitere, neue Tatsache das Ausscheiden einzutragen. Die Publizitätswirkung ist auf jede einzelne Tatsache anzuwenden, was dazu führt, dass auch bei einer Abweichung der wahren Rechtslage vom Registerinhalt häufig ein Fall negativer Publizität vorliegt. Achtung: Für die Studierenden ist das häufig überraschend und eine Fehlerquelle.

Beispiel: Die ordnungsgemäß im Handelsregister eingetragene (§ 53 Abs. 1 HGB) Prokura des Prokuristen P wird vom Kaufmann K widerrufen (§ 52 HGB), das Erlöschen aber nicht ins Handelsregister eingetragen, obwohl es sich nach § 53 Abs. 2 HGB um eine einzutragende Tatsache handelt. Es liegt ein Fall negativer Publizität vor: Der Vertrauensschutz wird nicht in Bezug auf den Bestand der eingetragenen Prokura gewährt, sondern mit Blick auf das nicht eingetragene Erlöschen – insoweit wird auf das Schweigen des Handelsregisters vertraut.

Frage: Gilt dies auch, wenn bereits die ursprüngliche Erteilung der Prokura nicht eingetragen worden ist? Die Antwort lässt sich leicht erschließen, wenn man sich daran erinnert, dass es um zwei unterschiedliche Tatsachen geht. Die Begründung der Prokura hat tatsächlich stattgefunden, hierauf kann man sich unabhängig von einer Publizitätswirkung berufen. Über die zweite Tatsache (Erlöschen) schweigt das Handelsregister – daher greift auch in diesem Fall die negative Publizität. Das Ergebnis ist auch interessengerecht, da man (zB als Geschäftspartner) von der Prokura unabhängig vom Handelsregister erfahren haben kann. Der Kaufmann muss dann ggf. Erteilung und Erlöschen gleichzeitig anmelden, um der Wirkung zu entgehen – die fehlende Voreintragung schließt die Anmeldung des Erlöschens nicht aus! Die Grenze ist erst dann erreicht, wenn es ausgeschlossen ist, dass Dritte von der Tatsache erfahren haben, etwa bei einer sehr kurzen Zeitspanne zwischen Erteilung und Erlöschen. Hier wird überwiegend davon ausgegangen, dass sich der Dritte nicht auf die negative Publizität berufen kann, da er nicht als schutzbedürftig erscheint – ein eher theoretisches Szenario.

Wir halten fest: Der Dritte braucht sich Tatsachen nicht entgegenhalten zu lassen, die nicht eingetragen sind. Er kann sich also auf die Rechtslage berufen, die dem Registerinhalt entspricht – er kann sich alternativ aber auch auf die wirkliche Rechtslage berufen. Denn der Vertrauensschutz des § 15 HGB soll nur *zu Gunsten* des Dritten wirken, dieser hat die Wahl und kann danach entscheiden, welche Situation für ihn günstiger ist.

Beispiel: Macht der Prokurist P im vorherigen Beispiel von der widerrufenen Prokura noch Gebrauch, hat er tatsächlich keine Vertretungsmacht – der K kann sich aber auf das Erlöschen nicht gegenüber dem Vertragspartner V berufen.

V hat nun zwei Möglichkeiten: Er kann entweder den Schutz des § 15 Abs. 1 HGB in Anspruch nehmen und seine Kaufpreisansprüche gegen K geltend machen. Er kann aber auch entsprechend der wirklichen Rechtslage P als Vertreter ohne Vertretungsmacht nach § 179 BGB in Anspruch nehmen. Letzteres kommt z. B. dann in Betracht, wenn K zwischenzeitlich insolvent wurde und die Geltendmachung von Ansprüchen gegen ihn nicht sehr vielversprechend wäre.

Problem: Geht der Schutz des § 15 Abs. 1 HGB so weit, dass der Dritte sich wegen ein und derselben nicht eingetragenen Tatsache einmal auf die tatsächliche und einmal auf die scheinbare Rechtslage berufen kann?

Beispiel: A und B sind die einzigen Komplementäre der A-KG. Nach dem Gesellschaftsvertrag können A und B nur gemeinschaftlich die KG vertreten. B scheidet aus, sein Ausscheiden wird aber nicht zur Eintragung im Handelsregister angemeldet. Später schließt A allein einen Kaufvertrag im Namen der KG mit V ab. Kann V seine Kaufpreisansprüche gegen den ausgeschiedenen Komplementär B geltend machen?
Zunächst bedarf es eines Blicks auf die gesellschaftsrechtlichen Folgen des Ausscheidens: Ist Gesamtvertretung vereinbart, können die Komplementäre nur gemeinsam Verträge für die KG abschließen – gibt es aber nur einen Komplementär, ist dieser auch bei einer solchen Gestaltung allein zur Vertretung berechtigt. Durch das Ausscheiden des B erlangt der A also alleinige Vertretungsmacht für die KG. Für die Verbindlichkeiten der KG haften alle Komplementäre der KG unbeschränkt (§§ 161 Abs. 2 iVm § 126 HGB), soweit diese während ihrer Mitgliedschaft begründet worden sind – für nach dem Ausscheiden abgeschlossene Verträge haften sie dagegen nicht mehr.
Beim Ausscheiden aus der KG handelt es sich um eine eintragungspflichtige Tatsache (§§ 161 Abs. 3 iVm § 106 Abs. 6 HGB), so dass der V die Wahl hat, ob er sich auf die wahre Rechtslage oder die negative Publizität (§ 15 Abs. 1 HGB) beruft, so dass er sich das Ausscheiden nicht entgegenhalten lassen muss. Auf den ersten Blick hat er aber nach keiner Wahlmöglichkeit einen Anspruch: Nach der wahren Rechtslage war der A zwar vertretungsbefugt, der B haftet aber aufgrund des Ausscheidens nicht mehr für den dabei begründeten Anspruch. Nach dem Registerinhalt wäre B weiterhin Gesellschafter, so dass der A auch nur gemeinsam mit ihm vertretungsbefugt war und der Vertrag ohne Vertretungsmacht für die KG abgeschlossen worden wäre und der B mangels Verbindlichkeit der KG nicht haftet. Um den Anspruch zu bejahen, müsste man dem B erlauben, sich nur in Bezug auf die Gesellschafterhaftung auf die negative Publizität zu berufen, bezüglich der Vertretungsmacht aber auf die wahre Rechtslage.
Tatsächlich hat der BGH in einer berühmten Entscheidung von 1976 entschieden, dass diese selektive Berufung auf die negative Publizität zulässig ist. Hierfür hat sich der Begriff der „**Rosinentheorie**" eingebürgert – man erlaubt dem Dritten, sich die Rosinen herauszupicken:
„Die Ansicht der Revision, der Handelsregisterinhalt könne nur in seiner Gesamtheit gewürdigt werden und derjenige, der sich hinsichtlich einer Tatsache auf das Handelsregister berufe, müsse sich entsprechend dem Gesamtinhalt des Registers behandeln lassen, findet im Gesetz keine Stütze. Gegen sie spricht bereits der **Wortlaut des § 15 Abs. 1 HGB**, der die Geltendmachung einer nicht eingetragenen Tatsache nur gegenüber einem Dritten, nicht auch gegenüber demjenigen, in dessen Angelegenheiten sie einzutragen war, für unzulässig erklärt. Dementsprechend kann sich ein Außenstehender jederzeit auf die **wirkliche Sachlage** berufen, wenn ihm das günstiger erscheint. Dass dem Dritten dies dann verwehrt wäre, wenn er sich gleichzeitig in **anderer Hinsicht** auf den von der wahren Sachlage abweichenden **Registerinhalt** beruft, kann weder dem Wortlaut noch dem Sinn der Vorschrift entnommen werden." (BGH NJW 1976, 569)

Wir sehen somit, dass §15 Abs. 1 HGB einen sehr weitgehenden Schutz gewährt. Voraussetzung ist aber die **Schutzbedürftigkeit des Dritten**, die grundsätzlich nur bei dessen Gutgläubigkeit vorliegt. Damit ist aber nicht gemeint, dass der Dritte auf einen ihm konkret bekannten Registerstand vertraut haben muss – die vorherige Einsichtnahme in das Handelsregister ist nicht Voraussetzung für die Berufung auf §15 Abs. 1 HGB. Noch einmal aus dem genannten Urteil des BGH:

„§15 Abs. 1 HGB schützt zwar im Ausgangspunkt das Vertrauen auf die Richtigkeit der in Form des Handelsregisters geschaffenen **öffentlichen Informationsgrundlage** über die Verhältnisse einer Handelsfirma. Dieser Vertrauensschutz setzt jedoch nicht voraus, dass derjenige, der sich auf das Handelsregister beruft, es tatsächlich eingesehen hat; vielmehr lässt das Gesetz bereits die dem Geschäftsverkehr ganz allgemein gegebene **Möglichkeit, sich anhand des Registers zu informieren**, als Grundlage für den erwähnten Vertrauensschutz ausreichen."

Maßstab für die fehlende Schutzbedürftigkeit ist daher die **positive Kenntnis** der Tatsache: Wer eine einzutragende Tatsache kannte, kann sich nicht auf das Schweigen des Handelsregisters berufen; grob fahrlässiges Nichtkennen schadet dagegen nicht. Um das Beispiel fortzuführen: Wer wusste, dass der betreffende Gesellschafter bereits ausgeschieden war, als er das Geschäft abgeschlossen hat, kann sich wegen der Forderung hieraus nicht auch an den ausgeschiedenen Gesellschafter halten. Die Formulierung der Norm („es sei denn") bringt zum Ausdruck, dass die fehlende Kenntnis des Dritten vermutet wird – der Kaufmann müsste also nachweisen, dass der Dritte die Tatsache kannte. Dies wird vor allem in Betracht kommen, wenn der Kaufmann den Dritten vor Geschäftsabschluss gezielt über die Tatsache informiert hat.

Aus dem Sinn des §15 Abs. 1 HGB ergibt sich eine weitere Einschränkung der negativen Publizität: §15 Abs. 1 HGB dient dem **Vertrauensschutz im Rechtsverkehr.** Daher ist die Norm regelmäßig unanwendbar, wenn kein Bezug zu rechtsgeschäftlichem Handeln besteht. Der ausgeschiedene Gesellschafter kann daher aufgrund eines Autounfalls mit dem Fahrzeug der KG auch dann nicht in Anspruch genommen werden, wenn sein Ausscheiden nicht eingetragen ist.

„Publizität" des Handelsregisters

Welchen Vertrauensschutz genießt ein Dritter hinsichtlich des Registerinhalts?

Tatsache wurde nicht eingetragen; § 15I HGB.	Tatsache wurde richtig eingetragen; § 15II HGB.	Tatsache wurde unrichtig eingetragen; § 15III HGB.
Folge: Tatsache kann einem Dritten nicht entgegen gesetzt werden,	Folge: Ein Dritter muss die Tatsache gegen sich gelten lassen,	Folge: Ein Dritter kann sich auf die Eintragung berufen,
es sei denn, dass der Dritte die Tatsache kannte; „negative Publizität"	es sei denn, er beweist, dass er bei Rechtshandlungen innerhalb von 15 Tagen nach Bekanntmachung die Tatsache weder kannte noch kennen musste.	es sei denn, dass er die Unrichtigkeit kannte; „positive Publizität"

Abb. 8: „Publizität" des Handelsregisters

2. Die Wirkung richtiger Eintragungen

Auf den ersten Blick bringt § 15 Abs. 2 Satz 1 HGB nur eine Selbstverständlichkeit zum Ausdruck: Ist die Tatsache ordnungsgemäß eingetragen, muss ein Dritter sie gegen sich gelten lassen. Er kann sich also nicht darauf berufen, dass er nichts gewusst habe – wahre Rechtslage und Registerinhalt entsprechen sich, so dass es eigentlich keinen Anlass für einen Vertrauensschutz gibt.

Beispiel: Das Erlöschen einer Prokura wurde ordnungsgemäß im Handelsregister eingetragen – schließt ein Dritter mit dem ehemaligen Prokuristen danach noch einen Vertrag im Namen des Kaufmanns ab, muss er sich das Erlöschen entgegenhalten lassen und kann den Kaufmann nicht in Anspruch nehmen.

Die eigentliche Regelung, die hier getroffen wird, ist daher nicht der selbstverständliche Grundsatz, sondern die Ausnahme: Zum Schutz des Rechtsverkehrs bestimmt § 15 Abs. 2 Satz 2 HGB (lesen!), dass man sich „bei Rechtshandlungen, die innerhalb von 15 Tagen nach der Bekanntmachung vorgenommen werden", die wahre Rechtslage (noch) nicht entgegenhalten lassen muss.

Um beim Beispiel zu bleiben: Auch nach Eintragung des Erlöschens kann der gutgläubige Geschäftspartner sich innerhalb der 15-tägigen Frist noch auf die Prokura berufen, also noch auf das frühere Schweigen des Handelsregisters bezüglich des Erlöschens weiter vertrauen. Die negative Publizität endet dadurch praktisch erst nach Ablauf der Frist.

Aber: Auch das gilt nur für den Gutgläubigen, und im Vergleich zu §15 Abs. 1 HGB sind die Anforderungen an die Gutgläubigkeit hier nun erhöht. Nicht nur derjenige, der positive Kenntnis von der Tatsache hatte, sondern auch derjenige, der die Tatsachen **kennen musste**, wird nicht geschützt. Wer also vom Erlöschen der Prokura positiv wusste (insbesondere durch eine Mitteilung des Kaufmanns vor Vertragsschluss) oder aufgrund von Fahrlässigkeit nicht erkannt hat, dass die Prokura erloschen ist, kann sich nicht mehr auf diese berufen. Kernfrage ist daher, wann vom Kennenmüssen auszugehen ist. Ist es als fahrlässig anzusehen, den Registerinhalt vor Vertragsschluss nicht zu prüfen? Die Rechtsprechung bejaht das jedenfalls für Kaufleute seit langer Zeit – die Norm hat dann eigentlich nur noch Bedeutung für den Schutz von Nichtkaufleuten und wenn der Kaufmann faktisch keine Möglichkeit hatte, die Bekanntmachung wahrzunehmen. Letzteres kommt seit Einführung der digitalen Abrufbarkeit nicht mehr ernsthaft in Betracht. Ferner legt die Formulierung der Norm dem Dritten die **Beweislast** dafür auf, dass er die betreffende Tatsache weder kannte noch kennen musste. Gelingt ihm dies nicht, wird er nicht geschützt. Der besondere Schutz des §15 Abs. 2 Satz 2 HGB hat daher heute keine praktische Bedeutung mehr und kann allenfalls in Ausnahmefällen zugunsten von Nichtkaufleuten eingreifen.

Merke:

- Wer mit Kaufleuten in Geschäftsverbindung steht, muss sich über Handelsregistereintragungen informieren!
- Wer sich vor Nachteilen schützen will, muss die Eintragung von Änderungen beschleunigt betreiben!

3. Die positive Publizität

Hier geht es um die Frage, welche Wirkung eine falsche Eintragung im Handelsregister hat. Durch die Neufassung des §15 Abs. 3 HGB von 2022 und die praktisch nicht mehr bestehende Möglichkeit des Auseinanderfallens von Eintragung und Bekanntmachung haben sich die früheren Anwendungsprobleme der Norm erledigt. Grundsätzlich besagt die Vorschrift, dass der gutgläubige Dritte sich auf eine eingetragene Tatsache berufen kann. Ebenso wie in Abs. 1 schadet dem Dritten auch hier nur positive Kenntnis der Fehlerhaftigkeit der Eintragung, nicht aber Fahrlässigkeit, ferner ist der Schutz ebenso auf den Rechtsverkehr beschränkt und setzt keine Kenntnis des Registerinhalts voraus.

Beispiel: Kaufmann K erteilt seinem Angestellten P Prokura. Aufgrund eines Versehens meldet er dann aber die Prokuraerteilung an den Angestellten A zum Handelsregister an, so dass dies eingetragen wird. Schließt A nun Geschäfte mit dem gutgläubigen V im Namen des K ab, kann sich der K nicht darauf berufen, dass A tatsächlich keine Vertretungsmacht hatte.

Der Schutz des § 15 Abs. 3 HGB besteht allerdings nur gegenüber demjenigen, „**in dessen Angelegenheit** die Tatsache einzutragen war" – Dritte müssen sich die Eintragung nicht entgegenhalten lassen. Das bedeutet aber nicht, dass sich der betroffene Kaufmann oder Gesellschafter jeden Registerinhalt ohne Weiteres zurechnen lassen muss. Vielmehr wird aus dieser Formulierung überwiegend geschlossen, dass sich nur derjenige die Eintragung entgegenhalten lassen muss, der sie zumindest zurechenbar mitveranlasst hat **(„Veranlasserprinzip")**. Damit ist aber nicht gemeint, dass die Person einen Fehler gemacht haben muss – es geht nur darum, dass die Vornahme einer Eintragung mitveranlasst wurde. Fehler des Gerichts bei der Eintragung schließen das nicht aus. Es geht daher hier um Fälle, in denen gar keine Beteiligung an der Eintragung vorlag.

Beispiel: A wird ohne sein Wissen als Gesellschafter der X-oHG, mit der er nichts zu tun hat, aufgrund einer gefälschten Unterschrift auf der Anmeldung in das Handelsregister eingetragen. Hier fehlt es an einer Veranlassung, er hatte mit der Sache nichts zu tun.
Ein Gesellschafter einer GmbH fälscht ein Protokoll und erreicht dadurch die Eintragung eines Komplizen als Geschäftsführer, der daraufhin ein Grundstück der GmbH verkauft. Obwohl hier zumindest ein Gesellschafter beteiligt war hat das OLG Brandenburg hier eine Veranlassung durch die GmbH abgelehnt, „da er (der Gesellschafter) bei der Fälschung des Protokolls der Gesellschafterversammlung nicht in seiner Funktion als Gesellschafter tätig geworden ist, sondern vorsätzlich lediglich einen Beschluss der Gesellschaft vorgetäuscht hat." (ZIP 2012, 2103)

Keine Veranlassung stellt es dar, gegen eine falsche Eintragung nicht vorzugehen – hier kommt aber eine **Haftung nach allgemeinen Rechtsscheingrundsätzen** in Betracht (denen wir schon beim Scheinkaufmann begegnet sind). Denn zurechenbar ist ein solcher Rechtsschein nicht nur, wenn man ihn selbst gesetzt hat, sondern auch, wenn man gegen den von einem anderen gesetzten Rechtsschein nicht pflichtgemäß vorgeht. Jedenfalls bei Kenntnis der falschen Eintragung muss man reagieren, um die Eintragung berichtigen zu lassen – ansonsten muss man sich vom gutgläubigen Dritte auch jenseits der engen Voraussetzungen des § 15 Abs. 3 HGB an der Tatsache festhalten lassen (BGH NJW 2017, 559).

V. Gemeinsames Registerportal der Länder und Unternehmensregister

Etwas verwirrend ist, dass der Inhalt des Handelsregisters über drei unterschiedliche Systeme elektronisch zugänglich ist, die Informationen in unterschiedlichem Umfang bereitstellen und auch etwas unterschiedliche Funktionen haben.

Unter www.handelsregister.de erreicht man das **Gemeinsame Registerportal der Länder**. Hierbei handelt es sich um das länderübergreifende, zentrale elektronische Informations- und Kommunikationssystem nach § 9 Abs. 1 S. 4 HGB, auf das sich § 10 Abs. 1 HGB bezieht. Die Bekanntmachung ist daher mit der erstmaligen Abrufbarkeit in diesem Portal erfolgt – rechtserheblich ist daher nur die Abrufbarkeit hier. Da die Führung der Handelsregister im Aufgabenbereich der Länder liegt, untersteht auch dieses Portal den Ländern, die sich zur Schaffung einer zentralen Infrastruktur zusammengeschlossen haben. Das Portal umfasst neben dem Handelsregister auch alle anderen Register, die für die Eintragung von Gesellschaften und juristischen Personen relevant sind, also das Gesellschafts- (für Gesellschaften bürgerlichen Rechts), Genossenschafts-, Partnerschafts- (für Partnerschaftsgesellschaften freier Berufe) und Vereinsregister.

Unter www.unternehmensregister.de erreicht man dagegen das in § 8b HGB geregelte **Unternehmensregister**. Dieses wiederum wird vom Bund (Bundesministerium der Justiz) betrieben. Es ist also ein getrenntes System, das die Registerinformationen zwar ebenfalls zugänglich macht, aber nicht in (mit Blick auf die Bekanntmachung) rechtserheblicher Weise. Es umfasst eine Vielzahl unternehmensbezogener Informationen und geht damit weit über den Inhalt des Handelsregisters hinaus – insbesondere macht es aber Eintragungen in Handels-, Gesellschafts-, Genossenschafts- und Partnerschaftsregister zugänglich (nicht aber des Vereinsregisters, da hier Idealvereine, keine wirtschaftlichen Unternehmen eingetragen werden). Die weiteren dort verfügbaren Informationen sind in der Liste des § 8b Abs. 2 HGB aufgeführt, wobei die veröffentlichungspflichtigen Rechnungslegungsunterlagen hervorzuheben sind – man kann sich also über das Unternehmensregister über die Rechnungslegung aller publizitätspflichtigen Unternehmen informieren. Das Unternehmensregister hat daher geringere rechtliche Relevanz, aber deutlich mehr Inhalte als das Registerportal.

Die Regelungen zum digitalen Zugang zu den Registereintragungen beruhen auf dem europäischen Richtlinienrecht und dienen nicht zuletzt zur Vereinfachung der grenzüberschreitenden Einholung von Informationen. Um die europaweite Recherche und dadurch Wirtschaftsbeziehungen zwischen den Mitgliedstaaten zu vereinfachen, ist darüber hinaus auch ein **Europäisches System der Registervernetzung** eingerichtet worden, das in § 9b HGB geregelt ist. Da die europäischen Vorgaben nur Kapitalgesellschaften betreffen, erfasst dieses System auch nur Kapitalgesellschaften (GmbH, AG, SE, KGaA). Insbesondere Handelsregistereintragungen, insolvenzbezogene Informationen und Rechnungslegungsunterlagen sind dadurch über das Europäische Justizportal (www.e-justice.europa.eu) zugänglich – Sie können also heute vom heimischen Computer aus bequem recherchieren, wer als vertretungsberechtigter director eines Geschäftspartners im maltesischen Handelsregister eingetragen ist.

§ 6. Die Firma (E)

I. Begriff und Grundsätze

1. Definition

Unter der Firma versteht das Gesetz gem. § 17 HGB den **Namen eines Kaufmanns, unter dem er seine Geschäfte betreibt und die Unterschrift abgibt.** Sie ist (auch bei Einzelkaufleuten) nicht mit dem Personennamen identisch und von diesem zu unterscheiden. Sie kann vom Kaufmann gewählt werden, dabei sind aber die in §§ 18 ff. HGB geregelten Grundsätze zu beachten.

Die Firma ist also nur der ***Name, unter dem der Unternehmensträger im Rechtsverkehr auftritt.*** Die „Firma" selbst ist nicht Rechtssubjekt und in der Rechtssprache nicht mit dem Unternehmen gleichzusetzen. Die juristische Definition deckt sich damit nicht mit dem Ausdruck, wie er häufig in der Umgangssprache zur Bezeichnung des Unternehmens benutzt wird.

Daraus folgt: Einzelkaufleute können nach außen in zweifacher Weise auftreten, und zwar sowohl unter der Firma, aber auch unter dem normalen bürgerlichrechtlichen Namen. Regelmäßig wird man bei unternehmensbezogenen Geschäften unter der Firma, bei privaten Geschäften unter dem Namen auftreten. Die Firma muss auch nicht den bürgerlichen Namen enthalten. Handelsgesellschaften dagegen treten lediglich unter ihrer Firma auf, sie haben keinen bürgerlichen Namen und keine private Sphäre.

Die Firma ist der Name eines ***Kaufmanns***; d. h. der Firmeninhaber muss die in §§ 1 ff. HGB aufgestellten Kriterien für den Kaufmannsbegriff erfüllen. Freiberufler, Kleingewerbetreibende etc. führen deshalb keine Firma im Rechtssinne, sie können daher nur unter ihrem bürgerlich-rechtlichen Namen auftreten, ggf. auch unter dem Namen einer nicht-kaufmännischen Gesellschaft (GbR, PartG) – auch diese führt aber mangels Kaufmannseigenschaft keine Firma.

Ein Kaufmann kann nach § 17 Abs. 2 unter seiner Firma ***klagen*** und ***verklagt werden.*** Dies dient der Erleichterung im Geschäftsverkehr: Es genügt, in einer Klageschrift den Adressaten lediglich mit der Firma zu bezeichnen, ohne große Vorermittlung, welche Person tatsächlich hinter der Firmenbezeichnung steht.

Abzugrenzen ist die Firma von einer ***Geschäftsbezeichnung***. Häufig verwendet man in der Außendarstellung eine Bezeichnung für das Unternehmen, die der Firma entsprechen kann, aber nicht muss. Verbreitet sind solche Bezeichnungen etwa in der Gastronomie: Der Name eines Restaurants ist zB häufig nicht identisch mit der Firma des Betreibers, vor allem, wenn zu dem Unternehmen verschiedene Restaurants gehören. Auch bei Franchisesystemen wie zB McDonald's werden die einzelnen Restaurants von Kaufleuten mit ganz anderer Firma (die oft das Wort „Systemgastronomie" enthält) betrieben. Umgekehrt gibt es aber natürlich auch viele Betreiber, die den eingeführten Namen des Objekts zur Firma machen (zB „Mautkeller Nürnberg GmbH").

Weiter ist die Firma abzugrenzen von einer ***Marke***. Als Marken können unterscheidungsgeeignete „Zeichen" (insbesondere Wörter) registriert werden, um einen besonderen Schutz im Sinne eines Ausschließlichkeitsrechts zu begründen. Auch hier gilt, dass zwar eine von dem Unternehmen verwendete Marke in der Firma enthalten sein kann, aber nicht muss. Relevant ist der Unterschied vor allem mit Blick auf den Schutz, der bei einer Marke besonders weit reicht. Vor allem darf man keine Firma verwenden, die eine fremde Marke verletzt, auch dann nicht, wenn firmenrechtlich nichts dagegenspricht. Ist an Ihrem Wohnort kein Autohersteller mit dem Namen „Mercedes" in das Handelsregister eingetragen, verbietet die Firmenausschließlichkeit (dazu sogleich 2.) es nicht, das Wort für Ihre Firma zu verwenden – gegen das Markenrecht der Mercedes Benz Group AG kann dies dennoch verstoßen. Hinzu kommt, dass durch das Markenrecht nicht nur Marken, sondern auch geschäftliche Bezeichnungen geschützt werden, insbesondere Unternehmenskennzeichen, zu denen auch die Firma und Firmenbestandteile zählen können (§§ 5, 15 MarkenG). Die Ausschließlichkeit der Firmennutzung wird daher außerhalb des Firmenrechts viel weitreichender geschützt als durch das HGB.

2. Die Firmengrundsätze

Nach § 18 Abs. 1 HGB muss die Firma

- **zur Kennzeichnung** des Kaufmanns **geeignet** sein und
- **Unterscheidungskraft** besitzen.

Diese Kennzeichnungseignung kann durch die Aufnahme von Personen in den Firmenwortlaut, aber auch durch Bezug auf den Unternehmensgegenstand erreicht werden. Selbst die Wahl einer reinen Phantasiefirma ohne Anlehnung an den Unternehmensgegenstand ist zulässig (zB „Lanxess AG"), sofern sie nur hinreichend unterscheidungskräftig ist, um die Namensfunktion für das betroffene Unternehmen zu erfüllen. Ausgeschlossen ist vor allem eine reine Branchenbezeichnung, die keine Unterscheidung von anderen Unternehmen der Branche ermöglicht („Versicherung AG") – erst durch die Verbindung mit einer weiteren Bezeichnung (die für sich gar nicht aussagekräftig sein muss, sondern auch ein Ortsname sein kann) wird die Unterscheidungskraft herbeiführt (zB Nürnberger Versicherung AG").

Das Firmenrecht des HGB beruht auf einer Reihe von Grundsätzen:

Grundsatz der Firmeneinheit: Kaufleute dürfen für jedes Unternehmen nur eine Firma führen. Das bedeutet indes nicht, dass ein Kaufmann nur eine Firma führen dürfte – betreibt dieselbe Person verschiedene organisatorisch getrennte Unternehmen, können für diese unterschiedliche Firmen geführt werden, auch wenn der Unternehmensträger identisch ist.

Grundsatz der Firmenwahrheit: Nach § 18 Abs. 2 HGB darf die Firma keine Eignung zur Irreführung haben, insbesondere nicht über Art und/oder Umfang des Unternehmens täuschen (näher unten IV.).

Grundsatz der Firmenöffentlichkeit: Die Firma ist in das Handelsregister einzutragen, so dass sich der Rechtsverkehr über die Verhältnisse des durch die Firma bezeichneten Unternehmens informieren kann (§ 29 HGB).

Grundsatz der Firmenausschließlichkeit: Die Firma muss sich von allen an demselben Ort oder in derselben Gemeinde bereits bestehenden und in das Handelsregister eingetragenen Firmen **deutlich unterscheiden** (§30 HGB). Für die Unterscheidbarkeit ist nicht nur auf die Schreibweise, sondern auch auf das Klangbild abzustellen – gibt es schon eine „for sale GmbH", ist die Firma „4 sale eK" nicht eintragungsfähig. Denn auch der Rechtsformzusatz begründet keine Unterscheidbarkeit, diese Anforderung bezieht sich auf den individualisierenden Firmenkern. Letztlich kommt es auf den Gesamteindruck an. Bei Namensgleichheit bedarf die spätere Eintragung eines unterscheidungskräftigen Zusatzes (§30 Abs. 2 HGB). Da sich diese Anforderung nur auf den jeweiligen Ort bezieht, spricht rein firmenrechtlich nichts dagegen, eine andernorts verwendete Firma eintragen zu lassen – markenrechtlich wird das aber häufig unzulässig sein, da die Firma als Unternehmenskennzeichen markenrechtlich geschützt sein kann (§§5, 15 MarkenG).

Grundsatz der Firmenbeständigkeit: Eine Firma darf unter bestimmten Voraussetzungen bei der Veräußerung des Unternehmens vom Erwerber (mit oder ohne Nachfolgezusatz) fortgeführt werden, obwohl der Unternehmensträger wechselt. Im Gegensatz zur „originären" Firma, die bei Gründung des Unternehmens gewählt wird, spricht man bei der Fortführung von einer „derivativen" (da vom Veräußerer abgeleiteten) Firma (zu den Voraussetzungen unten III.). Auf diese Weise ist es möglich, den eigenen Wert der Firma (die den guten Ruf des Unternehmens verkörpert) zu übertragen (und beim Kaufpreis zu berücksichtigen). Dies gilt selbst bei der Personenfirma – auch die Firma „Peter Müller e.K." kann also übertragen werden. Das trägt letztlich dem Umstand Rechnung, dass die Firma das Unternehmen identifiziert – wird es von einer anderen Person fortgeführt, ändert sich ja nichts an dieser Zuordnung. Daraus folgt aber zugleich das ***Verbot der Leerübertragung***: §23 HGB verbietet die Übertragung der Firma ohne das hierdurch identifizierte Unternehmen, da sonst der Rechtsverkehr über das unter der Firma betriebene Unternehmen getäuscht würde.

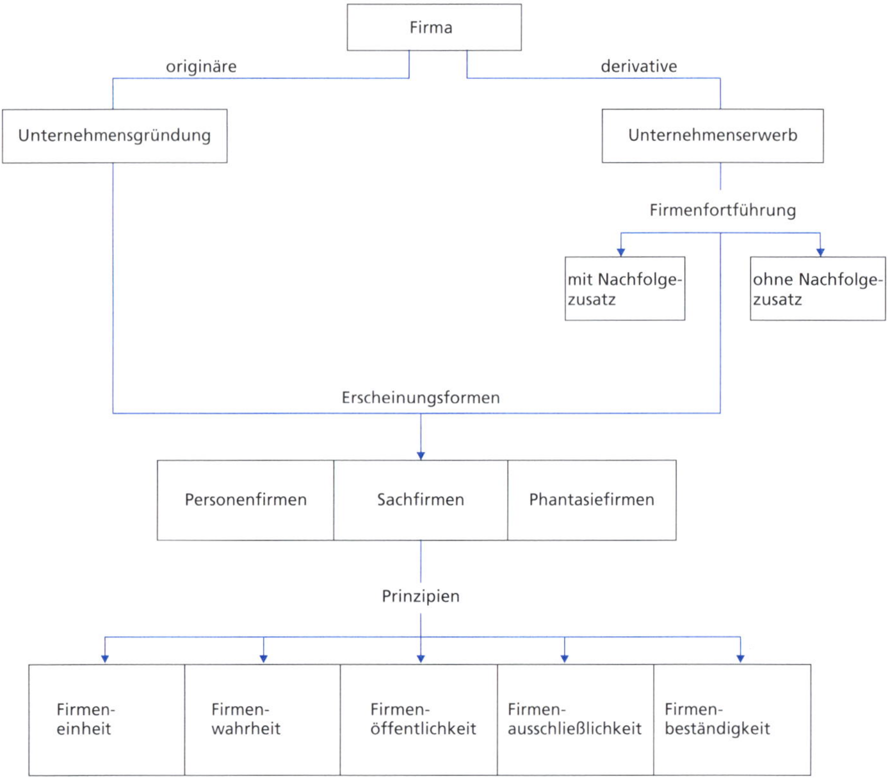

Abb. 9: Firmengrundsätze

II. Die originäre Firma

1. Wahl der originären Firma

Bei der Gründung eines Unternehmens kann die Firma vom Kaufmann grundsätzlich in dem durch die Firmengrundsätze vorgegebenen Rahmen frei gewählt werden. Seit der Liberalisierung des Firmenrechts im Jahr 1998 sind keine bestimmten Bestandteile mehr vorgeschrieben, es besteht weitgehende Wahlfreiheit. Erforderlich ist nur, dass die Bezeichnung im Sinne von § 18 HGB **Kennzeichnungseignung und Unterscheidungskraft** besitzt.

Nach der Art der gewählten Bezeichnung wird unterschieden zwischen der

Personenfirma, die den (bürgerlichen) Namen des Firmeninhabers oder eines Gesellschafters benutzt, der

Sachfirma, die sich aus dem Unternehmensgegenstand ableitet, und der

Phantasiefirma, die keinen Bezug zu Namen oder Gegenstand aufweist und ggf. sogar aus einem Kunstwort besteht, das nur für die Nutzung als Firma erdacht wurde.

> **Beispiele:**
> „Hugo Boss AG" (Personenfirma);
> „Bayerische Motorenwerke AG" (Sachfirma);
> „Grüne Erde GmbH" oder „Covestro AG"(Phantasiefirma).
>
> Möglich sind natürlich auch **Kombinationen** aus diesen Bestandteilen:
> „Knorr-Bremse AG" (Personen- und Sachfirma)
> „1&1 Telecommunication SE" (Phantasie- und Sachfirma)
> „Pegasus Chemie e.K. Brunner Chemiehandel" (Phantasie-, Sach- und Personenfirma)

2. Rechtsformzusatz

Die Firma soll im Rechtsverkehr nicht nur das Unternehmen identifizieren, sondern zugleich auch mögliche Vertragspartner über die grundlegenden Haftungsverhältnisse informieren, insbesondere darüber, ob es sich um eine juristische Person mit auf das Gesellschaftsvermögen beschränkter Haftung handelt, oder ob mindestens eine natürliche Person unbeschränkt haftet. Daher schreibt § 19 HGB vor, dass jeder Firma ein Rechtsformzusatz beizufügen ist.

Die Firma muss daher bei Einzelkaufleuten die Bezeichnung **„eingetragener Kaufmann" oder „eingetragene Kauffrau"** (§ 19 Abs. 1 Nr. 1 HGB) bzw. eine allgemein verständliche Abkürzung enthalten (wofür das Gesetz Beispiele wie „e.K." angibt). Hieraus ergibt sich, dass der Unternehmensträger eine natürliche Person ist, die unbeschränkt mit ihrem gesamten Vermögen für unter der Firma begründete Verbindlichkeiten haftet. Ebenso verhält es sich bezüglich der **offenen Handelsgesellschaft** (§ 19 Abs. 1 Nr. 2 HGB) und der **Kommanditgesellschaft** (§ 19 Abs. 1 Nr. 3 HGB), so dass auch hier auf die unbeschränkte Haftung aller (bei der oHG) oder mindestens einer natürlichen Person (bei der KG) geschlossen werden kann (näher zu den Haftungsverhältnissen in der Personengesellschaft unten in Teil B.). Allerdings führen die Rechtsformzusätze des Personengesellschaftsrechts bezüglich der Haftungsverhältnisse in die Irre, wenn keine natürliche Person unbeschränkt haftet: Auch juristische Personen können Gesellschafter einer oHG oder Komplementär einer KG sein und haften dann zwar unbeschränkt für alle Verbindlichkeiten der Personengesellschaft, aber eben nur mit ihrem eigenen Gesellschaftsvermögen. Durch solche Konstruktionen kann man die (auch steuerlichen) Vorteile einer Personengesellschaft mit der beschränkten Haftung verbinden. Die übliche Erscheinungsform ist die **GmbH & Co. KG**, bei der es sich nicht um eine eigene Rechtsform handelt, sondern um eine KG, bei der der (regelmäßig alleinige) Komplementär (= unbeschränkt persönlich haftende Gesellschafter) eine GmbH ist (näher in Teil B.). Auf diese Konstruktion ist die eigenartige Regelung des § 19 Abs. 2 HGB ausgerichtet: Fehlt es an der persönlichen Haftung einer natürlichen Person, muss die Firma neben dem eigentlichen Rechtsformzusatz (insbes. KG) „eine Bezeichnung enthalten, welche die Haftungsbeschränkung kennzeichnet". Gemeint ist damit die Firmierung als GmbH & Co. KG – durch diesen Zusatz erkennt der Rechtsverkehr den fehlenden natürlichen Vollhafter. Die allgemeine Formulierung des §19 Abs. 2 HGB trägt dem Umstand Rechnung, dass derartige Konstruktionen auch mit anderen Gesellschaftsformen möglich sind und dann entsprechend firmiert werden muss (zB AG & Co. KG, Stiftung & Co. oHG, für die GmbH & Co. KGaA ergibt sich dies aus §279 Abs. 2 AktG). Bei mehrstöckigen Konstruktionen kommt die Regelung indes nur zur Anwendung, wenn auch mittelbar **kein natürlicher Vollhafter** vorhanden ist: Gehört zu den Komplementären einer KG neben der GmbH zB eine oHG, die wiederum mindestens eine natürliche Person als Gesellschafter hat, haftet diese mittelbar (über die Haftung für die Verbindlichkeiten der Komplementärs-oHG) auch für die Verbindlichkeiten der KG. Auf die wirtschaftliche Leistungsfähigkeit kommt es übrigens nicht an – auch ein vermögensloser Stroh-Vollhafter lässt das Erfordernis der Firmierung als GmbH & Co. KG entfallen. Derartige Konstruktionen genießen eine gewisse Beliebtheit, da man hierdurch auch die Rechnungslegungspublizität nach den Vorschriften für Kapitalgesellschaften (§264a HGB) ausschließen kann.

Wie bereits angesprochen sind nicht nur die im HGB geregelten Rechtsformen ins Handelsregister einzutragen, sondern auch die in Spezialgesetzen geregelten Körperschaften als **Formkaufleute**. Der jeweilige Rechtsformzusatz ist diesen Fällen ebenfalls in den Spezialgesetzen geregelt, insbesondere für die Aktiengesellschaft (AG) in §4 AktG, für die Kommanditgesellschaft auf Aktien (KGaA) in §279 AktG, für die Gesellschaft mit beschränkter Haftung (GmbH) in §4 GmbHG, die Unternehmergesellschaft (haftungsbeschränkt) in §5a GmbHG und bei der eingetragenen Genossenschaft (eG) in §3 Abs. 1 GenG. Da insbesondere diese Rechtsformzusätze die Haftungsbeschränkung der juristischen Personen anzeigen, erweckt man bei der Firmierung ohne diesen Zusatz den Anschein einer unbeschränkten Haftung, so dass die Verwendung einer derart unzulässigen Firma eine persönliche Haftung nach Rechtsscheingrundsätzen zur Folge hat.

III. Firmenfortführung (derivative Firmen)

Die Firma eines Unternehmens stellt in vielen Fällen einen erheblichen Wertfaktor dar. Das wird vor allem bei Unternehmensveräußerungen deutlich, da die Übertragung des „good will" eines Unternehmens regelmäßig die Fortführung der Firma verlangt. Dies erlauben die Vorschriften der §§22ff. HGB grundsätzlich. Sie sind allerdings nur relevant, wenn durch die Unternehmensveräußerung der **Rechtsträger wechselt**: Werden nur die Anteile an dem Unternehmensträger verkauft (insbes. die Aktien einer AG oder die Anteile an einer GmbH, sog. „**share deal**") ändert sich nichts daran, dass die GmbH bzw. AG das Unternehmen betreibt – die Firmierung bleibt unberührt. Wird dagegen das Unternehmen als Sach- und Rechtsgesamtheit veräußert (sog. „**asset deal**"), ändert sich auch der Rechtsträger, nur dann stellt sich die Frage der Firmenfortführung. Der Preis, den man als Erwerber für die Fortführung zahlt, ist (neben dem Kaufpreis) ggf. eine Haftung für die unter der Firma zuvor begründeten Verbindlichkeiten nach §25 HGB (dazu unten §7).

Des verpflichtenden **Rechtsformzusatzes** (vgl. §19 HGB, §4 AktG, §4 GmbHG, §3 GenG) bedarf es auch bei der Firmenfortführung, und natürlich entsprechend der neuen Rechtsform: Kauft eine GmbH das Handelsgeschäft von „Ernst Müller eK", darf sie zwar die Firma „Ernst Müller" weiternutzen (und zu diesem Zweck ihre bisherige Firma ändern), nicht aber den Zusatz „eK" weiterführen – die Firma muss dann „Ernst Müller GmbH" lauten.

Geregelt ist die Firmenfortführung für drei unterschiedliche Konstellationen: Zunächst regelt §21 HGB den unproblematischen Fall der **Namensänderung** einer natürlichen Person (idR im Rahmen der Eheschließung oder aufgrund einer Adoption), die man bei einer Personenfirma durch eine Firmenänderung nachvollziehen kann – aber (und nur das stellt §21 HGB klar) nicht muss. Durch die Freiheit der Firmenbildung ist das ohnehin selbstverständlich.

Relevanter ist die Regelung des §22 HGB für die Firmenfortführung bei **Veräußerung des Unternehmens**. Die Vorschrift stellt klar, dass auch bei einer Personenfirma kein Verstoß gegen die Firmenwahrheit vorliegt, wenn die Firma nach der Veräußerung des Unternehmens durch den Namensträger fortgeführt wird. Es ist daher möglich, dass Peter Meier heute der Einzelkaufmann ist, der unter der Firma „Ernst Müller eK" auftritt – das Vertrauen, es auch wirklich mit dem Namensträger zu tun zu haben, wird nicht geschützt. Auch die Verwendung eines Nachfolgezusatzes (zB „Ernst Müller eK Inhaber Peter Meier") ist optional. Voraussetzung ist nur die Einwilligung des Berechtigten (ggf. der Erben), die üblicherweise im Rahmen des Veräußerungsvertrags erteilt wird. Wie bereits angesprochen kann man das Unternehmen aber auch ohne das Recht zur Firmenfortführung veräußern – ausgeschlossen ist nur die Veräußerung der Firma ohne das Unternehmen (§23 HGB).

Parallel dazu erlaubt §24 HGB die Fortführung der Firma einer Personengesellschaft auch bei **Änderungen der Gesellschafter** – dass man bei Eintritt von Gesellschaftern die Firma nicht anpassen muss, ist eine Selbstverständlichkeit (die Verwendung der bürgerlichen Namen ist ja gerade nicht vorgeschrieben), und auch hier wird klargestellt, dass das Ausscheiden des Namensträgers der Personenfirma keine Firmenänderung erfordert. Scheidet also aus der „Müller & Meier oHG" Müller aus und tritt dafür Schmidt bei, muss man nicht zur „Schmidt & Meier oHG" werden (kann es aber natürlich), sondern kann die Firma lassen wie sie ist. Voraussetzung ist auch hier wieder die Einwilligung des Berechtigten, die aber in der Regel schon im Gesellschaftsvertrag erteilt wird (sonst sollte man sich gar nicht auf eine Personenfirma einlassen).

IV. Der Grundsatz der Firmenwahrheit

Auch wenn infolge der Liberalisierung des Firmenrechts heute eine weitreichende Freiheit der Firmenwahl besteht, wird sie doch durch den Grundsatz der Firmenwahrheit begrenzt. Gem. §18 Abs. 2 HGB **darf die Firma keine Angaben enthalten, die geeignet sind, über geschäftliche Verhältnisse, die für die angesprochenen Verkehrskreise wesentlich sind, irrezuführen.** Insbesondere ist damit gemeint, dass die Firma nicht über **Art und Umfang des Geschäfts** täuschen darf. Bis zur Liberalisierung des Firmenrechts 1998 hat die Rechtsprechung recht strenge Maßstäbe angelegt. Inzwischen wird dies – nicht zuletzt aufgrund des erst 1998 eingefügten **Wesentlichkeitserfordernisses** des § 18 Abs. 2 S. 1 HGB – deutlich entspannter gesehen. Auf die frühere Rechtsprechung kann daher nicht ohne Weiteres zurückgegriffen werden. Letztlich bedarf es daher einer Einzelfallbetrachtung, bei der aber keine allzu strengen Maßstäbe anzulegen sind. Wie immer bei solchen Einzelfallentscheidungen ist die Rechtsprechung auch nicht immer einheitlich.

Klassische Fälle der Irreführungseignung sind Bezeichnungen, die eine nicht vorhandene **Größe und Bedeutung** des Unternehmens vorspiegeln, oder aber einen **geographischen Tätigkeitsbereich**, der nicht gegeben ist. Beispiele sind die Bezeichnung „Fahrzeugwerk", die nur bei industriellem Fertigungsbetrieb zulässig ist (nicht bei einer Werkstatt), „international" oder „Euro", die für ein rein lokal tätiges Unternehmen nicht zulässig sind. Branchenbezeichnungen setzen eine Tätigkeit in dieser Branche voraus – wer etwa „Bau" in seiner Firma verwendet, muss auch zumindest im weiteren Sinn in der Baubranche tätig sein. Irreführend ist auch die Verwendung des **bürgerlichen Namens einer bekannten Person**, die nichts mit dem Unternehmen zu tun hat. Die „Cristiano Ronaldo Fußballschule" ist also nur zulässig, wenn Cristiano Ronaldo in hinreichender Beziehung zu dem Unternehmen steht (ansonsten kommen auch marken- oder namensrechtliche Ansprüche in Betracht). **Ortsangaben** sind nur irreführend, wenn das Unternehmen nicht in dem Wirtschaftsraum des Ortes ansässig ist, auf den Sitz im Gemeindegebiet kommt es nicht an. Bei adjektivischer Verwendung („Münchener") ist die Rechtsprechung uneinheitlich, ob dies nur bei einer führenden Stellung zulässig ist – richtigerweise ist das nicht der Fall, wie es etwa das OLG München im Fall der „Münchener Hausverwaltung" entschieden hat (DStR 2010, 991).

Hinweis: Die Eintragung einer Firma ins Handelsregister verweigert das Registergericht gem. § 18 Abs. 2 S. 2 HGB nur dann, wenn die Eignung zur Irreführung **ersichtlich** ist. Das Registergericht muss also die beantragte Firma nicht von Amts wegen auf die Vereinbarkeit mit dem Grundsatz der Firmenwahrheit untersuchen, soweit ein Verstoß nicht auf den ersten Blick klar erkennbar ist. Das Registergericht ist lediglich daran gehindert, eine irreführende Firma „sehenden Auges" einzutragen. Im Anschluss kann aber die Unterlassung der Firmennutzung nach § 37 Abs. 1 HGB vom Registergericht durchgesetzt werden, wenn auf die Unzulässigkeit zB von der IHK nach § 380 FamFG hingewiesen wurde.

V. Der Firmenschutz

Das Recht an der Firma ist ein absolutes Recht, entsprechend dem verwandten Namensrecht gem. § 12 BGB. Daraus folgt, dass bei unberechtigtem Firmengebrauch privatrechtliche Abwehransprüche (analog §§ 823, 1004 BGB) gem. § 37 Abs. 2 HGB (lesen!) eingreifen. Hiernach kann bei unbefugtem Firmengebrauch auf **Unterlassung** und – falls die Firma bereits im Handelsregister eingetragen ist – auf Anmeldung der Löschung geklagt werden. Da es sich um ein sonstiges Recht iSv § 823 Abs. 1 BGB handelt, kommt auch ein **Schadenersatzanspruch** in Betracht, sofern dem Berechtigten ein weitergehender Schaden durch die Verwendung entstanden ist. Unterlassungs- und Schadensersatzansprüche können sich ferner aus dem Markenrecht sowie dem Lauterkeitsrecht (UWG) ergeben. Markenrechtlich ergibt sich dies aus dem Schutz der geschäftlichen Bezeichnungen, zu denen auch Unternehmenskennzeichen einschließlich der Firma gehören (§§ 5, 15 MarkenG). Im Rahmen des UWG kann insbesondere bei Verwechselungsgefahr mit der Firma eines Mitbewerbers eine irreführende geschäftliche Handlung nach § 5 Abs. 3 Nr. 1 UWG vorliegen.

Daneben besteht ein öffentlich-rechtlicher Schutz, wenn jemand eine Firma unter Verletzung der §§ 17 ff. HGB benutzt. In diesen Fällen kann das Registergericht gem. § 37 Abs. 1 HGB (lesen!) Maßnahmen zur Unterlassung des rechtswidrigen Firmengebrauchs einleiten, wobei sich das Verfahren nach den Vorschriften der „freiwilligen Gerichtsbarkeit“ (FamFG) richtet.

§ 7. Inhaberwechsel bei kaufmännischen Unternehmen (E)

Lernhinweis: Der Rechtsträger eines Handelsgeschäfts kann durch Unternehmensveräußerung oder von Todes wegen (Erbfall) wechseln. Die in beiden Fällen auftretenden Rechtsfragen beantworten sich zunächst nach den Vorschriften des bürgerlichen Rechts. Vor allem die Frage, ob der Erwerber die im Handelsgeschäft begründeten Verbindlichkeiten übernimmt und dafür haftet, ist zunächst daraus zu beantworten, ebenso die Frage, ob ein Schuldner einer Forderung, die im Handelsgeschäft begründet worden ist, an den neuen Inhaber mit befreiender Wirkung leisten kann. Die §§ 25–28 HGB enthalten nur einige Sonderregelungen, insbesondere für den Fall der Firmenfortführung durch den Erwerber, da hier das Vertrauen in die Kontinuität des Unternehmens und die Haftung des jeweiligen Unternehmensträgers ein Stück weit geschützt wird.

Wichtig ist auch hier der bereits angesprochene Unterschied zwischen ***asset deal*** und ***share deal***: Werden nur die Anteile an dem Unternehmensträger (etwa einer GmbH) veräußert (share deal), ändert sich der Unternehmensträger nicht, sondern nur der wirtschaftliche Eigentümer. Für Dritte ändert sich nichts – die GmbH ist unverändert aus allen Geschäften berechtigt und verpflichtet. Die Firma wird vor und nach der Veräußerung von demselben Rechtsträger geführt, so dass weder ein Fall des § 22 HGB noch des § 25 HGB vorliegt. Nur bei Veräußerung des Unternehmens als Sach- und Rechtsgesamtheit (asset deal) stellt sich die Problematik des Wechsels des Unternehmensträgers und der Firmenfortführung.

I. Allgemeine Grundsätze bei der Veräußerung eines Handelsgeschäfts

Dass die speziellen Vorschriften des Handelsrechts nur ergänzend eingreifen, im Übrigen aber die generellen Vorschriften des bürgerlichen Rechts bestehen bleiben, zeigt sich deutlich beim Erwerb eines Handelsgeschäfts. Zu unterscheiden ist zwischen dem Erwerb unter Lebenden und dem von Todes wegen.

Der **Erwerb unter Lebenden** vollzieht sich schlicht nach den BGB-Vorschriften des Schuld- und Sachenrechts. Grundsätzlich wird beim Erwerb eines Handelsgeschäfts ein **Kaufvertrag** gem. §§ 433 ff. BGB abgeschlossen, der von den Vertragsbeteiligten nach den Grundsätzen der Vertragsfreiheit frei ausgehandelt werden kann. Die Parteien vereinbaren darin insbesondere, welche Aktiva konkret veräußert werden sollen. Wird das Unternehmen insgesamt veräußert, erfasst das regelmäßig auch den Forderungsbestand (auch Forderungen und andere Rechte sind tauglicher Kaufgegenstand, § 453 BGB). Vertraglich geregelt wird auch, welche Verbindlichkeiten vom Erwerber übernommen werden sollen, welche im Unternehmen begründete Schulden er also zu bezahlen hat – freilich betrifft eine solche Regelung zunächst nur das Innenverhältnis, also die Frage, wer im Verhältnis von Käufer und Verkäufer die Schulden zu tragen hat – für das Außenverhältnis (die Frage, von wem der Gläubiger Zahlung verlangen kann) kann man dem Gläubiger nicht einfach einen anderen Schuldner aufdrängen. Geregelt wird ferner ggf. die Einwilligung in die Firmenfortführung.

Bürgerliches Recht gilt auch für das **Erfüllungsgeschäft**: Bewegliche Sachen sind gem. §§ 929 ff. BGB zu übereignen; das Eigentum an Grundstücken ist aufzulassen (§ 925 BGB) und die Rechtsänderung im Grundbuch einzutragen (§ 873 BGB). Sind Rechte mitverkauft, so werden diese gem. §§ 398 ff. BGB abgetreten – dies gilt insbesondere für den Forderungsbestand, der Schuldner muss der Abtretung an einen neuen Gläubiger auch nicht zustimmen. Sollen Vertragsverhältnisse übernommen werden, ist nur die Abtretung der Rechte aus dem Vertrag ohne Mitwirkung des Vertragspartners möglich, sollen auch die Verpflichtungen vom Erwerber übernommen werden (also unter Befreiung des Veräußerers), bedarf es der Zustimmung des Vertragspartners (§§ 414 ff. BGB, Schuldübernahme). Insbesondere für die im Unternehmen begründeten Schulden bedeutet dies, dass der Veräußerer, der den Vertrag (zB Darlehensvertrag) als Unternehmensinhaber unter seiner Firma abgeschlossen hat, auch nach der Veräußerung gegenüber dem Gläubiger weiter haftet, wenn dieser ihn nicht durch die Zustimmung aus der Haftung entlässt – unabhängig davon, ob der Erwerber im Innenverhältnis die Belastung tragen muss. Umgekehrt haftet der Erwerber im Außenverhältnis für die Altverbindlichkeiten auch nur, wenn es einen **besonderen Verpflichtungsgrund** gibt – insbesondere § 25 HGB stellt einen solchen dar, aber auch ein vertraglicher Schuldbeitritt. Eine Ausnahme gilt nur für die Arbeitsverhältnisse: Geht ein Betrieb durch Rechtsgeschäft auf einen anderen Inhaber über, so tritt dieser nach § 613 a BGB in die Rechte und Pflichten aus den im Zeitpunkt des Übergangs bestehenden **Arbeitsverhältnissen** ein, sofern der Arbeitnehmer nicht widerspricht.

Deutlich einfacher gestaltet sich **Erwerb von Todes** wegen. Der Erbfall führt dazu, dass der Erbe in alle Rechtspositionen des Erblassers automatisch einrückt, einschließlich der Verbindlichkeiten (sog. **Prinzip der Universalsukzession**, § 1922 BGB). Schulden werden also auch vererbt! Besonderer Übertragungsakte bedarf es nicht, und natürlich muss auch der Gläubiger nicht zustimmen, dass jetzt der Erbe sein Vertragspartner ist. Das Grundbuch wird durch den Erbfall „falsch“ und sollte berichtigt werden – der Eigentumserwerb findet aber auch bezüglich der Grundstücke mit dem Erbfall statt. Bezüglich der Haftung des Erben für die Schulden sieht das BGB allerdings verschiedene Möglichkeiten vor, die Haftung auf den Wert des Nachlasses zu beschränken (insbesondere Nachlassinsolvenz, § 1975 BGB, und Dürftigkeitseinrede, § 1990 BGB), oder das Erbe durch Ausschlagung gar nicht anzutreten. In diesen Fällen kann sich eine unbeschränkte Haftung ebenfalls nur aus einem besonderen Verpflichtungsgrund ergeben – und einen solchen kann § 27 HGB darstellen.

II. Die Haftung des Erwerbers bei Firmenfortführung

Wer ein unter Lebenden erworbenes Handelsgeschäft **unter derselben Firma** fortführt, haftet gem. § 25 Abs. 1 S. 1 HGB (lesen!) für alle im Betriebe des Geschäfts begründeten Verbindlichkeiten des früheren Inhabers, unabhängig davon, ob er der Firma einen Nachfolgezusatz beifügt. Der Grund für die Haftung des Erwerbers liegt in der nach außen mit der Fortführung des Handelsgeschäfts in Erscheinung tretenden Kontinuität des Unternehmens – der Gläubiger kann sich auch nach Veräußerung an das Unternehmen halten, mit dem er in Geschäftsverbindung getreten ist.

Beachten Sie, dass:

die Haftung nach § 25 Abs. 1 Satz 1 HGB nur eingreift, wenn die bisherige Firma fortgeführt wird, dabei kommt es aber nicht auf vollständige Identität der Firma an (wie sich schon daraus ergibt, dass der Nachfolgezusatz nichts ändert), sondern auf die Fortführung des **„prägenden Teils" der Firma**;

die **Haftung des Unternehmensveräußerers** fortbesteht – die Regelung in § 25 Abs. 1 HGB erweitert die Rechte des Gläubigers nur;

die Regelung daher dazu führt, dass Erwerber und Veräußerer als **Gesamtschuldner** haften.

die Regelung **nicht zwingend** ist – obwohl sie dem Schutz der Gläubiger dient, können Veräußerer und Erwerber vereinbaren, dass die Haftung nicht eingreifen soll (dazu sogleich).

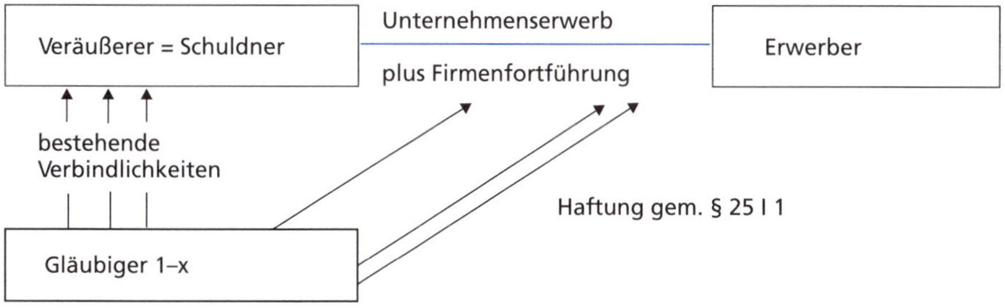

Abb. 10: Haftung bei Firmenfortführung § 25 Abs. 1 Satz 1 HGB

Die aus § 25 HGB resultierende Gesamtschuld erfasst alle unternehmensbezogenen Verbindlichkeiten einschließlich solcher, die erst in der Zukunft fällig werden, sofern nur der Rechtsgrund bereits besteht. Bei Dauerschuldverhältnissen wie etwa dem Mietvertrag für die Räumlichkeiten des Handelsgeschäfts hat der Gläubiger also nunmehr zwei Schuldner, die er in Anspruch nehmen kann, solange er der Schuldübernahme durch den Erwerber nicht zustimmt. Für solche Fälle begrenzt § 26 HGB (lesen!) die Nachhaftung des früheren Geschäftsinhabers: Bei

Firmenfortführung und darauf beruhender Erwerberhaftung haftet der Veräußerer für die durch ihn begründeten Verbindlichkeiten nur, wenn sie vor Ablauf von 5 Jahren (Ausschlussfrist!) nach der Handelsregistereintragung der Veräußerung fällig geworden und in verjährungshemmender Weise geltend gemacht worden sind. Danach ist aus dem zB Mietvertrag nur der Erwerber verpflichtet – obwohl er streng genommen gar nicht Vertragspartner ist, sondern ihm nur die Rechte daraus abgetreten worden sind. Die Nachhaftungsbegrenzung ersetzt also im Ergebnis die Einwilligung zur Schuldübernahme – will der Vermieter den Vertrag nicht mit dem Erwerber fortführen, muss er ihn kündigen. Anzumerken ist, dass die Formulierung des §26 HGB nur schwer verständlich ist: Der Wortlaut verlangt, dass der Anspruch bei Ablauf der 5 Jahre insbesondere durch rechtskräftiges Urteil „festgestellt" ist – bliebe es dabei, müsste der Prozess dann schon abgeschlossen sein. Dies ist aber so nicht gemeint, verweist doch §26 Abs. 1 S. 3 HGB insbesondere auf die entsprechende Anwendbarkeit der Vorschriften zur Verjährungshemmung (§§204 ff. BGB) – durch Klageerhebung (oder einen anderen Hemmungstatbestand) wird also der Lauf der Nachhaftungsfrist gehemmt, so dass es genügt, dass innerhalb der Frist der Anspruch fällig und gerichtlich geltend gemacht wird.

Lernhinweis: Die Gestaltung der Nachhaftungsfrist entspricht der Regelung der Nachhaftung bei Ausscheiden aus der Personengesellschaft nach §728b BGB (dazu unten in Teil B.).

Allerdings ist die Erwerberhaftung nach §25 HGB dispositiv, sie kann also durch Vereinbarung zwischen Erwerber und Veräußerer mit Wirkung gegen die Gläubiger im Kaufvertrag ausgeschlossen werden. Das macht vor allem Sinn, wenn der Erwerber auch im Innenverhältnis zum Veräußerer die Schulden nicht zu tragen hat. Denn insoweit sind unterschiedliche Vertragsgestaltungen denkbar: Man kann entweder vereinbaren, dass der Erwerber die Schulden des Unternehmens wirtschaftlich zu tragen hat und dies bei der Kaufpreisbemessung berücksichtigen, oder man kann es dabei belassen, dass der Veräußerer die bestehenden Verbindlichkeiten bedient und einen höheren Kaufpreis vereinbaren. Die Haftungsübernahme nach §25 HGB würde im letzten Fall dem Innenverhältnis widersprechen – gleichwohl erwartet der Rechtsverkehr bei Firmenfortführung die Haftung des aktuellen Unternehmensträgers (also der Person, die unter der Firma auftritt, unter der auch die Verbindlichkeit begründet wurde). Daher erlaubt §25 Abs. 2 HGB (lesen!) einerseits die Vereinbarung eines vollständigen Ausschlusses der Erwerberhaftung, macht dessen Wirksamkeit gegenüber den Gläubigern aber davon abhängig, dass der Rechtsverkehr in bestimmter Art und Weise hierüber informiert wird:

entweder durch Eintragung in das **Handelsregister** (mit Wirkung für alle Gläubiger),

oder durch eine **Mitteilung** vom Erwerber oder vom Veräußerer an den jeweiligen Gläubiger (etwa durch ein entsprechendes Rundschreiben – erfasst nur den Gläubiger, dem das Schreiben zugeht).

Diese Anforderungen werden von der Rechtsprechung grundsätzlich streng ausgelegt, so dass eine anderweitige Kenntnis (etwa durch andere Gläubiger, die ein

Schreiben erhalten haben) die Erwerberhaftung nicht ausschließt – dies ist freilich umstritten, sieht man hierin eine Vertrauenshaftung, wird konsequenterweise abweichend vom Wortlaut angenommen, dass jede Kenntnis die Haftung ausschließt.

III. Übergang der Forderungen bei Firmenfortführung

Im Rahmen des Unternehmenskaufs können auch in Bezug auf den Forderungsbestand unterschiedliche Regelungen getroffen werden: Einerseits kann man vereinbaren, dass die bestehenden Forderungen beim Veräußerer verbleiben, der so noch die Zahlungen für von ihm erbrachte Leistungen zu empfangen hat. Andererseits kann man die Forderungen aber auch mit veräußern, so dass der Forderungsbestand beim Unternehmen verbleibt, und dies bei der Bestimmung des Kaufpreises berücksichtigen. Im letzteren Fall werden die Forderungen nach § 398 BGB an den Erwerber abgetreten, wofür es der Zustimmung des Schuldners nicht bedarf. Solange dieser nicht über die Abtretung informiert wird (keine Kenntnis hat), ist er bei Zahlung an den früheren Gläubiger (Veräußerer) durch § 407 BGB geschützt. Wird dagegen ersteres vereinbart, ändert sich der Gläubiger nicht, eine Abtretung (die einen Schutz nach den §§ 398 ff. BGB auslösen könnte) findet gerade nicht statt. Der Schuldner muss weiterhin an den Veräußerer bezahlen, nicht an denjenigen, der (bei Firmenfortführung) nunmehr unter der Firma auftritt, unter der der Vertrag abschlossen worden war.

An die letztgenannte Situation knüpft § 25 Abs. 1 Satz 2 HGB (lesen!) an. Danach gelten die mit Unternehmensbezug begründeten Forderungen den Schuldnern gegenüber als auf den Erwerber übergegangen. Voraussetzung ist, dass der bisherige Inhaber oder seine Erben in die Fortführung der Firma eingewilligt haben (was ja bereits Voraussetzung der Fortführung nach § 22 HGB ist). Hierbei handelt es sich um eine **Schuldnerschutzvorschrift**, die das Vertrauen schützt, an den aktuellen Unternehmensträger zahlen zu können, die nur eine Rolle spielt, wenn die Forderung tatsächlich nicht abgetreten wurde: Denn nach der Abtretung wäre der Erwerber ohnehin der richtige Gläubiger und die Zahlung an ihn hätte auf jeden Fall Erfüllungswirkung. Nur wenn es nicht zur Abtretung kam, der Schuldner aber davon ausgeht, dass der Erwerber sein neuer Gläubiger ist, und deshalb an diesen bezahlt, bedarf es des Schutzes. Zu seinen Gunsten wird daher der **Übergang auf den Erwerber vermutet,** so dass er (ebenso wie im Fall des § 407 BGB) die Forderung zum Erlöschen bringen kann, obwohl er an einen materiell Nichtberechtigten leistet. Der Ausgleich erfolgt dann nach bereicherungsrechtlichen Grundsätzen (§ 816 Abs. 2 BGB) zwischen Veräußerer und Erwerber.

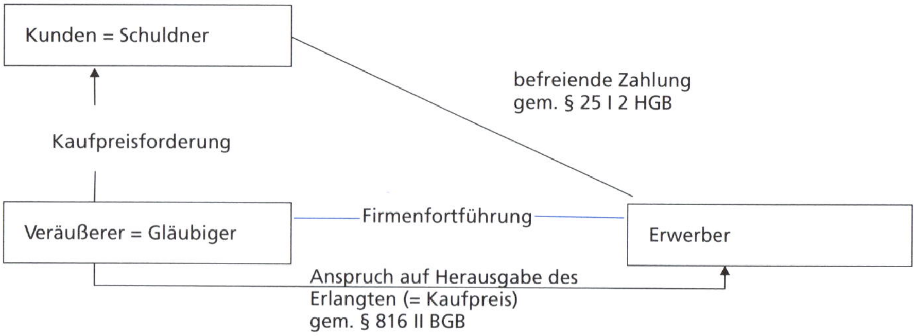

Abb. 11: Forderungen bei Firmenfortführung

Auch auf diese Vermutung des §25 Abs. 1 S. 2 HGB ist allerdings die Regelung in Abs. 2 anwendbar, die bei Handelsregistereintragung oder Mitteilung an den Schuldner eine „**abweichende Vereinbarung**" zulässt. Gemeint ist damit hier nur, dass zwar der Forderungsübergang vermutet wird und sich der Schuldner hierauf berufen kann, der Veräußerer (wenn er Zahlung fordert) aber die Vermutung unter den Voraussetzungen des Abs. 2 widerlegen kann – er muss also beweisen, dass er die Forderung nicht an den Erwerber abgetreten hat und dies rechtzeitig (vor der Zahlung) dem Schuldner mitgeteilt hat oder die Handelsregistereintragung herbeigeführt hat. In diesem Fall greift der besondere Schuldnerschutz nicht ein und der Schuldner muss auch dann an den Veräußerer zahlen, wenn er zuvor bereits an den Erwerber bezahlt hat.

IV. Geschäftsübernahme durch Personengesellschaft

Tritt jemand als persönlich haftender Gesellschafter oder als Kommanditist in das Geschäft eines Einzelkaufmanns ein (wodurch entweder eine oHG oder eine KG entsteht), so haftet gem. §28 Abs. 1 Satz 1 HGB (lesen!) die Gesellschaft für alle im Betrieb des Geschäfts entstandenen Verbindlichkeiten des früheren Geschäftsinhabers. Die in dem Betrieb begründeten Forderungen gelten den Schuldnern gegenüber als auf die Gesellschaft übergegangen.

Wir haben es hier also mit derselben Regelung zu tun wie bei der Unternehmensveräußerung, allerdings mit einem **wichtigen Unterschied:** Die Haftung (und ebenso die Vermutung des Forderungsübergangs) tritt **unabhängig** von der Tatsache ein, **ob die Firma fortgeführt wird oder nicht! Ändert sich der Unternehmensträger also durch Neugründung einer Personengesellschaft unter Beteiligung des Kaufmanns, tritt diese auch im Außenverhältnis an die Stelle des Kaufmanns, soweit nicht eine abweichende Vereinbarung nach Abs. 2 mitgeteilt oder ins Handelsregister einget**ragen wurde.

Beachten Sie: §28 HGB begründet die Haftung der Gesellschaft für die bis zum Eintritt begründeten **„Altschulden"**, hat aber nichts mit der Haftung der neuen Gesellschafter zu tun, die sich nach den gesellschaftsrechtlichen Grundsätzen richtet (dazu näher unten in Teil B.).

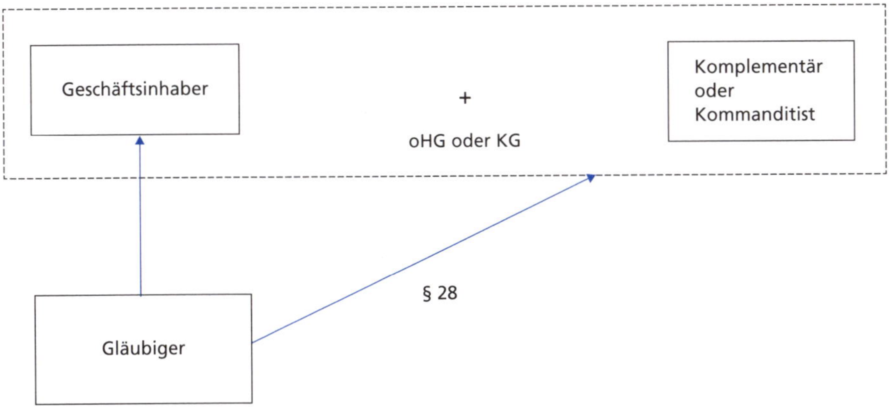

Abb. 12: Haftung der Personengesellschaft für Altschulden

V. Geschäftsfortführung durch Erben

Bei der Geschäftsfortführung durch die Erben hat die Vorschrift des §27 Abs. 1 HGB, die den §25 HGB für entsprechend anwendbar erklärt, tatsächlich nur selten eigenständige Bedeutung. Denn erbrechtlich haftet der Erbe ohnehin für alle Verbindlichkeiten des Erblassers und er wird auch Inhaber aller Forderungen (§ 1922 BGB). Eigenständige Bedeutung hat die Vorschrift daher nur, wenn sich zeigt, dass der Nachlass überschuldet ist und der Erbe zu einem späteren Zeitpunkt eine der Möglichkeiten zur Beschränkung der Erbenhaftung (einschließlich der Ausschlagung des Erbes) nutzt. Hat er also zunächst das Handelsgeschäft unter **Firmenfortführung** weiterbetrieben, ist dadurch ein weiterer Verpflichtungsgrund entstanden, der von der Einleitung zB eines Nachlassinsolvenzverfahrens nicht berührt wird. Dass es auch hier der Firmenfortführung bedarf, ergibt sich aus dem pauschalen Verweis auf §25 HGB, dessen Voraussetzungen vorliegen müssen, um die Haftung auszulösen. Auch ansonsten sind die Vorschriften des §25 HGB umfassend anwendbar, insbesondere die **Möglichkeit eines Ausschlusses** nach Abs. 2. Eine Vereinbarung kommt hier natürlich nicht in Betracht (mit wem sollte man die schließen?), so dass der Erbe einseitig den Haftungsausschluss erklären und durch die Eintragung ins Handelsregister oder Rundschreiben an die Gläubiger bekanntgeben kann.

Schon die letztgenannte Regelung löst eigentlich das Problem, dass bei Übernahme des Erbes mangels Überblicks noch nicht bekannt ist, ob der Nachlass möglicherweise überschuldet ist – besteht diese Möglichkeit, sollte man einfach den Ausschluss ins Handelsregister eintragen. Gleichwohl gewährt §27 Abs. 2 HGB sogar noch eine **Überlegungsfrist von drei Monaten** nach Kenntnis von der Erbschaft, innerhalb deren man sich durch die Einstellung des Geschäftsbetriebs der Haftung nach §27 Abs. 1 HGB (nicht der erbrechtlichen Haftung!) noch entziehen kann – auch dies macht also nur bei Ausschlagung oder Nachlassinsolvenz Sinn. Dass die Frist nicht vor der Ausschlagungsfrist endet, hat nur in Ausnahmefällen (insbesondere bei Auslandsaufenthalt, der die Ausschlagungsfrist verlängert) Bedeutung, da diese nur 6 Wochen nach Kenntnis von der Erbschaft beträgt (§1944 BGB) – die Frist des Abs. 2 läuft also in der Regel länger.

§8. Die unselbstständigen Hilfspersonen des Kaufmanns

I. Überblick: Die verschiedenen Arten der Hilfspersonen

Das HGB regelt eine Reihe von Rechtsverhältnissen, auf deren Grundlage sich die Kaufleute anderer Personen beim Betrieb ihres Unternehmens bedienen. Man spricht daher von den Hilfspersonen der Kaufleute, wobei zwischen selbstständigen und unselbstständigen Hilfspersonen unterschieden wird: **Selbstständige Hilfspersonen** sind selbst Unternehmer und typischerweise sogar Kaufleute, die nur insoweit „Hilfspersonen" sind als sie als Vertriebsmittler im Rahmen der Absatzorganisation des Handelsgeschäfts tätig sind. Die hierzu im HGB geregelten Rechtsverhältnisse zeichnen sich dadurch aus, dass der Vertriebsmittler für Rechnung des Geschäftsherrn tätig ist – wird er für eigene Rechnung tätig, kann er zwar ebenfalls fester Teil der Absatzorganisation sein, die hierfür entwickelten Vertragstypen (Vertragshändler, Franchising) sind indes nicht gesondert im HGB geregelt, sondern haben sich nur aufgrund der Vertragsfreiheit in der Praxis entwickelt. Die im HGB geregelten Typen unterscheiden weiter danach, ob die Hilfsperson nur Geschäfte vermittelt bzw. mit Vollmacht im Namen des Kaufmanns abschließt, oder ob sie im eigenen Namen für Rechnung des Kaufmanns Geschäfte tätigen – im ersten Fall finden sich die Regelungen im 1. Buch („Handelsstand"), da diese Personen (Handelsvertreter, Handelsmakler) trotz der Selbstständigkeit als Bestandteil des Handelsgeschäfts angesehen werden. Im zweiten Fall finden sich die Regelungen dagegen im 4. Buch („Handelsgeschäfte") – das Gesetz sieht diese Personen (Kommissionär bzw. Kommissionsagent) trotz der Tätigkeit für fremde Rechnung daher weniger als Hilfsperson denn als Geschäftspartner an (näher zu den selbstständigen Hilfspersonen unten §9).

Zunächst sind allerdings die **unselbstständigen Hilfspersonen** zu betrachten, die nicht selbst unternehmerisch, sondern grundsätzlich als Arbeitnehmer für die Kaufleute tätig werden. Da sie Teil der Organisation des Handelsgeschäfts sind, finden sich die hierauf bezogenen Regelungen im 1. Buch des HGB, das hierzu zwei Abschnitte (5. und 6. Abschnitt) enthält. Für das Verständnis der Regelung ist elementar, dass sich die beiden Abschnitte mit ganz unterschiedlichen Dingen befassen: Die §§48ff. HGB befassen sich nicht mit dem Vertragsverhältnis zu den Hilfspersonen, sondern ausschließlich mit **besonderen Formen der Vollmacht**, die die Kaufleute nutzen können, um ihren Angestellten Vertretungsmacht einzuräumen (Prokura, Handlungsvollmacht). In einem arbeitsteiligen Unternehmen ist das zwingend erforderlich, müsste doch sonst der Kaufmann alle Verträge selbst abschließen und könnte sich zB keiner Verkäufer im Ladengeschäft bedienen. „**Prokuristen**" und „**Handlungsbevollmächtigte**" unterscheiden sich von anderen Angestellten und untereinander daher nur durch die Reichweite der erteilten

Vollmacht. Die Regelungen ergänzen die allgemeinen Vorschriften des bürgerlichen Rechts zur Stellvertretung (§§ 164 ff. BGB), so dass auch die Vertretung des Kaufmanns grundsätzlich diesen Vorschriften unterliegt – die Sonderregelungen des HGB betreffen vor allem die Reichweite der mit einer kaufmännischen Vollmacht verbundenen Vertretungsmacht, sowie einen besonderen Verkehrsschutz beim Vertragsschluss durch Angestellte im Handelsgeschäft.

Daneben enthalten die §§ 59 ff. HGB Vorschriften für „**Handlungsgehilfen**", was nur ein antiquiertes Wort für kaufmännische Angestellte ist. Es handelt sich hierbei um Angestellte der Kaufleute, denen häufig zugleich auch eine kaufmännische Vollmacht erteilt wird. Da es sich um ganz unterschiedliche Regelungsgegenstände handelt, schließen sich insbesondere die Begriffe „Handlungsgehilfe" einerseits und „Prokurist" andererseits nicht aus – vielmehr ist der Prokurist grundsätzlich auch kaufmännischer Angestellter, so dass beide Regelungen typischerweise gemeinsam anwendbar sind. Die §§ 59 ff. HGB betreffen das Vertragsverhältnis zum Kaufmann, so dass hier das **Arbeitsverhältnis des kaufmännischen Angestellten** ausgestaltet wird. Auch insoweit gilt, dass es sich nur um punktuelle Ergänzungen zu den allgemeinen arbeitsrechtlichen Vorschriften des BGB (§§ 611a ff. BGB) und der arbeitsrechtlichen Spezialgesetze handelt, so dass letztere natürlich auch auf die kaufmännischen Angestellten uneingeschränkt anwendbar sind.

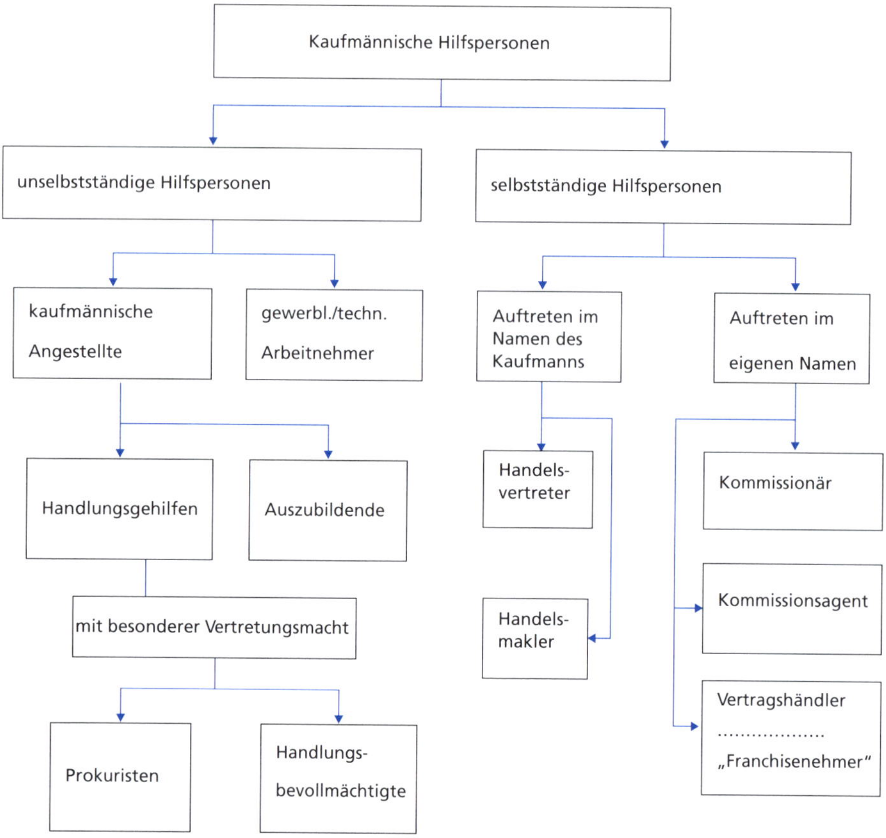

Abb. 13: Kaufmännische Hilfspersonen

II. Die Prokura (E)

1. Begriff

Die Prokura ist eine spezielle, im Außenverhältnis nicht beschränkbare handelsrechtliche Vollmacht mit weitem, gesetzlich definiertem Umfang der Vertretungsmacht.

Der Prokurist ist also nichts anderes als ein kaufmännischer Angestellter, der lediglich über eine besondere, weitreichende Form der Vollmacht für Vertragsabschlüsse im Außenverhältnis zu Dritten verfügt. Damit ist nichts darüber gesagt, welche Kompetenzen ihm im Innenverhältnis zustehen, ob er etwa Leitungsaufgaben hat oder Personalverantwortung trägt. Insoweit handelt es sich um Fragen des Arbeitsverhältnisses – bei der Prokura geht es nur um die Vertretungsmacht im Außenverhältnis! Das zivilrechtliche Trennungs- und Abstraktionsprinzip bezüglich Innen- und Außenverhältnis ist auch bei den handelsrechtlichen Vollmachten zu beachten: Das „rechtliche Können" im Außenverhältnis kann daher weiter sein als das „rechtliche Dürfen" im Innenverhältnis.

Tatsächlich ist es geradezu typisch, dass der Prokurist über mehr Vertretungsmacht als Entscheidungsbefugnis im Innenverhältnis verfügt. Denn die Prokura ist im Außenverhältnis nicht beschränkbar (dazu sogleich 2.) – sie kann nur ganz oder gar nicht erteilt werden. Durch die Handelsregistereintragung kann die Vertretungsmacht leicht nachgewiesen werden, was den Rechtsverkehr erleichtert. Beispielsweise kann eine einseitige Willenserklärung eines eingetragenen Prokuristen nach der Rechtsprechung nicht gemäß § 174 BGB zurückgewiesen werden – daher wird mit Blick auf die Abgabe von Kündigungserklärungen häufig Mitarbeitern der Personalabteilung Prokura erteilt. Damit verfügen sie zweifelsfrei über die Vertretungsmacht für die Abgabe einer Kündigungserklärung für den Kaufmann – die Entscheidung über die Kündigung wird dagegen regelmäßig vom Vorgesetzten, nicht den Mitarbeitern der Personalabteilung getroffen, die hierfür im Innenverhältnis keine Entscheidungskompetenz haben.

Anzumerken ist, dass die Prokura nur natürlichen Personen erteilt werden kann, da das HGB von einem Vertrauensverhältnis zum Kaufmann ausgeht, das man nicht zu den (austauschbaren) Organen einer juristischen Person haben kann – einer GmbH kann man also keine Prokura erteilen.

2. Der Umfang der Prokura

Die Prokura ermächtigt gem. § 49 Abs. 1 HGB „zu allen Arten von gerichtlichen und außergerichtlichen Geschäften und Rechtshandlungen, die der Betrieb eines Handelsgewerbes mit sich bringt".

Wie weitreichend diese Formulierung ist, zeigt der Vergleich mit dem Wortlaut des § 54 HGB, der eine engere Vollmacht definiert für Geschäfte, „die der Betrieb eines derartigen Handelsgewerbes" gewöhnlich mit sich bringt. Die Einschränkung auf ein „derartiges" Gewerbe fehlt in § 49 HGB – gemeint ist hier daher „irgend eines Handelsgewerbes". Der Dritte soll sich keine Gedanken über den Zuschnitt des Handelsgewerbes machen müssen, wenn er mit einem Prokuristen abschließt. Hieraus folgt, dass der Prokurist sowohl die gewöhnlichen Geschäfte des Handelsgewerbes abschließen kann, aber auch ganz ungewöhnliche Geschäfte, solange sie nur überhaupt Bezug zu irgend einem Handelsgewerbe haben können.

Ein Prokurist kann also z. B.:

- An- und Verkäufe tätigen, und zwar nicht nur im Handelszweig des Unternehmens, sondern auch branchenfremde Geschäfte, selbst wenn diese nichts mit dem Tätigkeitsgebiet zu tun haben.
- Personal einstellen und entlassen,
- Darlehen aufnehmen,
- Zahlungen entgegennehmen (da die Prokura auch die entsprechend weit reichende Empfangsvollmacht umfasst) sowie
- Prozesse führen.

Die außerordentlich weitreichende Vertretungsmacht des Prokuristen hat gleichwohl bestimmte Schranken, die sich teils aus dem Gesetz, teils aus allgemeinen Überlegungen ergeben:

Nicht ermächtigt ist der Prokurist zunächst gem. §49 Abs. 2 HGB (lesen!) zur **Veräußerung und Belastung von Grundstücken.** Das Gesetz sieht den Grundstücksbestand als so zentrale Aktiva des kaufmännischen Unternehmens an, dass nur der Kaufmann selbst entscheiden darf, über diese zu verfügen. Auf den Wert der Transaktion kommt es nicht an – der Prokurist kann also Aufträge im Wert von 100 Mio. € erteilen, aber nicht über ein Kleingrundstück ohne Bedeutung für den Geschäftsbetrieb verfügen. Derartige Rechtsgeschäfte kann der Prokurist daher nur wirksam vornehmen, wenn er hierfür **gesondert bevollmächtigt** wurde, entweder im Einzelfall oder aber generell. Letzteres macht etwa bei Unternehmen des gewerblichen Grundstückshandels durchaus Sinn und kann daher sogar ins Handelsregister eingetragen werden (was sich zwar nicht unmittelbar aus dem Gesetz ergibt, aber allgemein anerkannt ist). Allerdings legt der Wortlaut des §49 Abs. 2 HGB nahe, dass nur die „Veräußerung" im Sinne des dinglichen Verfügungsgeschäfts (Auflassung, §§925, 873 BGB) erfasst wird, nicht aber der Abschluss des Kaufvertrags, mit dem der Kaufmann zur Übertragung des Eigentums verpflichtet wird. Wäre das so, könnte der Prokurist zwar das Eigentum nicht übertragen (oder belasten), gleichwohl aber den Kaufmann wirksam zur Übereignung verpflichten. Diese Verpflichtung könnte dann gerichtlich durchgesetzt werden, so dass letztlich die Entscheidung doch nicht dem Kaufmann vorbehalten wäre – ein sinnwidriges Ergebnis. Daher wird allgemein davon ausgegangen, dass der Wortlaut sowohl **schuldrechtliche Verpflichtungsgeschäfte als auch dingliche Verfügungsgeschäfte** über Grundstücke erfasst. Ebenso verhält es sich auch in Bezug auf die **dingliche Belastung** von Grundstücken, womit insbesondere die Bewilligung von Hypotheken und Grundschulden gemeint ist.

§49 Abs. 2 HGB ist ansonsten aber so begrenzt anzuwenden, wie es der Wortlaut vorgibt.

- Erfasst wird nur die Veräußerung, nicht der **Ankauf von** Grundstücken für den Kaufmann – Grundstücksverträge werden also nicht umfassend von der Prokura ausgenommen!
- Nicht erfasst wird von Abs. 2 auch die **Gebrauchsüberlassung** von Grundstücken, die ja am Eigentum nichts ändert. Der Abschluss von Mietverträgen über Grundstücke ist daher sowohl als Mieter wie auch als Vermieter von der Prokura gedeckt.

Daneben bestehen einige weitere Grenzen der Prokura:

- **Privatgeschäfte:** Ein Prokurist kann keine Rechtsgeschäfte des außerbetrieblichen Bereichs tätigen, die der Betrieb eines **Handelsgewerbes nicht mit sich bringt,** etwa Erklärungen familien- und erbrechtlicher Art.
- **Grundlagengeschäfte:** Nicht von der Prokura gedeckt sind Rechtsgeschäfte, die die Grundlagen des Unternehmens betreffen. Es gehört nicht mehr zum Betrieb des Handelsgewerbes, **den Unternehmensbetrieb einzustellen,** die **Firma zu** ändern, das **Unternehmen zu veräußern** oder einen **Antrag auf Eröffnung des Insolvenzverfahrens** zu stellen.

– **Vorbehaltsgeschäfte:** Der Prokurist kann schließlich solche Geschäfte nicht vornehmen, die das Gesetz dem Inhaber des Handelsgeschäftes bzw. dem „Kaufmann" vorbehält, wie etwa die **Prokuraerteilung** selbst (§ 48 Abs. 1 HGB), die **Anmeldung der Firma** zum Handelsregister (§ 29 HGB), sowie die **Unterzeichnung des Jahresabschlusses** (§ 245 HGB).

3. Die Unbeschränkbarkeit der Prokura nach außen

Wie bei allen Vertretungsverhältnissen ist auch bei der Prokura zwischen dem „Innenverhältnis" und dem „Außenverhältnis" zu unterscheiden. Das Innenverhältnis betrifft die Rechtsbeziehungen des Stellvertreters zum Vertretenen, hier liegt grundsätzlich ein Vertrag zugrunde, aus dem sich ergibt, zu welchen Maßnahmen der Vertreter berechtigt ist, ohne den Vertrag zu verletzen (das **rechtliche „Dürfen"**). Hiervon zu trennen ist das Außenverhältnis, aus dem sich ergibt, in welchem Umfang der Stellvertreter Vertretungsmacht gegenüber Dritten hat (das **rechtliche „Können"**). Beide müssen sich nicht entsprechen – hält sich ein Rechtsgeschäft im Rahmen der Vertretungsmacht, ist es im Verhältnis zwischen Vertretenem und Drittem (dem Vertragspartner) auch dann wirksam, wenn der Vertreter seine Befugnisse im Innenverhältnis überschritten hat.

> **Lernhinweis:** Wiederholen Sie die Grundsätze des Vertretungsrechts aus dem bürgerlichen Recht, wenn Ihnen diese nicht mehr präsent sind – das HGB-Vertretungsrecht ist ohne diese nicht verständlich!

Im Verhältnis des Prokuristen zu dem Inhaber des Handelsgeschäfts liegt regelmäßig ein **Arbeitsvertrag** (§ 611a BGB). Daraus ergibt sich ein umfassendes **Weisungsrecht** des Arbeitgebers in Bezug auf die Tätigkeit im Unternehmen, das Grundlage von Beschränkungen bezüglich der Vornahme von Rechtsgeschäften sein kann, etwa die Weisung, nur Geschäfte bis zu einem bestimmten Wert ohne Rücksprache abzuschließen. Dieses betrifft indes nur das Innenverhältnis – im Außenverhältnis hat die Prokura den gesetzlichen Umfang, wie er in § 49 HGB definiert ist. Das Besondere an der Prokura ist, dass dieser Umfang **zwingend** ist, also vom Inhaber nicht eingeschränkt werden kann – die Prokura kann man nur ganz oder gar nicht erteilen! Grund ist der Verkehrsschutz: Der Dritte soll auf den gesetzlichen Umfang der Vertretungsmacht vertrauen können, ohne sich den Umfang der Vertretungsmacht nachweisen lassen oder sich um das Innenverhältnis kümmern zu müssen. Daher bestimmt § 50 HGB:

„Eine Beschränkung des Umfangs der Prokura ist Dritten gegenüber unwirksam.

Dies gilt insbesondere von der Beschränkung, dass die Prokura nur für gewisse Geschäfte oder gewisse Arten von Geschäften oder nur unter gewissen Umständen oder für eine gewisse Zeit oder an einzelnen Orten ausgeübt werden soll."

Das heißt im Klartext: Dem Prokuristen können zwar durch Weisungen im Arbeitsvertrag für das Innenverhältnis Beschränkungen auferlegt werden. Diese Beschränkungen sind jedoch nach außen unwirksam. Wenn also der Prokurist gegen derartige Anordnungen verstößt, sind die von ihm weisungswidrig abgeschlossenen Rechtsgeschäfte für den Inhaber des Handelsgeschäftes dennoch verbindlich. Rechtsfolgen können sich nur auf der arbeitsvertraglichen Ebene ergeben, da es sich grundsätzlich um eine Pflichtverletzung handelt.

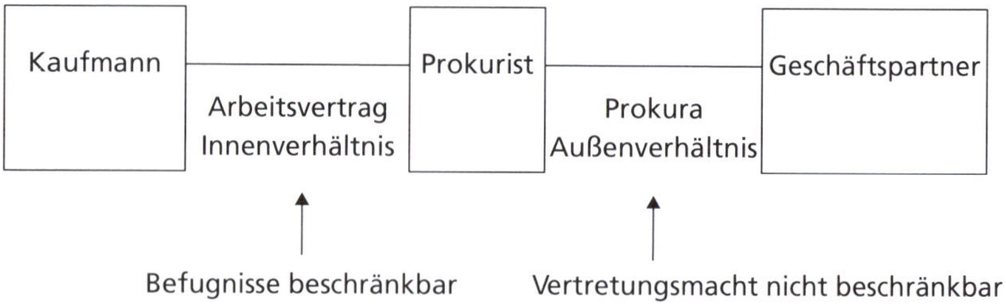

Abb. 14: Unbeschränkbarkeit der Prokura

Beispiele:
- Dem Prokuristen werden nur Verkäufe gestattet, nicht dagegen Ankäufe (Beschränkung auf „gewisse Geschäfte" bzw. „gewisse Arten von Geschäften").
- Dem Prokuristen werden Einkäufe lediglich gestattet, wenn der Marktpreis eine bestimmte Grenze nicht übersteigt („unter gewissen Umständen").
- Dem Prokuristen werden Geschäftsabschlüsse nur für die Dauer der Abwesenheit des Geschäftsinhabers gestattet (also „für eine gewisse Zeit").

In all diesen Fällen wäre also ein Verstoß gegen die intern erfolgte Beschränkung nach außen hin unbeachtlich und die vom Prokuristen abgeschlossenen Verträge wären mit dem weisungswidrig vereinbarten Inhalt wirksam. Der Inhaber des Handelsgeschäfts müsste etwa den vom Prokuristen ausgehandelten Kaufpreis auch dann bezahlen, wenn er den intern als Limit betrachteten Marktpreis übersteigt.

Lernhinweis: Die Situation der „Vertretung ohne Vertretungsmacht" (§§ 177, 179 BGB) kann beim Prokuristen praktisch (mit Ausnahme der wenigen Fälle, die von der Prokura nicht erfasst werden) nicht auftreten, sie hat nur nach Erlöschen der Prokura (dann ist er aber gerade kein Prokurist mehr) praktische Bedeutung. Auf der arbeitsvertraglichen Ebene stellt der Verstoß gegen interne Weisungen eine Pflichtverletzung dar, was zu Schadensersatzansprüchen führen und je nach Schwere der Pflichtverletzung Anlass zur Kündigung geben kann, ggf. sogar zu einer fristlosen nach § 626 BGB.

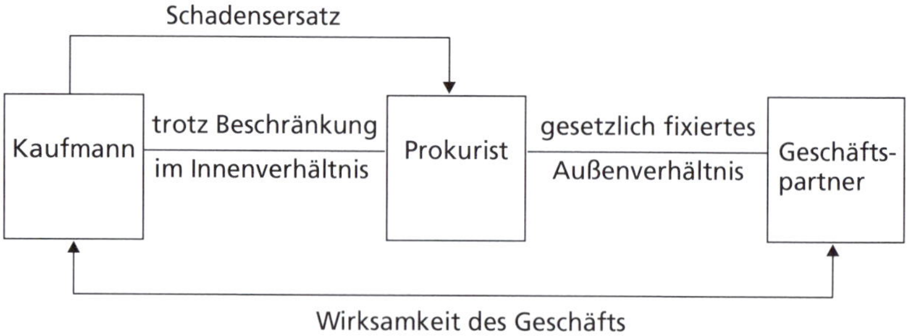

Abb. 15: Überschreitung der Beschränkung im Innenverhältnis

Auch im bürgerlichen Recht ist die Situation, dass die Vertretungsmacht weiter reicht als die interne Befugnis, grundsätzlich bekannt. Es ist allgemein anerkannt, dass die Berufung auf die bestehende Vertretungsmacht nicht grenzenlos möglich ist, sondern im Einzelfall die Beschränkung aus dem Innenverhältnis auf das Außenverhältnis durchschlägt, wenn der Dritte nicht als schutzwürdig erscheint. Man spricht insoweit von den **Grundsätzen des Missbrauchs der Vertretungsmacht**, die allgemeinen Charakter haben und daher auch bei der missbräuchlichen Ausübung der Prokura anwendbar sind. Hierbei werden zwei Fallgruppen unterschieden:

Von **Kollusion** spricht man, wenn der Dritte mit dem Prokuristen **arglistig zusammengewirkt** hat, also es bewusst herbeigeführt hat, dass der Prokurist sich über seine internen Bindungen hinwegsetzt.

> **Beispiel:** Der Prokurist wird vom Geschäftspartner mit „Schmiergeldern" zu einem ungünstigen Vertragsabschluss bestimmt. Bei derart gravierenden Verstößen gegen Treu und Glauben kann sich der Geschäftspartner nicht auf die unbeschränkte Vertretungsmacht der Prokura berufen – wenn man den Vertrag überhaupt als wirksam ansieht. Häufig wird man in solchen Konstellationen bereits eine Nichtigkeit nach § 138 BGB bejahen können, so dass es auf den Missbrauch nicht ankommt.

Von **Evidenz** spricht man dagegen, wenn der Dritte zwar nicht wusste, dass der Vertreter sich über interne Beschränkungen hinwegsetzt, es sich ihm aber unter den Umständen geradezu aufdrängen musste. Der BGH spricht von der „massive Verdachtsmomente voraussetzenden objektiven Evidenz des Missbrauchs." (BGH NJW 1995, 250, 251). Bestehen derart starke Anhaltspunkte kann der Vertragspartner nicht einfach die Augen verschließen, sondern muss sich vergewissern, ob der Prokurist zu dem Abschluss auch intern befugt ist, ggf. durch Nachfrage beim Kaufmann.

> **Beispiel:** Der Prokurist bezahlt seine privaten Schulden bei der Bank durch eine Überweisung vom Unternehmenskonto, das bei derselben Bank geführt wird. Hier drängt sich auf, dass der Prokurist sich über die Verpflichtung der Wahrung der Interessen des Arbeitgebers hinwegsetzt, die ihm solche privatnützigen Geschäfte auch ohne spezifische Weisung untersagt. Die Bank müsste sich hier beim Kaufmann vergewissern – tut sie das nicht, kann sie sich nicht auf die Vertretungsmacht berufen.

Rechtsfolge des Missbrauchs ist, dass der Dritte sich nicht auf die Vertretungsmacht berufen kann, was teilweise auf eine Einrede nach § 242 BGB gestützt wird, teilweise als Vertretung ohne Vertretungsmacht nach §§ 177, 179 BGB angesehen wird. Im Ergebnis besteht Einigkeit, dass die Verpflichtungen aus dem Vertrag dem Vertretenen gegenüber nicht durchsetzbar sind, es sei denn, dieser verlangt selbst die Erfüllung (genehmigt also den Vertrag). Eine Haftung des Vertreters selbst gegenüber dem Dritten nach § 179 BGB scheitert in solchen Fällen allerdings an § 179 Abs. 3 S. 1 BGB.

4. Die Erteilung der Prokura

Nach §48 HGB kann die Prokura nur vom Inhaber des Handelsgeschäftes oder seinem gesetzlichen Vertreter erteilt werden und es bedarf einer **ausdrücklichen** Erklärung. Das heißt: Der Kaufmann muss selbst tätig werden, eine Vollmacht zur Prokuraerteilung ist nicht möglich. Mit der Ausnahme des gesetzlichen Vertreters ist vor allem gemeint, dass die Organe der Kapitalgesellschaften (GmbH-Geschäftsführer, Vorstand der AG) aufgrund ihrer gesetzlichen Vertretungsmacht für die juristische Person natürlich Prokura erteilen können. Ausgeschlossen wird ferner eine Prokuraerteilung durch konkludentes, schlüssiges Handeln. Ausdrücklich bedeutet aber nicht, dass eine bestimmte Form zu wahren wäre – „ausdrücklich" bedeutet nicht zwingend „schriftlich", auch mündlich kann man Prokura erteilen.

Die Erteilung der Prokura ist vom Inhaber des Handelsgeschäfts zur **Eintragung in das Handelsregister** anzumelden (§53 Abs. 1 S. 1 HGB). Wirksamkeitsvoraussetzung ist die Handelsregistereintragung jedoch nicht, sie hat lediglich **deklaratorischen** Charakter. Die Prokura wird also schon vor der Eintragung und vor der Anmeldung mit der Erteilung wirksam und begründet die Vertretungsmacht. An der Formfreiheit ändert sich daher auch nichts – zwar kann die Anmeldung nur in „öffentlich beglaubigter Form" (§12 Abs. 1 HGB) erfolgen, mit der Prokura selbst hat dies aber nichts zu tun. Formell bedarf es also der Beglaubigung, um die Eintragung herbeizuführen, materiell genügt auch eine mündliche Erklärung, solange darin nur ausdrücklich Prokura erteilt wird.

5. Sonderformen der Prokura

Bei der Prokura sind drei Arten zu unterscheiden:

- **Einzelprokura,**
- **Gesamtprokura,**
- **Filialprokura.**

Beim Regelfall der **Einzelprokura** verfügt der Prokurist allein über die Vertretungsmacht im gesetzlich bestimmten Umfang. Es bedarf also keiner Einbeziehung weiterer Personen, um den Inhaber des Handelsgeschäfts selbst an Verträge mit weitreichender Bedeutung zu binden. Natürlich kann man auch einer Vielzahl von Personen Einzelprokura erteilen – dann hat jeder einzelne Prokurist allein die Rechtsmacht, den Inhaber zu verpflichten. Aufgrund der weitreichenden Befugnisse setzt das ein enges Vertrauensverhältnis voraus – es gibt keinen Kontrollmechanismus mehr, um unerwünschte Verträge zu verhindern. Reicht das Vertrauen nicht so weit, erlaubt §48 Abs. 2 HGB es, mehreren Personen „gemeinschaftlich" Prokura zu erteilen. Diese **Gesamtprokura** hat zur Folge, dass nur alle oder eine bestimmte Anzahl von Prokuristen gemeinsam Verträge abschließen können. Die Regelung ermöglicht also das „Vier-Augen-Prinzip". Die größere Sicherheit erkauft man sich freilich durch einen Mangel an Flexibilität – man benötigt eben immer einen weiteren gegenzeichnenden Gesamtprokuristen. Entschärft wird diese Problematik aber dadurch, dass anerkannt ist, dass die Erklärungen der einzelnen Gesamtprokuristen nicht gleichzeitig zu erfolgen brauchen, und dass die Gesamtprokuristen vorab untereinander Einwilligungen oder Vollmachten erteilen können, so dass ein Gesamtprokurist danach im Außenverhältnis allein auftreten kann. Allerdings kann man das Instrument nicht nutzen, um die **Unbeschränkbarkeit der Prokura** zu umgehen. Daher kann man nicht anordnen, dass zB für Geschäfte mit einem Volumen bis zu 50.000 € Einzelprokura, bei größerem Volumen Gesamtprokura besteht – dies wäre eine nach §50 Abs. 1 HGB unwirksame Beschränkung der Einzelprokura. Man kann also nur ganz oder gar nicht Gesamtprokura anordnen.

Eine Sonderstellung nimmt die **Filialprokura** ein, für die §50 Abs. 3 HGB ausnahmsweise eine Beschränkung des Umfangs der Prokura auf den Betrieb einer Niederlassung erlaubt. Voraussetzung ist, dass die Niederlassung über eine eigene Firma verfügt, was insbesondere bei einem Niederlassungszusatz der Fall ist („Deutsche Bank AG Niederlassung Hamburg"). Es werden dann nur Geschäfte mit Bezug zur Tätigkeit dieser Niederlassung erfasst. Da die Niederlassung (anders als eine Tochtergesellschaft) aber gerade nicht über eine eigene Rechtspersönlichkeit verfügt, sondern unselbstständig ist, bedeutet das nicht, dass aus den Geschäften nur die Niederlassung verpflichtet würde – es haftet immer der Inhaber des Handelsgeschäfts, unbeschränkt mit seinem ganzen Vermögen. Die sachliche Beschränkung bedeutet aber, dass zB die Veräußerung von Aktiva einer anderen Niederlassung oder die Kündigung von Personal der Hauptniederlassung nicht von der Vertretungsmacht gedeckt wäre.

6. Zeichnung des Prokuristen

Nach §51 HGB hat der Prokurist in der Weise zu zeichnen, dass er der Firma seinen Namen mit einem die Prokura andeutenden Zusatz („ppa") beifügt. Es handelt sich hierbei jedoch lediglich um eine **Ordnungsvorschrift**, deren Verletzung die Zeichnung nicht unwirksam macht.

Beispiel: A ist als Prokurist bei der B GmbH tätig. Er zeichnet: B GmbH ppa A.

7. Das Erlöschen der Prokura

Die wichtigsten Erlöschensgründe der Prokura sind einerseits die Beendigung des zugrunde liegenden Rechtsverhältnisses (regelmäßig des Arbeitsvertrags) nach §168 S. 1 BGB (also einer allgemeinen Vorschrift des Vertretungsrechts, die natürlich auch auf die Prokura anwendbar ist) und der Widerruf nach §52 HGB.

Wird der Arbeitsvertrag beendigt, insbesondere durch **Kündigung**, bedarf es keiner weiteren Maßnahme, um auch die Prokura zu beenden. Allerdings wird das Erlöschen dann erst mit der Kündigung wirksam, also erst nach Ablauf der Kündigungsfrist, nicht mit der Erklärung. Außerdem erlischt die Prokura so nur, wenn die Kündigung tatsächlich wirksam ist – kommt es zu einer Kündigungsschutzklage, entsteht daher ein Schwebezustand, während dessen der Fortbestand der Prokura unsicher wäre. Daher empfiehlt es sich für den Kaufmann, mit der Kündigung zugleich einen **Widerruf** zu erklären, der gem. §52 Abs. 1 HGB (lesen!) ohne Rücksicht auf das der Erteilung zugrunde liegende Rechtsverhältnis jederzeit möglich ist, unbeschadet des Anspruchs auf die vertragsgemäße Vergütung. Dies stellt eine Abweichung von der allgemeinen Vorschrift des §168 Abs. 1 S. 2 BGB dar, der es ermöglicht, bürgerlich-rechtliche Vollmachten an das Rechtsverhältnis zu binden. Im Handelsrecht soll der Kaufmann also immer das Recht haben, bei Verlust des Vertrauensverhältnisses die Prokura zu widerrufen, auch wenn das Arbeitsverhältnis nicht beendigt werden soll, wenn die Voraussetzungen einer Kündigung des Arbeitsverhältnisses nicht vorliegen (Vertrauensverlust reicht hierfür nicht ohne weiteres) oder vor Ablauf der Kündigungsfrist (insbesondere bei Freistellung des Arbeitnehmers) bzw. während eines Kündigungsschutzprozesses. Wichtig ist daher auch hier, trotz der Verbindung über §168 S. 1 BGB die Trennung zwischen Prokura und Arbeitsverhältnis zu beachten – der Widerruf der Prokura hat nichts mit den Verpflichtungen aus dem Arbeitsvertrag zu tun, die Lohnzahlung wird also unabhängig davon geschuldet, ob die Prokura fortbesteht.

Die weiteren Beendigungsgründe haben nur geringe praktische Bedeutung, da insbesondere der Tod des Kaufmanns die Prokura unberührt lässt (§52 Abs. 3 HGB) – die Vertretungsmacht besteht dann schlicht für die Erben als neuen Trägern des Handelsgewerbes fort, die Prokura sichert gerade in dieser Situation auch die Handlungsfähigkeit des Unternehmens. Beendigungsgründe sind aber der Tod und die Geschäftsunfähigkeit des Prokuristen selbst, ferner der Verlust der Kaufmannseigenschaft des Geschäftsinhabers sowie die Eröffnung des Insolvenzverfahrens über sein Vermögen. Bei Veräußerung des Unternehmens an einen neuen Rechtsträger geht das Arbeitsverhältnis des Prokuristen nach §613a BGB auf den Erwerber über – nicht aber die Prokura! Es bedarf vielmehr einer Neuerteilung durch den neuen Unternehmensträger.

8. Erteilung und Erlöschen der Prokura als eintragungspflichtige Tatsachen

Sowohl die Erteilung der Prokura als auch das Erlöschen der Prokura sind im Handelsregister eintragungspflichtige Tatsachen und daher nach §53 HGB zur Eintragung anzumelden, wofür es jeweils der Form des §12 HGB bedarf – letztlich bedarf es der Mitwirkung des Notars, der die öffentliche Beglaubigung vornimmt. Es handelt sich in beiden Fällen um nur **deklaratorische Eintragungen** – sowohl Erteilung als auch Erlöschen werden also außerhalb des Registers wirksam und erst anschließend eingetragen, die Eintragung ist in beiden Fällen keine Wirksamkeitsvoraussetzung.

Sanktioniert ist das Unterlassen der Anmeldung durch die **Publizität des Handelsregisters** (dazu bereits §5 IV.). Für die Anwendung des §15 HGB ist es von zentraler Bedeutung, dass es sich bei Erteilung und Erlöschen der Prokura um **zwei unterschiedliche Tatsachen** handelt: Bezüglich der Erteilung spielt die Publizität nur eine Rolle, wenn eine tatsächlich nicht erteilte Prokura fälschlich eingetragen wurde – dies wäre ein Fall der positiven Publizität, wenn ein Dritter gutgläubig einen Vertrag mit dem eingetragenen Nicht-Prokuristen abschließt. Wird die tatsächlich bestehende Prokura nicht eingetragen, ändert das nichts an der Vertretungsmacht – und auf das Nichtbestehen von Vertretungsmacht kann man nicht vertrauen (das wäre theoretisch durch §15 Abs. 1 HGB geschützt). Bezüglich des Erlöschens knüpft die Publizitätswirkung nicht an den Bestand der Prokura als positive Tatsache an, sondern an das Schweigen des Registers bezüglich der Beendigung. Einschlägig ist daher die **negative Publizität nach §15 Abs.1 HGB** – solange das Erlöschen nicht eingetragen ist, kann sich der gutgläubige Dritte auf den Fortbestand der tatsächlich erteilten Prokura berufen, unabhängig davon, ob überhaupt die Erteilung eingetragen war.

Beachten Sie: In das Handelsregister eintragungsfähig sind außer der Erteilung und dem Widerruf der Prokura zulässige Beschränkungen, wie auch Erweiterungen der Prokura, auch wenn dies nicht gesondert geregelt ist.

- (zugleich) eintragungspflichtige Tatsachen: Bestehen einer Gesamtprokura (§53 Abs. 1 S. 2 HGB) oder Filialprokura (§50 Abs. 3 HGB);
- (lediglich) eintragungsfähige Tatsachen: Befreiung vom Verbot des Selbstkontrahierens nach §181 BGB (d.h. die Befugnis des Prokuristen, Geschäfte mit sich selbst abzuschließen); „positive Grundstücksklausel" (d. h. die gesondert erteilte Befugnis, entgegen §49 Abs. 2 HGB Grundstücke veräußern und belasten zu dürfen).

III. Die Handlungsvollmacht (E)

1. Begriff

Unter der in §§54ff. HGB normierten Handlungsvollmacht versteht man **jede Vollmacht (die nicht Prokura ist), welche im Rahmen des Handelsgewerbes erteilt wird**.

Von der Prokura unterscheidet sie sich vor allem durch ihren geringeren Umfang. **„Die Handlungsvollmacht ist die kleine Schwester der Prokura".**

2. Die Arten der Handlungsvollmacht

Bei der Handlungsvollmacht sind drei Fälle zu unterscheiden:

- die Generalhandlungsvollmacht,
- die Arthandlungsvollmacht,
- die Spezialhandlungsvollmacht.

Während sich die Generalhandlungsvollmacht auf den **gesamten Bereich** des betreffenden Handelsgewerbes erstreckt, beschränkt sich die Arthandlungsvollmacht auf eine **bestimmte Geschäftsart** und die Spezialhandlungsvollmacht (noch enger) auf die **Vornahme einzelner,** ganz konkreter Geschäfte.

Beispiele:

- Ein leitender Angestellter wird ohne Prokurabestellung zum Generalbevollmächtigten des Unternehmens ernannt (Generalhandlungsvollmacht).
- Der Einkaufsleiter eines Industriebetriebs wird bevollmächtigt, die benötigten Verbrauchsstoffe regelmäßig zu beschaffen (Arthandlungsvollmacht).
- Ein kaufmännischer Angestellter wird bevollmächtigt, eine bestimmte Maschine einzukaufen (Spezialhandlungsvollmacht).

3. Umfang der Handlungsvollmacht

Der Umfang der Handlungsvollmacht wird vom Vollmachtgeber bestimmt. Auch insoweit unterscheidet sie sich wesentlich von der Prokura: Während dort der Umfang der Vertretungsmacht zwingend (§ 50 Abs. 1 HGB) geregelt ist, kann die Handlungsvollmacht grundsätzlich **frei ausgestaltet** werden. Der Verkehrsschutz wird hier auf anderem Wege, über den Rechtscheintatbestand des § 54 Abs. 3 HGB, gewährleistet (dazu sogleich 5.). Zwar enthält § 54 Abs. 1, Abs. 2 HGB ebenfalls eine Regelung zum Umfang der Handlungsvollmacht, insoweit handelt es sich aber nach heutigem Verständnis der Norm nur um eine **Auslegungsregel**: Soweit der Umfang der Handlungsvollmacht nicht abweichend bestimmt wurde und sich auch durch Auslegung kein anderer Wille des Vollmachtgebers ermitteln lässt, ist von dem in § 54 Abs. 1, Abs. 2 HGB definierten Umfang auszugehen.

Je nachdem, ob eine Generalhandlungsvollmacht, eine Arthandlungsvollmacht oder eine Spezialhandlungsvollmacht vorliegt, erstreckt sich die Vollmacht dann

„auf alle Geschäfte und Rechtshandlungen, die der Betrieb eines derartigen Handelsgewerbes oder die Vornahme derartiger Geschäfte gewöhnlich mit sich bringt".

Im Unterschied zur Prokura beschränkt sich also selbst die Generalhandlungsvollmacht auf Rechtsgeschäfte, die ein Betrieb der **betreffenden Art . . . gewöhnlich** mit sich bringt. Im Vergleich zu § 49 HGB ist dieser Umfang also in doppelter Hinsicht eingeschränkt, einerseits auf Geschäfte die zum konkreten Handelsgewerbe gehören (nicht zu irgend einem Handelsgewerbe), andererseits auf gewöhnliche Geschäfte (nicht „allen Arten" von Geschäften).

Zur Klarstellung nennt das Gesetz in § 54 Abs. 2 HGB (lesen!) einen **Katalog von Rechtsgeschäften**, die nicht von der Handlungsvollmacht gedeckt sind, wenn dies nicht vom Vollmachtgeber gesondert angeordnet wurde, die also vom Gesetz als besonders bedeutsam und außergewöhnlich angesehen werden. Hierunter fallen (ebenso wie bei der Prokura) die Veräußerung und Belastung von Grundstücken (nicht aber der Ankauf oder die Gebrauchsüberlassung von Grundstücken – diese können von der Handlungsvollmacht gedeckt sein, wenn es sich im konkreten Unternehmen um ein gewöhnliches Geschäft handelt), Aufnahme von Darlehen und die Führung von Prozessen.

4. Erteilung und Erlöschen der Handlungsvollmacht

Erteilung und Erlöschen der Handlungsvollmacht richtet sich nach allgemeinem bürgerlichem Recht; das Handelsrecht bringt hier keine Sondervorschriften. Im Unterschied zur Prokura kann die Handlungsvollmacht daher auch nicht nur durch den Kaufmann erteilt werden, sondern auch durch Personen mit entsprechender Vertretungsmacht – insbesondere der Prokurist kann etwa Handlungsvollmachten erteilen. Grundsätzlich richtet sich die Erteilung nach § 167 BGB, das Erlöschen nach § 168 BGB – ebenso wie wir es bereits bei der Prokura gesehen haben also entweder durch Widerruf oder Beendigung des Arbeitsverhältnisses.

Im Gegensatz zur Prokura sind Erteilung und Erlöschen der Handlungsvollmacht auch **keine eintragungspflichtigen oder -fähigen Tatsachen**. Eine Anmeldung zum Handelsregister ist also nicht möglich, und daher spielt auch die Publizität nach § 15 HGB hier keine Rolle.

5. Die Rechtscheinhaftung nach § 54 Abs. 3 HGB

Die eigenartige Vorschrift des § 54 Abs. 3 HGB, wonach der Dritte Abweichungen von dem (dispositiven) gesetzlichen Umfang der Handlungsvollmacht nur gegen sich gelten lassen muss, wenn er sie kannte oder kennen musste, wird heute als ein **Tatbestand der Rechtscheinhaftung** interpretiert. Derartige Tatbestände finden sich auch im bürgerlichen Recht, insbesondere in §§ 170–173 BGB und in Form der Duldungs- und Anscheinsvollmacht. In allen Fällen schafft der Vollmachtgeber einen zurechenbaren Rechtschein (etwa durch die Ausgabe einer Vollmachturkunde, die auch nach Widerruf der Vollmacht noch vorgelegt werden kann), an dem er sich festhalten lassen muss, wenn ein gutgläubiger Dritter auf den Rechtschein vertraut und daher nach Erlöschen der Vollmacht noch Geschäfte abschließt. Diese Tatbestände sind als allgemeine Vorschriften auch im Handelsrecht relevant: Wird dem Handlungsbevollmächtigten eine Vollmachturkunde ausgehändigt, kann sich ein Dritter auch auf § 172 BGB berufen; ebenso können die Tatbestände der Duldungs- und Anscheinsvollmacht (bei denen sich der Geschäftsinhaber aufgrund bewusster Duldung oder fahrlässigem Nichtverhindern wiederholter Geschäftsabschlüsse durch nicht bevollmächtigte Personen vom gutgläubigen Dritten an solchen Abschlüssen festhalten lassen muss) im Handelsverkehr angewendet werden. Dies nur zur Erinnerung, die Themen sind indes im Rahmen des bürgerlichen Rechts zu behandeln.

Lernhinweis: Wie gesagt setzt das Verständnis des handelsrechtlichen Vertretungsrechts die Kenntnis der allgemeinen Vorschriften des BGB zur Stellvertretung voraus, so dass Sie diese wiederholen sollten.

Bei § 54 Abs. 3 HGB wird der Rechtschein dadurch gesetzt, dass tatsächlich eine Handlungsvollmacht erteilt wird. Der Rechtsverkehr wird in seinem Vertrauen darauf geschützt, dass diese Vollmacht den in Abs. 1, 2 definierten Umfang hat – abhängig aber von der Art der erteilten Vollmacht. Die Norm erfasst also nicht die Situation, dass gar keine Handlungsvollmacht besteht, sondern nur den Fall einer bestehenden Vollmacht, die vom Vollmachtgeber **eingeschränkt ausgestaltet** wurde. Auch das Vertrauen in das Bestehen einer Generalhandlungsvollmacht wird nicht geschützt, wenn tatsächlich eine Art- oder Spezialvollmacht erteilt wurde – der Schutz betrifft dann nur das Vertrauen in die Vertretungsmacht für Handlungen, die die Vornahme derartiger Geschäfte mit sich bringt. Der Dritte wird in seinem Vertrauen auf den Umfang der Vollmacht aber nur geschützt, wenn der Dritte die Beschränkung weder kannte (also positive Kenntnis hatte) noch kennen musste (also aufgrund von Fahrlässigkeit keine Kenntnis hatte).

Beispiel: Der Filialleiter A verfügt über eine Generalhandlungsvollmacht für den Betrieb des Autohandels, allerdings unter der Einschränkung, dass er keine Vertretungsmacht für den Ankauf von Fahrzeugen außerhalb von Inzahlungnahmen bei Verkäufen haben soll, derartige Anfragen sind an die Zentrale weiterzugeben. Kauft er dennoch ein Fahrzeug an, handelt er zwar ohne Vertretungsmacht, soweit den Dritten indes nicht zumindest Fahrlässigkeit bezüglich der Unkenntnis trifft, ist das Geschäft nach § 54 Abs. 3 HGB dennoch für und gegen den Inhaber wirksam. Denn in einem Autohandel gehört auch der Ankauf von Fahrzeugen zum gewöhnlichen Betrieb. Will man dies verhindern, kann man durch einen Aushang im Geschäftslokal dafür sorgen, dass Dritte Kenntnis von der Beschränkung haben (oder zumindest bei gehöriger Sorgfalt gehabt hätten).

6. Zeichnung des Handlungsbevollmächtigten

Nach § 57 HGB hat der Handlungsbevollmächtigte mit einem das Vollmachtsverhältnis andeutenden Zusatz zu zeichnen, der nur nicht auf das Vorliegen einer Prokura hindeuten darf. Üblicherweise zeichnet der Handlungsbevollmächtigte unter Zusätzen wie „**in Vertretung**", „in Vollmacht" oder nur „i.V.".

> **Beispiel:** A ist Handlungsbevollmächtigter bei der B GmbH und zeichnet „B GmbH i. V. A".

7. Abschlussvertreter

Der Kaufmann kann sich sowohl selbstständiger (Handelsvertreter) als auch unselbstständiger (Handlungsgehilfe) Hilfspersonen bedienen, um außerhalb des Betriebs Geschäfte abzuschließen. Gemeint ist hiermit der **Außendienst**, der die Kunden regelmäßig vor Ort betreut. Soweit diese nicht nur vermitteln oder anbahnen, sondern die Verträge abschließen sollen, benötigen sie dafür eine Handlungsvollmacht, für deren Umfang § 55 HGB einige Besonderheiten anordnet, die sich auf den Umfang der Vollmacht beziehen. Insbesondere umfasst eine solche Handlungsvollmacht weder die Änderung bestehender Verträge, noch die Entgegennahme von Zahlungen. Grundsätzlich ordnet § 55 Abs. 1 HGB aber an, dass für solche Vollmachten ebenfalls § 54 HGB gilt. Das bedeutet, dass auch insoweit der Umfang der Vollmacht vom Vollmachtgeber definiert werden kann und die Regelung nur eine **Auslegungsregel** darstellt. Ferner wird auch hier ein gutgläubiger Dritter im Vertrauen auf den gesetzlich definierten Umfang der Vertretungsmacht geschützt. Gerade hier ist wichtig, dass kein Verkehrsschutz nach §§ 55, 54 Abs. 3 HGB besteht, wenn tatsächlich gar keine Vollmacht erteilt wurde – Voraussetzung ist die Erteilung einer eingeschränkten Vollmacht. Das Vertrauen in das Bestehen von Vertretungsmacht einer tatsächlich nicht bevollmächtigten Hilfsperson wird dagegen nur eingeschränkt durch die Sondervorschriften der § 75h HGB (für unselbstständige Gehilfen) und § 91a HGB (für den Vermittlungshandelsvertreter) geschützt – eingeschränkt insoweit als sich hier der Geschäftsherr nicht ohne weiteres an den Verträgen festhalten lassen muss, sondern diese lediglich **als genehmigt gelten**, wenn dieser nicht unverzüglich nach Benachrichtigung über den Abschluss das Geschäft ablehnt.

8. Ladenangestellte

Ladenangestellte gelten gem. § 56 HGB als zu Verkäufen und Empfangnahmen ermächtigt, die in einem derartigen Laden gewöhnlich geschehen. Auch bei dieser Vorschrift handelt es sich – trotz des Wortlauts – nach heutigem Verständnis nicht um eine Regelung, die eine bestimmte Vertretungsmacht zwingend vorschreibt, sondern einerseits um eine **Auslegungsregel** für den Umfang einer einem Ladenangestellten tatsächlich (ggf. konkludent) erteilten Vollmacht, und andererseits um einen **Rechtscheintatbestand**. Hier löst allerdings nicht (wie bei § 54 Abs. 3 HGB) die eingeschränkte Bevollmächtigung den Rechtschein aus, sondern bereits die Beschäftigung als Ladenangestellter. Daher wird hier auch das Vertrauen in das Bestehen einer Vollmacht geschützt – auf §56 HGB kann man sich also auch dann berufen, wenn der Ladenangestellte tatsächlich überhaupt nicht bevollmächtigt wurde. Insoweit geht die Norm also über den §54 Abs. 3 HGB hinaus.

Sachkomplex	Prokura	Handlungsvollmacht
Vollmachtgeber	Kaufmann	Kaufmann, Prokurist
Erteilung	ausdrücklich	auch konkludent
Handelsregister	Eintragungspflicht	nicht eintragungsfähig
Umfang positiv	alle gerichtlichen und außergerichtlichen Geschäfte und Rechtshandlungen, die der Betrieb (irgend)eines Handelsgewerbes mit sich bringt	alle Geschäfte und Rechtshandlungen, die der Betrieb eines derartigen Handelsgewerbes oder die Vornahme eines derartigen Geschäftes gewöhnlich mit sich bringt
negativ	– Veräußerung und Belastung von Grundstücken – Grundlagengeschäfte – Prokurabestellung – Unterzeichnung des Jahresabschlusses	– Beschränkungen wie bei Prokura, sowie: – Aufnahme von Darlehen – Prozessführung
Beschränkbarkeit Innenverhältnis	ja	ja
Außenverhältnis	nein	ja
		Aber: Rechtscheinhaftung, wenn Dritter Beschränkung weder kannte noch kennen musste
Zeichnung	ppa	i. V., oder ähnlich

Abb. 16: Gegenüberstellung Prokura/Handlungsvollmacht

Allerdings sind Rechtscheintatbestände allgemein auf den Schutz des gutgläubigen Rechtsverkehrs beschränkt, was im Wortlaut des §56 HGB nicht angelegt ist. Hieraus ist aber nicht zu schließen, dass der Schutz auch bei Kenntnis fehlender Vollmacht besteht – vielmehr folgt aus der Interpretation als Rechtscheintatbestand, dass die Beschränkung auf gutgläubige Dritte durch **analoge Anwendung des §54 Abs. 3 HGB** auch im Rahmen des §56 HGB besteht.

Beispiel: Der Ladenangestellte A ist vom Inhaber des Autohauses zwar eingestellt, aber nicht zu Geschäftsabschlüssen bevollmächtigt worden – er soll nur Verkaufsgespräche führen und dann für den Abschluss die Unterschrift des Chefs einholen. Gleichwohl **verkauft** A in Abwesenheit des Chefs ein Auto an B und kauft ein anderes Auto von C an, da er es für ein gutes Geschäft hält. Soweit B keine Fahrlässigkeit bezüglich der fehlenden Vertretungsmacht trifft, kann er sich gegenüber dem Inhaber auf §56 HGB berufen und Erfüllung des Vertrags verlangen. Auch hier würde ein Aushang zur Information der Kunden, dass der Vertragsschluss nur mit dem Inhaber möglich ist, die Gutgläubigkeit aber beseitigen und analog §54 Abs. 3 HGB die Berufung auf den Rechtschein ausschließen. Bezüglich des **Ankaufs** des Fahrzeugs von C sieht es dagegen anders aus: §56 HGB erfasst ganz ausdrücklich nur Verkäufe und Empfangnahmen, nicht aber Ankäufe. Auch eine analoge Anwendung ist ausgeschlossen, es besteht eine andere Interessenlage, da man bei Verkäufen durch Preislisten klare Vorgaben für die Vertragsabschlüsse machen kann – bei Ankäufen ist das so nicht möglich. C kann sich daher nicht auf §56 HGB berufen, insoweit haftet aber A als Vertreter ohne Vertretungsmacht nach §179 BGB.

IV. Der kaufmännische Angestellte

1. Die grundsätzliche Anwendung des Arbeitsrechts

Das Handelsgesetzbuch regelt in §§59 ff. den „Handlungsgehilfen", moderner formuliert: den **kaufmännischen Angestellten**. Allerdings spielen die Vorschriften des HGB in Bezug auf das Rechtsverhältnis zum Kaufmann als Arbeitgeber nur eine geringe Rolle. Denn in erster Linie unterliegt das **Arbeitsverhältnis** den vielfältigen arbeitsrechtlichen Vorschriften, die hier nicht behandelt werden können. Diese stecken einen präzisen rechtlichen Rahmen ab, der vor allem dem Schutz der Arbeitnehmer gegenüber dem strukturell überlegenen Arbeitgeber dient. Hervorzuheben ist hier wohl das Kündigungsschutzgesetz, das für die Kündigung durch den Arbeitgeber eine besondere Rechtfertigung verlangt (§1 KSchG). Auch den legitimen Interessen der Arbeitgeberseite wird indes Rechnung getragen, etwa durch die Anerkennung des Weisungsrechts des Arbeitgebers in §106 GewO.

Das HGB enthält nur wenige zusätzliche, speziellere Vorschriften, die den allgemeinen Rahmen des Arbeitsrechts ergänzen. Die Definition in §59 Abs. 1 HGB stellt auf die „Leistung kaufmännischer Dienste" ab, nur für diese werden Sonderregelungen getroffen, die den allgemeinen Vorschriften vorgehen. Im Einzelfall kann aber der arbeitsrechtliche Gleichbehandlungsgrundsatz eine einheitliche Anwendung auf alle Arbeitnehmer verlangen, soweit keine sachlichen Gründe die Ungleichbehandlung rechtfertigen.

2. Handelsrechtliche Ergänzungen

Das Handelsgesetzbuch ergänzt das Arbeitsrecht durch Vorschriften über

- **das gesetzliche Wettbewerbsverbot** (§60 HGB) und die Grenzen weitergehender vertraglicher Wettbewerbsverbote (§§74 ff. HGB, dazu sogleich 3.);
- **die Fürsorgepflicht** des Arbeitgebers (§62 HGB), die heute kaum noch eigenständige Bedeutung hat, da es sich nur um eine Ausformung der allgemeinen, auf §241 Abs. 2 BGB gestützten Fürsorgepflicht jedes (nicht nur des kaufmännischen) Arbeitgebers handelt;
- **die Fälligkeit der Gehaltszahlung** (§64 HGB) zwingend spätestens zum jeweiligen Monatsende (wobei eine frühere Zahlung vereinbart werden kann), die

Regelung hat insoweit eigenständige Bedeutung als der allgemeine § 614 BGB dispositiv ist, nur für den Mindestlohn (der auch in einem höheren Lohn enthalten ist) enthält § 2 MiLoG eine einseitig zwingende Vorschrift (von der nur zugunsten des Arbeitnehmers abgewichen werden kann), die aber eine deutlich spätere Fälligkeit anordnet als § 64 HGB.

3. Wettbewerbsverbot

Der Schwerpunkt der Regelung im HGB betrifft das Wettbewerbsverbot des kaufmännischen Angestellten. Das Gesetz unterscheidet insoweit zwischen dem **vertraglichen** (während des bestehenden Arbeitsverhältnisses) und dem **nachvertraglichen** (nach Beendigung des Arbeitsverhältnisses) **Wettbewerbsverbot**. In beiden Fällen handelt es sich allerdings nicht um spezielle Regelungen, die nur auf kaufmännische Angestellten anwendbar wären, sondern um allgemeines Arbeitsrecht für alle Arbeitsverhältnisse: Für das vertragliche Wettbewerbsverbot ergibt sich das allerdings nur aus § 241 Abs. 2 BGB, die Unterlassung von Wettbewerb ist eine Nebenpflicht des Arbeitnehmers. Für das nachvertragliche Wettbewerbsverbot ordnet § 110 S. 2 GewO dagegen die Anwendbarkeit der §§ 74 ff. HGB auf alle Arbeitnehmer ausdrücklich an.

Nach § 60 HGB (lesen!) darf der Angestellte ohne Einwilligung des Prinzipals (=Arbeitgeber/Kaufmann) weder ein Handelsgewerbe betreiben, noch im Handelszweige des Prinzipals für eigene oder fremde Rechnung Geschäfte machen. Es gilt also ein allgemeines Verbot, dem Arbeitgeber auf einem Markt, auf dem dieser tätig ist, Konkurrenz zu machen. Denn der Arbeitnehmer könnte sonst die Informationen und Kontakte, die er durch seine Tätigkeit beim Prinzipal erhält, für seine eigene Tätigkeit nutzen. Verboten ist aber nur das **selbstständige „Geschäftemachen"** (auch durch eine Beteiligung an einem Konkurrenzunternehmen), sogar wenn dies (insbes. als Kommissionär) für fremde Rechnung erfolgt – eine Nebentätigkeit als Angestellter wird dagegen nicht erfasst. Verstößt der kaufmännische Angestellte gegen das Wettbewerbsverbot, kann dies als Pflichtverletzung (je nach Schwere) ggf. Grund für eine verhaltensbedingte ordentliche oder sogar fristlose **Kündigung** aus wichtigem Grund (§ 626 BGB) sein. Darüber hinaus gewährt § 61 HGB dem Arbeitgeber einen **Schadensersatzanspruch**. Da ein Schaden bei Konkurrenzgeschäften aber häufig nicht nachweisbar ist (man müsste beweisen, dass man das Geschäft sonst selbst hätte machen können und dadurch ein Gewinn entgangen ist) gewährt dessen Abs. 1 S. 2 alternativ ein **Eintrittsrecht**, so dass praktisch der vom Angestellten erzielte Gewinn herausverlangt werden kann.

Deutlich komplexer ist die Regelung der **nachvertraglichen Wettbewerbsverbote** in §§ 74 ff. HGB. Der hier adressierte Interessenkonflikt resultiert daraus, dass der Arbeitnehmer die Informationen und Kontakte, die er aus seiner Tätigkeit beim früheren Arbeitgeber mitnehmen konnte, nach Ende des Arbeitsverhältnisses für eigene Zwecke nutzen könnte. Insoweit besteht ein legitimes Schutzinteresse des Arbeitgebers, während der Arbeitnehmer in der Lage sein muss, weiterhin seinen Lebensunterhalt zu bestreiten und sich beruflich zu entwickeln. Die Vorschriften enthalten daher einen Ausgleich dieser Interessen, indem nachvertragliche Wettbewerbsverbote (die auch auf die Tätigkeit als Angestellter eines Konkurrenzunternehmens erstreckt werden können) zwar nicht verboten, aber an enge Voraussetzungen gebunden werden. Anders als bei §60 HGB gilt ein solches Verbot aber nicht kraft Gesetzes, die (zugunsten des Arbeitnehmers einseitig zwingenden, §75d HGB) Regelungen setzen lediglich den Rahmen für eine vertragliche Vereinbarung.

Die Vereinbarung eines Wettbewerbsverbots, das den kaufmännischen Angestellten für die Zeit nach Beendigung des Dienstverhältnisses in seiner gewerblichen Tätigkeit beschränkt, ist daher nur unter folgenden Voraussetzungen wirksam:

1. Die Abrede bedarf der **Schriftform** unter Aushändigung einer vom Arbeitgeber unterzeichneten, die vereinbarten Bestimmungen enthaltenden Urkunde (§74 Abs. 1 HGB); Verstöße hiergegen führen zur Nichtigkeit gem. §125 BGB (lesen!).
2. Die Vereinbarung ist nur im Rahmen der **Billigkeit** verbindlich: Einerseits muss es **berechtigten Geschäftsinteressen** des Arbeitgebers dienen (§74a Abs. 1 Satz 1 HGB, andererseits darf es unter Berücksichtigung der gewährten Entschädigung nach Ort, Zeit und Gegenstand keine **unbillige Erschwerung** des Fortkommens des Arbeitnehmers darstellen (§74a Abs. 1 Satz 2 HGB). Diese Kriterien begrenzen die Reichweite der zulässigen vertraglichen Gestaltung des Verbots. Ein berechtigtes Interesse liegt nur vor, soweit ein Zusammenhang zwischen den verbotenen Tätigkeiten und der früheren Tätigkeit besteht. Die Billigkeit ist anhand einer Gesamtabwägung im Einzelfall vorzunehmen.
   Beispiel: Unverbindlich ist ein Verbot, soweit es sich auch auf Tätigkeiten erstreckt, die nichts mit dem bisherigen Aufgabengebiet zu tun haben oder das über die sachlichen oder räumlichen Tätigkeitsgebiete des Arbeitgebers hinausreicht.
3. Das Wettbewerbsverbot muss hinreichend honoriert werden.
   Nach §74 Abs. 2 HGB muss der frühere Arbeitgeber für die Dauer des Verbots eine **Entschädigung** zahlen, die für jedes Jahr des Verbots mindestens **die Hälfte** der von dem Handlungsgehilfen **zuletzt bezogenen vertragsgemäßen Leistung** erreicht. Der Arbeitgeber muss also bereit sein, mindestens die Hälfte des Arbeitslohns weiter zu bezahlen, zugleich kann der Arbeitnehmer außerhalb des Anwendungsbereichs des Verbots seine Arbeitskraft uneingeschränkt verwerten. Damit die Karenzentschädigung kein „windfall profit" wird, sieht §74c HGB eine Anrechnung des eigenen Verdienstes auf die Karenzentschädigung vor, soweit die Gesamteinkünfte 110% des letzten Arbeitslohns überschreiten.
4. Die Wettbewerbsabrede darf nicht länger dauern als **2 Jahre** seit Beendigung des Dienstverhältnisses (§74 a Abs. 1 Satz 3 HGB).
   Wird das Verbot für eine längere oder unbestimmte Zeit vereinbart, so ist die Abrede nicht unwirksam, vielmehr reduziert sich ihre Wirksamkeit auf den gesetzlich festgelegten 2-Jahres-Zeitraum.
5. Ein vereinbartes Wettbewerbsverbot kann schließlich im Falle der Kündigung unwirksam werden,
   - wenn der **Arbeitgeber** das Arbeitsverhältnis ohne erheblichen Anlass kündigt, und sich nicht bereit erklärt, während der Dauer der Beschränkung

dem Arbeitnehmer den **vollen** zuletzt von ihm bezogenen Arbeitslohn zu gewähren (§ 75 Abs. 2 HGB),

- wenn das Arbeitsverhältnis von einer Seite aus wichtigem Grund (§ 626 BGB) aufgrund Vertragsverletzung der anderen Seite gekündigt wird und der Kündigende innerhalb eines Monats die Bindung durch einseitige Erklärung aufhebt (§ 75 Abs. 1, Abs. 3 HGB).

§ 9. Die selbstständigen Hilfspersonen der Kaufleute

I. Überblick

Wie wir bereits im Überblick zu den verschiedenen Hilfspersonen der Kaufleute (§ 8 I.) gesehen haben zeichnen sich die selbstständigen Hilfspersonen dadurch aus, dass sie zwar einerseits selbst Unternehmer sind und regelmäßig sogar Kaufmannseigenschaft haben, sie aber andererseits fester Bestandteil der Vertriebsstrukturen des fremden Handelsgewerbes sein können.

Vertriebssysteme können unterschiedlich ausgestaltet werden. Welches System vorteilhaft ist, lässt sich nicht allgemein sagen, da sich dies je nach Produkt unterscheidet. Häufig erfolgt der **Vertrieb durch eigene Niederlassungen**, in denen wiederum nichtselbstständige Hilfspersonen tätig sind. Solche Strukturen finden sich häufig bei reinen Handelsunternehmen (bei denen das Filialnetz den Kern der Tätigkeit darstellt, zB bei Supermarktketten), aber auch bei manchen Herstellern (auch als Teil hybrider Systeme neben selbstständigen Vertriebsmittlern). Trotz der vollen Kontrolle ist ein solcher Eigenvertrieb nicht grundsätzlich vorteilhaft, da man alle Kosten und alle Risiken selbst tragen muss, die Marktkenntnisse lokaler Unternehmen nicht nutzen kann und die mit einem Mehrmarkenvertrieb (also der Tätigkeit für mehrere Unternehmen) verbundenen Kostenvorteile nicht realisiert werden können. Daher setzen sehr viele Unternehmen (zumindest auch) selbstständige Vertriebsmittler ein.

Die Rechtsbeziehungen zu den selbstständigen Hilfspersonen können unterschiedlich ausgestaltet werden. Zu differenzieren ist zunächst zwischen den im HGB speziell geregelten Vertragsverhältnissen und solchen, die aufgrund der Vertragsfreiheit ohne gesetzliche Ausgestaltung in der Praxis gebildet haben. Zu den erstgenannten gehören zunächst **Handelsvertreter** und **Handelsmakler**, die im Kontext des „Handelsstands" (1. Buch) geregelt sind (§§ 84–104 HGB), was zeigt, dass das HGB diese (trotz der Selbstständigkeit) als Teil des kaufmännischen Unternehmens, nicht als Geschäftspartner ansieht. Im Kontext der Handelsgeschäfte (4. Buch) sind dann die Rechtsverhältnisse der **Kommissionäre** (einschließlich der **Kommissionsagenten**) geregelt (§§ 383 ff. HGB). Nicht gesetzlich geregelt sind die praktisch wichtigen Vertragsverhältnisse der **Franchisenehmer** und der **Vertragshändler**.

Die genannten Rechtsverhältnisse lassen sich danach einteilen, ob der Vertriebsmittler (1) **im eigenen oder fremden Namen**, sowie (2) **für eigene oder für fremde Rechnung** tätig wird. Die erste Unterscheidung betrifft das Außenverhältnis zu

Dritten: Wer im eigenen Namen tätig wird, wird selbst Vertragspartner der Geschäfte mit Dritten, wer im fremden Namen tätig wird, schließt diese als Stellvertreter des Kaufmanns ab. Die zweite Unterscheidung betrifft das Innenverhältnis zum Kaufmann: Wer für eigene Rechnung tätig wird, kauft die Waren vom Kaufmann ein, veräußert sie auf eigenes Risiko und entscheidet selbst über den Preis, wer für fremde Rechnung tätig wird, trägt weder die Risiken noch die Chancen des Geschäfts, sondern wird nur auf Provisionsbasis im Interesse des Kaufmanns tätig. Hieraus ergibt sich folgende Einteilung:

	im eigenen Namen	im fremden Namen
Für eigene Rechnung	Franchisenehmer, Vertragshändler	–
Für fremde Rechnung	Kommissionär/Kommissionsagent	Handelsvertreter/Handelsmakler

Abb. 17: Selbstständige Hilfspersonen

Wer also im Außenverhältnis im fremden Namen tätig wird, tut dies im Innenverhältnis auch für Rechnung der Person, die Vertragspartner wird – wer aber im eigenen Namen tätig wird, kann dies je nach Vertragstypus sowohl für eigene als auch für fremde Rechnung tun.

II. Der Handelsvertreter

1. Begriff

Handelsvertreter im Sinne des Gesetzes ist gem. §84 Abs. 1 S. 1 HGB (lesen!),

„wer als selbstständiger Gewerbetreibender ständig damit betraut ist, für einen anderen Unternehmer Geschäfte zu vermitteln oder in dessen Namen abzuschließen."

Der Handelsvertreter wird also entweder im fremden Namen tätig, oder er beschränkt sich auf die Vermittlung, letztlich also den Nachweis der Abschlussmöglichkeit mit einem Kunden, während der Vertrag anschließend unmittelbar zwischen Unternehmer und Drittem abgeschlossen wird. In jedem Fall wird der Handelsvertreter nicht für eigene Rechnung tätig, sondern erhält für seine Vermittlungsleistung eine Provision vom Unternehmer.

Abb. 18: Handelsvertreter

Kennzeichnend für die Handelsvertretung ist dreierlei:

- **Vermittlungstätigkeit** (mit oder ohne Vollmacht zum Geschäftsabschluss) ***für einen* anderen** (den das Gesetz als „Unternehmer" bezeichnet). **Beachte**: Der Geschäftsherr wird bewusst nicht als Kaufmann bezeichnet, da das Gesetz seine **Kaufmannseigenschaft nicht voraussetzt**. Eine Handelsvertretung liegt also auch vor, wenn man für einen nichtkaufmännischen Unternehmer (Kleinunternehmer, freier Beruf, Landwirtschaft) tätig wird.
- **Ständige Betrauung** im Sinne eines Dauerschuldverhältnisses und einer gewissen Einbindung in das Unternehmen, da hierauf die Vorschriften der §§ 84 ff. HGB ausgerichtet sind. Das Kriterium grenzt den Handelsvertreter vom **Handelsmakler** ab, der nicht ständig, sondern gelegentlich für den Unternehmer tätig wird, und in §§ 93 ff. HGB geregelt ist.
- **Selbstständigkeit,** also die eigene Unternehmereigenschaft des Handelsvertreters. Das Kriterium dient der Abgrenzung vom Angestellten, der nicht dem Handelsvertreter- sondern dem Arbeitsrecht unterliegt, wofür es nach § 84 Abs. 1 S. 2 HGB darauf ankommt, ob der Vertreter seine Tätigkeit im Wesentlichen frei gestalten und seine Arbeitszeit bestimmen kann. **Beachte**: Auch bezüglich des Handelsvertreters ist die Kaufmannseigenschaft keine Voraussetzung für die Anwendung der §§ 84 ff. HGB, was § 84 Abs. 4 HGB ausdrücklich klarstellt.

Da also weder Unternehmer noch Handelsvertreter Kaufleute sein müssen, können die Vorschriften **auch auf Verträge zwischen Nichtkaufleuten** anzuwenden sein, obwohl sie im Handelsrecht geregelt sind! Hintergrund ist, dass das Handelsvertreterrecht bereits seit 1988 durch eine EU-Richtlinie harmonisiert worden ist, für deren Regelungen der nationale Kaufmannsbegriff irrelevant ist. Diese Richtlinie, die von einer Schutzbedürftigkeit des Handelsvertreters ausgeht, erklärt auch den **zwingenden Charakter**, den viele Regelungen der §§ 84 ff. HGB haben (näher unter 3.).

2. Arten der Handelsvertretung

a) Abschluss- und Vermittlungsvertreter

Schon aus der Formulierung des § 84 Abs. 1 HGB ergibt sich, dass der Handelsvertreter mit dem Abschluss von Verträgen, oder nur mit ihrer Vermittlung betraut werden kann. Im ersten Fall spricht man vom **Abschlussvertreter**, im zweiten vom **Vermittlungsvertreter**. Der Unterschied besteht vor allem darin, dass nur im ersten Fall dem Handelsvertreter Vertretungsmacht eingeräumt wird, er also eine Vollmacht zum Abschluss der Verträge im Außenverhältnis im Namen des Unternehmers erhält. Für diese Vollmacht gilt § 55 HGB, der weitgehend auf § 54 HGB verweist und dadurch klarstellt, dass es sich um eine **Handlungsvollmacht** handelt und daher im Zweifel alle Geschäfte erfasst, die die Geschäfte, mit denen er betraut ist, „gewöhnlich mit sich bringt", wobei ein gutgläubiger Dritter nach § 54 Abs. 3 HGB auf diesen Umfang an Vertretungsmacht vertrauen kann, wenn der Unternehmer die Vollmacht eingeschränkt hat (näher oben § 8). Ausgeschlossen werden von der regelmäßigen Vertretungsmacht nur die Änderung bestehender Verträge und die Zahlungsannahme – der Vollmachtgeber kann die Vollmacht aber natürlich durch Erklärung auch hierauf erstrecken. Der Abschlussvertreter führt also seine Tätigkeit bis zum Vertragsschluss fort, gibt selbst die Willenserklärung ab und informiert anschließend den Unternehmer über den Vertragsschluss. Da es sich um Stellvertretung handelt, ändert dies nichts daran, dass der Vertrag unmittelbar zwischen Unternehmer und Drittem zustande kommt – nur der Unternehmer ist also berechtigt und verpflichtet. Grundsätzlich hat daher der Unternehmer den Vertrag zu erfüllen und die Gegenleistung zu fordern. Aber natürlich kann man den Handelsvertreter auch in die Erfüllung einbeziehen, dieser kann etwa Zugriff auf ein Warenlager des Unternehmers haben und daraus den Vertrag direkt erfüllen, und mit einer Inkassovollmacht kann er auch die Zahlung entgegennehmen. Die Reichweite der Betrauung des Vertreters können die Parteien vereinbaren.

Der **Vermittlungsvertreter** verfügt dagegen nicht über eine Vollmacht zum Vertragsschluss, führt also die Verhandlungen nur mit dem Ziel, dem Unternehmer den möglichen Vertragsschluss nachzuweisen. Nach Mitteilung des ausgehandelten Vertragsinhalts und der Identität des Vertragspartners kann dann der Unternehmer den Vertrag selbst schließen. Verpflichtet ist der Unternehmer hierzu freilich nicht, er kann das Geschäft auch zurückweisen – er behält bei dieser Gestaltung also die Letztentscheidungskompetenz. Auch ohne Abschlussvollmacht gilt der Vermittlungsvertreter aber als bevollmächtigt für die **Entgegennahme von Erklärungen** des Dritten (Kunden) in Bezug auf eine Mangelhaftigkeit der Ware, insbesondere **Mängelrügen** (zur großen Relevanz der Mängelrügen unten in § 11). Das dient dem Schutz des Dritten, der sich mit den Rügen an seinen Ansprechpartner vor Ort wenden kann. Diese Formulierung in § 91 Abs. 2 HGB („gilt") bedeutet aber nicht, dass hier das Gesetz die Bevollmächtigung zwingend anordnet, vielmehr handelt es sich nur um eine Auslegungsregel. Wird auch dieser Aspekt der Vertretungsmacht vom Unternehmer ausgeschlossen, wird der gutgläubige Dritte nach § 91 Abs. 2 S. 2 HGB aber ebenso geschützt wie im Fall des § 54 Abs. 3 HGB. Ferner wird der gutgläubige Dritte nach § 91a HGB in seinem Vertrauen auf das Bestehen von Vertretungsmacht geschützt, wenn er mit einem Vermittlungsvertreter kontrahiert, dieser also seine Befugnisse überschreitet. Hier wird allerdings keine Vertretungsmacht kraft Rechtsschein angeordnet, sondern eine **unverzügliche Ablehnung** durch den Unternehmer nach Information verlangt – versäumt er dies bzw. erfolgt die Ablehnung verspätet, gilt das Geschäft als genehmigt iSv § 177 BGB – der vom Vertreter ohne Vertretungsmacht abgeschlossene Vertrag wird also gegenüber dem Unternehmer voll wirksam.

b) Einfirmenvertreter und Mehrfirmenvertreter

Das gesetzliche Leitbild des Handelsvertreters entspricht dem **Mehrfirmenvertreter**: Der Handelsvertreter kann als selbstständiger Unternehmer frei darüber entscheiden, ob er nur für ein Unternehmen oder für mehrere Unternehmen tätig werden will, was insbesondere bei Nichtwettbewerbern auch keine Interessenkonflikte aufwirft. Die Kundenkontakte können so genutzt werden, um mehrere Produkte zu vertreiben, die einen ähnlichen Abnehmerkreis haben.

Einfirmenvertreter ist dagegen, wer vertraglich nicht für weitere Unternehmer tätig werden darf oder wem dies aufgrund des Vertragsinhalts faktisch nicht möglich ist. Die Zulässigkeit einer solchen Vertragsgestaltung wird von der Vorschrift des. §92a HGB vorausgesetzt, so dass eine solche Exklusivitätsvereinbarung grundsätzlich keinen Bedenken begegnet. Bereits seit 1953 sieht §92a HGB aber vor, dass aufgrund der Schutzbedürftigkeit eines derart arbeitnehmerähnlich in das Unternehmen eingebundenen Vertreters durch Rechtsverordnung Mindestarbeitsbedingungen vorgeschrieben werden können, welche die untere Grenze der vertraglichen Leistung des Unternehmers festsetzen (insbesondere eine Mindestvergütung), um die notwendigen sozialen und wirtschaftlichen Bedürfnisse dieser Vertretergruppe sicherzustellen. Eine solche Verordnungsermächtigung hat allerdings keinerlei rechtliche Wirkung, wenn keine hierauf beruhende Rechtsverordnung erlassen wird – und absurderweise hat das zuständige Bundeswirtschaftsministerium niemals eine solche Verordnung erlassen. Mindestarbeitsbedingungen für Einfirmenvertreter gibt es also tatsächlich nicht!

c) Haupt- und nebenberufliche Handelsvertreter

Dem gesetzlichen Leitbild des Handelsvertreters entspricht ein **hauptberuflich selbstständig tätiger Vertreter**, hierauf sind die Normen ausgerichtet, so dass durch Kündigungsfristen und Ausgleichsansprüche auch eine gewisse soziale Absicherung mit Blick auf den Einkommensverlust bei Kündigung des Vertrags gewährleistet wird (unten 4.). Die hauptberufliche Tätigkeit ist aber keine Voraussetzung, vielmehr erkennt §92b HGB ausdrücklich die Möglichkeit **nebenberuflicher Handelsvertreter** an und trifft einige Sonderregelungen für diese, sofern vertraglich ausdrücklich die nebenberufliche Tätigkeit vereinbart wird. Der Gesetzgeber hält hier offenbar die soziale Absicherung mit Blick auf die Nebenberuflichkeit für verzichtbar und verkürzt daher die Kündigungsfrist einheitlich auf einen Monat und schließt den Ausgleichsanspruch aus (dazu unten 4.). Der nebenberufliche Vertreter hat also eine deutlich schlechtere Rechtsposition als der hauptberufliche – unbedingt überzeugend ist das nicht, hat der Gesetzgeber aber so entschieden. Vor allem wirft es das Problem der Abgrenzung von haupt- und nebenberuflichem Handelsvertreter auf – allein an der Vereinbarung kann man das nicht festmachen, da man sonst auf diesem Weg einfach den Anspruch aus §89b HGB ausschließen könnte, obwohl dieser zwingenden Charakter hat (§89b Abs. 4 HGB). Die Aussage, dass sich die Abgrenzung nach der Verkehrsauffassung bestimmt (§92b Abs. 2 HGB) ist nur bedingt weiterführend. Eindeutig ist, dass eine hauptberufliche Angestelltentätigkeit nur Raum für nebenberufliche Handelsvertretung lässt, und dass es bei Mehrfirmenvertretung nicht auf die Tätigkeit für ein bestimmtes Unternehmen, sondern die Handelsvertretung insgesamt ankommt. Ansonsten kommt es darauf an, ob die Handelsvertretung im Verhältnis zu anderen Tätigkeiten vor allem in zeitlicher Hinsicht untergeordnet ist – überwiegt sie, liegt hauptberufliche Tätigkeit vor.

d) Versicherungs- und Bausparkassenvertreter

Besondere Arten der Handelsvertretung stellen auch die **Versicherungs- und Bausparkassenvertreter** dar, deren Tätigkeit sich auf Versicherungsverträge bzw. Bausparverträge bezieht. Da §84 HGB allgemein gehalten ist, setzt er nicht voraus, dass gerade Warenverkäufe vermittelt bzw. abgeschlossen werden, auch

Dienstleistungen werden unzweifelhaft erfasst. Die Vorschrift des §92 HGB dient daher nicht der Einbeziehung in das Handelsvertreterrecht, sondern enthält einige **Sonderregelungen**, um der speziellen Interessenlage Rechnung zu tragen. Insbesondere wird der Kreis der provisionspflichtigen Geschäfte eingeschränkt (Ausschluss der sog. Folge- und Bezirksprovisionen, unten 3.) und die Fälligkeit der Provision an die Prämienzahlung geknüpft. Weitere Sonderregelungen für den Versicherungsvertreter finden sich ferner in §§69ff. VVG, die spezielle Auslegungsregeln und Verkehrsschutzbestimmungen hinsichtlich der Vollmacht des Versicherungsvertreters enthalten.

e) General- und Untervertreter

Handelsvertretersysteme können nicht nur einstufig, sondern auch mehrstufig organisiert werden. §84 Abs. 3 HGB lässt ausdrücklich zu, dass Handelsvertreter sich für ihre Vertriebstätigkeit auch selbst wiederum Handelsvertretern bedienen können. Der unmittelbare Vertragspartner des Unternehmens wird häufig als **Generalvertreter** bezeichnet, ihm wird meist ein bestimmter Bezirk zugewiesen, innerhalb dessen er den Vertrieb zu organisieren hat. Seine Tätigkeit bezieht sich also nicht darauf, selbst Verträge zu vermitteln oder abzuschließen, sondern darauf, ein **Netzwerk von Untervertretern** aufzubauen und zu führen. Da der Generalvertreter selbst Vertragspartner, also „Unternehmer" im Verhältnis zum Untervertreter ist, treffen ihn die Pflichten aus dem Handelsvertretervertrag, eine direkte Beziehung zu dem Unternehmen, dessen Produkte vertrieben werden, entsteht nicht. Der Untervertreter bezieht also seine Provision vom Generalvertreter, der wiederum für das Geschäft eine (höhere) Provision vom Unternehmer bezieht. In Betracht kommt insoweit nicht nur eine Vermittlungs-, sondern auch eine Abschlussvertretung, da die Erteilung einer Untervollmacht an den Untervertreter möglich ist, soweit dies von der Vollmacht gedeckt ist.

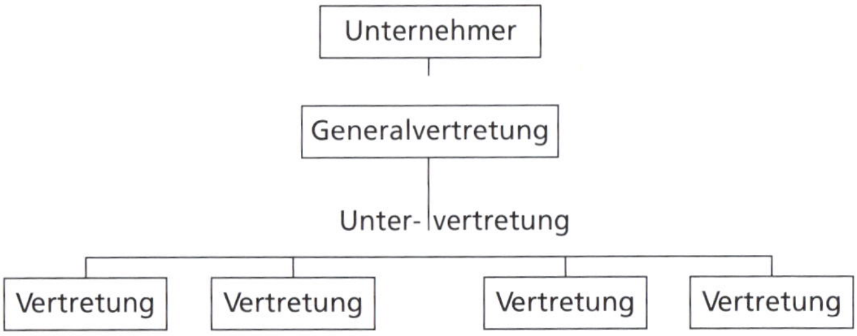

Abb. 19: Mehrstufige Handelsvertretung

3. Der Handelsvertretervertrag

Der Handelsvertretervertrag nimmt im HGB insoweit eine Sonderstellung ein, als er zwar ein Rechtsverhältnis zwischen zwei Unternehmern (wie schon gesehen nicht zwingend Kaufleuten) regelt, aber dennoch in erheblichem Umfang **zwingende Regelungen** zum Schutz des Handelsvertreters vorsieht. Das Gesetz geht also hier ähnlich wie bei Angestellten von einer strukturellen Unterlegenheit des Handelsvertreters aus, der seine Interessen nicht hinreichend selbst bei der Vertragsgestaltung durchsetzen kann – unabhängig von den tatsächlichen Umständen (auch größere Unternehmen können als Handelsvertreter tätig werden). Allerdings findet sich keine Regelung, die einfach das gesamte Handelsvertreterrecht für zwingend erklären würde, vielmehr wird in einzelnen Vorschriften (wie zB §86 Abs. 4 HGB) geregelt, inwieweit diese als zwingend anzusehen sind. Wie stets im Handelsrecht werden die allgemeinen Regeln des BGB ergänzt, beim Handelsvertretervertrag handelt es sich um einen **Geschäftsbesorgungsvertrag** gem. §675 BGB, auch wenn die hierfür geltenden Vorschriften weitgehend durch die speziellen Regelungen des HGB verdrängt werden. Dies gilt insbesondere für den Aufwendungsersatzanspruch (§670 BGB), da der Handelsvertreter seine Aufwendungen als selbstständiger Unternehmer grundsätzlich selbst zu tragen hat (§87d HGB). Diese sind durch die Provision abgegolten, wenn im konkreten Fall nichts anderes handelsüblich ist.

a) Die Pflichten des Handelsvertreters

Der Handelsvertreter hat sich nach §86 Abs. 1 HGB um die Vermittlung oder den Abschluss von Geschäften zu bemühen (**Bemühenspflicht**) und dabei das Interesse des Unternehmers wahrzunehmen **(Interessenwahrungspflicht)**. Es ist durchaus bemerkenswert, dass letztere Verpflichtung (die ja im Interesse des Unternehmers liegt) zwingenden Charakter hat (§86 Abs. 4 HGB) und auch zugunsten des Handelsvertreters nicht hiervon abgewichen werden kann. Zur Interessenwahrung gehört auch, dem Unternehmer die erforderlichen **Informationen** zukommen zu lassen, insbesondere über vermittelte oder abgeschlossene Geschäfte – trotz der Regelung in Abs. 2 ist das eine Selbstverständlichkeit.

Die Regelung in §84 Abs. 3 HGB betrifft den **Sorgfaltsmaßstab**, den der Handelsvertreter bei seiner Tätigkeit zu wahren hat. Er entspricht der allgemeinen Regelung des §347 HGB (dazu in §10) und hat daher nur dann eigenständige Bedeutung, wenn der Handelsvertreter kein Kaufmann ist. Ein Sorgfaltsmaßstab ist nicht mit einer Anspruchsgrundlage zu verwechseln: Er besagt nur, unter welchen Voraussetzungen der Handelsvertreter eine Pflichtverletzung iSv §276 BGB zu vertreten hat. Die Pflichtverletzung ergibt sich aber nicht aus der Sorgfaltswidrigkeit an sich, vielmehr ist eine Verletzung der Pflichten aus §86 HGB festzustellen – ein Schadensersatzanspruch ergibt sich dann regelmäßig aus §280 BGB, soweit dem Unternehmer ein Schaden entstanden ist. Die allgemeinen Vorschriften des BGB haben daher auch hier erhebliche Bedeutung!

Hauptpflicht des Handelsvertreters ist das Bemühen um Geschäfte – mehr nicht! Er schuldet also nicht den Erfolg, etwa einen Mindestumsatz, umgekehrt ist seine Vergütung aber erfolgsabhängig (dazu sogleich b), so dass er bei fehlendem Erfolg auch nicht bezahlt wird. Insoweit sind abweichende vertragliche Vereinbarungen zulässig, so dass auch ein Mindestumsatz vertraglich fixiert werden kann, bei dessen Ausbleiben etwa eine fristlose Kündigung zulässig ist. Aus dem Geschäftsbesorgungscharakter des Vertrags folgt ein **Weisungsrecht** des Unternehmers und eine entsprechende **Befolgungspflicht** des Handelsvertreters (unter Rückgriff auf §665 BGB, der das Weisungsrecht zwar nicht regelt, aber voraussetzt), allerdings nur im Rahmen des abgeschlossenen Vertrags. Zusätzliche

Pflichten können also nicht einfach durch Weisung geschaffen werden, etwa zur Übernahme des vertraglich nicht vereinbarten Kundenservice. Ferner können keine der Selbstständigkeit des Handelsvertreters widersprechende Weisungen erteilt werden, die also iSv §84 Abs. 1 S. 2 HGB die wesentliche Freiheit der Tätigkeit und der Arbeitszeitbestimmung beeinträchtigen. Beispielsweise kann der Handelsvertreter aber angewiesen werden, mit bestimmten Kunden keine Verträge mehr abzuschließen, und natürlich sind die vom Unternehmer vorgegebenen Konditionen für Verträge mit Dritten umzusetzen.

Die **Interessenwahrungspflicht** umfasst es generell, alles zu tun, um bei Ausübung der Tätigkeit die Interessen des Unternehmers zu schützen, und alles zu unterlassen, was dessen Interessen widerspricht. Er darf daher weder seine Eigeninteressen über die Unternehmerinteressen stellen, noch den Interessen des Geschäftspartners Vorrang gewähren. Hierzu gehört es auch, vor Vertragsschluss die wirtschaftliche Leistungsfähigkeit (Bonität) des Geschäftspartners zu prüfen und bei Zweifeln an der Zahlungsfähigkeit auf das Geschäft zu verzichten oder auf Vorauszahlung zu bestehen. Wichtigste Ausprägungen der Interessenwahrung sind aber einerseits das Wettbewerbsverbot und andererseits die Geheimhaltungspflicht. Ein **Wettbewerbsverbot** ist zwar im HGB nur hinsichtlich der Zeit nach Vertragsende geregelt, ergibt sich aber während der Tätigkeit für den Unternehmer unmittelbar aus der Interessenwahrungspflicht. Es muss daher – anders als das nachvertragliche Wettbewerbsverbot nach §90a HGB – nicht besonders vereinbart werden, sondern gilt kraft Gesetzes, soweit es nicht vertraglich ausgeschlossen wurde oder der Unternehmer die Konkurrenztätigkeit erlaubt hat. Das darf aber nicht mit einem Verbot verwechselt werden, auch für andere Unternehmer tätig zu werden: Anders als der Angestellte ist der Handelsvertreter nicht verpflichtet, seine Arbeitskraft ganz oder in einem bestimmten Umfang einzusetzen, so dass die Mehrfachvertretung (soweit nicht vertraglich anders geregelt) gerade zulässig ist. Ein Verstoß gegen das Wettbewerbsverbot liegt nur vor, wenn die Unternehmer in einem **Konkurrenzverhältnis** stehen, also zumindest teilweise auf demselben Markt tätig sind. Die besonderen Anforderungen des §90a HGB sind dagegen nur einzuhalten, wenn der Handelsvertreter auch nach Vertragsende noch an der Tätigkeit für einen Konkurrenten durch den Vertrag gehindert werden soll – ohne eine entsprechende Vereinbarung ist der Handelsvertreter frei. Zulässig ist die Wettbewerbsabrede, weil der Handelsvertreter sonst den Kundenstamm mitnehmen könnte. Will man sich davor durch eine Vertragsklausel schützen, bedarf es aber nicht nur der Schriftform, sondern auch der Begrenzung auf 2 Jahre und der Zahlung einer „**angemessenen Entschädigung**" (§90a Abs. 1 HGB). Grundsätzlich bedeutet das, dass die Nachteile auszugleichen sind, soweit der Handelsvertreter seine frei gewordene Arbeitszeit aufgrund des Wettbewerbsverbots nicht nutzen kann. Die gesamte Regelung ist halbzwingend (§90a Abs. 4 HGB) – Abweichungen sind also nur zugunsten des Handelsvertreters zulässig. Auch die **Geheimhaltungspflicht** folgt während der Vertragslaufzeit bereits aus §86 Abs. 1 HGB, was §90 HGB voraussetzt und kraft Gesetzes (es bedarf also keiner Vereinbarung) für Geschäftsgeheimnisse auch auf den nachvertraglichen Zeitraum erstreckt, soweit die Verwertung „nach den gesamten Umständen der Berufsauffassung eines ordentlichen Kaufmanns widersprechen würde".

b) Die Pflichten des Unternehmers

Dieser doch recht intensiven Pflichtenbindung stehen – neben der Provisionszahlung – kaum eigene Pflichten des Unternehmers gegenüber. Weder ist er zur Interessenwahrung verpflichtet noch daran gehindert, ohne besondere Vereinbarung weitere Vertriebsmittler in Konkurrenz zum Handelsvertreter in dessen Bereich einzusetzen. Die Pflichten des §86a HGB beschränken sich vielmehr auf die (schon im Eigeninteresse erfolgende) Bereitstellung der „erforderlichen Unterlagen", ohne die also keine erfolgreiche Vertretertätigkeit möglich ist. Das schließt insbesondere die Geschäftsbedingungen ein, an deren Einhaltung der Handelsvertreter dann gebunden ist. Ansonsten hat der Unternehmer die „erforderlichen Nachrichten" über Abschlüsse und Erfüllung zu geben, da dies relevant für den Provisionsanspruch ist.

Ganz im Mittelpunkt der Pflichten steht daher die **Provisionszahlung**. Der Handelsvertreter hat Anspruch auf Provision für alle während des Vertragsverhältnisses abgeschlossenen Geschäfte, die auf seine Tätigkeit zurückzuführen sind oder mit Dritten abgeschlossen werden, die er als Kunden für Geschäfte der gleichen Art geworben hat (§87 HGB – lesen!). Voraussetzung für die Provision ist also die **Kausalität** zwischen der Tätigkeit des Vertreters und dem Geschäftsabschluss. Das ist nicht nur dann der Fall, wenn der Vertrag durch den Handelsvertreter abgeschlossen wurde oder ein übermittelter Antrag ohne weiteres angenommen wurde, sondern schon dann, wenn die Tätigkeit mitursächlich für den Geschäftsabschluss war. Das ist etwa gegeben, wenn es nach ursprünglichem Kontakt mit dem Handelsvertreter anschließend zu einem direkten Kontakt und Vertragsschluss mit dem Unternehmer gekommen ist, und ebenso, wenn das Geschäft nach Anbahnung durch den Handelsvertreter später unmittelbar mit einer konzernverbundenen Gesellschaft des Unternehmers abgeschlossen wird.

Die Provisionspflicht wird darüber hinaus durch die weiteren Regelungen des §87 HGB erweitert. Zunächst sind die unmittelbar beim Unternehmer erfolgenden **„Nachbestellungen"** eines vom Handelsvertreter geworbenen Kunden nach §87 Abs. 1 S. 1, 2. Alt. HGB provisionspflichtig, auch wenn der Handelsvertreter an dem Abschluss nicht beteiligt war. Hier wird unwiderruflich vermutet, dass die ursprüngliche Tätigkeit mitursächlich für die Nachbestellung geworden ist. Von einer **„Bezirksprovision"** spricht man, wenn dem Handelsvertreter ein exklusives Vertriebsgebiet vertraglich zugewiesen ist – dann erfasst die Provisionspflicht alle Geschäfte, die mit Gebietsansässigen abgeschlossen werden, unabhängig von einer konkreten Beteiligung des Handelsvertreters. Sinn des Exklusivgebiets ist es, dem Vertreter einen Anreiz für allgemeine Absatzförderung (Werbung) zu geben, so dass §87 Abs. 2 HGB die Provisionspflicht anordnet, um sicherzustellen, dass er von diesen Maßnahmen auch exklusiv profitiert.

Grundsätzlich sind nur Geschäfte, die während des Vertragsverhältnisses abgeschlossen werden, provisionspflichtig (§87 Abs. 1 HGB). **Nachvertragliche Geschäfte** sind nur unter den engen Voraussetzungen des Abs. 3 zu vergüten, wenn der Vertreter seine Leistung bereits vor Vertragsende erbracht hat und nur der Abschluss später erfolgt ist. Man muss aber genau abgrenzen zwischen solchen nachvertraglichen Geschäften und sog. „**Überhangprovisionen**" aus Geschäften, die noch während des Vertragsverhältnisses zustande gekommen waren: Nicht immer steht der provisionspflichtige Umsatz bereits mit dem Abschluss fest, vielmehr können etwa Dienstleistungsverträge zB über Telekommunikationsleistungen als Dauerschuldverhältnis ausgestaltet und nutzungsabhängig bepreist werden. In solchen Fällen kann auch ein später erzielter Umsatz noch auf einem Abschluss aus der Vertragszeit beruhen und ist dann (je nach vertraglicher Regelung) auch lange nach Vertragsende noch provisionspflichtig.

Nicht zu verwechseln sind die beiden weiteren Provisionsarten, die nicht an den Geschäftsabschluss, sondern an die Beteiligung an der Zahlungsabwicklung anknüpfen, also eine weitergehende Leistung des Handelsvertreters vergüten. Die **„Inkassoprovision"** nach §87 Abs. 4 HGB bezieht sich nur auf Entgegennahme und Weiterleitung von Zahlungen des Kunden aufgrund einer Inkassovollmacht. Bei dem Wort „Inkasso" denkt man an besondere Inkassomaßnahmen (Mahnung, gerichtliche Durchsetzung des Anspruchs) – tatsächlich ist das aber keine Voraussetzung, die Provision wird wirklich nur für die Leistungen der Entgegennahme, ggf. der Rechnungsstellung und der (meist gesammelten) periodischen Weiterleitung des Geldes gewährt. Hiervon zu unterscheiden ist die **„Delkredereprovision"**, die nur zu bezahlen ist, wenn der Handelsvertreter vertraglich das Inkassorisiko für bestimmte von ihm vermittelte Geschäfte übernommen hat. Bei einer solchen Gestaltung steht er für die Leistungsfähigkeit des Kunden ein – mit anderen Worten muss er auch dann den Vertragsumsatz an den Unternehmer bezahlen, wenn er selbst das Geld nicht erhalten hat. Das ist für den Handelsvertreter natürlich mit Gefahren verbunden, so dass §86b HGB bei einer solchen Vertragsgestaltung zwingend die Zahlung der zusätzlichen Delkredereprovision sowie die Schriftform vorschreibt.

Von der Frage der Provisionspflicht ist die Frage der **Fälligkeit** dieser Provision zu trennen. Die insoweit getroffene Regelung in §87a HGB ist insoweit überraschend, als sie nicht nur regelt, wann die Provision zu zahlen ist (nur das ist eigentlich die Fälligkeit), sondern auch, ob für ein provisionspflichtiges Geschäft überhaupt Provision zu bezahlen ist. Wir haben soeben gesehen, dass die Provisionspflicht nur an den Abschluss des Geschäfts anknüpft, während die Erfüllung durch den Vertragspartner hierfür irrelevant ist. §87a Abs. 2 HGB (lesen!) lässt aber den Provisionsanspruch nachträglich wieder entfallen, wenn feststeht, dass der Vertragspartner die Gegenleistung nicht erbringen wird. Bei einer Nichterfüllung des Geschäfts durch den Unternehmer kommt es dagegen nach §87a Abs. 3 HGB darauf an, ob dieser die Nichterfüllung zu vertreten hat – ist er für die Leistungsstörung nicht verantwortlich, muss er auch keine Provision bezahlen. Mit der Fälligkeit hat das an sich nichts zu tun, diese ist in §87a HGB gar nicht umfassend geregelt: §87a Abs. 1 HGB regelt grundsätzlich, dass der Anspruch mit Ausführung des Geschäfts (also Erfüllung) durch den Unternehmer verdient ist, spätestens aber (und insoweit zwingend) mit Erfüllung durch den Vertragspartner. Sobald dieser bezahlt, hat also der Vertreter spätestens „Anspruch auf Provision" (§87a Abs. 1 S. 3 HGB). Das bedeutet aber nur, dass die Provision verdient ist – trotz der Normüberschrift aber nicht, dass dieser auch fällig ist (im Sinne der Durchsetzbarkeit). Vielmehr regelt erst §87a Abs. 4 HGB die eigentliche Fälligkeit am Monatsende, in dem über die Provision abzurechnen ist. Hierfür wiederum verweist die Norm auf §87c HGB, der eine monatliche Abrechnung spätestens zum Ende des Folgemonats regelt – ist also zB eine Provision im Mai nach §87a Abs. 1 HGB verdient, muss darüber nach §87c Abs. 1 HGB spätestens bis Ende Juni abgerechnet werden, und Fälligkeit tritt nach §87a Abs. 4 HGB am 30. Juni ein. Auch wenn von der Fälligkeitsregelung des Abs. 4 nach §87a Abs. 5 HGB nicht abgewichen werden kann, lässt doch §87c Abs. 1 HGB eine vertragliche Regelung des Abrechnungszeitraums zu, der auf bis zu drei Monate verlängert werden kann. Eine solche Regelung wirkt sich unmittelbar auf die Fälligkeit aus, die ja an der Abrechnung hängt. Wäre also im Beispiel zuletzt für Januar bis März abgerechnet und zum 30. April Provision bezahlt worden, wäre die nächste Abrechnung erst für April bis Juni vorzunehmen, diese bis Ende Juli vorzulegen und zum 31. Juli zu bezahlen. Die übrigen Rechte aus §87c HGB, insbesondere der Anspruch auf Vorlage eines Buchauszuges, um die Richtigkeit der Abrechnung prüfen zu können, sind ebenfalls zwingend – nur bezüglich der für den Handelsvertreter zentralen Frage des Abrechnungszeitraums, der bestimmt, wann er endlich sein Geld bekommt, kann man in dem engen Rahmen des Abs. 1 abweichen. Wenn man die Gesamtregelung aus Fälligkeit und Abrechnungszeitpunkt so liest, kann man sich nicht des Eindrucks erwehren, dass man das auch einfacher hätte regeln können.

Für die **Höhe der Provision** lässt sich dem Gesetz dagegen kaum etwas entnehmen. Grundsätzlich ist diese Frage zwischen den Vertragspartnern auszuhandeln, und man wird wohl keinen Vertrag finden, wo dieser zentrale Bestandteil nicht präzise geregelt ist. Sollte das doch einmal der Fall sein, ist nach §87b Abs. 1 HGB der „übliche Satz" vereinbart, der dann im Streitfall durch Sachverständige zu ermitteln ist. Provision wird umsatzabhängig bezahlt, festgesetzt wird grundsätzlich ein bestimmter Prozentsatz, zur Erhöhung des Anreizes ggf. auch in gestaffelter Form, so dass bei höheren Umsätzen eine höhere Provision verdient wird. Das ist letztlich keine juristische, sondern eine kaufmännische Frage. Klargestellt wird in Abs. 2 noch, dass bei der Berechnung grundsätzlich die Umsatzsteuer einzurechnen ist, diese also auch provisionspflichtig ist. Die weiteren Berechnungsvorschriften sind weder spannend noch zwingend – insoweit kann man auch passende Vereinbarungen treffen.

Lernhinweis: Die Behandlung der Umsatzsteuer erschließt sich nicht auf den ersten Blick. Lesen Sie §87b Abs. 2 HGB und analysieren Sie, wie der Wortlaut dieses Ergebnis erreicht.

4. Beendigung des Handelsvertretervertrages

Ein Handelsvertretervertrag kann sowohl auf **bestimmte als auch auf unbestimmte Zeit** abgeschlossen werden. Der auf bestimmte Zeit, also befristet, geschlossene Vertrag endet ohne weiteres mit Zeitablauf, es bedarf keiner Kündigung. Besonders geregelt ist das nicht, §89 Abs. 3 HGB betrifft nur den Sonderfall der stillschweigenden beiderseitigen Fortsetzung nach Ablauf. Das entspricht einer konkludenten (durch schlüssiges Handeln erklärten) Vertragsverlängerung auf unbestimmte Zeit, was klargestellt wird – anschließend wird er wie jeder andere Dauervertrag behandelt.

Verträge auf unbestimmte Zeit können dagegen vor allem durch **Kündigung** (und ggf. durch einvernehmliche Vertragsaufhebung) beendet werden. Das HGB unterscheidet hier, ähnlich wie das Arbeitsrecht, zwischen der ordentlichen Kündigung, bei der eine Kündigungsfrist zu wahren ist, und der außerordentlichen, fristlosen Kündigung. Beide Kündigungsrechte stehen sowohl Unternehmer als auch Handelsvertreter zur Verfügung. Verträge auf bestimmte Zeit können dagegen nicht ordentlich, wohl aber außerordentlich gekündigt werden.

Obwohl das Handelsvertreterrecht die Funktion hat, den Handelsvertreter als schwächeren Vertragspartner zu schützen, bedarf es für eine **ordentliche Kündigung** (die letztlich die Einkunftsquelle des Handelsvertreters beendet) keines besonderen Grundes (wie es etwa im Arbeitsrecht nach dem Kündigungsschutzgesetz der Fall ist). Es handelt sich eben um einen selbstständigen Unternehmer, der dieses Risiko zu tragen hat. Geschützt wird der Handelsvertreter nur durch die mit Vertragsdauer ansteigende **Kündigungsfrist**, die es ihm ermöglicht, rechtzeitig nach neuen Geschäftspartnern zu suchen. Es beginnt nach §89 Abs. 1 HGB mit einem Monat bei kurzer Vertragsdauer, nach 5 Jahren ist die Maximalfrist von 6 Monaten erreicht. Durch Vertrag kann man nur längere, nicht aber kürzere Fristen vereinbaren (Abs. 2). Diese Fristen wirken allerdings auch gegenüber dem kündigenden Handelsvertreter, der ebenfalls das Vertragsende abwarten muss, um zB für einen Konkurrenten tätig zu werden (wenn nicht ohnehin eine Abrede nach §90a HGB dies ausschließt). Bemerkenswert ist die Regelung in §89 Abs. 2 HGB zum Verbot inkongruenter Fristverlängerungen zu Lasten des Handelsvertreters – hiergegen verstoßende Vereinbarungen sind aber nicht unwirksam, vielmehr wird die verstoßende kürzere Frist an die längere Frist angepasst.

Im Gegensatz zur ordentlichen Kündigung bedarf es für die **außerordentliche, fristlose Kündigung** nicht nur eines Grundes, sondern sogar eines **wichtigen Grundes** (§89a HGB). Das entspricht der allgemeinen Vorschrift für alle Dauerschuldverhältnisse in §314 BGB und wird hier lediglich noch einmal als speziellere Regelung wiederholt. Daher sind auch hier die Grundsätze des §314 BGB heranzuziehen, so das ein wichtiger Grund vorliegt, „wenn dem kündigenden Teil unter Berücksichtigung aller Umstände des Einzelfalls und unter Abwägung der beiderseitigen Interessen die Fortsetzung des Vertragsverhältnisses bis zur vereinbarten Beendigung oder bis zum Ablauf der Kündigungsfrist nicht zugemutet werden kann" (§314 Abs. 1 S. 2 BGB). In Betracht kommen insoweit vor allem **erhebliche Pflichtverletzungen** des anderen Vertragsteils, etwa Verstöße gegen das Wettbewerbsverbot durch den Handelsvertreter oder betrügerische Abrechnung durch den Unternehmer (zB Nichtberücksichtigung provisionspflichtiger Nachbestellungen, von denen der Handelsvertreter keine Kenntnis hat). In den meisten Fällen bedarf es dann aber noch einer **Abmahnung**, um dem vertragsbrüchigen Teil die Gelegenheit zu geben, die Pflichtverletzung abzustellen (§314 Abs. 2 BGB). Das ist nur dann entbehrlich, wenn „das Fehlverhalten des Vertragspartners die Vertrauensgrundlage in so schwerwiegender Weise erschüttert hat, daß diese auch durch eine erfolgreiche Abmahnung nicht wiederhergestellt werden könnte" (BGH NJW-RR 1999, 1481, 1483). Für eine sofortige fristlose Kündigung bestehen also hohe Anforderungen, für die es nicht nur einer Abwägung der Umstände des Einzelfalls bedarf, sondern auch einer massiven Störung in Bezug auf das **Vertrauensverhältnis**, nicht nur der Leistungserbringung. Zuletzt setzt die fristlose Kündigung es voraus, dass sie **rechtzeitig** erklärt wird. Das bedeutet, dass nach

Aufkommen des Verdachts einer Pflichtverletzung diesem zeitnah nachgegangen wird und dann innerhalb einer im Einzelfall zu bestimmenden „**angemessenen Überlegungszeit**", die regelmäßig kürzer als zwei Monate" ist, die Kündigung erklärt wird (BGH NJW-RR 1999, 1481, 1484). Das entspricht der Regelung in § 314 Abs. 3 BGB. Das fristlose Kündigungsrecht ist für beide Seiten zwingend. Dass der kündigende Teil aufgrund einer schuldhaften Pflichtverletzung, die zur Vertragsbeendigung führt, **Schadensersatz** verlangen kann, ist in § 89a HGB ebenfalls speziell geregelt, ergäbe sich sonst aber schon aus § 280 BGB. Zu ersetzen ist vor allem **entgangener Gewinn**, der bei Fortsetzung des Vertragsverhältnisses voraussichtlich erzielt worden wäre.

Rechtsfolge der Kündigung (und ggf. des Ablaufs der Kündigungsfrist) ist zunächst einmal nur, dass der Vertrag endet und damit auch eine dem Handelsvertreter erteilte Vollmacht (§ 168 BGB). Ferner hat der Handelsvertreter die ihm überlassenen (§ 86a HGB) Unterlagen zurückzugeben, wobei er hieran bis zum Ausgleich seiner Provisionsforderungen ein Zurückbehaltungsrecht geltend machen kann (§ 88a HGB). Darüber hinaus hat der Handelsvertreter einen **Ausgleichsanspruch nach § 89b HGB** gegen den Unternehmer. Dieser spezielle Anspruch dient ein Stück weit der sozialen Absicherung des Handelsvertreters (der als selbstständiger Unternehmer ja nicht in den sozialen Sicherungssystemen der abhängig Beschäftigten ist) und hat daher **zwingenden Charakter** (§ 89b Abs. 4 HGB). In den Voraussetzungen hat sich dieser Zweck freilich nicht niedergeschlagen. Kriterium ist vielmehr, ob der Unternehmer durch die Werbung von Neukunden, die ihm auch nach Wegfall des Handelsvertreters verbleiben, auch nachvertraglich noch „**erhebliche Vorteile**" hat, und dass der Ausgleich der **Billigkeit** entspricht. Die Vorteile ergeben sich aus der Möglichkeit, den vom Handelsvertreter betreuten **Kundenstamm weiter zu nutzen**. Nicht erforderlich ist, dass der Handelsvertreter den Kundenstamm selbst neu eingeworben hat, es genügt Mitursächlichkeit der Tätigkeit für die Möglichkeit der Weiternutzung, was der BGH etwa bei Offenhaltung einer Tankstelle bezüglich der Stammkundschaft angenommen hat. Nur wenn dies ausgeschlossen ist, etwa weil der Unternehmer bei Beendigung vertraglich zur Löschung aller Kundendaten des Handelsvertreters verpflichtet ist, oder bei fehlender Fortführung des betroffenen Betriebs (Schließung der Tankstelle) scheiden schon die verbleibenden Vorteile aus. Die zweite Voraussetzung der **Billigkeit** fehlt dann, wenn dem Handelsvertreter nach den Umständen des Einzelfalls kein Nachteil entsteht, er insbesondere keine sonst anfallenden **Provisionen verliert**. Hieran kann es bei anschließender Aufnahme der Tätigkeit für einen Konkurrenten fehlen (die aufgrund der Selbstnutzung des Kundenstamms bereits die Vorteile beseitigen kann). Bei der Billigkeitsprüfung ist ansonsten zu berücksichtigen, aus welchen Gründen es zur Beendigung gekommen ist. Die wichtigsten Fälle fehlender Billigkeit sind aber bereits in den drei **Ausschlussgründen des Abs. 3** gesondert geregelt: Hat der Handelsvertreter selbst anlasslos trotz Zumutbarkeit der Fortsetzung gekündigt, kann er ebenso wenig Ausgleich verlangen wie im Fall einer auf seiner Pflichtverletzung beruhenden fristlosen Kündigung des Unternehmers; bei der Übergabe der Handelsvertretung an einen Nachfolger besteht ebenfalls kein Ausgleichsanspruch, da der Ausgleich für die Überlassung des Kundenstamms grundsätzlich im Rahmen des Unternehmenskaufvertrags erfolgt, also vom Erwerber bezahlt wird.

Bezüglich der **Höhe des Ausgleichsanspruchs** regelt § 89b Abs. 2 HGB lediglich die Höchstgrenze von einer durchschnittlichen Jahresprovision, ansonsten wird als Bemessungsmaßstab in Abs. 1 die Angemessenheit genannt. Die Höchstgrenze ist dabei nicht als Regelbetrag zu verstehen, sondern als **Kappungsgrenze**: Es ist daher zunächst der „angemessene Ausgleich" nach den Maßstäben des Abs. 1 zu ermitteln, erst anschließend zu kontrollieren, ob der dabei ermittelte Betrag die durchschnittliche Jahresprovision übersteigt und der Ausgleich ggf. auf diesen Höchstbetrag zu kürzen. Eine Aussage, dass im Regelfall die Jahresprovision zu bezahlen ist, ist damit nicht verbunden! Die Angemessenheit ist zwar unter Abwägung der Umstände des Einzelfalls zu bestimmen, aufgrund des Wortlauts („soweit") ist aber vorrangig auf den **Umfang der verbleibenden Vorteile und des korrespondierenden Provisionsverlusts** abzustellen, unter Abzinsung bezüglich zukünftiger Erträge und Anrechnung der dem Handelsvertreter ersparten Betriebskosten. Dafür bedarf es einer Prognose, welche Umsätze für welchen Zeitraum ohne die Beendigung zu erwarten gewesen wären, wofür es einer Schätzung (§ 287 ZPO) bedarf.

III. Der Handelsmakler

1. Begriff

Handelsmakler ist gem. § 93 Abs. 1 HGB (lesen!),

wer gewerbsmäßig für andere Personen, ohne von ihnen auf Grund eines Vertragsverhältnisses ständig damit betraut zu sein, die Vermittlung von Verträgen über Anschaffung oder Veräußerung von Waren, Wertpapieren, oder sonstigen Gegenständen des Handelsverkehrs übernimmt.

Ebenso wie der Vermittlungsvertreter übt also auch der Handelsmakler eine Vermittlungstätigkeit für andere Personen aus, ferner ist ebenso als **selbstständiger Unternehmer** tätig. Ansonsten unterscheidet er sich aber wesentlich vom Handelsvertreter: Wichtigster Unterschied ist die ständige Betrauung, die beim Handelsmakler fehlt. Das bedeutet nicht nur, dass im Innenverhältnis **keine Tätigkeitspflicht** besteht, sondern auch, dass der Handelsmakler – je nach Ausgestaltung – als neutraler Vermittler tätig werden kann (insbesondere bei der Doppeltätigkeit für beide Vertragsparteien). Stellvertretung ist daher gesetzlich nicht vorgesehen (§ 97 HGB), wenn auch möglich. Nach dem Wortlaut des § 93 HGB ist weder die Kaufmanns-, noch die Unternehmereigenschaft der „anderen Personen" Voraussetzung, und auch der Handelsmakler selbst ist zwar „gewerbsmäßig" und damit selbstständig tätig, muss aber nach § 93 Abs. 3 HGB ebenso wie der Handelsvertreter kein Kaufmann sein. Er kann also auch für eine Privatperson tätig werden, wobei dann regelmäßig Geschäfte mit Unternehmern vermittelt werden.

Den Maklervertrag kennt auch das BGB (§§ 652 ff. BGB), hier kann er auf Nachweis oder Vermittlung gerichtet sein. § 93 HGB verlangt dagegen die „**Vermittlung**", unter der mehr zu verstehen ist als der reine Nachweis, für den die Benennung der Abschlussmöglichkeit genügt. Vielmehr setzt die Vermittlung eine Kontaktaufnahme mit beiden Vertragsseiten voraus, insbesondere durch Beteiligung an den Vertragsverhandlungen. Fehlt es daran, kann zwar dennoch ein Maklervertrag vorliegen, nicht aber ein Handelsmaklervertrag iSv § 93 HGB. Ebenso handelt es sich zwar um einen Makler-, nicht aber um einen Handelsmaklervertrag, wenn er auf die Vermittlung von Leistungen gerichtet ist, die nicht „**Gegenstände des Handelsverkehrs**" sind, wozu insbesondere Grundstücke gehören (was § 93 Abs. 2 HGB klarstellt).

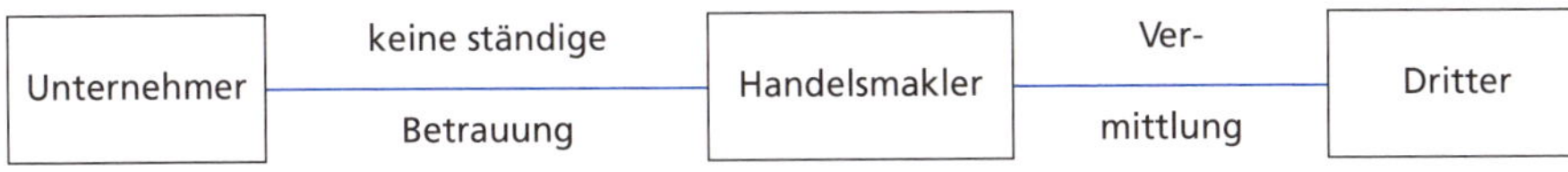

Abb. 20: Handelsmakler

2. Typen

Zu unterscheiden sind einzelne Typen von Handelsmaklern anhand des rechtlichen Rahmens, der für ihre Tätigkeit über die Vorschriften des HGB hinaus zu beachten ist. Insbesondere bedarf es für bestimmte Vermittlungstätigkeiten einer gewerberechtlichen **Erlaubnis**, insbesondere als **Darlehensvermittler** (§§ 34c Abs. 1 Nr. 2, 34i GewO), als **Versicherungsmakler** (§ 34d Abs. 1 Nr. 2 GewO) und als **Finanzanlagenvermittler** (§ 34f GewO). Einer Zulassung durch die Börsengeschäftsführung bedarf ferner der **Börsenmakler**, der nach der Definition in § 19 Abs. 2 Nr. 3 BörsG als Börsenhändler anzusehen ist, auch wenn er nur die Vermittlung übernimmt. Auch der **Skontroführer** (§ 27 BörsG), der mit der Aufgabe der Kursfeststellung an der Börse öffentlich-rechtlich betraut ist, ist grundsätzlich Handelsmakler, da die Kursfeststellung im Rahmen der Vermittlungstätigkeit erfolgt – dessen Rechtsbeziehungen (insbesondere die Vergütung) sind aber weitgehend im Börsenrecht geregelt. Andere Tätigkeitsgebiete unterliegen dagegen keiner weitergehenden Regulierung, etwa der **Warenmakler**, der **Frachtmakler** oder der **Schiffsmakler.**

3. Der Maklervertrag

Während der Handelsvertreter einseitiger Interessenwahrer des Unternehmers ist, geht das HGB von einer **neutralen Stellung** des Handelsmaklers gegenüber beiden Vertragspartnern aus. Auch wenn er zunächst nur von einer Partei beauftragt wird, entsteht durch die Vermittlungstätigkeit ohne weiteres auch eine **vertragsrechtliche Beziehung zu der Gegenpartei**. Im Ergebnis ist das allgemein anerkannt, umstritten ist nur, ob es sich um ein vertragliches, ein gesetzlich begründetes oder ein quasivertragliches Rechtsverhältnis handelt. Denn die §§ 93 ff. HGB regeln ganz ausdrücklich Rechte und Pflichten gegenüber beiden Vertragsparteien. Folge dieser Konstruktion ist, dass der Handelsmakler als **unparteiischer Vermittler** beider Interessen zu wahren hat und ihn gewisse Treuepflichten treffen. Insbesondere ist er daher dazu verpflichtet, einen marktgerechten Vertrag zu vermitteln und beide Seiten über (preis-)relevante Umstände aufzuklären (**Aufklärungspflicht**). Verstößt er gegen diese Pflichten und bevorteilt eine Partei, macht er sich der anderen Partei gegenüber **schadensersatzpflichtig** – § 98 HGB sieht dies ausdrücklich gegenüber beiden Parteien vor, nicht nur gegenüber dem ursprünglichen Auftraggeber (was der deutlichste Ausdruck der Doppelstellung ist). Anzumerken ist allerdings, dass im Einzelfall das Rechtsverhältnis auch so gestaltet sein kann, dass der Handelsmakler als Interessenwahrer des Auftraggebers tätig wird und nicht als neutraler Vermittler – das muss dann aber gegenüber der Gegenseite klar zum Ausdruck gebracht werden und entspricht nicht dem Leitbild des Handelsmaklers.

Auch aus den weiteren Rechten und Pflichten des Handelsmaklers ergibt sich die neutrale Stellung: Nach § 94 HGB hat er **beiden Parteien** unverzüglich nach Vertragsschluss eine **Schlussnote** „zu ihrer Unterschrift" zuzustellen, die die vereinbarten Vertragsbedingungen fixiert. Durch die Unterschrift bestätigen die Parteien also diese Bedingungen – wird die Unterschrift ausdrücklich verweigert (oder sonst der Widerspruch erklärt), ändert das aber nichts an dem bereits zuvor zustande gekommenen Vertrag, für den Nachweis des Inhalts kann dann nur nicht die Schlussnote herangezogen werden. Schweigen auf die Schlussnote führt dagegen (ebenso wie beim kaufmännischen Bestätigungsschreiben) zur Genehmigung. Weiterhin ist der Handelsmakler gem. § 100 HGB verpflichtet, ein Tagebuch zu führen und in dieses alle abgeschlossenen Geschäfte täglich einzutragen. Auf Verlangen muss er beiden Parteien jederzeit Auszüge ausstellen und im Laufe eines Rechtsstreits kann das Gericht die Vorlegung des Tagebuchs anordnen.

Für seine Vermittlungsleistung erhält der Makler eine **Provision** („Courtage", „Maklergebühr"), deren Höhe regelmäßig im Vertrag ausdrücklich vereinbart wird, andernfalls gilt nach § 354 HGB eine Provisionspflicht nach den „üblichen Sätzen". Voraussetzung ist allerdings, dass der vermittelte Vertrag aufgrund der Maklertätigkeit zustande kommt, ebenso wie beim Zivilmakler (§ 652 BGB) ist auch der Vergütungsanspruch des Handelsmaklers also **erfolgsabhängig**. Aufgrund der Tätigkeit für beide Seiten sind auch beide Teile zur Provisionszahlung verpflichtet, was § 99 HGB ausdrücklich regelt. Hieraus ergibt sich, dass – mangels anderer Vereinbarung oder eines Handelsbrauchs – im Innenverhältnis zwischen den Vertragsparteien beide hälftig zur Provisionszahlung verpflichtet sind; und dass im Außenverhältnis zum Handelsmakler beide je „nur die Hälfte zu entrichten" haben, also keine Gesamtschuldner (§ 421 BGB), sondern **Teilschuldner** (§ 420 BGB) sind.

IV. Der Kommissionär

1. Begriff

Kommissionär ist gem. § 383 HGB (lesen!),

wer es gewerbsmäßig übernimmt, Waren oder Wertpapiere für Rechnung eines anderen (des „Kommittenten") in eigenem Namen zu kaufen oder zu verkaufen.

Anders als die Regelungen des Handelsvertreters und des Handelsmaklers finden sich die Vorschriften zum „Kommissionsgeschäft" nicht im 1. Buch („Handelsstand"), sondern im 4. Buch („Handelsgeschäfte"). Geregelt wird also hier auf den ersten Blick das Geschäft bzw. Vertragsverhältnis, nicht die Tätigkeit als Kommissionär als Hilfsperson. Zumindest implizieren das die systematische Stellung und auch die Überschrift „Kommissionsgeschäft". Gleichwohl regelt § 383 Abs. 1 HGB den Kommissionär als speziellen Gewerbetreibenden, ferner gilt auch hier, dass weder Kommittent noch Kommissionär Kaufleute sein müssen – für den Kommissionär ist das in § 383 Abs. 2 HGB ausdrücklich geregelt (und es wird die Geltung der §§ 343 ff. HGB für diesen Fall ausdrücklich angeordnet), für den Kommittenten ergibt sich das aus der Formulierung „eines anderen", die gerade keine Kaufmannseigenschaft verlangt. Die Verortung im Abschnitt über „Handelsgeschäfte" (die allgemein mindestens die Kaufmannseigenschaft einer Vertragspartei voraussetzen, § 345 HGB) ist daher eigentlich unpassend (und historisch zu erklären – § 383 Abs. 2 HGB stammt erst aus dem Jahr 1998).

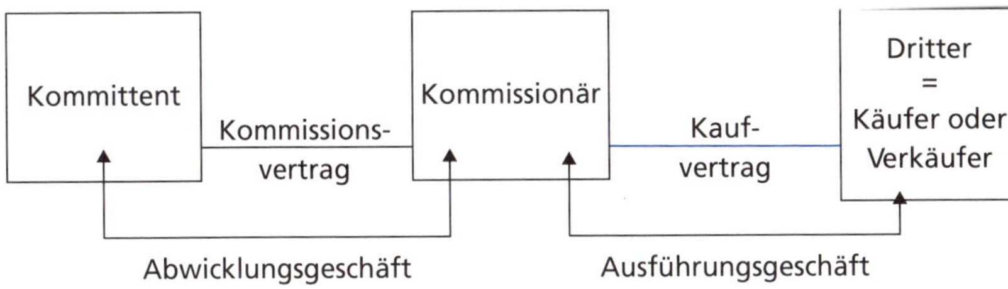

Abb. 21: Kommissionär

Der Kommission liegt also dem Typus nach ein **Geschäftsbesorgungsvertrag** zugrunde. Kennzeichnend für die Kommission ist das Handeln im **eigenen** Namen für **fremde** Rechnung: Im **Außenverhältnis zum Dritten** tritt der Kommissionär im eigenen Namen auf und wird selbst Vertragspartner, eine unmittelbare rechtliche Beziehung zwischen Kommittent und Drittem entsteht nicht. Es bedarf daher auch keiner Offenlegung der Kommission gegenüber dem Dritten, und der Kommissionär benötigt **keine Vertretungsmacht** für den Kommittenten, bei der Verkaufskommission aber zur Erfüllung des Vertrags einer Ermächtigung des Eigentümers, über die fremden Waren oder Wertpapiere im eigenen Namen zu verfügen (§ 185 BGB), wenn sie ihm nicht zum Zweck der Kommission übereignet worden sind. Man spricht insoweit von **mittelbarer** Stellvertretung, die aber gerade keine Stellvertretung iSv §§ 164 ff. BGB ist. Vielmehr wird der Kommittent nicht rechtlich an die Verträge gebunden, nur wirtschaftlich treffen ihn aufgrund des **Innenverhältnisses** zum Kommissionär die Folgen des Geschäfts. Denn insoweit ist dieser **Geschäftsbesorger** für den Kommittenten, verpflichtet seine **Interessen zu wahren** (§ 384 Abs. 1 HGB) und **herausgabepflichtig** bezüglich dessen, was er aus der Geschäftsbesorgung erlangt hat (§ 384 Abs. 2 HGB), hat im Gegenzug aber nicht nur einen Provisions- (§ 396 Abs. 1 HGB), sondern auch einen **Aufwendungsersatzanspruch** (§ 396 Abs. 2 HGB iVm §§ 675, 670 BGB). Durch die Herausgabe- und Aufwendungsersatzansprüche werden also die wirtschaftlichen Folgen des Geschäfts auf den Kommittenten abgewälzt, während der Kommissionär nur ein Provisionsinteresse hat. Diese Ausgestaltung umschreibt das Gesetz mit den Worten „**für fremde Rechnung**".

2. Erscheinungsformen

Nach dem Wortlaut des §383 HGB scheinen die Regelungen nur die **Einkaufs-** (Beschaffung für Rechnung des Kommittenten) und die **Verkaufskommission** (Absatz für Rechnung des Kommittenten) bezüglich **Waren** (bewegliche Sachen) und **Wertpapieren** zu erfassen. Allerdings erweitert §406 HGB diese Definition in zwei Richtungen: Einerseits sind die Vorschriften auch bei **anderen Gegenständen** anwendbar, etwa auf die Vermietung, Dienstleistungserbringung, Darlehensgewährung oder Forderungseinziehung (Inkassokommission) für fremde Rechnung. Andererseits sind die Vorschriften auch anwendbar, wenn der Kommissionär nicht gewerbsmäßig das Kommissionsgeschäft betreibt, sondern nur gelegentlich (**Gelegenheitskommissionär**) – trotz des Wortlauts ist die Kaufmannseigenschaft wegen des umfassenden Verweises in §383 Abs. 2 HGB auch hier keine Voraussetzung.

Praktische Bedeutung hat die Warenkommission heute eher in speziellen Konstellationen wie dem Kunst- und Antiquitätenhandel, wo für Einzelstücke keine Marktpreise feststellbar sind. Überragend ist ohnehin die Bedeutung der **Wertpapierkommission**, die den Regelfall der Abwicklung von Kundenaufträgen durch einen Wertpapierdienstleister (insbesondere eine Bank) darstellt. Da die einzelnen Kunden nicht zum Börsenhandel zugelassen sind, kann die Bank die Wertpapiere dort nur im eigenen Namen kaufen und verkaufen, so dass An- und Verkaufsaufträge als Kommissionär für Rechnung des Kunden abgewickelt werden. Dabei wird auch häufig vom Selbsteintrittsrecht (§400 HGB) Gebrauch gemacht.

3. Rechtsbeziehung zwischen Kommittent und Kommissionär

Rechte und Pflichten des Kommissionärs ergeben sich weitgehend aus dem Charakter als Geschäftsbesorgungsvertrag und sind in den §§384ff. HGB näher konkretisiert. Danach hat er die **Sorgfalt eines ordentlichen Kaufmannes** zu wahren (auch wenn er kein Kaufmann ist) und die **Interessen des Kommittenten** zu wahren. Daraus ergibt sich vor allem die Pflicht, die Kommission möglichst vorteilhaft auszuführen, also den für den Kommittenten **besten Preis** zu erzielen; andernfalls macht er sich schadensersatzpflichtig (§280 BGB). Aufgrund seiner Rolle als Interessenwahrer ist der Kommissionär ferner **weisungsgebunden** (§§384 Abs. 1, 385 HGB). Das betrifft insbesondere die vom Kommittenten gesetzten **Preisgrenzen**, deren Missachtung zu einem (unverzüglich auszuübenden) Zurückweisungsrecht führt und Schadensersatzansprüche auslösen kann (§§385, 386 HGB). **Abweichungen** von Weisungen sind nur zulässig, wenn davon auszugehen ist, dass der Kommittent die Abweichung billigen würde und es nicht gelingt, seine Entscheidung rechtzeitig einzuholen (§385 Abs. 2 HGB iVm §665 BGB). Solche Preisgrenzen sind aber nur als Unter- (beim Verkauf) bzw. Obergrenzen (beim Ankauf) zu verstehen, so dass der Kommissionär nicht einfach zum Grenzpreis handeln darf, sondern weiterhin den besten Preis zu erzielen hat – §387 HGB stellt ausdrücklich klar, dass eine Differenz dem Kommittenten zusteht, für dessen Rechnung das Geschäft erfolgt. Über die Ausführung des Geschäfts hat der Kommissionär den Kommittenten zu informieren und Rechenschaft abzulegen (§384 Abs. 2 HGB).

Nach Ausführung des Geschäfts hat der Kommissionär „dasjenige **herauszugeben**, was er aus der Geschäftsbesorgung erlangt hat" (§ 384 Abs. 2 aE HGB), also bei der Einkaufskommission die Ware, bei der Verkaufskommission den Kaufpreis als Geldbetrag bzw. die entstandene Kaufpreisforderung. Er haftet aber grundsätzlich nicht für die Erfüllung des Geschäfts durch den Vertragspartner (Dritten)! Das Ausfallrisiko trägt also der Kommittent. Eine Ausnahme gilt nur, wenn der Kommissionär den Vertragspartner bei der Ausführungsmitteilung nicht benennt (§ 384 Abs. 3 HGB), ihm also den Namen des Schuldners vorenthält, ferner im Fall einer besonderen **Delkredereabsprache**, also bei vertraglicher Übernahme der Ausfallhaftung durch den Kommissionär gegen Zahlung einer zusätzlichen Delkredereprovision (§ 394 HGB).

Im Gegenzug steht dem Kommissionär einerseits ein Anspruch auf Aufwendungsersatz, andererseits auf Provision zu. Wegen des **Aufwendungsersatzes** verweist § 396 Abs. 2 HGB im Wesentlichen auf § 670 BGB und stellt nur klar, dass auch kalkulatorische Lager- und Transportkosten bei Nutzung eigener Mittel ersatzfähig sind. Anwendbar ist auch § 669 BGB, so dass der Kommissionär **Vorschuss** verlangen kann, insbesondere zur Zahlung des Kaufpreises bei der Einkaufskommission. Der **Provisionsanspruch** entsteht, „wenn das Geschäft zur Ausführung gekommen ist" (§ 396 Abs. 1 Satz 1 HGB), also nicht bereits aufgrund des Vertragsschlusses, sondern erst mit der **Erfüllung durch den Dritten** (oder wenn die Ausführung am Kommittenten gescheitert ist, § 396 Abs. 1 S. 2 HGB). Zur Höhe der Provision besteht keine Sonderregelung, so dass nach § 354 HGB der übliche Provisionssatz geschuldet ist, wenn nichts anderes vereinbart wurde (was aber regelmäßig der Fall ist).

Größere praktische Bedeutung, insbesondere bei der Wertpapierkommission, hat das **Selbsteintrittsrecht** des Kommissionärs nach § 400 HGB. Handelt der Kommissionär auch für eigene Rechnung mit den betroffenen Waren oder Wertpapieren, kann er ein Interesse daran haben, das Kommissionsgut selbst zu übernehmen bzw. bei der Einkaufskommission selbst an den Kommittenten zu liefern. Er muss dann keinen dritten Geschäftspartner suchen, verdient aber dennoch die Provision (§ 403 HGB), und auch den Interessen des Kommittenten ist gedient, für den das Geschäft abgeschlossen wird. Das offensichtliche Problem hier ist der entstehende Interessenkonflikt beim Kommissionär, der einerseits Interessenwahrer des Kommittenten, andererseits eigeninteressierter Geschäftspartner ist. Daher kann der Kommittent den Selbsteintritt auch noch nach Vertragsschluss durch einseitige Erklärung **ausschließen** (§ 400 Abs. 1 HGB). Darüber hinaus setzt der Selbsteintritt voraus, dass ein **Börsen- oder Marktpreis** besteht, bei Wertpapieren muss dieser amtlich festgestellt werden – eine solche amtliche Feststellung gibt es an deutschen Börsen nur leider bereits seit 2002 nicht mehr, ohne dass der Gesetzgeber den Wortlaut des § 400 HGB daran angepasst hätte. Es wird daher allgemein davon ausgegangen, dass nunmehr die festgestellten Börsenpreise iSv § 24 BörsG auch ohne amtliche Feststellung zur Grundlage des Selbsteintritts gemacht werden können. Zeitlich relevant ist dabei grundsätzlich der Börsenpreis bei Ausführung der Kommission, der vom Kommissionär durch Absendung der **Ausführungsanzeige**, in der der Selbsteintritt erklärt wird, festgelegt wird (§ 400 Abs. 2 S. 2 HGB).

4. Das Verhältnis des Kommittenten zum Dritten

Anders als bei der Handelsvertretung schließt der Kommissionär die Ausführungsgeschäfte mit Dritten in eigenem Namen ab, so dass nur er Vertragspartner wird und dem Dritten Erfüllung schuldet. Hieraus folgt, dass auch nur er, nicht der Kommittent, Inhaber der aus der Ausführung resultierenden **Forderungen** wird. Allerdings steht dem Kommittenten der **Herausgabeanspruch** nach §384 Abs. 2 aE HGB zu, der auch diese Forderungen (die ja aus der Geschäftsbesorgung erlangt worden sind) umfasst – es kann also nicht erst die Herausgabe des Geldes nach Zahlung, sondern bereits vor der Zahlung die **Abtretung der Forderungen** nach §398 BGB verlangt werden. Im Verhältnis zum Dritten bedeutet dies, dass zunächst nur der Kommissionär als Gläubiger Zahlung verlangen kann – will der wirtschaftlich berechtigte Kommittent die Forderung selbst durchsetzen, bedarf es zunächst der Abtretung. In diesem Fall wird der Dritte durch die §§404 ff. BGB geschützt, insbesondere wenn er keine Kenntnis von der Abtretung hat und daher an den Kommissionär bezahlt, was zur Erfüllung führt (§407 BGB). In diesem Fall wird dann der gezahlte Geldbetrag von dem Herausgabeanspruch des Kommittenten erfasst. All das ergibt sich bereits zwanglos aus dem Geschäftsbesorgungscharakter und dem Auftreten im eigenen Namen und ist daher nicht regelungsbedürftig – wird aber gleichwohl in §392 Abs. 1 HGB noch einmal bestätigt.

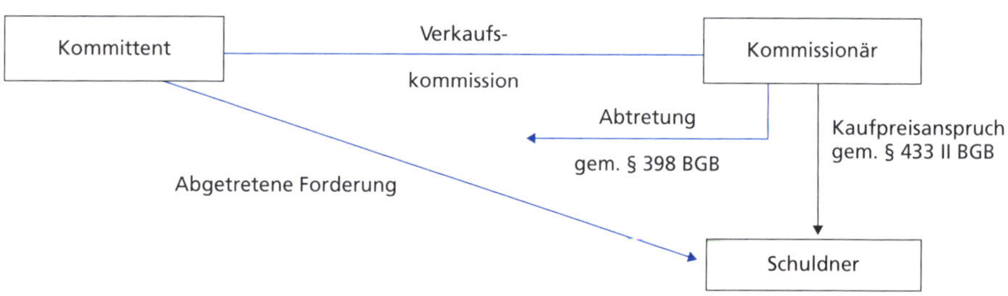

Abb. 22: Forderungsabtretung bei Verkaufskommission

Bis zur Abtretung stehen somit die Forderungen formal dem Kommissionär zu, wirtschaftlich aber dem Kommittenten. Problematisch ist diese formale Zuordnung, wenn entweder der Kommissionär selbst die Forderungen unter Ausnutzung seiner formalen Rechtsposition (die ihm grundsätzlich deren Abtretung ermöglicht) zur Deckung seiner Verbindlichkeiten einsetzt, oder wenn die Gläubiger des Kommissionärs im Wege der Zwangsvollstreckung auf die Forderungen zugreifen (bzw. der Kommissionär in die Insolvenz fällt, so dass die Forderungen für seine Gläubiger verwertet werden). In solchen Fällen gefährdet das Auseinanderfallen von wirtschaftlicher und formaler Berechtigung die Interessen des Kommittenten, der daher durch §392 Abs. 2 HGB geschützt wird. Danach gelten die Forderungen im Verhältnis zum Kommissionär und seinen Gläubigern bereits ab ihrer Entstehung als **Forderungen des Kommittenten**. Der Kommissionär bleibt also im Verhältnis zum Schuldner Gläubiger, und auch diese Vorschrift erlaubt dem Kommittenten nicht, die Forderung selbst geltend zu machen. Sie führt aber dazu, dass der Kommittent bei der Verwertung durch einen Gläubiger oder im Insolvenzverfahren als Inhaber gilt und er daher die daraus resultierenden Rechsbehelfe einlegen kann, um die Übertragung der Forderungen auf sich zu erreichen – im Fall der Zwangsvollstreckung ist dies die Drittwiderspruchsklage nach §771 ZPO, im Insolvenzverfahren kann er Aussonderung nach §47 InsO verlangen. Noch weitergehend nimmt die Rechtsprechung an, dass auch eine Abtretung durch den Kommissionär an seinen Gläubiger (insbesondere zu Sicherungszwecken im Rahmen einer Globalzession) dem Kommittenten gegenüber nach §392 Abs. 2 HGB unwirksam ist, so dass der Kommissionär ihm dennoch die Forderung abtreten kann, um seiner Herausgabepflicht zu genügen (BGH NJW 1988, 3203). Auf die Einzelheiten hierzu ist nicht einzugehen – wichtig ist nur, dass der Kommittent gegenüber den Gläubigern des Kommissionärs so behandelt wird, als wäre er Inhaber der Forderungen, um seiner wirtschaftlichen Berechtigung Rechnung zu tragen.

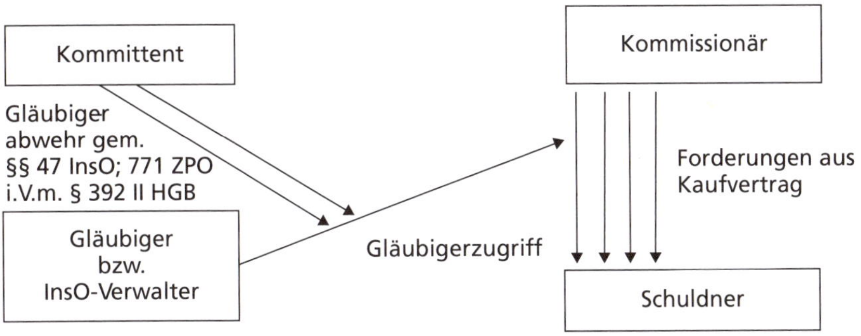

Abb. 23: Schutz des Kommittenten

V. Der Kommissionsagent

Neben den ausdrücklich im HGB geregelten Formen selbstständiger Vertriebsmittler haben sich in der Praxis eine Reihe von Vertragstypen herausgebildet, die keine eigenständige Regelung erfahren haben, sondern letztlich auf Vertragsgestaltung beruhen. Mit Blick auf das Gesetzesrecht stellt sich hier vor allem die Frage, ob bestimmte Vorschriften des zwingenden Rechts (von dem man also nicht durch Vertrag abweichen darf) zum Schutz des Vertriebsmittlers analog anzuwenden sind.

Als erste gesetzlich nicht speziell geregelte Form ist der **Kommissionsagent** zu nennen. Hierbei handelt es sich um einen Kommissionär im Sinne der §§383 ff. HGB, der **ständig** damit betraut ist, für einen bestimmten Unternehmer-Kommittenten tätig zu werden. Auch der Kommissionsagent wird also im eigenen Namen für fremde Rechnung tätig. Da die ständige Betrauung kein negatives Tatbestandsmerkmal (wie beim Handelsmakler) des §383 HGB ist, handelt es sich rechtlich ganz eindeutig zunächst einmal um einen Kommissionär, für den uneingeschränkt alle Vorschriften der §§383 ff. HGB gelten. Soweit es also um die einzelnen Geschäfte und ihre Abwicklung geht, gelten für den Kommissionsagenten keine Besonderheiten.

Abb. 24: Kommissionsagent

Aufgrund der ständigen Betrauung mit Kommissionsgeschäften besteht allerdings auch eine Art **Dauerschuldverhältnis**, dessen Ausgestaltung außerhalb des Regelungsbereichs des Kommissionsrechts liegt. Grundsätzlich gelten daher Vertragsfreiheit und die Vorschriften des Geschäftsbesorgungsrechts (§ 675 BGB). Der spezifischen Interessenlage bei der dauerhaften Einbindung in ein Vertriebssystem wird so allerdings nicht Rechnung getragen. Insbesondere bedarf es eines gewissen Schutzes des Kommissionsagenten, der als Teil des Vertriebssystems sich häufig in einer Abhängigkeitssituation befindet. Insoweit entspricht die Interessenlage der beim Handelsvertreter – dem einzigen gesetzlich geregelten Dauervertriebsvertrag. Die Rechtsprechung hat daher anerkannt, dass auf den Kommissionsagenten aufgrund der Einbindung in das Vertriebssystem „im Innenverhältnis grundsätzlich die Vorschriften des Handelsvertreterrechts entsprechend anzuwenden" sind (BGH NJW-RR 2003, 1056). Dies betrifft insbesondere die zwingenden Regelungen zur **Kündigung** (§§ 89, 89a HGB) und zum **Ausgleichsanspruch** (§ 89b HGB). Umgekehrt unterliegt auch ohne gesetzliche Regelung der Kommissionsagent ebenso einem vertraglichen **Wettbewerbsverbot** wie der Handelsvertreter, auf die nachvertragliche Wettbewerbsabrede ist ferner § 90a HGB analog anzuwenden.

VI. Der Vertragshändler

Große praktische Bedeutung hat heute der Vertrieb durch selbstständige **Vertragshändler**, die **für eigene Rechnung** tätig werden, also die Waren vom Hersteller kaufen, um sie dann im eigenen Namen und zu selbst festgesetzten Konditionen an die Kunden weiterzuverkaufen. Anders als ein Eigenhändler ist er aber durch einen Rahmenvertrag, also ein Dauerschuldverhältnis, mit dem Hersteller verbunden. Darin werden die vertriebsbezogenen Pflichten des Vertragshändlers definiert, etwa zur Beratungsqualität oder zur Art der Warenpräsentation. Umgekehrt verpflichtet sich der Hersteller häufig zur Bereitstellung von Werbematerialien und sonstigen Unterstützungsleistungen. Ziel ist also die Sicherstellung qualitativer Anforderungen an die Vertriebsleistung, und die auch in der Außendarstellung erkennbare **Einbindung in das Vertriebssystem**.

Das zugrunde liegende Vertragsverhältnis ist gesetzlich nicht geregelt. Der BGH definiert es folgendermaßen:

„Als Vertragshändlervertrag wird ein auf gewisse Dauer gerichteter Rahmenvertrag eigener Art bezeichnet, durch den sich der Vertragshändler verpflichtet, Waren des Herstellers oder Lieferanten im eigenen Namen und auf eigene Rechnung zu vertreiben, und durch den der Vertragshändler in die Verkaufsorganisation des Herstellers bzw. Lieferanten eingegliedert wird.“ (BGH NJW-RR 2003, 98)

Die Bezeichnung als Vertrag eigener Art bringt zum Ausdruck, dass der Vertragsinhalt sich nicht unter einen der Vertragstypen des BGB und HGB subsumieren lässt – aufgrund der Vertragsfreiheit (die auch den Aspekt der grundsätzlichen Gestaltungsfreiheit umfasst) stellt das die Zulässigkeit aber nicht in Frage.

Abb. 25: Vertragshändler

Typisch für den Vertragshändler ist somit:
- die Rahmenbeziehung zum Hersteller, im Sinn einer ständigen Betrauung,
- der Verkauf im eigenen Namen,
- das Handeln auf eigene Rechnung,
- die Eingliederung in die Verkaufsorganisation des Herstellers.

Innerhalb dieses Rahmens können die Verträge indes recht **unterschiedlich ausgestaltet** sein, so dass engere und weitere Bindungen des Vertragshändlers an den Hersteller möglich sind. Dies betrifft insbesondere die **Exklusivität** der Tätigkeit für den Hersteller, der Vertrag kann den Vertrieb von Konkurrenzprodukten ausschließen, an Bedingungen knüpfen (etwa nur in unterschiedlichen Verkaufsräumen zulassen) oder ganz verbieten (Wettbewerbsverbot). Vertragshändlerverträge sind daher heterogen, bei der rechtlichen Bewertung ist also die jeweilige Gestaltung in den Blick zu nehmen.

Die wesentliche rechtliche Frage betrifft – ebenso wie bei den Kommissionsagenten – die **analoge Anwendung des Handelsvertreterrechts**. Die Rechtsprechung bejaht dies grundsätzlich auch beim Vertragshändler, wenn mit Blick auf die konkrete Ausgestaltung „zwischen ihm und einem Hersteller ein Rechtsverhältnis besteht, das über eine bloße Verkäufer-Käufer-Beziehung hinausgeht. Der Vertragshändler muss auf Grund besonderer vertraglicher Abmachungen so in die Absatzorganisation des Herstellers eingegliedert sein, dass er wirtschaftlich in weitem Umfang Aufgaben zu erfüllen hat, die sonst einem Handelsvertreter zukommen.“ (BGH NJW 2015, 1300) Diese Voraussetzungen liegen häufig vor, so dass in der Konsequenz weite Teile des Handelsvertreterrechts anwendbar sind – nicht nur zugunsten, sondern auch zu Lasten des Händlers. Denn ebenso wie den Handelsvertreter trifft den Vertragshändler dann die **Interessenwahrungspflicht** (§ 86 HGB) einschließlich des daraus resultierenden gesetzlichen **Wettbewerbsverbots**. Umgekehrt kann er sich auf die (teilweise zwingenden) **Kündigungsfristen** nach § 89 HGB berufen, vor allem aber steht ihm ein **Ausgleichsanspruch** analog

§ 89b HGB zu, sofern „der Hersteller bei Beendigung des Vertrags in die Lage versetzt wird, den Kundenstamm des Händlers sofort und ohne Weiteres für sich nutzbar zu machen" (BGH NJW 2015, 1300). Dies setzt voraus, dass die Kundendaten dem Hersteller bekannt sind und er berechtigt ist, diese für seine Zwecke zu nutzen. Nicht anwendbar sind dagegen die Regelungen der Provisionszahlung, denn der Vertragshändler ist auf eigene Rechnung tätig und lebt daher von der Gewinnspanne zwischen Einkaufs- und Verkaufspreis. Die Einkaufskonditionen werden dabei – natürlich – mit dem Hersteller vereinbart (nicht nur der eigentliche Preis, sondern meist auch ein Umsatzrabattsystem, das dem Händler einen Anreiz zu hohen Umsätzen mit der Vertragsware gibt), während der Vertragshändler seine **Verkaufspreise selbst bestimmt**. Der Hersteller kann hierauf zwar über unverbindliche (!) Preisempfehlungen Einfluss nehmen, verbindliche Preisvorgaben (sog. **vertikale Preisbindung**) verstoßen allerdings (anders als grundsätzlich bei den für Rechnung des Herstellers tätigen Vertriebsmittlern) gegen das Kartellrecht (Art. 101 AEUV, § 1 GWB) und sind daher verboten.

VII. Der Franchisenehmer

Ebenfalls große praktische Bedeutung haben heute Franchisesysteme, bei denen der **Franchisenehmer** ebenfalls für eigene Rechnung und im eigenen Namen tätig wird, aber noch enger als der Vertragshändler in das Vertriebssystem eingebunden wird. Der Franchisenehmer tritt nach außen als **Teil des Franchisesystems** in Erscheinung und richtet die Außendarstellung seines Unternehmens an den Systemvorgaben aus, wozu vor allem die Nutzung der **Marke des Franchisegebers** gehört. Ziel ist also, dass der Franchisenehmer von den Kunden nicht mehr als eigenständiges Unternehmen wahrgenommen wird, sondern als Teil des Systems. Hiermit verknüpft sich die Erwartung, je nach Gegenstand das Warensortiment oder Leistungsspektrum des Franchisegebers in der üblichen Qualität nachfragen zu können. Hierfür wird dem Franchisenehmer regelmäßig das **erforderliche Know how** zur Verfügung gestellt und zur Leistungserbringung entsprechend der Systemvorgaben verpflichtet.

Nach den Gegenständen lassen sich **Warenfranchising** (das dem Vertrieb der vom Franchisegeber gelieferten Waren dient), das **Produktionsfranchising** (bei dem die zu vertreibenden Waren vom Franchisenehmer unter Nutzung des Know how selbst hergestellt werden), das **Vertriebsfranchising** (bei dem der Vertrieb von Dritten bezogener Waren unter Nutzung der Marke, Geschäftskonzeption und des Vertriebs-Know how im Mittelpunkt steht) und das **Dienstleistungsfranchising** (das die Erbringung von Dienstleistungen nach den Vorgaben und unter Nutzung des Know how des Franchisegebers erfasst) unterscheiden. Häufig finden sich auch **Mischformen**, etwa bei den bekannten Franchisesystemen der Systemgastronomie (zB McDonald's), wo die Verkaufsprodukte aus vom Franchisegeber bezogenen Vorprodukten produziert werden, so dass sich Elemente des Waren- und des Produktionsfranchising finden.

Für die rechtliche Einordnung gilt auch hier, dass sich der Vertrag keinem Typus aus BGB und HGB zuordnen lässt, sondern **verschiedene Elemente** umfasst und insoweit gemischttypisch ist. Regelmäßig verpflichtet sich der Franchisenehmer zur Zahlung einer Franchisegebühr für die Nutzung von Marke und Know how sowie zur Beteiligung an den zentralen Absatzförderungsmaßnahmen, ferner ggf. zum Bezug der erforderlichen Waren oder Vorprodukte. Ferner unterwirft er sich vertraglich in weitem Umfang den Systemvorgaben, was sich sowohl auf die Gestaltung der Außendarstellung als auch auf die Leistungserbringung bezieht. Die einzuhaltenden Vorgaben können sehr präzise sein und zur Wahrung der einheitlichen Qualität praktisch jede Abweichung ausschließen – in einer bekannten Entscheidung des BGH (NJW 1985, 1894) ging es etwa um die Kündigung eines McDonald's-Franchisevertrags, weil die Brattemperatur der Hamburger (vorgegeben mit 177 Grad Celsius) wiederholt unterschritten wurde. Der Franchisegeber erteilt dafür eine **Marken- und Know how-Lizenz**, übernimmt die zentrale Absatzförderung (Werbung) und verpflichtet sich ggf. zur Lieferung von Waren oder Vorprodukten. Auch hier gilt, dass unter dem Begriff heterogene Erscheinungsformen zusammengefasst werden – „den" Franchisevertrag gibt es so nicht. Ebenso wie beim Vertragshändler greift aber auch hier das kartellrechtliche **Verbot der vertikalen Preisbindung**, so dass der Franchisenehmer seinen Preis im Verhältnis zum Kunden zwingend selbst bestimmen können muss. Das ist überraschend, wenn man bedenkt, dass zB die Preise bei den verschiedenen McDonald's-Restaurants (die von unterschiedlichen Franchisenehmern betrieben werden) praktisch immer gleich sind. Das ist allerdings nicht Folge einer verbotenen Preisbindung, sondern beruht auf ökonomischen Erwägungen der Franchisenehmer, für die es in der Regel nicht rational ist, von den Preisempfehlungen abzuweichen, da diese Preise zentral beworben werden („in teilnehmenden Restaurants") und der Kunde die Erwartung hat, das Produkt zu diesem Preis kaufen zu können.

Abb. 26: Franchisenehmer

Aus rechtlicher Sicht steht auch hier die Frage nach einer **analogen Anwendung des Handelsvertreterrechts** im Vordergrund. Da der Franchisenehmer noch deutlich enger in das Vertriebssystem eingebunden ist als der Vertragshändler, ist es nicht überraschend, dass dies grundsätzlich zu bejahen ist. Auch hier gilt daher die Interessenwahrungspflicht des § 86 HGB, ferner das Verbot der Verkürzung von Kündigungsfristen (§ 89 Abs. 2 HGB) sowie grundsätzlich auch der **Ausgleichsanspruch** nach § 89b HGB. Für letzteren ist indes genau zu prüfen, ob die Voraussetzung der dem Franchisegeber verbleibenden wesentlichen Vorteile vorliegt. Denn der Franchisegeber ist grundsätzlich nicht selbst auf dem Markt des Franchisenehmers tätig – eine Weiternutzung der Kundenbeziehungen wäre allenfalls durch einen neuen Franchisenehmer denkbar, wenn der Kundenstamm auf diesen übertragen werden kann und dies zu korrespondierenden Vorteilen des Franchisegebers führt. Die Rechtsprechung ist hier eher restriktiv, insbesondere soll der Kundenstamm beim anonymen Massengeschäft (Bäckerei) hierfür nicht ausreichen, obwohl hier der Franchisegeber auch Verpächter des Ladenlokals war und das Geschäft unverändert selbst oder durch einen neuen Franchisenehmer weiterbetreiben konnte (BGH NJW 2015, 945). Wird der Franchisenehmer in eigenen Räumen tätig, kommt eine Weiternutzung des Kundenstamms wohl nur aufgrund einer Verpflichtung der Überlassung der Kundendaten in Betracht, was etwa bei höherwertigen Dienstleistungen, die nicht anonym erbracht werden, möglich ist. Nicht anwendbar sind auch hier die Vorschriften zur Provisionszahlung, da der Franchisenehmer den Verkauf für eigene Rechnung vornimmt.

Absatzform	Wesensmerkmale	Rechtsgrundlage
Handelsvertreter	selbstständige Vermittlung und Abschluss von Geschäften in fremdem Namen bei ständiger Betrauung durch einen anderen Unternehmer	§§ 84 ff. HGB
Handelsmakler	selbstständige Vermittlung von Geschäften ohne ständige Betrauung	§§ 93 ff. HGB
Kommissionär	An- oder Verkauf von Waren oder Wertpapieren in eigenem Namen für fremde Rechnung	§§ 383 ff. HGB
	bei uneigentlicher Kommission auch andere Geschäfte bzw. durch andere Personen	§ 406 HGB
Kommissionsagent	ständige Betrauung mit Kommissionsgeschäften für einen bestimmten Unternehmer	teilw. Anwendung von §§ 84 ff., §§ 383 ff. HGB
Vertragshändler	Vertrieb von Waren eines Herstellers in eigenem Namen für eigene Rechnung bei gleichzeitiger organisatorischer Eingliederung in die Verkaufsorganisation des Herstellers	keine besondere gesetzliche Regelung, allgemeines Vertragsrecht, Geschäftsbesorgungsrecht, teilw. analoge Anwendung von §§ 84 ff. HGB
Franchisenehmer	Vertrieb von Waren oder Dienstleistungen unter der Marke des Franchisegebers für eigene Rechnung bei gleichzeitiger starker Eingliederung in die Organisation des Franchisegebers	wie beim Vertragshändler

Abb. 27: Formen selbstständiger Vertriebsmittler

3. Kapitel: Handelsgeschäfte

§ 10. Allgemeine Vorschriften für Handelsgeschäfte (E)

Lernhinweis: Handelsgeschäfte sind die Rechtsgeschäfte, die der Kaufmann mit Bezug zu seinem Unternehmen vornimmt oder die in seinem Namen als Unternehmensträger durch Vertreter vorgenommen werden. Im nachfolgenden werden die Vorschriften für kaufmännische Rechtsgeschäfte skizziert und ihre Besonderheiten im Vergleich zum bürgerlichen Recht herausgestellt. Beachten Sie: Der Begriff „Handelsgeschäft“ wird vom Gesetzgeber sowohl für das kaufmännische Unternehmen, als auch für das kaufmännische Rechtsgeschäft verwendet! Man muss also auf den Kontext achten.

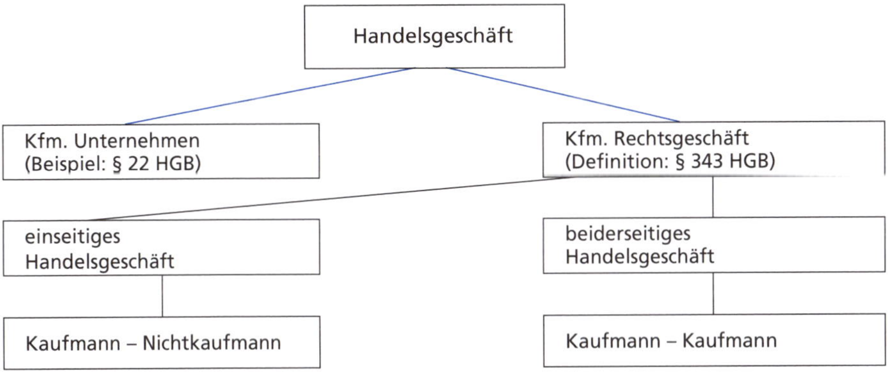

Abb. 28: Handelsgeschäft

I. Begriff und Arten der Handelsgeschäfte

1. Begriff

Handelsgeschäfte sind alle **Geschäfte eines Kaufmanns, die zum Betriebe seines Handelsgewerbes** gehören (§343 HGB lesen!). Hieraus lassen sich folgende Grundsätze ableiten:

a) Handelsgeschäfte können nur vorliegen, wenn sie von einem **„Kaufmann“** im Rechtssinne getätigt werden. Die Kaufmannseigenschaft ist bereits in §§3 und 4 behandelt worden, sie muss zum Zeitpunkt der Vornahme des Rechtsgeschäfts vorliegen. Es ist aber nicht erforderlich, dass gerade die handelnde Person Kaufmann ist, bei der **Stellvertretung** kommt es vielmehr auf die vertretene Person an. Nimmt also etwa der Prokurist ein Rechtsgeschäft für den Unternehmensträger vor, liegt trotz fehlender eigener Kaufmannseigenschaft des Prokuristen ein Handelsgeschäft vor. Eine Ausnahme vom Erfordernis der Kaufmannseigenschaft bei Vornahme gilt ferner für die **Vorbereitungsgeschäfte**, bei denen zwar noch keine Kaufmannseigenschaft vorliegt, die aber bereits dem zukünftigen Betrieb eines Handelsgewerbes dienen, insbesondere der Unternehmenserwerb selbst oder die diesem dienende Kreditaufnahme.

b) Es muss sich um **„Geschäfte"** handeln, worunter man jede Tätigkeit versteht, die in der Kundgabe eines Willens zur Herbeiführung eines wirtschaftlichen Erfolges liegt. Diese weitgefasste Definition erfasst nicht nur Verträge, sondern auch einseitige Rechtsgeschäfte und rechtsgeschäftsähnliche Handlungen, wie Auskunftserteilungen, Empfehlungen, Mahnungen, Kündigungen, Bevollmächtigungen, Mängelrügen, Mitteilungen u. dgl.

c) Das Rechtsgeschäft muss zum Betrieb des **„Handelsgewerbes"** gehören. Unter dem Handelsgewerbe versteht das HGB das kaufmännische Unternehmen (vgl. § 1 Abs. 2 HGB), so dass ein **Unternehmensbezug** vorliegen muss. Nicht erforderlich ist aber, dass das Geschäft zur Haupttätigkeit des Unternehmens gehört oder dass der Kaufmann gerade für solche Geschäfte als besonders erfahren anzusehen ist – auch Hilfs- und Nebengeschäfte werden erfasst. Kauft etwa der Bäckermeister für seinen Betrieb ein Lieferfahrzeug, ist dies für ihn ein Handelsgeschäft, obwohl er keine besondere Erfahrung auf diesem Gebiet hat. Das Kriterium dient vielmehr der Abgrenzung zu den Geschäften der privaten Sphäre und wird ganz weit ausgelegt: Jeder auch nur geringe Unternehmensbezug genügt, so dass nur solche Rechtsgeschäfte ausgenommen werden, die ausschließlich der privaten Sphäre zuzurechnen sind.

   Das betrifft insbesondere Geschäfte mit **gemischter Zwecksetzung** („dual use"), die sowohl privaten als auch unternehmerischen Zwecken dienen. Anders als bei der Abgrenzung Verbraucher – Unternehmer im BGB (§§ 13, 14 BGB) kommt es hier nicht auf die „überwiegende" Zwecksetzung an, vielmehr macht auch ein ganz untergeordneter Unternehmensbezug das Geschäft zu einem Handelsgeschäft. Kauft der Kaufmann also zB ein Auto, das zu 90 % privat und zu 10 % für das Handelsgewerbe genutzt werden soll, liegt ein Handelsgeschäft vor – zugleich aber auch ein Verbrauchervertrag, da das Auto überwiegend für private Zwecke gekauft wird, der Kaufmann also zugleich als Verbraucher anzusehen ist. Hier können dann Konflikte zwischen Handelsrecht und Verbraucherschutzrecht auftreten, die aufgrund des europarechtlichen Hintergrundes des Verbraucherschutzrechts zur Unanwendbarkeit handelsrechtlicher Vorschriften führen können.

Beispiel: Ist das genannte Auto mangelhaft, hat der Käufer als Verbraucher zwingend zwei Jahre lang Zeit, um die Rechte daraus geltend zu machen (§§ 438, 476 Abs. 2 BGB). Als Kaufmann muss er dagegen unverzüglich untersuchen und die Mängel rügen (§ 377 HGB) – da dies nicht mit dem Verbraucherschutz kompatibel wäre, ist § 377 HGB in diesem Fall unanwendbar.

Die Abgrenzungsfrage spielt natürlich nur dann eine Rolle, wenn der Kaufmann überhaupt eine **private Sphäre** hat. Handelt es sich dagegen um eine Personenhandelsgesellschaft oder eine Körperschaft, fehlt es daran – eine GmbH kann kein Auto für ihre Familie kaufen! Hier liegt also stets ein Handels- und (iSv § 14 BGB) ein Unternehmergeschäft vor, wenn der Vertrag unter der Firma der GmbH abgeschlossen wurde, selbst wenn das Dienstfahrzeug des Geschäftsführers überwiegend privat genutzt werden soll (die Privatnutzung eines Dienst-Pkw ist häufiger Vergütungsbestandteil). Umgekehrt gibt es Rechtsgeschäfte, die schon ihrer Natur nach nur der privaten Sphäre entstammen können und daher niemals Handelsgeschäfte sind. Hierzu zählen vor allem die familien- und erbrechtlichen Rechtsgeschäfte, wie Adoption, Eheschließung, Erbvertrag oder Testamentserrichtung. Auch wenn das Erbe in Bezug auf das Handelsgeschäft geregelt wird, ist dies Teil der privaten Sphäre.

d) Ist nach diesen Kriterien nicht eindeutig zu bestimmen, ob der Unternehmensbezug vorliegt, regelt § 344 HGB noch eine **Vermutung für das Handelsgeschäft**: Die Formulierung „im Zweifel" sagt aus, dass eine widerlegbare Vermutung besteht – wer sich darauf berufen will, dass kein Handelsgeschäft vorliegt, müsste also nachweisen, dass kein Bezug zum Handelsgewerbe besteht. Widerlegt werden kann die Vermutung aber nur durch objektiv dem Geschäftspartner erkennbare Umstände. Meist ergibt sich bereits aus dem Auftreten unter der Firma, dass ein Handelsgeschäft vorliegt – wer unter der Firma ein Geschäft abschließt, kann nicht nachweisen, dass dieses keinerlei Bezug zum Handelsgewerbe hat!

2. Einseitige und beiderseitige Handelsgeschäfte

Handelsgeschäftsrecht kommt nicht nur zur Anwendung, wenn auf beiden Seiten eines Geschäfts Kaufleute beteiligt sind, sondern kann auch dann eingreifen, wenn ein Kaufmann mit einem Verbraucher kontrahiert! Dieser Grundsatz wird mitunter als überraschend angesehen; er ergibt sich zweifelsfrei aus § 345 HGB. Grundsätzlich ist es also so, dass das Handelsgeschäftsrecht für beide Vertragsteile zur Anwendung kommt, wenn es sich nur für einen Teil um ein Handelsgeschäft handelt (sog. **einseitiges Handelsgeschäft**).

Freilich ist das nur die halbe Wahrheit: Denn § 345 HGB stellt den Grundsatz ausdrücklich unter den Vorbehalt, dass sich aus der jeweils betroffenen Vorschrift „nichts anderes" ergibt. Tatsächlich ordnet das Gesetz bei einigen Vorschriften an, dass sie die Kaufmannseigenschaft beider Vertragspartner voraussetzt. Letztlich ist daher für jede einzelne Norm zu prüfen, ob sie auch bei einseitigen oder nur bei **beiderseitigen Handelsgeschäften** anwendbar ist: Schweigt die Norm hierzu, ist sie auch einseitige Handelsgeschäfte anwendbar – bringt sie durch eine Formulierung wie „unter Kaufleuten" (§ 346 HGB) oder „für beide Teile ein Handelsgeschäft" (§ 377 HGB) etwas anderes zum Ausdruck, gilt sie nur für beiderseitige Handelsgeschäfte. Letzteres gilt insbesondere, aber nicht nur, für § 377 HGB, die überragend wichtige Regelung der Untersuchungs- und Rügepflicht beim Handelskauf, was man gleich in Erinnerung behalten sollte.

Vergleichen Sie dazu die nachfolgende Übersicht:

Besondere handelsrechtliche Vorschriften gelten	
(auch) bei einseitigen Handelsgeschäften:	Kfm. Sorgfaltspflicht (§ 347) Herabsetzung bei kfm. Vertragsstrafe (§ 348) Formvorschrift bei kfm. Bürgschaftsversprechen bzw. Schuldversprechen und Schuldanerkenntnis (§ 350) Einrede der Vorausklage bei kfm. Bürgschaftsversprechen (§ 349) Provisionspflicht (§ 354) Kontokorrent (§ 355) Erweiterter Gutglaubensschutz (§ 366) Handelskauf allgemein (§§ 373 ff.) Kommission, Fracht-, Speditions- und Lagergeschäft (§§ 383 ff., 407 ff., 453 ff., 467 ff.)
(nur) bei beiderseitigen Handelsgeschäften:	Handelsbrauch (§ 346) Erhöhter Zinssatz (§ 352 Abs. 1) Frühzeitige Verzinsungspflicht (§ 353) Besonderes kfm. Zurückbehaltungsrecht (§§ 369 ff.) Untersuchungs- und Rügepflicht beim Handelskauf (§ 377)

Abb. 29: Handelsrechtliche Vorschriften

II. Der Handelsbrauch

1. Begriff und Wirkungen

Unter Kaufleuten ist „in Ansehung der Bedeutung und Wirkung von Handlungen und Unterlassungen auf die im Handelsverkehr geltenden Gewohnheiten und Gebräuche Rücksicht zu nehmen". Mit dieser etwas gestelzten Ausdrucksweise bestimmt § 346 HGB (lesen!), dass unter Kaufleuten Handelsbrauch gilt. Aus der Formulierung „unter Kaufleuten" ist zu entnehmen, dass Handelsbrauch nur bei beiderseitigen Handelsgeschäften Anwendung findet.

Nach der Rechtsprechung setzt ein Handelsbrauch voraus, dass es sich „um eine im Verkehr der Kaufleute untereinander verpflichtende Regel handelt, die auf einer **gleichmäßigen, einheitlichen und freiwilligen tatsächlichen Übung** beruht, die sich innerhalb eines angemessenen Zeitraumes für vergleichbare Geschäftsvorfälle gebildet hat und der eine **einheitliche Auffassung der Beteiligten** zugrunde liegt." (BGH NJW 1994, 659) Es handelt sich um „eine allgemeine Übung, die eine Verpflichtung auch ohne Abschluss einer darauf gerichteten Vereinbarung begründet" (BGH NJW 2017, 2986). Die Geltung setzt aber **keine Kenntnis** der konkreten Vertragsparteien des Handelsbrauchs voraus, es genügt die nachweisbare allgemeine Übung und Geltungsauffassung durch den Großteil der Handelsteilnehmer auf dem entsprechenden Markt. Ein berühmtes Beispiel aus der Rechtsprechung sind die sog. **Tegernseer Gebräuche**, ein ausformuliertes Regelwerk, das von den beteiligten Branchenverbänden herausgegeben wird und die Gebräuche des inländischen Handels mit Holz und Holzprodukten verbindlich feststellt (als Handelsbrauch anerkannt in BGH NJW-RR 1987, 94; OLG München RdTW 2016, 224).

Bezüglich seiner Wirkungen steht der Handelsbrauch zwischen vertraglicher Vereinbarung und dispositivem Gesetzesrecht: Ebenso wie die vertragliche Vereinbarung geht der Handelsbrauch dem dispositiven Gesetzesrecht vor, kann aber die **Anwendung des zwingenden Rechts** nicht ausschließen. Ebenso wie das dispositive Gesetzesrecht muss die Geltung des Handelsbrauchs nicht vereinbart werden und gilt unabhängig von der Kenntnis der konkreten Parteien, ferner kann seine Anwendung **vertraglich ausgeschlossen** werden. Auch insoweit können die Parteien also ihre Rechtsbeziehung abweichend gestalten.

Wer sich darauf beruft, muss den Handelsbrauch allerdings nachweisen. Das stellt in der Praxis eine nicht zu unterschätzende Schwierigkeit dar – man kann ja nicht alle Teilnehmer des betroffenen Handelsverkehrs als Zeugen laden. Anerkannt ist aber, dass sich ein Handelsbrauch durch ein **Sachverständigengutachten der Industrie- und Handelskammer** nachweisen lässt: „Um einen Handelsbrauch zu ermitteln, wird es im Regelfall sogar unerlässlich sein, eine Auskunft, in Wirklichkeit also ein Gutachten, der zuständigen Industrie- und Handelskammer heranzuziehen, zu deren wesentlichen Aufgaben es gehört, Behörden und Gerichte durch Gutachten und Berichte zu unterstützen." (BGH NJW 1966, 502) Will man die Unsicherheit der Nachweisbarkeit vermeiden, empfiehlt sich eine vertragliche Regelung, wobei zu bedenken ist, dass eine Regelung in AGB der Inhaltskontrolle unterliegt, die bei einem Handelsbrauch (auch wenn er – wie bei den Tegernseer Gebräuchen – in die Form eines geschriebenen Regelwerks gebracht worden ist) schon mangels „stellen" durch eine Partei nicht einschlägig ist.

2. Handelsklauseln

Nicht mit dem Handelsbrauch zu verwechseln sind die sog. **Handelsklauseln**, bei denen es sich nur um einzelne Vertragsklauseln handelt, derer sich die Kaufleute bedienen und die einen allgemein anerkannten Inhalt haben, so dass auf diese im Vertrag in Kurzform Bezug genommen werden kann. Man kann daher eine komplexe Regelung zum Vertragsinhalt machen, ohne diese ausformulieren zu müssen. Bei der Auslegung des Vertrags setzt sich dann grundsätzlich der allgemein anerkannte Inhalt durch, da der objektive Empfänger die Bezugnahme so verstehen muss – auch wenn die Klausel für Außenstehende völlig unverständlich ist. Ein Beispiel ist die Vereinbarung der „Hamburger Freundschaftlichen Arbitrage" – wer nicht im Hamburger Warenhandel tätig ist, wird dem Ausdruck wohl kaum eine umfassende Schiedsklausel für die private Streitbeilegung entnehmen. Geltung haben die Klauseln aber nur bei einer entsprechenden Vereinbarung!

Von überragender praktischer Bedeutung sind im internationalen Warenhandel die sog. **INCOTERMS**. Hierbei handelt es sich (in der aktuellen Version von 2020) um insgesamt 11 verschiedene Klauseln, derer sich die Vertragsparteien bedienen können, um die beiderseitigen Verpflichtungen in Bezug auf Transport, Verzollung, Versicherung und Risikotragung zu regeln. Jede dieser Klauseln hat eine aus drei Buchstaben bestehende Abkürzung und ist mit einer Ortsbezeichnung zu verbinden. Die präzise rechtliche Bedeutung jeder dieser Klauseln ist in einer von der Internationalen Handelskammer (ICC) in Paris herausgegebenen Publikation verbindlich niedergelegt. Da die INCOTERMS global verbreitet und bekannt sind, lassen sich komplexe Fragen der Vertragsgestaltung, die bei jedem internationalen Handelsgeschäft regelungsbedürftig sind, durch eine einfache Verwendung der drei Buchstaben umfassend regeln – und jeder Beteiligte am internationalen Handelsverkehr hat eine präzise Vorstellung von der getroffenen Vereinbarung.

Durch die verschiedenen Klauseln lassen sich die mit dem Transport verbundenen Kosten und Lasten so verteilen, wie es den Vorstellungen der Parteien entspricht, wobei sich dies natürlich auch auf den Preis auswirkt. Vereinbart man etwa **EXW Nürnberg** INCOTERMS 2020 (letzterer Zusatz schließt jeden Zweifel an der Bezugnahme aus und ist daher zu empfehlen) hat der Verkäufer die Ware lediglich in seinem Werk („ex works") in Nürnberg zur Abholung bereitzustellen, alle Kosten und Risiken des Transports gehen zu Lasten des Käufers. Umgekehrt verpflichtet **DDP Nürnberg** INCOTERMS 2020 als sog. Ankunftsklausel („delivered duty paid") den Verkäufer zur Lieferung nach Nürnberg, er trägt alle Kosten und Risiken des Transports einschließlich der Einfuhrverzollung im Zielland. Dazwischen stehen 9 Klauseln, die eine differenzierte Verteilung ermöglichen. Auch die Ortsangabe bezieht sich je nach Klausel auf unterschiedliche Bezugspunkte des Transports: Verkauft man etwas **FOB Hamburg** INCOTERMS 2020 hat der Verkäufer die Ware nach Hamburg zu transportieren und sie (ggf. ausfuhrverzollt) auf eigene Kosten auf das gebuchte Schiff verladen zu lassen („free on board"), wodurch es zum Gefahrübergang kommt – der Seetransport und alle nachfolgenden Schritte sind dann Sache des Käufers und Hamburg bezeichnet den Verladehafen. Wird dagegen **CFR Hamburg** INCOTERMS 2020 vereinbart, bedeutet das, dass der Verkäufer die Frachtkosten bis in den Hamburger Hafen zu bezahlen hat („cost and freight"), aber der Gefahrübergang bereits im Verladehafen stattfindet – der Käufer trägt also das Risiko des Seetransports und Hamburg bezeichnet hier den Zielhafen. Soll der Verkäufer (trotz des Gefahrübergangs) den Seetransport noch auf eigene Kosten versichern, wäre die richtige Klausel **CIF Hamburg** INCOTERMS 2020 („cost, insurance, freight"). Während diese Klauseln auf den Seetransport ausgerichtet sind, haben die Klauseln **CPT bzw. CIP** mit angegebenem Zielort eine vergleichbare Wirkung bei anderen Transportmitteln („cost paid to" bzw. „carrier and insurance paid to"). Dies macht deutlich: Die INCOTERMS erlauben eine differenzierte Regelung und vereinfachen die Vertragsgestaltung durch Standardisierung, setzen aber voraus, dass die vertragsschließenden Parteien die Bedeutung der Klauseln auch tatsächlich kennen, um die Reichweite der von ihnen übernommenen Verpflichtungen einschätzen zu können. Sollten Sie also einmal in der Praxis Ausfuhrgeschäfte verhandeln, ist eine genaue Kenntnis der verwendeten INCOTERMS unerlässlich.

III. Das kaufmännische Bestätigungsschreiben

Lernhinweis: Vom allgemeinen bürgerlichen Recht her kennen wir den Grundsatz, dass Schweigen als solches „keine Erklärungsbedeutung" hat. Schweigen ist das Gegenteil einer (ausdrücklichen oder konkludenten) Willenserklärung und gilt deshalb genau genommen weder als Einverständnis, noch als Ablehnung. Gelegentlich hat der Gesetzgeber dem Schweigen einen Erklärungswert beigemessen und es zur Beseitigung eines Schwebezustands als Ablehnung angesehen (vgl. §§108 Abs.2 S.2, 177 Abs.2 S.2, 415 Abs.2 S.2, 451 Abs.1 S.2 BGB). Als Zustimmung bewertet das bürgerliche Recht das Schweigen jedoch nicht.

Verschiedene Vorschriften des Handelsrechts gehen weiter und behandeln das Schweigen in Ausnahmefällen als Genehmigung eines Rechtsgeschäfts (vgl. §§75h, 91a, 386 Abs.1 HGB) oder unter engen Voraussetzungen sogar als **Annahme eines Vertragsangebots** (§362 HGB – lesen!). Jedoch gilt auch im Handelsrecht– von den genannten Ausnahmen abgesehen – der Grundsatz, dass Schweigen jedenfalls nicht als Zustimmung gilt. Als besondere Ausnahme ist das Schweigen auf ein Bestätigungsschreiben zu beachten.

1. Begriff und Bedeutung

Als kaufmännisches Bestätigungsschreiben bezeichnet man ein Schreiben im kaufmännischen Verkehr, **in dem die Bedingungen eines bereits abgeschlossenen Vertrages noch einmal schriftlich fixiert werden**. Bedeutung hat dies vor allem bei mündlich bzw. fernmündlich abgeschlossenen Verträgen, deren konkreter Inhalt zeitnah durch ein solches Schreiben formuliert wird, um zwischen den Parteien Rechtssicherheit bezüglich des Vertragsinhalts zu schaffen und Missverständnisse frühzeitig erkennbar zu machen. Diese Funktion kann das Bestätigungsschreiben aber nur erfüllen, wenn es für die Parteien verbindlich wird, da andernfalls auch später noch über den Vertragsinhalt gestritten werden könnte. Daher hatte sich schon vor langer Zeit ein Handelsbrauch entwickelt, wonach der Vertrag als mit diesen Bedingungen abgeschlossen gilt, **wenn nicht der Adressat dem Schreiben unverzüglich nach dessen Erhalt widerspricht.** Inzwischen ist es allgemein anerkannt, dass diese Grundsätze gewohnheitsrechtlichen Charakter haben und daher praktisch wie ein Gesetz wirken. Allerdings ist die Rechtswirkung an eine Reihe von Voraussetzungen geknüpft, und auch bezüglich der Rechtsfolgen ist zwischen einer konstitutiven und einer nur inhaltsbestimmenden Wirkung zu unterscheiden.

2. Voraussetzungen

Nach der Rechtsprechung des BGH sind die Grundsätze des kaufmännischen Bestätigungsschreibens zwar vor allem auf Kaufleute anwendbar, darüber hinaus aber auch auf Personen, die **wie ein Kaufmann** selbstständig und in größerem Umfang am Rechtsverkehr teilnehmen, was etwa bei Freiberuflern oder nicht eingetragenen Kleingewerbetreibenden knapp unterhalb der Schwelle des Handelsgewerbes der Fall sein kann. Weiter bedarf es der Absendung des Schreibens in **unmittelbarem zeitlichem Zusammenhang** mit den Vertragsverhandlungen, nicht aber eine Vereinbarung über die Vornahme der Bestätigung. Zentrale Anforderung ist die **Redlichkeit des Absenders**: Das Bestätigungsschreiben kann nur Wirkungen entfalten, wenn es nach dem Verständnis des Absenders tatsächlich zum Vertragsschluss gekommen ist und der Absender dessen Inhalt nicht **bewusst unrichtig** wiedergegeben hat. **Konkretisierungen und Ergänzungen** des Vertragsinhalts sind allerdings zulässig und stehen der Redlichkeit nicht entgegen, wenn mit der Billigung durch den Vertragspartner **vernünftigerweise gerechnet** werden kann. Letzteres hat vor allem Bedeutung für die Einbeziehung von AGB, auf die erstmals im Bestätigungsschreiben hingewiesen werden kann – mit der Billigung der Einbeziehung von AGB kann grundsätzlich gerechnet werden. Redlichkeit setzt also nicht voraus, dass nur genau die Absprachen fixiert werden, die bereits getroffen worden waren. Zuletzt wird das Schreiben nur wirksam, wenn der Vertragspartner nicht **unverzüglich** (ohne schuldhaftes Zögern, § 121 BGB) **widerspricht**.

Klausurproblem: Da man die Bestätigung nicht vereinbaren muss, kann es durchaus vorkommen, dass beide Seiten zeitgleich ein Bestätigungsschreiben versenden. Weisen diese einen inhaltlichen Unterschied auf, stellt sich die Frage, ob es eines weiteren Widerspruchs bedarf, und welches Bestätigungsschreiben sich ggf. durchsetzt. Man spricht insoweit von der Fallgruppe der **sich kreuzenden Bestätigungsschreiben**. Insoweit gilt, dass beide Seiten aufgrund des Empfangs der abweichenden Bestätigung nicht mehr auf die Geltung des eigenen Schreibens vertrauen können. Es bedarf also **keines weiteren Widerspruchs** bezüglich der miteinander unvereinbaren Punkte. Das bedeutet indes nicht, dass die beiden Schreiben völlig wirkungslos wären: Vielmehr sind beide Schreiben verbindlich, soweit sie miteinander vereinbar sind. Das bedeutet nicht nur, dass die übereinstimmenden Teile insoweit den unstrittigen Vertragsinhalt dokumentieren, sondern auch, dass Ergänzungen und Konkretisierungen beider Schreiben zum Vertragsinhalt werden, soweit sie nicht in offenem Widerspruch zueinander stehen. Enthält etwa ein Schreiben eine Ergänzung, mit deren Billigung vernünftigerweise gerechnet werden kann, und schweigt das andere Schreiben zu diesem Aspekt, sind sie nicht unvereinbar – die Ergänzung wird Vertragsinhalt! Will die andere Seite dies vermeiden, bedarf es also insoweit eines weiteren Widerspruchs.

3. Wirkungen

In Bezug auf die Wirkungen ist zwischen dem **konstitutiven** und dem **inhaltsbestimmenden Bestätigungsschreiben** zu unterscheiden: Ist tatsächlich kein Vertrag zustande gekommen, wird aber dennoch ein Bestätigungsschreiben abgesendet und diesem nicht widersprochen, hat das Schreiben die Wirkung, dass der Vertrag als mit diesem Inhalt zustande gekommen gilt – es hat **konstitutive Wirkung**, da es erst den **Vertrag begründet**. Wie gesehen ist aber die Redlichkeit des Versenders Voraussetzung, so dass diese Konstellation nur eintreten kann, wenn der Versender irrtümlich davon ausging, dass der Vertrag zustande gekommen ist. Dies kommt insbesondere bei einem **Missverständnis über wesentliche Vertragsinhalte** in Betracht, etwa wenn beide Seiten verkaufen wollten, dies aber nicht klar zum Ausdruck gebracht und sich dann auf die (wahrscheinlich ziemlich verkäuferfreundlichen) Konditionen geeinigt haben. Hier besteht keine Basis für einen Vertragsschluss, selbst wenn beide Seiten mit der Vorstellung einer Einigung auseinandergegangen sind. Will der Empfänger dann vermeiden, durch das Schreiben zum Käufer zu werden, muss er unverzüglich widersprechen – sonst gilt der Vertrag als mit diesem Inhalt zustande gekommen. Dies betrifft aber eine seltene Fallgruppe, da insbesondere ein versteckter Einigungsmangel über weniger wichtige Punkte den Vertragsschluss nicht in Frage stellt (§ 155 BGB), so dass das Schreiben nur inhaltsbestimmenden Charakter hat.

Praktisch ist daher das **inhaltsbestimmende Bestätigungsschreiben** von größter Relevanz. In dieser Konstellation war der Vertrag bereits vor Versenden des Schreibens wirksam abgeschlossen, so dass das Schreiben den Inhalt verbindlich fixiert, wenn ihm nicht widersprochen wird. In Betracht kommt nicht nur die **Ausfüllung der Unvollständigkeit** im Fall des versteckten Einigungsmangels, sondern auch die **Änderung des vereinbarten Inhalts** – wegen des Erfordernisses der Redlichkeit aber nur, wenn keine bewusst unrichtige Wiedergabe vorliegt. Vor allem aber bestimmt das Schreiben den Inhalt in Bezug auf die **Konkretisierungen und Ergänzungen**, die dem eigentlichen Inhalt der Einigung beigefügt wurden und mit deren Billigung vernünftigerweise gerechnet werden konnte, einschließlich der AGB, auf die erstmals im Bestätigungsschreiben Bezug genommen wurde.

IV. Kaufmännische Sorgfaltspflichten

Nach § 347 HGB hat „wer aus einem Geschäft, das auf seiner Seite ein Handelsgeschäft ist, einem anderen zur Sorgfalt verpflichtet ist, für die **Sorgfalt eines ordentlichen Kaufmanns** einzustehen". Wie viele handelsrechtliche Vorschriften ist diese Norm nur in ihrem bürgerlich-rechtlichen Kontext verständlich. Denn § 347 HGB ist **keine eigenständige Anspruchsgrundlage**, sondern modifiziert nur die Anforderungen an den Kaufmann bei Anwendung bürgerlich-rechtlicher Anspruchsgrundlagen, insbesondere des § 280 BGB, der die verschuldensabhängige Haftung bei Pflichtverletzungen aus einem Schuldverhältnis (insbesondere einem Vertrag) regelt. Voraussetzung dieses Schadensersatzanspruchs ist, dass der Schuldner die Pflichtverletzung zu vertreten hat – und was der Schuldner zu vertreten hat, regelt § 276 BGB, und zwar grundsätzlich Vorsatz und Fahrlässigkeit. Nach § 276 Abs. 2 BGB handelt fahrlässig, wer die **im Verkehr erforderliche Sorgfalt** außer Acht lässt – und diese Formulierung schlägt nun die Brücke zu § 347 HGB. Denn was die erforderliche Sorgfalt konkret verlangt, wird grundsätzlich objektiv anhand der Sorgfalt ermittelt, die ein idealtypisches „ordentliches" Mitglied der Gruppe an den Tag legen würde. Wer also zB als Hebamme tätig ist, muss die Sorgfalt einer „gewissenhaften und aufmerksamen Hebamme" wahren (BGH NJW 2023, 987), der Arzt die Sorgfalt eines „gewissenhaften und aufmerksamen Arztes" (BGH NJW 2015, 1601). Es gibt mithin nicht einen einzigen, umfassenden Sorgfaltsmaßstab, sondern verschiedene Maßstäbe für verschiedene (insbesondere Berufs-) Gruppen, um die jeweils erforderliche Qualifikation berücksichtigen zu können. In diesem Kontext steht § 347 HGB und regelt den **gruppenspezifischen Sorgfaltsmaßstab der Kaufleute**. Grundsätzlich ist dieser strenger als bei einer Privatperson oder einem Kleingewerbetreibenden.

Der **Anwendungsbereich** der Norm erfasst nicht nur die Kaufleute selbst, sondern auch alle Personen, die für sie tätig sind, soweit es um die Haftung der Kaufleute selbst geht (nicht aber bezüglich einer möglichen deliktischen Eigenhaftung der Gehilfen!). Bedient sich ein Kaufmann also zur Erfüllung eines Vertrags seiner Angestellten als **Erfüllungsgehilfen**, haftet er nach § 278 BGB für deren Verschulden, wenn diese die Sorgfalt des ordentlichen Kaufmanns nicht wahren – man kann also den Sorgfaltsmaßstab nicht durch Zwischenschaltung von Angestellten absenken. Bei Kapitalgesellschaften gilt dies auch für die **Organmitglieder** (Vorstand der AG, GmbH-Geschäftsführer), soweit es um das Verhältnis zwischen Kapitalgesellschaft (=Kaufmann) und Geschäftspartnern geht – für die Sorgfalt, für deren Einhaltung die Organmitglieder gegenüber der Kapitalgesellschaft einzustehen haben (soweit es also um Ersatzansprüche der Gesellschaft gegen ihre Organmitglieder geht), bestehen vergleichbare gesellschaftsrechtliche Vorschriften („Sorgfalt eines ordentlichen und gewissenhaften Geschäftsleiters", § 93 Abs. 1 AktG; „Sorgfalt eines ordentlichen Geschäftsmannes", § 43 Abs. 1 GmbHG). Sachlich setzt die Norm das Bestehen einer Sonderverbindung im Sinn eines Handelsgeschäfts voraus, wozu auch vorvertragliche Schuldverhältnisse (§ 311 Abs. 2 BGB) gehören können, ansonsten bleibt es beim allgemeinen Maßstab des bürgerlichen Rechts, insbesondere bei rein deliktischen Schädigungen (etwa einem Autounfall, auch wenn der Kaufmann für sein Handelsgeschäft unterwegs war). Die Vorschrift setzt aber kein beiderseitiges Handelsgeschäft voraus, so dass auch im Geschäftsverkehr mit Privatkunden der Sorgfaltsmaßstab bezüglich des beteiligten Kaufmanns sich nach § 347 HGB richtet.

Was die „Sorgfalt des ordentlichen Kaufmanns" konkret verlangt, lässt sich nicht allgemein beantworten. Wie bereits angesprochen ist der Sorgfaltsmaßstab gruppenspezifisch zu konkretisieren, was ebenfalls innerhalb der Kaufleute gilt. Allgemein lässt sich sagen, dass von den Kaufleuten erwartet wird, dass sie über ein hohes Maß an Sachkunde und Geschäftserfahrung in ihrer Branche verfügen, und dementsprechend ein **strenger Sorgfaltsmaßstab** gilt: „Die Sorgfalt eines ordentlichen Kaufmanns bedingt eine höhere Sorgfaltspflicht als die im Verkehr erforderliche Sorgfalt des § 276 BGB." (BGH NJW 1981, 577) Konkret ist also zu fragen, welche Maßnahmen zur Schadensvermeidung ein „ordentlicher" (also umsichtiger, gewissenhafter) Angehöriger der **Berufsgruppe oder Branche** des Kaufmanns ergriffen hätte. Die Sorgfaltsanforderungen an eine Bank sind also anders zu bestimmen als die des Betreibers eines Schlachthofes. Jedenfalls haben die Kaufleute die Rechtsvorschriften bezüglich ihrer Tätigkeit zu kennen und sich rechtskonform zu verhalten, ferner haben sie dafür zu sorgen, dass Mitteilungen sie erreichen und zeitnah zur Kenntnis genommen und bearbeitet werden, ggf. gehört es zur Sorgfalt, den Geschäftspartner über diesem erkennbar unbekannte Umstände aufzuklären, wenn sonst Schäden drohen.

Demgegenüber bringt § 347 Abs. 2 HGB nur eine Selbstverständlichkeit zum Ausdruck: Beschränkt sich Haftung nach dem BGB auf **grobe Fahrlässigkeit** (zB § 300 BGB) oder die Sorgfalt in eigenen Angelegenheiten („diligentia quam in suis", zB § 690 BGB) gilt diese Haftungserleichterung auch für den Kaufmann. Bei der Feststellung, ob grobe Fahrlässigkeit vorliegt, also die im Verkehr erforderliche Sorgfalt in besonders schwerem Maße verletzt wurde, sind Kaufmannseigenschaft und der Sorgfaltsmaßstab des Abs. 1 aber zu berücksichtigen – durch die höheren Anforderungen an die Sorgfalt des Kaufmanns ist auch eher von einer besonders schweren Sorgfaltsverletzung auszugehen.

V. Prinzip der Entgeltlichkeit und Zinshöhe

Im Handelsrecht gilt das Prinzip der Entgeltlichkeit. Altruistische Tendenzen sind dem auf Gewinnmaximierung ausgerichteten Wirtschaftsleben fremd. Dieses Prinzip setzt das HGB sowohl für Vergütungen als auch für Zinsen um:

1. Vergütungsansprüche

Der Kaufmann macht grundsätzlich **nichts umsonst**! Werden Kaufleute mit einer Dienstleistung beauftragt, wird gleichwohl nicht immer ein konkreter Preis vereinbart, häufig schon deshalb nicht, weil der Umfang der Dienstleistung (etwa bei einer Reparatur) von vornherein nicht feststeht. Hat man bewusst auf eine Regelung verzichtet, steht dies einem Vertragsschluss nicht entgegen, vielmehr ist dann durch Auslegung Entgeltlichkeit und konkreter Preis zu bestimmen. Hierfür sieht das BGB im Kontext der verschiedenen Dienstleistungsverträge jeweils Auslegungsregeln vor (konkret für Dienst-, Werk-, Makler- und Verwahrungsvertrages in §§ 612 Abs. 1, 632 Abs. 1, 653 Abs. 1, 689 BGB). Nach diesen weitgehend wortgleichen Vorschriften gilt eine Vergütung als stillschweigend vereinbart, wenn die Leistung den Umständen nach nur gegen Vergütung zu erwarten ist, und zwar grundsätzlich in Höhe der üblichen Vergütung. Hieran knüpft § 354 HGB an, der bestimmt, dass derjenige, der in Ausübung seines Handelsgewerbes einem anderen Geschäfte besorgt oder Dienste leistet, hierfür auch ohne Verabredung Provision (bzw. Lagergeld bei Verwahrung) nach den am Orte üblichen Sätzen fordern kann. Während man also nach bürgerlichem Recht zu fragen hat, ob die Leistung nur gegen Vergütung zu erwarten ist, stellt das HGB klar, dass **jegliche Dienstleistung oder Geschäftsbesorgung durch Kaufleute nur gegen Vergütung zu erwarten ist**. Unentgeltlichkeit müsste daher vertraglich vereinbart werden – das schließt der § 354 HGB als dispositives Recht natürlich nicht aus. Bezüglich der Vergütungshöhe wird hier auf die **ortsübliche Vergütung** abgestellt, die trotz des Wortlauts nicht nur aus einer Provision (die regelmäßig bei Vermittlungsleistungen geschuldet ist und als Prozentsatz des Werts des vermittelten Geschäfts berechnet wird), sondern je nach Dienstleistung auch in einer Festvergütung bestehen oder nach Zeitaufwand berechnet werden kann.

2. Zinsen

Kaufleute sind untereinander berechtigt, für ihre Forderungen aus beiderseitigen Handelsgeschäften **bereits vom Tage der Fälligkeit an** Zinsen zu fordern (§ 353 S. 1 HGB). Damit ist der Zeitpunkt des Zinsanspruches vorverlagert. Nach bürgerlichem Recht können Zinsen kraft Gesetzes nicht schon bei Fälligkeit, sondern erst nach Eintritt des Verzuges verlangt werden. Hierfür sind in aller Regel Mahnung (sofern nicht § 286 Abs. 2 oder 3 BGB eingreift) und Verschulden (§ 286 Abs. 4

BGB) erforderlich. Fälligkeit tritt dagegen schon zu dem Zeitpunkt ein, zu dem der Kaufmann die Leistung vom Schuldner verlangen kann – im Zweifel „sofort" (§ 271 BGB), wenn nichts anderes vereinbart ist. Häufig setzt Fälligkeit den Rechnungszugang voraus – dann können nach § 353 HGB ab diesem Zeitpunkt Zinsen verlangt werden, während Verzugszinsen (vorbehaltlich einer früheren Mahnung) erst nach Ablauf von 30 Tagen verlangt werden können (§ 286 Abs. 3 BGB). Die Regelung betrifft aber nur die Zinspflicht und bedeutet nicht, dass Kaufleute mit Fälligkeit in Verzug geraten – Schadensersatz und Verzugspauschale (§ 288 Abs. 5 BGB) setzen auch hier also Verzug iSv § 286 BGB voraus! Zinsen von Zinsen dürfen auf Grund dieser Vorschrift jedoch nicht verlangt werden (§ 353 S. 2 HGB). Es bleibt also auch im Handelsrecht beim Zinseszins-Verbot gem. § 248 Abs. 1 BGB. Nur klarstellende Bedeutung hat insoweit der § 354 Abs. 2 HGB – die dort genannten Ansprüche insbesondere auf Aufwendungsersatz werden ohne abweichende Vereinbarung sofort (mit Leistung) fällig und sind dann selbstverständlich auch zu verzinsen, was sich schon aus § 353 HGB ergibt.

Der Unterschied zwischen Fälligkeits- und Verzugszins ist auch für den geschuldeten **Zinssatz** relevant. Für den Fälligkeitszins nach HGB ist der **gesetzliche Zinssatz** maßgeblich, der nach § 352 HGB **5 %** beträgt – ein gesetzlich bestimmter, unabhängig von der Zinsentwicklung über lange Zeit stabiler Satz, der hier höher ist als im BGB (§ 246 BGB: 4 % – wo es freilich keine Fälligkeitszinsen gibt). Die **Höhe der Verzugszinsen** bestimmt sich dagegen nach § 288 BGB: Danach ist zu differenzieren zwischen Rechtsgeschäften mit und ohne Verbraucherbeteiligung – im ersten Fall beträgt der Verzugszinssatz 5 % über dem Basiszinssatz (Abs. 1), im zweiten Fall (der bei beiderseitigen Handelsgeschäften grundsätzlich vorliegt) **9 % über dem Basiszinssatz** (Abs. 2). Was der Basiszinssatz ist, regelt der kaum verständliche § 247 BGB – es genügt zu wissen, dass dieser sich als dynamischer Satz an der Zinspolitik der EZB orientiert, halbjährlich angepasst wird und von der Bundesbank bekannt gemacht wird. Derzeit (Juni 2026) beträgt er 1,27 %, so dass sich der **Verzugszinssatz auf 10,27 %** beläuft. Trotz der Fälligkeitszinsen macht daher der Verzug auch im Handelsrecht einen großen Unterschied!

Beispiel: Die X-AG hat gegen die Y-GmbH einen Kaufpreisanspruch in Höhe von 1 000 000 Euro, der mit Rechnungszugang fällig wird. Die Rechnung geht am 1. Mai 2026 zu, die Zahlung durch Y erfolgt erst am 30. Juni 2026.
Sowohl X als auch Y sind Kaufleute kraft Rechtsform gem. § 6 HGB, weshalb ein beiderseitiges Handelsgeschäft vorliegt. Die X-AG kann daher gem. § 353 HGB ab Fälligkeit 5 % Fälligkeitszinsen verlangen. Ab Verzugseintritt können die höheren Verzugszinsen verlangt werden: Die Y-GmbH kam, da es sich um eine Entgeltforderung handelt, gem. § 286 Abs. 3 BGB nach Ablauf der 30-Tages-Frist in Verzug, also am 1. Juni. Die X-AG kann daher gem. § 288 BGB Verzugszinsen geltend machen. Da an dem Geschäft kein Verbraucher i. S. d. § 13 BGB beteiligt ist, beträgt der Verzugszins gem. § 288 Abs. 2 BGB neun Prozentpunkte über dem Basiszinssatz. Im Ergebnis kann daher die X-AG daher für den Mai Fälligkeitszinsen in Höhe von 5 %, für den Juni Verzugszinsen in Höhe von 10,27 % verlangen.

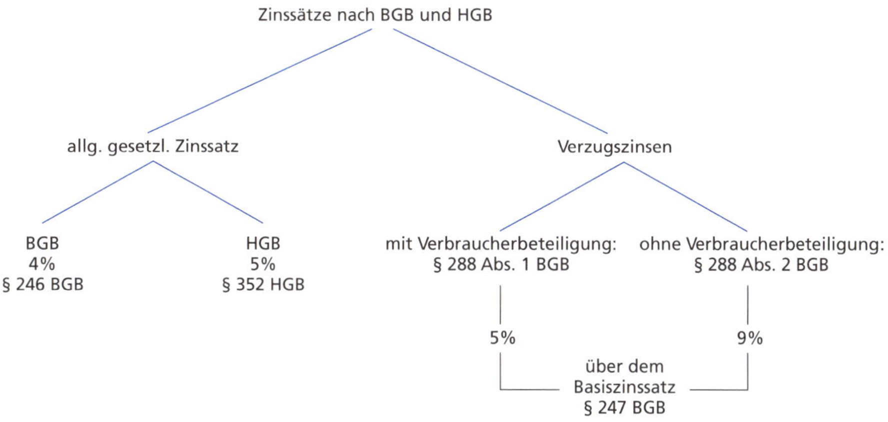

Abb. 30: Zinssätze

VI. Unwirksamkeit von Abtretungsverboten

Zu den Vorschriften des HGB, die ohne Kenntnis des Hintergrundes der Regelung kaum verständlich sind, zählt der §354a HGB. Danach kann ein **Abtretungsausschluss** in Bezug auf Forderungen aus einem beiderseitigen Handelsgeschäft die Abtretung zwingend (Abs. 1 S. 2) nicht verhindern, mit Ausnahme von Kreditforderungen eines Kreditinstituts. Was hat es damit also auf sich?

Zunächst muss dafür wiederum der bürgerlich-rechtliche Rahmen betrachtet werden: Nach §398 BGB ist die Abtretung (Zession) einer Forderung durch Vertrag zwischen Forderungsinhaber (Zedent) und Abtretungsempfänger (Zessionar) möglich, ohne dass der Schuldner der Forderung dem Wechsel des Gläubigers zustimmen oder davon auch nur informiert werden müsste. Der Schuldner steht daher nach der Abtretung einem neuen Gläubiger gegenüber, mit dem er eigentlich keine Beziehung eingegangen ist. Das ist aus Sicht des Schuldners vielleicht gewöhnungsbedürftig, er wird aber in seinem Vertrauen in die Berechtigung des Altgläubigers geschützt, wenn er gutgläubig nach der Abtretung an ihn (und nicht den neuen Gläubiger) zahlt (§407 BGB) – ein wirkliches Problem ist es aus Sicht des Schuldners daher nicht. Die Forderungsabtretung ermöglicht es nicht nur, Forderungen vor Fälligkeit mit Abschlag zu verkaufen, um Liquidität zu generieren, sondern auch, den **Forderungsbestand als Kreditsicherungsmittel** einzusetzen. Das hat vor allem in Form der **Globalzession**, also der Abtretung des gesamten jeweiligen Forderungsbestands zur Sicherung einer Kreditlinie, große praktische Bedeutung. Offengelegt wird das regelmäßig nur im Insolvenzfall, bis dahin werden die Forderungen aufgrund einer Einziehungsermächtigung vom Zedenten geltend gemacht. Für die mittelständische Wirtschaft hat diese Sicherungsform große praktische Bedeutung, da sie die Kreditaufnahme erleichtert, ohne sich praktisch auf die Geschäftstätigkeit auszuwirken. Allerdings ermöglicht §399 BGB, auf den §354a HGB ausdrücklich Bezug nimmt, den vertraglichen

Ausschluss der Abtretbarkeit: Der Schuldner kann sich also gegen den Wechsel seines Gläubigers dadurch schützen, dass er einen solchen Ausschluss mit dem Gläubiger vereinbart – und dies ist auch in AGB möglich. Im Einzelfall ist das kein Problem – werden solche Abtretungsverbote aber standardmäßig im Rechtsverkehr von der Abnehmerseite durchgesetzt, verliert die weitgehend ins Leere gehende Globalzession ihren wirtschaftlichen Wert. Denn § 399 BGB hat **dingliche Wirkung**, was bedeutet, dass die trotz eines Abtretungsverbots vorgenommene Zession unwirksam ist, die Forderung geht also nicht über, der Zessionar kann im Insolvenzfall nicht auf sie zugreifen.

Nachdem seit den 1980er Jahren solche Abtretungsverbote immer weitere Verbreitung gefunden haben, hat der Gesetzgeber im Jahr 1994 den § 354a HGB erlassen, um den Wert der Globalzession als Kreditsicherungsmittel zu schützen. Danach ist die Abtretung einer Forderung aus einem beiderseitigen Handelsgeschäft **trotz eines Abtretungsausschlusses wirksam**, so dass sie gleichwohl von der Globalzession erfasst wird – der kaufmännische Abnehmer (Schuldner) kann sich also nicht mehr gegen den Gläubigerwechsel schützen. Die Ausnahme für Kreditforderungen der Kreditwirtschaft (für die also der Abtretungsausschluss wirksam vereinbart werden kann) erklärt sich daraus, dass Banken mitunter ganze Kreditportfolios an Finanzinvestoren veräußern, die dann durch aggressive Beitreibung (gerade bei notleidenden Krediten) den Wert maximieren: Während die lokale Sparkasse auf ihre Reputation im Umgang mit Schuldnern achtet, muss ein solcher Investor keine Rücksicht nehmen. Hiergegen kann man sich durch einen Abtretungsausschluss absichern, wenn man diesen bei den Vertragsverhandlungen mit der Bank durchsetzen kann.

Beachten Sie aber den **besonderen Schuldnerschutz** nach § 354 a S. 2 HGB: Der Schuldner kann trotz Abtretung mit befreiender Wirkung an den bisherigen Gläubiger leisten, und zwar auch dann, wenn er Kenntnis von der Abtretung hat. Insoweit geht die Vorschrift über § 407 BGB hinaus, der den Schuldner nur bei Unkenntnis schützt. Dadurch hat der Schuldner die Wahl, ob er an den Zedenten oder den Zessionar bezahlen möchte – insoweit hat also der Abtretungsausschluss weiterhin eine Wirkung, muss sich der Schuldner bei dessen Vereinbarung doch nicht mehr mit Abtretungen befassen, sondern kann seinen Zahlungsverkehr unabhängig davon wie ursprünglich geplant durchführen.

Lernhinweis: Verdeutlichen Sie sich die Rechtslage an Hand des Schaubildes zu § 399 BGB und § 354 a HGB!

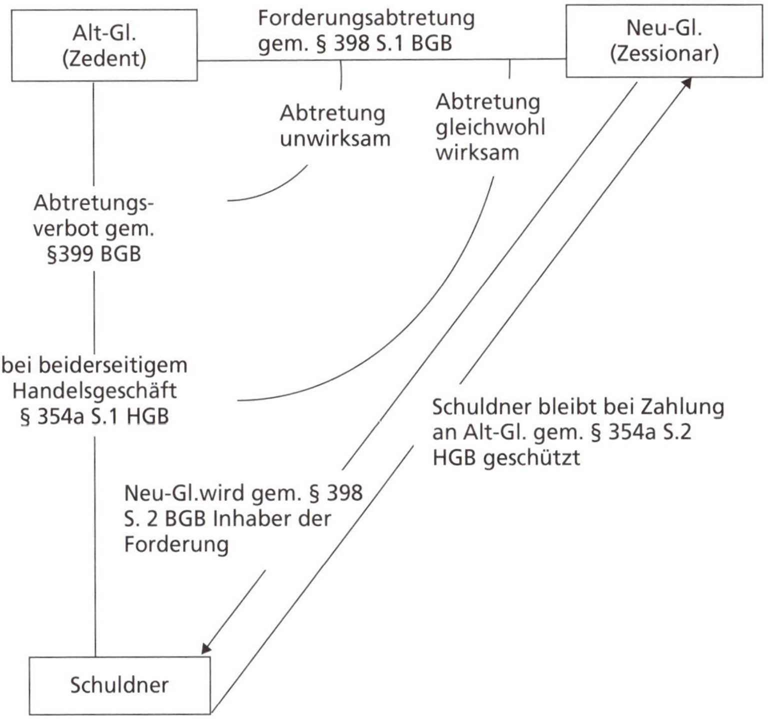

Abb. 31: Schaubild zu § 399 BGB und § 354a HGB

VII. Verzicht auf bürgerlich-rechtliche Schutzbestimmungen

Lernhinweis: Anhand der nachfolgenden Materie wird besonders deutlich, dass das HGB nur punktuelle Sondervorschriften für den Handelsverkehr enthält, die Rechtsverhältnisse sich aber grundsätzlich nach dem BGB richten. Isoliert kann man gerade hier die Vorschriften des HGB gar nicht anwenden, ihre Bedeutung erschließt sich erst aus dem Zusammenspiel mit den in Bezug genommenen Normen des BGB. Der hier zu betrachtende Verzicht auf Schutzbestimmungen des BGB beruht auf der Vorstellung, dass die Kaufleute aufgrund ihrer Geschäftserfahrung wissen, was mit ihren Erklärungen verbunden ist, so dass sie keines besonderen Schutzes gegen übereilte oder unbedachte Rechtsgeschäfte benötigen.

1. Keine Herabsetzung einer Vertragsstrafe

Vertragsstrafen sind im Wirtschaftsleben häufig. Sie haben einen doppelten Sinn: Zum einen sollen sie als Druckmittel den Schuldner von einer Vertragsverletzung abschrecken, zum anderen wollen sie dem Gläubiger den Schadensnachweis erleichtern.

Beispiel: Ein Bauunternehmer verspricht für jede verspätete Woche der Fertigstellung eine Vertragsstrafe in Höhe von 500,– Euro. Hier wird es sich der Bauunternehmer reiflich überlegen, mit der Fertigstellung in Verzug zu kommen. Der Bauherr dagegen braucht im Falle der Verzögerung nicht einen effektiv entstandenen Schaden nachzuweisen, er kann die vereinbarte Vertragsstrafe grundsätzlich ohne einen konkreten Schaden verlangen.

Große Bedeutung haben Vertragsstrafen auch bei der Durchsetzung von **Unterlassungspflichten**: Soll der Schuldner ein wettbewerbswidriges Verhalten unterlassen, kann der Berechtigte ihn abmahnen und auffordern, eine Vertragsstrafevereinbarung zu akzeptieren (sog. strafbewehrte Unterlassungsverpflichtung), um einen Rechtsstreit zu vermeiden (§13 UWG). Im Fall eines Verstoßes wird dann die Vertragsstrafe fällig.

Das bürgerliche Recht regelt die Vertragsstrafe in §§339ff. BGB. Darin findet sich keine Regelung der zulässigen Höhe der Vertragsstrafe, so dass deren Festsetzung grundsätzlich den Parteien überlassen bleibt. Gleichwohl sieht §343 BGB einen Schutzmechanismus für den Schuldner vor: Bei Unverhältnismäßigkeit der Höhe der Vertragsstrafe kann diese durch Urteil (also richterliche Entscheidung) auf den angemessenen Betrag herabgesetzt werden. Da der Versprechende grundsätzlich davon ausgeht, dass schon alles gut gehen und die Strafe nicht verwirkt werden wird, kann er gerade bei fehlender Geschäftserfahrung geneigt sein, das Risiko zu unterschätzen und daher auch eine überhöhte Strafe zu akzeptieren.

Hiervon weicht §348 HGB ab, indem er die richterliche **Herabsetzung nach §343 BGB** bei einer im Rahmen eines Handelsgeschäfts versprochenen **Vertragsstrafe ausschließt**. Vom Kaufmann wird also erwartet, dass er die Angemessenheit der Strafe bei der Entscheidung über ihre Vereinbarung berücksichtigt und seine Interessen schon in den Verhandlungen selbst wahrt. Aufgrund der Geschäftserfahrung muss er die Risiken sachgerecht einschätzen können, daher benötigt er den nachgelagerten Schutz des §343 BGB nicht.

Allerdings ist das nicht das Ende der Geschichte: Im Einzelfall kann auch der Kaufmann als schutzbedürftig erscheinen und wird dann ein Stück weit von der Rechtsprechung geschützt: Denn auch wenn der Weg über §343 BGB versperrt ist, behält sich der BGH die **Herabsetzung der Vertragsstrafe nach Treu und Glauben** (§242 BGB) vor, wenn die Höhe in einem „außerordentlichen Missverhältnis zur Bedeutung der Zuwiderhandlung" steht (BGH NJW 2009, 1882). Mit anderen Worten gelten im Handelsverkehr höhere Anforderungen für eine Herabsetzung, sie ist aber nicht ausgeschlossen.

Praktisch wichtiger als die Herabsetzung ist ohnehin, dass die unverhältnismäßige Höhe der Vertragsstrafe bereits die **Wirksamkeit der Vertragsstrafevereinbarung** ausschließen kann. Nur in Extremfällen kann das bei Individualverträgen nach §138 BGB (Sittenwidrigkeit) der Fall sein – soweit das Versprechen aber wie häufig in AGB erfolgt, ist zu fragen, ob die Höhe den Versprechenden unangemessen benachteiligt. Denn die **Inhaltskontrolle nach §307 BGB** ist auch bei AGB im unternehmerischen Geschäftsverkehr anwendbar (näher unten XI). Eine solche Benachteiligung kommt bei einer überhöhten Strafe in Betracht, „wenn die Sanktion außer Verhältnis zum Gewicht des Vertragsverstoßes und den Folgen für den Schuldner der Vertragsstrafe steht" (BGH NJW 2017, 3145). Hier führt die Unverhältnismäßigkeit aber nicht zur Herabsetzung, sondern zur Unwirksamkeit der Klausel selbst – es wird dann also gar keine Vertragsstrafe geschuldet!

2. Kein Schriftformerfordernis bei Bürgschaft, Schuldversprechen und -anerkenntnis

Gesetzliche **Formvorschriften** dienen neben der Rechtssicherheit bezüglich des Vertragsinhalts vor allem dem **Schutz vor Übereilung** und haben **Warnfunktion**: Wer weitreichende oder seine Vermögensinteressen gefährdende Erklärungen abgibt, soll mitunter durch gesetzliche Schriftformerfordernisse gewarnt werden – durch das Erfordernis eine schriftliche Urkunde zu errichten und zu unterschreiben sowie diese im Original (!) an den Empfänger zu übermitteln, wird dem Erklärenden die Bedeutung vor Augen geführt.

Lernhinweis: Die Schriftform ist eine recht strenge Form, da sie nach § 126 BGB eigenhändig unterschrieben werden muss und eine empfangsbedürftige Willenserklärung nur wirksam wird, wenn sie auch in dieser Form (also im Original und nicht als Kopie oder Scan) zugeht. Sie ist nicht mit der Textform (§ 126b BGB) zu verwechseln, die keine Unterschrift voraussetzt und daher auch zB durch E-Mail gewahrt werden kann. Wird die gesetzlich vorgeschriebene Form nicht gewahrt, ist die Erklärung nach § 125 BGB nichtig.

Die **Schriftform** ist nach dem BGB insbesondere bei Erklärungen vorgesehen, die eine Haftung des Erklärenden begründen, ohne dass er eine Gegenleistung erhält, konkret gem. § 766 BGB für die Bürgschaftserklärung sowie gem. §§ 780, 781 BGB für Schuldversprechen und Schuldanerkenntnis. Praktisch relevant ist vor allem die **Bürgschaft**: Hier übernimmt der Bürge durch Vertrag mit dem Gläubiger die akzessorische Haftung für eine fremde Verbindlichkeit, muss für diese also im selben Umfang einstehen wie der Hauptschuldner (§§ 765 ff. BGB). Der Vertrag verpflichtet den Bürgen einseitig, der Gläubiger gewährt also keine Gegenleistung. Da der Gläubiger nur Vorteile hat, der Bürge aber die Gefahr einer Haftung für eine bestimmte fremde Schuld übernimmt, ordnet § 766 BGB die Schriftform auch nicht für den Vertrag selbst an, sondern nur für die auf den Abschluss des Bürgschaftsvertrags gerichtete Willenserklärung des Bürgen – nur diese ist mit dem Begriff der „Bürgschaftserklärung" gemeint, die Annahme durch den Gläubiger ist formfrei möglich. Der Bürge wird so vor den Haftungsgefahren gewarnt und vor einer übereilten Bürgschaftsübernahme geschützt. Ebenso verhält es sich bei Schuldanerkenntnis und Schuldversprechen.

Im Gegensatz zu dieser Rechtslage nach dem BGB geht das Handelsrecht davon aus, dass die geschäftserfahrenen Kaufleute vor den Gefahren solcher Haftungserklärungen nicht gewarnt werden müssen, sie können die Tragweite ihrer Erklärungen selbst einschätzen. Demzufolge bestimmt § 350 HGB (lesen!), dass auf eine Bürgschaft, ein Schuldversprechen oder Schuldanerkenntnis die Formvorschriften des bürgerlichen Rechts dann keine Anwendung finden, wenn die Bürgschaft aufseiten des Bürgen, das Versprechen oder Anerkenntnis auf der Seite des Schuldners ein Handelsgeschäft ist. Mit anderen Worten: **Kaufleute können sich**

formfrei wirksam verbürgen. Allerdings ist aus Gründen der Rechtssicherheit/ Nachweisbarkeit des Vertragsinhalts, insbesondere der Reichweite der Bürgschaft (welche Forderungen also konkret erfasst werden sollen) eine mündliche Bürgschaft keine tragfähige Option. Die Formfreiheit erlaubt aber insbesondere die Nutzung der Textform für den Vertragsschluss, was die Kommunikation auf elektronischem Weg erleichtert: Kaufleute können etwa einen Scan der unterschriebenen Bürgschaftserklärung übersenden, oder die Erklärung gleich in einer E-Mail abgeben (wer noch ein Telefaxgerät hat, könnte auch das benutzen). Für die Anwendbarkeit des §350 HGB ist nur entscheidend, ob die **Bürgschaftserklärung** von einem Kaufmann abgegeben wird; es kommt nicht darauf an, für welche Schuld des Hauptschuldners man sich verbürgt. Diese muss nicht aus einem Handelsgeschäft stammen. Kaufmännische Bürgschaften kommen in der Praxis vor allem in Form der **Bankbürgschaft** vor, bei der die Bank eine Kundenverbindlichkeit im Auftrag des Kunden und gegen Zahlung einer sog. Avalprovision absichert – hierbei muss also keine Form gewahrt werden, auch bei Absicherung einer privaten Schuld (was etwa bei Mietbürgschaften, die anstelle einer Kautionszahlung vereinbart werden können, praktische Bedeutung hat). Wichtig ist aber, dass es sich für den Bürgen um ein Handelsgeschäft handeln muss – hat der Kaufmann auch eine private Sphäre und hat die Bürgschaft keinerlei Bezug zu seinem Handelsgewerbe, ist das nach §343 HGB nicht der Fall. Eine rein private Bürgschaft eines Kaufmanns (zB eine Mietbürgschaft für die Wohnung des studierenden Kindes) setzt daher wiederum die Schriftform voraus!

3. Keine Einrede der Vorausklage

Eine weitere Sonderregelung für die kaufmännische Bürgschaft enthält §349 HGB, der die Einrede der Vorausklage ausschließt. Wie bereits angesprochen übernimmt der Bürge die akzessorische Haftung für eine Verbindlichkeit des Hauptschuldners und kann daher grundsätzlich im selben Umfang in Anspruch genommen werden wie der Hauptschuldner. Nach der gesetzlichen Ausgestaltung im BGB ist er aber nur Sicherungsgeber und haftet daher nicht gleichrangig zum Hauptschuldner, sondern nachrangig zu diesem. Daraus folgt einerseits, dass der Bürge den Hauptschuldner nach der Zahlung in Regress nehmen (also Erstattung der geleisteten Zahlung verlangen) kann (§774 BGB), und andererseits, dass er im Verhältnis zum Gläubiger nur zahlungspflichtig ist, wenn dieser zunächst versucht hat, die Zahlung gegenüber dem Hauptschuldner durchzusetzen, soweit das Aussicht auf Erfolg hat. Letzteres begründet die **Einrede der Vorausklage** aus §771 BGB – der Bürge kann also einer Inanspruchnahme durch den Gläubiger entgegenhalten, dass er zunächst den Hauptschuldner verklagen und versuchen muss, im Wege der Zwangsvollstreckung an sein Geld zu kommen. Das kann ggf. ein langwieriger Prozess sein, so dass die Einrede der Vorausklage die Inanspruchnahme des Bürgen erheblich verzögert und erschwert – hat man die Wahl, wird man sich lieber sofort an einen unzweifelhaft leistungsfähigen und zahlungsbereiten Bürgen (etwa bei der Bankbürgschaft) halten als an den Hauptschuldner.

Hier wird nun §349 HGB relevant, der beim kaufmännischen Bürgen die Einrede der Vorausklage insgesamt **ausschließt** – der Kaufmann ist also bei Fälligkeit der

Hauptschuld ebenso zahlungspflichtig wie der Bürge, der Gläubiger kann ihn direkt in Anspruch nehmen, was er insbesondere bei der Bankbürgschaft auch sicher lieber tun wird als sich zunächst mit dem möglicherweise nicht leistungsfähigen Hauptschuldner herumzuschlagen. Die kaufmännische Bürgschaft ist dadurch vergleichsweise gefährlicher für den Bürgen und bietet dem Gläubiger bessere Sicherheit. Allerdings sind die weiteren **Schutzmechanismen des Bürgschaftsrechts** auch beim kaufmännischen Bürgen anwendbar, so dass auch dieser sich nach §768 BGB auf die **Einreden des Bürgen** gegen die abgesicherte Forderung berufen kann – diese haben nichts mit der Einrede der Vorausklage zu tun, sondern beziehen sich zB auf die Verjährung der Hauptforderung, auf die sich auch der Bürge berufen kann.

In der Praxis besteht der Unterschied allerdings kaum: Denn nach §773 Abs. 1 Nr. 1 BGB kann die Einrede der Vorausklage im Bürgschaftsvertrag auch ausgeschlossen werden, und es ist anerkannt, dass dies auch in AGB zulässig ist. Bürgschaften von Privatpersonen werden fast immer zur Absicherung von Bankkrediten übernommen, und in den Bürgschaftsformularen der Kreditwirtschaft (=AGB) wird die Einrede der Vorausklage stets ausgeschlossen – man spricht insoweit von einer **selbstschuldnerischen Bürgschaft**. Daher hat die Einrede der Vorausklage auch bei Bürgschaften von Privatpersonen kaum noch praktische Bedeutung.

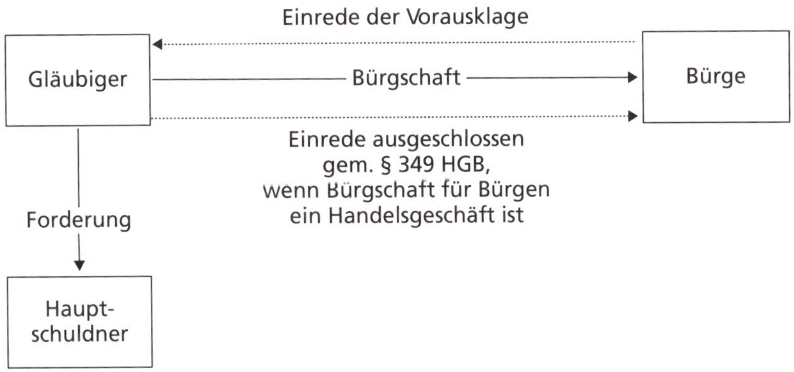

Abb. 32: Einrede der Vorausklage

VIII. Besonderheiten des gutgläubigen Erwerbs

Lernhinweis: Handelsrechtliche Besonderheiten sind auch in Bezug auf sachenrechtliche Verfügungen zu beachten, und zwar in Bezug auf den gutgläubigen Erwerb beweglicher Sachen. Verständlich sind sie nur, wenn man die zugrunde liegenden sachenrechtlichen Vorschriften des BGB kennt, also mit den Grundsätzen zur Übereignung beweglicher Sachen nach §§929ff. BGB und zum gutgläubigen Erwerb nach §§932ff. BGB vertraut ist. Diese sollten Sie daher zunächst noch einmal wiederholen.

Auch im Handelsverkehr richtet sich die Übertragung von Eigentum an beweglichen Sachen, insbesondere also an Handelswaren, nach den bürgerlich-rechtlichen Vorschriften der §§ 929 ff. BGB. Diese unterscheiden bekanntlich zwischen dem **Erwerb vom Berechtigten** und dem **Erwerb vom Nichtberechtigten**: Das Eigentum geht grundsätzlich durch Einigung und Übergabe auf den Erwerber über, wenn der Veräußerer zur Verfügung berechtigt ist, also entweder selbst Eigentümer ist, im Namen des Eigentümers verfügt oder vom Eigentümer zur Verfügung im eigenen Namen ermächtigt worden ist (§ 185 BGB). Fehlt es an der Berechtigung, bedeutet das aber nicht, dass die Verfügung stets unwirksam wäre, vielmehr ist dann zu prüfen, ob die Voraussetzungen eines gutgläubigen Erwerbs vom Nichtberechtigten vorliegen: Ein Eigentumserwerb vom Nichtberechtigten ist möglich, wenn dieser dem Erwerber die Sache übergeben, also den Besitz übertragen hat, und der Erwerber bei Vollendung des Erwerbs gutgläubig dahingehend war, dass er weder wusste noch aufgrund von grober Fahrlässigkeit nicht wusste, dass die Sache nicht dem Veräußerer gehört. Geschützt wird also der gute Glaube an das Eigentum, der Erwerb ist nur möglich, wenn man den Veräußerer ohne grobe Fahrlässigkeit für den Eigentümer hält (§ 932 Abs. 2 BGB). Grund ist der vom Besitz ausgehende Rechtsschein – letztlich wird das Vertrauen darauf geschützt, dass derjenige, der die Sache im Besitz hat, auch Eigentümer ist.

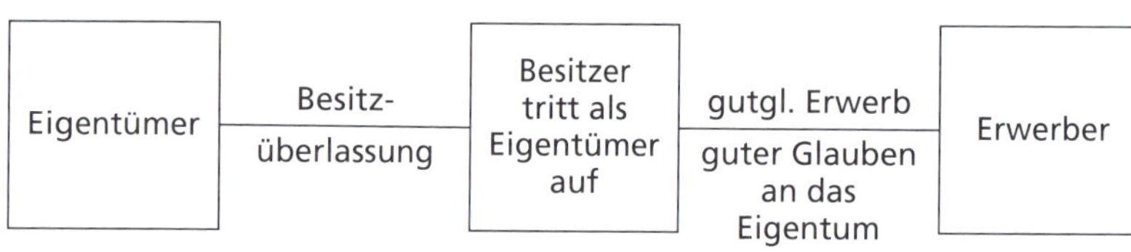

Abb. 33: Gutgläubiger Erwerb nach bürgerlichem Recht

Dies gilt indes nur, wenn der Eigentümer die Sache freiwillig aus der Hand gegeben hat – ist die Sache abhandengekommen, insbesondere gestohlen worden, schließt § 935 BGB den gutgläubigen Erwerb aus (mit Ausnahme vor allem von Geld, dessen Umlauffähigkeit so geschützt wird). Daher kann man zwar von einem Mieter, der die bewegliche (!) Mietsache verkauft, das Eigentum erwerben, nicht aber vom Dieb. Liegen die Voraussetzungen des gutgläubigen Erwerbs vor, kommt es zum vollwertigen Eigentumserwerb, so dass der bisherige Eigentümer es verliert. Er hat auch keine Ansprüche gegen den Erwerber, zB auf Rückübertragung. Daher ist auch der Kaufvertrag zwischen Veräußerer und Erwerber ordnungsgemäß erfüllt – der Erwerber hat alles erhalten, was er nach dem Vertrag beanspruchen kann. Der wirtschaftliche Ausgleich erfolgt vielmehr im Verhältnis zwischen Nichtberechtigtem (Verkäufer) und Eigentümer: Nach § 816 Abs. 1 BGB kann der Eigentümer den durch die Verfügung erlangten Geldbetrag (also den Kaufpreis) herausverlangen, aufgrund des Eigentumsverlustes kommt bei Verschulden ferner ein Schadensersatzanspruch aus § 823 BGB in Betracht.

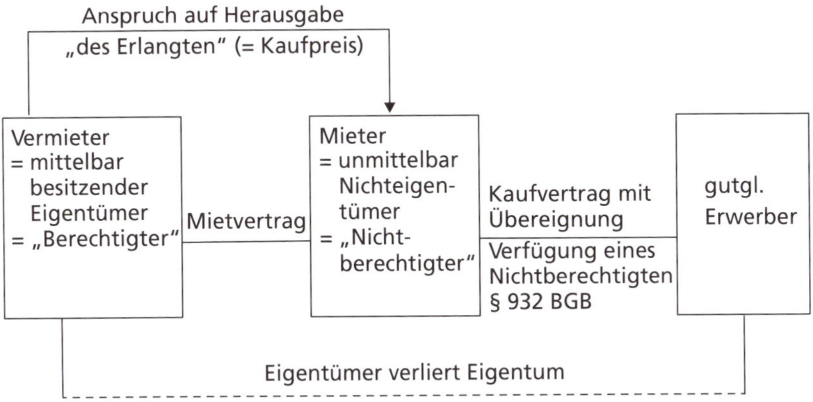

Abb. 34: Verfügung eines Nichtberechtigten

Diese Grundsätze gelten ebenso beim Erwerb von nichtberechtigten Kaufleuten. Die handelsrechtliche Besonderheit, die in §366 Abs. 1 HGB geregelt ist, erweitert die Möglichkeit des gutgläubigen Erwerbs beweglicher Sachen, da hier der **gute Glaube an die Verfügungsbefugnis** ausreicht. Das heißt: Es ist nicht unbedingt erforderlich, dass der Erwerber den Veräußernden für den Eigentümer hält (wie nach §932 Abs. 2 BGB), es genügt, dass er ihn für verfügungsbefugt hält, dass er also ohne grobe Fahrlässigkeit von einer Ermächtigung ausgeht, im eigenen Namen zu verfügen. Guter Glaube an eine Vertretungsmacht für den Eigentümer (bei Verfügung in fremdem Namen) wird allerdings nicht geschützt.

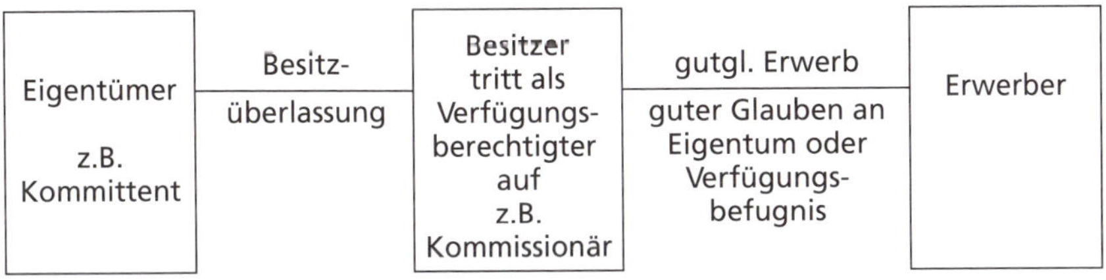

Abb. 35: Gutgläubiger Erwerb nach Handelsrecht

Die Regelung trägt einem praktischen Bedürfnis des Handelsverkehrs Rechnung, ist hier doch die Verfügung über fremde Sachen aufgrund einer solchen Ermächtigung häufig anzutreffen. Die Konstellation lässt sich am besten anhand der Veräußerung durch einen **Kommissionär** verdeutlichen: Der Verkaufs-Kommissionär wird für fremde Rechnung tätig, ist also an dem Kommissionsgut wirtschaftlich nicht berechtigt und regelmäßig auch nicht Eigentümer, sondern nur verfügungsbefugt. Beim Kontakt mit einem Kommissionär besteht daher grundsätzlich kein guter Glaube an das Eigentum, man hält ihn aber für verfügungsbefugt. Regelmäßig liegt diese Befugnis auch vor – fehlt sie im Einzelfall aber, wird der Erwerber durch §366 HGB geschützt und erwirbt Eigentum. Das Kommissionsgeschäft ist aber nicht die einzige Konstellation, in der aufgrund einer Verfügungsbefugnis des Eigentümers übereignet wird: Zunächst ist im Handelsverkehr der **Eigentumsvorbehalt** weit verbreitet, so dass der Erwerber erst mit vollständiger Kaufpreiszahlung das Eigentum erwirbt (§449 BGB). Häufig dient das Eigentum am jeweiligen Bestand des Warenlagers ferner als Kreditsicherheit, so dass es nach §930 BGB **sicherungsübereignet** wird. In beiden Fällen soll (jedenfalls bei Handelsware) der Erwerber natürlich nicht an der Weiterveräußerung gehindert werden (diese verschafft ihm ja erst die zur Kaufpreiszahlung bzw. Kreditrückzahlung erforderlichen Mittel), so dass ihm regelmäßig die Befugnis eingeräumt wird, im ordnungsgemäßen Geschäftsverkehr über die Ware zu verfügen. Aufgrund der weiten Verbreitung solcher Sicherungen muss man als Erwerber eigentlich immer damit rechnen, dass ein Kaufmann nicht als Eigentümer, sondern aufgrund einer solchen Ermächtigung verfügt. Das begründet zwar nicht ohne weiteres die Bösgläubigkeit hinsichtlich des Eigentums – ist ein solche Situation aber erkennbar, ermöglicht §366 HGB gleichwohl den gutgläubigen Erwerb.

Auf den guten Glauben kommt es natürlich nur an, wenn tatsächlich weder Eigentum noch Ermächtigung vorliegen. Maßstab ist (soweit keine Kenntnis nachgewiesen werden kann) **grob fahrlässige Unkenntnis**. Eine allgemeine Erkundigungspflicht besteht insoweit aber nicht, grundsätzlich darf man auf die Verfügungsbefugnis vertrauen. Es bedarf also konkreter Anhaltspunkte für ihr Fehlen, um grobe Fahrlässigkeit annehmen zu können, was bei außergewöhnlichen Geschäftsumständen oder nicht marktgerechten Konditionen des Geschäfts im Einzelfall anzunehmen sein kann.

Diese Erweiterung des gutgläubigen Erwerbs gilt ferner nicht nur für den Eigentumserwerb, sondern auch für die **Verpfändung durch Nichtberechtigte**. Das Pfandrecht gewährt ein besitzhaftes, dingliches Sicherungsrecht, es wird ebenso wie die Eigentumsübertragung durch Einigung auf die Bestellung und Übergabe begründet (§1205 BGB). §1207 BGB verweist auf die Vorschriften des gutgläubigen Eigentumserwerbs, so dass auch das Pfandrecht gutgläubig erworben werden kann – und konsequenterweise erstreckt der Wortlaut des §366 HGB („veräußert oder verpfändet") den Schutz des guten Glaubens an die Verfügungsbefugnis auf den Pfandrechtserwerb.

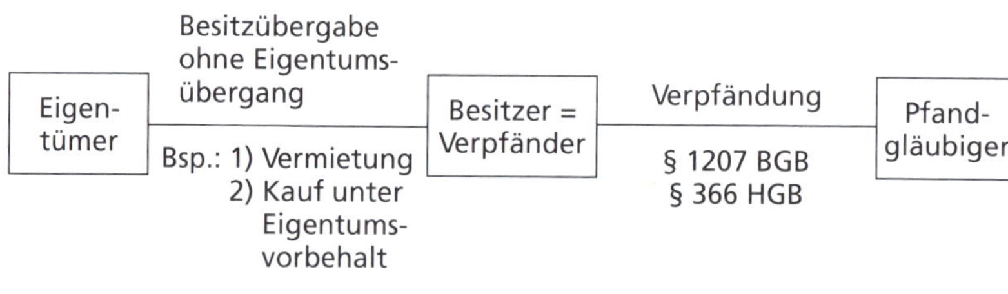

Abb. 36: Gutgläubiger Pfandrechtserwerb

Noch weitergehend erlaubt §366 Abs. 3 HGB auch den **gutgläubigen Erwerb des gesetzlichen Pfandrechts** des Kommissionärs, Spediteurs, Lagerhalters und des Frachtführers. Diese Pfandrechte entstehen kraft Gesetzes wegen der Ansprüche aus den Geschäftsbesorgungsverträgen mit diesen Dienstleistern, wenn der Besitz an Waren auf diese übertragen wird (was sowohl bei der Verkaufskommission als auch im Transportwesen typischerweise der Fall ist). Anders als im bürgerlichen Recht, wo diese Möglichkeit nicht vorgesehen ist (zB beim Werkunternehmerpfandrecht nach §647 BGB) und von der Rechtsprechung abgelehnt wird (BGH NJW 1977, 1240), können diese speziellen handelsrechtlichen Pfandrechte also auch an Sachen entstehen, die nicht dem einliefernden Kaufmann gehören.

Beispiel: Der Kaufmann beauftragt den Kommissionär mit dem Verkauf von Waren, die er zuvor unter Eigentumsvorbehalt gekauft und noch nicht bezahlt hat, und für die er auch nicht verfügungsbefugt ist. Bei Übergabe des Kommissionsguts entsteht das Pfandrecht nach §397 HGB nur an den Waren des Kaufmanns und eines zustimmenden Dritten – ist der Kommissionär zumindest bezüglich der Verfügungsbefugnis aber gutgläubig, entsteht auch an den unter Eigentumsvorbehalt erworbenen Waren ein gutgläubig erworbenes Pfandrecht nach §366 Abs. 3 HGB.

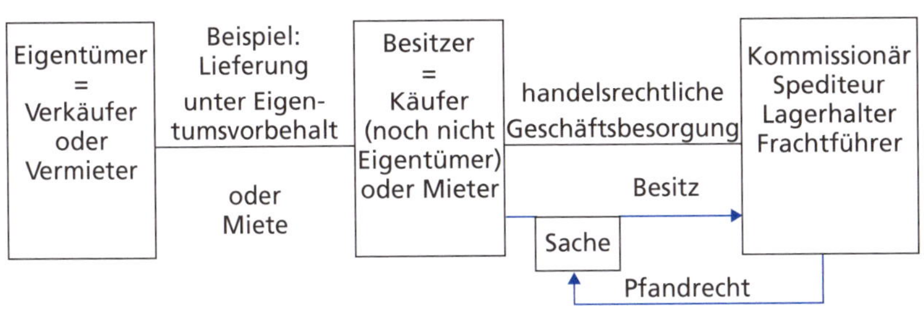

Abb. 37: Gutgläubiger Erwerb gesetzlicher Pfandrechte

Vergleichende Übersicht		
	BGB	**HGB**
Rechtsgrundlage	§§ 932 ff..	§§ 366 f.
Voraussetzungen des Eigentumserwerbs	guter Glaube an das Eigentum	guter Glaube an Eigentum oder Verfügungsbefugnis
gutgläubiger Pfandrechtserwerb	ja, § 1207	ja, § 366 I
gutgläubiger Erwerb gesetzlicher Pfandrechte	nein	ja, § 366 III

Abb. 38: Gutgläubiger Erwerb

IX. Besonderheiten des kaufmännischen Zurückbehaltungsrechts

Ein Zurückbehaltungsrecht besteht grundsätzlich bereits nach dem allgemeinen bürgerlichen Recht. Es ist in § 273 BGB geregelt und bewirkt, dass man seine eigene Leistung verweigern darf, solange man selbst noch eine Leistung aus demselben rechtlichen Verhältnis verlangen kann – soweit es um die Gegenleistung aus einem gegenseitigen Vertrag geht, ist das Verweigerungsrecht noch einmal speziell in § 320 BGB geregelt. In beiden Fällen führt die Berufung auf das Zurückbehaltungsrecht bzw. die Einrede des nichterfüllten Vertrags im Prozess zur Verurteilung Zug-um-Zug (§§ 274, 322 BGB), so dass der Gläubiger die Erfüllung nur bei Erbringung der selbst geschuldeten Leistung durchsetzen kann. Weitergehende Rechte jenseits der Zurückbehaltung gewährt das BGB indes nicht. Bezüglich der Voraussetzungen ist neben dem Erfordernis der Fälligkeit des eigenen Anspruchs vor allem die **Konnexität** zu beachten: Das Zurückbehaltungsrecht nach § 273 BGB besteht nur, wenn Anspruch und Gegenanspruch auf demselben rechtlichen Verhältnis beruhen, was nach der Rechtsprechung der Fall ist, wenn ihnen ein „innerlich zusammenhängendes, einheitliches Lebensverhältnis zu Grunde liegt, wenn beide Ansprüche also aus Rechtsgeschäften hervorgegangen sind, die in einem solchen natürlichen und wirtschaftlichen Zusammenhang stehen, dass es gegen Treu und Glauben verstoßen würde, wenn der eine Anspruch ohne Rücksicht auf den der anderen Seite zustehenden geltend gemacht und durchgesetzt werden könnte" (BGH NJW 2004, 3484).

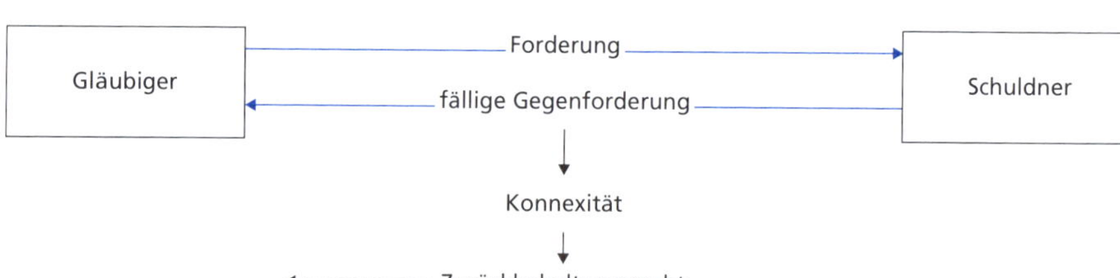

Abb. 39: Zurückbehaltungsrecht nach BGB

Das HGB regelt das **kaufmännische Zurückbehaltungsrecht** eigenständig in § 369 HGB. Es ist bezüglich der Voraussetzungen sowohl **enger als auch weiter** als § 273 BGB: Weiter ist das kaufmännische Zurückbehaltungsrecht insoweit, als es **keine Konnexität** verlangt. Enger ist es insoweit, als es sich nur auf Forderungen aus **beiderseitigen Handelsgeschäften** bezieht und nur die Zurückbehaltung **freiwillig übergebener beweglicher Sachen und Wertpapiere des Schuldners** erlaubt – es geht also nur darum, dass man die Herausgabe an den Eigentümer verweigern kann (nach Abs. 1 S. 2 auch in dem Fall, dass die Sachen nur wirtschaftlich dem Schuldner zugeordnet sind, aber formal im Eigentum des Zurückhaltenden stehen). Die für §§ 273, 320 BGB typische Situation, dass man die selbst geschuldete Leistung zurückhält, wird hiervon also gar nicht erfasst – insoweit ist auch bei Handelsgeschäften auf das BGB zurückzugreifen. Dies zeigt, dass beide Rechtsinstitute

unterschiedliche Funktionen haben: Das kaufmännische Zurückbehaltungsrecht dient nicht der Abwicklung von Leistungen Zug-um-Zug, sondern stellt ein **spezielles Sicherungsmittel** an Sachen und Wertpapieren des Vertragspartners dar, das eine quasi-dingliche Wirkung hat und der Absicherung aller Forderungen aus den Handelsgeschäften der Parteien dient. Der Berechtigte hat daher nach § 371 HGB ein **Befriedigungsrecht** an den zurückbehaltenen Sachen, für das auf die Vorschriften der Pfandverwertung verwiesen wird (§ 371 Abs. 2 HGB, §§ 1228 ff. BGB). Das kaufmännische Zurückbehaltungsrecht ist daher **pfandrechtsähnlich** ausgestaltet und gewährt mit Blick auf Forderungen aus der Geschäftsbeziehung auch dann Sicherheit, wenn für das betroffene Rechtsverhältnis kein gesetzliches Pfandrecht vorgesehen ist. Mit dem bürgerlich-rechtlichen Zurückbehaltungsrecht hat es dagegen bei Lichte betrachtet nicht viel zu tun.

	BGB	HGB
Rechtsgrundlagen	§§ 273, 320, 1000	§§ 369–372
Voraussetzungen	Gegenseitigkeit Fälligkeit Konnexität	Gegenseitigkeit Fälligkeit Keine Konnexität
Rechtsfolgen	Leistungsverweigerungsrecht	Verwertungsrecht bezüglich der sich im Besitz des Berechtigten befindlichen Sachen und Wertpapiere des Schuldners

Abb. 40: Zurückbehaltungsrechte

X. Kontokorrent

1. Begriff und Voraussetzungen

Das Kontokorrent („laufende Rechnung“) will den Zahlungs- und Abrechnungsverkehr zwischen solchen Personen vereinfachen, die miteinander in ständiger Geschäftsverbindung stehen. Hat man eine Kontokorrentabrede getroffen, werden die einzelnen Forderungen innerhalb dieser Rechtsbeziehung als **bloße Rechnungsposten** angesehen, die nach Ablauf einer bestimmten Kontokorrentperiode miteinander saldiert werden. Der sich dann auf Grund des Rechnungsabschlusses ergebende **Saldo** begründet für diejenige Partei eine neue Forderung, die innerhalb der laufenden Rechnung einen Überschuss erzielt hat. Die überragende praktische Bedeutung des Kontokorrents beruht darauf, dass die Geschäftsbeziehungen zu Banken grundsätzlich in dieser Form geführt werden – nichts anderes ist gemeint, wenn man von seinem „Konto“ bei der Bank spricht (wobei natürlich in dem zugrunde liegenden Vertrag auch die Erbringung bestimmter Dienstleistungen vereinbart wird).

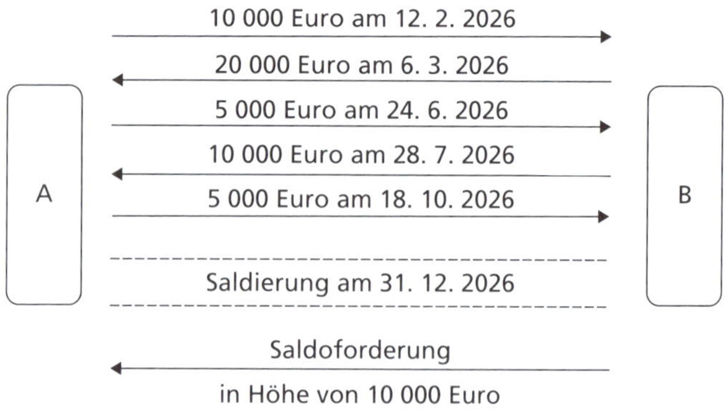

Abb. 41: Kontokorrent

Das HGB regelt einzelne Fragen des Kontokorrents in den §§355 bis 357. Wichtig ist, dass diese Vorschriften kein beiderseitiges Handelsgeschäft voraussetzen, so dass sie nach §345 HGB auch bei einseitigen Handelsgeschäften des Kaufmanns anwendbar sind – im Bankgeschäft also auch bei Konten der Privatkunden. §355 HGB charakterisiert das Kontokorrent als „Geschäftsverbindung", in der „die aus der Verbindung entspringenden beiderseitigen Ansprüche und Leistungen nebst Zinsen in Rechnung gestellt und in regelmäßigen Zeitabschnitten durch Verrechnung und Feststellung des für den einen oder anderen Teil sich ergebenden Überschusses ausgeglichen werden." **Voraussetzungen** sind also das Bestehen einer **auf Dauer angelegten Geschäftsverbindung** und die vertragliche **Kontokorrentabrede.** Folge davon ist, dass regelmäßig eine Saldierung, letztlich also eine stichtagsbezogene Abrechnung durchzuführen ist. Dazu teilt der kontokorrentführende Kaufmann der anderen Seite mit, welche Forderungen einbezogen wurden und welcher Saldo sich hieraus ergibt, wer also von wem noch etwas fordern kann. Ob dieser Saldo dann auszugleichen oder zum Anfangsbestand der nächsten Rechnungsperiode wird (was bei Bankkonten regelmäßig der Fall ist), unterliegt der Parteivereinbarung. Das Gesetz nennt diese Saldierung **Rechnungsabschluss (§355 Abs. 2 HGB)** und sieht diesen einmal jährlich vor – in der Bankpraxis erfolgt der Rechnungsabschluss aufgrund abweichender Regelung in den Standard-AGB der Kreditwirtschaft dagegen vierteljährlich. Hinzuweisen ist aber darauf, dass nicht jeder Kontoauszug, den man von seiner Bank erhält, einen Rechnungsabschluss darstellt – die Auszüge haben nur Informationsfunktion, die Rechtswirkungen entfaltet nur die jeweils so bezeichnete stichtagsbezogene Rechnungsabschluss zum Quartalsende.

2. Rechtswirkungen

Die rechtlichen Wirkungen der Kontokorrentabrede sind in §§355, 356 HGB nur rudimentär geregelt. Zu differenzieren ist hier zwischen den Wirkungen der Einstellung der Forderungen in das Kontokorrent, und den Wirkungen des Rechnungsabschlusses.

Die Einstellung in das Kontokorrent „berührt weder Bestand noch Rechtsnatur der kontokorrentgebundenen Forderungen und Leistungen" (BGH NJW-RR 2017, 366). Die Forderungen existieren also erst einmal fort, sind aber durch die Kontokorrentabrede gebunden und **verlieren** so praktisch **ihre wirtschaftliche Eigenständigkeit**. Sie können vom Gläubiger nicht mehr als Einzelforderung geltend gemacht werden und sind Verfügungen des Forderungsinhabers entzogen, können also weder abgetreten noch verpfändet werden. Ebenso ist keine Aufrechnung möglich, und man kann nicht einmal auf die einzelne Forderung zahlen, um sie zum Erlöschen zu bringen (§ 362 BGB) – Zahlungen begründen nur ebenso kontokorrentgebundene Gegenforderungen. Auch die Verjährung der Einzelforderungen ist bis zum Rechnungsabschluss gehemmt.

Zum Stichtag erfolgt sodann die Verrechnung und Ermittlung des Saldos durch die kontokorrentführende Partei, die diese dem Geschäftspartner in der vertraglich vereinbarten Form als **Rechnungsabschluss** übermittelt. Hierin liegt ein Angebot auf Abschluss eines Anerkenntnisvertrags bezüglich des ermittelten Saldos, der ausdrücklich oder konkludent, aufgrund der Vereinbarung in AGB auch durch Schweigen (§ 308 Nr. 5 BGB lässt dies grundsätzlich zu, wenn eine angemessene Frist für die Ablehnung eingeräumt wird), angenommen wird. Dieses sog. **Saldoanerkenntnis** stellt ein **abstraktes Schuldanerkenntnis iSv § 781 BGB** dar, das eine neue, eigenständige Forderung begründet, während die Einzelforderungen untergehen. Der Anerkenntnisvertrag tritt also als Rechtsgrund der Saldoforderung an die Stelle der Einzelforderungen (sog. **Novation**), so dass der Saldoberechtigte allein aus dem Schuldanerkenntnis vorgehen kann, während die Richtigkeit des anerkannten Rechnungsabschlusses keine Rolle mehr spielt. Zugleich wird die Saldoforderung regelmäßig selbst wieder kontokorrentgebunden und Ausgangspunkt der nächsten Rechnungsperiode – bei dieser Gestaltung kann der Ausgleich dann erst bei Kündigung des Kontokorrents (§ 355 Abs. 3 HGB) verlangt werden. Das Saldoanerkenntnis führt daher vor allem dazu, dass der kontokorrentführende Kaufmann (also vor allem die Bank) nicht mehr nachweisen muss, dass der Saldo richtig ermittelt wurde und die Einzelforderungen berechtigt waren – gilt der Saldo (auch stillschweigend) als anerkannt, kommt es nur noch auf diesen an, so dass nur noch das Anerkenntnis nachgewiesen werden muss. Freilich ist das nur die halbe Wahrheit: Denn der Gegenseite verbleibt die Möglichkeit, die Wirkung des Anerkenntnis wieder zu beseitigen, was nach § 812 Abs. 2 BGB im Wege der **Leistungskondiktion** möglich ist, wenn dieses zu einer ungerechtfertigten Bereicherung der anderen Seite führt – dies ist gemeint, wenn davon die Rede ist, dass das Anerkenntnis kondiziert werden kann. Auf diese Weise kann man also auch nachträglich geltend machen, dass zB einzelne Belastungsbuchungen unberechtigt erfolgt sind. In diesem Fall muss aber der kondizierende Teil die Unrichtigkeit des Saldos nachweisen, nicht der kontoführende Teil dessen Richtigkeit.

Konsequenz des Untergangs der Einzelforderungen müsste eigentlich das Erlöschen der hierfür bestellten **akzessorischen Sicherungsrechte** sein, da derartige Sicherungen (insbesondere Pfandrechte, Bürgschaften, aber auch Hypotheken) vom jeweiligen Bestand (auch der Höhe nach) der gesicherten Forderung abhängt (vgl. nur § 767 BGB für die Bürgschaft). Bliebe es dabei, wären solche Sicherungen beim Kontokorrent sinnlos: Bis zum Rechnungsabschluss besteht die Forderung zwar fort, kann aber nicht geltend gemacht werden (worauf sich zB auch der Bürge nach §768 BGB berufen könnte) – mit dem Rechnungsabschluss geht die gesicherte Einzelforderung unter, und damit eigentlich auch die akzessorische Sicherung. Dieses Ergebnis vermeidet §356 HGB und ordnet trotz der Novation den **Fortbestand der Sicherungen** an, soweit das „Guthaben aus der laufenden Rechnung und die Forderung **sich decken**". Das bedeutet, dass nicht mehr die Einzelforderung, sondern die jeweilige Saldoforderung als gesicherte Forderung gilt, und von ihrem Bestand nunmehr die Sicherung abhängt. Die **Höhe der Sicherung** ist durch das Deckungserfordernis in doppelter Hinsicht begrenzt: Einerseits geht sie nicht über die Höhe der ursprünglichen Einzelforderung hinaus – hat man sich also für eine Forderung in Höhe von 10.000 € verbürgt, kann man daraus natürlich nicht durch die Einstellung ins Kontokorrent für eine Saldoforderung i.H.v. 50.000 € haftbar gemacht werden. Andererseits besteht die Sicherung auch nur in Höhe des **niedrigsten zwischenzeitlichen Saldos**, wenn dieser niedriger als die gesicherte Einzelforderung ist. Denn nur in dieser Höhe decken sich Saldo und Einzelforderung noch, da die Forderung einmal wirtschaftlich erfüllt wurde – war also zwischenzeitlich das Konto einmal ausgeglichen, sind dadurch alle akzessorischen Sicherheiten erloschen.

Anzumerken ist noch, dass §356 HGB nur Sicherheiten erfasst, die für Einzelforderungen bestellt worden sind, die dann kontokorrentgebunden wurden, nicht aber bei Sicherheiten, die für den jeweiligen Kontokorrentsaldo selbst bestellt werden. Bei einer **Kontobürgschaft** wird gezielt dieser veränderliche Saldo abgesichert, in seiner jeweiligen Höhe – dessen Bestand bestimmt nach §767 BGB die Höhe. Daran ändert sich auch nichts, wenn das Konto zwischenzeitlich im Guthaben geführt wird, auch ein neuer negativer Saldo wird dann wieder von der Bürgschaft erfasst. Verbürgt man sich dagegen für eine bestimmte Saldoforderung aus einem bestimmten Rechnungsabschluss, wird diese als Ausgangspunkt der Folgeperiode wieder ins Kontokorrent eingestellt und es liegt ein Fall des §356 HGB vor. Man muss also genau darauf achten, für welche Forderung die Sicherheit tatsächlich bestellt worden ist.

XI. Allgemeine Geschäftsbedingungen im unternehmerischen Geschäftsverkehr

Lernhinweis: Allgemeine Geschäftsbedingungen sind nur im bürgerlichen Recht geregelt, während sich im HGB hierzu keine Regelungen finden. Allerdings haben die Vorschriften der §§305ff. BGB eine eigenartige Struktur: Der allgemeine Regelungsrahmen, von dem man erwarten sollte, dass er im Normalfall anwendbar ist, wird nach §310 BGB für zwei Sonderfälle modifiziert: Einerseits sieht §310 Abs.3 BGB bestimmte Verschärfungen für Verbraucherverträge vor, also Verträge zwischen einem Unternehmer und einem Verbraucher, und andererseits sind in §310 Abs.1 BGB einige Erleichterungen bei der Verwendung gegenüber Unternehmern vorgesehen. Mit anderen Worten: Sowohl B2C-Verträge als auch B2B-Verträge werden als Sonderfälle modifiziert, so dass als gesetzlicher Normalfall nur die Verwendung von AGB zwischen Verbrauchern übrigbleibt, was kaum praktische Bedeutung hat. Bei der Beschäftigung mit den §§305ff. BGB sollte man das stets im Hinterkopf behalten.

Obwohl der Kaufmannsbegriff für die Anwendung des AGB-Rechts keine Bedeutung hat, sind die **Besonderheiten für den unternehmerischen Geschäftsverkehr**, die § 310 Abs. 1 BGB vorsieht, hier zu behandeln. Auch wenn auf den Unternehmerbegriff abgestellt wird, erfasst die Regelung doch in erster Linie den kaufmännischen Geschäftsverkehr, zusätzlich werden nur die nichtkaufmännischen Unternehmer (insbesondere Kleingewerbetreibende und Freiberufler) einbezogen. Dass diese Regelung einen handelsrechtlichen Ursprung hat (im früheren AGBG, das 2002 in das BGB integriert wurde, knüpfte die Vorgängernorm bis in die 1990er Jahre noch an die Kaufmannseigenschaft an) erkennt man noch immer daran, dass nach S. 2, 2. HS auf die Gewohnheiten und Gebräuche des **Handelsverkehrs** angemessen Rücksicht zu nehmen ist. Gleichwohl müssen wir uns hier auf die Besonderheiten beschränken, so dass Sie zunächst die allgemeinen bürgerlich-rechtlichen Grundsätze des AGB-Rechts wiederholen sollten.

1. Überblick

Allgemeine Geschäftsbedingungen haben für die Tätigkeit der Kaufleute überragende Bedeutung, da sie einerseits die **Standardisierung** von Verträgen im Massengeschäft erlauben, und andererseits die Vereinbarung **branchengerechter Bedingungen** erleichtern. Der erste Aspekt spielt vor allem für die Anwendung gegenüber Verbrauchern eine Rolle. Auch wenn es sich bei solchen Verträgen handelsrechtlich um einseitige Handelsgeschäfte handelt, wird der Rechtsrahmen doch von den verbraucherschützenden Vorschriften des BGB bestimmt, im Bereich des AGB-Rechts durch die uneingeschränkte Anwendung der Schutzvorschriften der §§ 305 ff. BGB und der Verschärfungen des § 310 Abs. 3 BGB. Insoweit ist auf die Darstellungen zum bürgerlichen Recht zu verweisen. Der zweite Aspekt sorgt dagegen dafür, dass auch im Verkehr zwischen Unternehmern, insbesondere zwischen Kaufleuten, Verträge überwiegend auf der Grundlage Allgemeiner Geschäftsbedingungen geschlossen werden. Für diese Konstellation sieht § 310 Abs. 1 BGB eine Reihe von Modifikationen des allgemeinen Rechtsrahmens vor, die einerseits die **Einbeziehung von AGB** gegenüber einem Unternehmer deutlich erleichtern, und andererseits bei der **Inhaltskontrolle** abweichende, die geringere Schutzbedürftigkeit von Unternehmern berücksichtigende Maßstäbe anlegt. Aus der Unwirksamkeit einer Klausel im Verbraucherverkehr kann daher nicht ohne weiteres auf die Unwirksamkeit im Unternehmerverkehr geschlossen werden, tatsächlich gibt es viele Fälle, in denen die Rechtsprechung unterschiedlich entschieden hat. Bemerkenswert ist ohnehin, dass das deutsche Recht eine Inhaltskontrolle von AGB des unternehmerischen Geschäftsverkehrs überhaupt vorsieht. International ist das durchaus eine Besonderheit, wird doch die AGB-Kontrolle meist als Verbraucherschutzrecht verstanden und nur in diesem Kontext angewendet. Auch die im AGB-Recht umgesetzte EU-Klauselrichtlinie erfasst nur die Verwendung gegenüber Verbrauchern. In Deutschland hatte sich das Rechtsgebiet indes schon deutlich früher aus der Rechtsprechung heraus entwickelt und wurde nie als spezielle Materie des Verbraucherrechts verstanden. Bei internationalen Verträgen des Handelsverkehrs kann man sich aber durch **Rechtswahl eines ausländischen Rechts** (was nach Art. 3 Rom I-VO möglich ist, auch in AGB) der Inhaltskontrolle entziehen, wenn man bereit ist, dafür die Geltung eines anderen Zivilrechts zu akzeptieren (etwa des schweizerischen Rechts, das keine Inhaltskontrolle bei Unternehmerverträgen kennt und sich gegenüber ausländischen Geschäftspartnern hervorragend als „neutrales" Recht verkaufen lässt).

2. Einbeziehung von AGB gegenüber Unternehmern

Völlig andere Grundsätze als nach dem allgemeinen AGB-Recht gelten für die Einbeziehung von AGB gegenüber einem unternehmerischen Vertragspartner des Verwenders. Denn nach § 310 Abs. 1 BGB sind die § 305 Abs. 2 und Abs. 3 BGB, die spezifische Anforderungen an die Einbeziehung formulieren, im Unternehmerverkehr nicht anwendbar. Es gibt aber auch keine anderen spezifischen Regelungen für die AGB-Einbeziehung. Daraus kann man aber nicht schließen, dass es keine Anforderungen gäbe und man die AGB einfach einseitig zum Vertragsinhalt machen könnte. Denn wenn es keine spezielle Regelung für AGB gibt, muss man schlicht auf die allgemeinen Vorschriften zurückgreifen, hier also auf das **allgemeine Vertragsrecht**. Ob also die AGB Vertragsbestandteil geworden sind, bemisst sich danach, ob die Parteien sie zum Inhalt ihrer Willenserklärungen gemacht haben. Soweit das nicht ausdrücklich geschehen ist, bedarf es also der **Auslegung** des Vertrags nach allgemeinen Grundsätzen (§§ 133, 157 BGB). Häufig kann danach eine **konkludente Einbeziehungsvereinbarung** angenommen werden, an die die Rechtsprechung keine hohen Anforderungen stellt. Regelmäßig bedarf es zwar zumindest eines **Hinweises auf die AGB**, im Einzelfall kann die konkludente Einbeziehung aber selbst dann zu bejahen sein, wenn diese gar nicht zum Inhalt der Vertragsverhandlungen gemacht worden sind. Das kann einerseits bei einer **dauerhaften Geschäftsbeziehung** der Fall sein, wenn die Verwenderseite zuvor „unmissverständlich zu erkennen gegeben hat, dass sie regelmäßig Geschäfte nur auf der Grundlage ihrer eigenen Geschäftsbedingungen tätigen will" (BGH NJW 1992, 1232), andererseits bei **branchenüblichen AGB**, mit deren Anwendung jeder in der Branche tätige Kaufmann stets rechnen muss. Ferner ist grundsätzlich redlicherweise mit der Billigung durch die Gegenseite zu rechnen, so dass im **kaufmännischen Bestätigungsschreiben** erstmals auf die AGB Bezug genommen werden kann (dazu oben III.). Es ist auch nicht erforderlich, dass dem Vertragspartner die AGB vom Verwender aktiv zugänglich gemacht werden – zwar spricht der BGH auch hier (ähnlich wie in § 305 Abs. 2 BGB) von der „Möglichkeit zumutbarer Kenntnisnahme", lässt dafür aber (anders als nach § 305 Abs. 2 BGB) die Möglichkeit der Anforderung vom Verwender, also dessen **Bereitschaft zur Übersendung auf Nachfrage**, genügen (BGH NJW 1992, 1232).

Im kaufmännischen Geschäftsverkehr tritt häufig die Situation ein, dass beide Vertragsparteien ihre jeweiligen AGB in den Vertrag einbeziehen. In diesem Fall werden grundsätzlich beide AGB auch Vertragsbestandteile, so dass alle Klauseln gelten. Problematisch ist das nur, wenn diese Regelungen miteinander unvereinbar sind (**kollidierende AGB**). Trotz des Einigungsmangels (§ 154 BGB) werden solche Verträge als wirksam angesehen, da die Parteien den Vertrag hieran erkennbar nicht scheitern lassen wollen. Daher bleiben auch beide AGB grundsätzlich anwendbar, soweit sie sich nicht widersprechen, was nicht nur bei übereinstimmenden Regelungen der Fall ist, sondern auch bei ergänzenden Klauseln, wenn also eine Frage geregelt wird, über die die gegnerischen AGB schweigen. Soweit aber die Kollision reicht und Regelungen miteinander unvereinbar sind, werden beide AGB-Klauseln nicht Vertragsbestandteil und die Frage bestimmt sich dann nach **dispositivem Gesetzesrecht** (§ 306 BGB).

Nicht ausgeschlossen ist indes die Anwendung des § 305c Abs. 1 BGB, also der Grundsatz, dass **überraschende Klauseln** nicht Vertragsbestandteil werden. Dabei sind allerdings die Besonderheiten des Handelsverkehrs zu berücksichtigen, so dass zu fragen ist, ob auch der geschäftserfahrene Kaufmann nicht mit der Klausel zu rechnen brauchte. Hier ist also ein strengerer Maßstab anzulegen als im Verbraucherverkehr. In Betracht kommt das vor allem, wenn der Überraschungseffekt nicht auf der inhaltlichen Gestaltung beruht, sondern auf Gestaltung und **Verstecktheit der Klausel** in einem anderen systematischen Zusammenhang.

3. Inhaltskontrolle im unternehmerischen Geschäftsverkehr

Bezüglich der Inhaltskontrolle sind nach § 310 Abs. 1 BGB im unternehmerischen Geschäftsverkehr die Klauselverbote der §§ 308 und 309 BGB nicht anwendbar, wohl aber die Generalklausel des § 307 BGB. Letztere ist ganz ausdrücklich auch auf Klauseln anzuwenden, die unter die §§ 308, 309 BGB fallen – die Unanwendbarkeit bedeutet also nicht, dass der Gesetzgeber diese Klauseln im unternehmerischen Geschäftsverkehr als wirksam ansehen wollte. Im Gegenteil geht die Rechtsprechung von einer **Indizwirkung** der Klauselverbote für eine unangemessene Benachteiligung des Vertragspartners aus (BGH NJW 2016, 2173). Nur wenn die **Besonderheiten des Handelsverkehrs** eine abweichende Beurteilung rechtfertigen können, ist von der Wirksamkeit einer gegen §§ 308, 309 BGB verstoßenden Klausel auszugehen, sonst von einem Verstoß gegen § 307 BGB. Die Unwirksamkeit auch im unternehmerischen Verkehr ist also die Regel, die Wirksamkeit die Ausnahme.

Derartige Besonderheiten können sich einerseits aus der **Branchenüblichkeit** einer Regelung, andererseits aus der **Geschäftserfahrenheit** des Kaufmanns ergeben, dem mehr zugemutet werden kann als einem Verbraucher. Zudem kann im Handelsverkehr ein **legitimes praktisches Bedürfnis** für eine Regelung bestehen. Derartige Aspekte sind in die Abwägung im Rahmen des § 307 BGB stets zu berücksichtigen (auch wenn kein Verstoß gegen ein Klauselverbot vorliegt). Ein klassisches Beispiel aus der Rechtsprechung betrifft die Zulässigkeit von **Vertragsstrafeversprechen** in AGB: Während diese im Verbraucherverkehr bei bestimmten Vertragsverletzungen (insbes. Zahlungsverzug) nach § 309 Nr. 6 BGB unwirksam sind, sind solche Klauseln im unternehmerischen Verkehr grundsätzlich zulässig, da ein legitimes Interesse an einer wirksamen Durchsetzung der (insbes. rechtzeitigen) Erfüllung im Handelsverkehr besteht. Die unangemessene Benachteiligung kann sich aber aus der **Ausgestaltung der Klausel** ergeben, insbesondere bei einem verschuldensunabhängigen Versprechen, das iSv § 307 Abs. 2 Nr. 1 BGB von einem wesentlichen Grundgedanken des § 339 BGB (Verzug setzt Verschulden voraus!) abweicht (BGH NJW-RR 2003, 1056). Vor allem aber kann sich die Unwirksamkeit aus der **Höhe der Vertragsstrafe** ergeben, „wenn die Sanktion außer Verhältnis zum Gewicht des Vertragsverstoßes und seinen Folgen für den Vertragsstrafenschuldner steht“ (BGH NJW 2016, 1230). Konkret ist das etwa der Fall, wenn die Höchstgrenze einer Vertragsstrafe für die verzögerte Fertigstellung eines Bauwerks 5% der Auftragssumme überschreitet (BGH NJW 2003, 1805) – die Rechtsprechung formuliert mitunter sehr präzise Anforderungen an die Klauselgestaltung, an denen die Praxis sich orientieren kann. Ein anderes Beispiel sind **vertragliche Haftungsbegrenzungsklauseln**, die im Verbraucherverkehr selbst dann unwirksam sind, wenn kein Verstoß gegen §309 Nr.7 BGB vorliegt (vor allem also die Haftung für grobe Fahrlässigkeit unberührt bleibt), aber ein „untauglicher Maßstab für die Beschränkung der Haftung" gewählt wird, so dass der Haftungshöchstbetrag in keiner Relation zur möglichen Schadenshöhe steht (BGH NJW 2013, 2502). Der Hinweis auf die Versicherbarkeit des Risikos in AGB genügt beim Verbraucher nicht, um die Unangemessenheit auszuschließen – während der BGH dies bei Unternehmern als „geschäftserfahrenen Kunden", der die Risiken einschätzen und mit der Möglichkeit einer Versicherung vertraut ist, angenommen hat (BGH NJW 1980, 1953).

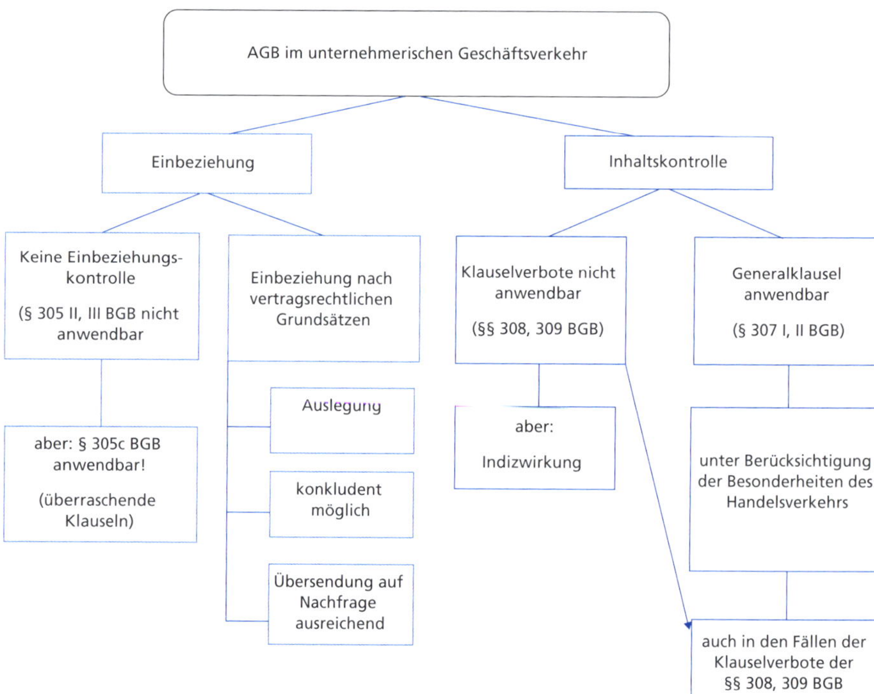

Abb. 42: AGB im unternehmerischen Geschäftsverkehr

§ 11. Der Handelskauf (E)

Lernhinweise: Obwohl dem Handelskauf ein eigener Abschnitt des HGB gewidmet ist, wird auch hier keine umfassende Regelung getroffen. Im Gegenteil werden nur wenige Einzelfragen speziell für den Handelskauf abweichend vom allgemeinen Kaufrecht geregelt, während ansonsten das BGB maßgeblich bleibt. Daher sind die Vorschriften auch nur vor dem Hintergrund des Kaufrechts des BGB überhaupt verständlich. Um die Abweichungen zu verstehen, muss man zunächst wissen, wie die allgemeine Regel, von der abgewichen wird, aussieht – und um die Bedeutung der Untersuchungs- und Rügeobliegenheit einschätzen zu können, muss man wissen, welche Käuferrechte grundsätzlich bestehen würden. Mit anderen Worten: Auch und gerade hier setzt das Verständnis des Handelsrechts eine genaue Kenntnis des allgemeinen Rahmens des BGB voraus, so dass es unumgänglich ist, sich mit dem Kaufrecht der §§ 433 f. BGB noch einmal zu beschäftigen, bevor der nachfolgende Abschnitt studiert wird.

I. Überblick

Es ist keine Übertreibung, den Kauf als das **wichtigste und häufigste Vertragsverhältnis** zu bezeichnen. Das BGB enthält daher eine umfassende Kodifikation in den §§ 433 ff. BGB, in der vor allem die Pflichten von Käufer und Verkäufer sowie die Rechte des Käufers bei Mängeln der Kaufsache geregelt sind. Darüber hinaus gelten natürlich auch die Vorschriften des allgemeinen Schuldrechts, etwa über den Verzug, das Rücktrittsrecht oder die Schadensersatzansprüche bei Vertragsverletzungen. Dieses allgemeine Kaufrecht ist hier nicht zu behandeln, wiederholen Sie es anhand eines Lehrbuches zum Bürgerlichen Recht! Die §§ 373 ff. HGB enthalten eine Reihe von Sondervorschriften, die diesen Rechtsrahmen punktuell für den **Handelskauf** modifizieren, insbesondere Rechte bei Vertragsverletzungen erweitern oder Rechte aufgrund von Obliegenheitsverletzungen ausschließen.

1. Anwendungsbereich

Der Begriff des **Handelskaufs** ist im HGB nicht definiert. Grundsätzlich ist darunter ein Kaufvertrag zu verstehen, der **Handelsgeschäft** iSv § 343 HGB ist. Der Anwendungsbereich des Handelskaufrechts ist damit allerdings noch nicht hinreichend bestimmt, da alle Regelungen der §§ 373 ff. HGB den **Kauf einer Ware** voraussetzen, worunter nur bewegliche Sachen zu verstehen sind. Gleichgestellt werden von § 381 HGB ferner der Kauf von Wertpapieren und Werklieferungsverträge über herzustellende bewegliche Sachen, über den Verweis in § 480 BGB kommen die Vorschriften ferner auf Tauschgeschäfte zur Anwendung (was freilich nur geringe praktische Relevanz hat). Soweit es aber um den Kauf unbeweglicher Sachen (Grundstücke) oder Rechte geht, die nicht in Wertpapieren verkörpert sind, ist das Handelskaufrecht nicht anwendbar.

Bezüglich der Einordnung als Handelsgeschäft haben wir bereits gesehen (oben § 10), dass nach § 345 HGB grundsätzlich auch **einseitige Handelsgeschäfte** erfasst werden. Für den Handelskauf gilt nichts anderes, so dass im Ausgangspunkt auch Kaufverträge erfasst werden, an denen nur auf einer Seite ein Kaufmann beteiligt ist. Ebenso hatten wir aber bereits gesehen, dass sich aus der jeweiligen Vorschrift etwas anderes ergeben kann, diese also ihren Anwendungsbereich auf beiderseitige Handelsgeschäfte begrenzen kann. Man muss daher für jede einzelne Vorschrift schauen, ob sie nur beiderseitige oder auch einseitige Handelsgeschäfte erfasst. Die Lektüre der §§373ff. HGB zeigt, dass vor allem §377 HGB ein **beiderseitiges Handelsgeschäft** voraussetzt (daneben nur noch §379 HGB). Die übrigen Vorschriften sind dagegen auch auf einseitige Handelsgeschäfte anwendbar. Wir müssen uns noch einmal verdeutlichen, was das bedeutet: Ein einseitiger Handelskauf liegt vor, wenn ein Kaufmann eine Ware an einen Nichtkaufmann veräußert oder von diesem erwirbt, was insbesondere bei Verbrauchsgüterkäufen (Verkauf einer Ware durch einen Unternehmer an einen Verbraucher, §474 BGB) der Fall ist, soweit der Unternehmer (wie typischerweise) auch Kaufmann ist! Handelskaufrecht ist dann also auch neben dem Verbrauchsgüterkaufrecht und anderen verbraucherschützenden Vorschriften (etwa dem Fernabsatzrecht, wenn die Ware im Internet bestellt wurde) anzuwenden, und dies sogar zu Lasten des Verbrauchers (wenn dieser etwa in Annahmeverzug gerät und der Kaufmann die Rechte aus §373 HGB geltend macht). Fast nur für §377 HGB und damit die praktisch wichtigste Vorschrift der §§373ff. HGB gilt dies nicht, da dieser ein beiderseitiges Handelsgeschäft voraussetzt.

Lernhinweis: Trotz des Erfordernisses des beiderseitigen Handelskaufs kann in seltenen Einzelfällen **sowohl das Verbrauchsgüterkaufrecht als auch §377 HGB** anwendbar sein, was darauf beruht, dass §§343, 344 HGB jeden Bezug zum Handelsgewerbe genügen lässt, um einen Vertrag zum Handelsgeschäft zu machen, während es für den Verbraucherbegriff nach §13 BGB auf den überwiegenden Zweck ankommt. Ein Geschäft des Kaufmanns, das zwar überwiegend privaten, aber zum kleineren Teil auch gewerblichen Zwecken dient („dual use") erfüllt also beide Anforderungen. Wir haben diese Konstellation schon oben in §2 kennengelernt und gesehen, dass der Ausschluss der Käuferrechte nach §377 HGB mit den zwingenden Käuferrechten des Verbrauchsgüterkaufrechts inkompatibel ist. Da letztere durch eine EU-Richtlinie vorgegeben und daher vom nationalen Recht nicht ausgeschlossen werden dürfen, ist diese Kollision durch Nichtanwendung des §377 HGB aufzulösen.

Um keinen falschen Eindruck aufkommen zu lassen: §377 HGB ist aus dem Recht des Handelskaufs nicht nur die wichtigste, sondern sogar die **einzige Vorschrift mit erheblicher praktischer Relevanz**. Die anderen Vorschriften spielen in gerichtlichen Auseinandersetzungen nur ganz selten eine Rolle. Wir wollen uns daher insoweit nur einen Überblick verschaffen, um dann unter II. näher auf die Untersuchungs- und Rügeobliegenheit des §377 HGB einzugehen – die Auslegungsregel des §380 HGB wollen wir unbeachtet lassen.

2. Annahmeverzug (§§ 373, 374 HGB)

Die Regelung des **Annahmeverzugs in §§373, 374 HGB** knüpft an die allgemeinen §§293ff. BGB an und erweitert die Rechte des Verkäufers, wenn der Käufer die vertragsgemäß angebotene Ware nicht annimmt oder eine erforderliche Mitwirkungshandlung unterlässt (§295 BGB). Bereits nach dem BGB hat der Verkäufer in dieser Situation eine Reihe von Rechten: Er kann die erforderlichen Lagerkosten als Mehraufwendungen ersetzt verlangen (§304 BGB), aber nur im Fall von Geld, Wertpapieren, Urkunden und „Kostbarkeiten" die Verpflichtung durch Hinterlegung bei einer öffentlichen Hinterlegungsstelle (idR Amtsgerichte) erfüllen (§§ 372, 378 BGB). Noch wichtiger ist aber, dass der Annahmeverzug des Käufers regelmäßig auch den Schuldnerverzug zur Folge hat, da der Käufer nach § 433 Abs. 2 BGB nicht nur Kaufpreiszahlung, sondern auch Abnahme der Kaufsache als vertragliche Hauptpflicht schuldet. Hat der Käufer die Nichtabnahme zu vertreten, schuldet er Schadensersatz nach §§ 280 Abs. 2, 286 BGB.

§ 374 HGB stellt ausdrücklich klar, dass die Rechte nach dem BGB auch beim Handelskauf gelten, während § 373 HGB die Rechte des Verkäufers demgegenüber noch erweitert: Abs. 1 erklärt zunächst die **Hinterlegung der Ware** bei einem privaten Lagerhalter für zulässig, was auf den ersten Blick so wirkt, als könnte man die Wirkung des § 378 BGB (also die Erfüllung der Verbindlichkeit) auch für andere Waren als Geld, Urkunden und Kostbarkeiten auslösen. Das ist indes nicht der Fall, da diese Wirkung nur bei Hinterlegung bei der öffentlichen Stelle eintreten kann, nicht bei der privaten Hinterlegung. Folge ist daher hier nur, dass der Käufer darauf verwiesen werden kann, die Ware beim privaten Lagerhalter abzuholen – erst dann tritt aber Erfüllung ein. Die Bedeutung ist daher gering, auch nach dem BGB kann man die Ware auf Kosten des Käufers (§ 304 BGB) einlagern lassen. Darüber hinaus regeln die Absätze 2 bis 5 noch die Möglichkeit eines **Selbsthilfeverkaufs**, der bei Einhaltung bestimmter Anforderungen „für Rechnung des säumigen Käufers" erfolgt. Der Käufer bleibt also zur Zahlung des Kaufpreises verpflichtet, kann dafür aber den vollen Verkaufserlös (abzüglich der Kosten) beanspruchen, einschließlich eines möglichen Übererlöses. Da der Käufer regelmäßig (vorbehaltlich im Einzelfall fehlenden Verschuldens) im Schuldnerverzug bezüglich der Abnahme ist, kann man bürgerlich-rechtlich aber auch Schadensersatz statt der ganzen Leistung (§ 281 BGB) verlangen und einen Deckungsverkauf durchführen, so dass die Differenz zwischen Kaufpreis und Erlös als Schaden verlangt werden kann – mit dem Vorteil, dass ein Übererlös zwar den Schaden ausschließt, aber auch nicht an den Käufer auszukehren wäre. Eine wesentliche Verbesserung der Rechtsposition des Verkäufers ist daher allenfalls bei fehlendem Verschulden mit der Möglichkeit des Selbsthilfeverkaufs verbunden.

3. Bestimmungskauf (§ 375 HGB)

Unter einem Bestimmungskauf (auch „**Spezifikationskauf**" genannt) versteht das Gesetz (§ 375 HGB) den Kauf einer beweglichen Sache, bei dem sich der Käufer die nähere Bestimmung über Form, Maß oder ähnliche Verhältnisse vorbehalten hat. Derartige Vertragsgestaltungen finden sich häufig in Verträgen über größere Mengen von Waren, die innerhalb eines bestimmten Zeitraums in unterschiedlichen Spezifikationen (zB Zuschnittsgrößen) nach Abruf durch den Käufer zu liefern sind. Regelmäßig setzt bei solchen Verträgen die Fälligkeit der Kaufpreiszahlung voraus, dass auch die Ware angeboten wird (§ 320 BGB), was nur möglich ist, wenn zuvor die Bestimmung vorgenommen und die Waren entsprechend produziert oder ausgewählt wurden. Die Nichtvornahme der Spezifikation gefährdet daher das Interesse des Verkäufers an der Vertragserfüllung unmittelbar und wird daher im Handelsrecht besonders adressiert. § 375 Abs. 1 HGB gestaltet die Ausübung des **Bestimmungsrechts als vertragliche Hauptpflicht** aus, deren Nichtvornahme eine erhebliche Pflichtverletzung iSv § 281 Abs. 1 S. 3 BGB und § 323

Abs. 5 S. 2 BGB begründet. Darauf beruht die Regelung besonderer Verzugsfolgen in § 375 Abs. 2 HGB: Gerät der Käufer mit der Spezifikation in Verzug (§ 286 BGB – es geht nicht um Annahmeverzug bezüglich der Waren, sondern um Schuldnerverzug in Bezug auf die Pflicht zur Bestimmung!) hat der Verkäufer die Wahl zwischen verschiedenen Vorgehensweisen: Einerseits kann er die Bestimmung selbst vornehmen und dann die Waren so liefern, wie es seiner Bestimmung entspricht – also zB die Maße des Zuschnitts selbst festlegen (**Selbstspezifikation**). Da diese Vorgehensweise die Gefahr mit sich bringt, dass die Ware für den Käufer nutzlos ist, sind hierfür aber strenge Voraussetzungen einzuhalten: Dem Käufer ist zunächst mitzuteilen, wie die Selbstspezifikation konkret ausgeübt wird, welche Maße also produziert werden sollen, und ihm ist dabei eine angemessene Frist für die Nachholung der Bestimmung zu setzen. Die Bestimmung durch den Verkäufer wird erst verbindlich, wenn diese Frist abgelaufen ist, jetzt kann der Verkäufer die Ware nach seiner Selbstspezifikation liefern und Kaufpreiszahlung verlangen – verweigert der Käufer die Annahme, gerät er zusätzlich in Annahmeverzug. Alternativ kann der Verkäufer aber auch die allgemeinen Rechte aufgrund der Verletzung einer vertraglichen Hauptpflicht geltend machen, also Schadensersatz statt der Leistung (§ 281 BGB) verlangen und zurücktreten (§ 323 BGB). In diesem Fall kommt es also nicht mehr zur Bestimmung und Lieferung, vielmehr kann der Verkäufer den Schaden ersetzt verlangen, der ihm durch die Nichterfüllung des Vertrags entstanden ist, insbesondere in Form entgangenen Gewinns. Grundsätzlich verlangen beide Vorschriften eine vorherige angemessene Fristsetzung, erst wenn diese also erfolglos verstrichen ist, greifen die Rechtsfolgen ein. Unabhängig von der gewählten Vorgehensweise hat der Verkäufer dem Käufer also **immer erst eine Frist** für die Nachholung der Bestimmung zu setzen.

Nicht speziell geregelt ist in § 375 Abs. 2 HGB, zu welchem Zeitpunkt die Bestimmung eigentlich geschuldet ist. Voraussetzung insbesondere der Selbstspezifikation ist **Verzug des Käufers** (§ 286 BGB), vor allem aufgrund Ablaufs der im Vertrag kalendermäßig bestimmten Zeit oder aufgrund einer Mahnung nach Fälligkeit (die sich wiederum nach der Parteivereinbarung richtet). Wann die Bestimmung vorzunehmen ist, ergibt sich also regelmäßig aus den vertraglichen Vereinbarungen, ist die Frage dort nicht klar (also kalendermäßig) geregelt, bedarf es der vorherigen Mahnung.

4. Fixhandelskauf (§ 376 HGB)

Kaum noch eine eigenständige Bedeutung hat heute die Sonderregelung des § 376 HGB für den **Fixhandelskauf**. Sie bezieht sich auf Kaufverträge, die als **relatives Fixgeschäft** ausgestaltet sind. Voraussetzung ist also – wie auch im bürgerlichen Recht – nicht nur die vertragliche Zeitbestimmung, sondern auch, dass die Einhaltung der Leistungszeit nach dem Vertrag wesentliche Bedeutung haben soll (iSv § 323 Abs. 2 Nr. 2 BGB). Wird dennoch nicht rechtzeitig geleistet, besteht nach Abs. 1 ein sofortiges Rücktrittsrecht sowie bei Verschulden (das Voraussetzung des Verzugs ist, § 286 Abs. 4 BGB) ein Schadensersatzanspruch statt der Leistung (§ 281 BGB). Die geringe Bedeutung der Vorschrift erklärt sich daraus, dass diese Rechte sich bereits aus dem bürgerlichen Recht ergeben (§§ 323 Abs. 2 Nr. 2, 281 Abs. 2 BGB, letzterer erfasst durch die Interessenabwägung auch Fixgeschäfte), die Regelung geht nur insoweit über das BGB hinaus, als das Beharren auf der Erfüllung (also die verspätete Lieferung) nach §376 Abs. 1 S. 2 HGB eine dahingehende empfangsbedürftige **Erklärung sofort nach Ablauf der Lieferzeit** voraussetzt. Ansonsten enthält die Vorschrift noch Sonderregelungen für die Schadensberechnung im Fall des Schadensersatzes wegen Nichterfüllung, die bei Waren mit einem Börsen- oder Marktpreis dem Käufer die Wahl zwischen **abstrakter** (Differenz zum Kaufpreis, Abs. 2) und **konkreter** (aufgrund eines Deckungsgeschäfts, das den Anforderungen des Abs. 3 genügt) **Schadensberechnung** einräumt.

	BGB	HGB
Fixhandelskauf	Rücktrittsrecht §323 I, II Nr. 2	Rücktrittsrecht §376 I
	Schadensersatz statt der Leistung ohne Fristsetzung, §§280 I, III, 281I,II	Schadensersatz wegen Nichterfüllung ohne Fristsetzung, §376 I
	Keine Anzeigepflicht zur Erhaltung des Erfüllungsanspruchs	Anzeigepflicht zur Erhaltung des Erfüllungsanspruchs, §376 I 2
	Schadensersatzberechnung nach allgemeinen Grundsätzen	Schadensersatz abstrakt oder konkret, Besonderheit bei Waren mit Börsen- oder Marktpreis, §376 II, III
Spezifikationskauf	Spezifikation ist Nebenpflicht	Spezifikation ist Hauptpflicht
	Nichtvornahme begründet Gläubigerverzug	Nichtvornahme begründet Schuldnerverzug, §375 I
		Verkäufer kann Spezifikation selbst vornehmen, Schadensersatz verlangen oder zurücktreten
Annahmeverzug allgemein	Hinterlegung setzt hinterlegungsfähige Gegenstände voraus, §§372ff.; Hinterlegungsstelle: Amtsgericht Erfüllungswirkung nach §378	Hinterlegungsmöglichkeit erweitert: jede Ware, an jedem sicheren Ort (z. B. *öffentl.* Lagerhaus), §373 I; aber keine Erfüllungswirkung
		Erweitertes Recht des Selbsthilfeverkaufs §373 II

Abb. 43: Besonderheiten des Handelskaufs

II. Untersuchungs- und Rügeobliegenheit (§ 377 HGB)

Lernhinweis: Auch für den Handelskauf sind die **Gewährleistungsrechte des Käufers** in §§ 434 ff. BGB geregelt. Nach § 437 BGB kann ein Käufer somit Nacherfüllung verlangen, vom Vertrag zurücktreten, den Kaufpreis mindern oder Schadenersatz verlangen, wenn die jeweiligen Voraussetzungen erfüllt sind. Nach BGB stehen dem Käufer diese Rechte zu, wenn ein Sach- oder Rechtsmangel im Sinne von §§ 434, 435 BGB bei Gefahrübergang (regelmäßig Übergabe der Sache) vorhanden war. In zeitlicher Hinsicht ist die Geltendmachung dieser Rechte – unabhängig davon, wann der Käufer Kenntnis von dem Mangel erlangt hat – nur durch die Verjährung nach § 438 BGB begrenzt, die bei Waren 2 Jahre nach Ablieferung beim Käufer beträgt. Es besteht weder eine Untersuchungspflicht des Käufers, noch sind an eine Mitteilung an den Verkäufer über den Mangel irgendwelche Rechtsfolgen geknüpft – nicht einmal die Verjährung kann so gehemmt werden, dies setzt vielmehr eine gerichtliche Geltendmachung voraus. Auch wenn der Käufer also schon auf den ersten Blick erkennen kann, dass die Ware mangelhaft ist, kann er sich zwei Jahre Zeit lassen, um seine Rechte zu verfolgen. Selbst vertraglich kann man hiervon kaum abweichen, bei Käufen eines Verbrauchers von einem Unternehmer (Verbrauchsgüterkauf) sind die Käuferrechte weitestgehend zwingend (§ 476 BGB), was auch der Vereinbarung einer Untersuchungspflicht entgegensteht. Im Handelsverkehr besteht dagegen ein hohes **Beschleunigungsbedürfnis**, dem kaufmännischen Käufer kann aufgrund seiner Fachkunde und Geschäftserfahrenheit zugemutet werden, zeitnah zu klären, ob die Ware uneingeschränkt akzeptiert wird. Diesem Zweck dient die Untersuchungs- und Rügeobliegenheit nach § 377 HGB.

1. Überblick

§ 377 HGB verlangt vom Käufer die **unverzügliche Untersuchung der Ware** nach Lieferung, sowie die unverzügliche Anzeige (sog. **Mängelrüge**), falls sich ein Mangel zeigt. In den gängigen Gesetzesausgaben findet sich die Überschrift „Untersuchungs- und Rügepflicht" über der Vorschrift, allerdings handelt es sich um eine nichtamtliche Überschrift, die nicht zum eigentlichen Gesetzestext gehört. Tatsächlich ist die Bezeichnung als „Pflicht" in diesem Kontext auch unzutreffend, da man hierunter in der Rechtssprache grundsätzlich eigenständig durchsetzbare Verpflichtungen versteht. Auf Untersuchung und Mängelanzeige kann man indes nicht klagen, vielmehr sind die Rechtsfolgen des § 377 HGB so gestaltet, dass die rechtzeitige Mängelrüge im Eigeninteresse des Käufers liegt: Versäumt er nämlich die rechtzeitige Rüge, „gilt die Ware als genehmigt" (Abs. 2) – mit anderen Worten verliert der Käufer allein aufgrund der verzögerten Anzeige sämtliche Gewährleistungsrechte bezüglich des Mangels. Ist eine rechtliche Vorgabe nicht eigenständig durchsetzbar, sondern im Eigeninteresse zu erfüllen, spricht man in Abgrenzung von der „Pflicht" von einer „Obliegenheit" – richtigerweise behandelt also § 377 HGB die **Untersuchungs- und Rügeobliegenheit**.

Für das Verständnis der auch praktisch sehr wichtigen Vorschrift ist zunächst zentral, dass sie zwar von Untersuchung und Rüge spricht, aber die Rechtsfolge des Abs. 2 nur an das **Unterlassen der rechtzeitigen Anzeige** geknüpft ist. Die Untersuchung ist also lediglich ein unselbstständiger Teil der eigentlichen Rügeobliegenheit – wird sie unterlassen, aber gleichwohl rechtzeitig gerügt (weil man den konkreten Mangel richtig erraten hat, oder einfach bei offensichtlichen Mängeln) werden die Gewährleistungsrechte ebenso gewahrt wie bei einer ordnungsmäßigen Untersuchung. Gleichwohl hat die Untersuchung insoweit auch rechtliche Bedeutung, als die Reichweite der gebotenen Untersuchungen die Frist mitbestimmt (unten 4.), und die Erkennbarkeit des Mangels durch diese Untersuchung die Abgrenzung zwischen offenkundigen, erkennbaren und verdeckten Mängeln bestimmt (unten 3.).

Wie das gesamt Handelskaufrecht ist auch § 377 HGB **kein zwingendes Recht**, sondern kann vertraglich abgeändert, konkretisiert (etwa durch eine präzise Frist oder bestimmte Untersuchungsmethoden) oder ausgeschlossen werden. In **AGB** muss aber der **wesentliche Grundgedanke** der Vorschrift erhalten bleiben (§ 307 Abs. 2 Nr. 1 BGB), was insbesondere bedeutet, dass die Rügeobliegenheit in Käufer-AGB nicht vollständig ausgeschlossen werden kann (BGH NJW 1991, 2633), und in Verkäufer-AGB die Frist nicht unangemessen verkürzt oder unverhältnismäßige Untersuchungsmethoden verlangt werden dürfen.

2. Anwendungsbereich

Anwendbar ist § 377 HGB – wie auch die anderen Vorschriften des Handelskaufrechts – nicht nur auf Warenkaufverträge, sondern nach § 381 HGB auch auf Wertpapierkauf- und Werklieferungsverträge, nach § 480 BGB ferner auf Tauschverträge. Grundstücksgeschäfte werden indes nicht erfasst. Voraussetzung ist aber hier ein **beiderseitiges Handelsgeschäft**, so dass sowohl Käufer als auch Verkäufer Kaufleute sein müssen. Dass man den Nichtkaufmann als Käufer nicht mit der Obliegenheit belastet, ist verständlich – dass der Kaufmann als Käufer von Handelsware ebenfalls privilegiert wird, wenn er zB von einem nichtkaufmännischen Kleingewerbetreibenden erwirbt, ist wertungsmäßig nicht ganz einsichtig, ergibt sich aber aus dem klaren Wortlaut der Norm. Da die Regelung nicht nur mit Blick auf die Geschäftserfahrenheit (die bei der Vornahme einer technischen Untersuchung kaum weiterhilft), sondern auch die unterstellten Fachkenntnisse des Kaufmanns die Untersuchung verlangt, könnte man nun auf die Idee kommen, dass die Obliegenheit nur im Geschäftszweig des Kaufmanns gilt. Dies ist aber nicht der Fall, auch bei **branchenfremden Nebengeschäften** bedarf es Untersuchung und rechtzeitiger Mängelrüge! Der Kaufmann muss dann für fachkundige Unterstützung sorgen, an der Obliegenheit ändert sich nichts.

> **Beispiel**: Kauft ein Bäckermeister für seine kaufmännische Bäckerei ein neues Auslieferungsfahrzeug, hat er zwar nicht notwendigerweise Kenntnisse der Fahrzeugtechnik, um Mängel zu erkennen – die Untersuchungs- und Rügeobliegenheit trifft ihn gleichwohl, so dass er zB einen Kfz-Sachverständigen hinzuziehen muss, wenn der Verkäufer keinen vertraglichen Ausschluss akzeptiert.

In welchem rechtlichen Kontext die Gewährleistungsrechte geltend gemacht werden, ist ebenfalls irrelevant. Dies gilt insbesondere für die Konstellation des sog. **Letztverkäuferregresses**, also dem Rückgriff des kaufmännischen Letztverkäufers, wenn dieser vom Endabnehmer wegen der Mängel in Anspruch genommen wird. § 445a BGB gewährt dem Letztverkäufer zwar besondere Rechte (die beim Letztverkauf an einen Verbraucher sogar wirtschaftlich zwingend sind,

§478 BGB), macht diese aber von der rechtzeitigen Mängelrüge abhängig, da nach §445a Abs. 4 BGB der §377 HGB unberührt bleibt. Praktisch bedeutet das, dass diese Rechte regelmäßig nur bei verdeckten Mängeln (unten 3.) in Betracht kommen – nach dem Weiterverkauf ist sonst die Rügefrist sicher abgelaufen. Ebenfalls irrelevant ist, ob die Ware an den Käufer ausgeliefert wurde, oder ob diese für Rechnung des Käufers an einen Dritten (sog. **Streckengeschäft**) geliefert wurde, der Käufer sie also nie selbst in Besitz hatte. Hier muss der Käufer Vorkehrungen treffen, um die Untersuchung durch den Letztkäufer sicherzustellen – ist dieser selbst Kaufmann, kann man natürlich abwarten, ob dieser selbst rügt und muss dann nur diese Rüge unverzüglich weiterleiten. §377 HGB gilt aber im Verhältnis Lieferant zu Erstkäufer auch bei Auslieferung an einen Nichtkaufmann als Letztkäufer!

Beispiel: Beim Finanzierungsleasing kauft der Leasinggeber den Leasinggegenstand beim Lieferanten, der diesen dann direkt an den Leasingnehmer ausliefert. Der BGH wendet hier §377 HGB im Verhältnis Lieferant zu Leasinggeber auch dann an, wenn der Leasingnehmer Nichtkaufmann ist und vom Leasinggeber zur Geltendmachung der Gewährleistungsrechte ermächtigt worden ist (so dass der Leasinggeber eigentlich nichts mit den Mängelrechten zu tun haben soll). Durch eine solche Gestaltung des Leasingvertrags kann man das Rechtsverhältnis zum Lieferanten nicht verändern – ausschließen kann man §377 HGB nur im Kaufvertrag (BGH NJW 1990, 1290).

Die Rügeobliegenheit besteht nach §377 Abs. 1 HGB (lesen!), „wenn sich ein Mangel an der Ware zeigt". Der Mangelbegriff ist dabei im HGB nicht gesondert geregelt, vielmehr verweist die Formulierung auf den **Mangelbegriff des §434 BGB**, also nur auf **Sachmängel**. Nicht erfasst werden dagegen jedenfalls nach ganz überwiegender Ansicht Rechtsmängel iSv §435 BGB, für deren Erkennen eine Untersuchung der Ware nicht geeignet ist. Sachmängel sind definiert als negative Abweichung von den subjektiven und objektiven Anforderungen des Vertrags an die Kaufsache (sowie ggf. den Montageanforderungen), insbesondere von der vereinbarten oder üblichen Beschaffenheit. Die Üblichkeit wird dabei auch von der Produktwerbung bestimmt, selbst wenn diese nicht vom Verkäufer selbst stammt.

Beispiel: Das vom Bäckermeister erworbene Auslieferungsfahrzeug sollte nach dem Kaufvertrag über eine Anhängerkupplung verfügen – fehlt diese, entspricht das Fahrzeug nicht den subjektiven Anforderungen im Sinne der vertraglichen Vereinbarung. Soll das Fahrzeug nach der Herstellerwerbung 6 l Diesel/100 km verbrauchen, während der tatsächliche Verbrauch bei 8 l liegt, entspricht es nicht den objektiven Anforderungen, da der Käufer aufgrund der Werbung den niedrigeren Verbrauch erwarten kann.

Zu dieser Beschaffenheit zählen nicht nur Qualität und Merkmale der Sache, sondern auch die Menge – wird also eine geringere Menge als vereinbart geliefert (**Zuweniglieferung**) wird auch dies vom BGB als Mangel bezeichnet und ist daher zu rügen! Gleichgestellt wird dem Mangel in §434 Abs. 5 BGB zuletzt die sog. **aliud-Lieferung** (oder Falschlieferung), also die Lieferung einer anderen Ware als der vertraglich geschuldeten (bzw. aus einer anderen Gattung beim Gattungskauf).

Beispiel: Einer Rüge bedarf es daher auch dann, wenn dem genannten Bäckermeister statt vereinbarter 100 Sack nur 90 Sack Mehl geliefert werden (und es sich nicht um eine offengelegte Teillieferung handelt), oder wenn statt bestellten Mehls Typ 550 solches des geringwertigeren Typ 405 geliefert wird.

Für die Einzelheiten des Mangelbegriffs ist aber auf die Lehrbücher zum BGB zu verweisen – Sie sollten das auch im handelsrechtlichen Kontext überragend wichtige **Gewährleistungsrecht des BGB dringend noch einmal wiederholen**!

3. Untersuchung der Ware

Der Käufer hat die Ware zunächst zu untersuchen, soweit dies nach ordnungsgemäßem Geschäftsgang „tunlich" ist, und zwar **unverzüglich („ohne schuldhaftes Zögern"**, § 121 BGB) nach Ablieferung. Wie bereits angesprochen kommt es für die Rechtsfolgen nur auf die rechtzeitige Rüge an, gleichwohl ist die Feststellung, wie schnell und mit welchen Methoden die Untersuchung „tunlich" war, für die Anwendung des § 377 HGB von großer Bedeutung. Denn die Rechtzeitigkeit der Rüge hängt vor allem davon ab, ob es sich um einen offenkundigen, einen erkennbaren oder einen verdeckten Mangel handelt: Ein **offenkundiger Mangel** liegt vor, wenn es keiner Untersuchung bedarf, sondern schon beim ersten Augenschein der Mangel zu erkennen ist (wobei die Öffnung verpackter Ware bereits zur Untersuchung gehört) – hier ist bei Bestimmung der Rügefrist kein Untersuchungszeitraum zu berücksichtigen, so dass die Anzeige des Mangels besonders schnell erfolgen muss. Ein **erkennbarer Mangel** liegt vor, wenn dieser sich bei der gebotenen Untersuchungsmethode gezeigt hat oder voraussichtlich gezeigt hätte, wenn diese ordnungsgemäß durchgeführt worden wäre – hier ist bei der Bestimmung der Rügefrist der erforderliche Zeitraum für die gebotenen Untersuchungsmaßnahmen einzuberechnen (näher unter 4.). Ein **verdeckter Mangel** liegt dagegen vor, wenn dieser bei der „Untersuchung nicht erkennbar war" (Abs. 2), also die gebotenen Untersuchungsmaßnahmen diesen nicht aufgezeigt haben bzw. bei ihrer Vornahme voraussichtlich nicht aufgezeigt hätten – hier kann die Rüge noch nach Entdeckung des Mangels vorgenommen werden. Das bedeutet aber nicht, dass ein Mangel nur verdeckt ist, wenn es unmöglich war, ihn durch eine Untersuchung zu entdecken. Mit sehr aufwändigen Methoden wird man wahrscheinlich jeden Mangel entdecken können, indem man zB ein Auto komplett auseinandernimmt und jedes einzelne Teil prüft – einen solchen Aufwand verlangt § 377 HGB aber natürlich nicht. Daher ist der verdeckte Mangel nur mit Blick auf die Reichweite der rechtlich gebotenen Untersuchungsmethoden festzustellen, deren Bestimmung in einer Situation, bei der sich der Mangel bei einer bestimmten Methode gezeigt hätte, dann für die Rechtzeitigkeit der Anzeige nach Entdeckung entscheidend ist.

Die Untersuchung ist zunächst **unverzüglich nach Ablieferung** vorzunehmen, was die vollständige Leistung an den Käufer in der Weise voraussetzt, dass er Zugriff (Verfügungsgewalt) über die Ware hat und dadurch auch faktisch in der Lage ist, die Untersuchung durchzuführen. Die Vollständigkeit der Leistung kann je nach Vertragsinhalt auch Dienstleistungen umfassen, etwa die Montage einer Maschine oder die Einweisung des Personals, ferner ist die Übergabe von geschuldeten Dokumentationen und Handbüchern erforderlich. Bei vertragsgemäßen Teilleistungen ist aber jede Teillieferung zu untersuchen, und auch nach erstmaliger Rüge und **Nachbesserung oder Nachlieferung** bedarf es einer weiteren Untersuchung nach erneuter Ablieferung (BGH NJW 2000, 1415).

Die entscheidende Frage ist aber – vor allem mit Blick auf die Abgrenzung von erkennbaren und verdeckten Mängeln – die Frage der **rechtlich gebotenen Untersuchungsmethoden**. Wie gesagt besteht keine Obliegenheit, jede denkbare Methode anzuwenden, vielmehr kann man sich auf das beschränken, was „im ordnungsmäßigen Geschäftsgang tunlich" ist (Abs. 1). Diese Anforderungen sind im Einzelfall mit Blick auf die konkret betroffene Ware zu konkretisieren, wobei insbesondere **Handelsbräuche und Branchengepflogenheiten** berücksichtigt werden müssen – die übliche Untersuchung ist regelmäßig auch „tunlich". Letztlich geht es hier um die Wahrung der Verhältnismäßigkeit zwischen dem Wert der Ware und dem Aufwand für die Untersuchung: Je höher der Wert, desto aufwändigere Untersuchungen können angezeigt sein. Vor allem bei Untersuchungen, die der Käufer nicht selbst vornehmen kann, sondern durch Sachverständige oder Dienstleister vornehmen lassen muss, ist hier abzuwägen – die Kosten der Untersuchung gehen zu Lasten des Käufers.

Es kommt somit bei der Bestimmung der „tunlichen" Untersuchungsmethoden sehr auf den Einzelfall an. Grundsätzlich ist anerkannt, dass Maschinen und Anlagen im Rahmen eines **Probebetriebs** zu untersuchen sind, also die Produktion testweise aufzunehmen ist. Eine **chemische Untersuchung** der Stoffzusammensetzung kann im Einzelfall erforderlich sein, wenn dies branchenüblich und mit Blick auf den Wert der Lieferung verhältnismäßig ist. Geht es um die Lieferung einer Schiffsladung eines chemischen Produkts, dessen Reinheitsgrad wertbestimmend ist, liegt eine solche Obliegenheit näher als beim Kauf einer Kleinmenge. In den meisten Fällen, insbesondere bei **Lebensmitteln**, die schnell weiterverarbeitet oder verkauft werden müssen, ist eine solche aufwändige Untersuchung jedenfalls nicht erforderlich, hier genügt grundsätzlich die Prüfung von **Aussehen, Geruch und Geschmack** (BGH NJW 1991, 2633) – nur bei Auffälligkeiten können dann weitergehende Methoden angezeigt sein.

Grundsätzlich ist eine Untersuchungsmethode auch nicht dadurch ausgeschlossen, dass die Ware durch die Untersuchung **zerstört oder unverkäuflich** wird. So wird man Früchte für die Untersuchung idR aufschneiden müssen, und selbst die Öffnung der Originalverpackung kann im Einzelfall dazu führen, dass die Ware nicht mehr als Neuware, sondern nur mit Abschlag verkauft werden kann. Und auch wenn die Ware nicht beeinträchtigt wird, ist es doch bei der Lieferung großer Stückzahlen nicht erforderlich, jedes einzelne Stück zu untersuchen. Vielmehr genügt es, eine hinreichende **Stichprobe** zu ziehen, und diese zu untersuchen. Wie groß diese Stichprobe sein muss, ist ebenfalls im Einzelfall zu bestimmen: Wird die Ware durch die Untersuchung zerstört (oder verliert ihre Verkehrsfähigkeit), genügt grundsätzlich eine geringere Stichprobe als im Fall einer fehlenden Beeinträchtigung, und je höherwertig die einzelnen Stücke im Fall der Zerstörung sind, desto kleiner kann die untersuchte Zahl sein. Und je höher der Aufwand für die Untersuchung des Einzelstücks, desto geringer die zu untersuchende Stichprobe. Genügt für die Untersuchung der reine Augenschein durch den Käufer, so dass weder Untersuchungsaufwand entsteht noch die Ware beeinträchtigt wird, bedarf es einer großen Stichprobe – werden die Waren durch die Untersuchung zerstört, genügt dagegen regelmäßig eine ganz kleine Stichprobe. So hat der BGH etwa die Öffnung und Untersuchung von 5–6 Dosen mit Pilzen, die keine Auffälligkeit gezeigt haben, bei einer Lieferung von 2400 Dosen als hinreichend angesehen (BGH BB 1977, 1019), während bei einer Untersuchung ohne Beeinträchtigung von ca. 1 % der Lieferung auszugehen ist (zB OLG Köln NJW-RR 1999, 565: 200 von 20.000) und bei reinem Augenschein bei großen Stückzahlen von 10 %. Wichtig ist, dass es nicht nur auf die Größe der Stichprobe ankommt, sondern auch auf die **repräsentative Verteilung auf die Gesamtlieferung**. Es genügt also nicht, die zufällig am Rand der Lieferung stehenden Teile zu nehmen, da es wahrscheinlich ist, dass diese aus derselben Produktionscharge stammen und Qualitätsprobleme nur bei einer anderen Charge vorliegen könnten. Man muss also die Stichprobe sinnvoll auf die Gesamtmenge verteilen, zB auf unterschiedliche Bereiche des Anlieferungs-Lkw oder – soweit bekannt – auf verschiedene Produktionschargen. Zeigt sich bei der Stichprobe ein Mangel bei einzelnen Stücken, ist die gesamte Lieferung zu rügen – zeigt sich der Mangel trotz einer hinreichenden Stichprobe aber nicht, weil zB nur 30 % der Lieferung mangelhaft waren und zufällig kein mangelhaftes Teil ausgewählt wurde, liegt (trotz der theoretischen Erkennbarkeit) ein **verdeckter Mangel** vor, der noch nach Entdeckung gerügt werden kann (Abs. 3). War die Stichprobe dagegen zu klein, kann sich der Verkäufer nicht darauf berufen, dass er theoretisch auch bei größerer Stichprobe keinen Treffer hätte haben können – in diesem Fall läge ein erkennbarer Mangel vor! Die unzureichende Stichprobe führt dann regelmäßig zum Verlust der Gewährleistungsrechte.

4. Anforderungen an die Mängelrüge und Rügefrist

Die Mängelrüge stellt eine **rechtsgeschäftsähnliche Handlung** dar, auf die grundsätzlich die Vorschriften über Willenserklärungen anzuwenden sind, so dass die Abgabe durch einen Dritten (etwa einen Mitarbeiter des Käufers) der Vertretungsmacht bedarf. Sie ist **formlos** möglich, kann also auch zB telefonisch erklärt werden – aus Gründen der Beweisbarkeit empfiehlt sich freilich die Erklärung in Textform. Es handelt sich um eine empfangsbedürftige Erklärung, die nach § 130 BGB erst **mit Zugang wirksam** wird – hieran ändert nach der Rechtsprechung des BGH (NJW 1987, 2235) auch Abs. 4 nichts, der dem Käufer zwar das Verzögerungsrisiko der Übermittlung abnimmt, nicht aber das Verlustrisiko. Der Käufer muss daher im Prozess nicht nur beweisen, dass er die Erklärung rechtzeitig abgeschickt hat, sondern auch, dass sie dem Verkäufer zugegangen ist.

Rechtlich relevant ist grundsätzlich nur, ob der Mangel rechtzeitig gerügt worden ist, egal ob mit oder ohne Untersuchung – im letzten Fall ist der Käufer nur kaum in der Lage, eine wirksame Mängelrüge zu formulieren. Die Anforderungen an diese Anzeige sind im Gesetz nicht genauer bestimmt, so dass man denken könnte, dass der Käufer einfach nur pauschal Mängel behaupten muss, um auf der sicheren Seite zu sein. Wäre das so, würde man das als Käufer standardmäßig nach jeder Lieferung tun, es gäbe keinen Anlass mehr, tatsächlich zu untersuchen und der § 377 HGB hätte keine Beschleunigungsfunktion mehr. Die Rechtsprechung verlangt daher, dass die **Rüge hinreichend bestimmt** ist: Das bedeutet, dass der

Mangel so zu beschreiben ist, dass der Verkäufer erkennen kann, was konkret beanstandet wird. Allgemeine Aussagen wie in dem legendären Fall des OLG Düsseldorf, wo nach der ersten Nachlieferung nur gesagt wurde, es wäre „derselbe Mist wieder geliefert worden" (NJW-RR 2001, 821) genügen diesen Anforderungen nicht. Man darf die Anforderungen aber auch nicht überspannen, es ist vor allem nicht erforderlich, dass der Käufer die Ursache einer Störung aufklärt, es genügt vielmehr eine (nicht notwendigerweise fachmännische) Beschreibung des Problems. Grundsätzlich muss also die Rüge so konkret sein, dass der Verkäufer einschätzen kann, welche Maßnahmen zu ergreifen sind und ob überhaupt ein Mangel vorliegt. Eine hinreichend bestimmte Rüge ohne Untersuchung „ins Blaue hinein" ist daher kaum möglich, man müsste ja den konkreten Mangel erraten – denkbar ist aber eine wirksame Rüge auf Verdacht. Liegen mehrere Mängel vor, muss jeder Mangel hinreichend bestimmt beanstandet werden – nicht genannte Mängel gelten als genehmigt und können später nicht mehr reklamiert werden. Denn die Rügeobliegenheit ist auf **jeden Mangel getrennt** anzuwenden.

Entscheidend ist neben der Bestimmtheit der Rüge ihre **Rechtzeitigkeit**: Nach § 377 Abs. 1 HGB ist sowohl die Untersuchung unverzüglich vorzunehmen, als auch die Rüge anschließend unverzüglich abzusenden. **Unverzüglich** ist nicht mit „sofort" gleichbedeutend, sondern ist definiert als „ohne schuldhaftes Zögern" (§ 121 BGB) – es geht darum, ab wann eine Verzögerung fahrlässig, also mit der im Verkehr erforderlichen Sorgfalt nicht mehr vereinbar ist. Da die Untersuchung nicht nach außen tritt, ist bezüglich der Rechtzeitigkeit aber nur auf die Rüge abzustellen. Der für die Untersuchung zur Verfügung stehende Zeitraum wird also mit dem zulässigen Zuwarten vor Absendung der Rüge zu einer **einheitlichen Rügefrist** zusammengezogen, an der die Rechtzeitigkeit gemessen werden kann. Grundsätzlich ist also zu bestimmen, wann die Untersuchung im ordnungsgemäßen Geschäftsgang vorzunehmen war, welcher Zeitaufwand für die erforderliche Untersuchungsmethode bei der gebotenen Beschleunigung anzusetzen ist, und welche Überlegungsfrist dem Käufer vor Absendung der Anzeige noch zuzugestehen ist. Die Rügefrist ergibt sich dann aus der Summe dieser Komponenten. Kein schuldhaftes Zögern liegt richtigerweise vor, wenn eine rechtzeitig versendete Rüge dem Verkäufer nicht zugegangen ist, und die Anzeige nach Kenntnis des Nichtzugangs unverzüglich erneut abgesendet wird.

Bei der konkreten Fristbestimmung ist zwischen den drei unter 3. genannten Kategorien von Mängeln zu unterscheiden: Handelt es sich um einen **offenkundigen Mangel**, der ohne Untersuchung auf den ersten Blick erkennbar ist, bedarf es keiner Untersuchung mehr und es ist auch kein Zeitraum dafür einzuberechnen. Hier ist also nur eine **kurze Überlegungsfrist** zuzugestehen, ob überhaupt gerügt werden soll (im Interesse einer ungestörten Geschäftsbeziehung kann man hiervon ja auch absehen). Wie lang diese anzusetzen ist, kann ebenfalls nur im Einzelfall bestimmt werden, bei schnell verderblichen Waren ist sie eher nach Stunden als nach Tagen zu bemessen, bei langlebigen Gütern dürften wenige Tage regelmäßig als angemessen anzusehen sein.

Handelt es sich um einen **erkennbaren Mangel**, kommt es dagegen auf die Untersuchung an. Hier ist also zunächst zu bestimmen, wann die Untersuchung im Geschäftsgang vorzunehmen war, wobei der Kaufmann auf die Ablieferung ggf.

vorbereitet sein muss und dafür zu sorgen hat, dass die erforderlichen personellen und sachlichen Ressourcen zur Verfügung stehen. Wird aber zB am Samstag angeliefert, ist die Untersuchung vor Montag regelmäßig nicht im ordnungsmäßigen Geschäftsgang erforderlich, wenn es sich nicht um verderbliche Waren handelt. Sodann sind die erforderlichen Untersuchungsmaßnahmen zu bestimmen und der **notwendige Zeitaufwand** für die Durchführung anzusetzen, unter Berücksichtigung der gebotenen Beschleunigung. Es kommt weder darauf an, ob diese Untersuchung tatsächlich durchgeführt worden ist, noch auf den tatsächlich benötigten Zeitaufwand, es geht um die **objektiv für die hinreichende Untersuchung nötige Zeit**. Die Gesamtfrist ergibt sich dann aus der Summe von Vorlauf, Untersuchungszeit und Überlegungsfrist.

Handelt es sich um einen **verdeckten Mangel**, kommt es wiederum nicht auf die Untersuchung an. Nach Abs. 3 ist die Rüge vielmehr unverzüglich nach der Entdeckung, also der Kenntnisnahme vom Mangel, vorzunehmen. Auch hier gilt also nur die **kurze Überlegungsfrist**, lediglich der Zeitpunkt des Fristbeginns liegt hier für den Käufer sehr viel günstiger – hat er aber den Mangel wahrgenommen, bedarf es einer ebenso zügigen Reaktion wie beim offensichtlichen Mangel.

Insgesamt ist die Rechtzeitigkeit zwar konkret nur im Einzelfall zu bestimmen, die Anforderungen sind aber streng. **Jede schuldhafte Verzögerung schadet dem Käufer** und sorgt dafür, dass die verspätete Rüge unwirksam ist. In der Praxis bedeutet das, dass man die Warenannahme so organisieren muss, dass die rechtzeitige Untersuchung und Rüge bei jeder Lieferung gewährleistet werden kann.

5. Rechtsfolgen

Die Rechtsfolge einer Verletzung der Rügeobliegenheit ist drastisch: Nach § 377 Abs. 2 HGB „gilt die Ware als genehmigt“, was bedeutet, dass der **Käufer alle Rechte verliert**, die ihm sonst aufgrund der Mängel zustehen würden. Erfasst werden alle in § 437 BGB genannten Rechte, also auf Nacherfüllung, Minderung, Rücktritt und Schadensersatz. Die ordnungsmäßige Mängelrüge hat dagegen keine direkte Rechtsfolge, sie vermeidet schlicht den Rechtsverlust und sorgt dafür, dass alle genannten Rechte nach dem BGB erhalten bleiben. Es gilt also das **„Alles-oder-Nichts“-Prinzip**, der Käufer behält entweder alle oder keine Rechte, auch eine geringfügige Verspätung führt zum völligen Rechtsverlust. Aufgrund dieser einschneidenden Sanktion ist es so wichtig, hinreichende organisatorische Vorkehrungen für die Untersuchung zu treffen.

Obwohl der Wortlaut des Abs. 2 von der Genehmigung der „Ware“ spricht, lässt Abs. 3 erkennen, dass diese Wirkung **für jeden Mangel getrennt** zu prüfen ist. Weist die Ware etwa zwei unterschiedliche erkennbare und einen verdeckten Mangel auf, und wird dann nur ein erkennbarer Mangel gerügt, bestehen für diesen weiterhin die Gewährleistungsrechte, während sich der Käufer auf den nicht gerügten Mangel (der möglicherweise weitergehende Recht begründet hätte, zB als erhebliche Pflichtverletzung iSv § 323 Abs. 5 S. 2 BGB) nicht mehr berufen kann. Für den verdeckten Mangel kommt es dann darauf an, ob nach Entdeckung unverzüglich gerügt wird, dies ist also auch dann erforderlich, wenn zuvor bereits ein anderer Mangel gerügt worden war.

Eine Einschränkung zu Lasten des Verkäufers ergibt sich aber noch aus Abs. 5, wonach der Rechtsverlust nicht eintritt, wenn der Verkäufer „den Mangel **arglistig verschwiegen**" hat. Weiß der Verkäufer bei Lieferung von dem Mangel, gibt es grundsätzlich für ihn zwei Möglichkeiten: Er kann von sich aus den Mangel offenlegen und damit zu erkennen geben, dass aus seiner Sicht noch keine ordnungsmäßige Erfüllung vorliegt – in diesem Fall besteht auch keine Rügeobliegenheit, der Verkäufer ist ja bereits über den Mangel informiert und kann sich auf die Nacherfüllung einstellen. Verschweigt er aber den ihm bekannten Mangel und hofft auf eine Verletzung der Rügeobliegenheit, um sich die Nacherfüllung zu sparen, ist er nicht schutzwürdig, so dass er sich nach Abs. 5 nicht auf § 377 HGB berufen kann. Arglist setzt aber mehr voraus als lediglich Kenntnis des Mangels, nach der in der Rechtsprechung geprägten Formel „ist Arglist des Verkäufers gegeben, wenn dieser im Zeitpunkt des Gefahrübergangs weiß oder damit rechnet, dass die Ware fehlerhaft (oder ein aliud) ist, er ferner weiß oder damit rechnet, dass dem Käufer der Fehler nicht bekannt ist und er schließlich weiß oder damit rechnet, der Käufer würde bei Kenntnis des Mangels die Ware nicht als Erfüllung annehmen." (BGH NJW-RR 1992, 1076) Offensichtlichkeit des Mangels steht der Arglist meist entgegen, wenn sich nicht feststellen lässt, dass der Verkäufer gerade auf eine Verletzung der Rügeobliegenheit spekuliert hat (was dann wieder arglistig wäre).

<table>
<tr><th>BGB</th><th>HGB</th></tr>
<tr><td colspan="2">Sachmangelbegriff einheitlich, § 434 BGB:
Subjektive Anforderungen
Objektive Anforderungen
Ggf. Montageanforderungen
Zuweniglieferung
Aliudlieferung</td></tr>
<tr><td colspan="2">Nach BGB und HGB Gewährleistungsansprüche:
– Nacherfüllung
– Rücktritt
– Minderung
– Schadensersatz</td></tr>
<tr><td>Nach BGB</td><td>Nach HGB</td></tr>
<tr><td rowspan="3">Keine Untersuchungs- und Rügeobliegenheit</td><td>Obliegenheiten aus § 377 HGB:
– unverzügliche Untersuchung
– unverzügliche Rüge</td></tr>
<tr><td>Konsequenz unterlassener Rüge:
– Ware gilt als genehmigt
Verlust der Rechte aus § 437 BGB</td></tr>
<tr><td>Ausnahmen:
– verdeckte Mängel (müssen aber nach Entdeckung gerügt werden)
– Arglist des Verkäufers</td></tr>
</table>

Abb. 44: Mängelgewährleistung

B. Gesellschaftsrecht

Teilübersicht

4. Kapitel: Einführung in das Gesellschaftsrecht

5. Kapitel: Das Recht der Personengesellschaften

4. Kapitel: Einführung in das Gesellschaftsrecht

§ 12. Grundlagen des Gesellschaftsrechts (E)

I. Begriff, Bedeutung und Systematisierung der Gesellschaften

Unter dem **Begriff** der (privatrechtlichen) Gesellschaft ist jeder Zusammenschluss von – prinzipiell – mindestens zwei Rechtssubjekten zur Verfolgung eines gemeinsamen Zwecks aufgrund eines privatrechtlichen Rechtsgeschäfts zu verstehen. Dass es sich bei der Anzahl der zusammenwirkenden Rechtssubjekte – in Betracht kommen neben natürlichen Personen auch juristische Personen, Personengesellschaften, nicht rechtsfähige Vereine und kapitalgesellschaftsrechtliche Vorgesellschaften – lediglich um mindestens zwei handeln muss, ergibt sich daraus, dass bestimmte Gesellschaftsformen auch durch ein Rechtssubjekt allein gegründet werden können – etwa die GmbH (§1 GmbHG) oder die AG (§2 AktG). Fehlt es einem rechtlichen Gebilde per se an Mitgliedern (z.B. Stiftungen und Anstalten), kann es sich dabei nicht um eine Gesellschaft handeln. Dadurch, dass sich die betreffenden Rechtssubjekte gerade durch privatrechtlichen Vertrag zusammengeschlossen haben, unterscheiden sich die (privatrechtlichen) Gesellschaften von Personenzusammenschlüssen des öffentlichen Rechts (z.B. Körperschaften des öffentlichen Rechts wie Religionsgesellschaften, kommunale Zweckverbände und Universitäten) und von Personenzusammenschlüssen des Privatrechts, die kraft Gesetzes entstehen (z.B. Erbengemeinschaft iSd §2032 BGB, Wohnungseigentümergemeinschaft iSd §10 Abs. 1 WEG).

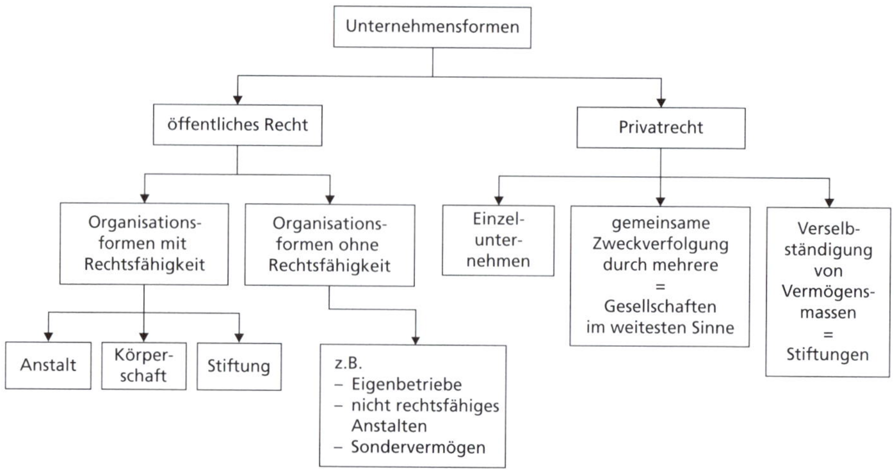

Abb. 45: Unternehmensformen

Von den sonstigen vertraglichen Schuldverhältnissen des Privatrechts unterscheidet sich die Gesellschaft zum einen dadurch, dass sämtliche Parteien des Schuldverhältnisses nicht eigene, selbständige Interessen im Blick haben (z.B. Kaufpreiszahlung vs. Übergabe und Übereignung, Gebrauchsüberlassung vs. Mietzinszahlung), sondern von allen Parteien derselbe Zweck (z.B. Betrieb eines Bäckereiunternehmens) verfolgt wird. Fehlt es an einem gemeinsamen Zweck (z.B. familienrechtliche Gemeinschaften, Bruchteilsgemeinschaft iSd §§741 ff., 1008 ff. BGB, Wohnungseigentümergemeinschaft iSd §10 Abs. 1 WEG), liegt demnach keine Gesellschaft vor. Um die Erreichung des gemeinsamen Zwecks zu gewährleisten, enthält ein jeder Gesellschaftsvertrag neben der Festlegung des gemeinsamen Zwecks für jeden einzelnen Gesellschafter die Festlegung einer Förderpflicht (vgl. für die GbR §705 Abs. 1 BGB, für den Verein §58 Nr. 2 BGB).

Lernhinweis: Nachdem im Rahmen eines Gesellschaftsverhältnisses ein allen Parteien gemeinsamer Zweck verfolgt wird (§705 Abs. 1 BGB), kann nicht davon gesprochen werden, die Erfüllung der Förderpflicht durch einen Gesellschafter im Rahmen eines Gesellschaftsvertrags sei Entgelt oder Gegenleistung für die Erfüllung der Förderpflicht durch einen anderen Gesellschafter. Keine Förderleistung wird um der anderen willen geschuldet, es mangelt also an einer „do ut des"-Verknüpfung, sodass die §§320 ff. BGB auf die Förderpflichten der Gesellschafter grundsätzlich nicht anzuwenden sind. Etwas anderes kann allenfalls für eine Zwei-Personen-Gesellschaft angenommen werden, da in diesem Falle das Gesellschaftsverhältnis starke Ähnlichkeit mit einem rein schuldrechtlichen Austauschvertrag (z.B. Kaufvertrag) aufweist.

Zum anderen ist der Gesellschaftsvertrag nicht nur Schuldverhältnis, sondern zugleich Organisationsverhältnis. Das bedeutet, der Gesellschaftsvertrag begründet nicht nur Rechte und Pflichten seiner Mitglieder, sondern legt darüber hinaus auch die Strukturen des Zusammenwirkens fest, indem er Kompetenzen verteilt, Verfahrensregeln aufstellt und Verhaltensregeln statuiert.

Die **Bedeutung** von (privatrechtlichen) Gesellschaften ist vor allem dort besonders groß, wo diese als Unternehmensträger am Wirtschaftsleben teilnehmen. Zwar kann ein Unternehmen auch als Einzelkaufmann (§§ 1 Abs. 1, 2; 2 S. 1; 3 Abs. 2, 3; 5 HGB) oder zumindest Einzelunternehmer (§ 14 Abs. 1 BGB) betrieben werden, doch agieren weltweit nahezu sämtliche Unternehmen von wirtschaftlicher Relevanz als Gesellschaft – in welcher (in- oder ausländischen) Rechtsform auch immer. Wie sich aus § 14 Abs. 1 BGB ergibt, ist prägendes Merkmal eines jeden Unternehmens, dass es entweder gewerblich oder jedenfalls beruflich tätig wird. Nicht als Unternehmen zu begreifen sind daher alle Tätigkeiten, die dem Bereich der privaten Lebenssphäre zuzuordnen sind, mit der Schaffung oder Erhaltung der Lebensgrundlage (vgl. Art. 12 Abs. 1 GG) also nichts zu tun haben. Auch solche, sog. ideale Tätigkeiten können durch Gesellschaften verfolgt werden: bedeutendstes Beispiel ist der sog. Idealverein iSd § 21 BGB, welcher durch Eintragung in das Vereinsregister als „e.V." Rechtsfähigkeit erlangt (z.B. Sportvereine, bestimmte politische Parteien, Gesangs- und Musikvereine, Gewerkschaften und Arbeitgeberverbände, ADAC, BUND für Umwelt und Naturschutz Deutschland, Deutscher Sportbund, Deutscher Fußballbund).

Möchte man die (privatrechtlichen) Gesellschaften nach Wesensmerkmalen ordnen, ergibt sich folgende **Systematisierung**:

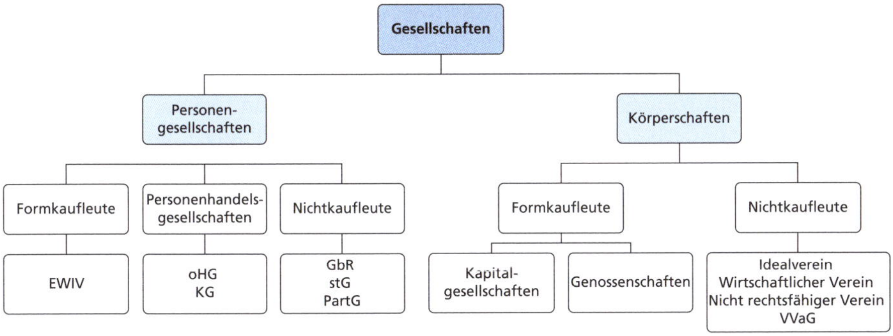

Abb. 46: Gesellschaften

Die Unterscheidung zwischen Personengesellschaften und Körperschaften erfolgt danach, wie stark die Rechtsverhältnisse in der Gesellschaft (z.B. Fortbestand der Gesellschaft, Organstellung, Übertragbarkeit der Mitgliedschaft) an die Individualität der Mitglieder gebunden sind. Während Personengesellschaften im Grundsatz eng von ihren individuellen Mitgliedern abhängig sind, erweisen sich Kapitalgesellschaften als vom Mitgliederbestand weitgehend unabhängig. Die Unterteilung in die handelsrechtlichen Kategorien Formkaufleute (§ 6 Abs. 2 HGB), Personenhandelsgesellschaften (§ 6 Abs. 1 HGB) und Nichtkaufleute ist nicht zwingend, verdeutlicht jedoch, dass sowohl Personengesellschaften als auch Körperschaften die Kaufmannseigenschaft zukommen kann. Die Differenzierung zwischen Kapitalgesellschaften und Genossenschaften lässt sich schlagwortartig am besten folgendermaßen begreifen: Während bei Kapitalgesellschaften der vermögensmäßigen (man sagt: kapitalistischen) Beteiligung eines Gesellschafters *herrschende Funktion* zukommt, diese also über den Einfluss in der Gesellschaft und über die Gewinnbeteiligung entscheidet, erfüllt die vermögensmäßige Beteiligung bei Genossenschaften lediglich *dienende Funktion*, ist also auf die Förderung der Belange ihrer Mitglieder bezogen (BGH, NJW 1955, 1229 (1230)).

II. Allgemeine Prinzipien des Gesellschaftsrechts

Das Gesellschaftsrecht lässt sich als Rechtsgebiet charakterisieren, in welchem insgesamt relativ wenige zwingende Vorschriften anzutreffen sind, sodass der Privatautonomie (§ 311 Abs. 1 BGB) viel Raum gegeben ist. Hintergrund ist Vereinigungsfreiheit des Art. 9 GG, welche die **Gründung** von Gesellschaften verfassungsrechtlich verbürgt. So steht es jedem Rechtssubjekt grundsätzlich frei, ob und mit wem es eine Gesellschaft gründen möchte (sog. **Gründungsfreiheit**). Allerdings ist es den Gründern einer Gesellschaft nicht möglich, privatautonom eine beliebige Gesellschaftsform zu erschaffen. Vielmehr haben sich die Gründer derjenigen Rechtsformen zu bedienen, welche das Gesetz bereithält (sog. **numerus clausus**). Zulässig ist es lediglich, gesetzlich normierte Rechtsformen gänzlich miteinander zu kombinieren (z.B. GmbH & Co. KG), nicht jedoch, einzelne Elemente verschiedener kodifizierter Rechtsformen in einer Gesellschaft zu kombinieren. Innerhalb der gesetzlich vorgesehenen Rechtsformen haben die Gesellschafter jedoch ein Wahlrecht (sog. **Freiheit der Rechtsformwahl**). Welche der gesetzlich vorgesehenen Rechtsformen entsteht, richtet sich jedoch nicht etwa nach dem Willen der Gründer, sondern den gesetzlichen Tatbestandsvoraussetzungen, welche die gegründete Gesellschaft erfüllt. Das Gesetz zwingt die Gründer also in die „richtige" Rechtsform (sog. **Rechtsformzwang**).

Beispiel: Die Freunde Florian und David haben von den haftungsrechtlichen Vorteilen der Rechtsform der Partnerschaftsgesellschaft gehört, in welcher es möglich ist, die persönliche Haftung der Partner für berufliche Fehler auszuschließen (§ 8 Abs. 4 PartGG). Sie kommen daher überein, den schon lange geplanten Betrieb eines Food Truck in der Rechtsform der PartG zu starten und schließen einen wirksamen Gesellschaftsvertrag. Eine – wie auch immer geartete – Registereintragung ist noch nicht erfolgt.

Welche Rechtsform ist entstanden?

Lösung:

1. Der übereinstimmende Wille von Florian und David geht zwar dahin, eine PartG zu gründen. Allerdings setzt die Rechtsform der PartG nach § 1 Abs. 1 PartGG voraus, dass sich in der Gesellschaft Rechtssubjekte zusammengeschlossen haben, die einen freien Beruf (Definition und Beispiele in § 1 Abs. 2 PartG) ausüben. Der Betrieb eines Food Truck stellt jedoch nicht die Ausübung eines freien Berufes, sondern vielmehr eine gewerbliche Tätigkeit dar, die in der Rechtsform der PartG gerade nicht betrieben werden kann, wie sich aus § 1 Abs. 1 S. 2 PartGG ergibt.

2. In Betracht käme die Gründung einer oHG, da diese gem. § 105 Abs. 1 HGB auf den Betrieb eines Handelsgewerbes gerichtet ist. Allerdings erfordert der Verkauf von Speisen mittels eines Food Truck keinen in kaufmännischer Weise eingerichteten Geschäftsbetrieb iSd § 1 Abs. 2 HGB, sodass eine oHG allenfalls unter der in § 107 Abs. 1 S. 2 HGB genannten Voraussetzung entstehen kann, dass die Firma des Unternehmens bereits in das Handelsregister eingetragen ist. Nachdem dies nicht der Fall ist, scheidet die Rechtsform einer oHG ebenfalls aus.

3. Gegründet wurde vielmehr eine Gesellschaft in der Rechtsform der GbR (§ 705 Abs. 1, 3 BGB). Diese steht für jeden rechtlich erlaubten Zweck offen und kommt mit Wirksamwerden des Gesellschaftsvertrages ohne Weiteres zustande. Entgegen ihrem Willen „zwingt" das Gesetz Florian und David mithin in die Rechtsform der GbR mit all ihren Rechtswirkungen, insbesondere einer unbeschränkten persönlichen Haftung der Gesellschafter nach § 721 S. 1 BGB (Rechtsformzwang).

Sehr unterschiedlich flexibel sind die Gründer bei der **Gestaltung des Gesellschaftsvertrages**: Während im Recht der Personengesellschaften (§ 708 BGB bzw. § 108 HGB) und der GmbH (§ 45 Abs. 2 GmbHG) weitestgehend **Gestaltungsfreiheit** herrscht, zeichnet sich das Aktienrecht zum Schutze der Aktionäre durch **Satzungsstrenge** (§ 23 Abs. 5 AktG), also ein völliges Verbot von den gesetzlichen Vorgaben abweichender Regelungen, aus.

Anders als natürliche Personen sind Gesellschaften als rechtliches Gebilde nicht handlungsfähig: Sie verfügen über keine **Organe**, also körperliche Werkzeuge wie Arme und Beine, die sie zu bestimmten Verhaltensweisen befähigen. Die Aufgabe des Gesellschaftsrechts besteht folglich auch darin, das Fehlen körperlicher Organe durch die Zuweisung rechtlicher Organe zu kompensieren. Andernfalls wären Gesellschaften von vornherein handlungsunfähig und damit sinnlos. Bezüglich der Frage, wer Organ einer Gesellschaft sein kann, ergeben sich zwischen Personengesellschaften und Körperschaften erhebliche Unterschiede. Während bei Personengesellschaften Organe lediglich aus dem Kreis der Gesellschafter bestellt werden können (sog. **Selbstorganschaft**), ist es bei Körperschaften zulässig, wenngleich nicht zwingend, ein Rechtssubjekt zum Organ zu bestellen, das der Gesellschaft nicht angehört (sog. **Fremdorganschaft**).

Wird eine Gesellschaft gegründet, stellt sich die Frage, ob diese über ein eigenständiges **Gesellschaftsvermögen** verfügen soll, welches von den Privatvermögen der einzelnen Gesellschafter getrennt ist. Eine solche besondere Vermögensmasse der Gesellschaft besteht gem. § 713 BGB aus den Beiträgen der Gesellschafter (§ 709 Abs. 1 BGB) sowie den für oder durch die Gesellschaft erworbenen Rechten und den gegen die Gesellschaft begründeten Verbindlichkeiten Die Bildung eines selbständigen Gesellschaftsvermögens erlaubt es den Gesellschaftern, bestimmte Vermögensgegenstände dem freien **Zugriff** der Gesellschafter zu entziehen und diese stattdessen für den Zugriff durch Gläubiger der Gesellschaft freizuhalten. Auf der anderen Seite führt die Vermögenstrennung dazu, dass es Gläubigern der Gesellschafter unmöglich oder zumindest wesentlich erschwert wird, auf diejenigen Vermögensgegenstände zuzugreifen, welche dem Gesellschaftsvermögen angehören. Bei sog. Innengesellschaften, d.h. Gesellschaften, die nach dem gemeinsamen Willen der Gesellschafter (manifestiert im Gesellschaftsvertrag) lediglich zur Ausgestaltung des Rechtsverhältnisses der Gesellschafter untereinander dienen und nicht am Rechtsverkehr teilnehmen sollen (Rechtsformen: nicht rechtsfähige GbR iSd § 705 Abs. 2 Alt. 2 BGB, stille Gesellschaft iSd § 230 HGB), wird kein eigenständiges Gesellschaftsvermögen gebildet (für die nicht rechtsfähige GbR deutlich § 740 Abs. 1 BGB, für die stille Gesellschaft § 230 Abs. 1 HGB, wo nur von dem „Vermögen des Inhabers" die Rede ist). Die vor dem Inkrafttreten des MoPeG zum 1.1.2024 geführte Diskussion um die mögliche Unterscheidung zwischen sog. Innengesellschaften i.e.S. (kein Auftreten im Rechtsverkehr nach außen, kein eigenes Gesellschaftsvermögen) und Innengesellschaften i.w.S. (kein Auftreten im Rechtsverkehr nach außen, aber eigenes Gesellschaftsvermögen) hat sich nach dem MoPeG im Grunde erledigt. Denn die Frage nach einem vom Privatvermögen der Gesellschafter getrennten Gesellschaftsvermögen knüpft nun an die **Rechtsfähigkeit** an (entweder rechtsfähige GbR iSd §705 Abs. 2 Alt. 1 BGB mit Gesellschaftsvermögen iSd §713 BGB oder nicht rechtsfähige GbR iSd §705 Abs. 2 Alt. 2 BGB ohne Gesellschaftsvermögen gem. §740 Abs. 1 BGB). Daher erscheint nunmehr auch die Unterscheidung von **rechtsfähigen Gesellschaften** und **nicht rechtsfähigen Gesellschaften** vorzugswürdig gegenüber der überkommenden Unterscheidung von Innen- und Außengesellschaften. Alle Gesellschaften ohne eigenes Gesellschaftsvermögen fallen damit nunmehr einheitlich in die Kategorie der nicht rechtsfähigen Gesellschaft (Innengesellschaft).

Beispiele für nicht rechtsfähige Gesellschaften (Innengesellschaften):
- **Ehegatten-Innengesellschaft:** zur internen Vermögensbildung und Arbeitsaufteilung der Ehegatten (nicht rechtsfähige GbR iSd §705 Abs. 2 Alt. 2 BGB)
- **Bietergemeinschaft:** zur Vorbereitung eines gemeinsamen Angebots bei öffentlichen oder privaten Ausschreibungen (nicht rechtsfähige GbR iSd §705 Abs. 2 Alt. 2 BGB)
- **Kosten- oder Abrechnungsgemeinschaft:** zur Aufteilung gemeinsamer Betriebskosten (z.B. Miete, Vertrieb, Backoffice) (nicht rechtsfähige GbR iSd §705 Abs. 2 Alt. 2 BGB)
- **Mitarbeiterbeteiligung:** Arbeitnehmer zahlt eine Einlage (z.B. 20.000 €) und erhält dafür eine gewinnabhängige Beteiligung und ggf. ein Kontrollrecht (z.B. Einsicht in Jahresabschluss) (stille Gesellschaft iSd §230 HGB)
- **Investor-Finanzierung:** Finanzierer (z.B. Bank, Beteiligungsgesellschaft) stellt Kapital als typische stille Einlage bereit, also mit fester Mindestvergütung, variabler Gewinnkomponente, oft mit Laufzeit, Kündigungsrechten und Rangrücktritt (stille Gesellschaft iSd §230 HGB)

Bei sog. Außengesellschaften, d.h. Gesellschaften, die nach dem gemeinsamen Willen der Gesellschafter (manifestiert im Gesellschaftsvertrag) am Rechtsverkehr teilnehmen sollen (vgl. als allgemeines Prinzip §705 Abs. 2 Alt. 1 BGB), wird ein eigenständiges Gesellschaftsvermögen stets gebildet (vgl. als allgemeines Prinzip §713 BGB). Sie sind rechtsfähige Personengesellschaft iSd §14 Abs. 2 BGB. Selten, aber denkbar sind Kooperationsstrukturen, die faktisch nach außen wirken (z.B. als gemeinsamer Betrieb mehrerer Unternehmen iSd §1 Abs. 1 S. 2, Abs. 2 BetrVG oder als Einkaufskooperationen), ohne dass die Beteiligten aber eine rechtsfähige GbR mit Gesellschaftsvermögen bilden wollen. Das Außenhandeln erfolgt dann regelmäßig über eine der beteiligten Rechtsträger (sog. Lead-Company), nicht über eine eigenständige Gesellschaft im Sinne eines weiteren Rechtsträgers. Der Rechtsnatur nach handelt es sich um arbeitsverfassungsrechtliche Zurechnungsfiguren oder schuldrechtliche Verträge.

Trägerin des Gesellschaftsvermögens, also Zuordnungssubjekt sämtlicher Vermögensbestandteile, ist bei Körperschaften stets die Körperschaft selbst (z.B. §13 Abs. 1 GmbHG, §1 Abs. 1 AktG). Bei Personengesellschaften ist seit dem MoPeG nach der Rechtsfähigkeit zu unterscheiden: Bei den rechtsfähigen Personengesellschaften (Grundfall: die rechtsfähige GbR iSd §705 Abs. 2 Alt. 1 BGB) ist die

Gesellschaft selbst Trägerin des Gesellschaftsvermögens (vgl. als allgemeines Prinzip §713 BGB). Sämtliche Beiträge der Gesellschafter (vgl. §709 Abs. 1 BGB) sowie alle für oder durch die Gesellschaft erworbenen Rechte und die gegen die Gesellschaft begründeten Verbindlichkeiten sind Vermögen der Gesellschaft. Bei der nicht rechtsfähigen Gesellschaft (vgl. §705 Abs. 2 Alt. 2 BGB) entsteht demgegenüber kein Gesellschaftsvermögen (vgl. als allgemeines Prinzip §740 Abs. 1 BGB). Vermögensgegenstände können den Gesellschaftern allenfalls nach allgemeinen Regeln (z.B. Bruchteilsgemeinschaft iSd §§741 ff., 1008 ff. BGB) zustehen, ohne dass dadurch jedoch ein vom Privatvermögen der Gesellschafter getrenntes Gesellschaftsvermögen begründet würde.

Eine „**Berechtigung**" der Gesellschafter am Gesellschaftsvermögen (bisweilen auch als Vermögensanteil bezeichnet) besteht bei rechtsfähigen Personengesellschaften nicht in Form von Miteigentums- Bruchteilsrechten (§§1008 ff., 741 ff. BGB), sondern als mitgliedschaftliche Beteiligungsposition (sog. **Gesellschaftsanteil**). Das aus dem altdeutschen Recht stammende und in §719 Abs. 1 BGB a.F. geregelte Gesamthandsprinzip wurde durch das MoPeG aufgegeben. Seine Funktion, das Gesellschaftsvermögen dauerhaft für den vereinbarten Gesellschaftszweck zu sichern und es vor dem Zugriff privater Gläubiger zu schützen, wird nun durch §713 BGB erfüllt. Bei Körperschaften besteht keinerlei Berechtigung der Mitglieder am Gesellschaftsvermögen, sondern eine strikte Trennung zwischen Privatvermögen der Gesellschafter und Gesellschaftsvermögen. Daher gibt es bei Körperschaften auch nicht die für Personengesellschaften typische An- und Abwachsung (vgl. als allgemeines Prinzip §712 Abs. 1 BGB), d.h. die dynamische Veränderung der Beteiligungsposition im Zuge von Ein- und Austritt, woraus eine Vergrößerung bzw. Verkleinerung des Umfangs der Beteiligung am Gesellschaftsvermögen resultiert. Steuerrechtlich wird diese manifestiert sich diese strikte Trennung im sog. Trennungsprinzip (Kapitalgesellschaft als eigenes Steuersubjekt iSd §1 KStG). Demgegenüber werden Personengesellschaften im Steuerrecht weitgehend transparent behandelt (insb. Zurechnung der Einkünfte zu den Gesellschaftern, §15 Abs. 1 S. 1 Nr. 2 EstG, §§179, 180 AO, §39 Abs. 2 Nr. 2 AO).

Die Darstellung des Vermögensanteils eines Gesellschafters in der Bilanz (§§242 Abs. 1, 247, 266, 243 ff. HGB), sofern eine solche aufzustellen ist (§242 Abs. 1 S. 1 HGB), so wie sich dieser nach den kaufmännischen Grundsätzen ordnungsgemäßer Buchführung (§§238, 243 ff. HGB) berechnet, wird als **Kapitalanteil** bezeichnet. Er entspricht dem Saldo der für einen Gesellschafter auf der Passivseite der Bilanz geführten Kapitalkonten. Der Kapitalanteil ist der nach den Vorschriften des Bilanzrechts ermittelte Buchwert des Anteils am Gesellschaftsvermögen und kann deshalb von dessen tatsächlichem (objektivem) Verkehrswert abweichen (z.B. bei sog. stille Reserven, die etwa durch eine Unterbewertung von Sacheinlagen entstehen).

Unter der **Mitgliedschaft** in der Gesellschaft (Synonyme: Gesellschaftsanteil, Geschäftsanteil) versteht man die Gesamtheit der aus der Gesellschafterstellung resultierenden Rechte und Pflichten. Sie ist gem. §§413, 398 BGB übertragbar, wegen ihrer Höchstpersönlichkeit bei den Personengesellschaften allerdings nur bei entsprechender Zustimmung der übrigen Gesellschafter (§711 Abs. 1 S. 1 BGB).

Andernfalls könnte diesen ein unliebsamer Mitgesellschafter aufgedrängt werden. Als sonstiges Recht iSd §823 Abs.1 BGB genießt die Mitgliedschaft deliktischen Schutz (BGHZ 110, 323 (327)). Die Mitgliedschaft ist gleichbedeutend mit der Stellung als Gesellschafter. Daraus folgt: ohne Mitgliedschaft keine Gesellschafterstellung. Anders als im Kapitalgesellschafts- und Genossenschaftsrecht gilt im Personengesellschafts- und Vereinsrecht der Grundsatz der **Einheitlichkeit der Mitgliedschaft**. Danach kann der Gesellschafter einer Personengesellschaft oder eines Vereins nur einen Gesellschaftsanteil innehaben. Erwirbt er einen weiteren Gesellschaftsanteil hinzu, verliert dieser seine Selbständigkeit. Im Kapitalgesellschafts- (§5 Abs.2 S.2 GmbHG, §134 Abs.1 S.2 AktG) und Genossenschaftsrecht (§15b GenG) hingegen kann jeder Gesellschafter mehrere selbständige Gesellschaftsanteile zugleich halten. Nach dem sog. **Abspaltungsverbot** des §711a S.1 BGB sind Ansprüche, die den Gesellschaftern aus dem Gesellschaftsverhältnis gegeneinander zustehen, nicht übertragbar. Aufgrund der weitgehenden Ausnahmen des §711a S.2 BGB gilt das Abspaltungsverbot im Ergebnis jedoch nur für die sog. Verwaltungsrechte eines Gesellschafters. Kein Anspruch iSd §711a S.1 BGB ist namentlich auch die Mitgliedschaft als solche.

Hinsichtlich der Wahl der für das konkrete Vorhaben „passenden“ Rechtsform lassen sich einige **Bestimmungsfaktoren** identifizieren, deren Berücksichtigung eine optimierte Rechtsformfindung erleichtert:

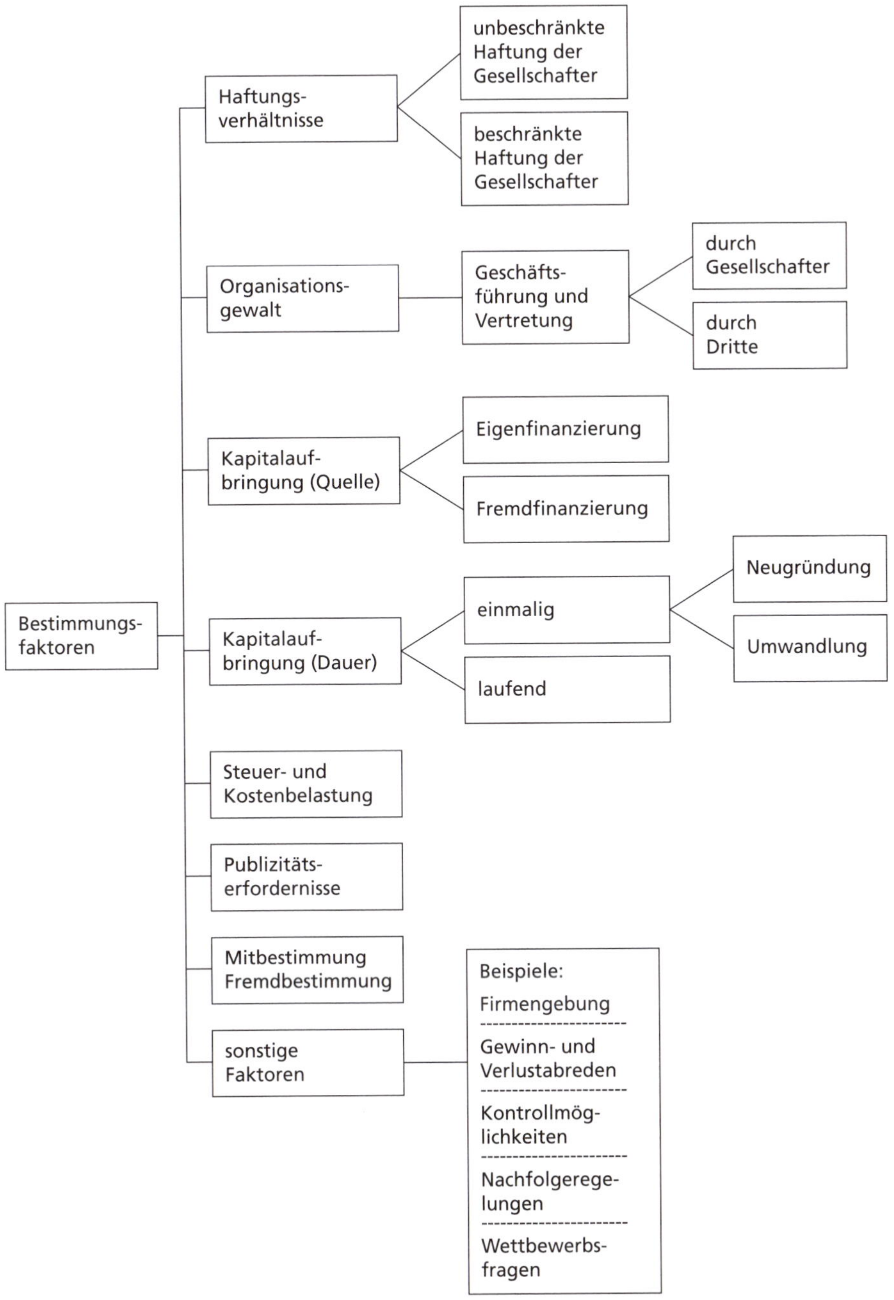

Abb. 47: Bestimmungsfaktoren

5. Kapitel: Das Recht der Personengesellschaften

§ 13. Grundlagen des Personengesellschaftsrechts (E)

I. Besondere Prinzipien des Personengesellschaftsrechts

Personengesellschaften unterscheiden sich in ihrem Leitbild und ihrer rechtstechnischen Ausgestaltung in zentralen Punkten von Körperschaften und damit auch von Kapitalgesellschaften. Typisch ist zunächst die enge Verknüpfung von Mitgliedschaft und Mitwirkung: Personengesellschaften sind – anders als Kapitalgesellschaften – grundsätzlich auf die persönliche Zusammenarbeit und das Vertrauen der Gesellschafter angelegt. Diese Grundannahme prägt Haftung, Organisation und Vermögensordnung.

1. Rechtsfähigkeit ohne Rechtspersönlichkeit

Seit dem MoPeG ist für Personengesellschaften klar zwischen Rechtsfähigkeit und Nichtrechtsfähigkeit zu unterscheiden. Eine Gesellschaft ist rechtsfähig, wenn sie nach dem gemeinsamen Willen der Gesellschafter am Rechtsverkehr teilnehmen soll (§705 Abs. 2 BGB für die GbR, §105 Abs. 2 HGB für die Personenhandelsgesellschaften). **Rechtsfähigkeit** bedeutet, dass die Gesellschaft selbst Rechte erwerben und Verbindlichkeiten eingehen kann und damit Zuordnungssubjekt des Gesellschaftsvermögens ist (bei der GbR §713 BGB, bei OHG und KG entsprechend über §§105 Abs. 3, 161 Abs. 2 HGB). Die Vorschrift des §713 BGB ist weit formuliert: Sie umfasst grundsätzlich alle denkbaren Aktiva und Passiva, unabhängig davon, ob ihre Entstehung auf einem gesetzlichen (z.B. erbrechtlichen) oder rechtsgeschäftlichen Erwerbsgrund basieren. Damit existiert – funktional wie bei Kapitalgesellschaften – ein vom Privatvermögen der Gesellschafter getrenntes Gesellschaftsvermögen, das vorrangig dem Zugriff der Gesellschaftsgläubiger unterliegt und dem unmittelbaren Zugriff der Privatgläubiger einzelner Gesellschafter entzogen ist. Gleichwohl wird die rechtsfähige Personengesellschaft (vgl. zum Begriff §14 Abs. 2 BGB) im dogmatischen Leitbild des BGB und HGB anders als AG (§1 Abs. 1 S. 1 AktG) und GmbH (§13 Abs. 1 GmbHG) nicht als juristische Person mit eigener **Rechtspersönlichkeit** behandelt. Der praktische Unterschied zu Kapitalgesellschaften zeigt sich insbesondere darin, dass bei Personengesellschaften die persönliche Haftung der Gesellschafter, die Selbstorganschaft und die stärkere Vertragsfreiheit (siehe dazu sogleich) konstitutive Leitgedanken bleiben. Die Möglichkeit, die rechtsfähige GbR in ein Register einzutragen (§ 707 BGB), ändert daran nichts: Sie schafft Subjektpublizität, aber keinen Systemwechsel zur Kapitalgesellschaft. Dass das Gesetz rechtliche Gebilde kennt, die am Rechtsverkehr teilnehmen und dennoch keine Rechtspersönlichkeit besitzen, belegt zudem § 54 Abs. 1 S. 2 BGB (wirtschaftlicher Verein ohne Rechtspersönlichkeit, auf den §§ 705 ff. BGB anzuwenden sind). Die rechtliche Einordnung hängt dort nicht von der Rechtsform „juristische Person", sondern von der gesetzlich angeordneten Verweisung auf das Gesellschaftsrecht ab.

Demgegenüber gilt: Eine nicht rechtsfähige Gesellschaft hat kein Gesellschaftsvermögen (§ 740 Abs. 1 BGB). In solchen reinen Innengesellschaften verbleiben Vermögensgegenstände, die für die Zusammenarbeit genutzt werden, nach den allgemeinen Regeln bei den Gesellschaftern (ggf. als Bruchteilsgemeinschaft), ohne dass ein Gesellschaftsvermögen im Sinne des Personengesellschaftsrechts entsteht. Für die Praxis und für Klausuren ist die Leitfrage daher stets: Soll die Gesellschaft als solche am Rechtsverkehr teilnehmen? Ist dies zu bejahen, liegt regelmäßig eine rechtsfähige Personengesellschaft mit Gesellschaftsvermögen vor. Ist dies zu verneinen, bleibt es bei der nicht rechtsfähigen Innengesellschaft ohne Gesellschaftsvermögen.

2. Kein gesetzlich vorgeschriebenes Mindestkapital

Personengesellschaften kennen – anders als Kapitalgesellschaften – kein gesetzlich zwingendes „Garantiekapital" in Form eines Mindeststamm- oder Mindestgrundkapitals. Bei der GmbH verlangt das Gesetz ein Stammkapital (§ 5 Abs. 1 GmbHG), bei der AG ein Grundkapital (§ 7 AktG), flankiert durch detaillierte Regeln zur Kapitalaufbringung und Kapitalerhaltung (etwa §§ 30 ff. GmbHG, §§ 57 ff. AktG). Der Sinn der genannten kapitalgesellschaftsrechtlichen Vorschriften besteht vor allen Dingen darin, ein hinreichendes Maß an **Gläubigerschutz** sicherzustellen: Es soll gewährleistet werden, dass die Kapitalgesellschaft über ausreichend Vermögen verfügt, um etwaige Ansprüche ihrer Gläubiger (z.B. aus Lieferung und Leistung) erfüllen zu können. Personengesellschaften kompensieren das Fehlen eines solchen gesetzlichen Haftungsfonds typischerweise durch die persönliche Haftung der Gesellschafter (dazu sogleich).

3. Persönliche Haftung der Gesellschafter

Charakteristisch für Personengesellschaften ist die persönliche Haftung der Gesellschafter mit ihrem Privatvermögen. Für die GbR bestimmt § 721 S. 1 BGB, dass die Gesellschafter für die Verbindlichkeiten der Gesellschaft den Gläubigern als Gesamtschuldner persönlich haften, für die OHG übernimmt § 126 S. 1 HGB dieselbe Funktion. Bei der KG haftet der Komplementär über § 161 Abs. 2 HGB wie ein OHG-Gesellschafter, während die Haftung des Kommanditisten nach Maßgabe der §§ 176, 171, 172 HGB beschränkt ist. In Kapitalgesellschaften greift demgegenüber der Grundsatz der Haftungsabschirmung: Für Verbindlichkeiten der GmbH haftet grundsätzlich nur das Gesellschaftsvermögen (§ 13 Abs. 2 GmbHG), für Verbindlichkeiten der AG ebenso (§ 1 Abs. 1 S. 2 AktG). Die persönliche Haftung im Personengesellschaftsrecht ist damit ein zentraler, nicht bloß akzessorischer **Gläubigerschutzbaustein** und zugleich ein strukturprägendes Element der **Organisationsverfassung**: Wer (mit-)leitet, trägt das wirtschaftliche Risiko nicht nur mittelbar über seine Beteiligung, sondern regelmäßig unmittelbar über sein Privatvermögen.

4. Geringere Publizitätsanforderungen

Ein weiterer struktureller Unterschied liegt in der Publizität: Kapitalgesellschaften sind typischerweise durch eine **hohe Publizitätsintensität** gekennzeichnet. Die GmbH und die AG sind stets registerpublizitätspflichtig (Handelsregister) und unterliegen zudem einer vergleichsweise dichten informationsrechtlichen Infrastruktur (u. a. Offenlegung der Rechnungslegung nach den handelsrechtlichen Vorschriften sowie gesellschaftsrechtliche Mindestangaben im Register). Diese Publizität dient dem **Verkehrsschutz**, indem sie Dritten (Gläubigern, aber auch anderen stakeholdern wie Behörden) verlässliche Informationen über Existenz, Vertretung, Haftungsstruktur und – jedenfalls in gewissem Umfang – über die wirtschaftliche Lage des Rechtsträgers zur Verfügung stellt. Personengesellschaften sind demgegenüber traditionell **publizitätsärmer** ausgestaltet. Zwar unterliegen die Personenhandelsgesellschaften (OHG, KG) ebenfalls dem Handelsregister und die rechtsfähige GbR nunmehr dem Gesellschaftsregister. Allerdings ist die Registrierung der rechtsfähigen GbR im Gesellschaftsregister freiwillig (§ 707 Abs. 1 BGB). Auch bleibt trotz einer gewissen Annäherung das Grundmuster: Kapitalgesellschaften sind als haftungsbeschränkte, typischerweise anonymere Organisationsformen auf stärkere Publizität angewiesen, während bei Personengesellschaften Haftung und Näheverhältnis der Gesellschafter einen Teil des Gläubigerschutzes bereits strukturell abdecken und Publizität eher ergänzend wirkt.

5. Selbstorganschaft

Personengesellschaften sind grundsätzlich durch das Prinzip der Selbstorganschaft geprägt: **Leitung** (Geschäftsführung und Vertretung) sind typischerweise an die Gesellschafter als Mitglieder gebunden. Das zeigt sich bei der GbR in den Regeln zur Geschäftsführung und Vertretung (§§ 715a f., 720 BGB) sowie bei der OHG und KG über die entsprechenden Regelungen (§§ 116, 124 HGB). Zwar eröffnet das Personengesellschaftsrecht – insbesondere im Handelsrecht – umfangreiche Gestaltungsspielräume für Delegation und interne Zuständigkeiten. Der strukturelle Ausgangspunkt bleibt jedoch die **Selbstorganisation** der Gesellschafter und der dahinterstehende Gedanke eines – der gesetzlichen Annahme nach – stark ausgeprägten Nähe- und Vertrauensverhältnisses zwischen den Gesellschaftern. Dieses Näheverhältnis spiegelt sich in gesteigerten mitgliedschaftlichen Rücksichtnahmepflichten iSd § 241 Abs. 2 BGB (Treuegedanke des § 242 BGB) sowie in der Bedeutung von Informationsrechten, Mitwirkungsrechten und konfliktvermeidender Binnenorganisation wider. Kapitalgesellschaften hingegen eröffnen die Möglichkeit – nicht allerdings den Zwang – einer **Fremdorganschaft** in dem Sinne, dass Geschäftsführung und Vertretung nicht aus dem Kreis der Mitglieder, sondern durch Externe übernommen wird.

6. Weitreichende Privatautonomie

Die Organisationsverfassung der Personengesellschaften ist in besonderer Weise privatautonomer Gestaltung (vgl. §311 Abs. 1 BGB) zugänglich. Das Personengesellschaftsrecht stellt regelmäßig ein **dispositives Leitbild** zur Verfügung, das durch den Gesellschaftsvertrag – im Rahmen einzelner zwingender Schranken – in weitem Umfang modifiziert werden kann. Demgegenüber ist das Recht der Kapitalgesellschaften stärker durch **zwingende Strukturvorgaben** geprägt: Innerhalb des jeweiligen Gesellschaftstyps ist der Gestaltungsspielraum unterschiedlich ausgeprägt. Bei der GmbH besteht zwar eine erhebliche **Satzungsautonomie** (vgl. §45 GmbHG). Gleichwohl enthält das GmbHG einen zwingenden Kern, der insbesondere die Existenz der juristischen Person, die organschaftliche Vertretung sowie zentrale Kompetenz- und Haftungsregeln betrifft (etwa §§21–24 GmbHG, wie §25 GmbHG klarstellt). Bei der AG ist der Gestaltungsspielraum deutlich enger: Das Aktienrecht folgt dem Grundsatz der **Satzungsstrenge** (§23 Abs. 5 AktG). Damit soll eine hohe Standardisierung, Transparenz und Verkehrsfähigkeit der Mitgliedschaft (Aktie) gewährleistet werden. Der Preis dafür ist eine deutlich geringere Flexibilität gegenüber der Personengesellschaft und – in geringerem Maße – gegenüber der GmbH.

7. Personalistische Mitgliedschaft

Personengesellschaften sind der gesetzlichen Konzeption nach durch eine stärkere **personalistische Prägung** gekennzeichnet: Eintritt, Ausscheiden und Wechsel von Gesellschaftern spielen praktisch eine größere Rolle und wirken typischerweise unmittelbar auf die Mitgliedschafts- und Vermögensordnung. Während das Kapitalgesellschaftsrecht bei einem Beteiligungswechsel stärker dem Gedanken des Verkehrsschutzes verpflichtet ist (vgl. §16 Abs. 3 GmbHG), setzt das Personengesellschaftsrecht stärker bei der personellen Zusammensetzung und bei Abfindungs- und Fortsetzungsmechanismen an. Der zentrale Punkt ist: Die Beteiligung an Personengesellschaften ist typischerweise stärker mit der Person des Gesellschafters verknüpft, sodass Mitgliedschaftswechsel nicht nur Vermögens-, sondern zugleich Organisations- und Haftungsfragen (vgl. §712a BGB) auslösen.

II. Regelungssystematik des Personengesellschaftsrechts

Anders als das Recht der Körperschaften, in welchem nahezu sämtliche für eine bestimmte Rechtsform relevanten Vorschriften in ein und demselben Gesetz (z.B. GmbHG für die GmbH, AktG für die AG, GenG für die Genossenschaft) aufzufinden sind, zeichnet sich das Personengesellschaftsrecht durch eine besondere Regelungssystematik aus. Am einfachsten verhält es sich bei dem gesetzlichen Grundtyp einer Personengesellschaft, der **GbR**: Für diese gelten schlicht die §§705 ff. BGB. Für eine **oHG** gelten diese allgemeinen Vorschriften über die Verweisungsnorm des §105 Abs. 3 HGB ebenfalls, sofern das in §§105 ff. HGB kodifizierte oHG-Recht nichts Abweichendes anordnet. Für die **KG** gelten primär §§161 ff. HGB, wegen §161 Abs. 2 HGB ist aber auch oHG- und wegen §§161 Abs. 2, 105 Abs. 3 HGB überdies GbR-Recht anzuwenden. Für die **PartG** gelten neben den

Vorschriften des PartGG wegen §§ 1 Abs. 4, 6 Abs. 3 S. 2, 7 Abs. 2, 3, 8 Abs. 1 S. 2, 9 Abs. 1, 4 S. 3, 10 Abs. 2 PartGG die dort genannten Regelungen des oHG- und GbR-Rechts. Dasselbe gilt für das Recht der **stG**, welches in §§ 233, 234 Abs. 1 HGB Verweisungen auf bestimmte Vorschriften des oHG- und GbR-Rechts enthält.

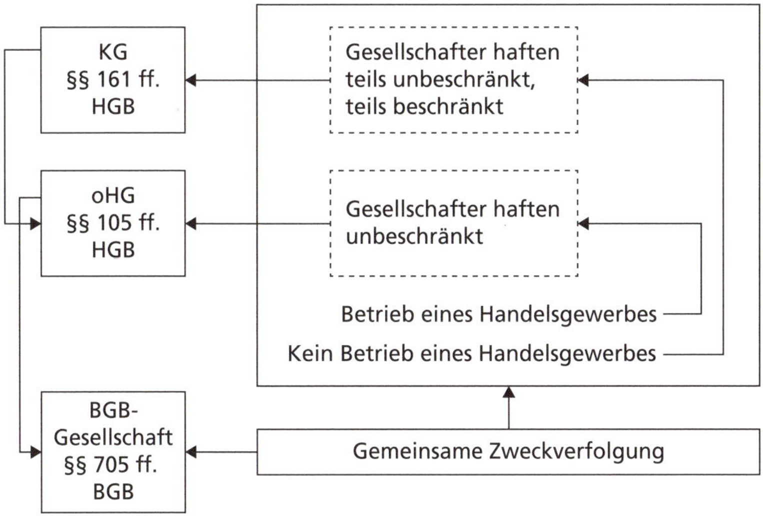

Abb. 48: Entstehung von Personengesellschaften

§ 14. Die Gesellschaft bürgerlichen Rechts (GbR) (E)

I. Begriff, Bedeutung und rechtliche Qualifikation

Die Gesellschaft bürgerlichen Rechts (GbR) ist nach der Konzeption des Gesetzgebers **Grundtypus aller Personengesellschaften**. Die Grundnorm des Rechts der GbR, § 705 BGB, kann mit Fug und Recht als Kardinalnorm des deutschen Gesellschaftsrechts, zumindest aber des Personengesellschaftsrechts, bezeichnet werden, normiert sie doch in ihrem ersten Absatz mit dem gemeinsamen Zweck und den Förderpflichten der Gesellschafter die beiden konstitutiven Merkmale eines Gesellschaftsvertrages. Damit stellt § 705 Abs. 1 BGB für alle GbR die Voraussetzungen auf, die zur Errichtung einer jeden GbR erfüllt werden müssen (dazu sogleich sowie unter II.).

Seit dem Inkrafttreten des MoPeG zum 1.1.2024 unterscheidet das Gesetz systematisch nach rechtsfähiger GbR (2. Buch des BGB, Titel 16, Untertitel 2: §§ 706–739 BGB; dazu III.) und nicht rechtsfähiger GbR (2. Buch des BGB, Titel 16, Untertitel 3: §§ 740–740c BGB; dazu IV.). Eine **rechtsfähige GbR** entsteht gem. § 705 Abs. 2 Alt. 1 BGB, wenn die Gesellschaft nach dem gemeinsamen Willen der Gesellschafter am Rechtsverkehr teilnehmen soll. Es handelt sich um ein subjektives Tatbestandsmerkmal: Maßgeblich ist grundsätzlich nicht, ob die Gesellschaft (bereits) am Rechtsverkehr teilnimmt, sondern, ob sie nach dem übereinstimmenden Willen der Gesellschafter (irgendwann einmal) am Rechtsverkehr teilnehmen soll. Die Vorschrift des §705 Abs.3 BGB erleichtert demjenigen, der sich auf das Bestehen einer rechtsfähigen GbR beruft, die – mitunter schwierige – Beweisführung, indem sie die (unwiderlegliche) Vermutung aufstellt, dass die Gesellschaft nach dem gemeinsamen Willen der Gesellschafter am Rechtsverkehr teilnimmt, wenn der Gegenstand der Gesellschaft in dem Betrieb eines Unternehmens unter gemeinschaftlichem Namen besteht. Eine **nicht rechtsfähige GbR** entsteht hingegen gem. §705 Abs.2 Alt.2 BGB, wenn die Gesellschaft den Gesellschaftern (lediglich) zur Ausgestaltung ihres Rechtsverhältnisses untereinander dienen soll. Auch insoweit handelt es sich um ein subjektives Tatbestandsmerkmal. Anwendbar sind auf die rechtsfähige GbR nach alledem §§705–739 BGB und auf die nicht rechtsfähige GbR §§705, 740–740c BGB.

Gemäß §705 Abs.1 BGB handelt es sich bei der GbR um eine **Gesellschaft**, in der sich die Gesellschafter gegenseitig verpflichten, die Erreichung eines gemeinsamen Zweckes in der durch den Vertrag bestimmten Weise zu fördern, insbesondere die vereinbarten Beiträge zu leisten. Spricht der Gesetzgeber von der Erreichung „eines gemeinsamen Zwecks", meint er damit **irgendeinen gemeinsamen Zweck**, sofern dieser nicht gegen ein gesetzliches Verbot (§134 BGB) oder die guten Sitten (§138 BGB) verstößt. Anders als die oHG und die KG (§§105 Abs.1, 107 Abs.1 HGB, bei der KG iVm §161 Abs.2 HGB), die stG (§230 Abs.1 HGB) und die PartG (§1 Abs.1 PartGG), aber ebenso wie die GmbH (§1 GmbHG) und die AG (§3 Abs.1 AktG) steht die GbR damit zur Verfolgung jedes rechtlich zulässigen Zwecks offen.

Hinweis: Verfolgen die Gesellschafter einen der in §§105 Abs.1, 107 Abs.1 HGB genannten Zwecke, mag zwar bei Wirksamwerden des Gesellschaftsvertrags zunächst eine GbR entstehen. Nach dem Grundsatz des Rechtsformzwangs (s.o. §12 III.) verwandelt sich die Gesellschaft im Zeitpunkt der Verwirklichung der Voraussetzungen des §123 Abs.1 S.1 HGB (Eintragung in das Handelsregister bei kleingewerblicher, vermögensverwaltender oder freiberufstragender Gesellschaft) oder §123 Abs.1 S.2 HGB (Teilnahme am Rechtsverkehr mit Zustimmung sämtlicher Gesellschafter bei Betrieb eines Handelsgewerbes) allerdings ipso iure in eine oHG, selbst wenn die Gründer die Gesellschaft als GbR bezeichnen oder (nur) eine GbR gründen wollen.

Dasselbe gilt bei Verfolgung des Zwecks der Ausübung eines freien Berufs (§1 Abs.1 S.1, Abs.2 PartGG) bis zur Eintragung in das Partnerschaftsregister (§7 Abs.1 PartGG) bei beabsichtigter Gründung einer PartG und zweckunabhängig (§1 GmbHG) bis zur Eintragung in das Handelsregister (§11 Abs.1 GmbHG) bei beabsichtigter Gründung einer GmbH, wobei im Falle der GmbH-Gründung noch das Stadium der Vorgesellschaft zwischengeschaltet ist (s. dazu §19 II.).

Besteht der Zweck allerdings in der Beteiligung an dem Handelsgewerbe (§1 Abs.2 HGB) eines anderen, entsteht gem. §230 Abs.1 HGB bei Wirksamwerden des Gesellschaftsvertrages unmittelbar eine stG, ohne dass es jemals zu einem Rechtsformwechsel kommen kann. Weder das HGB noch die Vorschriften des UmwG (§§3, 124, 175, 191 UmwG) erkennen der stG die Fähigkeit zum Rechtsformwechsel zu. Die Beteiligung am Unternehmen eines anderen, das kein Handelsgewerbe ist, stellt hingegen keine stG, sondern eine GbR dar.

Wird eine kleingewerbliche, vermögensverwaltende oder freiberufstragende Gesellschaft zur Eintragung in das Gesellschaftsregister angemeldet, trägt das Registergericht gem. § 107 Abs. 3 S. 1 HGB ihre Fortsetzung als Gesellschaft bürgerlichen Rechts ein und nimmt einen entsprechenden Vermerk nach § 107 Abs. 3 S. 2 HGB iVm § 707c Abs. 2 S. 2–5 BGB vor. Ist hingegen die Eintragung als oHG bereits erfolgt, ist eine Fortsetzung als Gesellschaft bürgerlichen Rechts nur im Wege eines Statuswechsels (§ 707c BGB) zulässig, § 107 Abs. 2 S. 2 HGB.

Aufgrund ihrer weitgehenden Zweckoffenheit ist die GbR als Rechtsform flexibel einsetzbar und von großer **Bedeutung**. In Betracht kommt zunächst die Verfolgung **ideeller Zwecke** (z.B. Kunstförderung, Verwandtenpflege), aber auch die Verfolgung **wirtschaftlicher Zwecke** (z.B. Lotto-Tippgemeinschaft, gemeinsames Halten eines Pkw, gemeinsames Verwalten von Immobilien, Einkaufsgemeinschaft zur Erzielung von Mengenrabatt, Wohngemeinschaft, Zusammenschlüsse von Kleingewerbetreibenden ohne Eintragung nach § 2 S. 2 HGB, Zusammenschlüsse von Land- oder Forstwirten ohne Eintragung nach § 3 Abs. 2 HGB, Betrieb einer Gemeinschaftspraxis, Betrieb einer Anwaltssozietät, Emissionskonsortien, Fondsgesellschaften, Arbeitsgemeinschaften mehrerer Unternehmen zur Durchführung großer Projekte, Unterbeteiligung am Gesellschaftsanteil eines anderen).

Ausgangspunkt für die **rechtliche Qualifikation** der GbR ist die Frage nach ihrer **Rechtsfähigkeit**. Seit dem Inkrafttreten des MoPeG zum 1.1.2024 ist diese Frage nunmehr eindeutig beantwortet: Nur die **rechtsfähige GbR** kann gem. § 705 Abs. 2 Alt. 1 BGB selbst Rechte erwerben und Verbindlichkeiten eingehen. Sie ist befähigt zur Bildung eines Gesellschaftsvermögens iSd § 713 BGB, zur Umwandlung iSd §§ 3 Abs. 1 Nr. 1, 124 Abs. 1, 191 Abs. 1 Nr. 1, Abs. 2 Nr. 1 UmwG, zur Insolvenz gem. § 11 Abs. 2 Nr. 1 InsO, zur Eintragung ins Grundbuch und damit rechtsfähige Personengesellschaft iSd § 14 Abs. 2 BGB. Aufgrund der Kodifizierung der Rechtsfähigkeit der rechtsfähigen GbR lässt sich nunmehr auch problemlos erklären, dass Wechsel im Gesellschafterbestand keine Auswirkung auf Dauerschuldverhältnisse haben, welche die GbR eingegangen ist. Die **nicht rechtsfähige GbR** bedarf keiner Rechtsfähigkeit, da sie nur gem. § 705 Abs. 2 Alt. 1 BGB den Gesellschaftern zur Ausgestaltung ihres Rechtsverhältnisses untereinander dient und gem. § 740 Abs. 1 BGB kein Gesellschaftsvermögen bildet.

II. Entstehung

Die Frage, ob der (rechtsfähigen) GbR konkrete Rechte (insb. Ansprüche) zustehen bzw. sie konkrete Pflichten (Verbindlichkeiten) treffen kann, stellt sich nur, wenn überhaupt eine GbR entstanden ist. Voraussetzung für die Entstehung einer GbR als möglicher Rechtsträgerin ist, dass der Tatbestand des § 705 Abs. 1 BGB verwirklicht ist. Dieser setzt einen wirksamen (!) Gesellschaftsvertrag voraus, der mindestens die Festlegung eines gemeinsamen Zwecks sowie die Bestimmung von Förderpflichten eines jeden Gesellschafters zum Gegenstand hat.

Bei der Prüfung der Vereinbarung eines **gemeinsamen Zwecks** bereitet vor allen Dingen die Abgrenzung zu den sog. **partiarischen Rechtsverhältnissen** gelegentlich Schwierigkeiten. Damit werden Verträge bezeichnet, die eine Partei zu einer Leistung (z.B. Darlehensgewährung, Dienstleistung) verpflichten, während die andere Partei als Gegenleistung statt oder neben einer (festen) Vergütung eine (variable) Beteiligung am Gewinn oder am Umsatz erhält, den die andere Partei erzielt. Entscheidend für die Abgrenzung zum Gesellschaftsverhältnis iSd §705 Abs. 1 BGB ist, ob der Vertragspartner noch weitere für Gesellschafter typische Rechte – relevant sind vor allem die Verwaltungsrechte auf Geschäftsführung, Mitwirkung an der Willensbildung und Information – erhält und ob er auch „ins Risiko« geht, also am Verlust beteiligt werden soll. Beides spricht für die Annahme einer GbR iSd §705 Abs. 1 BGB. Problematisch ist die Abgrenzung insbesondere bei nicht rechtsfähigen Gesellschaften, die nicht auf eine Teilnahme am Rechtsverkehr angelegt sind.

Lernhinweis: Das Abgrenzungsproblem Gesellschaft – partiarisches Darlehen stellt sich neben der nicht rechtsfähigen GbR auch bei der stG. Man sollte es allerdings nur dann thematisieren, wenn das Vorliegen eines gemeinsamen Zwecks und damit einer Gesellschaft nicht auf der Hand liegt.

Ebenso verhält es sich mit dem Vorliegen eines wirksamen Gesellschaftsvertrages iSd §705 Abs. 1 BGB per se. Diese über die Entstehung einer GbR entscheidende Voraussetzung sollte in Klausuren nur dann eingehend geprüft werden, wenn an ihrem Vorliegen objektiv ernsthafte Zweifel bestehen oder sie von einem Beteiligten bestritten wird. In allen anderen Fällen sollten Sie das Vorliegen eines wirksamen Gesellschaftsvertrags iSd §705 Abs. 1 BGB und damit einer GbR an der geeigneten Stelle (z.B. Parteifähigkeit bei prozessualem Aufhänger, Aktiv- oder Passivlegitimation bei rein materiell-rechtlichem Aufhänger) schlicht in einem Satz feststellen.

Bezüglich der **Förderpflichten**, der Möglichkeit einer **Scheingesellschaft** sowie der **Lehre von der fehlerhaften Gesellschaft** gelten weitgehend dieselben Grundsätze wie bei der oHG (s.u. §15 II.). Durch das MoPeG zum 1.1.2024 eingeführt wurde jedoch ein neues, auf §709 Abs. 1 BGB fußendes Begriffsverständnis, wonach die durch den Gesellschafter bewirkte Förderung des gemeinsamen Zwecks, wozu er nach dem Gesellschaftsvertrag gem. §705 Abs. 1 BGB verpflichtet ist, als „**Beitrag**" bezeichnet wird. Nach §709 Abs. 1 BGB kann der Beitrag eines Gesellschafters zu der Gesellschaft namentlich auch in der Leistung von Diensten bestehen. Beitrag iSd §709 Abs. 1 BGB sind demnach sowohl die noch geschuldeten als auch die bereits geleisteten Beiträge unabhängig von ihrem Vermögenswert und auch unabhängig davon, ob sie zu einer Vermehrung der Haftungsmasse beitragen. All diejenigen Beiträge, die zu einer Vermehrung der Haftungsmasse der Gesellschaft führen (namentlich die sachenrechtliche Übertragung von Geld, Sachen und Rechten), lassen sich – der Terminologie des Kapitalgesellschaftsrechts entsprechend – als „**Einlage**" bezeichnen. Demnach ist jede Einlage Beitrag, aber nicht jeder Beitrag zugleich auch Einlage (namentlich Beiträge ohne Vermögenswert oder solche, welche die Haftungsmasse der Gesellschaft nicht mehren, da sie flüchtig sind, z.B. die Leistung von Diensten). Nach §709 Abs. 2 BGB sind die Gesellschafter im Zweifel zu – qualitativ und quantitativ – gleichen Beiträgen verpflichtet. Es handelt sich hierbei um eine Auslegungsregel für den Gesellschaftsvertrag und Ausprägung eines gesellschaftsrechtlichen Gleichbehandlungsgrundsatzes.

III. Rechtsfähige Gesellschaft

1. Rechtsfähigkeit und Registrierung

Aus der Rechtsfähigkeit der rechtsfähigen GbR ergibt sich gem. §50 ZPO auch ihre **Parteifähigkeit**. Als rechtliches Gebilde ohne körperliche Organe (s.o. §12 III.) ist die GbR schließlich **prozessunfähig**, wird aber gem. §51 Abs. 1 ZPO iVm §720 BGB vor Gericht durch ihre vertretungsberechtigten Gesellschafter **vertreten**.

Aus der Rechtsfähigkeit der **rechtsfähigen GbR** (§705 Abs. 2 Alt. 1 BGB) folgt ohne Weiteres ihre **Namensfähigkeit** (vgl. §12 BGB), von der allerdings – anders als bei der Firma einer oHG (§§105 Abs. 1, 107 Abs. 1 iVm §§17 ff. HGB) – nicht Gebrauch gemacht werden muss. Nach §707 Abs. 1 BGB „können" die Gesellschafter die rechtsfähige Gesellschaft zur Eintragung in das Gesellschaftsregister anmelden. Es besteht insoweit ein Wahlrecht. Wenn sich die Gesellschafter zur Anmeldung entschließen, „muss" die Anmeldung gem. §707 Abs. 2 Nr. 1 a) BGB den Namen der Gesellschaft enthalten. Mit der Eintragung ist die Gesellschaft dann gem. §707a Abs. 2 1 BGB verpflichtet, als Namenszusatz die Bezeichnungen „eingetragene Gesellschaft bürgerlichen Rechts" oder „eGbR" zu führen.

Ebenfalls ist die rechtsfähige GbR **sitzfähig**. Sitz der Gesellschaft ist gem. §706 S. 1 BGB der Ort, an dem deren Geschäfte tatsächlich geführt werden (Verwaltungssitz). Ist die Gesellschaft im Gesellschaftsregister eingetragen (dazu sogleich) und haben die Gesellschafter einen Ort im Inland als Sitz vereinbart (Vertragssitz), so ist gem. §706 S. 2 BGB abweichend davon dieser Ort Sitz der Gesellschaft.

Einem Umkehrschluss aus §6 Abs. 1 HGB lässt sich entnehmen, dass der GbR – wiederum anders als der oHG – **keine Kaufmannseigenschaft** zukommt. Denn die zweckoffene GbR kann nicht als Handelsgesellschaft qualifiziert werden. Die rechtsfähige GbR kann mangels Kaufmannseigenschaft zwar nicht wie eine OHG oder KG in das Handelsregister eingetragen werden (§§106 f. HGB). Nach §707 Abs. 2 BGB können die Gesellschafter die Gesellschaft aber bei dem Gericht, in dessen Bezirk sie ihren Sitz hat, zur Eintragung in das neu geschaffene **Gesellschaftsregister** anmelden (Eintragungswahlrecht). Inhalt und Wirkungen der Eintragung regelt §707a BGB. Insbesondere bewirkt die Eintragung, dass die Gesellschaft den Namenszusatz „eingetragene Gesellschaft bürgerlichen Rechts" oder „eGbR" zu führen hat (§707a Abs. 2 S. 1 BGB). Zugleich knüpft das Gesetz an die Eintragung eine registerrechtliche Publizitätswirkung an: §707a Abs. 3 BGB ordnet die entsprechende Anwendung des §15 HGB an (s.o. §5). Dabei steht das Fehlen der Kaufmannseigenschaft der Anwendung des §15 HGB nicht entgegen. Die Eintragung macht die GbR dadurch nicht zur Handelsgesellschaft, eröffnet ihr aber registerrechtliche Subjektpublizität als eingetragene Gesellschaft.

Für **eingetragene Gesellschaften (eGbR)** gelten zudem zentrale handelsregisterrechtliche Vorschriften des HGB entsprechend. §707b BGB ordnet die entsprechende Anwendung bestimmter HGB-Vorschriften an: Zum einen gelten für Auswahl und Schutz des Namens der Gesellschaft die §§18, 21 bis 24, 30 und 37 HGB entsprechend (§707b Nr. 1 BGB). Zum anderen gelten für die registerrechtliche Behandlung der Gesellschaft und die Führung des Gesellschaftsregisters wesentliche registerrechtliche Vorschriften des HGB entsprechend (§ 707b Nr. 2 BGB). Damit wird das Gesellschaftsregister in seiner Funktionslogik dem Handelsregister angenähert (insbesondere hinsichtlich Führung, Einsicht und Publizitätswirkungen), ohne dass die GbR dadurch zur Kaufmannsgesellschaft wird. Praktisch bedeutet dies: Die eGbR ist im Rechtsverkehr über Registerdaten eindeutig identifizierbar; Existenz, Identität und Vertretungsverhältnisse können registergestützt überprüft werden.

Die Eintragung im Gesellschaftsregister ist im Grundsatz **freiwillig**, gewinnt aber in bestimmten Bereichen faktisch zwingende Bedeutung, weil der Gesetzgeber an die Registerpublizität anknüpft. So soll etwa ein Recht für eine Gesellschaft bürgerlichen Rechts im Grundbuch grundsätzlich nur eingetragen werden, wenn die Gesellschaft im Gesellschaftsregister eingetragen ist (§ 47 Abs. 2 GBO). Entsprechendes gilt im registerbezogenen Rechtsverkehr, wenn die GbR als solche als Rechtsträgerin in öffentlichen Registern erscheinen soll.

Ist eine GbR **Gesellschafterin einer Personenhandelsgesellschaft** (z. B. Kommanditistin einer KG), führt dies seit dem MoPeG nicht mehr dazu, dass ihre Gesellschafter als „Ersatzpublizität" im Handelsregister der KG einzutragen wären. Vielmehr tritt an die Stelle dieser früheren Konstruktion die Subjektpublizität der eingetragenen GbR im Gesellschaftsregister (§§ 707, 707a BGB). Praktisch folgt daraus: Soll die GbR als Gesellschafterin im Handelsregisterverkehr eindeutig und verlässlich ausgewiesen werden, wird regelmäßig eine Eintragung als eGbR erforderlich sein. Im Handelsregister der KG wird dann die GbR als solche (unter Bezug auf ihre Registerdaten) verlautbart, während die Gesellschafterstruktur der GbR über das Gesellschaftsregister nachvollzogen werden kann.

Schließlich hat das MoPeG einen identitätswahrenden „**Statuswechsel**" zwischen den Registern eingeführt. § 707c Abs. 1 BGB definiert den Statuswechsel als die Eintragung einer bereits in einem Register eingetragenen Gesellschaft unter einer anderen Rechtsform einer rechtsfähigen Personengesellschaft in ein anderes Register. Damit kann insbesondere ein Wechsel zwischen Gesellschaftsregister und Handelsregister (z. B. eGbR → OHG/KG bzw. OHG/KG → eGbR) sowie – nach Maßgabe der jeweiligen Spezialnormen – auch zwischen Gesellschaftsregister und Partnerschaftsregister erfolgen. Für das Verfahren ist charakteristisch, dass die Gesellschaft ihre Identität behält (kein Neubeginn, sondern registerrechtliche Fortsetzung unter anderer Rechtsform). § 707c Abs. 1 BGB ordnet an, dass der Statuswechsel bei dem Gericht anzumelden ist, das das Register führt, in dem die Gesellschaft eingetragen ist und das sie verlassen will. Dieses Register versieht die Eintragung mit einem Statuswechselvermerk. Nach § 707c Abs. 2 BGB trägt das Gericht die Rechtsform ein, in der die Gesellschaft im anderen Register fortgesetzt wird, und veranlasst die Eintragung im aufnehmenden Register. Auf diese Weise werden Doppelerfassungen vermieden und die Kontinuität der Gesellschaft sowie ihrer Registerpublizität gesichert.

2. Innenverhältnis

Bei der Analyse gesellschaftsrechtlicher Verhältnisse ist es stets erforderlich, zwei Rechtskreise gedanklich strikt auseinanderzuhalten: das sog. Innenverhältnis und das sog. Außenverhältnis.

Beispiele:
1. Melissa ist Gesellschafterin der rechtsfähigen „Noris Lebkuchen GbR" und schließt im Namen der GbR mit der örtlichen Wohnungsbaugenossenschaft einen Vertrag über die Anmietung einer lukrativen Gewerbeimmobilie in der Nürnberger Altstadt zu einem Mietzins von 7.000 € pro Monat. Stellt sich nun die Frage, ob Melissa die dazu erforderliche Vertretungsmacht besessen hat, ist dies eine Frage des **Außenverhältnisses**, da §§ 164 ff. BGB (mit ihren gesellschaftsrechtlichen Sonderregelungen in § 720 BGB) die Wirksamkeit eines zwischen der GbR und einem gesellschaftsexternen Dritten abgeschlossenen Rechtsgeschäfts betreffen. Stellt sich hingegen die Frage, ob Melissa durch den Abschluss des Mietvertrages unter den genannten Bedingungen gegen einen Beschluss in der letzten Gesellschafterversammlung verstoßen hat, ist dies eine Frage des **Innenverhältnisses**, also der Rechtsbeziehungen der Gesellschafter untereinander.
2. Kauft Melissa in einer von der GbR betriebenen Filiale eine Packung „Elisen Lebkuchen", die zu lange gebacken wurden und daher völlig verbrannt sind, und stellt sich die Frage, ob Melissa wegen Mangelhaftigkeit der Lebkuchen einen Nacherfüllungsanspruch gegen die GbR hat, ist ebenfalls das Außenverhältnis betroffen. Denn die betrachtete Rechtsbeziehung von Melissa zur GbR (§§ 437 Nr. 1, 439 BGB) beruht nicht auf dem Gesellschaftsvertrag (§ 705 BGB), sondern allein auf einem Kaufvertrag (§ 433 BGB), den die GbR mit Melissa wie mit jedem beliebigen Dritten abgeschlossen hat.

Die in §§ 708–718 BGB niedergelegten Vorschriften betreffen das **Innenverhältnis** der Gesellschaft. Gemeint sind damit alle Rechtsbeziehungen der Gesellschafter untereinander sowie die Rechtsbeziehungen der einzelnen Gesellschafter zur Gesellschaft (beides in der konkreten Eigenschaft der betroffenen Gesellschafter gerade als Gesellschafter). Nach der Grundregel des § 708 BGB, die im Wesentlichen nur klarstellend das allgemeine Prinzip der Privatautonomie (vgl. Art. 2 Abs. 1 GG iVm § 311 Abs. 1 BGB) wiederholt, sind die Vorschriften der §§ 709–718 BGB grundsätzlich **dispositiv**. Sie können also durch Regelungen im Gesellschaftsvertrag modifiziert werden, soweit im Gesetz nichts anderes bestimmt ist. Einer Regelung durch Gesellschaftsvertrag stehen die außervertraglich getroffenen, den Gesellschaftsvertrag ändernden oder auch nur einmalig durchbrechenden Gesellschafterbeschlüsse gleich.

Schranken dieser im Innenverhältnis grundsätzlich geltenden Vertragsfreiheit ergeben sich jedenfalls aus den allgemeinen Vorschriften der §§ 134, 138, 242 BGB – eine AGB-Kontrolle von Gesellschaftsverträgen findet wegen § 310 Abs. 4 S. 1 BGB nicht statt. Bereits dem Wortlaut nach ergibt sich ein Dispositionsverbot aus den besonderen Vorschriften des § 715a S. 2 BGB (Notgeschäftsführungsbefugnis), des § 715b Abs. 2 BGB (Gesellschafterklage), des § 717 Abs. 1 S. 3 BGB (Informationsrechte des Gesellschafters) und des § 717 Abs. 2 S. 2 BGB (Informationspflichten der geschäftsführungsbefugten Gesellschafter). Nicht schon nach dem Wortlaut, aber ihrem Sinn und Zweck nach zwingend sind überdies die Vorschriften des § 711a BGB (eingeschränkte Übertragbarkeit von Gesellschafterrechten) und des

§ 707 Abs. 3 S. 2 BGB (Pflicht zur Anmeldung des Ausscheidens sowie des Eintritts neuer Gesellschafter bei eingetragener Gesellschaft).

Der Vorschrift des § 708 BGB lässt sich nicht im **Umkehrschluss** entnehmen, dass alle Vorschriften des Rechts der rechtsfähigen GbR außer §§ 709–718 BGB zwingend wären. Vielmehr verbleibt es auch hier bei dem Grundprinzip der Privatautonomie, wobei sich ein davon abweichender zwingender Charakter der jeweiligen Vorschriften entweder aus ihrem Wortlaut oder ihrem Sinn und Zweck ergeben kann.

a) Mitwirkung an Willensbildung

Die Mitwirkung der Gesellschafter an der gemeinsamen Willensbildung in der Gesellschaft ist durch das MoPeG für die GbR zum 1.1.2024 grundlegend neugestaltet worden.

Wie sich aus der Vorschrift des § 714 BGB ergibt, vollzieht sich die gesellschaftsinterne Willensbildung durch **Beschlüsse** der Gesellschafter. Ein Beschluss ist ein mehrseitiges Rechtsgeschäft, welches durch einen (Beschluss-)Antrag und die einzelnen darauf bezogenen Stimmabgaben (Zustimmung, Enthaltung oder Ablehnung) zustande kommt, vgl. §§ 145, 147 BGB. Sowohl bei dem Antrag als auch bei den einzelnen Stimmabgaben handelt es sich um empfangsbedürftige Willenserklärungen (§ 130 BGB). Mindestanforderungen an die **Beschlussfassung** stellt das Recht der GbR, anders als das oHG-Recht (dort § 109 HGB), nicht auf, wenngleich derartige Anforderungen nach § 708 BGB in den Gesellschaftsvertrag aufgenommen werden können.

Die **Feststellung des Beschlussergebnisses** (durch den Versammlungsleiter) ist grundsätzlich nicht Tatbestandsvoraussetzung des Beschlusses, kann aber durch den Gesellschaftsvertrag dazu erhoben werden. In jedem Fall hat die Beschlussfeststellung insoweit konstitutive Wirkung, als sie die Möglichkeiten von Rechtsschutz gegen den Beschluss eröffnet, namentlich in Gestalt von Anfechtungs-, Nichtigkeits- oder Feststellungsklage. Die Modalitäten der Beschlussfeststellung durch einen Versammlungsleiter sind indes gesetzlich nicht geregelt, sodass Streitigkeiten insoweit einer Klärung durch die Rechtsprechung vorbehalten sind.

Wird also der Wille der Gesellschafter durch Beschlüsse iSd § 714 BGB gebildet, sind vier Fragen von besonderem Interesse: Welches ist der sachliche Anwendungsbereich des § 714 BGB, über welche Gegenstände kann also nur durch Beschluss der Gesellschafter (und nicht in anderer Form) entschieden werden? Welche Gesellschafter sind vom persönlichen Anwendungsbereich des § 714 BGB erfasst, also zur Mitwirkung an Beschlüssen berufen? Welcher Mehrheit bedürfen Beschlüsse, um rechtlich verbindlich zu werden? Und schließlich: Welche Rechtsfolgen treten beim Vorliegen von Beschlussmängeln ein?

Die **Gegenstände**, über die kraft Gesetzes – Erweiterungen oder Einschränkungen durch Gesellschaftsvertrag sind nach § 708 BGB zulässig – durch Beschluss der Gesellschafter zu entscheiden ist, sind von den Maßnahmen abzugrenzen, die (noch) von der Geschäftsführungskompetenz der geschäftsführungsbefugten Gesellschafter umfasst sind. Geschäftsführung (siehe dazu unten III. 2. b)) ist dabei jede zur Förderung des Gesellschaftszwecks bestimmte, für die Gesellschaft wahrgenommene Tätigkeit, mit Ausnahme solcher Maßnahmen, welche die Grundlagen der Gesellschaft betreffen. Demgegenüber dient der Gesellschafterbeschluss bei Grundlagengeschäften sowie außergewöhnlichen Geschäftsführungsmaßnahmen der Gestaltung des Gesellschaftsverhältnisses. Dies gilt gleichermaßen für gewöhnliche Geschäftsführungsmaßnahmen, sofern eine diesbezügliche Beschlussfassung gesellschaftsvertraglich vereinbart oder nach Maßgabe von §714 BGB beschlossen wurde. *Grundlagengeschäfte* sind Angelegenheiten, welche die rechtlichen, personellen oder organisatorischen Grundlagen der Gesellschaft betreffen und deshalb nicht zur laufenden Geschäftsführung gehören. Sie beziehen sich vor allem auf den Gesellschaftsvertrag selbst, auf die Identität und Struktur der Gesellschaft sowie auf die Zusammensetzung des Gesellschafterkreises. Grundlagengeschäfte sind daher insbesondere Änderungen des Gesellschaftsvertrags, namentlich Änderungen des Gesellschaftszwecks, der Dauer, der Beitrags-, Stimm-, Gewinn- und Verlustverhältnisse (§709 BGB), der Geschäftsführungs- und Vertretungsordnung (§§715, 720 BGB) sowie sonstiger zentraler Mitgliedschaftsrechte und Mitgliedschaftspflichten. Soweit einem Gesellschafter durch einen Beschluss neue oder erhöhte Beitragspflichten auferlegt werden sollen, bedarf dies jedenfalls der Zustimmung des betroffenen Gesellschafters (§710 BGB). Zu den Grundlagengeschäften zählen ferner die Zustimmung zur Übertragung eines Gesellschaftsanteils (§711 Abs. 1 S. 1 BGB), die Aufnahme eines neuen Gesellschafters (§712 Abs. 2 BGB), die Ausschließung eines Gesellschafters aus wichtigem Grund (§§723 Abs. 1 Nr. 5, 727 BGB) sowie die Auflösung (§729 Abs. 1 Nr. 4 BGB) und Fortsetzung (§734 Abs. 1 BGB) der Gesellschaft. Ebenfalls grundlagenbezogen sind die Entscheidung über die Eintragung einer rechtsfähigen GbR in das Gesellschaftsregister (§707 BGB), wesentliche registerbezogene Statusentscheidungen einschließlich des Statuswechsels (§707c BGB) sowie Umwandlungsmaßnahmen nach dem UmwG, soweit die GbR daran als eingetragene Gesellschaft bürgerlichen Rechts teilnehmen kann, etwa Verschmelzung (§3 Abs. 1 Nr. 1 UmwG), Spaltung (§§124 Abs. 1, 3 Abs. 1 Nr. 1 UmwG) oder Formwechsel (§191 UmwG). Von Grundlagengeschäften zu unterscheiden sind *außergewöhnliche Geschäftsführungsmaßnahmen*. Sie ändern nicht die rechtlichen Grundlagen der Gesellschaft, gehen nach ihrem Inhalt und Zweck oder durch ihre Bedeutung und die mit ihr verbundene Gefahr für die Gesellschafter aber über den Rahmen dessen hinaus, was die Teilnahme der Gesellschaft am Rechtsverkehr für gewöhnlich mit sich bringt. Maßgeblich ist, ob das Geschäft nach Art, Umfang, Risiko, Dauer oder wirtschaftlicher Bedeutung noch zu den Geschäften gehört, welche die Teilnahme der Gesellschaft am Rechtsverkehr gewöhnlich mit sich bringt (§715 Abs. 2 S. 1 BGB), oder ob es darüber hinausgeht (§715 Abs. 2 S. 2 BGB). Außergewöhnliche Geschäftsführungsmaßnahmen sind etwa die Neuausrichtung der Geschäftspolitik durch Wechsel des Hauptvertragspartners, die Bestellung einer Generalvollmacht, der Erwerb oder die Veräußerung wesentlicher Vermögensgegenstände, die Aufnahme erheblicher Kredite, der Abschluss langfristiger oder besonders risikoreicher Verträge, die Einleitung bedeutsamer Rechtsstreitigkeiten oder die Durchführung größerer Investitionen, sofern diese Maßnahmen noch innerhalb des bisherigen Gesellschaftszwecks liegen und diesen nicht selbst verändern. Für solche Maßnahmen verlangt §715 Abs. 2 S. 2 BGB einen Beschluss aller Gesellschafter. Dieser Beschluss ist nach der allgemeinen Beschlussregel des §714 BGB zu fassen, soweit der Gesellschaftsvertrag keine abweichende Regelung trifft. Die Abgrenzung zum Grundlagengeschäft hängt vor allem davon ab, ob nur ein außergewöhnliches Einzelgeschäft innerhalb des bisherigen Gesellschaftszwecks vorgenommen werden soll oder ob der Gesellschaftszweck, die Organisationsstruktur oder die Mitgliedschaftsordnung selbst verändert wird. *Gewöhnliche Geschäftsführungsmaßnahmen* sind demgegenüber solche Maßnahmen, welche die Teilnahme der Gesellschaft am Rechtsverkehr nach Art und Umfang typischerweise mit sich bringt (§715 Abs. 2 S. 1 BGB). Sie betreffen den laufenden Betrieb der Gesellschaft und bewegen sich innerhalb des bisherigen Gesellschaftszwecks sowie des gewöhnlichen Risikoprofils der Gesellschaft. Dazu gehören etwa der Abschluss üblicher Liefer-, Dienstleistungs- oder Werkverträge, der Erwerb gewöhnlicher Betriebsmittel, die Durchführung laufender Zahlungen, die Abwicklung bestehender Vertragsverhältnisse sowie sonstige Maßnahmen des Tagesgeschäfts. Nach dem gesetzlichen Leitbild sind alle Gesellschafter zur Führung der Geschäfte berechtigt und verpflichtet (§715 Abs. 1 BGB). Gewöhnliche Geschäftsführungsmaßnahmen können daher von den geschäftsführungsbefugten Gesellschaftern im Rahmen ihrer Befugnis vorgenommen werden, ohne dass es jeweils eines besonderen Gesellschafterbeschlusses bedarf. Sieht der Gesellschaftsvertrag gleichwohl für bestimmte gewöhnliche Geschäftsführungsmaßnahmen eine Beschlussfassung vor oder beschließen die Gesellschafter, über eine solche Maßnahme zu entscheiden, richtet sich die Beschlussfassung grundsätzlich nach §714 BGB, also mangels abweichender Regelung nach dem Einstimmigkeitsprinzip aller stimmberechtigten Gesellschafter. Man kann daher die **Regel** aufstellen: Nur Grundlagengeschäfte, außergewöhnliche Geschäftsführungsmaßnahmen oder gewöhnliche Geschäftsführungsmaßnahmen mit vereinbarter oder bereits beschlossener Beschlussfassung bedürfen eines Beschlusses der Gesellschafter. Die übrigen Maßnahmen sind nicht durch Beschluss der Gesellschafter zu erledigen, sondern unterfallen der Geschäftsführungsbefugnis der Gesellschafter.

Besonders „klausurträchtig" ist die Frage, welcher **Mehrheit** ein Beschluss bedarf, um zustande zu kommen. Der Beschlussfassung liegt nach §714 BGB grundsätzlich das **Einstimmigkeitsprinzip** zugrunde. Davon kann durch Vereinbarung im Gesellschaftsvertrag, gegebenenfalls auch stillschweigend durch stetiges Dulden von Mehrheitsbeschlüssen, abgewichen werden. Die gesellschaftsvertragliche Vereinbarung des Mehrheitsprinzips kann zur erleichterten und flexibleren Entscheidungsfindung und damit erhöhten Handlungsfähigkeit der Gesellschaft beitragen. Die im Rahmen des Einstimmigkeitsprinzips prinzipiell gegebene Möglichkeit jedes stimmberechtigten Gesellschafters, durch bloßes Fernbleiben von der Abstimmung eine Beschlussfassung zu verhindern oder durch eine ablehnende Stimmabgabe den anderen Gesellschaftern seinen Willen aufzuzwingen, wird durch eine mehrheitliche Beschlussfassung entsprechend eingeschränkt. Insoweit folgt aus dem Regelungszusammenhang, dass sich bei einer Mehrheitsklausel die Mehrheit grundsätzlich anhand der Gesamtheit der nach §714 BGB stimmberechtigten Gesellschafter bestimmt.

Hinsichtlich der **Stimmrechte** bzw. der **Stimmkraft** gilt nach §709 Abs. 3 BGB ein differenziertes, dreistufiges System: Nach §709 Abs. 3 S. 1 BGB ist die Stimmkraft vorrangig von den **vereinbarten Beteiligungsverhältnissen** abhängig. Bei dem Beteiligungsverhältnis handelt es sich um eine Rechnungsziffer, die den (Buch-) Wert der wirtschaftlichen Beteiligung des Gesellschafters am Gesellschaftsvermögen (§ 713 BGB) zum Ausdruck bringen soll und die von den Gesellschaftern landläufig als Kapitalanteil oder Anteilsquote bezeichnet wird. Man kann dieses vorrangige Prinzip als kapitalistischen Verteilungsschlüssel bezeichnen, wie er in der Praxis der Vertragsgestaltung (Kautelarpraxis) bereits regelmäßig vereinbart wird. Allerdings kann das vereinbarte Beteiligungsverhältnis durchaus von dem **vereinbarten Wert des durch den betreffenden Gesellschafter geleisteten Beitrags** abweichen, weshalb auf den vereinbarten Beitragswert nach § 709 Abs. 3 S. 2 BGB nur nachrangig abzustellen ist (Beitragsquote). Die Alternative, auf die tatsächlichen anstelle der vereinbarten Werte der Beiträge abzustellen, wäre wegen der damit verbundenen Bewertungsnotwendigkeit für die Praxis als generelle Regelung hingegen unbrauchbar. Sollten sich im Einzelfall signifikante Wertunterschiede bei den Beiträgen ergeben, aber ein Wert nicht ausdrücklich vereinbart worden sein, ist eine nach §§ 133, 157 BGB stillschweigend vereinbarte Beitragsquote in Betracht zu ziehen. Ist der Wert der Beiträge hingegen in keiner Weise vereinbart, hält § 709 Abs. 3 S. 3 BGB eine Auffangregelung bereit, der zufolge jeder Gesellschafter ohne Rücksicht auf den Wert seines Beitrags die **gleiche Stimmkraft** hat (Kopfteil). Zumindest insoweit, als sich eine Verteilung der Stimmkraft nach Kopfteilen für bestimmte Gesellschafter als ungünstig erweisen würde, hält die Auffangregelung die Gesellschafter dazu an, sich schon bei Gründung der Gesellschaft auf einen Verteilungsschlüssel nach Anteils- oder Beitragsquote zu verständigen, um spätere Auseinandersetzungen zu vermeiden. Es gilt daher, in absteigender Rangfolge, für die Bestimmung der Stimmkraft die **Regel: Anteilsquote (Kapitalanteil) vor Beitragsquote vor Kopfteil.**

Infolge des nach § 709 Abs. 3 S. 1 BGB grundsätzlich vorrangigen kapitalistischen Verteilungsschlüssels hinsichtlich der Stimmkraft (Bemessung nach Kapitalanteil bzw. Anteilsquote) ist davon auszugehen, dass sich das Mehrheitsprinzip in der Praxis noch stärker durchsetzen wird. Damit verlagert sich der Schutz der Mitgliedschaftsrechte des Gesellschafters gegen Mehrheitsbeschlüsse vollends auf die Ebene der materiellen Beschlusskontrolle. Eine Regelung über **Beschlussmängel** wie im oHG-Recht (dort §§ 110–115 HGB) fehlt im Recht der GbR. Doch können die Gesellschafter einer Gesellschaft bürgerlichen Rechts wegen § 708 BGB für das Beschlussmängelrecht der oHG oder ein anderes Beschlussmängelregime optieren.

Hinweis: Hinter der Frage, wie sich Gesellschafter gegen unliebsame Beschlüsse wehren können, steht grundsätzlich der Mehrheits-Minderheits-Konflikt: Gesellschafter, die mit ihrer Stimmkraft innerhalb der Gesellschaft in der Minderheit sind (zumindest bei dem konkret betrachteten Beschluss), sehen sich der Gefahr ausgesetzt, dem Willen der über die Stimmenmehrheit verfügenden Gesellschafter nachgeben zu müssen, auch wenn damit Nachteile für die eigene Rechtsstellung als Gesellschafter verbunden sind. Typischerweise besteht dieser Konflikt bei Publikumskommanditgesellschaften, also solchen Kommanditgesellschaften, die sich zur Aufbringung eines hohen Eigenkapitals überwiegend aus einer unbestimmten Vielzahl meist untereinander unbekannter, meist rein kapitalmäßig beteiligter Gesellschafter mit meist auf Kontrollrechte beschränkten Mitgliedschaftsrechten zusammensetzt, wobei sich die Kräfteverhältnisse deutlich zu einer meist kleinen Gruppe von meist nur geringfügig finanziell beteiligten Gesellschaftern mit Geschäftsführungsbefugnis verschiebt. Gleichwohl beschränkt das Gesetz die Möglichkeit einer Beschlussmängelkontrolle nicht auf bestimmte Rechtsformen, sondern etabliert sie als rechtsformübergreifendes Merkmal aller rechtsfähigen Personengesellschaften.

Grundsätzlich sind alle Gesellschafter zur **Mitwirkung** an einem Beschluss berufen und damit „stimmberechtigt" iSd §714 BGB. Aus besonderen gesetzlichen Gründen oder wegen einer gesellschaftsvertraglichen Vereinbarung kann ein Gesellschafter aber vom Stimmrecht ausgeschlossen sein. Die Folge ist, dass seine Stimme außer Betracht bleibt. Einen Stimmrechtsausschluss für den betroffenen Gesellschafter enthalten die Regelungen über die Entziehung der Geschäftsführungs- (§715 Abs. 5 S. 1 BGB) oder Vertretungsbefugnis (§720 Abs. 4 BGB) sowie über die Ausschließung (§727 S. 1 BGB). Die genannten Regelungen lassen auf ein allgemeines Prinzip des Stimmrechtsausschlusses in Fällen vergleichbar **schwerwiegender Interessenkollision** wie zum Beispiel bei der Befreiung von einer Verbindlichkeit oder bei der Einleitung eines Rechtsstreits gegen den betroffenen Gesellschafter schließen. Niemand soll aufgrund persönlicher Befangenheit „Richter in eigener Sache" sein. Herleiten lässt sich dieses Prinzip aus dem Rechtsgedanken der §§ 34 BGB, 47 Abs. 4 GmbHG, die letztlich die gleiche Problemlage adressieren, fehlt es im Personengesellschaftsrecht doch an einer entsprechenden Regelung. Mit Blick auf das neue Beschlussmängelrecht der Personenhandelsgesellschaften (§§ 110–115 HGB) bleibt allerdings abzuwarten, ob die Rechtsprechung nicht der Anfechtbarkeit eines Beschlusses wegen Verletzung der gesellschaftsrechtlichen Treuepflicht (§242 BGB) im Einzelfall den Vorzug vor einer starren gesetzlichen Regelung eines Stimmverbotes geben wird.

b) Geschäftsführung

Unter den Begriff der Geschäftsführung fällt jede zur Förderung des Gesellschaftszwecks bestimmte, für die Gesellschaft wahrgenommene Tätigkeit, gleich ob rechtsgeschäftlicher, geschäftsähnlicher oder tatsächlicher Art. Zu prüfen ist lediglich, ob diese Tätigkeiten (wie Grundlagengeschäfte, außergewöhnliche Geschäftsführungsmaßnahmen iSd §715 Abs. 2 S. 2 BGB und gewöhnliche Geschäftsführungsmaßnahmen mit vereinbarter oder bereits beschlossener Beschlussfassung) dem Beschlussrecht der Gesellschafter unterfallen oder der **Geschäftsführungsbefugnis** der Gesellschafter nach §715 BGB zuzuordnen sind (zur Abgrenzung s.o. III. 1.). Letzteres ist nach §715 Abs. 2 S. 1 BGB der Fall bei allen Geschäften, welche die Teilnahme der Gesellschaft am Rechtsverkehr gewöhnlich mit sich bringt.

Zugleich ein **Recht** auf als auch eine **Pflicht zur Geschäftsführung** normiert die Vorschrift des §715 Abs. 1 BGB für alle Gesellschafter gleichermaßen. Danach sind zur Führung der Geschäfte der Gesellschaft alle Gesellschafter berechtigt und verpflichtet. Die Anordnung einer Pflicht zur Geschäftsführung verbietet es, die Geschäfte durch Passivität oder nicht am Gesellschaftsinteresse orientierten Widerstand zu blockieren. Zugleich folgt daraus, dass einem geschäftsführungsbefugten Gesellschafter für seine Tätigkeit grundsätzlich keine dienstvertragliche Vergütung nach § 611 Abs. 1 BGB zusteht. Denn er wird für seine Mühe bereits durch seine Gewinnbeteiligung (§ 709 Abs. 3 BGB) entgolten. Eine zusätzliche Vergütung neben der Gewinnbeteiligung setzt deshalb entweder eine entsprechende, gegebenenfalls stillschweigende Vereinbarung im Gesellschaftsvertrag oder einen Gesellschafterbeschluss voraus. Stets zu prüfen ist in einem solchen Falle, ob es sich dabei tatsächlich um eine Vergütungsvereinbarung oder nur um einen Gewinnvoraus handelt. Schließlich bleibt es den Beteiligten unbenommen, mit dem geschäftsführungsbefugten Gesellschafter eine zusätzliche Vergütung im Rahmen eines Dienstvertrags iSd § 611 BGB zu vereinbaren. Geschieht dies, steht der Dienstverpflichtete der Gesellschaft insoweit wie ein Dritter gegenüber. Sein Vergütungsanspruch beruht dann ausnahmsweise nicht auf dem Gesellschaftsverhältnis.

Die Vorschrift des § 715 Abs. 2 BGB regelt den **Umfang** der Geschäftsführungsbefugnis. Nach § 715 Abs. 2 S. 1 BGB erstreckt sich die Befugnis zur Geschäftsführung auf alle Geschäfte, die die Teilnahme der Gesellschaft am Rechtsverkehr gewöhnlich mit sich bringt. Zur Vornahme von Geschäften, die darüber hinausgehen, ist nach § 715 Abs. 2 S. 2 BGB ein Beschluss aller Gesellschafter erforderlich. Die Zweiteilung in gewöhnliche und außergewöhnliche Geschäfte dient dem Schutz derjenigen Gesellschafter, die abweichend vom gesetzlichen Regelfall des § 715 Abs. 1 BGB von der Geschäftsführungsbefugnis ausgeschlossen sind. Es soll vermieden werden, dass das von ihrer Gesellschaft getragene Unternehmen ohne ihr Zutun in seinem Zuschnitt wesentlich verändert wird. Daher bedürfen außergewöhnliche Geschäfte der Zustimmung auch der nicht geschäftsführungsbefugten Gesellschafter, sofern der Gesellschaftsvertrag nichts Abweichendes iSd § 708 BGB regelt. Die Unterscheidung von gewöhnlichen und außergewöhnlichen Geschäftsführungsmaßnahmen gestaltet sich bei der Gesellschaft bürgerlichen Rechts schwieriger als bei der offenen Handelsgesellschaft (dort ist nach § 116 Abs. 2 S. 1 HGB Abgrenzungskriterium „der gewöhnliche Betrieb des Handelsgewerbes der Gesellschaft"), da die Gesellschaft bürgerlichen Rechts zu jedem beliebigen erlaubten Zweck gegründet werden kann, solange nicht ein Handelsgewerbe vorliegt (dann oHG, §§ 105 Abs. 1, 123 Abs. 1 S. 2 HGB).

Hinsichtlich der Art und Weise der **Ausübung** der Geschäftsführungsbefugnis sieht § 715 Abs. 3 BGB als gesetzlichen Regelfall **Gesamtgeschäftsführungsbefugnis** vor. So steht nach § 715 Abs. 3 S. 1 BGB die Geschäftsführung allen Gesellschaftern in der Art zu, dass sie nur gemeinsam zu handeln berechtigt sind, es sei denn, dass mit dem Aufschub eines Geschäfts Gefahr für die Gesellschaft oder das Gesellschaftsvermögen verbunden ist. Das Recht der Gesellschaft bürgerlichen Rechts unterscheidet sich insoweit von dem der offenen Handelsgesellschaft, bei der § 116 Abs. 3 HGB als gesetzlichen Regelfall Einzelgeschäftsführungsbefugnis vorsieht. In der GbR ist die Geschäftsführungsbefugnis insoweit der Vertretungsbefugnis angeglichen (standardmäßig Gesamtvertretungsbefugnis, § 720 Abs. 1 BGB), weil davon ausgegangen wird, dass sich das rechtliche Dürfen im Innenverhältnis und das rechtliche Können im Außenverhältnis decken sollten. Als Erklärung dafür, dass im gesetzlichen Regelfall „nur" Gesamtgeschäftsführungsbefugnis und keine Einzelgeschäftsführungsbefugnis besteht, lässt sich vor allen Dingen der Gedanke anführen, dass sich eine gesetzliche Einzelvertretungsbefugnis schwerlich mit der unbeschränkten persönlichen Haftung der Gesellschafter (§721 BGB) in Einklang bringen ließe. Falls die Geschäftsführungsbefugnis durch den Gesellschaftsvertrag (§708 BGB) auf mehrere Gesellschafter übertragen wurde, kann damit entweder eine Beschränkung der Geschäftsführungsbefugnis auf einen bestimmten Kreis von ermächtigten Gesellschaftern bezweckt sein oder – was dem Regelfall entsprechen dürfte – eine gegenseitige Kontrolle der ermächtigten Gesellschafter. §715 Abs. 3 S. 2 BGB enthält daher eine Auslegungsregel für den Gesellschaftsvertrag, dass „im Zweifel" von einer Gesamtgeschäftsführungsbefugnis der ermächtigten Gesellschafter auszugehen ist. Eine weitere Auslegungsregel, dass die übrigen, nicht ermächtigten Gesellschafter von der Geschäftsführungsführungsbefugnis ausgeschlossen sind, ist selbsterklärend und deshalb als ungeschriebener Grundsatz ebenfalls anzunehmen. Das Wesen der Gesamtgeschäftsführungsbefugnis äußert sich darin, dass es für jedes Geschäft grundsätzlich der Zustimmung aller geschäftsführungsbefugten Gesellschafter bedarf. Dies gilt nach dem letzten Teil des §715 Abs. 3 S. 1 BGB ausnahmsweise nicht, wenn mit dem Aufschub Gefahr für die Gesellschaft oder das Gesellschaftsvermögen verbunden ist. Eine solche Gefahr liegt vor, wenn der Gesellschaft ohne sofortiges und alleiniges Handeln ein Schaden droht, wozu auch entgangener Gewinn zählt. Die Gefahrensituation ist dabei objektiv ex post zu beurteilen. Fehlen diese Voraussetzungen, etwa weil der Gesellschafter die Gefahrensituation subjektiv ex ante falsch eingeschätzt hat, kann zwar nicht nach §716 BGB, aber nach den Regeln über die Geschäftsführung ohne Auftrag ein Aufwendungsersatzanspruch des Gesellschafters nach §§677, 683 S. 1, 670 BGB in Betracht kommen. Das ist deswegen geboten, weil sich das Notgeschäftsführungsrecht unter Umständen zu einer Pflicht zum Tätigwerden verdichten kann. Grundlage hierfür ist die gesellschaftsrechtliche Treuepflicht aus §242 BGB. Es wäre daher unbillig, dem handelnden Gesellschafter das Risiko jeder Fehleinschätzung aufzubürden. Bei diesem Teilaspekt des §715 Abs. 3 S. 1 BGB handelt es sich um eine Teilregelung der allgemeinen **Notgeschäftsführungsbefugnis** für die nicht allein geschäftsführungsbefugten Gesellschafter, welche die anderen geschäftsführungsbefugten Mitgesellschafter nicht rechtzeitig erreichen können. Eine weitere Teilregelung zu diesem Komplex enthält §715a S. 1 BGB, wonach im Notfall (Gefahr für die Gesellschaft oder das Gesellschaftsvermögen) jeder Gesellschafter das Geschäft vornehmen kann, wenn alle geschäftsführungsbefugten Gesellschafter an der Geschäftsführung verhindert sind. Die – wegen §715a S. 2 BGB zwingende – Regelung des §715a S. 1 BGB richtet sich also, anders als §715 Abs. 3 S. 1 BGB, an jeden, das heißt auch den von der Geschäftsführungsbefugnis ausgeschlossenen Gesellschafter.

Steht nach dem Gesellschaftsvertrag die Geschäftsführung allen oder mehreren Gesellschaftern in der Art zu, dass jeder allein zu handeln berechtigt ist, kann jeder andere geschäftsführungsbefugte Gesellschafter der Vornahme des Geschäfts nach §715 Abs. 4 S. 1 BGB **widersprechen**. Im Fall des Widerspruchs muss das Geschäft nach §715 Abs. 4 S. 2 BGB unterbleiben. Der Widerspruch steht indes der Notgeschäftsführungsbefugnis nach §715a BGB nicht entgegen und hat ausweislich des §720 Abs. 4 BGB nur Bedeutung im Innenverhältnis.

Die **Entziehung** der Geschäftsführungsbefugnis richtet sich nach § 715 Abs. 5 BGB. Die Regelung sieht vor, dass einem Gesellschafter die Befugnis zur Geschäftsführung durch Beschluss der anderen Gesellschafter aus wichtigem Grund entzogen werden kann, und zwar ganz oder teilweise und auch unabhängig davon, ob sie ihm durch den Gesellschaftsvertrag übertragen wurde oder nicht. Soweit die Geschäftsführungsbefugnis auch teilweise entzogen werden kann, erlaubt es § 715 Abs. 5 BGB, die Geschäftsführungsbefugnis als milderes Mittel zu beschränken. So kann eine Einzelgeschäftsführungsbefugnis für alle Gesellschaftsangelegenheiten auf gegenständlich bestimmte Gesellschaftsangelegenheiten (zum Beispiel Einkauf, Vertrieb, Produktion) oder auf eine Gesamtgeschäftsführungsbefugnis beschränkt werden. Dadurch wird zwar den anderen Gesellschaftern der Sache nach eine einseitige Änderung des Gesellschaftsvertrags ermöglicht. Das ist jedoch gegenüber einer vollständigen Entziehung der Geschäftsführungsbefugnis aus Gründen der Verhältnismäßigkeit hinzunehmen. Unbilligen Ergebnissen ist bei der Prüfung des wichtigen Grundes Rechnung zu tragen. Den Gefahren einer Entziehung für den betroffenen Gesellschafter, die mit einem Verlust seiner Einflussnahmemöglichkeiten auf die Geschäftsführung verbunden sind, insbesondere der Gefahr einer persönlichen Haftung (§ 721 BGB), ist dadurch Rechnung zu tragen, dass er seine Mitgliedschaft nach § 725 Abs. 2 BGB aus wichtigem Grund kündigen kann.

§ 715 Abs. 6 BGB sieht vor, dass ein Gesellschafter auch seinerseits die Geschäftsführung ganz oder teilweise **kündigen** kann, wenn ein wichtiger Grund vorliegt. Die Regelung ist damit das Gegenstück zur Entziehung der Geschäftsführungsbefugnis nach § 715 Abs. 5 BGB: Ist es im Falle der Entziehung nach § 715 Abs. 5 BGB den Gesellschaftern unzumutbar, einen Gesellschafter weiterhin als Geschäftsführer zu belassen, geht es im Rahmen des § 715 Abs. 6 BGB um die Unzumutbarkeit weiterer Geschäftsführungstätigkeit für den betroffenen Gesellschafter. Auch wäre es für den geschäftsführungsbefugten Gesellschafter bei Vorliegen eines wichtigen Grundes unzumutbar, zuzuwarten, bis die anderen Gesellschafter ihm die Geschäftsführungsbefugnis entzogen haben. Daraus folgt zugleich, dass dem geschäftsführungsbefugten Gesellschafter kein uneingeschränktes Recht auf Niederlegung der Geschäftsführungsbefugnis zusteht. In rechtlicher Hinsicht kann die Geschäftsführung nämlich nicht einseitig niedergelegt, sondern nur durch Änderung des Gesellschaftsvertrags aufgehoben oder durch Ausübung des Kündigungsrechts nach § 715 Abs. 6 BGB beendet werden. Hinsichtlich des wichtigen Grundes nach § 715 Abs. 6 S. 1 BGB kann auf den Rechtsgedanken des § 314 BGB verwiesen werden. Hinsichtlich der Kündigung zur Unzeit sowie eines etwaigen Verzichts auf das Kündigungsrecht verweist § 715 Abs. 6 S. 2 BGB auf die aus dem Auftragsrecht stammenden Regelungen des § 671 Abs. 2, 3 BGB. Soweit § 715 Abs. 6 BGB neben der Kündigung der durch Gesellschaftsvertrag eingeräumten auch die Kündigung der gesetzlich zustehenden Geschäftsführungsbefugnis erfasst, ist dem Umstand, dass die Geschäftsführung aller Gesellschafter gemeinsam typischerweise weniger belastend wirkt als etwa die Geschäftsführung durch einen einzelnen Gesellschafter, bei Prüfung des wichtigen Grundes Rechnung zu tragen.

c) Aufwendungsersatz

§716 BGB fasst die wechselseitigen Ansprüche zusammen, die sich daraus ergeben können, dass ein Gesellschafter Geschäfte für die Gesellschaft besorgt. Die Vorschrift betrifft damit die **vermögensrechtliche Abwicklung gesellschaftsbezogener Geschäftsbesorgung** im Innenverhältnis. Sie gilt nicht nur für den geschäftsführungsbefugten Gesellschafter, sondern für jeden Gesellschafter, der objektiv im Geschäftskreis der Gesellschaft und subjektiv für die Gesellschaft tätig wird.

Macht ein Gesellschafter zum Zwecke der Geschäftsbesorgung für die Gesellschaft **Aufwendungen**, die er den Umständen nach für erforderlich halten darf, ist ihm die Gesellschaft zum Ersatz verpflichtet (§716 Abs. 1 BGB). Aufwendungen sind freiwillige Vermögensopfer, die der Gesellschafter im Interesse der Gesellschaft erbringt, etwa Auslagen, Reisekosten, Gebühren, Anschaffungskosten oder Zahlungen an Dritte. Maßgeblich ist nicht, ob sich die Aufwendung im Nachhinein als nützlich oder erfolgreich erweist, sondern ob ein sorgfältig prüfender Gesellschafter sie aus damaliger Sicht für erforderlich halten durfte. Der Anspruch setzt daher eine gesellschaftsbezogene Zweckrichtung und eine vertretbare Erforderlichkeitsbeurteilung voraus. Neben Aufwendungen ersetzt §716 Abs. 1 BGB auch **Verluste**, die der Gesellschafter unmittelbar infolge der Geschäftsbesorgung erleidet. Erfasst sind unfreiwillige Vermögenseinbußen, die in engem objektiven Zusammenhang mit der Tätigkeit für die Gesellschaft stehen, etwa Schäden an eigenen Sachen, Haftungsbelastungen oder sonstige geschäftstypische Nachteile. Nicht ersatzfähig sind demgegenüber bloß gelegentlich eingetretene Schäden, die nur zufällig bei Gelegenheit der Tätigkeit entstehen und nicht dem Risiko der gesellschaftsbezogenen Geschäftsbesorgung zuzurechnen sind.

Für erforderliche Aufwendungen kann der Gesellschafter **Vorschuss** verlangen (§716 Abs. 2 BGB). Der Vorschussanspruch soll verhindern, dass der Gesellschafter die Gesellschaftsangelegenheit zunächst aus eigenen Mitteln finanzieren muss. Anders als beim nachträglichen Aufwendungsersatz genügt hierfür nicht allein, dass der Gesellschafter die Aufwendungen für erforderlich halten durfte. Die Vorschusspflicht besteht nur für Aufwendungen, die objektiv erforderlich sind. Für Verluste sieht §716 Abs. 2 BGB keinen Vorschussanspruch vor.

Als Spiegelbild zu den Ansprüchen des Gesellschafters enthält §716 BGB zugleich die Pflicht des Gesellschafters, das aus der Geschäftsbesorgung Erlangte an die Gesellschaft **herauszugeben** (§716 Abs. 3 BGB). Erfasst ist alles, was dem Gesellschafter selbst im Zusammenhang mit der Geschäftsbesorgung zufließt und wirtschaftlich der Gesellschaft zugeordnet ist, etwa Zahlungen, Gegenstände, Forderungen, Rabatte, Provisionen oder sonstige Vorteile. Besondere Bedeutung hat dies, wenn der Gesellschafter im eigenen Namen handelt oder ihm Vorteile persönlich zufließen, die ihrem Zweck nach der Gesellschaft gebühren. Handelt der Gesellschafter dagegen wirksam im Namen der rechtsfähigen Gesellschaft und damit als organschaftlicher Vertreter iSd §720 BGB, fallen die erlangten Rechte regelmäßig unmittelbar in das Gesellschaftsvermögen (§713 BGB).

Verwendet der Gesellschafter Geld für sich, das er der Gesellschaft nach §716 Abs. 3 BGB herauszugeben hat, muss er es von der Zeit der Verwendung an **verzinsen** (§716 Abs. 4 S. 1 BGB). Die Verzinsungspflicht knüpft nicht erst an Verzug an, sondern bereits an die zweckwidrige Verwendung gesellschaftszugehörigen

Geldes. Umgekehrt gilt Entsprechendes für den Anspruch des Gesellschafters auf Ersatz ersatzfähiger Aufwendungen oder Verluste (§716 Abs. 4 S. 2 BGB). Auch insoweit wird die vermögensrechtliche Gleichordnung von Gesellschaft und Gesellschafter hergestellt: Wer im Interesse der Gesellschaft Vermögensopfer erbringt oder geschäftstypische Verluste erleidet, soll nicht nur Ersatz, sondern auch eine angemessene zeitbezogene Kompensation erhalten. Obschon sich die Pflicht zur Verzinsung ersatzfähiger Aufwendungen bereits aus §256 BGB ergibt, ist §716 Abs. 4 S. 2 BGB aus Klarstellungsgründen geboten, da §256 BGB jedenfalls von seinem Wortlaut her nicht auch die Verluste erfasst. Die nach §716 Abs. 4 BGB geschuldeten Zinsen betragen bei der GbR mangels besonderer Zinshöhenregelung grundsätzlich 4% jährlich (§246 BGB). Die Bezugnahme der Gesetzesmaterialien zum MoPeG auf §256 BGB bestätigt dies für den Anspruch des Gesellschafters auf Ersatz von Aufwendungen, weil auch §256 BGB nur die Verzinsungspflicht, nicht aber einen besonderen Zinssatz anordnet. Aus der Sonderregelung des §119 Abs. 1 HGB im oHG-Recht, welche auf die handelsrechtliche Sondernorm des §352 Abs. 2 HGB verweist, ergibt sich vielmehr im Umkehrschluss, dass es für die GbR bei der Grundregel des §246 BGB verbleiben muss.

d) Informationsrechte

Nach §717 Abs. 1 S. 1 BGB hat jeder Gesellschafter gegenüber der Gesellschaft das Recht, die Unterlagen der Gesellschaft einzusehen und sich aus ihnen Auszüge anzufertigen. Nach §717 Abs. 1 S. 2 BGB kann er ergänzende von der Gesellschaft Auskunft über die Gesellschaftsangelegenheiten verlangen. Eine Vereinbarung im Gesellschaftsvertrag, welche diese Rechte ausschließt oder dieser Vorschrift zuwider beschränkt, steht ihrer Geltendmachung nach §717 Abs. 1 S. 3 BGB nicht entgegen, soweit dies zur Wahrnehmung eigener Mitgliedschaftsrechte erforderlich ist. Das gilt insbesondere, wenn Grund zur Annahme unredlicher Geschäftsführung besteht. §717 Abs. 1 BGB normiert demnach ein, aus der Mitgliedschaft resultierendes, **eingeschränkt zwingendes, individuelles Informationsrecht** jedes Gesellschafters gegenüber der Gesellschaft. Die Vorschrift des §717 Abs. 2 BGB ist dem Wortlaut nach als Pflicht formuliert, folgt aus der organschaftlichen Verantwortung und lässt sich der Sache nach auch als **vollumfänglich zwingendes, kollektives Informationsrecht** der Gesellschaft gegenüber den geschäftsführungsbefugten Gesellschaftern lesen. Nach §717 Abs. 2 BGB haben die geschäftsführungsbefugten Gesellschafter der Gesellschaft von sich aus die erforderlichen Nachrichten zu geben, auf Verlangen über die Gesellschaftsangelegenheiten Auskunft zu erteilen und nach Beendigung der Geschäftsführertätigkeit Rechenschaft abzulegen. Eine Vereinbarung im Gesellschaftsvertrag, welche diese Verpflichtungen ausschließt, ist nach §717 Abs. 2 S. 2 BGB unwirksam. Beiden Informationsregimen, §717 Abs. 1 und §717 Abs. 2 BGB, ist gemein, dass sie ein notwendiges Korrelat der unbeschränkten persönlichen Gesellschafterhaftung (§721 BGB) bilden, der **effektiven Überwachung** der geschäftsführungsbefugten (§715 BGB) Gesellschafter dienen und jedem Gesellschafter die **sachgemäße Ausübung seiner mitgliedschaftlichen Mitwirkungsrechte** ermöglichen sollen.

e) Gewinn- und Verlustbeteiligung

Die rechtsfähige GbR bildet gem. §713 BGB ein eigenständiges, von den Privatvermögensmassen der Gesellschafter abgesondertes Gesellschaftsvermögen. Die Regelung des §713 BGB wählt dabei einen weiten, sowohl das Aktiv- als auch das Passivvermögen, umfassenden **Vermögensbegriff**, um der Bedeutung der Rechtsfähigkeit der Gesellschaft bürgerlichen Rechts als Trägerin sowohl von Rechten als auch Pflichten (§705 Abs. 2 Alt. 1 BGB) angemessen Ausdruck zu verleihen: Es umfasst die Beiträge der Gesellschafter (§709 Abs. 1, 2 BGB) sowie die für oder durch die Gesellschaft erworbenen Rechte und die gegen sie begründeten Verbindlichkeiten, unabhängig davon, ob die Rechte oder Pflichten kraft Gesetzes oder kraft Rechtsgeschäfts begründet werden. Diese Vermögenszuordnung umfasst dabei insbesondere auch die registrierten Rechte wie zum Beispiel Rechte an einem Grundstück. Diese Rechte sind nicht den Gesellschaftern, sondern der Gesellschaft materiell zugewiesen (vgl. §47 Abs. 2 GBO). Die Gesellschaft kann über sie formell aber nur verfügen, wenn sie zuvor im Gesellschaftsregister eingetragen ist (§§707, 707a BGB).

An die Vermögenszuordnung nach §713 BGB knüpft die **Finanzverfassung** der rechtsfähigen GbR an. Da die Beiträge der Gesellschafter sowie die für oder durch die Gesellschaft erworbenen Rechte und die gegen sie begründeten Verbindlichkeiten Vermögen der Gesellschaft sind, ist auch das **Gesellschaftsergebnis** zunächst Ergebnis der Gesellschaft und nicht unmittelbar Ergebnis der einzelnen Gesellschafter. Davon zu unterscheiden ist die interne Zurechnung dieses Ergebnisses im Verhältnis der Gesellschafter untereinander. Diese richtet sich vorrangig nach dem Gesellschaftsvertrag. Das entspricht der allgemeinen Gestaltungsfreiheit des Personengesellschaftsrechts (§708 BGB) und hat gerade für die GbR besondere Bedeutung, weil sie mangels Kaufmannseigenschaft nicht schon als solche den handelsrechtlichen Rechnungslegungs- und Jahresabschlussvorschriften der §§238 ff., 242 ff. HGB unterliegt. Betreibt die Gesellschaft allerdings ein Handelsgewerbe, ist sie nicht mehr als bloße GbR, sondern als OHG oder – bei entsprechender Ausgestaltung – als KG zu behandeln (§105 Abs. 1 HGB, §161 Abs. 1 HGB). Die Eintragung als eGbR im Gesellschaftsregister (§§707, 707a BGB) ändert an der fehlenden Kaufmannseigenschaft der GbR als solcher nichts.

Die **Gewinn- und Verlustbeteiligung** der Gesellschafter ist seit dem MoPeG unmittelbar in §709 Abs. 3 BGB geregelt. Danach richten sich Stimmkraft sowie Anteil an Gewinn und Verlust vorrangig nach den **vereinbarten Beteiligungsverhältnissen** (§709 Abs. 3 S. 1 BGB). Haben die Gesellschafter also im Gesellschaftsvertrag Beteiligungsquoten, Kapitalanteile oder sonstige Quoten vereinbart, sind diese für die Ergebnisverteilung maßgeblich. Solche Beteiligungsverhältnisse sind keine dinglichen Berechtigungen der Gesellschafter am Gesellschaftsvermögen, sondern gesellschaftsvertragliche Rechnungs- und Zuordnungsgrößen. Sie bestimmen, in welchem Umfang das in der Gesellschaft erzielte Ergebnis den einzelnen Gesellschaftern im Innenverhältnis zuzurechnen ist. Sind Beteiligungsverhältnisse nicht vereinbart, richtet sich die Stimmkraft sowie der Anteil an Gewinn und Verlust nach dem Verhältnis der **vereinbarten Werte der Beiträge** (§709 Abs. 3 S. 2 BGB). Maßgeblich ist also nicht ohne Weiteres der tatsächliche objektive Verkehrswert der Beiträge, sondern der von den Gesellschaftern vereinbarte Beitragswert. Das vermeidet Bewertungsstreitigkeiten und hält die Gesellschafter zugleich dazu an, bereits bei Gründung der Gesellschaft entweder Beteiligungsquoten oder jedenfalls Beitragswerte festzulegen. Beiträge können dabei nach §709 Abs. 1 BGB in jeder Förderung des gemeinsamen Zwecks bestehen, also insbesondere in Geld-, Sach- oder Dienstbeiträgen. Gerade bei verschiedenartigen Beiträgen – etwa Geldbeitrag des einen Gesellschafters und Arbeits- oder Know-how-Beitrag des anderen Gesellschafters – empfiehlt sich eine ausdrückliche vertragliche Festlegung der Beteiligungsverhältnisse oder Beitragswerte. Sind weder Beteiligungsverhältnisse noch Werte der Beiträge vereinbart, gilt als Auffangregel die **Beteiligung nach Köpfen**: Jeder Gesellschafter hat dann ohne Rücksicht auf den Wert seines Beitrags die gleiche Stimmkraft und einen gleichen Anteil am Gewinn und Verlust (§709 Abs. 3 S. 3 BGB). Diese Kopfteilregel ist allerdings nur die letzte gesetzliche Auffangordnung. Ergibt die Auslegung des Gesellschaftsvertrags oder der Begleitumstände, dass die Gesellschafter trotz fehlender ausdrücklicher Wertbestimmung ersichtlich von bestimmten wirtschaftlichen Beteiligungsverhältnissen ausgegangen sind, kann im Einzelfall eine stillschweigend vereinbarte Beteiligungs- oder Beitragsquote anzunehmen sein. Fehlt eine solche Grundlage, bleibt es bei der gesetzlichen Gleichverteilung nach Köpfen. Hat der Gesellschaftsvertrag nur eine Regelung zur Gewinn- oder nur eine Regelung zur Verlustverteilung getroffen, ist durch Auslegung zu bestimmen, ob diese Regelung zugleich für den jeweils anderen Bereich gelten soll. §709 Abs. 3 BGB enthält insoweit keinen besonderen gesetzlichen Zweifelsatz mehr wie früher §722 Abs. 2 BGB a.F.

Von der Ergebnisverteilung zu unterscheiden sind Rechnungsabschluss, Gewinnverwendung und Entnahme. §718 BGB bestimmt, dass **Rechnungsabschluss** und Gewinnverteilung im Zweifel zum Schluss jedes Kalenderjahrs zu erfolgen haben. Damit hat das MoPeG die frühere, auf die Gelegenheitsgesellschaft zugeschnittene Vorstellung aufgegeben, nach der Rechnungsabschluss und Gewinnverteilung grundsätzlich erst nach Auflösung der Gesellschaft verlangt werden konnten und nur bei längerer Dauer der Gesellschaft regelmäßig jährlich stattfanden. Das neue Recht geht vielmehr von der auf Dauer angelegten, am Rechtsverkehr teilnehmenden GbR als Leitbild aus und stellt deshalb den jährlichen Rechnungsabschluss und die jährliche Gewinnverteilung als gesetzliche Zweifelsregel bereit. Der Rechnungsabschluss im Sinne des §718 BGB ist nicht notwendig ein handelsrechtlicher Jahresabschluss; er ist bei der nichtkaufmännischen GbR vielmehr der gesellschaftsrechtliche Abschluss der für die Ergebnisermittlung maßgeblichen Rechnung, soweit nicht aus anderen Gründen handels-, steuer- oder spezialgesetzliche Rechnungslegungspflichten bestehen.

Ergibt der Rechnungsabschluss einen **Gewinn**, ist dieser nach Maßgabe von Gesellschaftsvertrag und §709 Abs. 3 BGB den Gesellschaftern zuzurechnen. Ob der Gewinnanteil ausgezahlt, einem Kapital- oder Privatkonto gutgeschrieben, im Gesellschaftsvermögen belassen oder anderweitig verwendet wird, richtet sich vorrangig nach dem Gesellschaftsvertrag und der hierauf beruhenden Beschlusslage. Ein allgemeines, gewinnunabhängiges gesetzliches Entnahmerecht kennt das GbR-Recht nicht. Soweit der Gesellschaftsvertrag Kapitalkonten vorsieht, bilden diese die rechnerische Beteiligung des Gesellschafters am Gesellschaftsergebnis und an der gesellschaftsinternen Vermögensentwicklung ab. Der **Kapitalanteil** ist dann der nach dem vereinbarten oder praktizierten Rechnungssystem ermittelte Buchwert der Beteiligung und kann vom tatsächlichen wirtschaftlichen Wert der Beteiligung abweichen, etwa wegen stiller Reserven oder stiller Lasten.

Ergibt der **Rechnungsabschluss** einen Verlust, ist auch dieser nach dem maßgeblichen Verteilungsschlüssel des §709 Abs. 3 BGB oder nach abweichender gesellschaftsvertraglicher Regelung auf die Gesellschafter zu verteilen. Die Verlustbeteiligung bedeutet zunächst eine interne rechnerische Belastung, insbesondere durch Minderung des Kapital- oder Ergebniskontos des betroffenen Gesellschafters. Sie begründet als solche noch keinen Zahlungsanspruch der Gesellschaft gegen den Gesellschafter. Eine Pflicht, wegen eines Verlustes zusätzliche Mittel in die Gesellschaft einzulegen oder einen negativen Kapitalstand auszugleichen, bedarf vielmehr einer besonderen Grundlage im Gesellschaftsvertrag, eines Gesellschafterbeschlusses (§714 BGB) oder eines besonderen gesetzlichen Tatbestands (§710 S. 2 iVm §§728a, 737 BGB). Insbesondere kann ein Gesellschafter nach §710 S. 1 BGB zur Erhöhung seines Beitrags nicht ohne seine Zustimmung verpflichtet werden. Die Verlustzuweisung ist daher von einer Nachschusspflicht streng zu unterscheiden.

f) Gesellschafterklage

Die Gesellschafterklage nach §715b BGB kodifiziert die bislang als **actio pro socio** bekannte Rechtsfigur. Sie ermöglicht es einem einzelnen Gesellschafter, Ansprüche der Gesellschaft gegen einen anderen Gesellschafter (sog. Sozialansprüche) im eigenen Namen gerichtlich geltend zu machen, wenn die hierfür zuständige Geschäftsführung pflichtwidrig untätig bleibt. Die Vorschrift dient damit vor allem dem **Minderheitenschutz** und der **Anspruchsdurchsetzung** im Innenverhältnis der Gesellschaft. Sie durchbricht die gewöhnliche Geschäftsführungs- und Vertretungsordnung nur ausnahmsweise und subsidiär. Systematisch steht §715b BGB neben der Notgeschäftsführungsbefugnis des §715a BGB: Beide Institute begründen zwar im Außenverhältnis keine Vertretungsbefugnis, wohl aber im Innenverhältnis die Befugnis, (außer-) gerichtlich gegen Mitgesellschafter oder Dritte vorzugehen und einen Anspruch der Gesellschaft im eigenen Namen geltend zu machen.

Nach §715b Abs. 1 S. 1 BGB ist jeder Gesellschafter befugt, einen auf dem Gesellschaftsverhältnis beruhenden **Anspruch der Gesellschaft** gegen einen anderen Gesellschafter im eigenen Namen gerichtlich geltend zu machen, wenn der dazu berufene geschäftsführungsbefugte Gesellschafter die Anspruchsdurchsetzung pflichtwidrig unterlässt. Erfasst sind insbesondere Beitragsansprüche (§709 Abs. 1, 2) der Gesellschaft gegen einen Gesellschafter, Ansprüche auf Unterlassung gesellschaftswidrigen Verhaltens sowie Schadensersatzansprüche gegen geschäftsführungsbefugte Gesellschafter wegen Verletzung ihrer Pflichten. Es handelt sich dabei nicht um einen eigenen materiell-rechtlichen Anspruch des klagenden Gesellschafters, sondern um die gerichtliche Geltendmachung eines Anspruchs der Gesellschaft durch den Gesellschafter im eigenen Namen. Die Gesellschafterklage ist daher ein Fall **gesetzlicher Prozessstandschaft**, vermöge der ein fremdes Recht im eigenen Namen geltend gemacht wird. Dadurch unterscheidet sich §715b BGB von der Stellvertretung, mit welcher ausweislich §164 Abs. 1 S. 1 BGB ein fremdes Recht in fremdem Namen geltend gemacht wird.

Voraussetzung ist nach dem Gesetzeswortlaut, dass die nach der gesellschaftsvertraglichen oder gesetzlichen Geschäftsführungsordnung berufene Person die gerichtliche Anspruchsdurchsetzung pflichtwidrig unterlässt. Die Gesellschafterklage ist also nach dem Willen des Gesetzgebers **subsidiär**: Der einzelne Gesellschafter darf nicht ohne Weiteres an die Stelle der Gesellschaft treten, sondern nur dann, wenn die primäre gesellschaftsinterne Zuständigkeitsordnung versagt. Dies klingt der Sache nach zunächst einleuchtend. Denkt man über den Tatbestand nach, entpuppt sich allerdings der Tatbestand mit seinen beiden zentralen Merkmalen, dem pflichtwidrigen Unterlassen des geschäftsführungsbefugten Gesellschafters und der gerichtlichen Geltendmachung eines Sozialanspruchs, als missglückt. Die Anknüpfung an die Geschäftsführungsbefugnis ist bereits dem Grunde nach verfehlt, da die Geltendmachung von Sozialansprüchen unzweifelhaft keine gewöhnliche Geschäftsführungsmaßnahme nach §715 Abs. 2 S. 1 BGB darstellt. Es handelt sich vielmehr um eine außergewöhnliche Geschäftsführungsmaßnahme nach §715 Abs. 2 S. 2 BGB, für welche ein Beschluss aller Gesellschafter erforderlich ist. Wenn der geschäftsführungsbefugte Gesellschafter die Verfolgung eines Sozialanspruchs aber nicht selbständig kraft der ihm zustehenden Geschäftsführungsbefugnis einzuleiten vermag, kann man ihm tatsächlich auch nicht iSd §715b Abs. 1 S. 1 BGB den Vorwurf machen, die Geltendmachung eines Sozialanspruchs „pflichtwidrig“ zu unterlassen. Vielmehr fehlt ihm die insoweit notwendige Geschäftsführungsbefugnis, sodass er – erst recht nicht – zu einer entsprechenden Geschäftsführungsmaßnahme verpflichtet ist. Abgesehen davon ist die Anknüpfung an die gerichtliche Geltendmachung in §715b Abs. 1 S. 1 BGB verfehlt. Wie die soeben dargelegte Qualifikation der Geltendmachung von Sozialansprüchen als außergewöhnliche Geschäftsführungsmaßnahme iSd §715 Abs. 2 S. 2 BGB zeigt, beginnt die Verfolgung von Ansprüchen der Gesellschaft gegen einen Gesellschafter stets mit der Fassung eines entsprechenden Gesellschafterbeschlusses, der auch Voraussetzung für eine gerichtliche Geltendmachung des Anspruchs wäre. Daher kann dem betreffenden Gesellschafter nicht erst vorgeworfen werden, die gerichtliche Geltendmachung des Sozialanspruchs unterlassen zu haben. Vielmehr muss ihm bereits der Vorwurf gemacht werden, an der Fassung eines entsprechenden Gesellschafterbeschlusses nicht mitgewirkt zu haben. Vor dem Hintergrund dieser Erwägungen ist die inhaltlich missglückte Vorschrift des §715b Abs. 1 S. 1 BGB daher folgendermaßen zu lesen: „Jeder Gesellschafter ist befugt, einen auf dem Gesellschaftsverhältnis beruhenden Anspruch der Gesellschaft gegen einen anderen Gesellschafter im eigenen Namen gerichtlich geltend zu machen, wenn die Gesellschafter es treuwidrig unterlassen, einen auf die Verfolgung des Anspruchs gerichteten Gesellschafterbeschluss zu fassen.“ Bei der Überprüfung eines entsprechenden Gesellschafterbeschlusses ist regelmäßig vorrangig die Ordnung der anwendbaren Beschlusskontrolle zu beachten. Die Gesellschafterklage darf nicht dazu dienen, besondere Voraussetzungen einer Beschlussmängelrüge zu umgehen. Eine Verbindung von Beschlussmängel- und Gesellschafterklage bleibt jedoch möglich, wenn dies prozessual sachgerecht ist.

§715b Abs. 1 S. 2 BGB erweitert die Klagebefugnis auf **Ansprüche der Gesellschaft gegen Dritte**. Für Drittansprüche gelten strengere Voraussetzungen: Neben dem pflichtwidrigen Unterlassen der zuständigen Geschäftsführung – korrigierend zu lesen als treuwidriges Unterlassen der Gesellschafter, einen auf Anspruchsverfolgung gerichteten Beschluss zu fassen – muss der Dritte an diesem Unterlassen mitgewirkt oder es gekannt haben. Der Dritte soll also nicht schon deshalb einer Klage eines einzelnen Gesellschafters ausgesetzt werden, weil intern Streit darüber besteht, ob die Gesellschaft gegen ihn vorgehen soll. Erfasst sind vielmehr vor allem Fälle kollusiven oder bewusst gesellschaftswidrigen Zusammenwirkens zwischen einem Dritten und den zur Anspruchsverfolgung berufenen Personen. Fahrlässige Unkenntnis genügt hierfür nicht. Die Regelung basiert auf der älteren Rechtsprechung des BGH zur Einbeziehung von Drittansprüchen in die actio pro socio (BGH, Urteil vom 10. 01. 1963 – II ZR 95/61, BGHZ 39, 14; BGH, Urteil vom 30.10.1987 – V ZR 174/86, ZIP 1988, 12; BGH, Urteil vom 19.06.2008 – III ZR 46/06, ZIP 2008, 1582).

Die **Rechtsfolge** des §715b BGB besteht in einer Prozessführungs- und Einziehungsbefugnis des klagenden Gesellschafters. Er klagt im eigenen Namen, macht aber einen Anspruch der Gesellschaft geltend. Leistung ist daher grundsätzlich an die Gesellschaft zu verlangen. Die Klagebefugnis gibt dem Gesellschafter keine freie Verfügungsmacht über den Anspruch. Insbesondere darf er den Anspruch der Gesellschaft nicht beliebig erlassen, abtreten oder vergleichsweise aufgeben, wenn dies nicht durch die Gesellschaft gedeckt ist. Seine Stellung ist auf die gerichtliche Durchsetzung des Gesellschaftsanspruchs beschränkt.

Zum Schutz des Gesellschafters und der Minderheit ist die Gesellschafterklage **zwingend** ausgestaltet. Nach §715b Abs. 2 BGB ist eine Vereinbarung im Gesellschaftsvertrag unwirksam, welche das Klagerecht ausschließt oder der Vorschrift zuwider beschränkt. Gesellschaftsvertragliche Regelungen können die Anspruchsdurchsetzung organisatorisch konkretisieren, dürfen das gesetzliche Mindestrecht des einzelnen Gesellschafters zur subsidiären Klageerhebung aber nicht entleeren.

Weil der Prozess über einen Anspruch der Gesellschaft geführt wird, bestehen besondere **Informationspflichten**. Nach §715b Abs. 3 S. 1 BGB hat der klagende Gesellschafter die Gesellschaft unverzüglich über die Erhebung der Klage und über die Lage des Rechtsstreits zu unterrichten. Nach §715b Abs. 3 S. 2 BGB hat er ferner das Gericht über die erfolgte Unterrichtung in Kenntnis zu setzen; das Gericht hat nach §715b Abs. 3 S. 3 BGB auf eine unverzügliche Unterrichtung der Gesellschaft hinzuwirken. Dadurch soll die Gesellschaft in die Lage versetzt werden, ihre prozessualen Interessen wahrzunehmen und gegebenenfalls auf den Rechtsstreit Einfluss zu nehmen.

Die Entscheidung über die Gesellschafterklage **wirkt** nach §715b Abs. 4 BGB für und gegen die Gesellschaft, soweit über den Anspruch durch rechtskräftiges Urteil entschieden worden ist. Die Rechtskrafterstreckung ist folgerichtig, weil der Gesellschafter nicht seinen eigenen Anspruch, sondern den Anspruch der Gesellschaft geltend macht. Sie gilt allerdings nur, wenn über den Anspruch selbst entschieden wurde (Sachurteil). Wird die Klage aus prozessualen Gründen abgewiesen (Prozessurteil), fehlt es an einer Sachentscheidung über den Gesellschaftsanspruch. Die Gesellschafterklage ist damit ein wichtiges Korrektiv gegen pflichtwidrige Untätigkeit der Geschäftsführung, bleibt aber ein eng begrenztes, subsidiäres Instrument zur Durchsetzung von Gesellschaftsansprüchen.

3. Außenverhältnis

Die in §§ 719–722 BGB niedergelegten Vorschriften betreffen das **Außenverhältnis** der Gesellschaft. Gemeint sind damit alle Rechtsbeziehungen der Gesellschaft zu nicht gesellschaftsangehörigen Dritten, also den Gläubigern und Schuldnern der Gesellschaft, sowie die Rechtsbeziehungen der einzelnen Gesellschafter (in ihrer Eigenschaft gerade als Gesellschafter) zu Dritten. Die in §§ 719–722 BGB niedergelegten gesetzlichen Vorgaben sind weitgehend **zwingend**, sodass eine abweichende Regelung durch Gesellschaftsvertrag nicht in Betracht kommt. Dadurch unterscheidet sich das Außenrecht der rechtsfähigen GbR grundsätzlich vom Innenrecht der rechtsfähigen GbR (§§ 708–718 BGB). Der zwingende Charakter der Regelungen der §§ 719–722 BGB folgt bereits aus dem Wortlaut der betreffenden Vorschriften, so namentlich aus § 719 Abs. 2 BGB (Entstehung der Gesellschaft im Außenverhältnis), § 720 Abs. 3 S. 2, 3 BGB (Umfang der Vertretungsbefugnis), § 721 S. 2 BGB (persönliche Haftung der Gesellschafter), § 721a S. 2 BGB (Haftung des eintretenden Gesellschafters).

a) Anwendbarkeit der §§ 720–722 BGB

§ 719 BGB regelt die „Entstehung der Gesellschaft im Verhältnis zu Dritten“. Diese – durchaus unglücklich gewählte, jedenfalls aber missverständliche – Formulierung ist allerdings nicht dahin zu verstehen, dass erst § 719 BGB über die rechtliche Existenz der rechtsfähigen GbR als solcher entscheidet. Ob eine rechtsfähige Gesellschaft vorliegt, bestimmt sich vielmehr nach § 705 Abs. 2 Alt. 1 BGB: Eine Gesellschaft ist rechtsfähig, wenn sie nach dem gemeinsamen Willen der Gesellschafter am Rechtsverkehr teilnehmen soll. Das Wort „soll“ macht deutlich, dass es für die Entstehung des Rechtsträgers GbR auf den rechtsgeschäftlichen Willen der Gesellschafter zur Teilnahme am Rechtsverkehr und nicht auf die tatsächliche Teilnahme der Gesellschaft am Rechtsverkehr ankommt. Bereits mit dem wirksamen Abschluss eines entsprechenden Gesellschaftsvertrags kann daher eine rechtsfähige GbR als Trägerin von Rechten und Pflichten bestehen. § 719 BGB betrifft demgegenüber den Zeitpunkt, ab dem diese Gesellschaft – im Verhältnis zu Dritten – den Regeln des Außenverhältnisses nach §§ 720–722 BGB unterliegt. Gemeint ist also die **Anwendbarkeit der Vorschriften über Vertretung und Gesellschafterhaftung** (§§ 720–722 BGB).

„Im Verhältnis zu Dritten entsteht die Gesellschaft“ nach § 719 Abs. 1 BGB, sobald sie mit Zustimmung sämtlicher Gesellschafter am Rechtsverkehr teilnimmt, spätestens aber mit ihrer Eintragung im Gesellschaftsregister. Erforderlich für die ersten Alternative ist also zunächst die **Zustimmung aller Gesellschafter** zur Teilnahme am Rechtsverkehr. Dadurch wird ausgeschlossen, dass ein einzelner Gesellschafter oder nur ein Teil der Gesellschafter gegen den Willen der übrigen die Gesellschaft mit den Folgen der Vertretungs- und Haftungsordnung des Außenverhältnisses in den Rechtsverkehr drängt. Handelt ein Gesellschafter ohne die Zustimmung aller Gesellschafter im Namen einer vermeintlichen Gesellschaft, kann dies allenfalls nach allgemeinen Rechtsscheingrundsätzen Bedeutung gewinnen.

Weiter verlangt §719 Abs. 1 BGB die **tatsächliche Teilnahme der GbR am Rechtsverkehr**. Gemeint ist der rechtsgeschäftliche Verkehr mit gesellschaftsfremden Dritten. Dafür genügt bereits ein vorbereitendes Geschäft, etwa die Eröffnung eines Bankkontos im Namen der Gesellschaft oder der Abschluss eines Miet-, Dienstleistungs- oder sonstigen Vorbereitungsgeschäfts für die künftige Tätigkeit. Nicht ausreichend ist dagegen der bloße Abschluss des Gesellschaftsvertrags oder der interne Austausch zwischen den Gesellschaftern. Der rechtsgeschäftliche Verkehr innerhalb des Gesellschafterkreises gehört zum Innenverhältnis und setzt die Anwendung der Außenrechtsregeln nicht voraus. Deshalb kann eine rechtsfähige GbR bereits vor ihrer Außenentstehung interne Sozialansprüche, insbesondere Beitragsansprüche, gegen Gesellschafter haben und geltend machen.

Spätestens mit ihrer **Eintragung im Gesellschaftsregister** sind die §§720–722 BGB nach der zweiten Alternative des §719 Abs. 1 BGB aber anwendbar. Die Eintragung ersetzt insoweit den Nachweis einer tatsächlichen Teilnahme am Rechtsverkehr mit Zustimmung sämtlicher Gesellschafter. Das entspricht der Funktion des Gesellschaftsregisters als Register mit Subjektpublizität: Der Rechtsverkehr soll sich auf die verlautbarte Existenz und Identität der eingetragenen GbR verlassen können. Die Eintragung macht die GbR nicht zur Handelsgesellschaft und begründet auch keine Kaufmannseigenschaft. Sie bewirkt aber, dass die Gesellschaft im Außenverhältnis als eingetragene rechtsfähige GbR behandelt wird.

Über den Beginn der Außenrechtsordnung können die Gesellschafter nicht zulasten Dritter **disponieren**. Nach §719 Abs. 2 BGB ist eine Vereinbarung, dass die Gesellschaft erst zu einem späteren Zeitpunkt entstehen soll, Dritten gegenüber unwirksam. Haben die Gesellschafter also mit Zustimmung aller den Rechtsverkehr aufgenommen oder ist die Gesellschaft im Gesellschaftsregister eingetragen, können sie Dritten nicht entgegenhalten, die Regeln über Vertretung und Haftung sollten erst später gelten. §719 BGB schützt damit den Rechtsverkehr vor internen Vorbehalten und verhindert, dass die Gesellschafter die Anwendbarkeit der §§720–722 BGB nach außen hinausschieben.

§719 BGB bildet damit die **Eingangsnorm des Außenverhältnisses** der rechtsfähigen GbR. Für die weitere Darstellung bedeutet dies: Erst wenn die Voraussetzungen des §719 BGB erfüllt sind, stellt sich im Außenverhältnis die Frage, wer die Gesellschaft rechtsgeschäftlich vertreten kann (§720 BGB), welche nicht rechtsgeschäftlichen Handlungen der Gesellschaft zuzurechnen sind und unter welchen Voraussetzungen die Gesellschafter persönlich für Gesellschaftsverbindlichkeiten haften (§§721, 722 BGB).

b) Rechtsgeschäftliches Handeln der Gesellschaft

Die rechtsfähige GbR kann selbst Rechte erwerben und Verbindlichkeiten eingehen (§705 Abs. 2 Alt. 1 BGB). Da sie als Verband nur durch Organe handeln kann, bedarf sie im rechtsgeschäftlichen Verkehr der **Vertretung**. Diese Vertretung ist in §720 BGB eigenständig geregelt. Die frühere Herleitung über den Gleichlauf von Geschäftsführungsbefugnis und Vertretungsmacht (§714 BGB a.F.) ist damit überholt. Geschäftsführung und Vertretung bleiben zwar im gesetzlichen Leitbild parallel ausgestaltet, sind aber dogmatisch zu unterscheiden: Die Geschäftsführung betrifft das Innenverhältnis, die Vertretung die rechtsgeschäftliche Verpflichtung der Gesellschaft im Außenverhältnis.

Träger der organschaftlichen Vertretungsbefugnis sind nach dem Rechtsgedanken des §720 BGB die Gesellschafter. Dies entspricht dem für Personengesellschaften prägenden **Prinzip der Selbstorganschaft**. Gesellschaftsexterne Personen können die GbR zwar aufgrund rechtsgeschäftlich erteilter Vollmacht (§§167ff. BGB) vertreten. Die organschaftliche Vertretung bleibt aber den Gesellschaftern vorbehalten. Nach Anerkennung der Rechtsfähigkeit der GbR kann die Vollmacht nunmehr von der Gesellschaft selbst und nicht lediglich von den Gesellschaftern in ihrer jeweiligen Zusammensetzung erteilt werden. Eine der Prokura entsprechende typisierte handelsrechtliche Vollmacht kennt das GbR-Recht jedoch nicht. Wird ein kaufmännischer Geschäftsbetrieb geführt, ist die Gesellschaft ohnehin als oHG oder KG zu behandeln (§105 Abs. 1 HGB, §161 Abs. 1 HGB).

Nach §720 Abs. 1 BGB sind zur Vertretung der Gesellschaft grundsätzlich alle Gesellschafter gemeinsam befugt, soweit der Gesellschaftsvertrag nichts anderes bestimmt. Gesetzlicher Regelfall ist also die **Gesamtvertretung**. Darin unterscheidet sich die GbR von der OHG, bei der das Gesetz grundsätzlich von Einzelvertretung ausgeht. Der Gesellschaftsvertrag kann jedoch abweichende Regelungen treffen, insbesondere Einzelvertretungsmacht, gemischte Gesamtvertretung oder Vertretung durch bestimmte Gesellschafter vorsehen. Bei der eingetragenen GbR können die Vertretungsverhältnisse registerpublizitätsfähig verlautbart werden. Bei der nicht eingetragenen GbR muss die Vertretungsbefugnis dem Rechtsverkehr dagegen auf andere Weise nachgewiesen werden.

Die gesetzliche Gesamtvertretung kann nach §720 Abs. 2 BGB praktisch erleichtert werden. Danach können die gesamtvertretungsbefugten Gesellschafter einzelne von ihnen zur Vornahme bestimmter Geschäfte oder bestimmter Arten von Geschäften ermächtigen. Diese **Gesamtvertreterermächtigung** ist keine allgemeine Änderung der Vertretungsverfassung, sondern eine punktuelle oder gegenständlich begrenzte Ermächtigung zur Ausübung der organschaftlichen Vertretungsmacht. Sie dient der Handlungsfähigkeit der Gesellschaft, ohne den Grundsatz der Gesamtvertretung insgesamt aufzugeben.

Der **Umfang** der organschaftlichen Vertretungsbefugnis ist in §720 Abs. 3 BGB weit ausgestaltet. Die Vertretungsbefugnis der Gesellschafter erstreckt sich auf alle Geschäfte der Gesellschaft (§720 Abs. 3 S. 1 BGB). Die Vertretungsbefugnis ist insofern unbeschränkt. Beschränkungen des Umfangs der Vertretungsbefugnis sind Dritten gegenüber unwirksam (§720 Abs. 3 S. 2 BGB), die Vertretungsbefugnis damit nicht nur unbeschränkt, sondern zugleich unbeschränkbar. Das gilt insbesondere für Beschränkungen auf bestimmte Geschäfte oder Geschäftsarten, für Bedingungen, zeitliche oder örtliche Grenzen (§720 Abs. 3 S. 3 BGB). Damit entscheidet sich das neue Recht bewusst für Verkehrsschutz und gegen die frühere Möglichkeit, Vertretungsmacht mit Wirkung gegenüber erkennbar informierten Dritten zu beschränken. Wer mit einer GbR kontrahiert, soll nicht das Risiko tragen, dass gesellschaftsinterne Begrenzungen der Vertretungsbefugnis nachträglich die Wirksamkeit des Geschäfts in Frage stellen.

Von der unbeschränkbaren Vertretungsmacht im Außenverhältnis ist die interne Geschäftsführungs- und Beschlussordnung zu unterscheiden. Überschreitet ein Gesellschafter im Innenverhältnis seine Geschäftsführungsbefugnis oder handelt er ohne erforderlichen Gesellschafterbeschluss, kann dies interne Pflichtverletzungen und Ersatzansprüche begründen. Im Außenverhältnis bleibt die Gesellschaft jedoch grundsätzlich gebunden, wenn der handelnde Gesellschafter organschaftlich vertretungsbefugt war. Eine Korrektur kommt nur nach allgemeinen Grundsätzen in Betracht, insbesondere bei **Missbrauch der Vertretungsmacht**.

Die Vertretungsbefugnis kann einem Gesellschafter nach §720 Abs. 4 BGB in entsprechender Anwendung von §715 Abs. 5 BGB ganz oder teilweise **entzogen** werden. Erforderlich ist ein wichtiger Grund; die Entziehung erfolgt durch Beschluss der übrigen Gesellschafter. Anders als nach früherem Recht muss die Vertretungsbefugnis nicht zwingend zusammen mit der Geschäftsführungsbefugnis entzogen werden. Es kann also sachgerecht sein, einen Gesellschafter im Innenverhältnis an der Geschäftsführung beteiligt zu lassen, ihm aber die Befugnis zu entziehen, die Gesellschaft nach außen zu vertreten. Ebenso kann eine Einzelvertretungsbefugnis auf Gesamtvertretung zurückgeführt werden. Umgekehrt darf die Vertretungsverfassung nicht so ausgestaltet werden, dass die rechtsfähige Gesellschaft keinen organschaftlichen Vertreter mehr hat. Mindestens ein Gesellschafter muss zur organschaftlichen Vertretung berufen bleiben.

§720 Abs. 5 BGB regelt schließlich die **passive Vertretung**. Ist gegenüber der Gesellschaft eine Willenserklärung abzugeben, genügt die Abgabe gegenüber einem vertretungsbefugten Gesellschafter. Dadurch wird der Zugang von Willenserklärungen erleichtert und der Rechtsverkehr geschützt. Der Erklärende muss eine Erklärung gegenüber der Gesellschaft also nicht gegenüber sämtlichen gesamtvertretungsbefugten Gesellschaftern abgeben, sondern kann sie wirksam einem vertretungsbefugten Gesellschafter gegenüber erklären.

c) Nicht rechtsgeschäftliches Handeln der Gesellschaft

Die rechtsfähige GbR kann nach §705 Abs. 2 Alt. 1 BGB selbst Rechte erwerben und Verbindlichkeiten eingehen. Daraus folgt nicht nur ihre Fähigkeit zu rechtsgeschäftlichem Handeln durch Vertreter, sondern auch ihre Fähigkeit, Trägerin gesetzlicher Rechte und Pflichten zu sein. Die Gesellschaft kann daher insbesondere **Schuldnerin** deliktischer, bereicherungsrechtlicher, besitzrechtlicher oder sonstiger gesetzlicher Ansprüche werden. Das MoPeG enthält hierfür keine besondere allgemeine Zurechnungsnorm. Die Anerkennung der Rechtsfähigkeit der GbR setzt aber voraus, dass ihr auch nicht rechtsgeschäftliches Verhalten der für sie handelnden Personen zugerechnet werden kann. Anderenfalls wäre sie zwar rechtsfähig, könnte aber in wesentlichen Bereichen des gesetzlichen Schuldrechts nicht als eigenständiger Rechtsträger behandelt werden.

Für die **Zurechnung deliktischen Verhaltens** ist §31 BGB analog heranzuziehen. Die Vorschrift gilt unmittelbar für den Verein, bringt aber einen allgemeinen verbandsrechtlichen Zurechnungsgedanken zum Ausdruck: Ein rechtsfähiger Verband muss sich das zum Schadensersatz verpflichtende Verhalten der Personen zurechnen lassen, durch die er seine Tätigkeit im Rechtsverkehr entfaltet. Für die rechtsfähige GbR bedeutet dies, dass sie für deliktisches Verhalten ihrer geschäftsführungs- oder vertretungsbefugten Gesellschafter einzustehen hat, wenn diese in Ausführung der ihnen für die Gesellschaft zustehenden Aufgaben handeln. Entsprechendes gilt für sonstige Personen, denen durch die gesellschaftsvertragliche Ordnung oder durch die zuständigen Gesellschafter eine leitende, eigenverantwortliche Stellung für die Gesellschaft übertragen worden ist und die deshalb als verfassungsmäßig berufene Vertreter im Sinne des §31 BGB analog anzusehen sind.

Die Zurechnung setzt einen hinreichenden **Zusammenhang** zwischen der Tätigkeit für die Gesellschaft und der schädigenden Handlung voraus. Erforderlich ist, dass die Handlung in Ausführung der dem Handelnden für die Gesellschaft übertragenen Verrichtungen begangen wird. Nicht ausreichend ist ein nur äußerlicher oder zufälliger Zusammenhang mit der Gesellschaftstätigkeit. Handelt ein Gesellschafter ausschließlich privat oder nur bei Gelegenheit seiner gesellschaftlichen Tätigkeit, fehlt es an der erforderlichen Zurechnungsgrundlage. Maßgeblich ist daher, ob sich in dem Verhalten ein Risiko verwirklicht, das der Tätigkeit der Gesellschaft und der durch sie geschaffenen Organisationsstruktur zuzurechnen ist.

Die analoge Anwendung des §31 BGB ist von der rechtsgeschäftlichen Vertretung nach §720 BGB zu unterscheiden. §720 BGB entscheidet darüber, unter welchen Voraussetzungen Willenserklärungen im Namen der Gesellschaft abgegeben oder empfangen werden können. §31 BGB analog betrifft demgegenüber die Zurechnung **tatsächlichen und deliktischen Handelns**. Es geht also nicht um die Wirksamkeit eines Rechtsgeschäfts, sondern darum, ob die Gesellschaft für ein Verhalten haftet, das eine gesetzliche Verbindlichkeit auslöst. Beide Bereiche beruhen jedoch auf demselben Grundgedanken: Die rechtsfähige GbR handelt nicht körperlich selbst, sondern durch die Personen, denen ihre Geschäftsführung, Vertretung oder sonstige Leitung im Rahmen der Gesellschaftsorganisation anvertraut ist.

Wird der Gesellschaft ein deliktisches Verhalten nach §31 BGB analog zugerechnet, entsteht die Verbindlichkeit unmittelbar als **Verbindlichkeit der Gesellschaft**. Daneben kann auch eine **persönliche Haftung** des handelnden Gesellschafters oder sonstigen Schädigers nach den allgemeinen deliktsrechtlichen Vorschriften bestehen. Die Zurechnung zur Gesellschaft verdrängt die Eigenhaftung des Handelnden nicht, sondern tritt neben sie. Für Gesellschaftsverbindlichkeiten haften außerdem die Gesellschafter nach den allgemeinen Regeln der **Gesellschafterhaftung** (§§721, 722 BGB), soweit deren Voraussetzungen erfüllt sind. Damit steht dem Geschädigten im Ergebnis regelmäßig nicht nur die Gesellschaft als Schuldnerin gegenüber. Daneben kommen die persönliche Haftung des handelnden Schädigers und die akzessorische Haftung der Gesellschafter für Gesellschaftsverbindlichkeiten in Betracht.

Die **Deliktsfähigkeit** der rechtsfähigen GbR ist damit heute keine bloße Fortbildung der früheren Rechtsprechung mehr, sondern notwendige Folge ihrer gesetzlichen Anerkennung als rechtsfähige Gesellschaft. Wer als Gesellschaft am Rechtsverkehr teilnehmen, eigenes Vermögen bilden und durch Gesellschafter oder Beauftragte handeln kann, muss auch für gesetzliche Pflichten einstehen, die aus dieser Tätigkeit entstehen. Die rechtsfähige GbR ist daher nicht nur rechtsgeschäftlich handlungsfähig, sondern auch delikts- und zurechnungsfähig.

d) Haftung der Gesellschafter

Die rechtsfähige GbR ist selbst Trägerin von Rechten und Pflichten (§705 Abs. 2 Alt. 1 BGB). Für Verbindlichkeiten der Gesellschaft haftet daher zunächst die **Gesellschaft** mit ihrem Gesellschaftsvermögen (§713 BGB). Daneben ordnet §721 S. 1 BGB die **persönliche Haftung der Gesellschafter** an: Die Gesellschafter haften den Gesellschaftsgläubigern für die Verbindlichkeiten der Gesellschaft als Gesamtschuldner persönlich. Die früher nur richterrechtlich entwickelte **Akzessorietät der Gesellschafterhaftung**, also eine Gesellschafterhaftung, die zu der Haftung der Gesellschaft hinzutritt und dieser grundsätzlich folgt, ist damit gesetzlich kodifiziert. Einer Herleitung über die frühere Doppelverpflichtungslehre oder eine Analogie zu §128 HGB a.F. bedarf es nicht mehr.

Die Haftung nach §721 BGB ist persönlich, unbeschränkt, unmittelbar und akzessorisch. **Persönlich** bedeutet, dass der Gesellschafter mit seinem Privatvermögen haftet. **Unbeschränkt** bedeutet, dass die Haftung grundsätzlich weder gegenständlich noch summenmäßig begrenzt ist. **Unmittelbar** bedeutet, dass der Gesellschaftsgläubiger den Gesellschafter direkt in Anspruch nehmen kann, ohne zuvor gegen die Gesellschaft vorgehen oder in das Gesellschaftsvermögen vollstrecken zu müssen. **Akzessorisch** bedeutet, dass Bestand, Inhalt und Durchsetzbarkeit der Gesellschafterhaftung von der Gesellschaftsverbindlichkeit abhängen. Die Gesellschafterhaftung ist damit kein eigenständiger Schuldgrund, sondern Haftung für eine fremde, nämlich gesellschaftliche Verbindlichkeit. Die persönliche Gesellschafterhaftung dient dem **Gläubigerschutz**. Anders als Kapitalgesellschaften verfügt die GbR über kein gesetzliches Garantiekapital und keine kapitalgesellschaftsrechtlichen Kapitalaufbringungs- und Kapitalerhaltungsvorschriften. Die persönliche Haftung der Gesellschafter gleicht diese fehlende Kapitalsicherung aus und sichert zugleich den **Gleichlauf von Herrschaft und Haftung**: Wer als Gesellschafter an der Gesellschaft beteiligt ist und über ihre Geschicke mitbestimmen kann, soll grundsätzlich auch für ihre Verbindlichkeiten einstehen.

Erfasst sind sowohl **rechtsgeschäftlich** als auch **gesetzlich begründete** Gesellschaftsverbindlichkeiten. Die Gesellschafter haften daher nicht nur für Ansprüche aus Verträgen, welche die Gesellschaft wirksam abgeschlossen hat, sondern auch für gesetzliche Verbindlichkeiten der Gesellschaft, insbesondere für deliktische Ansprüche. Bei deliktischen Verbindlichkeiten ist allerdings zu beachten, dass die Gesellschafter nicht unmittelbar für fremdes deliktisches Verhalten haften. Vielmehr wird das Verhalten eines geschäftsführungs- oder vertretungsbefugten Gesellschafters der Gesellschaft nach allgemeinen Grundsätzen, insbesondere entsprechend §31 BGB, zugerechnet (s.o. III. 3. c)). Die daraus entstehende Schadensersatzpflicht ist dann eine Verbindlichkeit der Gesellschaft, für die die Gesellschafter nach §721 BGB persönlich haften.

Die Gesellschafter haften als **Gesamtschuldner**. Der Gläubiger kann daher nach seiner Wahl die Gesellschaft, einzelne Gesellschafter oder mehrere Gesellschafter zugleich in Anspruch nehmen. Unter mehreren Gesellschaftern kann er grundsätzlich jeden auf die ganze Leistung in Anspruch nehmen (§421 BGB). Die interne Lastenverteilung ist Sache der Gesellschafter untereinander. Eine Einrede, der Gläubiger müsse sich zunächst an das Gesellschaftsvermögen halten, besteht nicht.

Eine **gesellschaftsvertragliche Haftungsbeschränkung** wirkt gegenüber Dritten grundsätzlich nicht. Nach §721 S. 2 BGB ist eine entgegenstehende Vereinbarung Dritten gegenüber unwirksam. Die Gesellschafter können also nicht durch bloße Regelung im Gesellschaftsvertrag eine „GbR mbH" schaffen. Unerheblich ist grundsätzlich auch, ob der Dritte die gesellschaftsvertragliche Haftungsbeschränkung kennt. Möglich bleibt jedoch eine individualvertragliche Haftungsbeschränkung mit dem jeweiligen Gesellschaftsgläubiger. Außerdem lässt die Kodifikation besondere, von Rechtsprechung und Praxis entwickelte Haftungsmodelle in atypischen Konstellationen, etwa bei bestimmten Publikumsgesellschaften, geschlossenen Immobilienfonds, Bauherrengemeinschaften, Gelegenheitsgesellschaften oder gemeinnützigen Gesellschaften, nicht von vornherein entfallen. Der gesetzliche Regelfall ist jedoch die unbeschränkte persönliche Gesellschafterhaftung.

Beim **Eintritt** eines Gesellschafters in eine bereits bestehende GbR, haftet er nach §721a S. 1 BGB gleich den übrigen Gesellschaftern auch für die vor seinem Eintritt begründeten Verbindlichkeiten der Gesellschaft. Auch insoweit ist eine entgegenstehende Vereinbarung Dritten gegenüber unwirksam (§721a S. 2 BGB). Die Haftung für Altverbindlichkeiten ist konsequent, weil der eintretende Gesellschafter mit dem Erwerb der Mitgliedschaft Einfluss auf das Gesellschaftsvermögen gewinnt und der Gläubiger nicht zwischen Alt- und Neugesellschaftern sowie Alt- und Neuverbindlichkeiten unterscheiden müssen soll. §721a BGB betrifft allerdings den Eintritt in eine bestehende Gesellschaft. Eine allgemeine Regel entsprechend §28 HGB für die Einbringung eines bisherigen Einzelunternehmens in eine GbR enthält das Gesetz nicht.

Die Akzessorietät der Gesellschafterhaftung wird durch §721b BGB näher ausgestaltet. Wird ein Gesellschafter wegen einer Gesellschaftsverbindlichkeit in Anspruch genommen, kann er nach §721b Abs. 1 BGB alle **Einwendungen** und **Einreden** geltend machen, die nicht nur in seiner Person begründet sind, soweit sie auch von der Gesellschaft erhoben werden können. Der Gläubiger soll gegenüber dem Gesellschafter nicht besser stehen als gegenüber der Gesellschaft. Daneben kann der Gesellschafter selbstverständlich auch persönliche Einwendungen geltend machen, etwa Erfüllung durch ihn selbst oder eine ihm persönlich zustehende Verjährungseinrede, soweit deren Voraussetzungen vorliegen. §721b Abs. 2 BGB schützt den Gesellschafter zusätzlich, solange der Gesellschaft in Bezug auf die Verbindlichkeit ein **Gestaltungsrecht** zusteht. Der Gesellschafter kann die Befriedigung des Gläubigers verweigern, solange die Gesellschaft etwa anfechten, aufrechnen, zurücktreten, kündigen oder ein sonstiges Gestaltungsrecht ausüben könnte, dessen Ausübung sie selbst zur Leistungsverweigerung berechtigen würde. Dadurch wird verhindert, dass der Gesellschafter leisten muss, obwohl die Gesellschaft die Verbindlichkeit durch Ausübung eines Gestaltungsrechts beseitigen oder ihre Durchsetzbarkeit verhindern könnte.

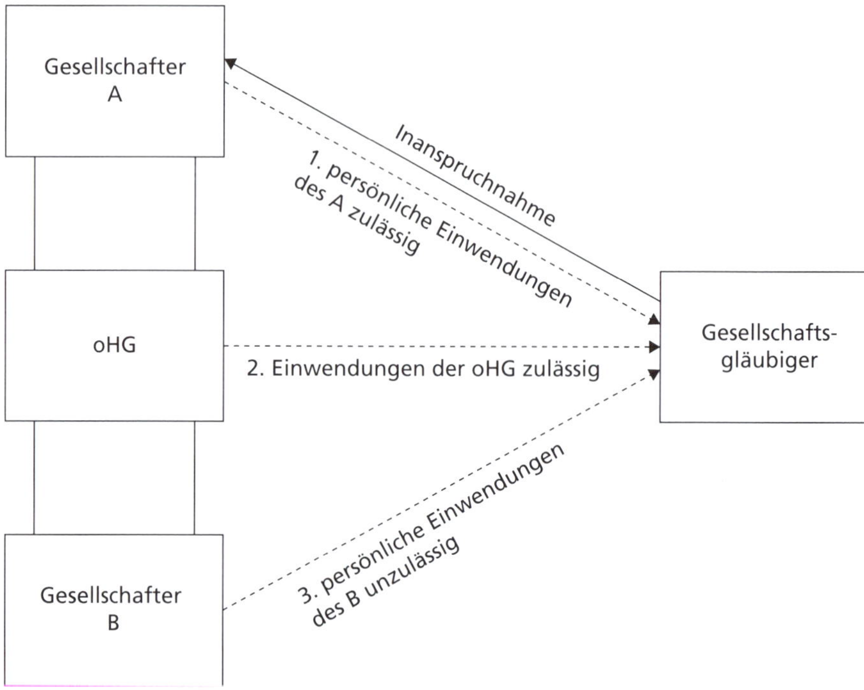

Abb. 49: Akzessorietätsprinzip der Gesellschafterhaftung

§722 BGB regelt schließlich die **Zwangsvollstreckung**. Zur Vollstreckung in das **Vermögen der Gesellschaft** ist nach §722 Abs. 1 BGB ein gegen die Gesellschaft gerichteter Vollstreckungstitel erforderlich. Ein gegen einen Gesellschafter gerichteter Titel genügt hierfür nicht, auch dann nicht, wenn der Gläubiger gegen alle Gesellschafter Titel erwirkt hat. Umgekehrt kann aus einem gegen die Gesellschaft gerichteten Titel nach §722 Abs. 2 BGB nicht in das Privatvermögen der Gesellschafter vollstreckt werden. Wer in das Gesellschaftsvermögen vollstrecken will, benötigt also einen Titel gegen die Gesellschaft. Wer in das **Privatvermögen eines Gesellschafters** vollstrecken will, benötigt einen Titel gegen diesen Gesellschafter. Das Gesetz trägt damit der Verselbstständigung der rechtsfähigen GbR und der Trennung zwischen Gesellschaftsvermögen und Privatvermögen der Gesellschafter Rechnung.

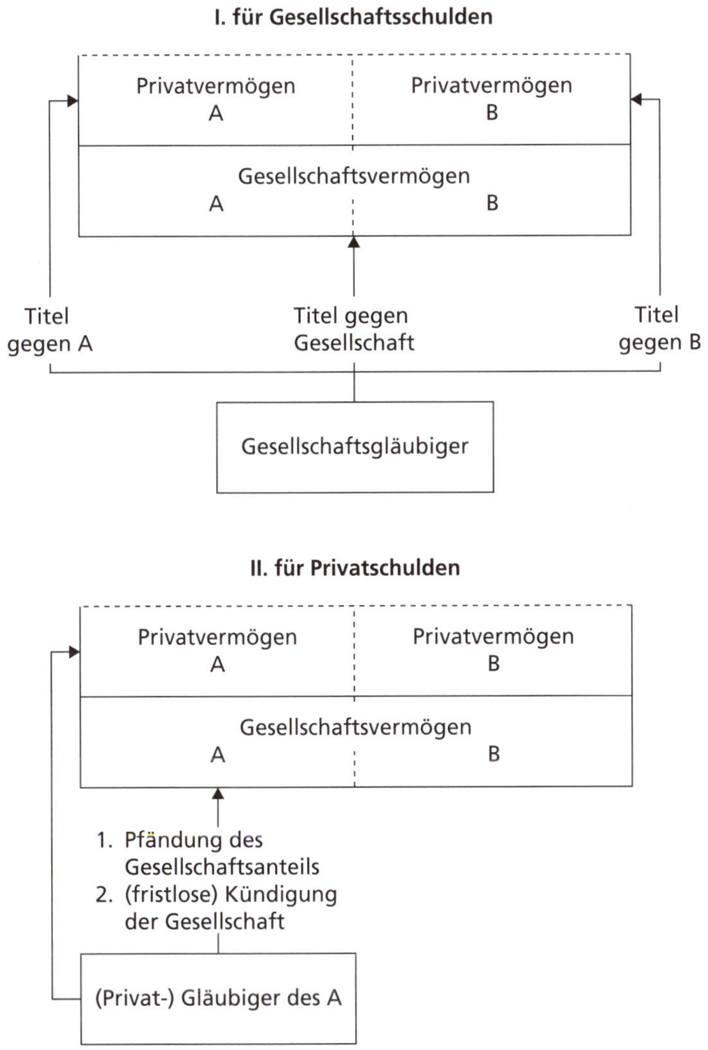

Abb. 50: Zwangsvollstreckung bei Personengesellschaften

3. Veränderungen im Gesellschafterbestand

Der Mitgliederbestand einer GbR ist nicht unveränderlich. Veränderungen im Gesellschafterbestand können durch Eintritt eines neuen Gesellschafters (Vergrößerung der Mitgliederzahl), durch Übertragung eines Gesellschaftsanteils (Mitgliederwechsel) oder durch den Tod oder das Ausscheiden eines Gesellschafters (Verkleinerung der Mitgliederzahl) eintreten. Die Identität der rechtsfähigen GbR bleibt hiervon grundsätzlich unberührt. Die Gesellschaft bleibt also dieselbe Rechtsträgerin. Es ändert sich nur die Zusammensetzung des Gesellschafterkreises.

a) Eintritt

Der Eintritt eines neuen Gesellschafters erfolgt durch Aufnahme in die bestehende Gesellschaft. Da die Mitgliedschaft in einer Personengesellschaft regelmäßig personal geprägt ist, setzt die Aufnahme grundsätzlich eine entsprechende **Vereinbarung** zwischen dem Eintretenden, der Gesellschaft und den bisherigen Gesellschaftern voraus. Gesellschaftsvertraglich können hierfür nähere Voraussetzungen, insbesondere Mehrheits- oder Zustimmungserfordernisse, vorgesehen werden. Mit dem Eintritt erwirbt der neue Gesellschafter die mitgliedschaftliche Stellung in der Gesellschaft. Tritt ein neuer Gesellschafter in die Gesellschaft ein, so mindern sich gem. §712 Abs. 2 BGB die Anteile der anderen Gesellschafter an der Gesellschaft im Zweifel im Umfang des dem neuen Gesellschafter zuwachsenden Anteils und in dem Verhältnis ihrer bisherigen Anteile (sog. **Abwachsung**). Im Außenverhältnis ist vor allem §721a BGB zu beachten: Der eintretende Gesellschafter **haftet** auch für die bereits vor seinem Eintritt begründeten Gesellschaftsverbindlichkeiten nach Maßgabe der §§721, 721b BGB.

b) Anteilsübertragung

Von der Aufnahme eines neuen Gesellschafters zu unterscheiden ist die Übertragung eines be-stehenden Gesellschaftsanteils. Nach §711 Abs. 1 S. 1 BGB bedarf die Übertragung eines Gesellschafts-anteils der **Zustimmung der anderen Gesellschafter**. Die Zustimmung kann im Einzelfall erteilt oder gesellschaftsvertraglich vorweggenommen werden. Die Gesellschaft selbst kann eigene Anteile nicht erwerben (§711 Abs. 1 S. 2 BGB). Auch die Anteilsübertragung führt grundsätzlich nicht zur Auflösung oder Neugründung der Gesellschaft, sondern zu einem identitätswahrenden Gesellschafterwechsel.

c) Ausscheiden

aa) Gründe für das Ausscheiden

Das MoPeG hat das Leitbild des Ausscheidens grundlegend geändert. Nach früherem Recht führten Kündigung, Tod oder Insolvenz eines Gesellschafters häufig zur Auflösung der Gesellschaft, sofern keine Fortsetzungsklausel vereinbart war. Nach neuem Recht ist es umgekehrt: Die in §723 Abs. 1 BGB genannten Gründe führen grundsätzlich zum **Ausscheiden** des betroffenen Gesellschafters, nicht zur Auflösung der Gesellschaft. Der Gesellschaftsvertrag kann allerdings vorsehen, dass in diesen Fällen ausnahmsweise die Auflösung der Gesellschaft eintreten soll.

Ausscheidensgründe sind nach §723 Abs. 1 BGB der Tod des Gesellschafters (s.u. V. 3. c)), die Kündigung der Mitgliedschaft durch den Gesellschafter, die Eröffnung des Insolvenzverfahrens über das Vermögen des Gesellschafters, die Kündigung der Mitgliedschaft durch einen Privatgläubiger des Gesellschafters und die Ausschließung des Gesellschafters aus wichtigem Grund. Nach §723 Abs. 2 BGB können im Gesellschaftsvertrag weitere Ausscheidensgründe vereinbart werden. Der Zeitpunkt des Ausscheidens richtet sich nach §723 Abs. 3 BGB: Grundsätzlich scheidet der Gesellschafter mit Eintritt des Ausscheidensgrundes aus, bei Kündigung jedoch nicht vor Ablauf der Kündigungsfrist und bei Ausschließung aus wichtigem Grund nicht vor Mitteilung des Beschlusses an den auszuschließenden Gesellschafter.

Die **Kündigung der Mitgliedschaft durch den Gesellschafter** ist in §725 BGB geregelt. Ist das Gesellschaftsverhältnis auf unbestimmte Zeit eingegangen, kann der Gesellschafter seine Mitgliedschaft grundsätzlich mit einer Frist von drei Monaten zum Ablauf des Kalenderjahres gegenüber der Gesellschaft kündigen (§725 Abs. 1 BGB). Ist eine Zeitdauer vereinbart, ist eine Kündigung vor Ablauf dieser Zeit bei Vorliegen eines wichtigen Grundes zulässig (§725 Abs. 2 BGB). Liegt ein solcher wichtiger Grund vor, ist die Kündigung stets ohne Einhaltung einer Kündigungsfrist möglich (§725 Abs. 3 BGB). Die Kündigung darf nicht zur Unzeit erfolgen, wenn hierfür kein wichtiger Grund besteht; andernfalls ist der kündigende Gesellschafter der Gesellschaft zum Ersatz des daraus entstehenden Schadens verpflichtet.

Auch ein **Privatgläubiger eines Gesellschafters** kann unter den Voraussetzungen des §726 BGB die Mitgliedschaft des Schuldners **kündigen**. Erforderlich ist insbesondere, dass innerhalb der letzten sechs Monate eine Zwangsvollstreckung in das bewegliche Vermögen des Gesellschafters erfolglos versucht wurde, der Gläubiger aufgrund eines nicht nur vorläufig vollstreckbaren Schuldtitels die Pfändung des Gesellschaftsanteils erwirkt hat und die Kündigungsfrist eingehalten wird. Die Kündigung wirkt gegenüber der Gesellschaft und führt zum Ausscheiden des betroffenen Gesellschafters.

Schließlich kann ein Gesellschafter aus wichtigem Grund **ausgeschlossen** werden (§727 BGB). Ein wichtiger Grund liegt insbesondere vor, wenn der Gesellschafter eine ihm nach dem Gesellschaftsvertrag obliegende wesentliche Verpflichtung vorsätzlich oder grob fahrlässig verletzt oder ihm die Erfüllung einer solchen Verpflichtung unmöglich wird. Die Ausschließung erfolgt durch Beschluss der übrigen Gesellschafter und wird nach §723 Abs. 3 BGB nicht vor Mitteilung des Beschlusses an den auszuschließenden Gesellschafter wirksam.

Scheidet der **vorletzte Gesellschafter** aus, kann die GbR nicht als Einpersonengesellschaft fortbestehen. Nach §712a Abs. 1 BGB erlischt die Gesellschaft in diesem Fall ohne Liquidation. Das Gesellschaftsvermögen geht im Wege der Gesamtrechtsnachfolge auf den verbleibenden Gesellschafter über. Für die Rechte und Pflichten des vorletzten Gesellschafters gelten nach §712a Abs. 2 BGB die §§728 bis 728b BGB entsprechend.

bb) Rechtsfolgen des Ausscheidens

Anteilsmäßig führt das Ausscheiden eines Gesellschafters gem. §712 Abs. 1 BGB bei den übrigen Gesellschaftern zur sog. **Anwachsung**: Scheidet ein Gesellschafter aus der Gesellschaft aus, so wächst sein Anteil an der Gesellschaft den übrigen Gesellschaftern im Zweifel im Verhältnis ihrer Anteile zu.

Die vermögensrechtlichen Folgen des Ausscheidens regelt §728 BGB. Sofern im Gesellschaftsvertrag nichts anderes vereinbart ist, hat die Gesellschaft den ausgeschiedenen Gesellschafter von der Haftung für die Verbindlichkeiten der Gesellschaft zu **befreien** und ihm eine dem Wert seines Anteils angemessene **Abfindung** zu zahlen (§728 Abs. 1 BGB). Sind Verbindlichkeiten noch nicht fällig, kann die Gesellschaft dem ausgeschiedenen Gesellschafter Sicherheit leisten, statt ihn sofort von der Haftung zu befreien. Der Abfindungsanspruch ersetzt die frühere Beteiligung am Gesellschaftsvermögen. Der ausgeschiedene Gesellschafter bleibt nicht an der werbenden Gesellschaft beteiligt, sondern erhält einen schuldrechtlichen Ausgleichsanspruch.

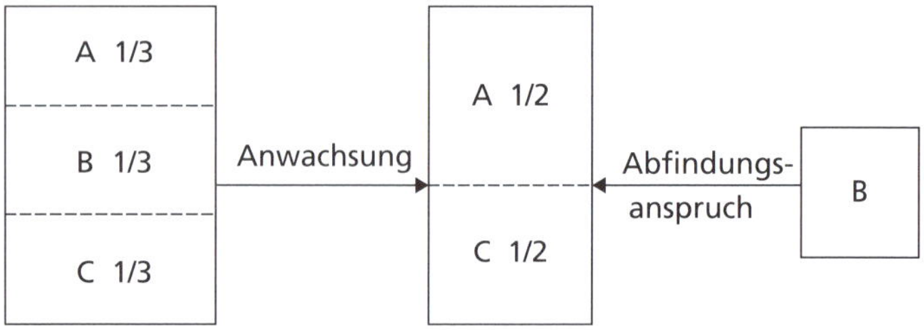

Abb. 51: Ausscheiden eines Gesellschafters

Reicht der Wert des Gesellschaftsvermögens zur Deckung der Gesellschaftsverbindlichkeiten nicht aus, trifft den ausgeschiedenen Gesellschafter eine interne **Ausgleichspflicht**. Nach §728a BGB hat er der Gesellschaft für den Fehlbetrag nach dem Verhältnis seines Anteils am Gewinn und Verlust aufzukommen. Die Vorschrift betrifft das Innenverhältnis zwischen Gesellschaft und ausgeschiedenem Gesellschafter und ist von der Außenhaftung gegenüber Gesellschaftsgläubigern zu unterscheiden. Wie aus §710 S. 2 BGB hervorgeht, ist sie keine unzulässige nachträgliche Beitragserhöhung iSd §710 S. 1 BGB, sondern Folge der internen Lastenverteilung beim Ausscheiden.

Im Außenverhältnis bleibt der ausgeschiedene Gesellschafter für Altverbindlichkeiten zeitlich begrenzt haftbar. §728b BGB ordnet eine **Nachhaftung** für die bis zum Ausscheiden begründeten Gesellschaftsverbindlichkeiten an. Nach §728b Abs. 1 S. 1 BGB haftet der ausgeschiedenen Gesellschafter für Altverbindlichkeiten allerdings nur dann, wenn die betreffenden Verbindlichkeiten vor Ablauf von fünf Jahren nach seinem Ausscheiden fällig (§271 BGB) sind *und* 1. daraus Ansprüche gegen ihn in einer in §197 Abs. 1 Nr. 3 bis 5 BGB bezeichneten Art festgestellt sind (rechtskräftig festgestellte Ansprüche, Ansprüche aus vollstreckbaren Vergleichen oder vollstreckbaren Urkunden sowie Ansprüche, die durch die im Insolvenzverfahren erfolgte Feststellung vollstreckbar geworden sind) oder 2. eine gerichtliche oder behördliche Vollstreckungshandlung vorgenommen oder beantragt wird; bei öffentlich-rechtlichen Verbindlichkeiten genügt der Erlass eines Verwaltungsakts. Die durch das Ausscheiden ausgelöste, fünfjährige Ereignisfrist (§§187 Abs. 1, 188 Abs. 2 Alt. 1 BGB) beginnt gem. §728b Abs. 1 S. 3 BGB, sobald der Gläubiger von dem Ausscheiden des Gesellschafters Kenntnis erlangt hat oder das Ausscheiden des Gesellschafters im Gesellschaftsregister eingetragen worden ist. Allerdings ist zu beachten, dass nach §728b Abs. 1 S. 4 BGB die für die Verjährung (§§194 ff. BGB) geltenden Hemmungstatbestände der §§204, 206, 210, 211 und 212 Abs. 2, 3 entsprechend anzuwenden sind. Das bedeutet, dass es im Ergebnis keineswegs erforderlich ist, vor Ablauf der Fünfjahresfrist eine Feststellung des Anspruchs gegen den ausgeschiedenen Gesellschafter iSd §197 Abs. 1 Nr. 3–5 BGB (insb. einen rechtskräftig festgestellten Anspruch) oder eine zumindest beantragte Vollstreckungshandlung herbeizuführen, sondern dass es genügt, wenn vor Ablauf der Fünfjahresfrist ein Hemmungstatbestand (insb. durch Erhebung der Klage iSd §204 Abs. 1 Nr. 1 BGB) verwirklicht wird. Die Nachhaftung knüpft daran an, dass die Verbindlichkeit vor dem Ausscheiden begründet wurde. Für nach dem Ausscheiden neu begründete Gesellschaftsverbindlichkeiten haftet der Ausgeschiedene grundsätzlich nicht mehr. Das Gesetz verbindet damit Gläubigerschutz mit dem Interesse des ausgeschiedenen Gesellschafters an einer zeitlichen Begrenzung seiner fortwirkenden Haftung.

Beispiel: Die M & D Design GbR kauft am 10. März 2021 von V Büromöbel zum Preis von 20.000 €. Der Kaufpreis soll am 30. Juni 2021 fällig sein. Zu diesem Zeitpunkt ist Melissa Gesellschafterin der rechtsfähigen GbR. Am 31. März 2021 scheidet Melissa aus der Gesellschaft aus. V erfährt hiervon am 15. April 2021. Die in Zahlungsschwierigkeiten geratene GbR zahlt den Kaufpreis nicht. V erhebt deshalb gegen Melissa am 25. März 2026 Klage auf Zahlung von 20.000 €. Eine Vollstreckungshandlungen werden nicht beantragt oder vorgenommen. Das der Klage stattgebende Urteil wird am 30. September 2026 rechtskräftig.

Lösung: Melissa haftet V für die Kaufpreisforderung nach §728b BGB iVm §433 Abs. 2 BGB. Es handelt sich um eine Altverbindlichkeit, weil der Kaufpreiszahlungsanspruch bereits durch den Kaufvertrag vom 10. März 2021 und damit vor Melissas Ausscheiden am 31. März 2021 begründet wurde. Die Verbindlichkeit wurde außerdem am 30. Juni 2021 und damit vor Ablauf der fünfjährigen Nachhaftungsfrist fällig. Die Frist begann nach §728b Abs. 1 3 BGB mit der Kenntnis des V vom Ausscheiden, also am 15. April 2021, und wäre grundsätzlich mit Ablauf des 15. April 2026 abgelaufen (§§187 Abs. 1, 188 Abs. 2 Alt. 1 BGB). Zwar wurde der Anspruch gegen Melissa erst am 30. September 2026 und damit nach Ablauf dieses Fünfjahreszeitraums rechtskräftig festgestellt. Das schadet hier aber nicht. Denn V hat bereits am 25. März 2026 und damit vor Ablauf der Fünfjahresfrist Klage gegen Melissa erhoben. Nach §728b Abs. 1 S. 4 BGB ist §204 Abs. 1 Nr. 1 BGB entsprechend anwendbar. Die rechtzeitig erhobene Klage hemmt daher die Fünfjahresfrist. Es ist deshalb nicht erforderlich, dass bereits vor dem 15. April 2026 ein rechtskräftiges Urteil oder eine Vollstreckungshandlung vorliegt. Melissa kann sich folglich nicht mit Erfolg auf den Ablauf der Nachhaftungsfrist berufen.

d) Tod eines Gesellschafters

Der Tod eines Gesellschafters führt nach der neuen gesetzlichen Konzeption grundsätzlich nicht mehr automatisch zur Auflösung der Gesellschaft. Vielmehr ist der Tod eines Gesellschafters nach §723 Abs. 1 Nr. 1 BGB ein **Ausscheidensgrund**, sofern der Gesellschaftsvertrag nicht für diesen Fall die Auflösung der Gesellschaft vorsieht. Die Gesellschaft wird also im gesetzlichen Regelfall mit den verbleibenden Gesellschaftern fortgesetzt. Die Erben erhalten grundsätzlich die vermögensrechtlichen Ansprüche, die sich aus dem Ausscheiden ergeben.

Abweichend hiervon kann der Gesellschaftsvertrag vorsehen, dass die Gesellschaft mit dem Erben des verstorbenen Gesellschafters fortgesetzt werden soll (sog. **Nachfolgeklausel**). Dann geht der Gesellschaftsanteil nach §711 Abs. 2 S. 1 BGB auf den Erben über. Sind mehrere Erben vorhanden, fällt der Gesellschaftsanteil nach §711 Abs. 2 S. 2 BGB jedem Erben entsprechend seiner Erbquote zu. Die Vorschriften über die Erbengemeinschaft (§§2032 ff. BGB) finden insoweit nach §711 Abs. 2 S. 3 BGB keine Anwendung. Das Gesetz vermeidet damit eine gesamthänderische Beteiligung der Erbengemeinschaft an der werbenden Personengesellschaft und ordnet eine unmittelbare mitgliedschaftliche Zuordnung nach Erbquoten an.

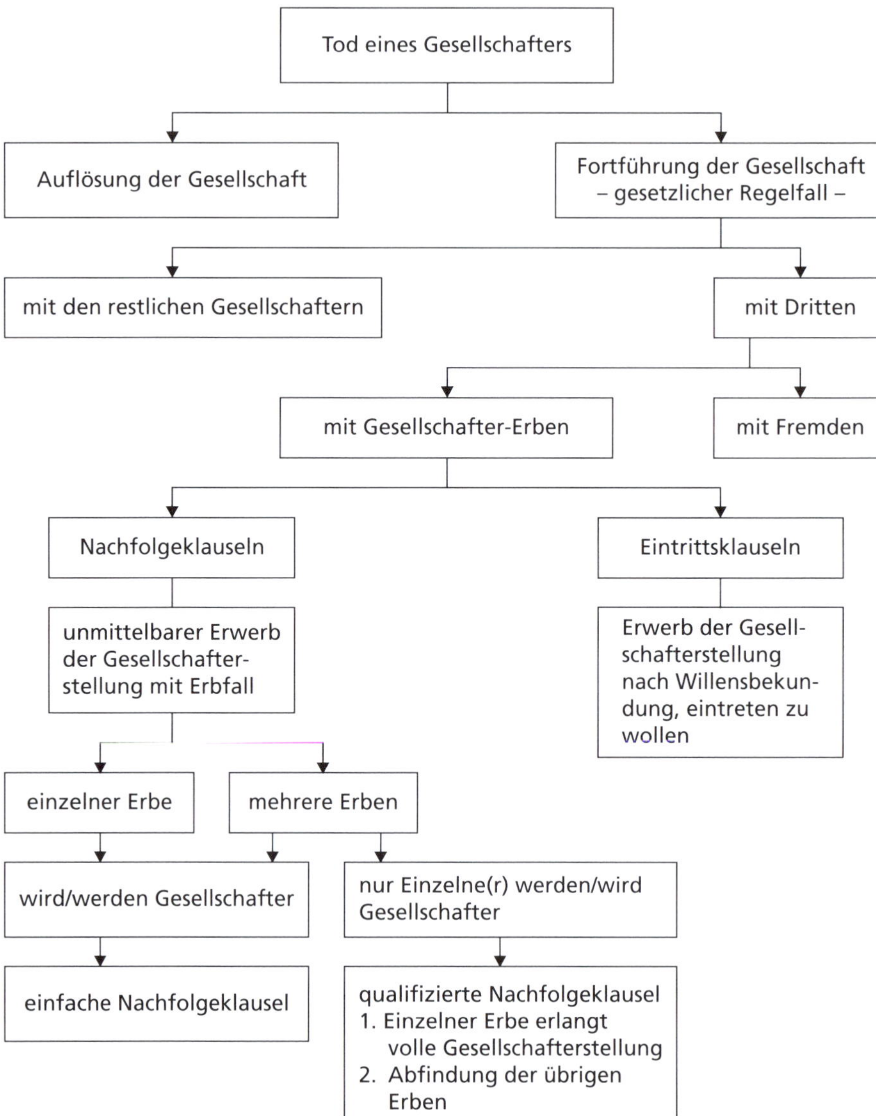

Abb. 52: Tod eines Gesellschafters

Für den Erben enthält §724 BGB besondere **Schutzregeln**. Geht der Anteil auf ihn über und kommen die gesetzlichen Voraussetzungen hierfür in Betracht, kann der Erbe verlangen, dass ihm die Stellung eines Kommanditisten eingeräumt wird (§724 Abs. 1 BGB). Wird ein solcher Antrag nicht angenommen oder ist die Fortführung in entsprechender haftungsbeschränkter Stellung nicht möglich, kann der Erbe seine Mitgliedschaft ohne Einhaltung einer Kündigungsfrist kündigen (§724 Abs. 2 BGB). Die Rechte nach §724 Abs. 1, 2 BGB sind fristgebunden (§724 Abs. 3 BGB). Scheidet der Erbe innerhalb dieser Frist aus, wird die Gesellschaft innerhalb dieser Frist aufgelöst oder erhält er innerhalb der Frist die Stellung eines Kommanditisten, haftet er für die bis dahin entstandenen Gesellschaftsverbindlichkeiten nur nach Maßgabe der erbrechtlichen Haftungsbeschränkungen (§724 Abs. 4 BGB).

3. Beendigung

Die Beendigung der rechtsfähigen GbR vollzieht sich regelmäßig in **drei Stufen**: Auflösung, Liquidation und Vollbeendigung. Die **Auflösung** beendet die Gesellschaft noch nicht als Rechtsträgerin. Sie bewirkt vielmehr eine Änderung des Gesellschaftszwecks: An die Stelle des werbenden Gesellschaftszwecks tritt der Zweck, die Gesellschaft abzuwickeln. Die Gesellschaft besteht daher zunächst als identische rechtsfähige Gesellschaft fort. Erst nach Abschluss der **Liquidation** und vollständiger Abwicklung ihrer Rechtsverhältnisse kommt es zur **Vollbeendigung**, also zum Erlöschen der Gesellschaft als Rechtsträgerin.

a) Auflösung

Die **Auflösungsgründe** sind in §729 BGB geregelt, ohne dass die Vorschrift abschließend wäre. Nach §729 Abs. 1 BGB wird die Gesellschaft durch Ablauf der Zeit, für welche sie eingegangen wurde, durch Eröffnung des Insolvenzverfahrens über das Vermögen der Gesellschaft, durch Kündigung der Gesellschaft und durch Auflösungsbeschluss aufgelöst. Ferner wird die Gesellschaft nach §729 Abs. 2 BGB aufgelöst, wenn der Zweck, zu dem sie errichtet wurde, erreicht oder seine Erreichung unmöglich geworden ist. Die nur vorübergehende Zweckstörung genügt hierfür nicht. Sie führt nicht zur Auflösung, sondern allenfalls zu einem Ruhen oder zu Anpassungsbedarf im Gesellschaftsverhältnis. Besondere Auflösungsgründe enthält §729 Abs. 3 BGB für Gesellschaften, bei denen kein persönlich haftender Gesellschafter eine natürliche Person ist. In solchen Fällen wird die Gesellschaft zusätzlich aufgelöst, wenn die Eröffnung des Insolvenzverfahrens mangels Masse rechtskräftig abgelehnt wird oder die Gesellschaft wegen Vermögenslosigkeit nach §394 FamFG gelöscht wird. Diese Sonderregel dient dem Gläubigerschutz bei vermögenslosen und haftungsstrukturell atypischen Gesellschaften. Weitere Auflösungsgründe können nach §729 Abs. 4 BGB im Gesellschaftsvertrag vereinbart werden.

Hinweis: Die aus dem allgemeinen Schuldrecht bekannten Regelungen über das Erlöschen von Schuldverhältnissen nach §§275, 362 BGB werden durch die Regeln zur Zweckerreichung und -verfehlung nach §729 Abs. 2 BGB als lex specialis verdrängt. Dies ist auch konsequent, da §§275, 362 BGB auf (rein) schuldrechtliche Rechtsbeziehungen zugeschnitten sind, Gesellschaftsverträge darüber hinaus aber auch die Eigenschaft eines Organisationsvertrages aufweisen (s.o. §12 I.).

Der **Tod** oder die **Insolvenz eines Gesellschafters** führen nach der neuen gesetzlichen Grundkonzeption nicht mehr automatisch zur Auflösung der Gesellschaft, sondern regelmäßig nur zum Ausscheiden des betroffenen Gesellschafters. Der

Gesellschaftsvertrag kann jedoch vorsehen, dass die Gesellschaft in diesen Fällen aufgelöst wird. Für den Fall einer gesellschaftsvertraglich angeordneten Auflösung durch Tod eines Gesellschafters oder durch Eröffnung des Insolvenzverfahrens über das Vermögen eines Gesellschafters enthält §730 BGB Übergangsregeln zur Anzeige und Notgeschäftsführung, um Gefahren für die Gesellschaft und das Gesellschaftsvermögen bis zur geordneten Liquidation zu vermeiden.

Die **Kündigung der Gesellschaft** nach §731 BGB ist von der Kündigung der Mitgliedschaft zu unterscheiden. Während die Kündigung der Mitgliedschaft grundsätzlich nur zum Ausscheiden des kündigenden Gesellschafters führt, bewirkt die Kündigung der Gesellschaft deren Auflösung. Sie ist daher nur aus wichtigem Grund zulässig, wenn dem kündigenden Gesellschafter die Fortsetzung der Gesellschaft nicht zuzumuten ist. Die Auflösungskündigung ist damit gegenüber milderen Mitteln – etwa Kündigung der Mitgliedschaft, Ausschließung eines störenden Gesellschafters oder Entziehung von Geschäftsführungs- und Vertretungsbefugnissen – grundsätzlich subsidiär.

Der **Auflösungsbeschluss** ist ein Grundlagengeschäft (s.o. III. 2. a)), weil er den Gesellschaftszweck von der werbenden Tätigkeit zur Abwicklung umstellt. Mangels abweichender Regelung gilt daher das Einstimmigkeitserfordernis des §714 BGB. Lässt der Gesellschaftsvertrag Mehrheitsbeschlüsse zu, verlangt §732 BGB für einen Beschluss über die Auflösung der Gesellschaft jedenfalls eine Mehrheit von mindestens drei Vierteln der abgegebenen Stimmen. Damit schützt das Gesetz die Gesellschafter vor einer zu leichten Herbeiführung der Liquidation.

Ist die Gesellschaft im Gesellschaftsregister eingetragen, ist ihre Auflösung nach §733 Abs. 1 BGB grundsätzlich von sämtlichen Gesellschaftern zur Eintragung in das **Gesellschaftsregister** anzumelden. Beruht die Auflösung auf der Eröffnung oder der Ablehnung der Eröffnung des Insolvenzverfahrens über das Vermögen der Gesellschaft, erfolgt die Eintragung von Amts wegen. Wird die Gesellschaft wegen Vermögenslosigkeit gelöscht, entfällt eine gesonderte Eintragung der Auflösung. Die Registerpublizität dient der Information des Rechtsverkehrs über den Wechsel von der werbenden Gesellschaft zur Liquidationsgesellschaft.

Eine aufgelöste, aber noch nicht vollbeendete Gesellschaft kann nach §734 BGB **fortgesetzt** werden. Voraussetzung ist, dass der Auflösungsgrund beseitigt ist und die Gesellschafter die Fortsetzung beschließen. Bei Auflösung durch Zeitablauf oder durch Auflösungsbeschluss genügt regelmäßig der Fortsetzungsbeschluss; bei Zweckerreichung oder Zweckunmöglichkeit bedarf es eines neuen oder geänderten Gesellschaftszwecks, bei Insolvenz einer insolvenzrechtlich tragfähigen Beendigung oder Aufhebung des Insolvenzverfahrens. Auch der Fortsetzungsbeschluss ist ein Grundlagengeschäft. Lässt der Gesellschaftsvertrag Mehrheitsbeschlüsse zu, ist nach §734 Abs. 2 BGB mindestens eine Mehrheit von drei Vierteln der abgegebenen Stimmen erforderlich. Bei einer eingetragenen GbR ist die Fortsetzung nach §734 Abs. 3 BGB zur Eintragung in das Gesellschaftsregister anzumelden.

b) Liquidation

Nach Auflösung der Gesellschaft findet grundsätzlich die **Liquidation** statt (§735 Abs. 1 BGB), sofern nicht über das Vermögen der Gesellschaft das Insolvenzverfahren eröffnet ist. In diesem Fall richtet sich die Abwicklung nach der Insolvenzordnung. Ist die Gesellschaft durch Löschung wegen Vermögenslosigkeit aufgelöst, findet eine Liquidation nur statt, wenn sich nach der Löschung noch verteilungsfähiges Vermögen herausstellt. Die frühere Terminologie der „Auseinandersetzung" ist für die rechtsfähige GbR damit durch die gesetzliche Bezeichnung „Liquidation" ersetzt.

Die Gesellschafter können nach §735 Abs. 2 BGB anstelle der gesetzlichen Liquidation eine andere **Art der Abwicklung** vereinbaren. Zulässig ist etwa die Übernahme des Gesellschaftsvermögens durch einen Gesellschafter gegen Abfindung der übrigen, die Übertragung des Unternehmens auf einen Dritten oder eine sonstige abweichende Abwicklungsform. Ist die Gesellschaft aufgrund gesellschaftsvertraglicher Regelung durch Kündigung eines Privatgläubigers eines Gesellschafters oder durch Eröffnung des Insolvenzverfahrens über das Vermögen eines Gesellschafters aufgelöst worden, bedarf eine solche abweichende Abwicklung der Zustimmung des Privatgläubigers oder des Insolvenzverwalters. Im Übrigen erfolgt die Liquidation nach den Vorschriften der §§735 ff. BGB, soweit sich aus dem Gesellschaftsvertrag nichts anderes ergibt (§735 Abs. 3 BGB).

Zur Liquidation sind nach §736 Abs. 1 BGB grundsätzlich alle Gesellschafter als **Liquidatoren** berufen. Die Liquidation ist damit im gesetzlichen Regelfall gemeinschaftliche Aufgabe sämtlicher Gesellschafter, auch solcher, die zuvor von Geschäftsführung oder Vertretung ausgeschlossen waren. Ist über das Vermögen eines Gesellschafters das Insolvenzverfahren eröffnet und ein Insolvenzverwalter bestellt, tritt dieser nach §736 Abs. 2 BGB an die Stelle des Gesellschafters. Mehrere Erben eines Gesellschafters haben nach §736 Abs. 3 BGB einen gemeinsamen Vertreter zu bestellen. Durch Gesellschaftsvertrag oder Gesellschafterbeschluss können nach §736 Abs. 4 BGB auch einzelne Gesellschafter oder Dritte zu Liquidatoren berufen werden. Bei eingetragenen Gesellschaften ist zudem eine gerichtliche Berufung oder Abberufung von Liquidatoren aus wichtigem Grund möglich (§736a BGB).

Mit der Auflösung erlischt grundsätzlich die einem Gesellschafter im Gesellschaftsvertrag übertragene **Geschäftsführungs- und Vertretungsbefugnis** (§736b Abs. 1 BGB). An ihre Stelle treten die Geschäftsführungs- und Vertretungsbefugnisse der Liquidatoren. Mehrere Liquidatoren handeln grundsätzlich gemeinsam. Soweit Gesellschafter von der Auflösung keine Kenntnis haben und auch keine Kenntnis haben müssen, schützt §736b Abs. 2 BGB ihr fortwirkendes Vertrauen in die bisherige Geschäftsführungs- und Vertretungsordnung. Bei der eingetragenen GbR gehen jedoch die registerrechtlichen Publizitätsregeln vor. Die Liquidatoren und ihre Vertretungsbefugnis sind nach §736c BGB zur Eintragung in das Gesellschaftsregister anzumelden.

Die **Aufgaben der Liquidatoren** ergeben sich vor allem aus §736d BGB. Sie haben die laufenden Geschäfte zu beenden, die Forderungen der Gesellschaft einzuziehen, das übrige Vermögen der Gesellschaft in Geld umzusetzen, die Gläubiger zu befriedigen und das verbleibende Vermögen unter den Gesellschaftern zu verteilen. Neue Geschäfte dürfen sie nur eingehen, soweit dies für die Abwicklung erforderlich ist. Die Liquidation ist daher nicht auf Fortführung des werbenden Unternehmens gerichtet, sondern auf geordnete Abwicklung und Vollbeendigung. Die Liquidatoren unterliegen dabei den Weisungen der Beteiligten (§ 736d Abs. 1 BGB).

Im Liquidationsverfahren sind zunächst die **Verbindlichkeiten der Gesellschaft** zu berichtigen (§ 736d Abs. 4 BGB). Für noch nicht fällige oder streitige Verbindlichkeiten ist der erforderliche Betrag zurückzubehalten und gegebenenfalls zu hinterlegen. Erst danach sind die geleisteten Beiträge ihrem Wert nach an die Gesellschafter zurückzuerstatten (§ 736d Abs. 5 BGB). Beiträge, die in Dienstleistungen oder in der bloßen Gebrauchsüberlassung eines Gegenstands bestanden haben, bleiben im Zweifel unberücksichtigt, sofern der Gesellschaftsvertrag nichts anderes bestimmt. Ein danach verbleibender Überschuss ist nach § 736d Abs. 6 BGB unter die Gesellschafter nach dem Verhältnis ihrer Anteile am Gewinn und Verlust zu verteilen.

Reicht das Gesellschaftsvermögen zur Berichtigung der Verbindlichkeiten und zur Rückerstattung der Beiträge nicht aus, haben die Gesellschafter der Gesellschaft nach § 737 BGB für den **Fehlbetrag** nach dem Verhältnis ihrer Anteile am Gewinn und Verlust aufzukommen. Kann von einem Gesellschafter der auf ihn entfallende Betrag nicht erlangt werden, tragen die übrigen Gesellschafter den Ausfall nach demselben Verhältnis. Diese Pflicht betrifft das Innenverhältnis und dient der Durchführung der Schlussabrechnung. Wie aus § 710 S. 2 BGB hervorgeht, ist sie keine unzulässige nachträgliche Beitragserhöhung iSd § 710 S. 1 BGB, sondern Folge der internen Verlustverteilung in der Liquidation.

c) Vollbeendigung

Die Vollbeendigung tritt ein, wenn die **Liquidation abgeschlossen** ist, also alle Gesellschaftsverbindlichkeiten berichtigt oder gesichert, das Gesellschaftsvermögen verwertet und verteilt und die innergesellschaftlichen Ausgleichsverhältnisse abgewickelt sind. Erst dann **erlischt** die rechtsfähige GbR als Rechtsträgerin. Die Auflösung allein genügt hierfür nicht. Sie leitet lediglich das Liquidationsstadium ein.

Ist die Gesellschaft im Gesellschaftsregister eingetragen, ist ihr Erlöschen nach § 738 BGB von sämtlichen Liquidatoren zur Eintragung in das **Gesellschaftsregister** anzumelden, sobald die Liquidation beendet ist. Die Eintragung macht die Vollbeendigung nach außen publik, ist aber nicht selbst der konstitutive Beendigungsakt, sondern hat lediglich deklaratorischen Charakter. Maßgeblich bleibt, ob die Gesellschaft tatsächlich vollständig abgewickelt ist.

Stellt sich nach **vermeintlicher Vollbeendigung** heraus, dass noch Vermögen der Gesellschaft vorhanden ist, war die Gesellschaft nicht endgültig vollbeendet. Sie besteht dann für Zwecke der Nachtragsliquidation fort. Gleiches gilt, wenn noch nicht erledigte Abwicklungsmaßnahmen erforderlich sind. Die Vollbeendigung setzt daher nicht nur den Abschluss der laufenden Liquidationshandlungen, sondern die vollständige Erledigung des Abwicklungsbedarfs voraus.

Die **Gesellschafterhaftung** besteht auch im Zusammenhang mit der Beendigung fort. § 739 BGB begrenzt Ansprüche gegen einen Gesellschafter aus Verbindlichkeiten der Gesellschaft durch eine Sonderverjährung. Ist die Gesellschaft durch Liquidation oder auf andere Weise erloschen, verjähren solche Ansprüche grundsätzlich in fünf Jahren, soweit nicht der Anspruch gegen die Gesellschaft einer kürzeren Verjährung unterliegt (§ 739 Abs. 1 BGB). Die Frist beginnt abweichend von § 199 Abs. 1 BGB, sobald der Gläubiger vom Erlöschen der Gesellschaft Kenntnis erlangt oder das Erlöschen im Gesellschaftsregister eingetragen worden ist (§ 739 Abs. 2 BGB). Beginnt die Verjährung des Anspruchs gegen die Gesellschaft neu oder wird sie nach den allgemeinen Vorschriften gehemmt, wirkt dies nach § 739 Abs. 3 BGB auch gegenüber den Gesellschaftern, die der Gesellschaft zur Zeit des Erlöschens angehört haben. Damit verbindet das Gesetz den Schutz der Gesellschaftsgläubiger mit dem berechtigten Interesse der Gesellschafter an zeitlicher Begrenzung ihrer fortwirkenden persönlichen Haftung.

IV. Nicht rechtsfähige Gesellschaft

1. Begriff und Bedeutung

Neben der rechtsfähigen GbR kennt § 705 Abs. 2 Alt. 2 BGB die nicht rechtsfähige Gesellschaft. Während die rechtsfähige GbR nach dem gemeinsamen Willen der Gesellschafter am Rechtsverkehr teilnehmen und selbst Rechte erwerben sowie Verbindlichkeiten eingehen soll, dient die nicht rechtsfähige GbR nur der Ausgestaltung des Rechtsverhältnisses der Gesellschafter untereinander. Sie ist damit reine **Innengesellschaft**. Sie tritt nicht als Gesellschaft nach außen auf, ist nicht selbst Trägerin von Rechten und Pflichten und kann kein eigenes Gesellschaftsvermögen bilden.

Praktische Bedeutung hat die nicht rechtsfähige GbR vor allem dort, wo Personen ein gemeinsames Interesse koordinieren, ohne hierfür einen eigenständigen Rechtsträger zu schaffen. Beispiele sind Stimmrechts- und Beteiligungskonsortien, Stimmbindungsabreden zwischen Gesellschaftern einer Kapitalgesellschaft, Ehegatteninnengesellschaften, Unterbeteiligungen, Tipp- oder Lottogemeinschaften sowie reine Kosten- oder Abrechnungsgemeinschaften. Auch eine stille Beteiligung außerhalb des Handelsrechts kann als nicht rechtsfähige Innengesellschaft einzuordnen sein. Entscheidend ist jeweils, dass nicht „die Gesellschaft" als solche Verträge schließt oder Vermögen hält, sondern die Beteiligten ihre Beziehungen nur intern gesellschaftsvertraglich ordnen.

2. Keine Vermögensfähigkeit

Nach § 740 Abs. 1 BGB hat die nicht rechtsfähige Gesellschaft kein **Vermögen**. Diese Vorschrift ist der zentrale Unterschied zur rechtsfähigen GbR. Bei der rechtsfähigen GbR ist die Gesellschaft selbst Trägerin des Gesellschaftsvermögens (§ 713 BGB). Bei der nicht rechtsfähigen GbR gibt es demgegenüber weder Gesellschaftsvermögen der Gesellschaft noch ein gesamthänderisch gebundenes Vermögen der Gesellschafter. Die frühere Vorstellung eines Gesamthandsvermögens der Innengesellschaft ist damit für das neue Recht überholt.

Das bedeutet nicht, dass bei einer nicht rechtsfähigen GbR **Vermögenswerte** keine Rolle spielen können. Die Gesellschafter können einzelne Gegenstände gemeinsam im Bruchteilseigentum halten, etwa wenn mehrere Personen gemeinsam ein Los erwerben oder gemeinsam ein Wirtschaftsgut nutzen. Ebenso kann ein Gesellschafter Vermögensgegenstände treuhänderisch für die anderen halten. In beiden Fällen entsteht aber kein Gesellschaftsvermögen im Sinne des §713 BGB. Es handelt sich vielmehr um Bruchteilseigentum iSd §§741 ff., 1008 ff. BGB, Treuhandvermögen oder sonstige individuelle Vermögenszuordnung, die schuldrechtlich durch den Gesellschaftsvertrag überlagert wird.

Beispiel: Bilden vier Personen eine **Tippgemeinschaft**, kann ein Gesellschafter den Tippschein im eigenen Namen erwerben und den Gewinn treuhänderisch für alle halten. Alternativ können die Beteilig-ten im Innenverhältnis vereinbaren, dass ein etwaiger Gewinn nach Quoten verteilt wird. Die Tippgemeinschaft selbst ist aber nicht Trägerin des Loses oder des Gewinnanspruchs. Ebenso kann bei einer **Ehegatteninnengesellschaft** ein Vermögensgegenstand formal einem Ehegatten gehören, während im Innenverhältnis ein Ausgleichsanspruch des anderen Ehegatten besteht. Auch dadurch entsteht kein Gesellschaftsvermögen.

3. Innenverhältnis

Die nicht rechtsfähige GbR ist nicht regellos. §740 Abs. 2 BGB erklärt zahlreiche Vorschriften über das Innenverhältnis der rechtsfähigen GbR für entsprechend **anwendbar**. Dazu gehören insbesondere die Gestaltungsfreiheit (§708 BGB), die Regeln über Beiträge, Stimmkraft sowie Gewinn- und Verlustbeteiligung (§709 BGB), das Mehrbelastungsverbot (§710 BGB), die Regeln über die Übertragbarkeit des Gesellschaftsanteils und einzelner Rechte (§§711, 711a BGB), die Grundsätze über Eintritt und Ausscheiden (§712 BGB), die Beschlussfassung (§714 BGB), die Geschäftsführungsbefugnis und Notgeschäftsführung (§§715, 715a BGB), Aufwendungs- und Verlustersatz sowie Herausgabe (§716 BGB), das Informationsrecht (§717 Abs. 1 BGB) und der Rechnungsabschluss mit Gewinn- und Verlustverteilung (§718 BGB).

Die **entsprechende Anwendung** bedeutet, dass die Vorschriften an die fehlende Rechtsfähigkeit angepasst werden müssen. Wo bei der rechtsfähigen GbR ein Anspruch gegen die Gesellschaft besteht, tritt bei der nicht rechtsfähigen GbR regelmäßig ein Anspruch gegen die Mitgesellschafter oder gegen denjenigen Gesellschafter, der den betreffenden Vermögensgegenstand hält oder die betreffende Information besitzt. So richtet sich etwa ein Informationsverlangen nach §717 Abs. 1 BGB nicht gegen eine Gesellschaft als Rechtsträgerin, sondern gegen den Gesellschafter, der über die Information verfügt. Ebenso ist bei §716 BGB der Aufwendungs- oder Herausgabeausgleich nicht zwischen Gesellschafter und Gesellschaft, sondern unter den Gesellschaftern vorzunehmen.

Beispiel: Vereinbaren mehrere Gesellschafter einer GmbH, ihre **Stimmrechte** in bestimmter Weise auszuüben, kann die interne Willensbildung nach den Regeln über Beschlussfassung und Stimmkraft (§§714, 709 Abs. 3 BGB) ausgestaltet werden. Verstößt ein Beteiligter gegen die Stimmbindungsabrede, entstehen Ansprüche nicht zugunsten einer rechtsfähigen Gesellschaft, sondern im Verhältnis der Beteiligten untereinander. Entsprechendes gilt bei einem **Beteiligungskonsortium**, in dem mehrere Investoren ihr Verhalten gegenüber einem Zielunternehmen koordinieren, ohne als eigenständige Gesellschaft nach außen aufzutreten.

4. Außenverhältnis

Auf die nicht rechtsfähige GbR passen die Vorschriften über das Außenverhältnis der rechtsfähigen GbR nicht. Insbesondere finden §§ 719 ff. BGB **keine unmittelbare Anwendung**. Eine nicht rechtsfähige Gesellschaft entsteht nicht „im Verhältnis zu Dritten", sie wird nicht nach § 720 BGB organschaftlich vertreten und ihre Gesellschafter haften nicht nach § 721 BGB für Verbindlichkeiten einer Gesellschaft. Denn es gibt gerade keine Gesellschaft, die selbst Trägerin von Außenverbindlichkeiten wäre.

Treten einzelne Beteiligte gleichwohl gegenüber Dritten auf, sind die **allgemeinen Regeln** maßgeblich. Wer im eigenen Namen handelt, wird selbst berechtigt und verpflichtet. Handeln mehrere Beteiligte gemeinschaftlich, können sie nach allgemeinen schuld- und sachenrechtlichen Regeln gemeinsam berechtigt oder verpflichtet werden. Handelt ein Beteiligter als Vertreter anderer, richtet sich die Zurechnung nach den §§ 164 ff. BGB. Die nicht rechtsfähige GbR selbst ist dagegen kein außenrechtliches Zuordnungssubjekt.

Beispiel: Mieten mehrere Personen gemeinsam einen Raum für eine private Veranstaltung, werden sie Vertragspartner des Vermieters, wenn sie den Vertrag gemeinsam schließen. Vereinbaren sie intern, die Kosten nach Köpfen zu tragen, kann darin eine nicht rechtsfähige GbR liegen. Der Vermieter hat seine Ansprüche aber gegen die **Vertragspartner**, nicht gegen eine rechtsfähige Gesellschaft. Schließt dagegen nur eine Person den Mietvertrag, haftet grundsätzlich nur sie im Außenverhältnis. Die übrigen Beteiligten schulden ihr allenfalls internen Ausgleich.

5. Beendigung

Die **Gründe für eine Beendigung** der nicht rechtsfähigen GbR sind in § 740a BGB eigenständig geregelt. Die Gesellschaft endet insbesondere durch Ablauf der vereinbarten Zeit, durch Auflösungsbeschluss, durch Tod eines Gesellschafters, durch Kündigung der Gesellschaft durch einen Gesellschafter, durch Eröffnung des Insolvenzverfahrens über das Vermögen eines Gesellschafters sowie durch Kündigung der Gesellschaft durch einen Privatgläubiger eines Gesellschafters (§ 740a Abs. 1 BGB). Ferner endet sie, wenn der vereinbarte Zweck erreicht oder seine Erreichung unmöglich geworden ist (§ 740a Abs. 2 BGB).

Die Beendigung der nicht rechtsfähigen GbR unterscheidet sich von der Auflösung der rechtsfähigen GbR. Da die nicht rechtsfähige Gesellschaft kein eigenes Vermögen hat, gibt es **keine Liquidation** eines Gesellschaftsvermögens. Die Beendigung führt vielmehr unmittelbar zur Abwicklung der internen Rechtsbeziehungen der Gesellschafter. Die in § 740a Abs. 3 BGB angeordnete entsprechende Anwendung einzelner Vorschriften über Kündigung, Privatgläubigerkündigung, Tod oder Insolvenz sowie Fortsetzung ist deshalb stets an die fehlende Rechts- und Vermögensfähigkeit der Gesellschaft anzupassen.

Beispiel: Eine **Tippgemeinschaft** endet regelmäßig mit Durchführung der Auslosung und Verteilung eines etwaigen Gewinns, weil der vereinbarte Zweck erreicht ist (§ 740a

Abs. 2 BGB). Eine projektbezogene **Kosten- und Abrechnungsgemeinschaft** endet mit Abschluss des Projekts und interner Abrechnung. Eine **Stimmbindungsabrede** kann durch Zeitablauf, Aufhebungsbeschluss oder Kündigung beendet werden, wenn ihre Voraussetzungen vorliegen (§ 740a Abs. 1 BGB).

6. Auseinandersetzung

Nach der Beendigung der nicht rechtsfähigen Gesellschaft findet nach § 740b Abs. 1 BGB die Auseinandersetzung unter den Gesellschaftern statt. Sie ersetzt die Liquidation der rechtsfähigen GbR. Da kein Gesellschaftsvermögen vorhanden ist, geht es nicht um Verwertung und Verteilung einer Vermögensmasse der Gesellschaft, sondern um den **internen Ausgleich der Beteiligten**. Nach § 740b Abs. 2 BGB sind hierfür einzelne Vorschriften über die Liquidation der rechtsfähigen GbR entsprechend anwendbar, insbesondere die Regeln über Beendigung laufender Geschäfte, Einziehung von Forderungen, Berichtigung von Verbindlichkeiten, Rückerstattung von Beiträgen, Überschussverteilung und Fehlbetragsausgleich.

Die Auseinandersetzung richtet sich nach den konkreten **Vermögensverhältnissen**. Bestehen Bruchteilsrechte iSd §§ 741 ff., 1008 ff. BGB, kann ihre Aufhebung oder Verwertung erforderlich sein. Hält ein Gesellschafter Vermögen treuhänderisch für die anderen, muss er nach Maßgabe der internen Abrede abrechnen und herausgeben. Haben die Gesellschafter nur Kosten geteilt, genügt regelmäßig eine Schlussabrechnung. Ansprüche aus dem Gesellschaftsverhältnis werden nach Beendigung grundsätzlich zu Rechnungsposten der Auseinandersetzung und sind nicht isoliert durchzusetzen, soweit die abschließende Abrechnung betroffen ist.

Beispiel: Haben drei Personen für ein gemeinsames Vorhaben jeweils **Vorschüsse** geleistet und hat einer von ihnen die Ausgaben verwaltet, ist nach Beendigung abzurechnen, welche Kosten angefallen sind, wer welchen Anteil zu tragen hat und ob Erstattungsansprüche bestehen. Bei einer **Lottogemeinschaft** ist ein Gewinn entsprechend der internen Quote zu verteilen. Verluste beschränken sich regelmäßig auf die geleisteten Spieleinsätze. Bei einer **Ehegatteninnengesellschaft** kann die Auseinandersetzung wirtschaftlich bedeutsamer sein, weil zu klären ist, ob und in welchem Umfang ein Ehegatte durch Beiträge zum Erwerb oder Ausbau eines Vermögensgegenstands des anderen einen Ausgleich beanspruchen kann.

7. Ausscheiden eines Gesellschafters

§ 740c BGB ermöglicht es, die nicht rechtsfähige Gesellschaft trotz eines persönlichen Beendigungsgrundes in der Person eines Gesellschafters **fortzusetzen**. Ist im Gesellschaftsvertrag vereinbart, dass die Gesellschaft abweichend von den in § 740a Abs. 1 Nr. 3 bis 6 BGB genannten Beendigungsgründen fortbestehen soll, tritt mangels abweichender Regelung an die Stelle der Beendigung das Ausscheiden des betroffenen Gesellschafters (§ 740c Abs. 1 BGB). Erfasst sind insbesondere

Tod, Kündigung, Insolvenz eines Gesellschafters und Kündigung durch dessen Privatgläubiger.

Auf das **Ausscheiden** sind nach §740c Abs. 2 BGB die hierfür passenden Vorschriften über Ausschließung, Abfindung und Fehlbetragsausgleich entsprechend anzuwenden (§§727, 728, 728a BGB). Auch hier ist zu beachten, dass die nicht rechtsfähige Gesellschaft kein eigenes Vermögen hat. Der ausscheidende Gesellschafter erhält daher keinen Anteil an einem Gesellschaftsvermögen, sondern einen schuldrechtlichen Ausgleich nach Maßgabe der internen Vermögens- und Abrechnungsverhältnisse. Ebenso kann ihn bei einem negativen Saldo eine interne Ausgleichspflicht treffen.

Beispiel: Drei Personen bilden eine längerfristige **Tippgemeinschaft** und vereinbaren, dass die Gemeinschaft beim Tod oder bei Kündigung eines Beteiligten mit den übrigen fortgesetzt wird (§740c Abs. 1 BGB). Kündigt ein Beteiligter, endet nicht die gesamte Innengesellschaft. Vielmehr scheidet er aus und es ist intern abzurechnen, ob noch Guthaben oder Ausgleichspflichten bestehen (§740c Abs. 2 iVm §§728, 728a BGB). Entsprechendes gilt bei einem **Stimmbindungskonsortium**, das bei Ausscheiden eines Beteiligten mit den übrigen fortgeführt werden soll.

§ 15. Die offene Handelsgesellschaft (oHG) (E)

I. Begriff, Bedeutung und rechtliche Qualifikation

Die offene Handelsgesellschaft (oHG) ist zwar nach der Konzeption des Gesetzgebers nicht Grundtypus aller Personengesellschaften – dies ist, seit Inkrafttreten des MoPeG zum 1.1.2024 auch de jure, die in §§705ff. BGB beschriebene Gesellschaft bürgerlichen Rechts (GbR) –, kann aber als **Grundtypus der Personenhandelsgesellschaften** gelten. Bei Personenhandelsgesellschaften handelt es sich um all diejenigen Personengesellschaften, denen nach §6 Abs. 1 HGB Kaufmannseigenschaft beigelegt wird, weil sie entweder ein Handelsgewerbe gem. §105 Abs. 1 HGB betreiben oder ohne handelsgewerblichen Betrieb iSd §107 Abs. 1 HGB im Handelsregister eingetragen sind. Erfasst sind neben der oHG die KG und die GmbH & Co. KG als Sonderform der KG.

Gemäß §105 Abs. 1 HGB handelt es sich bei einer offenen Handelsgesellschaft (oHG) um eine Gesellschaft, deren Zweck auf den Betrieb eines Handelsgewerbes unter gemeinschaftlicher Firma gerichtet ist, wenn bei keinem der Gesellschafter die Haftung gegenüber den Gesellschaftsgläubigern beschränkt ist. Indem der Gesetzgeber die oHG als **Gesellschaft** qualifiziert, weist er auf die Geltung der Voraussetzungen des §705 Abs. 1 BGB hin, welcher den gesetzlichen Grundtatbestand einer jeden Gesellschaftsform darstellt. Dies zeigt auch die Verweisungsnorm des §105 Abs. 3 HGB.

Das besondere Charakteristikum der oHG als Handelsgesellschaft besteht sodann darin, dass ihr **Zweck**, zu dessen Realisierung sich die Gesellschafter durch

Gesellschaftsvertrag zusammengeschlossen haben, grundsätzlich in dem Betrieb eines Handelsgewerbes (§1 Abs. 2 HGB) unter gemeinschaftlicher Firma bestehen muss. Zwei weitere Gesellschaftszwecke, welche die Rechtsform der oHG auslösen können, nennt §107 Abs. 1 HGB: Eine Gesellschaft, deren Gewerbebetrieb nicht schon nach §1 Abs. 2 HGB Handelsgewerbe ist oder die nur eigenes Vermögen verwaltet, ist gem. §107 Abs. 1 S. 1 HGB offene Handelsgesellschaft, wenn die Firma des Unternehmens in das Handelsregister eingetragen ist. Die Vorschrift des §107 Abs. 1 S. 1 HGB zieht damit die Konsequenz aus dem handelsrechtlichen Institut des sog. **Kann-Kaufmanns**, also eines Gewerbebetriebs, der nicht Handelsgewerbe iSd §1 Abs. 2 HGB, sondern „nur" Kleingewerbe iSd §§2, 3 HGB ist, aber durch Eintragung in das Handelsregister nach §2 S. 1 HGB mit der Konsequenz Kaufmann wird, dass ab der Eintragung auf die Gesellschaft die Vorschriften des HGB (insb. die Pflichten zur kaufmännischen Rechnungslegung nach §§238 ff. HGB) anwendbar sind. Selbiges gilt für eigenes Vermögen verwaltende Gesellschaften und – dies stellt eine der bedeutsamsten Neuerung des MoPeG dar – gem. §107 Abs. 2 S. 2 HGB auch für eine Gesellschaft, deren Zweck die gemeinsame Ausübung **Freier Berufe** durch ihre Gesellschafter ist, soweit das anwendbare Berufsrecht die Eintragung zulässt. Für den Begriff des Freien Berufs kann auf die Legaldefinition in §1 Abs. 2 S. 1 PartGG zurückgegriffen werden. Wichtige Beispiele für Freie Berufe iSd §1 Abs. 2 S. 2 PartGG sind Ärzte, Heilpraktiker, Diplom-Psychologen, Rechtsanwälte, Wirtschaftsprüfer, Steuerberater, Ingenieure, Architekten, Journalisten, Dolmetscher, Wissenschaftler, Künstler, Schriftsteller, Lehrer und Erzieher. Diese so harmlos daherkommende allgemeine Öffnung der Rechtsform der oHG für Freie Berufe bedeutet nichts weniger als einen harten Systembruch im bis dato geltenden deutschen Gesellschafts- und Berufsrecht. Die bislang bestehende Dichotomie von Gewerbe (Anwendung der Kaufmannsvorschriften des Handelsrechts und der Normen über Handelsgesellschaften des Gesellschaftsrechts) und Freiem Beruf (Anwendung der bundes- oder landesgesetzlichen Regelungen über den jeweiligen Freien Beruf und der Normen der freiberufstragenden Gesellschaften wie insb. der GbR und der PartG) wird aufgegeben. Mit dem Ende der Zweiteilung verbunden ist ein Verlust an Rechtssicherheit und Rechtsklarheit, auch drohen Friktionen zwischen Gesellschaftsrecht und den – je nach Berufsbild mannigfaltigen – Anforderungen des Berufsrechts. Auf der Haben-Seite stehen, zumindest nach der Vorstellung des MoPeG-Gesetzgebers, im Wesentlichen zwei Argumente. *Erstens*: Durch die Öffnung der oHG – und über §161 Abs. 2 HGB vor allen Dingen auch der KG, in welcher die Kommanditisten für Gesellschaftsverbindlichkeiten nach Maßgabe der §§176, 171, 172 HGB betragsmäßig nur beschränkt haften – für Freie Berufe kann die Haftung der Gesellschafter für Verbindlichkeiten der Gesellschaft weiter beschränkt werden, als dies bislang in der Rechtsform der Partnerschaftsgesellschaft mit beschränkter Berufshaftung (§8 Abs. 4 PartGG) der Fall ist. Denn zum einen lässt sich die Haftung dort nur bezogen auf Verbindlichkeiten der Partnerschaftsgesellschaft aus Schäden wegen fehlerhafter Berufsausübung beschränken, zum Weiteren steht die Haftungsbeschränkung unter dem Vorbehalt, dass die Partnerschaftsgesellschaft eine zu diesem Zweck gesetzlich vorgegebene Berufshaftpflichtversicherung unterhält. Diese dient dem Schutz der Patienten, Mandanten, Kunden und sonstigen Auftraggeber der Partnerschaftsgesellschaft und ist regelmäßig in den berufsrechtlichen Bestimmungen enthalten. *Zweitens*: Für die bundesgesetzlich geregelten Berufe des Wirtschaftsprüfers und des Steuerberaters hatte der Bundesgerichtshof bereits die Berufsausübung in der Rechtsform einer Personenhandelsgesellschaft unter bestimmten Voraussetzungen gebilligt (BGH, Urteil vom 18.07.2011, ZIP 2011, 1664; BGH, Beschluss vom 15.07.2014, BGHZ 202, 92). Insoweit wird mit der neuen Regelung klargestellt, dass auch für andere bundesgesetzlich geregelte Berufe die Zulässigkeit einer Personenhandelsgesellschaft für die gemeinsame Berufsausübung berufsrechtlich zu regeln und nicht Gegenstand gesellschaftsrechtlicher Beschränkungen ist. Damit ist insbesondere bei der Ausübung verschiedener Freier Berufe in einer Partnerschaftsgesellschaft oder der Ausübung Freier Berufe in Kombination mit gewerblichen Tätigkeiten keine Prüfung des Tätigkeitsschwerpunkts im Rahmen der Prüfung der Anmeldung der Gesellschaft beim Handelsregister mehr erforderlich.

Die **Eintragung** ist allerdings nach Maßgabe des § 107 Abs. 2 HGB freiwillig: Die Gesellschaft ist nach § 107 Abs. 2 S. 1 HGB berechtigt, aber nicht verpflichtet, die Eintragung nach den für die Eintragung einer offenen Handelsgesellschaft geltenden Vorschriften herbeizuführen. Entscheidet sich die Gesellschaft gegen eine Eintragung, bleibt sie GbR, da ihr Zweck gerade nicht in dem Betrieb eines Handelsgewerbes besteht, sodass sie nicht schon gem. § 105 Abs. 1 HGB zur oHG wird. Entscheidet sie sich für die Eintragung, wirkt diese konstitutiv, also rechtsformbegründend, und verwandelt die Gesellschaft in eine oHG. Ist die Eintragung in das Handelsregister einmal erfolgt, ist eine Fortsetzung als Gesellschaft bürgerlichen Rechts allerdings gem. § 107 Abs. 2 S. 1 HGB nur im Wege eines **Statuswechsels** zulässig. Bedeutung hat dies dann, wenn die Gesellschaft die Rechtsform der oHG wieder abstreifen und zu einer GbR werden möchte, um sich der kaufmännischen Pflichten (insb. der Rechnungslegung nach §§ 238 ff. HGB) zu entledigen. Die – nicht völlig geglückte – Regelung des § 107 Abs. 3 S. 1 HGB stellt insoweit Voraussetzungen auf: Die Eintragung des Statuswechsels im Handelsregister ist davon abhängig, dass die Gesellschaft nicht ein Handelsgewerbe im Sinne von § 1 Abs. 2 HGB betreibt. Da die Gesellschafter in diesem Fall nach § 106 Abs. 1 HGB dazu verpflichtet sind, die Gesellschaft zur Eintragung in das Handelsregister anzumelden, steht das Erfordernis eines kaufmännisch eingerichteten Geschäftsbetriebs dem Abstreifen der Kaufmannseigenschaft durch einen Wechsel in das Gesellschaftsregister entgegen. Das für die Führung des Handelsregisters zuständige Gericht prüft somit auf die Anmeldung des Statuswechsels hin, ob die Gesellschaft das Handelsregister durch einen Wechsel in das Gesellschaftsregister verlassen darf und lehnt die Eintragung gemäß § 382 Abs. 3 FamFG ab, wenn die Voraussetzungen des § 1 Abs. 2 HGB vorliegen. Hinsichtlich des Statuswechsels gelten im Übrigen gem. § 107 Abs. 3 S. 2 HGB die Regeln des § 707c Abs. 2 S. 2–5 BGB über die GbR (s.o. § 14 III. 1.) entsprechend.

Die Gesellschaft kann nur dann oHG sein, wenn sie **unter gemeinschaftlicher Firma** handelt, d.h. im Rechtsverkehr nach außen als Einheit auftritt. Daher rührt auch die Begrifflichkeit *offene* Handelsgesellschaft. Irrelevant für die Rechtsformfrage ist jedoch, ob die von der oHG geführte Firma handelsrechtlich (§§ 17 ff. HGB) zulässig ist. Zu denken ist etwa an eine Missachtung des nach § 19 Abs. 1 Nr. 2 HGB erforderlichen Rechtsformzusatzes („oHG" bzw. „OHG") oder des aus § 18 Abs. 2

S. 1 HGB resultierenden Irreführungsverbots. In derartigen Fällen treten lediglich firmenrechtliche Rechtsfolgen (§ 37 HGB) ein.

Schließlich kommt die Rechtsform einer oHG nur in Konstellationen in Frage, wenn bei keinem der Gesellschafter die **Haftung** gegenüber den Gesellschaftsgläubigern beschränkt ist. Darin unterscheidet sich die oHG namentlich von der KG, in welcher gem. § 161 Abs. 1 HGB bei einer bestimmten Gesellschafterart – den sog. Kommanditisten – die Haftung gegenüber den Gesellschaftsgläubigern auf einen bestimmten Betrag beschränkt ist.

Lernhinweis: Die vier – grundsätzlich kumulativ erforderlichen – Voraussetzungen für die Rechtsform einer oHG (wirksamer Gesellschaftsvertrag iSd § 705 BGB, tauglicher Zweck iSd § 105 Abs. 1, 2 HGB, gemeinschaftliche Firma, unbeschränkte Haftung aller Gesellschafter) sollten in Klausuren nur dann im Einzelnen geprüft werden, wenn an ihrem Vorliegen objektiv ernsthafte Zweifel bestehen oder sie von einem Beteiligten bestritten werden. In allen anderen Fällen sollten Sie die vier Voraussetzungen für das Vorliegen einer oHG an der geeigneten Stelle (z.B. Parteifähigkeit bei prozessualem Aufhänger, Aktiv- oder Passivlegitimation bei rein materiell-rechtlichem Aufhänger) schlicht gemeinsam in einem Satz feststellen.

Bis in das 20. Jahrhundert hinein war die oHG von größter **Bedeutung** als Rechtsform für **kleine und mittlere Unternehmen** (sog. KMU). Ihre wirtschaftliche Bedeutung hat allerdings kontinuierlich abgenommen, was vor allen Dingen auf die unabdingbare persönliche Haftung ihrer Gesellschafter (§ 126 HGB) zurückzuführen sein dürfte. Auch im Bereich der **Start-up-Unternehmen**, für welche die oHG angesichts der im Innenverhältnis ganz weitreichend bestehenden Vertragsfreiheit (§ 108 HGB) und des Prinzips der Selbstorganschaft an sich als Rechtsform äußerst interessant wäre, erweist sich die Gesellschafterhaftung als spürbar attraktivitätsmindernder Faktor.

Ausgangspunkt für die **rechtliche Qualifikation** der oHG ist die bereits gewonnene, aus der Systematik des Gesellschaftsrechts folgende Erkenntnis, dass die oHG Personengesellschaft ist (s.o. § 1 II.). Führt man sich sodann vor Augen, dass die oHG ausweislich der eindeutigen Anordnung des Gesetzgebers in § 105 Abs. 2 HGB als **rechtsfähig** anzusehen ist, ergibt sich daraus in der Zusammenschau, dass es sich bei der oHG um eine rechtsfähige Personengesellschaft iSd § 14 Abs. 2 BGB handelt. Dadurch unterscheidet sich die oHG von den nicht rechtsfähigen Personengesellschaften (nicht rechtsfähige GbR und stG) – ihres Zeichens reine Innengesellschaften – einerseits und den – stets rechtsfähigen – Körperschaften (z.B. GmbH, § 13 Abs. 1 GmbHG) andererseits. Aus der Rechtsfähigkeit der oHG folgt ohne Weiteres ihre **Namensfähigkeit**, die sich daran zeigt, dass für die oHG nach § 105 Abs. 1 HGB eine Firma iSd §§ 17 ff. HGB gebildet werden kann und muss. Nachdem es sich bei einer Firma gem. § 17 Abs. 1 HGB um den Namen handelt, unter dem ein Kaufmann seine Geschäfte betreibt und die Unterschrift abgibt, kann man bereits vermuten, dass die firmenfähige oHG über die **Kaufmannseigenschaft** verfügen muss. Dass diese Vermutung der Realität entspricht, zeigt ein Blick in § 6 Abs. 1 HGB, welcher die oHG als Personenhandelsgesellschaft den Kaufleuten iSd §§ 1 ff. HGB gleichstellt. Auf die oHG sind demnach die für Kaufleute geltenden Vorschriften des HGB (z.B. das Recht der Handelsgeschäfte, §§ 343 ff. HGB) anzuwenden. Weitere Folge der Rechtsfähigkeit der oHG ist ihre **Parteifähigkeit**, die sich aus einem Rückgriff auf § 50 ZPO ergibt.

Als rechtliches Gebilde ohne körperliche Organe ist die oHG **prozessunfähig**, wird aber gem. §51 Abs. 1 ZPO iVm §124 HGB vor Gericht durch ihre vertretungsberechtigten Gesellschafter **vertreten**. Die oHG ist als Personenhandelsgesellschaft in das Handelsregister einzutragen. Die **Registerpflicht** folgt aus §106 Abs. 1 HGB: Die Gesellschaft ist bei dem Gericht, in dessen Bezirk sie ihren Sitz hat, zur Eintragung in das Handelsregister anzumelden. Die Anmeldung muss nach §106 Abs. 2 HGB insbesondere Firma, Sitz und Geschäftsanschrift der Gesellschaft, die Angaben zu sämtlichen Gesellschaftern sowie die Vertretungsbefugnis der Gesellschafter enthalten. Gehört eine juristische Person oder eine rechtsfähige Personengesellschaft zum Gesellschafterkreis, sind auch deren Rechtsform, Sitz sowie – soweit gesetzlich vorgesehen – Register und Registernummer anzugeben (§106 Abs. 2 Nr. 2 lit. b HGB). Neu ist im MoPeG-System vor allem die Verzahnung des Handelsregisters mit dem Gesellschafts- und Partnerschaftsregister. Deshalb muss bei der Anmeldung versichert werden, dass die Gesellschaft nicht bereits im Gesellschafts- oder Partnerschaftsregister eingetragen ist (§106 Abs. 2 Nr. 4 HGB). Ist sie dort bereits eingetragen, erfolgt die Anmeldung nicht als isolierte Neueintragung, sondern im Wege des Statuswechsels (§106 Abs. 3 HGB). Das Handelsregister darf die Gesellschaft dann grundsätzlich erst eintragen, wenn der Statuswechsel im bisherigen Register angemeldet, dort ein Statuswechselvermerk eingetragen und das Verfahren an das Handelsregister abgegeben worden ist (§106 Abs. 4 HGB). Die Identität der Gesellschaft bleibt dabei erhalten. Die Handelsregistereintragung enthält in diesem Fall auch Angaben zu dem bisherigen Register, Namen und Registernummer (§106 Abs. 5 HGB). Spätere Änderungen, insbesondere Firma, Sitz, Geschäftsanschrift, Gesellschafterbestand oder Vertretungsbefugnis, sind ebenfalls zur Eintragung anzumelden (§106 Abs. 6 HGB). Die Anmeldung ist grundsätzlich von sämtlichen Gesellschaftern zu bewirken (§106 Abs. 7 S. 1 HGB). Damit dient §106 HGB nicht nur der erstmaligen Registrierung der oHG, sondern zugleich der registerrechtlichen Kontinuität bei einem Statuswechsel, etwa von der eGbR zur oHG.

II. Entstehung

Die Feststellung, dass die oHG selbst – und nicht etwa nur ihre Gesellschafter – rechtsfähig ist (§105 Abs. 2 HGB), kann nur dann von Nutzen sein, wenn die oHG als rechtliches Gebilde überhaupt entstanden ist. Andernfalls stellt sich schon von vornherein nicht die Frage, ob der oHG konkrete Rechte (insb. Ansprüche) zustehen bzw. sie konkrete Pflichten (Verbindlichkeiten) treffen.

Lernhinweis: In einer Klausur sollten sie an der geeigneten Stelle (z.B. Parteifähigkeit, wenn es um einen prozessualen Aufhänger wie eine Klage der oHG bzw. gegen die oHG geht; z.B. Aktiv- bzw. Passivlegitimation (erster Prüfungspunkt bei der Prüfung einer Anspruchsgrundlage), wenn es um einen materiell-rechtlichen Aufhänger wie einen Anspruch der oHG bzw. gegen die oHG geht) **zweistufig prüfen**.

1. Sie prüfen – je nach Sachverhaltsgestaltung eher knapp oder ausführlich –, ob die oHG als mögliche Rechtsträgerin überhaupt **entstanden** ist (dazu sogleich).

2. Sie stellen in einem (!) knappen Satz fest, dass die oHG selbst gem. §105 Abs. 2 HGB **rechts- und ggf. sodann nach §50 ZPO** parteifähig ist.

Allgemeine Voraussetzung für die **Entstehung** einer oHG als möglicher Rechtsträgerin ist wegen der Verweisungsnorm des § 105 Abs. 3 HGB, dass der Tatbestand des § 705 Abs. 1 BGB verwirklicht ist. Dieser setzt einen wirksamen (!) Gesellschaftsvertrag voraus, der mindestens die Festlegung eines gemeinsamen Zwecks sowie die Bestimmung von Förderpflichten eines jeden Gesellschafters zum Gegenstand hat. Als **gemeinsamer Zweck** kommen wegen § 105 Abs. 1 HGB für eine oHG jedoch (unabhängig von der Handelsregistereintragung) nur der Betrieb eines Handelsgewerbes iSd § 1 Abs. 2 HGB sowie (nur bei bereits erfolgter Handelsregistereintragung) wegen § 107 Abs. 1 S. 1 HGB der Betrieb eines Kleingewerbes und bloße Vermögensverwaltung sowie wegen § 107 Abs. 1 S. 2 HGB die Ausübung eines Freien Berufs in Betracht (s.o. § 2 I.). Der verfolgte Zweck darf insbesondere nicht gesetzes- (§ 134 BGB) oder sittenwidrig (§ 138 BGB) sein, da der Gesellschaftsvertrag ansonsten als unwirksam zu qualifizieren ist.

Hinweis: In der Sache zu unterscheiden sind die Begriffe Gesellschaftszweck und Unternehmensgegenstand.

Der Gesellschaftszweck beschreibt das gemeinsame Ziel der Gesellschafter, welches gem. § 705 Abs. 1 BGB notwendiger Bestandteil des Gesellschaftsvertrages ist.

Der Begriff des Unternehmensgegenstandes bezeichnet den Tätigkeitszweig der Gesellschaft. Dieser ist lediglich bei der GmbH (§ 3 Abs. 1 Nr. 2 GmbHG) und AG sowie KGaA (§ 23 Abs. 3 Nr. 2 AktG) notwendiger Bestandteil des Gesellschaftsvertrages.

Beispiele:
1. Verkauft eine Gesellschaft Lebensmittel, die sie von einem Hersteller bezieht, ist der Unternehmensgegenstand der Lebensmittelhandel, der Gesellschaftszweck hingegen der Betrieb des Unternehmens als solches.
2. Beschließen die Gesellschafter, sich aus dem Lebensmittelhandel zurückzuziehen und stattdessen Handwerkerleistungen anzubieten, ändert sich der Unternehmensgegenstand, der Gesellschaftszweck bleibt jedoch unverändert.
3. Entschließen sich die Gesellschafter zur Auflösung der Gesellschaft, entfällt der Unternehmensgegenstand und der Gesellschaftszweck ändert sich auf die Liquidation (Auseinandersetzung).

Der Tatbestand des § 705 Abs. 1 BGB ist nur verwirklicht, wenn jeden (!) Gesellschafter – zumindest nach Auslegung des Gesellschaftsvertrags gem. §§ 133, 157 BGB – wenigstens eine **Förderpflicht** (bisweilen auch: Förderungspflicht) trifft (s. dazu oben bei der GbR § 14 II.).

Schon gar kein Rechtsgeschäft und folglich auch kein Gesellschaftsvertrag iSd § 705 Abs. 1 BGB kommt in Fällen der sog. **Scheingesellschaft** zustande. Von einer Scheingesellschaft spricht man, wenn Rechtssubjekte im Rechtsverkehr den Anschein erwecken, es bestehe eine oHG, obwohl das nach objektiver Rechtslage mangels entsprechenden rechtsgeschäftlichen Willens der vermeintlichen Gesellschafter nicht der Fall ist. Ein solcher Anschein kann durch verschiedene Umstände hervorgerufen werden (z.B. Verwendung von Papier mit oHG-Briefkopf). Angesichts der Nichtverwirklichung des Tatbestandes des § 705 Abs. 1 BGB liegt nach objektiver Rechtslage keine Gesellschaft und damit auch keine oHG vor. Die vermeintlichen Gesellschafter müssen sich aber unter den Voraussetzungen der allgemeinen Rechtsscheinhaftung an dem von ihnen erzeugten Rechtsschein festhalten lassen. Aufgrund des zurechenbar gesetzten Rechtsscheins ist dann zugunsten des Rechtsverkehrs – trotz objektiver Nichtverwirklichung des Tatbestands des § 705 Abs. 1 BGB – davon auszugehen, dass eine oHG entstanden ist.

Hinweis: Vor dem Hintergrund, dass das **Vertrauen** des Rechtsverkehrs in das Vorliegen nach außen getragener Umstände unter bestimmten Voraussetzungen Schutz verdient, hat sich das ungeschriebene Rechtsinstitut der allgemeinen Rechtsscheinhaftung entwickelt. Die allgemeine Rechtsscheinhaftung ist – unabhängig davon, um welchen Umstand es geht (z.B. Vertretungsmacht, Existenz eines Rechtssubjekts, Stellung als Mitglied einer Gesellschaft) vom Vorliegen folgender **Voraussetzungen** abhängig:

1. **Objektiver Rechtsscheintatbestand:** Hervorrufen des Anscheins eines für den Rechtsverkehr nach außen erkennbaren Umstands (z.B. Existenz einer oHG)

2. **Zurechenbarkeit:** rechtliche Verantwortlichkeit des Rechtsscheinerzeugers für das Vorhandensein des Rechtsscheins (z.B. Kennen und Dulden, Kennenmüssen und Verhinderndkönnen)

3. **Schutzbedürftigkeit:** Angehöriger des Rechtsverkehrs darf sich auf Gültigkeit des Rechtsscheins verlassen, da er dessen Nichtübereinstimmung mit der objektiven Rechtslage weder kennt noch kennen muss (Rechtsgedanke des § 173 BGB).

4. **Vertrauensdisposition:** Angehöriger des Rechtsverkehrs hat im Vertrauen auf das tatsächliche Bestehen des hervorgerufenen Umstands eine Disposition über sein Vermögen getroffen (z.B. eine auf Vertragsschluss gerichtete Willenserklärung abgegeben).

5. **Kausalität Rechtsscheintatbestand – Vertrauensdisposition:** Angehöriger des Rechtsverkehrs hätte ohne den objektiven Rechtsscheintatbestand die konkrete Vertrauensdisposition nicht vorgenommen (conditio sine qua non).

Relevant wird eine Scheingesellschaft vor allem dann, wenn der Rechtsscheinerzeuger überdies – wiederum unter den Voraussetzungen der Rechtsscheinhaftung – den Rechtsschein gesetzt hat, der vermeintlichen oHG als Gesellschafter anzugehören. Dann trifft ihn als sog. **Scheingesellschafter** nämlich die persönliche Haftung nach § 126 HGB, obwohl objektiv weder eine oHG existiert noch er einer solchen Gesellschaft als Gesellschafter angehört.

Die oHG ist, das ergibt sich bereits aus ihrer Bezeichnung „*offene* Handelsgesellschaft" sowie dem gesamten Regelungszusammenhang der §§ 105 ff. HGB, stets und notwendigerweise Außengesellschaft. Eine oHG kann demnach gem. § 105 Abs. 3 HGB iVm § 705 Abs. 2 Alt. 1 BGB nur dann entstehen, wenn sie nach dem gemeinsamen Willen der Gesellschafter am Rechtsverkehr teilnehmen soll, wobei dies gem. § 105 Abs. 3 HGB iVm § 705 Abs. 3 BGB widerleglich vermutet wird, wenn der Gegenstand der Gesellschaft der Betrieb eines Unternehmens unter gemeinschaftlichem Namen ist. Die **bestimmungsgemäße Teilnahme am Rechtsverkehr** ist daher über § 105 Abs. 3 HGB konstitutives Merkmal eines jeden oHG-Gesellschaftsvertrages und damit auch Voraussetzung für die Entstehung einer oHG.

Geradezu als „Klassiker" gesellschaftsrechtlicher Klausuren kann die sog. **Lehre von der fehlerhaften Gesellschaft** gelten.

Lernhinweis: Die Lehre von der fehlerhaften Gesellschaft ist in Klausuren immer an der Stelle zu prüfen, an welcher es um die Frage geht, ob ein **wirksamer Gesellschaftsvertrag** zustande gekommen, also eine Gesellschaft als mögliche Rechtsträgerin entstanden ist (z.B. erster Unterpunkt der Parteifähigkeit; erster Unterpunkt der Aktiv- oder Passivlegitimation).

Einzuleiten ist dort immer in folgendem Sinne: „Der zwischen [...] geschlossene Gesellschaftsvertrag ist zwar gem. § [...] unwirksam. Allerdings ist gleichwohl von der Entstehung einer lediglich für die Zukunft auflösbaren Gesellschaft auszugehen, wenn die Voraussetzungen der Lehre von der fehlerhaften Gesellschaft gegeben sind."

Die **Rechtsfolge** der Lehre von der fehlerhaften Gesellschaft besteht darin, trotz eines dem Gesellschaftsvertrag anhaftenden Wirksamkeitsmangels (z.B. §138 BGB, §142 Abs.1 BGB) *ex tunc* (mit Wirkung für die Vergangenheit) von der Entstehung einer Gesellschaft auszugehen. *Ex nunc* (mit Wirkung für die Zukunft) ist die Gesellschaft allerdings auflösbar, kann also gem. §§138 Abs.1 Nr.3, 139 HGB oder durch Kündigung gem. §§138 Abs.1 Nr.4, 140 HGB aufgelöst werden. Die dogmatische Begründung für diese differenzierte rechtliche Behandlung ist bis heute nicht ganz einheitlich. Zum Teil wird darauf abgestellt, dass die bereicherungsrechtliche Rückabwicklung eines Gesellschaftsvertrages mit seinen vielschichtigen Rechtsbeziehungen nach §§812ff. BGB erheblichen Schwierigkeiten begegne. Andererseits ließe sich auch argumentieren, dass lediglich die schuldrechtliche Dimension, nicht jedoch die organisationsrechtliche Dimension des Gesellschaftsvertrages durch einen Wirksamkeitsmangel angetastet werden könne. Auch könnte es als allgemeines gesellschaftsrechtliches Prinzip angesehen werden, dass eine einmal ins Leben getretene Gesellschaft schon zum Schutze des Interesses des Rechtsverkehrs und der Gründer an ihrem Fortbestand nicht rückwirkend als inexistent behandelt werden kann. Das Eingreifen der Lehre von der fehlerhaften Gesellschaft ist vom kumulativen Vorliegen vierer **Voraussetzungen** abhängig. *Erstens* muss ein Gesellschaftsvertrag iSd §705 Abs.1, 2 BGB abgeschlossen worden sein, der *zweitens* einem rechtlichen Fehler – in Betracht kommen sämtliche Unwirksamkeitstatbestände des BGB-AT – unterliegt, welcher zur Gesamtunwirksamkeit (beachte §139 BGB) des Gesellschaftsvertrages führt. *Drittens* muss der Gesellschaftsvertrag in Vollzug gesetzt worden sein. Davon ist nach der *Rechtsprechung*[1] auszugehen, wenn Rechtstatsachen geschaffen worden sind, an denen die Rechtsordnung nicht vorbeigehen kann. Das ist der Fall, wenn der Beitretende Beiträge geleistet oder gesellschaftsvertragliche Rechte ausgeübt hat.[2] Für die Ausübung gesellschaftsvertraglicher Rechte kann sich auf den Rechtsgedanken des §123 Abs.1 S.1 HGB (Registereintragung) bzw. §123 Abs.1 S.2 HGB (Geschäftsbeginn) abstellen. *Viertens* dürfen keine schutzwürdigen Interessen berührt sein, welche gegenüber dem Interesse an dem Bestand der Gesellschaft Vorrang genießen.[3] Um solche vorrangigen Interessen handelt es sich, wenn der Gesellschaftsvertrag gegen ein gesetzliches Verbot iSd §134 BGB verstößt oder an der Gesellschaft als Gesellschafter Minderjährige (§§104ff. BGB), arglistig Getäuschte (§123 BGB) oder Verbraucher (§13 BGB) beteiligt sind.

1 BGH, WM 1978, 752 (754).
2 BGH, NJW 1992, 1501 (Tz. 20).
3 BGHZ 55, 5 (9).

III. Innenverhältnis

Bei der Analyse gesellschaftsrechtlicher Verhältnisse ist es stets erforderlich, zwei Rechtskreise gedanklich strikt auseinanderzuhalten: das sog. Innenverhältnis und das sog. Außenverhältnis. Während der Begriff des **Innenverhältnisses** sämtliche Rechtsbeziehungen der Gesellschafter zur Gesellschaft sowie der Gesellschafter untereinander beschreibt, meint der Begriff des **Außenverhältnisses** die Rechtsbeziehungen der Gesellschaft und ihrer Gesellschafter zu gesellschaftsexternen Dritten sowie auch zu Gesellschaftern, sofern die Rechtsbeziehungen nicht auf dem Gesellschaftsverhältnis beruhen.

Die in §§ 110–122 HGB für das Innenverhältnis niedergelegten gesetzlichen Vorgaben sind, wie sich aus § 108 HGB ergibt, ganz weitgehend **dispositiv**. An sich ergibt sich dies bereits aus der Verweisung auf § 708 BGB, die sich aus § 105 Abs. 3 HGB ergibt. Die Klarstellung in § 108 HGB ist aber deswegen geboten, weil § 708 BGB seinerseits auf die Vorschriften des Kapitels 2 über das Innenrechtsverhältnis der rechtsfähigen Gesellschaft (§§ 708–718 BGB) Bezug nimmt, was Zweifel aufkommen lässt, ob daraus geschlossen werden kann, dass grundsätzlich auch sämtliche Vorschriften des Zweiten Titels über das Innenrechtsverhältnis der offenen Handelsgesellschaft (§§ 108–122 HGB) der Gestaltungsfreiheit unterliegen. Das ist insbesondere deswegen von Bedeutung, weil mit den §§ 109 bis 115 HGB der letztgenannte Regelungskomplex Vorschriften über die Beschlussfassung und das Beschlussmängelrecht enthält, die sich in vergleichbarer Form nicht innerhalb der §§ 708–718 BGB wiederfinden. Schranken der im Innenverhältnis bestehenden Vertragsfreiheit ergeben sich aus den allgemeinen Vorschriften der §§ 134, 138, 242 BGB – eine AGB-Kontrolle von Gesellschaftsverträgen findet wegen § 310 Abs. 4 S. 1 BGB nicht statt. Ein Dispositionsverbot ergibt sich ferner aus § 132 Abs. 4 HGB (Kündigung der Mitgliedschaft durch den Gesellschafter).

IV. Mitwirkung an Willensbildung

Die Mitwirkung der Gesellschafter an der Willensbildung der oHG vollzieht sich durch **Gesellschafterbeschlüsse**. Anders als das Recht der GbR enthält das oHG-Recht hierfür seit dem MoPeG nicht nur eine allgemeine Beschlussregel, sondern mit §§ 109–115 HGB ein eigenes, stärker **formalisiertes Beschluss- und Beschlussmängelrecht**. Grund hierfür ist die handelsrechtliche Prägung der oHG und das Bedürfnis nach größerer Rechtssicherheit über Zustandekommen, Inhalt und Bestandskraft von Gesellschafterbeschlüssen. Soweit §§ 109–115 HGB keine Sonderregel enthalten, gelten aber über § 105 Abs. 3 HGB die Grundsätze des GbR-Rechts entsprechend.

Sachlich ist zunächst zwischen **Geschäftsführung** und **Beschlussfassung** zu unterscheiden (ausführlich s.o. bei der GbR § 14 III. 2. a)). Die Geschäftsführung betrifft die laufende Tätigkeit zur Förderung des Gesellschaftszwecks. Nach § 116 Abs. 2 S. 1 HGB erstreckt sich die Geschäftsführungsbefugnis auf alle Geschäfte, die der gewöhnliche Betrieb des Handelsgewerbes der Gesellschaft mit sich bringt; für darüberhinausgehende Geschäfte ist ein Beschluss aller Gesellschafter erforderlich. Gesellschafterbeschlüsse sind daher insbesondere bei Grundlagengeschäften, bei außergewöhnlichen Geschäftsführungsmaßnahmen sowie in den Fällen erforderlich, in denen der Gesellschaftsvertrag eine Beschlussfassung vorsieht. Zu den **Grundlagengeschäften** zählen etwa Änderungen des Gesellschaftsvertrags, Änderungen der Beitrags-, Stimm-, Gewinn- und Verlustverhältnisse, Änderungen der Geschäftsführungs- und Vertretungsordnung, Aufnahme und Ausschluss von Gesellschaftern, Auflösung und Fortsetzung der Gesellschaft sowie Umwandlungs- und Statusentscheidungen. **Außergewöhnliche Geschäftsführungsmaßnahmen** liegen vor, wenn ein Geschäft noch innerhalb des Gesellschaftszwecks bleibt, aber nach Art, Umfang, Risiko oder wirtschaftlicher Bedeutung über den gewöhnlichen Betrieb des Handelsgewerbes hinausgeht.

§ 109 HGB regelt das **Beschlussverfahren**. Nach § 109 Abs. 1 HGB werden Gesellschafterbeschlüsse in Versammlungen gefasst. Eine Versammlung setzt nicht notwendig körperliche Anwesenheit an einem Ort voraus. Auch eine Telefon- oder Videokonferenz kann genügen, wenn dadurch Beratung, Rede und Gegenrede unter den Gesellschaftern ermöglicht werden. Der Gesellschaftsvertrag kann abweichende oder vereinfachte Formen der Beschlussfassung vorsehen, etwa ein schriftliches oder elektronisches Umlaufverfahren. Die Versammlung kann nach § 109 Abs. 2 S. 1 HGB durch jeden geschäftsführungsbefugten Gesellschafter einberufen werden. Die Einberufung erfolgt nach § 109 Abs. 2 S. 2 HGB formlos, aber unter Ankündigung des Zwecks der Versammlung und mit angemessener Frist. Dadurch sollen die Gesellschafter sachgerecht vorbereitet und vor Überrumpelung geschützt werden.

Gesellschafterbeschlüsse bedürfen nach § 109 Abs. 3 HGB grundsätzlich der Zustimmung aller stimmberechtigten Gesellschafter. Auch bei der oHG gilt daher im gesetzlichen Ausgangspunkt das **Einstimmigkeitsprinzip**. Der Gesellschaftsvertrag kann jedoch Mehrheitsentscheidungen vorsehen. Lässt der Gesellschaftsvertrag Mehrheitsbeschlüsse zu, ist die Gesellschafterversammlung nach § 109 Abs. 4 HGB beschlussfähig, wenn die anwesenden Gesellschafter oder ihre Vertreter ohne Rücksicht auf ihre Stimmberechtigung die für die Beschlussfassung erforderlichen Stimmen haben. Die Norm trennt damit Teilnahme- und Beratungsrecht einerseits von der Stimmberechtigung andererseits. Auch ein im Einzelfall nicht stimmberechtigter Gesellschafter kann daher grundsätzlich an der Versammlung teilnehmen und an der Beratung mitwirken.

Für die **Stimmkraft** enthält das oHG-Recht keine eigenständige allgemeine Sonderregel. Über § 105 Abs. 3 HGB ist daher § 709 Abs. 3 BGB entsprechend heranzuziehen. Danach richtet sich die Stimmkraft vorrangig nach den vereinbarten Beteiligungsverhältnissen, hilfsweise nach dem Verhältnis der vereinbarten Werte der Beiträge und erst höchsthilfsweise nach Köpfen. Im Handelsgesellschaftsrecht wird der Gesellschaftsvertrag allerdings häufig ausdrücklich bestimmen, ob nach Köpfen, Kapitalanteilen, festen Quoten oder sonstigen Maßstäben abgestimmt wird. Daneben können gesetzliche oder gesellschaftsvertragliche Stimmrechtsausschlüsse eingreifen. Auch bei der oHG gilt der allgemeine Gedanke, dass ein Gesellschafter in Fällen schwerwiegender **Interessenkollision** nicht Richter in eigener Sache sein soll (ausführlich s.o. bei der GbR § 14 III. 2. a)).

Von besonderer Bedeutung ist das neue, durch das Aktienrecht (§§ 241 ff. AktG) inspirierte **Beschlussmängelrecht** der §§ 110–115 HGB. Es unterscheidet zwischen anfechtbaren und nichtigen Gesellschafterbeschlüssen. Nach § 110 Abs. 1 HGB kann ein Beschluss wegen Verletzung von Rechtsvorschriften durch Klage auf Nichtigerklärung angefochten werden. Rechtsvorschriften in diesem Sinne sind nicht nur gesetzliche Vorschriften, sondern auch der Gesellschaftsvertrag. Die **Anfechtbarkeit** ist der Regelfall bei Beschlussmängeln, insbesondere bei Verfahrensfehlern, Verstößen gegen dispositives Recht, Verletzungen des Gesellschaftsvertrags oder Verstößen gegen Treuepflicht und Gleichbehandlungsgrundsatz. Der fehlerhafte Beschluss ist dann zunächst wirksam, kann aber durch fristgerechte Anfechtungsklage beseitigt werden. **Nichtigkeit** ist demgegenüber die Ausnahme. Nach § 110 Abs. 2 S. 1 HGB ist ein Gesellschafterbeschluss von Anfang an nichtig, wenn er durch seinen Inhalt Rechtsvorschriften verletzt, auf deren Einhaltung die Gesellschafter nicht verzichten können, oder wenn er nach einer Anfechtungsklage durch Urteil rechtskräftig für nichtig erklärt worden ist. Nichtigkeit kommt daher insbesondere bei Verstößen gegen zwingendes Recht, gläubigerschützende Vorschriften oder den unverzichtbaren Kernbereich der Mitgliedschaft in Betracht. Die Nichtigkeit kann nach § 110 Abs. 2 S. 2 HGB auch außerhalb einer Nichtigkeitsklage geltend gemacht werden, etwa durch Einrede.

Die für die **Anfechtungsklage** erforderliche **Anfechtungsbefugnis** regelt § 111 HGB. Anfechtungsbefugt ist jeder Gesellschafter, der oder dessen Rechtsvorgänger im Zeitpunkt der Beschlussfassung der Gesellschaft angehört hat. Eine besondere individuelle Betroffenheit, ein Widerspruch in der Versammlung oder die Teilnahme an der Abstimmung sind nicht erforderlich. Verliert der Gesellschafter seine Mitgliedschaft nach der Beschlussfassung, bleibt sein Rechtsschutzbedürfnis nach § 111 Abs. 2 HGB bestehen, wenn er ein berechtigtes Interesse an der Führung des Rechtsstreits hat, etwa weil der angegriffene Beschluss seine Abfindung oder seine ausgeschiedene Mitgliedschaft betrifft. Die Anfechtungsklage ist nach § 112 Abs. 1 S. 1 HGB innerhalb einer **Klagefrist** von drei Monaten zu erheben. Der Gesellschaftsvertrag kann die Frist verkürzen, jedoch nicht auf weniger als einen Monat (§ 112 Abs. 1 S. 2 HGB). Die Frist beginnt nach § 112 Abs. 2 HGB mit dem Tag, an dem der Beschluss dem anfechtungsbefugten Gesellschafter bekanntgegeben worden ist. Für die Dauer von Vergleichsverhandlungen über den Beschluss oder die ihm zugrunde liegenden Umstände ist die Klagefrist nach § 112 Abs. 3 HGB gehemmt; sie endet frühestens einen Monat nach dem Scheitern der Vergleichsverhandlungen. Damit verbindet das Gesetz Rechtssicherheit über die Bestandskraft von Beschlüssen mit der Möglichkeit außergerichtlicher Streitbeilegung. Für die Anfechtungsklage ist nach § 113 Abs. 1 HGB ausschließlich das Landgericht **zuständig**, in dessen Bezirk die Gesellschaft ihren Sitz hat. Die Klage ist nach § 113 Abs. 2 S. 1 HGB gegen die Gesellschaft zu richten, nicht gegen die übrigen Gesellschafter. Die Gesellschaft hat die Gesellschafter nach § 113 Abs. 3 HGB unverzüglich über die Erhebung der Klage und die Lage des Rechtsstreits zu unterrichten, damit diese sich am Verfahren beteiligen können. Mehrere Anfechtungsprozesse sind nach § 113 Abs. 4 S. 2 HGB zur gleichzeitigen Verhandlung und Entscheidung zu verbinden. Wird der Beschluss durch rechtskräftiges Urteil für nichtig erklärt, **wirkt** das Urteil nach § 113 Abs. 4 HGB für und gegen alle Gesellschafter, auch wenn sie nicht Partei des Rechtsstreits waren.

Erhebt ein Gesellschafter **Nichtigkeitsklage** gegen die Gesellschaft, sind gem. § 114 S. 1 HGB die Vorschriften der §§ 111 und 113 HGB entsprechend anzuwenden. Mehrere Nichtigkeits- und Anfechtungsprozesse sind nach § 114 S. 2 HGB zur gemeinsamen Verhandlung und Entscheidung zu verbinden. § 115 HGB ergänzt dies für den Fall, dass ein Beschlussvorschlag abgelehnt wurde. Der Gesellschafter kann dann seinen Antrag auf Nichtigerklärung des ablehnenden Beschlusses mit dem Antrag verbinden, festzustellen, dass der bei Annahme des Beschlussvorschlags rechtmäßig zustande gekommene Beschluss gefasst worden wäre. Dadurch erhält der Rechtsschutz gegen ablehnende Beschlüsse praktische Wirksamkeit.

1. Geschäftsführung

Unter Geschäftsführung versteht man auch bei der oHG jede zur Förderung des Gesellschaftszwecks bestimmte, für die Gesellschaft wahrgenommene Tätigkeit, gleich ob rechtsgeschäftlicher, geschäftsähnlicher oder tatsächlicher Art. **Geschäftsführung** betrifft das Innenverhältnis der Gesellschafter und ist deshalb von der **Vertretung** im Außenverhältnis zu unterscheiden. Ob die Gesellschaft durch ein Geschäft gegenüber Dritten verpflichtet wird, richtet sich nach der Vertretungsmacht (§ 124 HGB). Ob der handelnde Gesellschafter im Innenverhältnis handeln durfte, richtet sich nach § 116 HGB und dem Gesellschaftsvertrag.

Nach § 116 Abs. 1 HGB sind zur Führung der Geschäfte der Gesellschaft grundsätzlich alle Gesellschafter **berechtigt** und **verpflichtet**. Wie bei der GbR ist Geschäftsführung damit zugleich Mitgliedschaftsrecht und Mitgliedschaftspflicht. Die Pflicht zur Geschäftsführung verbietet insbesondere eine treuwidrige Blockade oder Untätigkeit. Eine besondere Vergütung erhält der geschäftsführende Gesellschafter für seine Tätigkeit grundsätzlich nicht. Seine Mitarbeit wird regelmäßig durch seine Beteiligung am Gewinn abgegolten. Eine zusätzliche Vergütung kommt nur aufgrund Gesellschaftsvertrags, Gesellschafterbeschlusses oder eines besonderen Dienstvertrags in Betracht.

Der **Umfang** der Geschäftsführungsbefugnis ist bei der oHG handelsgewerblich bestimmt. Nach § 116 Abs. 2 S. 1 HGB erstreckt sich die Geschäftsführungsbefugnis auf alle Geschäfte, die der gewöhnliche Betrieb des Handelsgewerbes der Gesellschaft mit sich bringt. Dazu gehören etwa der laufende Einkauf und Verkauf von Waren, der Abschluss üblicher Liefer-, Dienstleistungs- und Arbeitsverträge, gewöhnliche Bankgeschäfte, laufende Zahlungen und sonstige Maßnahmen des Tagesgeschäfts. Geschäfte, die darüber hinausgehen, bedürfen eines Beschlusses aller Gesellschafter. Das betrifft insbesondere außergewöhnliche Geschäfte von erheblicher wirtschaftlicher Bedeutung oder besonderem Risiko, etwa die Aufnahme ungewöhnlich hoher Kredite, die Veräußerung wesentlicher Betriebsgrundlagen, der Erwerb größerer Immobilien oder eine grundlegende Änderung der Geschäftspolitik, sofern darin nicht bereits ein Grundlagengeschäft liegt.

Eine besondere Regel enthält § 116 Abs. 2 S. 2 HGB für die Bestellung eines **Prokuristen**. Sie bedarf der Zustimmung aller geschäftsführungsbefugten Gesellschafter, sofern nicht mit dem Aufschub Gefahr für die Gesellschaft oder das Gesellschaftsvermögen verbunden ist. Der Widerruf der Prokura kann dagegen nach

§116 Abs. 2 S. 3 HGB von jedem Gesellschafter vorgenommen werden, der zur Erteilung oder Mitwirkung bei der Erteilung befugt war. Das erklärt sich aus dem Schutzinteresse der Gesellschaft: Die Erteilung der weitreichenden handelsrechtlichen Vertretungsmacht soll nur gemeinschaftlich verantwortet werden, ihre Beseitigung dagegen möglichst rasch möglich sein.

Die wichtigste Abweichung zur GbR betrifft die Art der Geschäftsführung. Während bei der GbR nach §715 Abs. 3 BGB grundsätzlich Gesamtgeschäftsführung gilt, geht §116 Abs. 3 S. 1 HGB für die oHG vom Grundsatz der **Einzelgeschäftsführung** aus. Jeder Gesellschafter darf also im gewöhnlichen Betrieb des Handelsgewerbes allein handeln. Das entspricht dem Bedürfnis des kaufmännischen Verkehrs nach rascher und flexibler Handlungsfähigkeit. Steht die Geschäftsführung nach dem Gesellschaftsvertrag mehreren Gesellschaftern zu, gilt die Einzelgeschäftsführung nach §116 Abs. 3 S. 2 HGB im Zweifel auch unter ihnen.

Die Einzelgeschäftsführung wird durch das **Widerspruchsrecht** der anderen geschäftsführungsbefugten Gesellschafter begrenzt. Widerspricht ein geschäftsführungsbefugter Gesellschafter der Vornahme eines Geschäfts, muss dieses nach §116 Abs. 3 S. 3 HGB unterbleiben. Das Widerspruchsrecht wirkt im Innenverhältnis. Nimmt der Gesellschafter das Geschäft trotz Widerspruchs vor, verletzt er seine gesellschaftsrechtlichen Pflichten; im Außenverhältnis bleibt das Geschäft aber grundsätzlich wirksam, wenn er vertretungsbefugt war.

Der **Gesellschaftsvertrag** kann abweichend vom gesetzlichen Leitbild Gesamtgeschäftsführung vorsehen. In diesem Fall bedarf nach §116 Abs. 4 HGB jedes Geschäft der Zustimmung aller geschäftsführungsbefugten Gesellschafter. Eine Ausnahme gilt, wenn mit dem Aufschub Gefahr für die Gesellschaft oder das Gesellschaftsvermögen verbunden ist. Dann darf auch bei vereinbarter Gesamtgeschäftsführung ein einzelner geschäftsführungsbefugter Gesellschafter handeln. Ergänzend kann über §105 Abs. 3 HGB die Notgeschäftsführungsbefugnis des §715a BGB Bedeutung erlangen, soweit ein nicht geschäftsführungsbefugter Gesellschafter im Notfall handeln muss, weil die geschäftsführungsbefugten Gesellschafter verhindert sind.

Die Geschäftsführungsbefugnis kann einem Gesellschafter nach §116 Abs. 5 HGB aus wichtigem Grund ganz oder teilweise **entzogen** werden. Anders als bei der GbR genügt hierfür nicht ein Beschluss der übrigen Gesellschafter. Erforderlich ist nach §116 Abs. 5 S. 1 HGB grundsätzlich eine gerichtliche Entscheidung auf Antrag der anderen Gesellschafter sowie das Vorliegen eines wichtigen Grundes. Ein wichtiger Grund liegt nach §116 Abs. 5 S. 2 HGB insbesondere bei grober Pflichtverletzung oder bei Unfähigkeit zur ordnungsgemäßen Geschäftsführung vor. Die gerichtliche Entscheidung schafft Rechtssicherheit über den Kreis der geschäftsführungsbefugten Gesellschafter und rechtfertigt sich vor allem wegen der weitreichenden Einzelgeschäftsführungsbefugnis in der oHG. Gesellschaftsvertraglich kann das gerichtliche Entziehungsverfahren allerdings modifiziert werden.

Schließlich kann der geschäftsführungsbefugte Gesellschafter die Geschäftsführung nach §116 Abs. 6 S. 1 HGB ganz oder teilweise **kündigen**, wenn ein wichtiger Grund vorliegt. Eine freie Niederlegung der Geschäftsführungsbefugnis ohne wichtigen Grund ist damit nicht vorgesehen, weil die Geschäftsführung zugleich mitgliedschaftliche Pflicht ist. Für Kündigung zur Unzeit und für einen etwaigen

Ausschluss des Kündigungsrechts gelten über §116 Abs. 6 S. 2 HGB die Regeln des §671 Abs. 2, 3 BGB entsprechend. Auch hier zeigt sich die Doppelnatur der Geschäftsführung: Sie vermittelt Einfluss auf die Leitung der Gesellschaft, kann den Gesellschafter aber zugleich erheblich belasten.

2. Wettbewerbsverbot

Anders als das GbR-Recht enthält das oHG-Recht ein besonderes **gesetzliches Wettbewerbsverbot**. Nach §117 Abs. 1 HGB darf ein Gesellschafter ohne Einwilligung der anderen Gesellschafter weder in dem Handelszweig der Gesellschaft Geschäfte machen noch an einer anderen gleichartigen Gesellschaft als persönlich haftender Gesellschafter teilnehmen. Die Vorschrift beruht auf der besonderen Stellung des oHG-Gesellschafters: Er ist typischerweise zur Geschäftsführung und Vertretung berufen, hat Einblick in die geschäftlichen Verhältnisse der Gesellschaft und haftet persönlich für deren Verbindlichkeiten. Wer in dieser Stellung steht, soll der Gesellschaft nicht zugleich Konkurrenz machen dürfen.

Das Wettbewerbsverbot gilt in **persönlicher Hinsicht** grundsätzlich für alle oHG-Gesellschafter, nicht nur für geschäftsführungsbefugte Gesellschafter. Erfasst sind in **sachlicher Hinsicht** zunächst Geschäfte im Handelszweig der Gesellschaft. Maßgeblich ist, ob die Tätigkeit ihrem Gegenstand nach in den Marktbereich fällt, in dem die Gesellschaft tätig ist, und deshalb geeignet ist, mit ihr in Wettbewerb zu treten. Ein konkreter Schaden der Gesellschaft ist für den Verstoß nicht erforderlich. Daneben untersagt §117 Abs. 1 HGB die Teilnahme an einer anderen gleichartigen Gesellschaft als persönlich haftender Gesellschafter. Gemeint ist vor allem die Beteiligung als oHG-Gesellschafter oder als Komplementär einer KG, sofern die andere Gesellschaft im gleichen oder gleichartigen Tätigkeitsbereich tätig ist.

Das Wettbewerbsverbot steht unter dem **Vorbehalt der Einwilligung** (§182 BGB) der anderen Gesellschafter. Diese kann ausdrücklich oder stillschweigend erteilt werden und auch bereits im Gesellschaftsvertrag enthalten sein. §117 Abs. 2 HGB enthält zudem eine gesetzliche Einwilligungsfiktion: Die Einwilligung zur Teilnahme an einer anderen Gesellschaft gilt als erteilt, wenn den anderen Gesellschaftern bei Eingehung der Gesellschaft bekannt ist, dass der Gesellschafter an einer anderen Gesellschaft als persönlich haftender Gesellschafter beteiligt ist, und gleichwohl nicht ausdrücklich vereinbart wird, dass diese Beteiligung aufzugeben ist. Die Vorschrift schützt damit den Gesellschafter, dessen anderweitige Beteiligung den Mitgesellschaftern bei Gründung oder Beitritt bekannt war.

Die **Rechtsfolgen** eines Verstoßes regelt §118 HGB. Nach §118 Abs. 1 S. 1 HGB kann die Gesellschaft Schadensersatz verlangen. Der Anspruch setzt nach allgemeinen Grundsätzen eine Pflichtverletzung, Vertretenmüssen (§280 Abs. 1 S. 2 BGB) und einen Schaden voraus. Daneben gibt §118 Abs. 1 S. 2 HGB der Gesellschaft ein besonderes Eintritts- und Herausgaberecht: Sie kann statt Schadensersatz, aber ebenfalls verschuldensabhängig iSd §280 Abs. 1 S. 2 BGB verlangen, dass der Gesellschafter die für eigene Rechnung gemachten Geschäfte als für Rechnung der Gesellschaft eingegangen gelten lässt und die aus Geschäften für fremde Rechnung bezogene Vergütung herausgibt oder seinen Anspruch auf die

Vergütung abtritt. Dieses Recht ist besonders bedeutsam, wenn ein konkreter Schaden schwer nachweisbar ist, der Gesellschafter aus dem Wettbewerbsverstoß aber Vorteile gezogen hat. Außenwirkung gegenüber dem Geschäftspartner des wettbewerbswidrig handelnden Gesellschafters entfaltet das Eintrittsrecht nicht.

Über die Geltendmachung der Ansprüche aus § 118 Abs. 1 HGB **beschließen** nach § 118 Abs. 2 HGB die anderen Gesellschafter. Der betroffene Gesellschafter wirkt an dieser Entscheidung nicht mit. Die Ansprüche unterliegen einer kurzen **Sonderverjährung**. Nach § 118 Abs. 3 HGB verjähren sie in drei Monaten ab dem Zeitpunkt, in dem die anderen Gesellschafter von dem Abschluss des Geschäfts oder von der Teilnahme an der anderen Gesellschaft Kenntnis erlangt haben oder ohne grobe Fahrlässigkeit hätten erlangen müssen. Unabhängig von Kenntnis oder grob fahrlässiger Unkenntnis tritt Verjährung spätestens fünf Jahre nach Entstehung des Anspruchs ein. Die kurze Frist zwingt die Gesellschaft zu rascher Entscheidung, ob sie den Wettbewerbsverstoß verfolgen will.

§ 118 Abs. 4 HGB stellt klar, dass **weitergehende gesellschaftsrechtliche Reaktionsmöglichkeiten** unberührt bleiben. Insbesondere können die anderen Gesellschafter bei schwerwiegenden Wettbewerbsverstößen den pflichtwidrig handelnden Gesellschafter nach § 134 HGB ausschließen oder die Auflösung der Gesellschaft nach § 139 HGB verlangen. Daneben kommen allgemeine Ansprüche aus Verletzung der gesellschaftsrechtlichen Treuepflicht in Betracht.

Vom gesetzlichen Wettbewerbsverbot zu unterscheiden ist die nicht ausdrücklich geregelte **Geschäftschancenlehre**. Sie beruht auf der gesellschaftsrechtlichen Treuepflicht aus §§ 241 Abs. 2, 242 BGB und verbietet es einem Gesellschafter, der Gesellschaft zugeordnete Geschäftschancen an sich zu ziehen. Eine Geschäftschance ist der Gesellschaft insbesondere dann zugeordnet, wenn die Gesellschaft zuerst mit ihr befasst war oder der Gesellschafter sie aufgrund seiner Stellung in der Gesellschaft erlangt hat. Die Geschäftschancenlehre kann daher auch Fälle erfassen, die nicht unmittelbar unter § 117 HGB fallen. Rechtsfolge ist jedenfalls ein Schadensersatzanspruch wegen Pflichtverletzung gem. § 280 Abs. 1 BGB. Ob daneben die besonderen Rechtsfolgen des § 118 HGB entsprechend heranzuziehen sind, ist zweifelhaft. Näher liegt es, die Geschäftschancenlehre als eigenständige, neben dem Wettbewerbsverbot stehende Ausprägung der Treuepflicht zu behandeln und ihre Rechtsfolgen grundsätzlich auf Schadensersatz zu stützen.

3. Aufwendungsersatz

Für Aufwendungsersatz, Verlustersatz, Vorschuss, Herausgabe und Verzinsung gelten bei der oHG im Ausgangspunkt die **Grundsätze der GbR** entsprechend (s.o. § 14 III. 2. c)). Über § 105 Abs. 3 HGB findet § 716 BGB Anwendung, soweit das HGB keine Sonderregel enthält. Macht ein Gesellschafter zum Zwecke der Geschäftsbesorgung für die Gesellschaft Aufwendungen, die er den Umständen nach für erforderlich halten darf, ist ihm die Gesellschaft daher zum Ersatz verpflichtet (§ 716 Abs. 1 BGB). Entsprechendes gilt für Verluste, die er unmittelbar infolge der Geschäftsbesorgung erleidet. Für erforderliche Aufwendungen kann der Gesellschafter Vorschuss verlangen (§ 716 Abs. 2 BGB). Umgekehrt muss er alles herausgeben, was er aus der Geschäftsbesorgung erlangt (§ 716 Abs. 3 BGB).

Die oHG-spezifische Besonderheit betrifft die **Verzinsung**. Nach §716 Abs.4 S.2 BGB hat die Gesellschaft ersatzfähige Aufwendungen und Verluste des **Gesellschafters** zu verzinsen. §119 Abs.1 HGB bestimmt für die oHG, dass sich die Höhe dieser Zinsen nach §352 Abs.2 HGB richtet. Die Gesellschaft schuldet dem Gesellschafter daher abweichend vom GbR-Recht nicht nur die bürgerlich-rechtliche Verzinsung von 4% jährlich (§246 BGB), sondern handelsrechtlich Zinsen in Höhe von 5% jährlich. Die Vorschrift ist Spezialregelung gegenüber §716 Abs.4 S.2 BGB und §246 BGB und vermeidet zugleich Unsicherheiten darüber, ob der Gesellschaftsvertrag oder die Geschäftsbesorgung im Einzelfall ein beiderseitiges Handelsgeschäft darstellt. §119 Abs.2 HGB regelt spiegelbildlich die Verzinsungspflicht des Gesellschafters gegenüber der **Gesellschaft**. Ein Gesellschafter, der der Gesellschaft liquide Geldmittel vorenthält, muss diese von dem maßgeblichen Zeitpunkt an verzinsen. Erfasst sind insbesondere drei Fälle: Der Gesellschafter zahlt seinen vereinbarten Beitrag nicht rechtzeitig ein, er liefert für die Gesellschaft eingenommenes Geld nicht rechtzeitig an die Gesellschaftskasse ab oder er entnimmt unbefugt Geld aus der Gesellschaftskasse für sich. Die Verzinsung beginnt jeweils mit dem Zeitpunkt, in dem die Zahlung oder Ablieferung hätte erfolgen müssen oder in dem die unbefugte Entnahme vorgenommen wurde. Auch hierfür gilt über §352 Abs.2 HGB der handelsrechtliche Zinssatz von 5% jährlich.

4. Informationsrechte

Das HGB enthält für die oHG seit dem MoPeG **keine eigenständige Vorschrift** über Informationsrechte der Gesellschafter. Maßgeblich ist daher über §105 Abs.3 HGB die für die GbR geltende Regelung des §717 BGB. Die früher in §118 HGB a.F. enthaltene besondere Informationsrechtsnorm des oHG-Rechts ist im neuen Recht nicht fortgeführt worden. Der heutige §118 HGB betrifft die Verletzung des Wettbewerbsverbots.

Nach §717 Abs.1 S.1 BGB hat jeder Gesellschafter gegenüber der Gesellschaft das Recht, die Unterlagen der Gesellschaft **einzusehen** und sich aus ihnen **Auszüge** anzufertigen. Ergänzend kann er nach §717 Abs.1 S.2 BGB **Auskunft** über Gesellschaftsangelegenheiten verlangen. Dieses Recht steht jedem oHG-Gesellschafter zu, also auch einem Gesellschafter, der von der Geschäftsführung ausgeschlossen ist. Gerade für ihn hat das Informationsrecht besondere Bedeutung, weil er die Geschäftsführung nicht selbst wahrnimmt, aber wegen seiner persönlichen Haftung und seiner Mitgliedschaftsrechte ein berechtigtes Interesse an Kontrolle und Information hat.

Der **Inhalt** des Informationsrechts ist bei der oHG handelsrechtlich geprägt. Zu den einsehbaren Unterlagen gehören insbesondere Handelsbücher, Jahresabschlussunterlagen, Geschäftskorrespondenz, Verträge, Bankunterlagen und sonstige geschäftsbezogene Dokumente, soweit sie Gesellschaftsangelegenheiten betreffen. Das Auskunftsrecht ergänzt das Einsichtsrecht, wenn die Unterlagen allein kein hinreichendes Bild vermitteln. Es dient vor allem dazu, die wirtschaftliche Lage der Gesellschaft, die Ordnungsmäßigkeit der Geschäftsführung und die Grundlage künftiger Beschlussfassungen beurteilen zu können.

Das **individuelle Informationsrecht** des §717 Abs. 1 BGB ist **eingeschränkt zwingend**. Eine gesellschaftsvertragliche Vereinbarung, welche das Einsichts- oder Auskunftsrecht ausschließt oder beschränkt, steht seiner Geltendmachung nach §717 Abs. 1 S. 3 BGB nicht entgegen, soweit die Information zur Wahrnehmung eigener Mitgliedschaftsrechte erforderlich ist. Das gilt insbesondere, wenn Grund zur Annahme unredlicher Geschäftsführung besteht. Der Gesellschaftsvertrag kann daher die praktische Ausübung der Informationsrechte ordnen, etwa durch Verfahrens-, Frist- oder Vertraulichkeitsregelungen; er darf den Kern des Informationsrechts aber nicht entleeren.

Daneben trifft die geschäftsführungsbefugten Gesellschafter nach dem **kollektiven Informationsrecht** des §717 Abs. 2 BGB eine eigene Informations- und Rechenschaftspflicht gegenüber der Gesellschaft. Sie haben der Gesellschaft von sich aus die erforderlichen Nachrichten zu geben, auf Verlangen Auskunft über Gesellschaftsangelegenheiten zu erteilen und nach Beendigung ihrer Geschäftsführertätigkeit Rechenschaft abzulegen. Diese Pflicht ist Ausdruck der organschaftlichen Verantwortung der geschäftsführungsbefugten Gesellschafter. Eine Vereinbarung, welche diese Pflichten ausschließt, ist nach §717 Abs. 2 S. 2 BGB unwirksam: das Recht ist also **uneingeschränkt zwingend**.

5. Gewinn- und Verlustbeteiligung

Die oHG bildet gem. §105 Abs. 3 HGB iVm §713 BGB als rechtsfähige (§105 Abs. 2 HGB) Personenhandelsgesellschaft ein eigenes, von den Privatvermögen der Gesellschafter getrenntes Gesellschaftsvermögen. Über §105 Abs. 3 HGB gelten die **Grundsätze des GbR-Rechts** zur Vermögensordnung grundsätzlich entsprechend (s.o. §14 III. 2. e)). Auch bei der oHG ist daher zunächst zwischen dem Ergebnis der Gesellschaft und der internen Zurechnung dieses Ergebnisses auf die Gesellschafter zu unterscheiden. Spezifisch für die oHG ist jedoch, dass sie als Handelsgesellschaft einer **kaufmännischen Rechnungslegung** unterliegt und das HGB in §§120–122 HGB besondere Regeln über Jahresabschluss, Ergebnisermittlung, Feststellung und Gewinnauszahlung enthält.

Nach §120 Abs. 1 S. 1 HGB sind die geschäftsführungsbefugten Gesellschafter gegenüber der Gesellschaft zur **Aufstellung des Jahresabschlusses** verpflichtet. Der Jahresabschluss besteht nach §242 Abs. 3 HGB aus Bilanz sowie Gewinn- und Verlustrechnung. Die Pflicht trifft alle geschäftsführungsbefugten Gesellschafter als gesellschaftsrechtliche Pflicht gegenüber der Gesellschaft, auch wenn intern eine bestimmte Ressort- oder Aufgabenverteilung vereinbart ist.

Mit der Aufstellung des Jahresabschlusses ist zugleich für jeden Gesellschafter der **Anteil am Gewinn oder Verlust** zu ermitteln (§120 Abs. 1 S. 2 HGB). Für den Verteilungsschlüssel verweist §120 Abs. 1 S. 2 HGB auf §709 Abs. 3 BGB. Damit gilt für die oHG im Ausgangspunkt dasselbe **dreistufige System** wie bei der GbR: Vorrangig sind die vereinbarten Beteiligungsverhältnisse maßgeblich. Fehlen solche, kommt es auf das Verhältnis der vereinbarten Werte der Beiträge an. Fehlen auch diese, sind Gewinn und Verlust nach Köpfen zu verteilen. Das alte handelsrechtliche Modell einer vierprozentigen Kapitaldividende mit anschließender Restverteilung nach Köpfen gem. §121 HGB a.F. ist entfallen. Die Ergebnisverteilung knüpft damit nicht mehr an eine gesetzlich typisierte Kapitalverzinsung an, sondern an die von den Gesellschaftern vereinbarte oder hilfsweise gesetzlich bestimmte Beteiligungsordnung.

Nach § 120 Abs. 2 HGB wird der dem Gesellschafter zukommende Gewinn seinem **Kapitalanteil** zugeschrieben. Der auf ihn entfallende Verlust wird davon abgeschrieben. Der Kapitalanteil ist dabei keine dingliche Beteiligung am Gesellschaftsvermögen, sondern eine gesellschaftsrechtliche Rechnungsgröße. Er bildet ab, in welchem Umfang Gewinn- und Verlustanteile dem Gesellschafter intern gutgeschrieben oder belastet werden. Vom Kapitalanteil als Rechnungsposten ist die Frage zu unterscheiden, ob und wann ein Gewinn tatsächlich ausgezahlt werden kann.

Über die **Feststellung des Jahresabschlusses** entscheiden nach § 121 HGB die Gesellschafter durch Beschluss. Die geschäftsführungsbefugten Gesellschafter stellen den Jahresabschluss also auf. Die Gesellschafter in ihrer Gesamtheit stellen ihn fest. Der Feststellungsbeschluss macht den Jahresabschluss im Innenverhältnis verbindlich und legt damit insbesondere das Jahresergebnis, die Bilanzansätze, deren Bewertung sowie die auf die einzelnen Gesellschafter entfallenden Gewinn- oder Verlustanteile fest. Für das Beschlussverfahren gelten die allgemeinen Regeln der §§ 109 ff. HGB.

Die **Gewinnauszahlung** regelt § 122 HGB. Danach hat jeder Gesellschafter aufgrund des festgestellten Jahresabschlusses Anspruch auf Auszahlung seines ermittelten Gewinnanteils. Das neue Recht geht damit vom Grundsatz der Vollausschüttung aus: Wird nichts anderes vereinbart oder beschlossen, kann der Gesellschafter Auszahlung des gesamten festgestellten Gewinnanteils verlangen. Soll der Gewinn ganz oder teilweise in der Gesellschaft verbleiben, bedarf dies einer gesellschaftsvertraglichen Grundlage oder einer entsprechenden Beschlusslage. Ein besonderes gewinnunabhängiges gesetzliches Entnahmerecht, wie es das frühere Recht in § 122 HGB a.F. kannte, besteht nicht mehr. Der **Auszahlungsanspruch** ist allerdings begrenzt. Nach § 122 2 HGB kann er nicht geltend gemacht werden, soweit die Auszahlung zum offenbaren Schaden der Gesellschaft gereicht oder der Gesellschafter seinen vereinbarten Beitrag trotz Fälligkeit nicht geleistet hat. Die erste Einschränkung schützt die Liquidität und wirtschaftliche Handlungsfähigkeit der Gesellschaft; sie setzt gewichtige Gründe voraus. Die zweite Einschränkung verhindert, dass ein Gesellschafter Gewinn entnimmt, obwohl er seiner eigenen fälligen Beitragspflicht gegenüber der Gesellschaft nicht nachgekommen ist.

Ergibt der Jahresabschluss einen Verlust, wird dieser nach dem maßgeblichen Verteilungsschlüssel dem Gesellschafter intern zugerechnet und nach § 120 Abs. 2 HGB von seinem Kapitalanteil abgeschrieben. Die **Verlustzuweisung** bedeutet zunächst eine rechnerische Belastung. Sie begründet für sich genommen noch keine Pflicht, zusätzliche Mittel in die Gesellschaft einzulegen. Eine solche Pflicht bedarf auch bei der oHG wegen § 105 Abs. 3 HGB iVm § 710 S. 1 BGB einer besonderen Grundlage im Gesellschaftsvertrag, eines wirksamen Gesellschafterbeschlusses oder, über § 710 S. 2 BGB, eines besonderen gesetzlichen Tatbestands (namentlich §§ 728a, 728b BGB). Von der internen Verlustbeteiligung zu unterscheiden bleibt die persönliche Außenhaftung der Gesellschafter für Gesellschaftsverbindlichkeiten nach § 126 HGB.

6. Gesellschafterklage

Eine eigenständige Regelung über die Gesellschafterklage enthält das oHG-Recht nicht. Maßgeblich ist daher über § 105 Abs. 3 HGB die Vorschrift des § 715b BGB. Die **zur GbR dargestellten Grundsätze** (s.o. § 14 III. 2. f)) gelten für die oHG entsprechend, soweit sich aus der handelsrechtlichen Struktur der oHG nichts Besonderes ergibt. Die Gesellschafterklage kodifiziert die früher als actio pro socio bezeichnete Rechtsfigur und ermöglicht es einem einzelnen Gesellschafter, Ansprüche der Gesellschaft gegen einen anderen Gesellschafter, also Sozialansprüche, im eigenen Namen gerichtlich geltend zu machen, wenn das hierfür zuständige Gesellschaftsorgan pflichtwidrig untätig bleibt. Sie dient damit dem **Minderheitenschutz** und der **Anspruchsdurchsetzung** im Innenverhältnis der Gesellschaft.

Nach § 715b Abs. 1 S. 1 BGB ist jeder Gesellschafter befugt, einen auf dem Gesellschaftsverhältnis beruhenden Anspruch der Gesellschaft gegen einen anderen Gesellschafter im eigenen Namen gerichtlich geltend zu machen, wenn der dazu berufene geschäftsführungsbefugte Gesellschafter die Anspruchsdurchsetzung pflichtwidrig unterlässt. Bei der oHG erfasst dies insbesondere Beitragsansprüche, Ansprüche auf Unterlassung gesellschaftswidrigen Verhaltens, Herausgabeansprüche, Schadensersatzansprüche wegen Verletzung von Geschäftsführungspflichten sowie Ansprüche wegen Verletzung des Wettbewerbsverbots (§§ 117, 118 HGB). Es handelt sich nicht um einen eigenen materiell-rechtlichen Anspruch des klagenden Gesellschafters. Der Gesellschafter macht vielmehr ein Recht der Gesellschaft im eigenen Namen geltend. Die Gesellschafterklage ist daher ein Fall **gesetzlicher Prozessstandschaft**. Der Wortlaut des § 715b Abs. 1 S. 1 BGB knüpft an das pflichtwidrige Unterlassen des geschäftsführungsbefugten Gesellschafters an. Diese Anknüpfung passt jedoch auch bei der oHG nicht bruchlos. Die Verfolgung von Sozialansprüchen gehört regelmäßig nicht zum gewöhnlichen Betrieb des Handelsgewerbes im Sinne des § 116 Abs. 2 S. 1 HGB, sondern stellt eine darüberhinausgehende Maßnahme dar, für die nach § 116 Abs. 2 S. 1 HGB ein Beschluss aller Gesellschafter erforderlich ist, soweit der Gesellschaftsvertrag nichts anderes regelt. Der geschäftsführungsbefugte Gesellschafter kann einen solchen Anspruch daher grundsätzlich nicht allein kraft Geschäftsführungsbefugnis verfolgen. Folgerichtig ist § 715b Abs. 1 S. 2 BGB auch bei der oHG funktional so zu verstehen: Die Gesellschafterklage ist eröffnet, wenn die Gesellschafter es treuwidrig unterlassen, einen Beschluss zur Verfolgung des Gesellschaftsanspruchs zu fassen.

Diese korrigierende Deutung wahrt den **subsidiären Charakter** der Gesellschafterklage. Der einzelne Gesellschafter darf nicht ohne Weiteres an die Stelle der Gesellschaft treten, sondern nur dann, wenn die primäre gesellschaftsinterne Zuständigkeitsordnung versagt. Besteht bereits ein Gesellschafterbeschluss über die Nichtverfolgung des Anspruchs, ist vorrangig das Beschlussmängelrecht der §§ 110–115 HGB zu beachten. Die Gesellschafterklage darf nicht dazu dienen, die

Voraussetzungen und Fristen der Anfechtungs- oder Nichtigkeitsklage zu umgehen. Eine Verbindung von Beschlussmängelklage und Gesellschafterklage bleibt aber möglich, wenn dies prozessual sachgerecht ist.

§715b Abs. 1 S. 2 BGB erweitert die Klagebefugnis auf **Ansprüche der Gesellschaft gegen Dritte**. Für solche Drittansprüche gelten strengere Voraussetzungen. Neben dem pflichtwidrigen Unterlassen, bei der oHG also regelmäßig dem treuwidrigen Unterlassen eines Anspruchsverfolgungsbeschlusses, muss der Dritte an diesem Unterlassen mitgewirkt oder es gekannt haben. Der Dritte soll nicht schon deshalb einer Klage eines einzelnen Gesellschafters ausgesetzt werden, weil intern Streit über die Zweckmäßigkeit der Rechtsverfolgung besteht. Erfasst sind vor allem Fälle kollusiven oder bewusst gesellschaftswidrigen Zusammenwirkens zwischen einem Dritten und den zur Anspruchsverfolgung berufenen Gesellschaftern. Fahrlässige Unkenntnis genügt nicht.

Die Rechtsfolge des §715b BGB besteht in einer **Prozessführungs- und Einziehungsbefugnis** des klagenden Gesellschafters. Er klagt im eigenen Namen, macht aber einen Anspruch der Gesellschaft geltend. Leistung ist daher grundsätzlich an die Gesellschaft zu verlangen. Eine freie Verfügungsmacht über den Anspruch erhält er nicht. Er darf den Gesellschaftsanspruch insbesondere nicht ohne gesellschaftsrechtliche Grundlage erlassen, abtreten oder vergleichsweise aufgeben. Seine Befugnis ist auf die gerichtliche Durchsetzung des Gesellschaftsanspruchs beschränkt.

Das Klagerecht ist **zwingend** ausgestaltet. Nach §715b Abs. 2 BGB ist eine Vereinbarung im Gesellschaftsvertrag unwirksam, welche das Klagerecht ausschließt oder der Vorschrift zuwider beschränkt. Zulässig bleiben organisatorische Konkretisierungen, etwa Anforderungen an eine vorherige Befassung der Gesellschafter oder an ein bestimmtes internes Verfahren. Solche Regelungen dürfen das gesetzliche Mindestrecht des einzelnen Gesellschafters auf subsidiäre Anspruchsdurchsetzung aber nicht entleeren.

V. Außenverhältnis

Soweit – rechtsgeschäftliche oder nicht rechtsgeschäftliche – Rechtsbeziehungen der Gesellschaft und ihrer Gesellschafter zu gesellschaftsexternen Dritten oder auch zu Gesellschaftern – letztere nur, sofern die Rechtsbeziehungen nicht auf dem Gesellschaftsverhältnis beruhen – betroffen sind, stellen sich Fragen des gesellschaftsrechtlichen Außenverhältnisses.

Die in §§123–230b HGB für das Außenverhältnis niedergelegten gesetzlichen Vorgaben sind, anders als die für das Innenverhältnis geltenden Vorschriften der §§109–122 HGB, grundsätzlich **nicht dispositiv**, sondern **zwingender Natur**. Der Grund dafür besteht darin, dass an Rechtsbeziehungen des Außenverhältnisses neben Gesellschaftern und der Gesellschaft auch Dritte beteiligt sind, sodass die Gefahr besteht, dass abweichende Regelungen, soweit sie zum Nachteil der Dritten ausfallen, den Gesellschaftsvertrag zu einem – nach deutschem Zivilrecht allgemein unzulässigen – **Vertrag zulasten Dritter** werden lassen. Die folgenden Ausführungen tragen diesem Umstand Rechnung, indem sie die Rechtsverhältnisse des gesellschaftsrechtlichen Außenverhältnisses lediglich anhand ihrer gesetzlichen Konzeption erläutern und auf denkbare gesellschaftsvertragliche Abweichungen nur insoweit besonders eingehen, als diese zulässig sind.

1. Anwendbarkeit der §§ 124–129 HGB

§ 123 HGB regelt die „Entstehung der Gesellschaft im Verhältnis zu Dritten". Wie bei § 719 BGB ist diese Formulierung nicht dahin zu verstehen, dass erst § 123 HGB über die rechtliche Existenz der Gesellschaft als solcher entscheidet. Die oHG ist nach § 105 Abs. 2 HGB rechtsfähig und kann selbst Rechte erwerben und Verbindlichkeiten eingehen. § 123 HGB betrifft demgegenüber den Zeitpunkt, ab dem die Gesellschaft im Verhältnis zu Dritten den **besonderen Außenrechtsregeln** der oHG unterliegt, insbesondere den Vorschriften über Vertretung und Gesellschafterhaftung (§§ 124 ff. HGB).

Nach § 123 Abs. 1 S. 1 HGB entsteht die Gesellschaft im Verhältnis zu Dritten, sobald sie im Handelsregister eingetragen ist. Die **Handelsregistereintragung** hat damit jedenfalls die Wirkung, dass die oHG nach außen den Regeln des Rechtsverhältnisses zu Dritten unterfällt. Das entspricht der Funktion des Handelsregisters als Publizitätsregister: Der Rechtsverkehr soll sich darauf verlassen können, dass die eingetragene Gesellschaft als oHG am Rechtsverkehr teilnimmt. Eine wichtige Bedeutung entfaltet insoweit der Verweis in § 123 Abs. 1 S. 2 HGB auf § 107 Abs. 1 HGB. Bei kleingewerblichen, vermögensverwaltenden oder freiberuflichen Gesellschaften entsteht die oHG erst durch Eintragung der Firma in das Handelsregister, nicht schon durch einvernehmliche Teilnahme am Rechtsverkehr. In diesen Fällen ist die Eintragung **konstitutiv** für den Status als oHG. Vor der Eintragung kann die Gesellschaft zwar, je nach Ausgestaltung, als rechtsfähige GbR am Rechtsverkehr teilnehmen. Die besonderen Außenrechtsregeln der oHG werden dadurch aber noch nicht ausgelöst. Rein **deklaratorisch** wirkt die Eintragung indes für oHG, deren Zweck auf den Betrieb eines Handelsgewerbes im Sinne von § 105 Abs. 1 HGB gerichtet ist.

Unabhängig von der Eintragung entsteht die Gesellschaft im Verhältnis zu Dritten im Falle des § 105 Abs. 1 HGB nämlich gem. § 123 Abs. 1 S. 2 HGB schon dann, wenn die Gesellschaft mit Zustimmung sämtlicher Gesellschafter am **Rechtsverkehr teilnimmt**. Die tatsächliche Teilnahme am Rechtsverkehr setzt ein Auftreten gegenüber gesellschaftsfremden Dritten voraus. Nicht ausreichend sind der bloße Abschluss des Gesellschaftsvertrags oder rein interne Vorbereitungsmaßnahmen. Ausreichend können dagegen bereits vorbereitende Außengeschäfte sein, etwa die Anmietung von Geschäftsräumen, die Eröffnung eines Geschäftskontos oder der Abschluss erster Liefer- oder Dienstleistungsverträge im Namen der Gesellschaft. Erforderlich ist die Zustimmung sämtlicher Gesellschafter zur Teilnahme am Rechtsverkehr. Dadurch wird verhindert, dass ein einzelner Gesellschafter oder nur ein Teil der Gesellschafter die Gesellschaft gegen den Willen der übrigen den weitreichenden Außenfolgen des oHG-Rechts aussetzt. Handelt ein Gesellschafter ohne diese Zustimmung im Namen einer vermeintlichen oHG, kann dies allenfalls nach allgemeinen Rechtsschein- oder Vertretungsgrundsätzen Bedeutung gewinnen.

Über den Beginn der Außenrechtsordnung können die Gesellschafter **nicht** zulasten Dritter **disponieren**. Nach §123 Abs. 2 HGB ist eine Vereinbarung, dass die Gesellschaft erst zu einem späteren Zeitpunkt entstehen soll, Dritten gegenüber unwirksam. Ist die Gesellschaft also im Handelsregister eingetragen oder nimmt sie bei einer Handelsgewerbe-oHG mit Zustimmung sämtlicher Gesellschafter am Rechtsverkehr teil, können sich die Gesellschafter gegenüber Dritten nicht darauf berufen, die Regeln über Vertretung und Haftung der oHG sollten erst später gelten.

§123 HGB bildet damit die **Eingangsnorm des Außenverhältnisses** der oHG. Erst wenn seine Voraussetzungen erfüllt sind, stellt sich im Außenverhältnis die Frage, wer die Gesellschaft vertreten kann (§124 HGB), welche Wirkungen Register- und Vertretungsverhältnisse gegenüber Dritten entfalten und unter welchen Voraussetzungen die Gesellschafter persönlich für Gesellschaftsverbindlichkeiten haften (§§126 ff. HGB).

2. Rechtsgeschäftliches Handeln der Gesellschaft

Die oHG kann als rechtsfähige Personenhandelsgesellschaft selbst Rechte erwerben und Verbindlichkeiten eingehen (§105 Abs. 2 HGB). Da sie als Verband nicht selbst handeln kann, bedarf sie im rechtsgeschäftlichen Verkehr der Vertretung. Diese Vertretung ist in §124 HGB geregelt. Wie bei der GbR ist zwischen Geschäftsführung und Vertretung zu unterscheiden: Die **Geschäftsführung** betrifft das rechtliche Dürfen im Innenverhältnis (§116 HGB), die **Vertretung** das rechtliche Können im Außenverhältnis (§124 HGB). Verstößt ein Gesellschafter im Innenverhältnis gegen Geschäftsführungsregeln, bleibt das von ihm im Außenverhältnis vorgenommene Rechtsgeschäft grundsätzlich wirksam, wenn er vertretungsbefugt war.

Träger der organschaftlichen Vertretungsbefugnis sind die Gesellschafter. Darin zeigt sich das für Personengesellschaften prägende **Prinzip der Selbstorganschaft**. Gesellschaftsexterne Personen können die oHG zwar aufgrund rechtsgeschäftlicher Vollmacht vertreten, insbesondere als Prokuristen (§§48 ff. HGB) oder Handlungsbevollmächtigte (§54 HGB). Die organschaftliche Vertretung der oHG durch die Gesellschafter muss aber ohne die Mitwirkung gesellschaftsexterner Dritter möglich bleiben. Der Gesellschaftsvertrag darf daher insbesondere nicht sämtliche Gesellschafter von der organschaftlichen Vertretung ausschließen oder die Vertretung der oHG so auf Dritte verlagern, dass die Gesellschafter zur Vertretung der oHG auf die Mitwirkung der Dritten angewiesen sind.

Nach §124 Abs. 1 HGB ist zur Vertretung der Gesellschaft grundsätzlich jeder Gesellschafter befugt, wenn er nicht durch den Gesellschaftsvertrag von der Vertretung ausgeschlossen ist. Gesetzlicher Regelfall ist bei der oHG also die **Einzelvertretung**. Das unterscheidet die oHG von der GbR, bei der §720 Abs. 1 BGB grundsätzlich echte Gesamtvertretung vorsieht. Die Einzelvertretung entspricht dem Bedürfnis des kaufmännischen Verkehrs nach schneller und verlässlicher Handlungsfähigkeit. Der Gesellschaftsvertrag kann die Vertretungsverfassung abweichend ausgestalten. Nach §124 Abs. 2 S. 1 HGB kann vereinbart werden, dass alle oder mehrere Gesellschafter nur gemeinsam zur Vertretung befugt sein sollen. Die zur (echten) Gesamtvertretung befugten Gesellschafter können einzelne von ihnen nach §124 Abs. 2 S. 2 HGB zur Vornahme bestimmter Geschäfte oder bestimmter Arten von Geschäften ermächtigen. Diese Ermächtigung erleichtert die Handlungsfähigkeit, ohne die gesellschaftsvertraglich angeordnete Gesamtvertretung insgesamt aufzugeben. Allerdings regelt §124 Abs. 4 HGB für die **Passivvertretung**, also für die Entgegennahme von Willenserklärungen: Ist der Gesellschaft gegenüber eine Willenserklärung abzugeben, genügt – auch bei für die Aktivvertretung angeordneter Gesamtvertretung – stets die Abgabe einer Willenserklärung gegenüber einem vertretungsbefugten Gesellschafter.

Eine oHG-spezifische Besonderheit ist die gemischte oder **unechte Gesamtvertretung** nach §124 Abs. 3 HGB. Danach kann der Gesellschaftsvertrag vorsehen, dass Gesellschafter, sofern nicht mehrere zusammen handeln, nur gemeinsam mit einem Prokuristen zur Vertretung berechtigt sind. Die Mitwirkung des Prokuristen ersetzt dann nicht die organschaftliche Vertretung durch Gesellschafter, sondern ergänzt sie. Der Prokurist wird dadurch nicht zum Organ der Gesellschaft. Zulässig ist eine solche Gestaltung nur, solange das Prinzip der Selbstorganschaft der oHG gewahrt bleibt, also weiterhin eine organschaftliche Vertretung durch Gesellschafter ohne Mitwirkung eines Prokuristen oder sonstiger Dritter möglich ist.

Beispiele:

1. An der M & D OHG sind M und D als Gesellschafter beteiligt. Der Gesellschaftsvertrag bestimmt, dass M und D die Gesellschaft gemeinsam vertreten können. Zusätzlich darf jeder von ihnen die Gesellschaft gemeinsam mit dem Prokuristen P vertreten. Diese Regelung wahrt das Prinzip der Selbstorganschaft, weil die Gesellschaft weiterhin durch mehrere Gesellschafter organschaftlich vertreten werden kann, ohne dass ein Externer mitwirkt. Die zusätzliche Vertretung durch A oder B gemeinsam mit P ist daher eine zulässige Regelung unechter Gesamtvertretung iSd §124 Abs. 3 HGB.
2. An der M & D OHG sind M und D als Gesellschafter beteiligt. Der Gesellschaftsvertrag bestimmt, dass D von der Vertretung ausgeschlossen ist und M die Gesellschaft ausschließlich gemeinsam mit dem Prokuristen P vertreten darf. Eine gemeinsame Vertretung durch M und D ist nicht vorgesehen. Diese Vertretungsordnung macht die organschaftliche Vertretung vollständig von der Mitwirkung eines gesellschaftsexternen Prokuristen abhängig. Sie überschreitet die Grenzen des Prinzips der Selbstorganschaft. P kann zwar im Umfang einer ihm wirksam erteilten Prokura rechtsgeschäftlich handeln, er ersetzt aber keinen organschaftlich vertretungsbefugten Gesellschafter.

Der **Umfang** der Vertretungsbefugnis ist in §124 Abs. 4 HGB weit ausgestaltet. Die Vertretungsbefugnis der Gesellschafter erstreckt sich nach §124 Abs. 4 S. 1 HGB auf alle Geschäfte der Gesellschaft, einschließlich der Veräußerung und Belastung von Grundstücken sowie der Erteilung und des Widerrufs einer Prokura. Die Vertretungsmacht ist durch das Gesetz umfangmäßig also **unbeschränkt** ausgestaltet. Beschränkungen des Umfangs der Vertretungsbefugnis sind gem. §124 Abs. 4 S. 2 HGB Dritten gegenüber unwirksam, die Vertretungsmacht ist also grundsätzlich **unbeschränkbar**. Das gilt nach §124 Abs. 4. S. 3 HGB insbesondere für Beschränkungen auf bestimmte Geschäfte oder Geschäftsarten, für Bedingungen sowie für zeitliche oder örtliche Begrenzungen. Eine besondere Ausnahme gilt nach §124 Abs. 4 S. 4 HGB nur für die Beschränkung auf den Betrieb einer von mehreren Niederlassungen; insoweit ist § 50 Abs. 3 HGB entsprechend anzuwenden.

Gerade bei der Erteilung von Prokura zeigt sich das **Zusammenspiel von Vertretungs- und Geschäftsführungsrecht**. Im Außenverhältnis umfasst die Vertretungsbefugnis des Gesellschafters nach § 124 Abs. 4 HGB auch die Erteilung und den Widerruf einer Prokura. Im Innenverhältnis bedarf die Bestellung eines Prokuristen nach § 116 Abs. 2 S. 2 HGB grundsätzlich der Zustimmung aller geschäftsführungsbefugten Gesellschafter, sofern nicht Gefahr im Verzug besteht. Erteilt ein einzelvertretungsbefugter Gesellschafter ohne diese Zustimmung Prokura, ist die Prokura im Außenverhältnis grundsätzlich wirksam. Der Gesellschafter kann sich aber im Innenverhältnis pflichtwidrig verhalten haben. Bei wirksam vereinbarter unechter Gesamtvertretung kann die Prokura auch durch einen Gesellschafter gemeinsam mit einem Prokuristen erteilt werden, soweit die Vertretungsordnung die Selbstorganschaft wahrt. Der Prokurist erteilt die Prokura dann nicht selbständig, sondern wirkt lediglich im Rahmen der zulässigen gemischten Gesamtvertretung an der organschaftlichen Vertretung mit.

Von der unbeschränkbaren Vertretungsmacht im Außenverhältnis ist die **interne Beschränkung der Geschäftsführungsbefugnis** zu unterscheiden. Überschreitet ein Gesellschafter interne Zuständigkeitsgrenzen, Zustimmungserfordernisse oder Beschlüsse, berührt dies die Wirksamkeit des Rechtsgeschäfts gegenüber Dritten grundsätzlich nicht, wie aus § 124 Abs. 4 S. 2 HGB hervorgeht. Der Gesellschafter, der die oHG gleichwohl in Ausübung seiner Vertretungsmacht vertritt, macht sich allerdings gegenüber der oHG gem. § 280 Abs. 1 BGB schadensersatzpflichtig, da er eine aus dem Gesellschaftsvertrag resultierende Pflicht verletzt. Eine Korrektur kommt nur nach allgemeinen Grundsätzen in Betracht, insbesondere bei **Missbrauch der Vertretungsmacht**.

Die Vertretungsbefugnis kann einem Gesellschafter nach § 124 Abs. 5 HGB in entsprechender Anwendung von § 116 Abs. 5 HGB ganz oder teilweise **entzogen** werden, sofern im Gesellschaftsvertrag nichts anderes vereinbart ist. Anders als bei der GbR genügt hierfür grundsätzlich nicht ein Beschluss der übrigen Gesellschafter. Erforderlich ist eine gerichtliche Entscheidung aus wichtigem Grund. Auch insoweit zeigt sich die größere rechtliche Stabilität der handelsrechtlichen Vertretungsordnung.

3. Nicht rechtsgeschäftliches Handeln der Gesellschaft

Besondere Vorschriften über das nicht rechtsgeschäftliche Handeln der oHG enthält das HGB nicht. Ausgangspunkt ist daher die Rechtsfähigkeit der oHG: Nach § 105 Abs. 2 HGB kann die oHG selbst Rechte erwerben und Verbindlichkeiten eingehen. Daraus folgt nicht nur ihre Fähigkeit, durch Vertreter rechtsgeschäftlich zu handeln, sondern auch ihre Fähigkeit, Trägerin gesetzlicher Rechte und Pflichten zu sein. Die oHG kann daher insbesondere **Schuldnerin** deliktischer, bereicherungsrechtlicher, besitzrechtlicher oder sonstiger gesetzlicher Ansprüche werden.

Für die **Zurechnung deliktischen Verhaltens** ist wie bei der rechtsfähigen GbR § 31 BGB analog heranzuziehen. Die Vorschrift bringt einen allgemeinen verbandsrechtlichen Zurechnungsgedanken zum Ausdruck: Ein rechtsfähiger Verband muss sich das schadensersatzbegründende Verhalten der Personen zurechnen lassen, durch die er im Rechtsverkehr handelt und seine Organisation entfaltet. Für die oHG bedeutet dies, dass ihr deliktisches Verhalten ihrer **geschäftsführungs- oder vertretungsbefugten Gesellschafter** zugerechnet wird, wenn diese in Ausführung der ihnen für die Gesellschaft übertragenen Aufgaben handeln. Die Zurechnung ist nicht auf Gesellschafter beschränkt. Auch das Verhalten **sonstiger Personen** kann der oHG nach § 31 BGB analog zugerechnet werden, wenn ihnen durch die Gesellschaft eine leitende, eigenverantwortliche Stellung übertragen ist. In Betracht kommen etwa Prokuristen, leitende Angestellte oder sonstige Personen, denen ein wesentlicher Aufgabenbereich der Gesellschaft zur selbständigen Wahrnehmung anvertraut ist. Nicht jede Tätigkeit eines einfachen Mitarbeiters genügt hierfür. Insoweit kommen vielmehr die allgemeinen deliktsrechtlichen Regeln, insbesondere § 831 BGB, in Betracht. Erforderlich ist stets ein hinreichender Zusammenhang zwischen der Tätigkeit für die Gesellschaft und der schädigenden Handlung. Die Handlung muss **in Ausführung** der dem Handelnden übertragenen Aufgaben erfolgen. Ein bloß äußerlicher oder zufälliger Zusammenhang mit der Gesellschaftstätigkeit reicht nicht aus. Handelt ein Gesellschafter oder Mitarbeiter ausschließlich privat oder nur bei Gelegenheit seiner Tätigkeit für die Gesellschaft, fehlt es an der Zurechnungsgrundlage. Maßgeblich ist, ob sich in der Handlung ein Risiko verwirklicht, das der Organisation und Tätigkeit der oHG zuzurechnen ist.

Die Zurechnung nicht rechtsgeschäftlichen Handelns ist von der **rechtsgeschäftlichen Vertretung** nach § 124 HGB zu unterscheiden. § 124 HGB entscheidet darüber, unter welchen Voraussetzungen Willenserklärungen im Namen der oHG abgegeben oder empfangen werden können. § 31 BGB analog betrifft demgegenüber die Zurechnung tatsächlichen und deliktischen Verhaltens. Es geht also nicht um die Wirksamkeit eines Rechtsgeschäfts, sondern darum, ob die oHG für ein Verhalten haftet, das eine gesetzliche Verbindlichkeit auslöst.

Wird der oHG ein deliktisches Verhalten nach § 31 BGB analog zugerechnet, entsteht die Verbindlichkeit unmittelbar als **Verbindlichkeit der Gesellschaft**. Daneben kann der handelnde Gesellschafter, Prokurist, Arbeitnehmer oder sonstige Schädiger nach den allgemeinen deliktsrechtlichen Vorschriften **originär** haften. Außerdem haften die **Gesellschafter** für Gesellschaftsverbindlichkeiten nach Maßgabe von § 126 HGB persönlich. Der Geschädigte kann daher regelmäßig die oHG, den persönlich handelnden Schädiger und die persönlich haftenden Gesellschafter in Anspruch nehmen, soweit die jeweiligen Voraussetzungen erfüllt sind.

4. Haftung der Gesellschafter

Die oHG ist selbst Trägerin von Rechten und Pflichten (§ 105 Abs. 2 HGB). Für Gesellschaftsverbindlichkeiten haftet daher zunächst die **Gesellschaft** mit ihrem Gesellschaftsvermögen (§ 105 Abs. 3 HGB iVm § 713 BGB). Daneben ordnet § 126 S. 1 HGB die persönliche Haftung der **Gesellschafter** an: Die Gesellschafter haften den Gesellschaftsgläubigern für die Verbindlichkeiten der Gesellschaft als Gesamtschuldner persönlich. Die Haftung entspricht in ihrer Struktur der Gesellschafterhaftung bei der rechtsfähigen GbR, ist für die oHG aber im HGB ausdrücklich geregelt, weil die unbeschränkte persönliche Haftung der Gesellschafter ein prägendes Merkmal der oHG ist.

Die Haftung nach § 126 HGB ist persönlich, unbeschränkt, unmittelbar und akzessorisch ausgestaltet. **Persönlich** bedeutet, dass der Gesellschafter mit seinem Privatvermögen haftet. **Unbeschränkt** bedeutet, dass die Haftung grundsätzlich weder gegenständlich noch summenmäßig begrenzt ist. **Unmittelbar** bedeutet, dass der Gesellschaftsgläubiger den Gesellschafter unmittelbar in Anspruch nehmen kann, ohne zuvor gegen die Gesellschaft vorgehen oder in das Gesellschaftsvermögen vollstrecken zu müssen. **Akzessorisch** bedeutet, dass Bestand, Inhalt und Durchsetzbarkeit der Gesellschafterhaftung von der Gesellschaftsverbindlichkeit abhängen. Der Gesellschafter haftet also nicht aus einem eigenständigen Schuldgrund, sondern für eine fremde, nämlich gesellschaftliche Verbindlichkeit.

Die persönliche Gesellschafterhaftung dient dem **Gläubigerschutz**. Die oHG verfügt, anders als Kapitalgesellschaften, über kein gesetzliches Garantiekapital und keine kapitalgesellschaftsrechtlichen Kapitalaufbringungs- und Kapitalerhaltungsvorschriften. Die Haftung der Gesellschafter gleicht diese fehlende Kapitalsicherung aus und stärkt den Kredit der Gesellschaft. Zugleich verwirklicht sie den **Gleichlauf von Herrschaft und Haftung**: Wer als Gesellschafter an der Leitung und Willensbildung der Gesellschaft beteiligt ist, soll grundsätzlich auch für ihre Verbindlichkeiten einstehen. Die von persönlicher Gesellschafterhaftung gekennzeichnete Haftungsstruktur der oHG erkennbar zu machen, ist Aufgabe der Regelung über Angaben auf **Geschäftsbriefen** nach § 125 HGB. Bedeutung erlangt dies gem. § 125 Abs. 1 S. 2 HGB vor allem bei einer Gesellschaft, bei der kein Gesellschafter eine natürliche Person ist, sodass neben Firma und Sitz der oHG, dem Registergericht und der Handelsregisternummer auf den Geschäftsbriefen der Gesellschaft die Firmen oder Namen der Gesellschafter anzugeben sind sowie für die Gesellschafter die nach §§ 35a GmbHG, 80 AktG vorgeschriebenen Angaben zu machen sind.

Erfasst sind sowohl **rechtsgeschäftlich** als auch **gesetzlich** begründete Gesellschaftsverbindlichkeiten. Die Gesellschafter haften daher für Ansprüche aus Verträgen, welche die oHG wirksam abgeschlossen hat, ebenso wie für gesetzliche Verbindlichkeiten der Gesellschaft, insbesondere deliktische Ansprüche. Bei deliktischen Verbindlichkeiten haftet der Gesellschafter nicht unmittelbar für fremdes deliktisches Verhalten. Vielmehr wird das Verhalten einer für die Gesellschaft handelnden Person der oHG nach allgemeinen Grundsätzen, insbesondere nach § 31 BGB analog, zugerechnet. Die daraus entstehende Schadensersatzpflicht ist dann eine Gesellschaftsverbindlichkeit, für die die Gesellschafter nach § 126 HGB persönlich haften.

Die Haftung besteht als **Gesamtschuld**. Der Gläubiger kann nach seiner Wahl die Gesellschaft, einzelne Gesellschafter oder mehrere Gesellschafter zugleich in Anspruch nehmen. Unter mehreren Gesellschaftern kann er grundsätzlich jeden auf die ganze Leistung in Anspruch nehmen (§ 421 BGB). Eine Einrede, der Gläubiger müsse sich zunächst an die Gesellschaft oder an andere Gesellschafter halten, besteht nicht. Die interne Lastenverteilung ist Sache des Ausgleichs unter den Gesellschaftern.

Eine gesellschaftsvertragliche **Haftungsbeschränkung** wirkt gegenüber Dritten grundsätzlich nicht. Nach § 126 S. 2 HGB ist eine entgegenstehende Vereinbarung Dritten gegenüber unwirksam. Die Gesellschafter können daher nicht durch bloße Regelung im Gesellschaftsvertrag eine „oHG mbH" schaffen. Möglich bleibt nur eine individualvertragliche Haftungsbeschränkung mit dem jeweiligen Gesellschaftsgläubiger. Der gesetzliche Regelfall ist jedoch die unbeschränkte persönliche Haftung sämtlicher oHG-Gesellschafter.

Tritt ein Gesellschafter in eine bereits bestehende oHG ein, haftet er nach § 127 S. 1 HGB gleich den übrigen Gesellschaftern auch für die vor seinem Eintritt begründeten Verbindlichkeiten der Gesellschaft. Auch insoweit ist eine entgegenstehende Vereinbarung Dritten gegenüber unwirksam (§ 127 S. 2 HGB). Die Haftung für Altverbindlichkeiten verhindert, dass der Rechtsverkehr zwischen Alt- und Neugesellschaftern sowie Alt- und Neuverbindlichkeiten unterscheiden muss. Wer in eine bestehende oHG eintritt, übernimmt daher grundsätzlich auch das bisherige Haftungsrisiko der Mitgliedschaft.

Die Akzessorietät der Gesellschafterhaftung wird durch § 128 HGB näher ausgestaltet. Wird ein Gesellschafter wegen einer Gesellschaftsverbindlichkeit in Anspruch genommen, kann er nach § 128 Abs. 1 HGB alle **Einwendungen** und **Einreden** geltend machen, die nicht in seiner Person begründet sind, soweit sie auch von der Gesellschaft erhoben werden können. Der Gläubiger soll gegenüber dem Gesellschafter nicht besser stehen als gegenüber der Gesellschaft. Daneben kann der Gesellschafter persönliche Einwendungen geltend machen, etwa Erfüllung durch ihn selbst oder eine ihm persönlich zustehende Einrede. § 128 Abs. 2 HGB schützt den Gesellschafter zusätzlich, solange der Gesellschaft in Bezug auf die Verbindlichkeit ein **Gestaltungsrecht** zusteht. Der Gesellschafter kann die Befriedigung des Gläubigers verweigern, solange die Gesellschaft etwa anfechten, aufrechnen, zurücktreten, kündigen oder ein sonstiges Gestaltungsrecht ausüben könnte, dessen Ausübung sie selbst zur Leistungsverweigerung berechtigen würde. Dadurch wird verhindert, dass der Gesellschafter leisten muss, obwohl die Gesellschaft die Verbindlichkeit durch Ausübung eines Gestaltungsrechts beseitigen oder ihre Durchsetzbarkeit verhindern könnte.

§ 129 HGB regelt schließlich die **Zwangsvollstreckung**. Zur Vollstreckung in das Vermögen der Gesellschaft ist nach § 129 Abs. 1 HGB ein gegen die **Gesellschaft** gerichteter Vollstreckungstitel erforderlich. Ein bloßer Titel gegen einen Gesellschafter genügt hierfür nicht. Umgekehrt kann aus einem gegen die Gesellschaft gerichteten Titel nach § 129 Abs. 2 HGB nicht in das Privatvermögen der **Gesellschafter** vollstreckt werden. Wer in das Gesellschaftsvermögen vollstrecken will, benötigt also einen Titel gegen die Gesellschaft. Wer in das Privatvermögen eines Gesellschafters vollstrecken will, benötigt einen Titel gegen diesen Gesellschafter. Das Gesetz trägt damit der Trennung zwischen Gesellschaftsvermögen und Privatvermögen der Gesellschafter Rechnung.

VI. Veränderungen im Gesellschafterbestand

Der Mitgliederbestand einer oHG ist nicht unveränderlich. Veränderungen können durch **Eintritt** eines neuen Gesellschafters, Übertragung eines Gesellschaftsanteils, **Tod** oder **Ausscheiden** eines Gesellschafters eintreten. Die Identität der oHG bleibt hiervon grundsätzlich unberührt. Die Gesellschaft bleibt also dieselbe rechtsfähige Personenhandelsgesellschaft. Es ändert sich nur die Zusammensetzung des Gesellschafterkreises. Da die oHG im Handelsregister eingetragen ist, sind Änderungen im Gesellschafterbestand zur Eintragung in das Handelsregister anzumelden (§ 106 Abs. 6 HGB).

1. Eintritt

Der Eintritt eines neuen Gesellschafters erfolgt durch **Aufnahme** in die bestehende oHG. Wie bei der GbR setzt die Aufnahme wegen der personal geprägten Mitgliedschaft grundsätzlich eine **Vereinbarung** zwischen dem Eintretenden, der Gesellschaft und den bisherigen Gesellschaftern voraus. Der Gesellschaftsvertrag kann hierfür abweichende Mehrheits- oder Zustimmungserfordernisse vorsehen. Soweit nichts anderes vereinbart ist, mindern sich die Anteile der bisherigen Gesellschafter entsprechend § 712 Abs. 2 BGB im Verhältnis ihrer bisherigen Anteile (sog. Abwachsung).

Außenrechtlich ist § 127 HGB maßgeblich. Danach **haftet** der eintretende Gesellschafter gleich den übrigen Gesellschaftern auch für die vor seinem Eintritt begründeten Verbindlichkeiten der Gesellschaft. Eine entgegenstehende Vereinbarung ist Dritten gegenüber unwirksam (§ 127 S. 2 HGB). Wer in eine bestehende oHG eintritt, übernimmt daher grundsätzlich auch das bisherige Haftungsrisiko der Mitgliedschaft. Dies entspricht dem allgemeinen Gedanken der persönlichen Gesellschafterhaftung und schützt den Rechtsverkehr davor, zwischen Alt- und Neugesellschaftern unterscheiden zu müssen.

2. Anteilsübertragung

Von der Aufnahme eines neuen Gesellschafters zu unterscheiden ist die Übertragung eines bestehenden Gesellschaftsanteils. Mangels besonderer HGB-Regel gilt über § 105 Abs. 3 HGB die **für die GbR geltende Regelung** des § 711 Abs. 1 S. 1 BGB entsprechend. Die Übertragung eines Gesellschaftsanteils bedarf daher grundsätzlich der Zustimmung der anderen Gesellschafter. Die Zustimmung kann im Einzelfall erteilt oder im Gesellschaftsvertrag vorweggenommen werden. Die Gesellschaft selbst kann entsprechend § 711 Abs. 1 S. 2 BGB keine eigenen Anteile erwerben.

Auch die Anteilsübertragung führt grundsätzlich nicht zur Auflösung oder Neugründung der oHG, sondern zu einem **identitätswahrenden Gesellschafterwechsel**. Der Erwerber tritt in die mitgliedschaftliche Stellung des Veräußerers ein; der Veräußerer scheidet aus. Im Außenverhältnis sind insbesondere die Eintrittshaftung des Erwerbers (§ 127 HGB) und die Nachhaftung des ausscheidenden Veräußerers (§ 137 HGB) zu beachten.

3. Ausscheiden

a) Gründe für das Ausscheiden

Das Recht der oHG enthält mit §§ 130 ff. HGB eine eigenständige **Sonderordnung** für das Ausscheiden eines Gesellschafters. Nach § 130 Abs. 1 HGB führen der Tod des Gesellschafters, die Kündigung der Mitgliedschaft durch den Gesellschafter, die Eröffnung des Insolvenzverfahrens über sein Vermögen, die Kündigung der Mitgliedschaft durch einen Privatgläubiger und die gerichtliche Entscheidung über eine Ausschließungsklage zum Ausscheiden, sofern der Gesellschaftsvertrag für diese Fälle nicht die Auflösung der Gesellschaft vorsieht. **Weitere Ausscheidensgründe** können nach § 130 Abs. 2 HGB im Gesellschaftsvertrag vereinbart werden.

Der **Zeitpunkt des Ausscheidens** richtet sich nach § 130 Abs. 3 HGB. Grundsätzlich scheidet der Gesellschafter mit Eintritt des ihn betreffenden Ausscheidensgrundes aus. Bei Kündigung geschieht dies jedoch nicht vor Ablauf der Kündigungsfrist. Bei gerichtlicher Ausschließung scheidet der Gesellschafter nicht bereits mit Klageerhebung oder Urteil erster Instanz aus, sondern erst mit Rechtskraft des stattgebenden Urteils. Darin liegt ein wichtiger Unterschied zur GbR, bei der die Ausschließung durch Beschluss der übrigen Gesellschafter erfolgt und grundsätzlich mit Mitteilung des Beschlusses wirksam wird.

Die **Kündigung der Mitgliedschaft durch den Gesellschafter** ist in § 132 HGB geregelt. Ist das Gesellschaftsverhältnis auf unbestimmte Zeit eingegangen, kann der Gesellschafter seine Mitgliedschaft mit einer Frist von sechs Monaten zum Ablauf des Geschäftsjahres gegenüber der Gesellschaft kündigen (§ 132 Abs. 1 HGB). Bei einer auf bestimmte Zeit eingegangenen Gesellschaft ist die Kündigung vor Ablauf der vereinbarten Zeit nur bei Vorliegen eines wichtigen Grundes zulässig (§ 132 Abs. 2 HGB). Liegt ein wichtiger Grund vor, kann stets ohne Einhaltung einer Kündigungsfrist gekündigt werden (§ 132 Abs. 3 HGB). Die Kündigung darf nicht zur Unzeit erfolgen, sofern hierfür kein wichtiger Grund besteht; andernfalls ist der kündigende Gesellschafter der Gesellschaft zum Ersatz des daraus entstehenden Schadens verpflichtet (§ 132 Abs. 5 HGB).

Auch ein **Privatgläubiger eines Gesellschafters** kann die Mitgliedschaft **kündigen**. Nach § 133 HGB setzt dies insbesondere voraus, dass innerhalb der letzten sechs Monate eine Zwangsvollstreckung in das bewegliche Vermögen des Gesellschafters ohne Erfolg versucht wurde und der Gläubiger aufgrund eines nicht nur vorläufig vollstreckbaren Schuldtitels die Pfändung des Gesellschaftsanteils erwirkt hat. Die Kündigung ist gegenüber der Gesellschaft unter Einhaltung einer Frist von sechs Monaten zum Ablauf des Geschäftsjahres zu erklären.

Die **Ausschließung eines Gesellschafters** erfolgt bei der oHG nach § 134 HGB grundsätzlich durch gerichtliche Entscheidung. Voraussetzung ist ein wichtiger Grund in der Person des Gesellschafters. Ein solcher liegt insbesondere vor, wenn der Gesellschafter eine wesentliche gesellschaftsvertragliche Pflicht vorsätzlich oder grob fahrlässig verletzt oder ihm die Erfüllung einer solchen Pflicht unmöglich wird. Anders als bei der GbR genügt nach dem gesetzlichen Leitbild also nicht ein Ausschließungsbeschluss der übrigen Gesellschafter. Der Gesellschaftsvertrag kann das Gestaltungsklageerfordernis jedoch abbedingen und eine Ausschließung durch Beschluss vorsehen.

Scheidet der **vorletzte Gesellschafter** aus, kann auch die oHG nicht als Einpersonengesellschaft fortbestehen. Das steht einer Ausschließung jedoch nach §134 S.3 HGB nicht entgegen. Mangels fortbestehender Mehrpersonengesellschaft erlischt die Gesellschaft dann ohne Liquidation. Das Gesellschaftsvermögen geht entsprechend §105 Abs.3 HGB iVm §712a BGB auf den verbleibenden Gesellschafter über. Führt dieser das Handelsgewerbe fort, ist er nicht mehr Gesellschafter einer oHG, sondern handelt als Einzelkaufmann.

b) Rechtsfolgen des Ausscheidens

Anteilsmäßig führt das Ausscheiden eines Gesellschafters entsprechend §105 Abs.3 HGB iVm §712 Abs.1 BGB zur **Anwachsung**. Der Anteil des ausgeschiedenen Gesellschafters wächst den übrigen Gesellschaftern im Zweifel im Verhältnis ihrer Anteile zu. Die Gesellschaft bleibt als Rechtsträgerin bestehen; die Mitgliedschaft des Ausgeschiedenen wird durch schuldrechtliche Ausgleichsansprüche ersetzt.

Die **vermögensrechtlichen Ansprüche** des ausgeschiedenen Gesellschafters regelt §135 HGB. Sofern im Gesellschaftsvertrag nichts anderes vereinbart ist, muss die Gesellschaft den ausgeschiedenen Gesellschafter von der Haftung für die Verbindlichkeiten der Gesellschaft befreien und ihm eine dem Wert seines Anteils angemessene Abfindung zahlen (§135 Abs.1 S.1 HGB). Sind Verbindlichkeiten noch nicht fällig, kann die Gesellschaft Sicherheit leisten, statt den Ausgeschiedenen sofort von der Haftung nach §126 HGB zu befreien (§135 Abs.1 S.2 HGB). Der Wert des Gesellschaftsanteils ist, soweit erforderlich, im Wege der Schätzung zu ermitteln (§135 Abs.3 HGB). Im Fall der Ausschließung nach §134 HGB kommt es für die Ermittlung des Abfindungsanspruchs auf die Vermögenslage der Gesellschaft im Zeitpunkt der Erhebung der Ausschließungsklage an (§135 Abs.2 HGB).

Reicht der Wert des Gesellschaftsvermögens zur Deckung der Gesellschaftsverbindlichkeiten nicht aus, trifft den ausgeschiedenen Gesellschafter eine interne **Ausgleichspflicht**. Nach §136 HGB hat er der Gesellschaft für den Fehlbetrag nach dem Verhältnis seines Anteils am Gewinn und Verlust aufzukommen. Die Vorschrift betrifft das Innenverhältnis zwischen Gesellschaft und ausgeschiedenem Gesellschafter und ist von der Außenhaftung gegenüber Gesellschaftsgläubigern zu unterscheiden.

Im Außenverhältnis bleibt der ausgeschiedene Gesellschafter für Altverbindlichkeiten zeitlich begrenzt haftbar. §137 Abs.1 HGB ordnet eine **Nachhaftung** für die bis zum Ausscheiden begründeten Verbindlichkeiten der Gesellschaft an. Der Ausgeschiedene haftet danach nur, wenn die Verbindlichkeit vor Ablauf von fünf Jahren nach seinem Ausscheiden fällig wird und der Anspruch gegen ihn rechtzeitig in einer in §197 Abs.1 Nr.3 bis 5 BGB bezeichneten Art festgestellt ist oder eine gerichtliche oder behördliche Vollstreckungshandlung vorgenommen oder beantragt wird. Bei öffentlich-rechtlichen Verbindlichkeiten genügt der Erlass eines Verwaltungsakts. Die Frist beginnt, sobald der Gläubiger vom Ausscheiden Kenntnis erlangt oder das Ausscheiden im Handelsregister eingetragen ist (§137 Abs.1 S.3 HGB). Die Hemmungstatbestände der §§204, 206, 210, 211 und 212 Abs.2, 3 BGB sind entsprechend anwendbar (§137 Abs.1 S.4 HGB). Wie bei §728b

BGB genügt daher insbesondere eine rechtzeitige Klageerhebung vor Ablauf der Fünfjahresfrist (s.o. § 14 III. 4. c)). Ist die Verbindlichkeit auf Schadensersatz gerichtet, haftet der ausgeschiedene Gesellschafter nach § 137 Abs. 1 S. 2 HGB nur, wenn auch die zum Schadensersatz führende Pflichtverletzung vor seinem Ausscheiden eingetreten ist. Einer Feststellung des Anspruchs bedarf es nach § 137 Abs. 2 HGB nicht, soweit der Gesellschafter den Anspruch schriftlich anerkannt hat. Wird ein Gesellschafter Kommanditist, gelten die Regeln über die Begrenzung seiner Nachhaftung für die im Zeitpunkt der Eintragung der Änderung in das Handelsregister begründeten Verbindlichkeiten entsprechend (§ 137 Abs. 3 HGB). Seine Haftung als Kommanditist bleibt davon unberührt.

4. Tod eines Gesellschafters

Der Tod eines Gesellschafters führt bei der oHG nach § 130 Abs. 1 Nr. 1 HGB grundsätzlich zum **Ausscheiden** des verstorbenen Gesellschafters, sofern der Gesellschaftsvertrag nicht für diesen Fall die Auflösung der Gesellschaft vorsieht. Die Gesellschaft wird also im gesetzlichen Regelfall mit den verbleibenden Gesellschaftern fortgesetzt. Die Erben treten nicht schon kraft Gesetzes in die Stellung als oHG-Gesellschafter ein, sondern erhalten grundsätzlich die vermögensrechtlichen Ansprüche, die sich aus dem Ausscheiden ergeben.

Der Gesellschaftsvertrag kann jedoch vorsehen, dass die Gesellschaft mit dem Erben fortgesetzt wird (sog. **Nachfolgeklausel**). Geht der Anteil des verstorbenen Gesellschafters auf dessen Erben über, enthält § 131 HGB besondere Schutzregeln. Jeder Erbe kann nach § 131 Abs. 1 HGB verlangen, dass ihm die Stellung eines Kommanditisten eingeräumt und der auf ihn entfallende Anteil des Erblassers als seine Kommanditeinlage anerkannt wird. Nehmen die anderen Gesellschafter diesen Antrag nicht an, kann der Erbe seine Mitgliedschaft ohne Einhaltung einer Kündigungsfrist kündigen (§ 131 Abs. 2 HGB). Die Rechte des Erben nach § 131 Abs. 1, 2 HGB sind fristgebunden. Sie können nach § 131 Abs. 3 HGB grundsätzlich nur innerhalb von drei Monaten ab Kenntnis vom Anfall der Erbschaft geltend gemacht werden; besondere erbrechtliche Fristen bleiben dabei berücksichtigt. Scheidet der Erbe innerhalb dieser Frist aus, wird die Gesellschaft innerhalb der Frist aufgelöst oder erhält der Erbe innerhalb der Frist die Stellung eines Kommanditisten, haftet er für die bis dahin entstandenen Gesellschaftsverbindlichkeiten nur nach den erbrechtlichen Vorschriften über die Haftung des Erben für Nachlassverbindlichkeiten (§ 131 Abs. 4 HGB). Die Schutzvorschriften des § 131 Abs. 1 bis Abs. 4 HGB können gesellschaftsvertraglich nicht ausgeschlossen werden (§ 131 Abs. 5 S. 1 HGB). Zulässig ist aber eine abweichende Bestimmung des Gewinnanteils für den Fall, dass der Erbe sein Verbleiben in der Gesellschaft von der Stellung als Kommanditist abhängig macht (§ 131 Abs. 5 S. 2 HGB).

VII. Beendigung

Die Beendigung der oHG vollzieht sich wie bei der rechtsfähigen GbR regelmäßig in **drei Schritten**: Auflösung, Liquidation und Vollbeendigung. Die **Auflösung** beendet die Gesellschaft noch nicht als Rechtsträgerin. Sie bewirkt nur, dass an die Stelle des werbenden Gesellschaftszwecks der Abwicklungszweck tritt. Die Gesellschaft besteht also zunächst als aufgelöste oHG fort. Erst mit Abschluss der **Liquidation** und vollständiger Abwicklung der Rechtsverhältnisse kommt es zur **Vollbeendigung**.

1. Auflösung

Die **Auflösungsgründe** der oHG sind in § 138 HGB geregelt. Nach § 138 Abs. 1 HGB wird die Gesellschaft durch Ablauf der Zeit, für welche sie eingegangen wurde, durch Eröffnung des Insolvenzverfahrens über das Vermögen der Gesellschaft, durch gerichtliche Entscheidung über den Antrag auf Auflösung und durch Auflösungsbeschluss aufgelöst. Bei Gesellschaften, bei denen kein persönlich haftender Gesellschafter eine natürliche Person ist, kommen nach § 138 Abs. 2 HGB weitere Auflösungsgründe hinzu, insbesondere die rechtskräftige Ablehnung der Eröffnung des Insolvenzverfahrens mangels Masse und die Löschung wegen Vermögenslosigkeit. Weitere Auflösungsgründe können nach § 138 Abs. 3 HGB im Gesellschaftsvertrag vereinbart werden.

Anders als bei der GbR führen **Zweckerreichung** und **Zweckverfehlung** bei der oHG nicht kraft Gesetzes zur Auflösung. Der Grund liegt im stärkeren Interesse des Handelsverkehrs an klar feststellbaren Auflösungstatbeständen. Ob der Gesellschaftszweck erreicht oder unmöglich geworden ist, kann im Einzelfall zweifelhaft sein und soll deshalb nicht automatisch das Liquidationsstadium auslösen. Zweckerreichung oder Zweckverfehlung können aber einen wichtigen Grund für eine gerichtliche Auflösung nach § 139 HGB bilden.

Nach § 139 Abs. 1 HGB kann auf Antrag eines Gesellschafters die Auflösung der Gesellschaft durch **gerichtliche Entscheidung** ausgesprochen werden, wenn ihm die Fortsetzung der Gesellschaft aus wichtigem Grund nicht zuzumuten ist. Ein wichtiger Grund liegt insbesondere vor, wenn ein anderer Gesellschafter eine wesentliche gesellschaftsvertragliche Pflicht vorsätzlich oder grob fahrlässig verletzt hat oder wenn die Erfüllung einer solchen Pflicht unmöglich wird. Das Recht, die Auflösung aus wichtigem Grund zu verlangen, ist zwingend. Eine entgegenstehende gesellschaftsvertragliche Vereinbarung ist nach § 139 Abs. 2 HGB unwirksam. Die gerichtliche Auflösung ist gegenüber milderen Mitteln, etwa Austritt, Ausschließung oder Entziehung von Geschäftsführungs- und Vertretungsbefugnissen, regelmäßig subsidiär.

Der **Auflösungsbeschluss** ist ein Grundlagengeschäft. Mangels abweichender Regelung bedarf er daher der Zustimmung aller stimmberechtigten Gesellschafter. Hat nach dem Gesellschaftsvertrag die Mehrheit der Stimmen zu entscheiden, verlangt § 140 HGB für einen Beschluss über die Auflösung der Gesellschaft mindestens eine Mehrheit von drei Vierteln der abgegebenen Stimmen. Damit schützt das Gesetz die Gesellschafter vor einer zu leichten Herbeiführung der Liquidation.

Die Auflösung ist nach § 141 Abs. 1 HGB grundsätzlich von sämtlichen Gesellschaftern zur **Eintragung in das Handelsregister** anzumelden. Bei Eröffnung oder Ablehnung der Eröffnung des Insolvenzverfahrens über das Vermögen der Gesellschaft erfolgt die Eintragung von Amts wegen; bei Löschung wegen Vermögenslosigkeit entfällt eine gesonderte Eintragung der Auflösung. Ist die Gesellschaft aufgrund gesellschaftsvertraglicher Regelung durch Tod eines Gesellschafters aufgelöst, kann die Anmeldung unter den Voraussetzungen des § 141 Abs. 2 HGB ohne Mitwirkung der Erben erfolgen. Die Registerpublizität dient der Information des Rechtsverkehrs über den Wechsel von der werbenden Gesellschaft zur Liquidationsgesellschaft.

Eine aufgelöste, aber noch nicht vollbeendete oHG kann nach § 142 HGB **fortgesetzt** werden. Voraussetzung ist, dass der Auflösungsgrund beseitigt ist und die Gesellschafter die Fortsetzung beschließen. Hat nach dem Gesellschaftsvertrag die Mehrheit der Stimmen zu entscheiden, verlangt § 142 Abs. 2 HGB für den Fortsetzungsbeschluss mindestens eine Mehrheit von drei Vierteln der abgegebenen Stimmen. Die Fortsetzung ist nach § 142 Abs. 3 HGB von sämtlichen Gesellschaftern zur Eintragung in das Handelsregister anzumelden.

2. Liquidation

Nach Auflösung der Gesellschaft findet grundsätzlich die **Liquidation** statt (§ 143 Abs. 1 HGB), sofern nicht über das Vermögen der Gesellschaft das Insolvenzverfahren eröffnet ist. In diesem Fall richtet sich die Abwicklung nach der Insolvenzordnung. Ist die Gesellschaft wegen Vermögenslosigkeit gelöscht worden, findet eine Liquidation nur statt, wenn sich nach der Löschung noch verteilungsfähiges Vermögen herausstellt. Die Gesellschafter können nach § 143 Abs. 2 HGB anstelle der gesetzlichen Liquidation eine andere Art der Abwicklung vereinbaren. In bestimmten Fällen, insbesondere bei Auflösung infolge einer Privatgläubigerkündigung oder Insolvenz eines Gesellschafters, bedarf dies der Zustimmung des Privatgläubigers, Insolvenzverwalters oder bei Eigenverwaltung des Schuldners. Im Übrigen gelten die §§ 143 ff. HGB, soweit der Gesellschaftsvertrag nichts anderes bestimmt (§ 143 Abs. 3 HGB).

Zur Liquidation sind nach § 144 Abs. 1 HGB grundsätzlich alle Gesellschafter als **Liquidatoren** berufen. Die Liquidation ist damit im gesetzlichen Regelfall gemeinschaftliche Aufgabe sämtlicher Gesellschafter, auch solcher, die zuvor nicht geschäftsführungs- oder vertretungsbefugt waren. Ist über das Vermögen eines Gesellschafters das Insolvenzverfahren eröffnet und ein Insolvenzverwalter bestellt, tritt dieser nach § 144 Abs. 2 HGB an die Stelle des Gesellschafters. Mehrere Erben eines Gesellschafters haben nach § 144 Abs. 3 HGB einen gemeinsamen Vertreter zu bestellen. Durch Gesellschaftsvertrag oder Gesellschafterbeschluss können nach § 144 Abs. 4 HGB auch einzelne Gesellschafter oder Dritte zu Liquidatoren berufen werden. Aus wichtigem Grund kann zudem nach § 145 HGB ein Liquidator durch gerichtliche Entscheidung berufen oder abberufen werden.

Mit der Auflösung erlischt nach § 146 Abs. 1 HGB die einem Gesellschafter im Gesellschaftsvertrag übertragene **Geschäftsführungs- und Vertretungsbefugnis**. An ihre Stelle tritt die Geschäftsführungs- und Vertretungsbefugnis der Liquidatoren, die grundsätzlich allen Liquidatoren gemeinsam zusteht. Soweit ein bisher geschäftsführungsbefugter Gesellschafter von der Auflösung keine Kenntnis hat und sie auch nicht kennen muss, gilt seine bisherige Geschäftsführungsbefugnis zu seinen Gunsten als fortbestehend (§ 146 Abs. 2 HGB). Die Liquidatoren und ihre

Vertretungsbefugnis sind nach §147 HGB zur Eintragung in das Handelsregister anzumelden.

Die **Rechtsstellung der Liquidatoren** bestimmt sich vor allem nach §148 HGB. Sie haben die laufenden Geschäfte zu beenden, Forderungen der Gesellschaft einzuziehen, das übrige Vermögen in Geld umzusetzen, die Gläubiger zu befriedigen und das verbleibende Vermögen unter den Gesellschaftern zu verteilen. Neue Geschäfte dürfen sie nur eingehen, soweit dies zur Beendigung schwebender Geschäfte erforderlich ist. Die Liquidatoren haben den Weisungen der Beteiligten Folge zu leisten und die Firma der Gesellschaft mit einem Liquidationszusatz zu verwenden, damit der Rechtsverkehr die Auflösung erkennen kann.

Auch während der Liquidation bleibt die oHG handelsrechtlich **rechnungslegungspflichtig**. Die Liquidatoren haben zu Beginn und zum Ende der Liquidation eine Bilanz aufzustellen (§148 Abs. 4 HGB). Aus dem Gesellschaftsvermögen sind zunächst die Gesellschaftsgläubiger zu befriedigen. Für noch nicht fällige oder streitige Verbindlichkeiten ist das Erforderliche zurückzubehalten. Erst danach sind die geleisteten Beiträge ihrem Wert nach zurückzuerstatten. Das danach verbleibende Gesellschaftsvermögen ist nach §148 Abs. 8 HGB nach dem Verhältnis der Kapitalanteile zu verteilen, wie sie sich aus der Schlussbilanz ergeben. Das unterscheidet die oHG von der GbR, bei der die Überschussverteilung grundsätzlich an die Gewinn- und Verlustbeteiligung anknüpft.

Reicht das Gesellschaftsvermögen zur Berichtigung der Verbindlichkeiten und zur Rückerstattung der Beiträge nicht aus, haben die Gesellschafter nach §149 HGB für den **Fehlbetrag** nach dem Verhältnis ihrer Kapitalanteile aufzukommen. Kann von einem Gesellschafter der auf ihn entfallende Betrag nicht erlangt werden, tragen die übrigen Gesellschafter den Ausfall nach demselben Verhältnis. Die Fehlbetragshaftung betrifft das Innenverhältnis und dient der Durchführung der Schlussabrechnung. Von der persönlichen Außenhaftung der Gesellschafter nach §§126 ff. HGB ist sie zu unterscheiden.

3. Vollbeendigung

Die Vollbeendigung tritt ein, wenn die **Liquidation abgeschlossen** ist, also alle Gesellschaftsverbindlichkeiten berichtigt oder gesichert, das Gesellschaftsvermögen verwertet und verteilt und die innergesellschaftlichen Ausgleichsverhältnisse abgewickelt sind. Erst dann erlischt die oHG als Rechtsträgerin. Die Auflösung allein genügt hierfür nicht. Sie leitet lediglich das Liquidationsstadium ein.

Nach Beendigung der Liquidation ist nach §150 HGB das **Erlöschen der Firma** von sämtlichen Liquidatoren zur Eintragung in das Handelsregister anzumelden. Die Formulierung knüpft an die handelsregisterrechtliche Terminologie an. Inhaltlich geht es um die registerrechtliche Publizität der Vollbeendigung der Gesellschaft. Die Eintragung hat grundsätzlich deklaratorische Bedeutung; maßgeblich bleibt, ob die Gesellschaft tatsächlich vollständig abgewickelt ist.

Stellt sich nach **vermeintlicher Vollbeendigung** heraus, dass noch Vermögen vorhanden ist oder noch Abwicklungsmaßnahmen erforderlich sind, besteht die Gesellschaft für Zwecke der Nachtragsliquidation fort. Die Vollbeendigung setzt also nicht nur die formale Anmeldung des Erlöschens der Firma, sondern die vollständige Erledigung des Abwicklungsbedarfs voraus.

Die **Gesellschafterhaftung** besteht auch im Zusammenhang mit der Beendigung fort. §151 HGB begrenzt Ansprüche gegen einen Gesellschafter aus Verbindlichkeiten der Gesellschaft durch eine Sonderverjährung. Ist die Gesellschaft durch Liquidation oder auf andere Weise erloschen, verjähren solche Ansprüche grundsätzlich in fünf Jahren, sofern nicht der Anspruch gegen die Gesellschaft einer kürzeren Verjährung unterliegt (§151 Abs. 1 HGB). Die Frist beginnt abweichend von §199 Abs. 1 BGB, sobald der Gläubiger vom Erlöschen der Firma Kenntnis erlangt oder das Erlöschen der Firma im Handelsregister eingetragen worden ist (§151 Abs. 2 HGB). Beginnt die Verjährung des Anspruchs gegen die Gesellschaft neu oder wird sie nach den allgemeinen Vorschriften gehemmt, wirkt dies nach §151 Abs. 3 HGB auch gegenüber den Gesellschaftern, die der Gesellschaft zur Zeit des Erlöschens angehört haben.

Schließlich regelt §152 HGB die **Aufbewahrung der Geschäftsunterlagen**. Die Geschäftsunterlagen der aufgelösten Gesellschaft werden einem Gesellschafter oder einem Dritten in Verwahrung gegeben; kommt eine Verständigung nicht zustande, entscheidet das Gericht, in dessen Bezirk die Gesellschaft ihren Sitz hat. Die Gesellschafter und ihre Erben behalten das Recht auf Einsicht und Benutzung der Geschäftsunterlagen. Damit bleibt die Nachvollziehbarkeit der Liquidation auch nach Vollbeendigung gesichert.

§ 16. Die Kommanditgesellschaft (KG) (E)

I. Begriff, Bedeutung und rechtliche Qualifikation

Die Kommanditgesellschaft ist eine **rechtsfähige Personenhandelsgesellschaft** mit zwei unterschiedlichen Gesellschaftertypen. Nach §161 Abs. 1 HGB ist eine Gesellschaft, deren Zweck auf den Betrieb eines Handelsgewerbes unter gemeinschaftlicher Firma gerichtet ist, eine Kommanditgesellschaft, wenn bei einem oder mehreren Gesellschaftern die Haftung gegenüber den Gesellschaftsgläubigern auf einen bestimmten Betrag beschränkt ist, während bei mindestens einem anderen Gesellschafter eine solche Haftungsbeschränkung nicht besteht. Die beschränkt haftenden Gesellschafter heißen **Kommanditisten**, die unbeschränkt persönlich haftenden Gesellschafter **persönlich haftende Gesellschafter** oder **Komplementäre**.

Die KG ist damit in ihrer Grundstruktur eine oHG mit mindestens einem beschränkt haftenden Gesellschafter. Das zeigt §161 Abs. 2 HGB: Soweit das KG-Recht keine besonderen Vorschriften enthält, finden auf die KG die **Vorschriften über die oHG** entsprechende Anwendung. Über §161 Abs. 2 HGB und §105 Abs. 3 HGB kann wiederum ergänzend das **GbR-Recht** Bedeutung erlangen. Für die Darstellung der KG bedeutet dies: Das allgemeine Recht der rechtsfähigen Personengesellschaft, das oHG-Innenverhältnis, die Vertretung der Gesellschaft durch persönlich haftende Gesellschafter und die Haftung der Komplementäre müssen nicht erneut vollständig dargestellt werden. Entscheidend sind vielmehr die Besonderheiten, die sich aus der Kommanditistenstellung ergeben.

Zentral ist bei dem Kommanditisten die Unterscheidung zwischen Pflichteinlage und Haftsumme. Die **Pflichteinlage** betrifft das Innenverhältnis. Sie bezeichnet die Leistung, zu der sich der Kommanditist gegenüber der Gesellschaft verpflichtet. Die **Haftsumme** betrifft demgegenüber das Außenverhältnis. Sie bezeichnet den Betrag, bis zu dem der Kommanditist den Gesellschaftsgläubigern nach §§ 171, 172 HGB haftet. Pflichteinlage und Haftsumme stimmen in der Praxis häufig überein, müssen es aber nicht. Das MoPeG hat diese Unterscheidung sprachlich stärker herausgearbeitet, insbesondere § 161 Abs. 1 HGB spricht nun ausdrücklich von der Haftsumme.

Die KG verbindet personengesellschaftsrechtliche Flexibilität mit der Möglichkeit beschränkter Beteiligung. In der **Praxis** eignet sie sich vor allem für Unternehmen, bei denen einzelne Personen die Geschäftsführung und persönliche Haftung übernehmen, während andere Gesellschafter Kapital bereitstellen, ohne unbeschränkt haften zu wollen. In der Praxis wird die klassische KG mit natürlicher Person als Komplementär allerdings häufig durch Sonderformen, insbesondere die GmbH & Co. KG, verdrängt.

Beispiele für KG:
- **familiengeführte Handelsunternehmen**, bei denen die Eltern oder ein Familienzweig die Komplementärstellung innehaben und Kinder oder sonstige Angehörige als Kommanditisten beteiligt werden
- **Projektgesellschaften, Immobiliengesellschaften, Produktions- und Handelsunternehmen** mit Kapitalgebern
- **Beteiligungsgesellschaften**

Die Strukturmerkmale der KG sind nicht frei disponibel. Eine Gesellschaft ohne persönlich haftenden Gesellschafter und ohne Kommanditisten ist keine KG. Ebenso können die Gesellschafter die gesetzliche Außenhaftung der Kommanditisten und Komplementäre nicht durch bloße gesellschaftsvertragliche Vereinbarung zulasten der Gesellschaftsgläubiger beseitigen. **Vertragsfreiheit** besteht vor allem im Innenverhältnis, nicht aber bei den gläubigerschützenden Grundentscheidungen des KG-Außenrechts.

Lernhinweis: Die vier – grundsätzlich kumulativ erforderlichen – Voraussetzungen für die Rechtsform einer KG (wirksamer Gesellschaftsvertrag iSd § 705 Abs. 1, 2 BGB, tauglicher Zweck iSd §§ 161 Abs. 2, 105 Abs. 1, 107 HGB, gemeinschaftliche Firma, unbeschränkte Haftung eines oder einiger Gesellschafter sowie beschränkte Haftung eines oder einiger Gesellschafter) sollten in Klausuren nur dann im Einzelnen geprüft werden, wenn an ihrem Vorliegen objektiv ernsthafte Zweifel bestehen oder sie von einem Beteiligten bestritten werden. In allen anderen Fällen sollten Sie die vier Voraussetzungen für das Vorliegen einer KG an der geeigneten Stelle (z.B. Parteifähigkeit bei prozessualem Aufhänger, Aktiv- oder Passivlegitimation bei rein materiell-rechtlichem Aufhänger) schlicht gemeinsam in einem Satz feststellen.

II. Entstehung und Registrierung

Die Entstehung der KG setzt zunächst einen wirksamen Gesellschaftsvertrag voraus. Inhaltlich müssen sich die Gesellschafter darin zur Förderung eines **gemeinsamen Zwecks** verbinden, wobei jeder Gesellschafter einen **Förderpflicht** trifft. Hinzutreten müssen die handelsrechtlichen Strukturmerkmale der KG: **gemeinschaftliche Firma**, mindestens ein **persönlich haftender Gesellschafter** und mindestens ein **Kommanditist** mit beschränkter Außenhaftung. Im Übrigen gelten für Gesellschaftsvertrag, Rechtsfähigkeit, fehlerhafte Gesellschaft und Scheingesellschaft die zur GbR und oHG dargestellten Grundsätze entsprechend (s.o. §15 II.).

Besteht Zweck der Gesellschaft in dem Betrieb eines Handelsgewerbes, **entsteht** die KG als Personenhandelsgesellschaft nach Maßgabe der für die oHG geltenden. Für das Verhältnis zu Dritten sind daher insbesondere die Regeln über den **Beginn der Außenrechtsordnung** entsprechend heranzuziehen Grundsätze (§161 Abs. 2 iVm §123 HGB, s.o. §15 IV. 1.). Bei Gesellschaften, die kein Handelsgewerbe betreiben, aber aufgrund Eintragung eine Personenhandelsgesellschaft sein können, kommt der Handelsregistereintragung konstitutive Bedeutung zu. Vor der Eintragung liegt dann regelmäßig noch keine KG, sondern eine rechtsfähige GbR vor.

KG-spezifisch ist §162 HGB. Die **Anmeldung** der KG muss außer den nach §106 Abs. 2 HGB erforderlichen Angaben die Bezeichnung der Kommanditisten und den Betrag der Haftsumme jedes Kommanditisten enthalten. Damit wird die Haftungsverfassung der KG registerrechtlich sichtbar gemacht. Die Anmeldung der Kommanditisten und ihrer Haftsumme ist keine bloße Förmlichkeit, sondern Grundlage des Vertrauens des Rechtsverkehrs in die Reichweite der Kommanditistenhaftung. Eintritt und Ausscheiden eines Kommanditisten sind ebenfalls zur Eintragung anzumelden (§162 Abs. 2 HGB). Erhöhungen und Herabsetzungen der Haftsumme sind nach §175 HGB von sämtlichen Gesellschaftern zur Eintragung in das Handelsregister anzumelden. Die Registerangaben sind **zwingende** Elemente der Außenrechtsordnung. Die Gesellschafter können nicht vereinbaren, dass ein Kommanditist zwar nach außen nur beschränkt haften soll, seine Haftsumme aber nicht oder anders als gesetzlich vorgesehen im Handelsregister erscheint. Ebenso wenig können sie die Publizitätswirkungen des Handelsregisters durch gesellschaftsvertragliche Nebenabreden zulasten Dritter ausschließen. Ist eine **rechtsfähige GbR Kommanditistin**, muss auch ihre eigene registerrechtliche Stellung beachtet werden. Da die GbR als Gesellschafterin in ein Register eingetragen werden soll, setzt dies regelmäßig ihre Eintragung im Gesellschaftsregister voraus. Dadurch wird vermieden, dass hinter einer GbR-Kommanditistin ein nicht verlautbarter Gesellschafterkreis steht.

Ergänzend ist §177a HGB zu beachten. Die Vorschrift verweist für bestimmte KG-Konstellationen auf die **Pflichtangaben auf Geschäftsbriefen** nach §125 HGB. Praktisch bedeutsam ist dies vor allem bei Gesellschaften, bei denen keine natürliche Person persönlich haftet, etwa bei der GmbH & Co. KG. Dann soll der Rechtsverkehr auf Geschäftsbriefen erkennen können, welche Haftungsstruktur hinter der Firma steht.

III. Innenverhältnis: Die Rechtsstellung des Kommanditisten

Für das Innenverhältnis ist zunächst zu unterscheiden: Die Rechtsstellung des **Komplementärs** entspricht über § 161 Abs. 2 HGB grundsätzlich derjenigen eines oHG-Gesellschafters (s.o. § 15 III.). Die folgenden Ausführungen beschränken sich daher auf die Rechtsstellung des **Kommanditisten**.

Nach § 163 HGB gelten für das Verhältnis der Gesellschafter untereinander in Ermangelung abweichender Bestimmungen des Gesellschaftsvertrags die besonderen Vorschriften der §§ 164 bis 169 HGB. Das Innenrecht der KG ist damit also im Ausgangspunkt **dispositiv**. Die Gesellschafter können die Stellung des Kommanditisten gesellschaftsvertraglich also erweitern oder beschränken. Grenzen ergeben sich aus §§ 134, 138 BGB, aus der gesellschaftsrechtlichen Treuepflicht nach §§ 241 Abs. 2, 242 BGB und aus einzelnen zwingenden Vorschriften, insbesondere § 166 Abs. 8 HGB.

1. Geschäftsführung und Mitwirkung an Willensbildung

Nach § 164 Hs. 1 HGB sind die Kommanditisten von der Geschäftsführungsbefugnis ausgeschlossen. Gesetzliches Leitbild ist also der nicht geschäftsführende, kapitalmäßig beteiligte Kommanditist. Die laufende Geschäftsführung liegt bei den Komplementären. Der Kommanditist soll nicht die **gewöhnlichen Geschäfte** führen und grundsätzlich auch kein **Widerspruchsrecht** gegen gewöhnliche Geschäftsführungsmaßnahmen haben.

Anders liegt es bei Geschäften, die über den gewöhnlichen Betrieb des Handelsgewerbes der Gesellschaft hinausgehen. Da § 116 Abs. 2 S. 1 HGB nach § 164 Hs. 2 HGB unberührt bleibt, bedürfen **außergewöhnliche Geschäftsführungsmaßnahmen** eines Gesellschafterbeschlusses, an dem auch die Kommanditisten mitzuwirken haben. Erst recht gilt dies für **Grundlagengeschäfte**, etwa Änderungen des Gesellschaftsvertrags, Änderungen der Beteiligungsverhältnisse, Aufnahme und Ausschluss von Gesellschaftern, Umwandlungsmaßnahmen oder die Auflösung der Gesellschaft.

Keine Mitwirkungsbefugnis folgt daraus allerdings für die Bestellung oder den Widerruf einer **Prokura**. Diese Fälle sind in § 116 Abs. 2 S. 2 und 3 HGB besonders geregelt. § 164 Hs. 2 HGB erklärt indes nur § 116 Abs. 2 S. 1 HGB für unberührt. Daher bleibt die Mitwirkung des Kommanditisten an der Prokura im gesetzlichen Leitbild ausgeschlossen.

§ 164 HGB ist im Innenverhältnis **dispositiv**. Der Gesellschaftsvertrag kann dem Kommanditisten Geschäftsführungsrechte einräumen, Zustimmungsvorbehalte begründen oder Ausschüsse vorsehen. Eine solche Erweiterung der Geschäftsführungsbefugnis macht den Kommanditisten aber nicht zum organschaftlichen Vertreter der KG. Die zwingende Grenze des § 170 Abs. 1 HGB bleibt bestehen: Der Kommanditist ist als solcher nicht zur Vertretung der Gesellschaft befugt (s.u. IV. 1).

2. Informationsrechte

Die Informationsrechte des Kommanditisten sind in § 166 HGB geregelt. Nach § 166 Abs. 1 S. 1 HGB kann der Kommanditist von der Gesellschaft eine **Abschrift** des Jahresabschlusses verlangen und zu dessen Überprüfung **Einsicht** in die zugehörigen Geschäftsunterlagen nehmen. Dieses Recht entspricht seiner Stellung als Kapitalgeber: Er soll insbesondere prüfen können, ob Ergebnis, Kapitalanteil und Gewinnauszahlung zutreffend ermittelt wurden.

Seit dem MoPeG enthält § 166 Abs. 1 S. 2 HGB zusätzlich ein allgemeineres Auskunftsrecht. Der Kommanditist kann von der Gesellschaft **Auskunft** über Gesellschaftsangelegenheiten verlangen, soweit dies zur Wahrnehmung seiner Mitgliedschaftsrechte erforderlich ist. Das Gesetz nennt als Beispiel den Fall, dass Grund zu der Annahme unredlicher Geschäftsführung besteht. Das Auskunftsrecht des Kommanditisten ist damit weiter als das frühere, eng auf Jahresabschluss und Bücher bezogene Kontrollrecht, bleibt aber enger als das Informationsrecht eines voll haftenden und grundsätzlich geschäftsführungsnahen Komplementärs aus § 161 Abs. 2 iVm § 105 Abs. 3 HGB iVm § 717 BGB. Maßstab ist die **Erforderlichkeit** zur Wahrnehmung der Mitgliedschaftsrechte. Der Kommanditist kann also nicht schrankenlos jede Information verlangen. Er muss ein anerkennenswertes mitgliedschaftliches Informationsinteresse haben. Je stärker er durch eine Maßnahme betroffen ist, je gewichtiger sein Beteiligungs- oder Haftungsrisiko ist und je konkreter Anhaltspunkte für Pflichtwidrigkeiten bestehen, desto eher besteht ein Auskunftsanspruch.

§ 166 HGB ist **nicht vollständig dispositiv**. Nach § 166 Abs. 2 HGB ist eine Vereinbarung im Gesellschaftsvertrag unwirksam, welche die Informationsrechte ausschließt oder der Vorschrift zuwider beschränkt. Organisatorische Konkretisierungen, etwa Fristen, Vertraulichkeitsregelungen oder geordnete Einsichtsverfahren, bleiben möglich. Sie dürfen den Kern des Informationsrechts aber nicht entleeren.

3. Gewinn- und Verlustbeteiligung

Für Ergebnisermittlung, Jahresabschluss und Gewinnverteilung gelten im Ausgangspunkt über § 161 Abs. 2 HGB die **Regeln der oHG**. Das frühere besondere Gewinnverteilungsrecht der KG ist durch das MoPeG weitgehend entfallen. § 168 HGB a.F. ist aufgehoben. Maßgeblich sind daher grundsätzlich die gesellschaftsvertraglichen Beteiligungsverhältnisse und ergänzend die allgemeinen Regeln des Personengesellschaftsrechts.

KG-spezifisch ist § 167 HGB. Danach sind §§ 136 und 149 HGB auf den Kommanditisten nicht anzuwenden, soweit er die vereinbarte Einlage geleistet hat. Die Vorschrift schützt die Haftungsbeschränkung des Kommanditisten im Innenverhältnis. Hat der Kommanditist seine Pflichteinlage erbracht, muss er bei **Ausscheiden** oder **Liquidation** wegen eines Fehlbetrags grundsätzlich keine weiteren Nachschüsse leisten. Es entsteht also keinerlei Nachschusspflicht iSd § 710 S. 1 BGB. Der Kommanditist riskiert im gesetzlichen Leitbild seine vereinbarte Einlage, nicht aber eine darüberhinausgehende interne Verlustausgleichspflicht. § 167 HGB bedeutet allerdings nicht, dass ein Kapitalkonto des Kommanditisten niemals negativ werden könnte. Ein **negatives Kapitalkonto** führt für sich genommen nicht zu einer Nachschusspflicht, sondern kann insbesondere mit künftigen Gewinnanteilen verrechnet werden. Eine weitergehende Nachschusspflicht kann nur auf besonderer Grundlage bestehen, vor allem aufgrund einer klaren gesellschaftsvertraglichen Vereinbarung oder einer wirksamen späteren Zustimmung des betroffenen Kommanditisten.

Die **Gewinnauszahlung** regelt § 169 HGB. Nach § 169 Abs. 1 HGB kann der Kommanditist die Auszahlung des Gewinns nicht fordern, soweit sein Kapitalanteil durch den ihm zugewiesenen Verlust unter den auf die vereinbarte Einlage geleisteten Betrag herabgemindert ist oder durch die Auszahlung hierunter herabgemindert würde. Die Vorschrift dient einer dispositiven Kapitalbindung im Innenverhältnis. Sie verhindert, dass Gewinne ausgeschüttet werden, obwohl frühere Verluste den Kapitalanteil unter den geleisteten Einlagebetrag gedrückt haben. Nach § 169 Abs. 2 HGB ist der Kommanditist allerdings nicht verpflichtet, einen bezogenen Gewinn wegen späterer Verluste zurückzuzahlen.

Auch § 169 HGB steht als **dispositive Norm** im Ausgangspunkt unter dem Vorbehalt abweichender gesellschaftsvertraglicher Regelung. Zwingend zu beachten, bleibt jedoch die Außenhaftung nach §§ 171, 172 HGB. Eine im Innenverhältnis zulässige Auszahlung kann im Außenverhältnis haftungsschädlich sein, wenn sie nach § 172 Abs. 4 HGB dazu führt, dass die Einlage den Gläubigern gegenüber als nicht geleistet gilt (s.u. IV. 3. bb)).

4. Wettbewerbsverbot

Nach § 165 HGB finden die §§ 117 und 118 HGB über das gesetzliche Wettbewerbsverbot auf Kommanditisten **keine Anwendung**. Der Kommanditist unterliegt also im gesetzlichen Leitbild keinem besonderen handelsrechtlichen Wettbewerbsverbot. Dies erklärt sich aus seiner typischen Stellung: Er ist von der Geschäftsführung ausgeschlossen, vertritt die Gesellschaft nicht organschaftlich und hat geringere Informationsrechte als ein Komplementär.

§ 165 HGB schließt aber nicht aus, dass der **Gesellschaftsvertrag** ein Wettbewerbsverbot für Kommanditisten vorsieht. Eine solche Vereinbarung kann insbesondere bei unternehmerisch mitwirkenden, beherrschenden oder besonders informationsnahen Kommanditisten sachgerecht sein. Sie muss sich jedoch an den allgemeinen Grenzen der Vertragsfreiheit messen lassen, insbesondere an §§ 134, 138 BGB.

Unabhängig von einem gesetzlichen Wettbewerbsverbot unterliegt auch der Kommanditist der gesellschaftsrechtlichen **Treuepflicht** aus §§ 241 Abs. 2, 242 BGB. Er darf die KG nicht gezielt schädigen und keine **Geschäftschancen** an sich ziehen, die der Gesellschaft aufgrund konkreter Umstände bereits zugeordnet sind (s.o. § 15 III. 3). In atypischen Konstellationen, etwa bei einem beherrschenden Kommanditisten oder bei einem Kommanditisten mit umfassenden Informations- und Einflussrechten, kann die Treuepflicht einem Wettbewerbsverbot praktisch nahekommen.

IV. Außenverhältnis: Die Rechtsstellung des Kommanditisten

Im Außenverhältnis entspricht die Rechtsstellung der **Komplementäre** wegen § 161 Abs. 2 HGB grundsätzlich derjenigen der oHG-Gesellschafter (s.o. § 15 IV.). Sie vertreten die Gesellschaft nach den für die oHG geltenden Regeln und haften für Gesellschaftsverbindlichkeiten persönlich, unbeschränkt, unmittelbar und akzessorisch. Die Besonderheiten des KG-Außenverhältnisses betreffen vor allem den **Kommanditisten**.

Die Vorschriften über das Außenverhältnis sind im Unterschied zu den Regeln des Innenverhältnisses grundsätzlich **zwingend**, soweit sie dem Schutz Dritter, insb. der Gesellschaftsgläubiger, dienen. Der Gesellschaftsvertrag kann also die Haftung oder Vertretungsordnung nicht mit Wirkung zulasten der Gesellschaftsgläubiger abweichend gestalten. Zulässig bleiben nur Vereinbarungen, die das Gesetz selbst zulässt oder die lediglich im Innenverhältnis wirken.

1. Rechtsgeschäftliches Handeln der Gesellschaft

Die KG handelt rechtsgeschäftlich durch Vertreter. Für die **organschaftliche Vertretung** gelten über § 161 Abs. 2 HGB grundsätzlich die Regeln der oHG. Träger der organschaftlichen Vertretungsmacht sind die **Komplementäre**. Sie vertreten die KG nach Maßgabe von § 124 HGB, soweit das KG-Recht nichts Abweichendes bestimmt.

Für den **Kommanditisten** enthält § 170 Abs. 1 HGB die zentrale Sonderregel: Der Kommanditist ist als solcher nicht befugt, die Gesellschaft zu vertreten. Diese Vorschrift ist **zwingend**. Sie schützt die unbeschränkt haftenden Komplementäre davor, dass ein nur beschränkt haftender Kommanditist durch unbeschränkbare organschaftliche Vertretungsmacht Gesellschaftsverbindlichkeiten begründet, für welche die Komplementäre persönlich einzustehen hätten. § 170 Abs. 1 HGB schließt nur die organschaftliche Vertretung aus. Der Kommanditist kann der KG rechtsgeschäftlich als Bevollmächtigter iSd § 167 BGB dienen. Ihm kann insbesondere Handlungsvollmacht (§ 54 HGB) oder Prokura (§ 48 HGB) erteilt werden. Eine solche Vollmacht ist jedoch keine organschaftliche Vertretungsmacht. Sie beruht auf Rechtsgeschäft, ist grundsätzlich widerruflich (§ 168 BGB) und verdrängt nicht die organschaftliche Vertretung durch die Komplementäre.

Eine besondere Regel enthält § 170 Abs. 2 HGB für die **Einheits-Kapitalgesellschaft & Co. KG**. Begrifflich ist zunächst zu unterscheiden: Bei der Kapitalgesellschaft & Co. KG ist der persönlich haftende Gesellschafter eine Kapitalgesellschaft, typischerweise eine GmbH. Bei der GmbH & Co. KG ist also die GmbH – typischerweise einzige – Komplementärin der KG, was nach § 19 Abs. 2 HGB durch entsprechenden Firmenzusatz offengelegt werden muss. Eine Einheits-Kapitalgesellschaft & Co. KG liegt demgegenüber nur vor, wenn die KG zugleich sämtliche Anteile an ihrer eigenen Komplementär-Kapitalgesellschaft hält. Bei der Einheits-GmbH & Co. KG ist also die GmbH Komplementärin der KG, während die KG Alleingesellschafterin dieser GmbH ist. Damit sind bei einer wirtschaftlichen Betrachtungsweise die eigentlichen Gesellschafter nur noch die an der Kommanditgesellschaft beteiligten Kommanditisten. Diese Einheitsstruktur führt zu **Ver-**

tretungs- und Interessenkonflikten. An sich würden die Rechte der KG in der Gesellschafterversammlung der Komplementär-GmbH durch die Komplementär-GmbH selbst, vertreten durch ihre Geschäftsführer, wahrgenommen, da es gem. § 161 Abs. 2 HGB iVm § 124 HGB ja gerade der Komplementär ist, der die KG nach außen vertritt. Soll aber etwa ein Geschäftsführer der Komplementär-GmbH abberufen werden, müsste dieser mittelbar über seine eigene Abberufung mitwirken. Zugleich können die Kommanditisten wegen § 170 Abs. 1 HGB nicht einfach die allgemeine organschaftliche Vertretung der KG übernehmen. § 170 Abs. 2 HGB löst dieses Problem durch eine besondere, **dispositive Auffangregel**. Ist der einzige persönlich haftende Gesellschafter der KG eine Kapitalgesellschaft, an der die KG sämtliche Anteile hält, werden vorbehaltlich abweichender Vereinbarung die Rechte in der Gesellschafterversammlung dieser Kapitalgesellschaft -abweichend von § 170 HGB – von den Kommanditisten wahrgenommen. Das ist eine organschaftliche Sonderlösung für die Ausübung der Gesellschafterrechte in der Komplementär-Kapitalgesellschaft, nicht aber eine allgemeine Vertretungsmacht der Kommanditisten für die KG. Von dieser organschaftlichen Lösung ist die **rechtsgeschäftliche Vollmachtlösung** zu unterscheiden. Bei ihr verbleibt die Wahrnehmung der Gesellschafterrechte formal bei der KG. Die KG bevollmächtigt jedoch Kommanditisten, bestimmte Rechte in der Gesellschafterversammlung der Komplementär-GmbH auszuüben. § 170 Abs. 2 HGB entscheidet sich als gesetzliches Leitbild für die organschaftliche Lösung, lässt aber abweichende Vereinbarungen zu. Insoweit ist § 170 Abs. 2 HGB **dispositiv**, während § 170 Abs. 1 HGB als Ausschluss allgemeiner organschaftlicher Vertretung des Kommanditisten **zwingend** bleibt.

2. Nicht rechtsgeschäftliches Handeln der Gesellschaft

Für das nicht rechtsgeschäftliche Handeln der KG gelten grundsätzlich dieselben Grundsätze wie für die oHG. Die KG ist rechtsfähig und kann daher auch Trägerin gesetzlicher Rechte und Pflichten sein. Deliktisches Verhalten wird ihr nach allgemeinen verbandsrechtlichen Grundsätzen, insbesondere entsprechend § 31 BGB, zugerechnet, wenn eine für die Gesellschaft leitend handelnde Person in Ausführung der ihr übertragenen Aufgaben eine schadensbegründende Handlung begeht.

Typischer Zurechnungsträger ist der Komplementär oder ein organschaftlicher Vertreter der Komplementär-Kapitalgesellschaft. Auch leitende Angestellte, Prokuristen oder sonstige Personen mit eigenverantwortlichem Aufgabenbereich können unter den Voraussetzungen des § 31 BGB analog als Repräsentanten der KG anzusehen sein. Der Kommanditist ist dagegen nicht schon aufgrund seiner Gesellschafterstellung Repräsentant der KG. § 170 Abs. 1 HGB spricht gerade dagegen, ihn als solchen organschaftlich für die Gesellschaft handeln zu lassen.

Anders kann es in atypischen Fällen liegen. Wird einem Kommanditisten gesellschaftsvertraglich oder tatsächlich eine leitende, eigenverantwortliche Stellung in der Unternehmensorganisation übertragen, kann sein Verhalten der KG nach § 31 BGB analog zugerechnet werden. Das ändert aber nichts daran, dass er nicht organschaftlicher Vertreter im Sinne des § 170 Abs. 1 HGB ist. Die Zurechnung nicht rechtsgeschäftlichen Handelns und die rechtsgeschäftliche Vertretungsmacht sind dogmatisch zu trennen.

Die Zurechnungsregeln können gegenüber geschädigten Dritten nicht durch Gesellschaftsvertrag ausgeschlossen werden. Interne Zuständigkeitsbeschränkungen können allenfalls Regress- oder Schadensersatzansprüche im Innenverhältnis begründen.

3. Haftung der Gesellschafter

Bei der (abgeleiteten) Haftung der Gesellschafter für Verbindlichkeiten der Gesellschaft gegenüber den Gesellschaftsgläubigern ist es zwingend erforderlich, nach der Art des in Anspruch genommenen Gesellschafters zu differenzieren.

a) Haftung der Komplementäre

Die Komplementäre haften für Verbindlichkeiten der KG **wie oHG-Gesellschafter**. Über § 161 Abs. 2 HGB gelten insbesondere §§ 126 bis 129 HGB entsprechend. Die Haftung ist persönlich, unbeschränkt, unmittelbar, akzessorisch und gesamtschuldnerisch. Der Gesellschaftsgläubiger kann daher die KG, einzelne Komplementäre oder mehrere Gesellschafter zugleich in Anspruch nehmen.

Eine gesellschaftsvertragliche Beschränkung dieser Haftung ist Dritten gegenüber nach § 161 Abs. 2 iVm § 126 S. 2 HGB unwirksam. Möglich bleibt nur eine individualvertragliche Haftungsbeschränkung mit dem jeweiligen Gläubiger. Die persönliche Haftung der Komplementäre ist damit **zwingender** Bestandteil der KG als Personenhandelsgesellschaft.

b) Haftung des Kommanditisten

Bezüglich der Außenhaftung des Kommanditisten ist danach zu differenzieren, ob die Gesellschaftsverbindlichkeit, wegen welcher der Kommanditist von dem Gesellschaftsgläubiger in Anspruch genommen wird, vor oder nach seiner Eintragung in das Handelsregister begründet worden, d.h. entstanden ist. Denn gem. § 172 Abs. 1 HGB kommt es erst nach der Eintragung in das Handelsregister zu einem konstitutiven Wechsel des Haftungsregimes: Vor der Eintragung trifft den Kommanditisten (gleich einem Komplementär) gem. § 176 Abs. 1 HGB eine unbegrenzte Haftung. Nach der Eintragung trifft ihn (nur noch) eine begrenzte Haftung nach Maßgabe der §§ 171, 172 HGB. Für eine „Eintragung" iSd § 172 Abs. 1 HGB genügt indes nicht die Eintragung der KG in das Handelsregister. Vielmehr muss in das Handelsregister gerade der Gesellschafter eingetragen sein, der als Kommanditist fungieren soll. Dieser Eintragung gleich steht der Fall, dass zwar lediglich die Gesellschaft als KG in das Handelsregister eingetragen ist, der betreffende Gesellschaftsgläubiger aber positive Kenntnis von der Kommanditistenstellung des in Anspruch genommenen Gesellschafters erlangt hat (vgl. § 176 Abs. 1 a.E. HGB). Denn (erst) mit der **Eintragung oder Kenntniserlangung** steht für den betreffenden Gesellschaftsgläubiger fest, dass er bei dem in Anspruch genommenen Gesellschafter nicht (mehr) auf unbeschränkte persönliche Haftung vertrauen darf.

aa) Kommanditistenhaftung vor Eintragung oder Kenntniserlangung

Durch seine Regelungen über die Haftung vor Eintragung bzw. Kenntniserlangung schützt § 176 HGB den **Rechtsverkehr** in der Gründungs- und Eintrittsphase. Hat eine Gesellschaft, deren Zweck auf den Betrieb eines Handelsgewerbes unter gemeinschaftlicher Firma gerichtet ist, am Rechtsverkehr teilgenommen, bevor sie in das Handelsregister eingetragen ist, haftet jeder Kommanditist, der der Teilnahme am Rechtsverkehr zugestimmt hat, für die bis zur Eintragung begründeten Verbindlichkeiten gleich einem persönlich haftenden Gesellschafter, es sei denn, seine Beteiligung als Kommanditist war dem Gläubiger bekannt.

§ 176 Abs. 1 HGB betrifft die noch nicht eingetragene Handelsgewerbe-KG. Der Kommanditist haftet in dieser Phase unbeschränkt wie ein Komplementär, wenn drei **Voraussetzungen** zusammentreffen: Die Gesellschaft nimmt vor Eintragung am Rechtsverkehr teil, der Kommanditist hat dieser Teilnahme zugestimmt und der Gläubiger kennt seine Kommanditistenstellung nicht. Die Haftung erstreckt sich auf die bis zur Eintragung begründeten Verbindlichkeiten. Die Vorschrift beruht auf Vertrauensschutz. Solange die Kommanditistenstellung nicht aus dem Handelsregister ersichtlich ist und dem Gläubiger auch nicht bekannt war, soll der Gläubiger nicht das Risiko tragen, dass ein nach außen auftretender Gesellschafter nur beschränkt haften will. Kennt der Gläubiger die Kommanditistenstellung, entfällt dieser Schutz. Dann kann er nicht auf unbeschränkte persönliche Haftung vertrauen.

§ 176 Abs. 2 HGB regelt den **Eintritt** eines weiteren Gesellschafters als Kommanditist in eine bestehende Handelsgesellschaft. Für die in der Zeit zwischen seinem Eintritt und dessen Eintragung in das Handelsregister begründeten Verbindlichkeiten gilt § 176 Abs. 1 entsprechend. Auch der eintretende Kommanditist muss daher darauf achten, dass sein Eintritt rechtzeitig eingetragen wird oder seine Kommanditistenstellung den Gläubigern bekannt ist.

Die Haftung nach § 176 HGB ist **zwingend**. Der Kommanditist kann sich ihr nicht durch interne Vereinbarung mit den übrigen Gesellschaftern entziehen. Praktisch kann er sich nur dadurch schützen, dass die Gesellschaft vor Eintragung keine Geschäfte aufnimmt, dass er dem Geschäftsbeginn widerspricht, dass seine Kommanditistenstellung dem Gläubiger offengelegt wird oder dass sein Beitritt iSd § 158 Abs. 1 BGB aufschiebend durch seine Eintragung im Handelsregister bedingt wird.

bb) Kommanditistenhaftung nach Eintragung oder Kenntniserlangung

Nach Eintragung oder Kenntniserlangung durch den betreffenden Gläubiger richtet sich die Haftung des Kommanditisten im Außenverhältnis nach §§ 171, 172 HGB. Nach § 171 Abs. 1 HGB haftet der Kommanditist den Gläubigern der Gesellschaft bis zur Höhe seiner **Haftsumme** unmittelbar. Die Haftung ist ausgeschlossen, soweit die vereinbarte **Einlage** geleistet ist.

Diese **Haftung** ist persönlich, unmittelbar, akzessorisch und grundsätzlich gesamtschuldnerisch, aber betragsmäßig beschränkt ausgestaltet. **Persönlich** bedeutet, dass der Kommanditist mit seinem Privatvermögen haftet. **Betragsmäßig beschränkt** bedeutet, dass seine Haftung auf die Haftsumme begrenzt ist. Gegenständlich ist die Haftung dagegen nicht beschränkt. Dem Zugriff des jeweiligen

Gläubigers stehen grundsätzliche sämtliche Vermögensgegenstände im Privatvermögen des Kommanditisten offen.

Dem Begriff der **Einlage** ist im Bereich der §§ 171, 172 HGB besondere Aufmerksamkeit zu widmen. Leistet der Kommanditist die vereinbarte Einlage wertdeckend an die Gesellschaft, entfällt seine Außenhaftung, soweit die Leistung reicht. Bleibt die Leistung aus, ist sie nur teilweise erbracht oder wird sie später gem. § 172 Abs. 4 HGB zurückgewährt, lebt die Außenhaftung im entsprechenden Umfang fort oder wieder auf. Gläubigerschützend wirkt auch § 172 Abs. 3 HGB. Eine Vereinbarung der Gesellschafter, durch die einem Kommanditisten die Einlage **erlassen** oder **gestundet** wird, ist den Gläubigern gegenüber unwirksam. Die Gesellschafter können also im Innenverhältnis zwar Abreden treffen. Sie dürfen dadurch aber nicht die Außenhaftung zulasten der Gesellschaftsgläubiger beseitigen.

Nach § 172 Abs. 1 HGB wird im Verhältnis zu den Gesellschaftsgläubigern die **Haftsumme** durch den im Handelsregister eingetragenen Betrag bestimmt. Das Handelsregister legt also fest, welchen Haftungshöchstbetrag der Rechtsverkehr zugrunde legen darf. Auf eine nicht eingetragene Erhöhung der Haftsumme können sich Gläubiger nach § 172 Abs. 2 HGB nur berufen, wenn die Erhöhung in handelsüblicher Weise kundgemacht oder ihnen sonst mitgeteilt worden ist.

Besonders wichtig ist § 172 Abs. 4 HGB. Soweit die Einlage eines Kommanditisten **zurückbezahlt** wird, gilt sie den Gläubigern gegenüber als nicht geleistet. Dasselbe gilt, soweit ein Kommanditist Gewinnanteile entnimmt, während sein Kapitalanteil durch Verlust unter den Betrag der Haftsumme herabgemindert ist, oder soweit der Kapitalanteil durch die Entnahme unter diesen Betrag herabgemindert wird. Die Vorschrift lässt die Außenhaftung des Kommanditisten also wieder aufleben. Sie ist zwingendes Gläubigerschutzrecht.

§ 172 Abs. 5 HGB enthält eine Sonderregel für Gesellschaften, bei denen – in letzter Konsequenz – kein persönlich haftender Gesellschafter eine **natürliche Person** ist. Gegenüber den Gläubigern gilt die Einlage eines Kommanditisten als nicht geleistet, soweit sie in Anteilen an den persönlich haftenden Gesellschaftern bewirkt ist. Die Vorschrift verhindert eine bloße Kreisfinanzierung, bei der der Kommanditist seine Einlage durch Anteile an der Komplementär-Kapitalgesellschaft erbringt, ohne dass der KG selbst werthaltiges Haftungsvermögen zugeführt wird.

Ist über das Vermögen der KG das **Insolvenzverfahren** eröffnet, wird das Recht der Gesellschaftsgläubiger aus § 171 Abs. 1 HGB nach § 171 Abs. 2 HGB während des Verfahrens durch den Insolvenzverwalter oder Sachwalter ausgeübt. Dadurch wird eine gleichmäßige Gläubigerbefriedigung gesichert. Einzelne Gläubiger sollen die Kommanditistenhaftung in der Insolvenz nicht isoliert zu ihren Gunsten realisieren.

cc) Kommanditistenhaftung bei Eintritt, Ausscheiden und Veränderungen der Haftsumme

Tritt jemand als Kommanditist in eine bestehende Handelsgesellschaft ein, haftet er nach § 173 Abs. 1 HGB nach Maßgabe der §§ 171, 172 HGB auch für die vor seinem **Eintritt** begründeten Verbindlichkeiten der Gesellschaft. Dies gilt unabhängig davon, ob die Firma geändert wird. Eine entgegenstehende Vereinbarung ist

Dritten gegenüber unwirksam (§ 173 Abs. 2 HGB). Die Eintrittshaftung des Kommanditisten ist daher **zwingendes** Außenrecht, allerdings nur im Rahmen seiner Kommanditistenhaftung.

Zu unterscheiden ist § 173 HGB von § 176 Abs. 2 HGB. § 173 HGB betrifft die beschränkte Haftung des eingetragenen Kommanditisten für Altverbindlichkeiten. § 176 Abs. 2 HGB betrifft demgegenüber die **Phase zwischen Eintritt und Eintragung**. Für in dieser Zwischenzeit begründete Verbindlichkeiten haftet der eintretende Kommanditist wie ein persönlich haftender Gesellschafter, wenn die Voraussetzungen des § 176 HGB erfüllt sind (s.o.).

Beim **Ausscheiden** eines Kommanditisten gelten für die innergesellschaftlichen Rechtsfolgen grundsätzlich die Regeln über das Ausscheiden aus der oHG über § 161 Abs. 2 HGB entsprechend (s.o. § 15 V. 3.). Im Außenverhältnis haftet der ausgeschiedene Kommanditist für Altverbindlichkeiten nach Maßgabe seiner Kommanditistenhaftung fort. Für nach seinem Ausscheiden begründete Verbindlichkeiten haftet er grundsätzlich nicht mehr. Die Nachhaftung richtet sich über § 161 Abs. 2 HGB nach den allgemeinen Regeln des oHG-Rechts, bleibt aber inhaltlich durch §§ 171, 172 HGB begrenzt. Besondere Aufmerksamkeit erfordert die Auszahlung eines Abfindungsguthabens oder sonstige Rückgewähr von Vermögen an den ausscheidenden Kommanditisten. Soweit dadurch Einlagekapital zurückbezahlt wird, kann § 172 Abs. 4 HGB eingreifen. Dann gilt die Einlage den Gläubigern gegenüber als nicht geleistet, und die Außenhaftung kann im Umfang der Rückzahlung wieder aufleben.

Die **Herabsetzung der Haftsumme** regelt § 174 HGB. Eine Herabsetzung ist Gläubigern gegenüber unwirksam, solange sie nicht im Handelsregister eingetragen ist. Gläubiger, deren Forderungen bereits zur Zeit der Eintragung begründet waren, brauchen die Herabsetzung nicht gegen sich gelten zu lassen. Für Altgläubiger bleibt also grundsätzlich die frühere höhere Haftsumme maßgeblich. Die Rechtsprechung begrenzt diese Forthaftung für den Herabsetzungsbetrag allerdings entsprechend den Grundsätzen der Nachhaftung zeitlich.

Nach § 175 HGB sind Erhöhungen und Herabsetzungen der Haftsumme durch sämtliche Gesellschafter zur Eintragung in das Handelsregister **anzumelden**. Auch diese Vorschrift ist register- und gläubigerschützend. Interne Abreden über die Haftsumme genügen nicht, um die Außenhaftung gegenüber Dritten zu verändern.

V. Veränderungen im Gesellschafterbestand

Veränderungen im Gesellschafterbestand können bei der KG durch Eintritt, Anteilsübertragung, Ausscheiden oder Tod eines Gesellschafters eintreten. Im Grundsatz gelten über § 161 Abs. 2 HGB die **Regeln der oHG** entsprechend. Die Identität der KG bleibt durch Veränderungen im Mitgliederbestand grundsätzlich unberührt. Die Gesellschaft bleibt dieselbe Rechtsträgerin. Es ändert sich nur der Kreis der Gesellschafter.

Beim **Eintritt eines Komplementärs** gelten gem. § 161 Abs. 2 HGB die Regeln über den Eintritt in eine oHG. Der eintretende Komplementär haftet nach Maßgabe der

§§ 126 ff. HGB auch für Altverbindlichkeiten. Beim **Eintritt eines Kommanditisten** gelten demgegenüber §§ 173, 176 HGB. Nach Eintragung haftet der Kommanditist für Altverbindlichkeiten nur im Rahmen der §§ 171, 172 HGB. Vor Eintragung kann ihn unter den Voraussetzungen des § 176 HGB eine unbeschränkte Haftung treffen.

Die Übertragung eines Kommanditanteils richtet sich mangels besonderer abschließender Regelung grundsätzlich über § 161 Abs. 2 HGB nach den allgemeinen Regeln über die Übertragung von Gesellschaftsanteilen iSd §§ 105 Abs. 3 HGB, 711 BGB. Wegen der personalen Struktur der Personengesellschaft bedarf sie regelmäßig der Zustimmung der übrigen Gesellschafter, soweit der Gesellschaftsvertrag nichts anderes vorsieht. In der Praxis enthalten KG-Verträge häufig ausführliche Regelungen über Abtretung, Vorkaufsrechte, Zustimmungserfordernisse und Nachfolge.

Das **Ausscheiden eines Komplementärs** richtet sich über § 161 Abs. 2 HGB grundsätzlich nach den oHG-Vorschriften der §§ 130 ff. HGB. Er haftet für Altverbindlichkeiten nach Maßgabe der Nachhaftung fort. Scheidet der einzige Komplementär aus, kann die KG nicht ohne persönlich haftenden Gesellschafter fortbestehen. Es bedarf dann einer gesellschaftsvertraglichen oder strukturellen Lösung, etwa des Eintritts eines neuen Komplementärs.

Für den **Tod eines Kommanditisten** enthält § 177 HGB eine wichtige Sonderregel. Beim Tod eines Kommanditisten wird die Gesellschaft mangels abweichender vertraglicher Bestimmung mit den Erben fortgesetzt. Anders als beim Tod eines persönlich haftenden Gesellschafters bedarf es also keiner besonderen Nachfolgeklausel, damit der Anteil übergeht. Dies entspricht der stärker kapitalmäßigen Prägung der Kommanditistenstellung. Sind mehrere Erben vorhanden, geht die Mitgliedschaft nicht auf eine ungeteilte Erbengemeinschaft als solche über (§ 2032 BGB), sondern entsprechend den allgemeinen Grundsätzen anteilig auf die einzelnen Erben nach ihren Erbquoten. Der Gesellschaftsvertrag kann hiervon abweichende Nachfolgeregelungen treffen, etwa Eintrittsrechte, Abfindungsregelungen, qualifizierte Nachfolgeklauseln oder Einschränkungen des Kreises nachfolgeberechtigter Personen. § 177 HGB ist insoweit **dispositiv**.

Die Veränderungen im Gesellschafterbestand sind **registerrechtlich** nachzuvollziehen. Eintritt und Ausscheiden von Kommanditisten sind nach § 162 Abs. 2 HGB anzumelden. Änderungen der Haftsumme sind nach § 175 HGB einzutragen. Das Register dient hier nicht nur der Dokumentation des Gesellschafterbestands, sondern vor allem dem Schutz des Rechtsverkehrs im Hinblick auf die Haftungsverfassung der KG.

VI. Beendigung

Für Auflösung, Liquidation und Vollbeendigung der KG gelten grundsätzlich über § 161 Abs. 2 HGB die **Vorschriften über die oHG** (§§ 138 ff. HGB) entsprechend. Die Beendigung vollzieht sich daher auch bei der KG regelmäßig in **drei Stufen**: Auflösung, Liquidation und Vollbeendigung. Die Auflösung beendet die KG noch nicht als Rechtsträgerin, sondern ersetzt den werbenden Gesellschaftszweck durch den Abwicklungszweck. Erst nach vollständiger Abwicklung kommt es zur Vollbeendigung.

Die **Auflösungsgründe** richten sich über §161 Abs.2 HGB nach §§138ff. HGB. Die KG kann insbesondere durch Zeitablauf, Eröffnung des Insolvenzverfahrens über ihr Vermögen, gerichtliche Entscheidung, Auflösungsbeschluss oder weitere gesellschaftsvertraglich vereinbarte Gründe aufgelöst werden. Auch die Fortsetzung einer aufgelösten, aber noch nicht vollbeendeten KG richtet sich grundsätzlich nach oHG-Recht.

KG-spezifisch ist §178 HGB. Danach findet §144 Abs.1 HGB auf Kommanditisten keine Anwendung. Gesetzliche **Liquidatoren** sind daher nicht alle Gesellschafter, sondern grundsätzlich nur die Komplementäre. Das entspricht der gesetzlichen Rollenverteilung: Die Komplementäre führen und vertreten die werbende KG; sie sollen im gesetzlichen Leitbild auch die Liquidation durchführen. §178 HGB schließt aber nicht aus, dass Kommanditisten durch Gesellschaftsvertrag oder Gesellschafterbeschluss zu Liquidatoren bestellt werden. Die Vorschrift betrifft nur die gesetzliche Liquidatorenstellung. Gerade in Publikumsgesellschaften oder bei wirtschaftlich besonders beteiligten Kommanditisten kann es sachgerecht sein, Kommanditisten oder Dritte in die Liquidation einzubeziehen. Gegenüber Dritten sind die gesetzlichen und registerrechtlichen Vorgaben zur Liquidatorenstellung zu beachten. Auch in der Liquidation bleibt die **Haftungsstruktur** der KG bedeutsam. Die Komplementäre haften weiterhin nach den allgemeinen Regeln persönlich. Kommanditisten haften im Außenverhältnis nach §§171, 172 HGB. Im Innenverhältnis schützt §167 HGB den Kommanditisten, soweit er seine vereinbarte Einlage geleistet hat, vor einer Fehlbetragshaftung nach §149 HGB. Damit unterscheidet sich seine Stellung auch in der Liquidation wesentlich von derjenigen eines Komplementärs.

Eine weitere Sonderregel enthält §179 HGB für die **Insolvenz der KG**. Grundsätzlich scheidet ein Gesellschafter nach §130 Abs.1 Nr.3 HGB aus, sobald über sein Vermögen das Insolvenzverfahren eröffnet wird. Diese Regel gilt jedoch nicht, wenn der insolvente Gesellschafter der einzige persönlich haftende Gesellschafter der KG ist und zusätzlich eine der beiden folgenden Voraussetzungen erfüllt ist: Entweder ist bereits das Insolvenzverfahren über das Vermögen der KG eröffnet, oder die Voraussetzungen dafür liegen vor und ein entsprechender Antrag wurde gestellt. Wird der Antrag mangels Masse rechtskräftig abgewiesen, treten die Wirkungen des §130 Abs.1 Nr.3 HGB mit Rechtskraft der Abweisungsentscheidung ein. §179 HGB verhindert damit, dass die KG in einer insolvenzrechtlich besonders sensiblen Lage durch das automatische Ausscheiden ihres einzigen Komplementärs strukturlos wird. Die Vorschrift ist insolvenz- und gläubigerschützend und steht nicht zur freien Disposition der Gesellschafter.

Im Übrigen gelten für Liquidation, Anmeldung des Erlöschens, Nachtragsliquidation und Sonderverjährung die zur oHG dargestellten Grundsätze (s.o. §15 VI.). Nach **Abschluss der Liquidation** ist das Erlöschen der Firma zur Eintragung in das Handelsregister anzumelden. Stellt sich später noch Vermögen oder weiterer Abwicklungsbedarf heraus, besteht die Gesellschaft für Zwecke der Nachtragsliquidation fort.

VII. Sonderformen der Kommanditgesellschaft

Die praktisch wichtigste Sonderform ist die **GmbH & Co. KG**. Bei ihr ist – typischerweise nur und in diesem Fall mit der zwingenden Konsequenz eines Firmenzusatzes iSd § 19 Abs. 2 HGB – eine GmbH persönlich haftende Gesellschafterin der KG. Dadurch bleibt die KG zwar eine Personengesellschaft. Die unbeschränkte persönliche Haftung trifft aber eine Kapitalgesellschaft, deren eigene Haftung grundsätzlich auf ihr Gesellschaftsvermögen beschränkt ist (§ 13 Abs. 2 GmbHG). Wirtschaftlich entsteht so eine **weitgehende Haftungsbeschränkung**, ohne die personengesellschaftsrechtliche Struktur aufzugeben. Die GmbH & Co. KG ist besonders verbreitet im Mittelstand, bei Familienunternehmen, Immobiliengesellschaften, Projektgesellschaften, Fondsstrukturen, Beteiligungsvehikeln und operativen Unternehmensgruppen. Sie verbindet flexible gesellschaftsvertragliche Gestaltung, personengesellschaftsrechtliche Transparenz und eine praktisch beherrschbare Haftungsstruktur. Die Kommanditisten sind häufig zugleich Gesellschafter der Komplementär-GmbH, sodass Leitung und Kapitalbeteiligung wirtschaftlich gebündelt werden können. **Steuerrechtlich** ist die GmbH & Co. KG vor allem deshalb attraktiv, weil die KG als Personengesellschaft grundsätzlich transparent besteuert wird. Der Gewinn wird einkommen- oder körperschaftsteuerlich den Mitunternehmern (§ 15 Abs. 1 S. 1 Nr. 2 EStG) zugerechnet. Die KG selbst ist insoweit nicht wie eine Kapitalgesellschaft eigenständiges Körperschaftsteuersubjekt. Gewerbesteuerlich ist bei gewerblicher Tätigkeit allerdings die Personengesellschaft selbst Steuerschuldnerin. Für natürliche Personen kann die Gewerbesteuer unter den Voraussetzungen des § 35 EStG ganz oder teilweise auf die Einkommensteuer angerechnet werden. Zugleich gilt für Kommanditisten die Verlustverrechnungsbeschränkung des § 15a EStG: Verluste können grundsätzlich nur insoweit ausgeglichen oder abgezogen werden, als kein negatives Kapitalkonto entsteht oder eine entsprechende Außenhaftung besteht. Die steuerliche Vorteilhaftigkeit der GmbH & Co. KG liegt daher nicht in jedem Fall automatisch vor. Sie besteht vor allem in der Kombination aus Haftungsbegrenzung, flexibler Gewinnverteilung, transparenter Besteuerung, möglicher Einbindung von Sonderbetriebsvermögen und guter Nachfolgegestaltung. Ob sie gegenüber einer GmbH, einer klassischen KG oder einer anderen Struktur günstiger ist, hängt von Gewinnverwendung, Gewerbesteuerhebesatz, Thesaurierungsabsicht, Gesellschafterstruktur und Finanzierungsmodell ab.

Eine Sonderform der GmbH & Co. KG ist die **Einheits-GmbH & Co. KG**. Bei ihr ist die KG Alleingesellschafterin ihrer eigenen Komplementär-GmbH. Die Kommanditisten halten also unmittelbar die KG-Anteile. Die KG hält die GmbH-Anteile. Die GmbH ist Komplementärin der KG. Wirtschaftlich liegen Kontrolle und Vermögensinteresse regelmäßig bei den Kommanditisten. Für diese Struktur enthält § 170 Abs. 2 HGB die bereits dargestellte Sonderregel, wonach die Rechte in der Gesellschafterversammlung der Komplementär-GmbH vorbehaltlich abweichender Vereinbarung von den Kommanditisten wahrgenommen werden. Von der Einheits-GmbH & Co. KG ist die gewöhnliche GmbH & Co. KG dergestalt zu unterscheiden, dass bei der gewöhnlichen GmbH & Co. KG die Gesellschafter die Anteile an der Komplementär-GmbH regelmäßig selbst halten. Die KG ist nicht zwingend Gesellschafterin ihrer Komplementärin. Bei der Einheits-GmbH & Co. KG hält dagegen die KG selbst sämtliche Anteile an der Komplementär-GmbH. Nur für diese Einheitsstruktur greift § 170 Abs. 2 HGB unmittelbar ein.

Eine weitere Sonderform ist die **Publikums-KG**. Sie ist auf eine Vielzahl von Kapitalanlegern ausgerichtet, die regelmäßig als Kommanditisten beitreten. Typische Anwendungsfälle sind oder waren Immobilienfonds, Schifffonds, Flugzeugfonds, Medienfonds, Energie- und Infrastrukturprojekte. Die Publikums-KG nähert sich wirtschaftlich Kapitalmarktstrukturen an, bleibt rechtlich aber Personengesellschaft. Deshalb gewinnen hier Beschlussmängelrecht, Informationsrechte, Treuepflichten, Mehrheitsklauseln, Anlegerkommunikation und Liquidationsregeln besondere Bedeutung.

Schließlich kommen **weitere Varianten** vor, etwa die UG (haftungsbeschränkt) & Co. KG, die AG & Co. KG, die Stiftung & Co. KG oder mehrstöckige GmbH & Co. KG-Strukturen. Sie alle beruhen auf demselben Grundmodell: Die KG bleibt Personenhandelsgesellschaft. Die Rolle des persönlich haftenden Gesellschafters wird aber durch eine andere Rechtsträgerstruktur ausgestaltet. Für die rechtliche Prüfung ist deshalb stets zwischen dem allgemeinen KG-Recht, den Sonderregeln der §§ 161 ff. HGB, dem Recht des jeweiligen Komplementärs und den gesellschaftsvertraglichen Gestaltungen zu unterscheiden.

§ 17. Personengesellschaften für besondere Einsatzbereiche

I. Die stille Gesellschaft (stG)

1. Begriff, Bedeutung und rechtliche Qualifikation

Eine stille Gesellschaft liegt nach § 230 Abs. 1 HGB vor, wenn sich jemand als **stiller Gesellschafter** an dem **Handelsgewerbe**, das ein **anderer** betreibt, mit einer **Vermögenseinlage** beteiligt. Die Einlage ist so zu leisten, dass sie in das Vermögen des Inhabers des Handelsgeschäfts übergeht. Nach § 230 Abs. 2 HGB wird aus den in dem Betrieb geschlossenen Geschäften allein der Inhaber des Handelsgeschäfts berechtigt und verpflichtet.

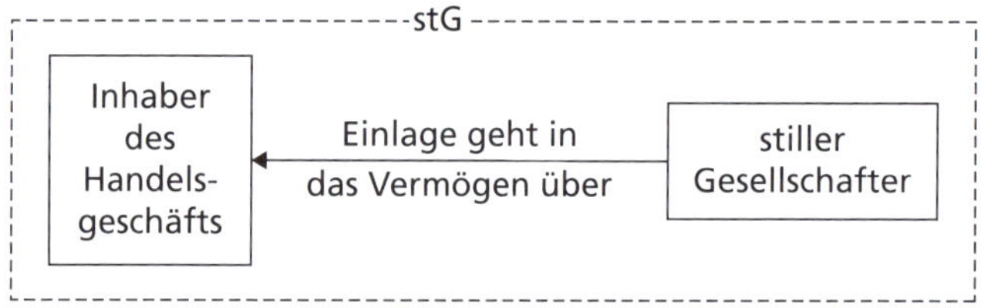

Abb. 53: Stille Gesellschaft

Die stille Gesellschaft unterscheidet sich damit grundlegend von GbR, oHG und KG. Sie ist keine rechtsfähige Außengesellschaft, sondern – wie die sog. **Unterbeteiligung**, bei welcher es sich um eine nicht rechtsfähige GbR iSd §§705 Abs. 2 Alt. 2, 740 ff. BGB handelt – eine nicht rechtsfähige **reine Innengesellschaft**. Sie tritt nicht unter eigener Firma am Rechtsverkehr auf, hat kein Gesellschaftsvermögen, wird nicht rechtsgeschäftlich vertreten und ist nicht parteifähig. Nach außen erscheint allein der Inhaber des Handelsgeschäfts. Der stille Gesellschafter wird weder Mitinhaber des Unternehmens noch Gesellschafter einer rechtsfähigen Personenhandelsgesellschaft. Er ist lediglich schuldrechtlich-gesellschaftsrechtlich am Handelsgewerbe des Inhabers beteiligt. Gleichwohl ist die stille Gesellschaft eine **Gesellschaft**. Auch sie beruht auf einem Gesellschaftsvertrag, durch den sich die Beteiligten zur Förderung eines gemeinsamen Zwecks verbinden. Dieser gemeinsame Zweck besteht in der Beteiligung des stillen Gesellschafters mit einer Vermögenseinlage am Handelsgewerbe des Inhabers, insbesondere an dessen Gewinn und gegebenenfalls auch an dessen Verlust. Die stille Gesellschaft steht daher zwischen rein schuldrechtlichen Finanzierungsformen und den rechtsfähigen Personengesellschaften. Sie ist gesellschaftsrechtlich geprägt, bleibt aber organisatorisch und vermögensrechtlich Innengesellschaft.

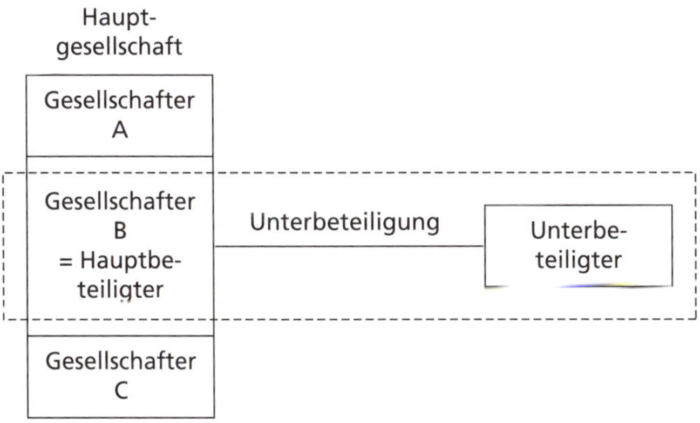

Abb. 54: Unterbeteiligung

Praktisch dient die stille Gesellschaft vor allem der **Unternehmensfinanzierung**. Der Inhaber des Handelsgeschäfts erhält Kapital, ohne einen neuen nach außen sichtbaren Gesellschafter aufnehmen zu müssen. Der stille Gesellschafter erhält im Gegenzug eine Beteiligung am Unternehmenserfolg, ohne im Außenverhältnis zu haften oder nach außen als Unternehmer aufzutreten. Typische Anwendungsfälle sind Beteiligungen von Investoren, Familienangehörigen, Mitarbeitern oder strategischen Kapitalgebern an einem bestehenden Handelsgeschäft.

2. Entstehung

Die stille Gesellschaft entsteht durch **Gesellschaftsvertrag** zwischen dem Inhaber des Handelsgeschäfts und dem stillen Gesellschafter. Der Vertrag bedarf grundsätzlich keiner besonderen Form. Er muss aber die gesellschaftstypischen Mindestbestandteile enthalten, also insbesondere einen **gemeinsamen Zweck**, der Beteiligung des stillen Gesellschafters an einem fremden Handelsgewerbe, und die **Förderplichten** der Beteiligten: beim stillen Gesellschafter bezogen auf die Leistung einer Vermögenseinlage in das Handelsgewerbe des Inhabers (§ 230 Abs. 1 HGB), beim Inhaber bezogen auf die Gewährung einer Gewinnbeteiligung (§ 231 Abs. 2 Hs. 2 HGB).

Erforderlich ist nach § 230 Abs. 1 HGB ein **Handelsgewerbe** (§ 1 Abs. 2 HGB) eines **anderen**. Inhaber des Handelsgeschäfts kann ein Einzelkaufmann, eine Personenhandelsgesellschaft oder eine Kapitalgesellschaft sein. Der stille Gesellschafter kann natürliche oder juristische Person sein. Er darf aber nicht selbst Inhaber des Handelsgeschäfts sein. Er beteiligt sich gerade an einem fremden Unternehmen.

Die Einlage des stillen Gesellschafters ist nach § 230 Abs. 1 HGB zwingend **Vermögenseinlage**. Sie kann in Geld, Sachen, Rechten oder sonstigen Vermögenswerten bestehen. Da die stille Gesellschaft kein eigenes Gesellschaftsvermögen bildet, wird die Einlage nicht in ein Gesellschaftsvermögen der stillen Gesellschaft, sondern in das Vermögen des Geschäftsinhabers geleistet. Aus diesen Überlegungen heraus wird deutlich, dass andere Formen des Beitrags iSd § 709 Abs. 1 BGB, etwa Dienstleistungen, kein tauglicher Gegenstand der Einlage sind. Der stille Gesellschafter erhält keine dingliche Beteiligung an den Gegenständen des Unternehmens, sondern nur die im Gesellschaftsvertrag und in §§ 230 ff. HGB vorgesehenen schuldrechtlichen Ansprüche.

Abzugrenzen ist die stille Gesellschaft von **partiarischen Rechtsverhältnissen**. Damit werden Verträge bezeichnet, die eine Partei zu einer Leistung (z.B. Darlehensgewährung, Dienstleistung) verpflichten, während sie als Gegenleistung statt oder neben einer (festen) Vergütung eine (variable) Beteiligung am Gewinn oder am Umsatz erhält, den die andere Partei erzielt. Angesprochen sind insbesondere partiarische Darlehen (vgl. § 488 BGB), partiarische Dienstverträge (vgl. § 611 BGB) oder sonstigen gewinnabhängigen Vergütungsvereinbarungen. Nicht jede gewinnabhängige Vergütung begründet dabei bereits eine stille Gesellschaft. Entscheidend ist, ob die Beteiligten einen **gemeinsamen Zweck** verfolgen und der Kapitalgeber **gesellschaftstypische Rechte und Pflichten** erhält. Für eine stille Gesellschaft sprechen insbesondere Gewinnbeteiligung, Informationsrechte, Verlustbeteiligung oder sonstige Teilhabe am unternehmerischen Risiko. Die Verlustbeteiligung ist dabei nicht zwingend, allerdings kann die Gewinnbeteiligung nicht ausgeschlossen werden (§ 231 Abs. 2 HGB).

Auf die stille Gesellschaft kann die **Lehre von der fehlerhaften Gesellschaft** (s.o. § 15 II.) jedenfalls dann Bedeutung gewinnen, wenn der Gesellschaftsvertrag in Vollzug gesetzt wurde und eine Rückabwicklung ex tunc zu untragbaren Ergebnissen führen würde. Das ist bei der typischen stillen Gesellschaft wegen ihrer bloß schuldrechtlichen Innenstruktur weniger zwingend als bei rechtsfähigen Außengesellschaften. Bei atypischen stillen Gesellschaften, die organisatorisch und wirtschaftlich einer Personengesellschaft angenähert sind, spricht jedoch besonders viel für eine entsprechende Anwendung.

3. Rechtsstellung des stillen Gesellschafters

Die Rechtsstellung des stillen Gesellschafters ist durch seine **Beteiligung am Unternehmenserfolg** bei gleichzeitiger **Nichtbeteiligung an der Unternehmensträgerschaft** geprägt. Die Geschäftsführung steht im gesetzlichen Leitbild allein dem Inhaber des Handelsgeschäfts zu. Er betreibt das Handelsgewerbe im eigenen Namen und für eigene Rechnung (§ 230 Abs. 2 HGB), allerdings unter schuldrechtlicher Beteiligung des stillen Gesellschafters am Ergebnis. Der stille Gesellschafter hat keine organschaftliche Geschäftsführungsbefugnis und keine Vertretungsmacht für das Handelsgeschäft.

Das bedeutet jedoch nicht, dass der Geschäftsinhaber beliebig über das Handelsgewerbe, den Gegenstand der Beteiligung, **verfügen** dürfte. Grundlegende Veränderungen des Handelsgewerbes, insbesondere dessen Veräußerung, Einstellung oder völlige Umgestaltung, können der Zustimmung des stillen Gesellschafters bedürfen. Denn der stille Gesellschafter hat sich iSd § 230 Abs. 1 HGB „an dem Handelsgewerbe" im Zustand zum Zeitpunkt des Gesellschaftsvertragsabschlusses mit einem bestimmten Risikoprofil beteiligt. Er muss nicht ohne Weiteres hinnehmen, dass der Geschäftsinhaber den Gegenstand der Beteiligung wesentlich verändert.

Die **Beteiligung am Gewinn** ist zwingender Bestandteil der stillen Gesellschaft. Ist der Gewinnanteil nicht bestimmt, gilt nach § 231 Abs. 1 HGB ein den Umständen nach angemessener Anteil als vereinbart. Die **Verlustbeteiligung** kann dagegen nach § 231 Abs. 2 HGB ausgeschlossen werden. Ist sie nicht ausgeschlossen und der Verlustanteil nicht bestimmt, gilt auch insoweit ein angemessener Anteil als bedungen. Der Gewinn- und Verlustanteil des stillen Gesellschafters wird nach § 232 Abs. 1 HGB am Schluss jedes Geschäftsjahres berechnet. Der auf den stillen Gesellschafter entfallende Gewinn ist ihm auszuzahlen. Nicht erhobener Gewinn erhöht seine Einlage grundsätzlich nicht (§ 232 Abs. 3 HGB). Am Verlust nimmt der stille Gesellschafter nach § 232 Abs. 2 HGB nur bis zum Betrag seiner eingezahlten oder rückständigen Einlage teil. Er ist nicht verpflichtet, bereits bezogenen Gewinn wegen späterer Verluste zurückzuzahlen. Solange seine Einlage durch Verluste vermindert ist, wird jedoch der jährliche Gewinn zur Deckung des Verlustes verwendet.

Das **Informationsrecht** des stillen Gesellschafters richtet sich seit dem MoPeG nach § 233 HGB, der auf das Informationsrecht des Kommanditisten aus § 166 HGB verweist. Der stille Gesellschafter kann danach eine Abschrift des Jahresabschlusses verlangen und zu dessen Überprüfung Einsicht in die zugehörigen Geschäftsunterlagen nehmen. Daneben kann er Auskunft über Gesellschaftsangelegenheiten verlangen, soweit dies zur Wahrnehmung seiner Rechte erforderlich ist, insbesondere wenn Grund zu der Annahme unredlicher Geschäftsführung besteht. Das Informationsrecht ist ein notwendiges **Gegengewicht zur fehlenden Geschäftsführungsbefugnis** des stillen Gesellschafters. Da er am Gewinn und gegebenenfalls am Verlust beteiligt ist, muss er die Richtigkeit der Ergebnisermittlung und die Wahrung seiner Beteiligungsrechte überprüfen können. Gesellschaftsvertragliche Konkretisierungen, etwa Fristen, Vertraulichkeitspflichten oder geordnete Einsichtsverfahren, sind zulässig. Der Kern des Informationsrechts darf aber nicht entleert werden.

Auch der stille Gesellschafter unterliegt einer gesellschaftsrechtlichen **Treuepflicht** nach §§ 241 Abs. 2, 242 BGB. Er darf seine Informationsrechte nicht missbräuchlich ausüben, Betriebsgeheimnisse nicht zweckwidrig verwenden und die Interessen des Geschäftsinhabers nicht unzumutbar beeinträchtigen. Umgekehrt muss der Geschäftsinhaber die Beteiligungsrechte des stillen Gesellschafters wahren, den Gewinn ordnungsgemäß ermitteln und den stillen Gesellschafter nicht durch treuwidrige Maßnahmen wirtschaftlich entwerten.

4. Arten der stillen Gesellschaft

Zu unterscheiden ist zwischen der typischen und der atypischen stillen Gesellschaft. Die **typische stille Gesellschaft** entspricht dem gesetzlichen Leitbild der §§ 230 ff. HGB. Der stille Gesellschafter leistet eine Vermögenseinlage, nimmt am Gewinn und gegebenenfalls am Verlust teil, erhält Informationsrechte, ist aber nicht an der Geschäftsführung, nicht am Gesellschaftsvermögen, nicht an stillen Reserven und nicht am Unternehmenswert beteiligt. Seine Stellung ähnelt wirtschaftlich der eines Kapitalgebers mit gesellschaftsrechtlicher Gewinnbeteiligung.

Die **atypische stille Gesellschaft** weicht von diesem gesetzlichen Leitbild ab, indem stiller Gesellschafter und Geschäftsinhaber von ihrer Privatautonomie (vgl. § 311 Abs. 1 BGB) Gebrauch machen, um die Regelung der §§ 230 ff. HGB in ihrem Interesse zu modifizieren. Sie kann dem stillen Gesellschafter **weitergehende Verwaltungs- und Vermögensrechte** einräumen. Denkbar sind Zustimmungsvorbehalte, Widerspruchsrechte, Stimmrechte, Mitwirkungsrechte bei grundlegenden Entscheidungen oder sogar eine interne Geschäftsführungsbefugnis. Solche Rechte wirken allerdings grundsätzlich nur im Innenverhältnis. Soll der stille Gesellschafter auch nach außen für den Geschäftsinhaber handeln können, bedarf er einer rechtsgeschäftlichen Vollmacht, etwa Handlungsvollmacht oder Prokura, sofern deren Voraussetzungen vorliegen. Atypisch kann die stille Gesellschaft auch durch eine **verstärkte vermögensmäßige Beteiligung** ausgestaltet werden. Der stille Gesellschafter kann schuldrechtlich so gestellt werden, als sei er am Unternehmensvermögen, an stillen Reserven, am Geschäftswert oder an Wertsteigerungen beteiligt. Dinglich bleibt das Vermögen aber dem Geschäftsinhaber zugeordnet. Auch die atypische stille Gesellschaft bildet grundsätzlich kein eigenes Gesellschaftsvermögen. Besondere praktische Bedeutung hat die atypische stille Gesellschaft im **Steuerrecht**. Erhält der stille Gesellschafter Mitunternehmerinitiative und Mitunternehmerrisiko, kann er ertragsteuerlich als Mitunternehmer (§ 15 Abs. 1 S. 1 Nr. 2 EStG) behandelt werden. Gesellschaftsrechtlich ändert dies nichts daran, dass die stille Gesellschaft im Ausgangspunkt Innengesellschaft bleibt. Die steuerrechtliche Mitunternehmerschaft ersetzt nicht die zivilrechtliche Rechtsfähigkeit und begründet kein eigenes Gesellschaftsvermögen.

Möglich ist auch die Beteiligung **mehrerer stiller Gesellschafter**. Dies kann durch mehrere selbständige stille Gesellschaften iSd § 230 Abs. 1 HGB zwischen dem Geschäftsinhaber und jeweils einem stillen Gesellschafter geschehen. Möglich ist aber auch eine **mehrgliedrige stille Gesellschaft**, bei welcher der Geschäftsinhaber und mehrere stille Gesellschafter in einem einheitlichen Innenverband verbunden sind. Gerade bei Publikumsgestaltungen oder Mitarbeiterbeteiligungsmodellen kann dies praktische Bedeutung haben. Auch dann bleibt gem. §230 Abs. 2 HGB nach außen allein der Geschäftsinhaber Träger des Unternehmens.

5. Außenverhältnis

Die stille Gesellschaft hat **kein eigenes Außenverhältnis**. Sie tritt nicht im Rechtsverkehr auf, hat keine Firma, wird nicht vertreten und kann nicht selbst Trägerin von Rechten und Pflichten gegenüber Dritten sein. Aus den im Betrieb geschlossenen Geschäften wird nach §230 Abs. 2 HGB allein der Inhaber des Handelsgeschäfts berechtigt und verpflichtet. Für Geschäftsschulden **haftet** deshalb nur der Inhaber des Handelsgeschäfts. Der stille Gesellschafter haftet den Unternehmensgläubigern nicht – auch nicht beschränkt auf seine Vermögenseinlage. Das unterscheidet ihn grundlegend vom Kommanditisten. Der Kommanditist ist Gesellschafter einer rechtsfähigen Außengesellschaft und haftet den Gesellschaftsgläubigern nach §§171 ff. HGB bis zur Haftsumme. Der stille Gesellschafter ist demgegenüber nur im Innenverhältnis beteiligt. Ist die Einlage noch nicht geleistet, steht der **Anspruch auf Leistung der Einlage** allein dem Inhaber des Handelsgeschäfts zu. Gläubiger des Inhabers können diesen Anspruch wie andere Forderungen ihres Schuldners pfänden. Ein unmittelbarer gesellschaftsrechtlicher Anspruch der Unternehmensgläubiger gegen den stillen Gesellschafter besteht dagegen nicht.

Tritt der stille Gesellschafter im Rahmen einer **atypischen stillen Gesellschaft** ausnahmsweise nach außen wie ein Mitunternehmer, Mitgesellschafter oder Vertreter auf, kann eine Haftung nach allgemeinen Rechtsschein- oder Vertretungsgrundsätzen (s.o. §15 II.) in Betracht kommen. Das ist dann aber keine Haftung aus der stillen Gesellschaft als solcher, sondern Folge eines besonderen äußeren Auftretens.

6. Beendigung und Insolvenz

Die Beendigung der stillen Gesellschaft richtet sich nach §§234 ff. HGB und ergänzend nach den allgemeinen gesellschaftsrechtlichen Grundsätzen. Auf die **Kündigung der Gesellschaft** durch einen Gesellschafter oder durch einen Gläubiger des stillen Gesellschafters finden nach §234 Abs. 1 HGB die §§132 und 133 HGB entsprechende Anwendung. Eine ordentliche Kündigung ist daher grundsätzlich unter Einhaltung der gesetzlichen Frist möglich, soweit der Gesellschaftsvertrag nichts Wirksames abweichend regelt. Eine Kündigung aus wichtigem Grund bleibt möglich.

Der **Tod des stillen Gesellschafters** löst die stille Gesellschaft nach §234 Abs. 2 HGB nicht auf. Die stille Beteiligung ist damit grundsätzlich vererblich. Dies entspricht ihrer kapitalmäßigen Prägung. Beim **Tod des Inhabers** kommt es dagegen maßgeblich auf den Gesellschaftsvertrag und die Fortführung des Handelsgeschäfts durch Erben oder Rechtsnachfolger an. Fehlt eine tragfähige Fortsetzungsgrundlage, wird die stille Gesellschaft regelmäßig beendet.

Da die stille Gesellschaft kein eigenes Gesellschaftsvermögen hat, findet **keine Liquidation** im Sinne der rechtsfähigen Personengesellschaften statt. Die Beendigung führt vielmehr zu einer schuldrechtlichen Auseinandersetzung zwischen dem Inhaber und dem stillen Gesellschafter. Nach §235 Abs. 1 HGB hat der Inhaber das Guthaben des stillen Gesellschafters in Geld zu berichtigen. Der stille Gesellschafter nimmt nach §235 Abs. 2 HGB auch am Gewinn und Verlust der zur Zeit der Auflösung schwebenden Geschäfte teil. Die Auseinandersetzung erfolgt regelmäßig auf Grundlage einer **Auseinandersetzungsrechnung**. Ausgangspunkt sind die geleistete Einlage, nicht ausgezahlte Gewinnanteile, Verlustanteile, Entnahmen und das Ergebnis der noch schwebenden Geschäfte. Eine Beteiligung am Geschäftswert oder an stillen Reserven besteht bei der typischen stillen Gesellschaft nicht, kann aber bei der atypischen stillen Gesellschaft vereinbart sein.

Für die **Insolvenz des Inhabers** enthält §236 HGB eine Sonderregel. Wird über das Vermögen des Inhabers des Handelsgeschäfts das Insolvenzverfahren eröffnet, kann der stille Gesellschafter wegen seiner Einlage, soweit sie den auf ihn entfallenden Verlustanteil übersteigt, seine Forderung als Insolvenzgläubiger geltend machen. Er steht insoweit also grundsätzlich wie ein sonstiger Insolvenzgläubiger. Ist seine Einlage rückständig, muss er sie nur insoweit zur Insolvenzmasse leisten, als dies zur Deckung seines Verlustanteils erforderlich ist. Auch hierin zeigt sich, dass der stille Gesellschafter nicht wie ein Kommanditist im Außenverhältnis haftet, sondern nur intern am Unternehmenserfolg beteiligt ist.

II. Die Partnerschaftsgesellschaft (PartG) (E)

1. Begriff, Bedeutung und rechtliche Qualifikation

Die Partnerschaftsgesellschaft ist eine rechtsfähige Personengesellschaft für **Angehörige freier Berufe**. Nach §1 Abs. 1 S. 1 PartGG ist sie eine Gesellschaft, in der sich Angehörige freier Berufe zur Ausübung ihrer Berufe zusammenschließen. Sie übt **kein Handelsgewerbe** aus, §1 Abs. 1 S. 2 PartGG. Dadurch unterscheidet sich die PartG von der oHG und der KG. Von der GbR, auf deren Vorschriften §1 Abs. 4 PartGG im Sinne eines Auffangtatbestandes verweist, unterscheidet sie sich dadurch, dass sie eine besondere, registergebundene Rechtsform für freie Berufe mit eigenem Namen, Partnerschaftsregister und besonderem Haftungsregime darstellt. Seit dem MoPeG ist die PartG zwar nicht mehr die einzige registerförmige Personengesellschaft, die für freie Berufe in Betracht kommt. Auch Personenhandelsgesellschaften können gem. §107 Abs. 1 S. 2 HGB für freie Berufe geöffnet sein, soweit das Berufsrecht dies zulässt. Die PartG bleibt aber die speziell auf freie Berufe zugeschnittene Rechtsform. Ihre Besonderheit liegt nicht in kaufmännischer Organisation, sondern in der Verbindung von freiberuflicher Tätigkeit, persönlicher Berufsausübung und partnerschaftlicher Zusammenarbeit. Partner können gem. §1 Abs. 1 S. 3 PartGG allerdings **nur natürliche Personen** sein.

Die **freien Berufe** haben gem. §1 Abs. 2 S. 1 PartGG im Allgemeinen auf der Grundlage besonderer beruflicher Qualifikation oder schöpferischer Begabung die persönliche, eigenverantwortliche und fachlich unabhängige Erbringung von Dienstleistungen höherer Art im Interesse der Auftraggeber und der Allgemeinheit zum Inhalt. §1 Abs. 2 S. 1 PartGG nennt beispielhaft u.a. Ärzte, Zahnärzte, Tierärzte, Rechtsanwälte, Patentanwälte, Wirtschaftsprüfer, Steuerberater, Architekten, Ingenieure, Journalisten, Dolmetscher, Übersetzer, Wissenschaftler, Künstler, Schriftsteller, Lehrer und ähnliche Berufe. Ob eine bestimmte Berufsausübung in der Form der Partnerschaft zulässig ist, richtet sich zusätzlich nach dem jeweiligen **Berufsrecht** (§1 Abs. 3 PartGG). Die PartG ist damit eine berufsrechtlich geprägte rechtsfähige Personengesellschaft. Besonders wichtig ist heute die **Partnerschaftsgesellschaft mit beschränkter Berufshaftung** (§8 Abs. 4 PartGG), weil sie die Vorteile einer Personengesellschaft mit einer besonderen Haftungsbeschränkung für berufliche Fehler verbindet.

2. Entstehung und Registrierung

Die Partnerschaft entsteht durch **Partnerschaftsvertrag** und **Eintragung** in das Partnerschaftsregister iSd §§5, 7 PartGG. Der Partnerschaftsvertrag richtet sich nach den allgemeinen gesellschaftsrechtlichen Grundsätzen. Seit dem MoPeG enthält §3 PartGG kein Schriftformerfordernis für den Partnerschaftsvertrag mehr – die Norm wurde aufgehoben. Gesellschaftsrechtlich kann der Vertrag daher grundsätzlich formfrei geschlossen werden. Berufsrechtliche Form- oder Nachweisanforderungen bleiben unberührt. „Im Verhältnis zu Dritten" wird die Partnerschaft nach §7 Abs. 1 PartGG erst mit ihrer Eintragung in das Partnerschaftsregister wirksam. Die Eintragung hat damit **konstitutive Bedeutung** für die Rechtsform der PartG. Vor Eintragung liegt regelmäßig eine GbR vor, sofern bereits ein wirksamer Gesellschaftsvertrag besteht. Anders als bei der oHG (§123 Abs. 1 S. 2 HGB) gibt es bei der PartG keinen Außenentstehungstatbestand durch bloße Teilnahme am Rechtsverkehr.

Die **Anmeldung** richtet sich nach §4 PartGG. Sie ist zum Partnerschaftsregister vorzunehmen und muss die eintragungspflichtigen Angaben enthalten. Nach §5 PartGG werden insbesondere Name und Sitz der Partnerschaft, die Angaben zu den Partnern, der in der Partnerschaft ausgeübte Beruf jedes Partners, der Gegenstand der Partnerschaft und die Vertretungsbefugnis eingetragen. Bei der PartG mbB ist der Anmeldung eine Versicherungsbescheinigung beizufügen, §4 Abs. 3 PartGG.

Das **Namensrecht** der PartG ist durch das MoPeG liberalisiert worden. Nach §2 PartGG muss der Name der Partnerschaft den Zusatz „und Partner" oder „Partnerschaft" enthalten. Der frühere Zwang, den Namen mindestens eines Partners und die Berufsbezeichnungen aller vertretenen Berufe aufzunehmen, ist entfallen. Damit sind nun auch Sach- und Fantasiebezeichnungen möglich, sofern der Name zur Kennzeichnung geeignet ist, Unterscheidungskraft besitzt und nicht irreführend ist. Die rechtsformbezeichnenden Zusätze „und Partner" und „Partnerschaft" bleiben demgegenüber erforderlich, weil sie dem Rechtsverkehr die Rechtsform anzeigen.

Seit dem MoPeG ist in §4 Abs. 4 PartGG außerdem der **Statuswechsel** unter Beteiligung einer PartG registerrechtlich geregelt. Eine Partnerschaft kann unter den gesetzlichen Voraussetzungen in eine eGbR oder in eine Personenhandelsgesellschaft wechseln. Umgekehrt kann eine eGbR oder eine Personenhandelsgesellschaft in eine PartG wechseln, wenn die Voraussetzungen des PartGG vorliegen. Der Statuswechsel wahrt die Identität der Gesellschaft und wird über die beteiligten Register abgewickelt.

3. Innenverhältnis

Das Innenverhältnis der Partner richtet sich nach dem **Partnerschaftsvertrag**. Wie bei anderen Personengesellschaften besteht im Innenverhältnis erhebliche Gestaltungsfreiheit. Grenzen ergeben sich aus zwingendem Recht, aus dem jeweiligen Berufsrecht, aus §§ 134, 138 BGB und aus der gesellschaftsrechtlichen Treuepflicht nach §§ 241 Abs. 2, 242 BGB.

Besonders wichtig ist die **berufsrechtliche Prägung** der PartG. Die Partner üben freie Berufe aus und müssen ihre jeweiligen Berufspflichten beachten. Dazu gehören je nach Beruf insbesondere persönliche Leistungserbringung, fachliche Unabhängigkeit, Verschwiegenheit, Vermeidung von Interessenkollisionen, Berufszulassung, Berufsaufsicht und besondere Versicherungsanforderungen. Das Gesellschaftsrecht der PartG kann diese berufsrechtlichen Vorgaben nicht verdrängen.

Nach § 6 Abs. 2 PartGG können einzelne Partner im Partnerschaftsvertrag nur von der **Führung der sonstigen Geschäfte** ausgeschlossen werden. Von der Erbringung der freiberuflichen Leistungen als solcher können sie nicht ausgeschlossen werden. Das entspricht dem Leitbild der PartG als Zusammenschluss von Berufsträgern zur gemeinschaftlichen Berufsausübung. Ein Partner ist nicht bloßer Kapitalgeber, sondern soll seinen freien Beruf persönlich ausüben.

Soweit der Partnerschaftsvertrag keine Regelungen enthält, verweist § 6 Abs. 3 PartGG ergänzend auf einzelne Vorschriften des **oHG-Innenrechts**, insbesondere zu Geschäftsführung, Wettbewerbsverbot und Verzinsung. Diese Verweisung gilt jedoch nur entsprechend und nur, soweit sie zur Struktur der PartG passt. Insbesondere kann eine PartG mangels Handelsgewerbes keine Prokura im handelsrechtlichen Sinne erteilen.

Für Beschlussfassung, Informationsrechte und sonstige **Grundfragen des Innenverhältnisses** können außerdem über § 1 Abs. 4 PartGG die Bestimmungen über die GbR entsprechend herangezogen werden, soweit das PartGG keine besondere Regelung enthält. Die PartG steht damit systematisch zwischen GbR und oHG: Sie ist keine Handelsgesellschaft, übernimmt aber für bestimmte organisatorische Fragen handelsgesellschaftsrechtliche Strukturen.

4. Außenverhältnis

Im Außenverhältnis ist die Partnerschaft, die gem. § 1 Abs. 4 PartGG iVm § 705 Abs. 2 Alt. 1 BGB rechtsfähig ist und ein eigenes Gesellschaftsvermögen iSd § 713 BGB bildet, selbst **Trägerin von Rechten und Pflichten**. Mandats-, Behandlungs-, Beratungs-, Werk- oder sonstige Verträge werden regelmäßig mit der Partnerschaft geschlossen, nicht mit dem einzelnen Partner persönlich. Dies folgt bei entsprechendem Auftreten jedenfalls aus den Grundsätzen über unternehmensbezogene Geschäfte iSd § 164 Abs. 2 S. 1 BGB.

Die **Vertretung der Partnerschaft** richtet sich nach §7 Abs. 2 PartGG. Danach sind bestimmte Vorschriften des §124 HGB entsprechend anzuwenden. Gesetzlicher Ausgangspunkt ist daher die Einzelvertretung durch die Partner, soweit der Partnerschaftsvertrag keine abweichende Vertretungsregel vorsieht. Die Vertretungsbefugnis ist im Außenverhältnis grundsätzlich weit und gegenüber Dritten nicht durch interne Beschränkungen begrenzbar. Abweichende Vertretungsregelungen sind registerrechtlich zu verlautbaren. Zu unterscheiden ist die gesellschaftsrechtliche Vertretung der PartG von **berufs- und verfahrensrechtlichen Befugnissen**. Wird etwa eine Rechtsanwaltspartnerschaft als Prozess- oder Verfahrensbevollmächtigte beauftragt, können nach §7 Abs. 4 PartGG nur diejenigen Partner und Vertreter handeln, die die dafür vorgeschriebenen berufsrechtlichen Voraussetzungen erfüllen. Die Partnerschaft kann also Vertragspartnerin oder Bevollmächtigte sein. Die konkrete Berufsausübung bleibt aber an die persönliche Qualifikation der handelnden Berufsträger gebunden.

Für **nicht rechtsgeschäftliches Handeln** gelten die allgemeinen Grundsätze über rechtsfähige Personengesellschaften (s.o. §14 III. 3. c)). Die PartG kann Schuldnerin gesetzlicher Ansprüche sein. Deliktisches Verhalten von Partnern oder sonstigen Repräsentanten kann ihr nach §31 BGB analog zugerechnet werden, wenn es in Ausführung der für die Partnerschaft übernommenen Aufgaben erfolgt. Davon zu unterscheiden ist die persönliche Haftung der Partner nach §8 PartGG.

5. Haftung der Partner

Die **Haftung der Partner** ist das zentrale Sonderproblem der PartG. Nach §8 Abs. 1 PartGG haften für Verbindlichkeiten der Partnerschaft neben dem Vermögen der Partnerschaft die Partner als Gesamtschuldner. Die Haftung entspricht im Grundsatz der persönlichen Gesellschafterhaftung bei rechtsfähiger GbR und oHG: Sie ist persönlich, unmittelbar, akzessorisch und gesamtschuldnerisch. Ergänzend sind §§721a und 721b BGB entsprechend anwendbar. Diese Grundregel gilt insbesondere für allgemeine Verbindlichkeiten der Partnerschaft, etwa Mietverbindlichkeiten, Arbeitsverträge, Darlehen, Kaufverträge oder sonstige Geschäftsschulden. Eine gesellschaftsvertragliche Haftungsbeschränkung wirkt gegenüber Dritten grundsätzlich nicht. Möglich bleibt nur eine individualvertragliche Haftungsbeschränkung mit dem jeweiligen Gläubiger.

Für **Schäden wegen fehlerhafter Berufsausübung** enthält §8 Abs. 2 PartGG eine wichtige Haftungskonzentration. Waren nur einzelne Partner mit der Bearbeitung eines Auftrags befasst, haften neben der Partnerschaft nur diese befassten Partner persönlich. Nicht befasste Partner haften persönlich nicht. Befasst ist nicht nur derjenige Partner, der nach außen unmittelbar tätig wird, sondern jeder Partner, der inhaltlich an der Bearbeitung mitwirkt oder diese verantwortlich überwacht. Bloß untergeordnete Beiträge genügen dagegen nicht. Diese Haftungskonzentration trägt der **besonderen Struktur freiberuflicher Tätigkeit** Rechnung. Der Mandant, Patient oder Auftraggeber soll einerseits die Partnerschaft als Vertragspartnerin haben, andererseits sollen nicht stets alle Partner persönlich für berufliche Fehler einstehen müssen, mit denen sie tatsächlich nichts zu tun hatten. Das Vermögen der Partnerschaft haftet jedoch weiterhin.

Noch weiter geht die **Partnerschaftsgesellschaft mit beschränkter Berufshaftung**. Nach §8 Abs. 4 PartGG ist die persönliche Haftung der Partner für Verbindlichkeiten der Partnerschaft aus Schäden wegen fehlerhafter Berufsausübung ausgeschlossen, wenn die Partnerschaft eine zu diesem Zweck durch Gesetz vorgegebene Berufshaftpflichtversicherung iSd §§113 Abs. 3, 114 ff. VVG unterhält. Der Name der Partnerschaft muss dann den Zusatz „mit beschränkter Berufshaftung“ oder „mbB“ enthalten. Die PartG mbB beschränkt nicht jede Haftung. Sie betrifft nur Schäden wegen fehlerhafter Berufsausübung. Für allgemeine Geschäftsschulden, etwa Miete, Darlehen, Arbeitsentgelt oder Lieferverbindlichkeiten, bleibt es bei der persönlichen Haftung nach §8 Abs. 1 PartGG. Die PartG mbB ist daher keine allgemeine Personengesellschaft mit umfassender Haftungsbeschränkung, sondern eine berufsrechtlich abgesicherte Haftungsbeschränkung für berufliche Fehler. Praktisch ist die PartG mbB besonders bedeutsam für **haftungssensible freie Berufe**, etwa Rechtsanwälte, Steuerberater, Wirtschaftsprüfer, Patentanwälte, Architekten und Ingenieure. Sie ermöglicht eine freiberufliche Personengesellschaft mit transparenter Berufsausübungsstruktur, ohne die Partner für sämtliche beruflichen Fehler persönlich haften zu lassen, sofern die gesetzlichen Versicherungsanforderungen erfüllt sind.

6. Veränderungen im Gesellschafterbestand

Veränderungen im Gesellschafterbestand richten sich bei der PartG grundsätzlich nach dem Partnerschaftsvertrag und ergänzend nach dem Personengesellschaftsrecht. **Neue Partner** können aufgenommen werden, wenn sie die Voraussetzungen des §1 PartGG erfüllen. Partner können daher nur natürliche Personen sein, die einen freien Beruf ausüben. Berufsrechtliche Vorgaben können zusätzliche Anforderungen stellen oder bestimmte Zusammenschlüsse ausschließen.

Die Übertragung einer Beteiligung ist nur an Personen möglich, die selbst Partner sein können. Eine Übertragung an eine Kapitalgesellschaft oder an eine Person, die keinen freien Beruf im Sinne des PartGG ausübt, scheidet aus. Der Gesellschaftsvertrag kann die Übertragung zusätzlich von Zustimmungserfordernissen, Vorkaufsrechten oder sonstigen Bedingungen abhängig machen.

Für das **Ausscheiden eines Partners** verweist §9 Abs. 1 PartGG grundsätzlich auf die Vorschriften der §§130 bis 142 HGB über Ausscheiden und Auflösung der oHG. Besonderheiten ergeben sich aus der berufsrechtlichen Struktur der PartG. Verliert ein Partner eine erforderliche Zulassung zu dem freien Beruf, den er in der Partnerschaft ausübt, scheidet er nach §9 Abs. 3 PartGG mit deren Verlust aus der Partnerschaft aus. Der Verlust der Berufszulassung ist also ein besonderer Ausscheidensgrund.

Die Beteiligung an einer Partnerschaft ist nach §9 Abs. 4 PartGG grundsätzlich **nicht vererblich**. Der Partnerschaftsvertrag kann jedoch bestimmen, dass sie an Dritte vererblich ist, die Partner im Sinne des §1 PartGG sein können. Auch hier wirkt die berufsrechtliche Prägung: Erbe kann nicht beliebig jede Person als Partner werden, sondern nur eine Person, die selbst die gesetzlichen und berufsrechtlichen Voraussetzungen erfüllt. Ist die Beteiligung vererblich gestellt, ist §131 HGB nur insoweit anzuwenden, als der Erbe befugt ist, seinen Austritt aus der

Partnerschaft zu erklären. Eine Kommanditistenstellung als haftungsbeschränkte Ausweichposition gibt es im Recht der PartG nicht.

Änderungen im Gesellschafterbestand sind **registerrechtlich** nachzuvollziehen. Änderungen der eintragungspflichtigen Angaben sind nach § 4 PartGG zur Eintragung in das Partnerschaftsregister anzumelden. Das Register dient der Publizität der Partnerschaft, ihrer Partner, der ausgeübten Berufe, des Gegenstands und der Vertretungsverhältnisse.

7. Beendigung

Die Beendigung der PartG folgt im Grundsatz dem **Recht der oHG**. Nach § 9 Abs. 1 PartGG sind auf Ausscheiden und Auflösung, soweit im PartGG nichts anderes bestimmt ist, die §§ 130 bis 142 HGB entsprechend anzuwenden. Die Partnerschaft kann daher insbesondere durch Auflösungsbeschluss, Zeitablauf, Insolvenz oder gerichtliche Entscheidung aus wichtigem Grund **aufgelöst** werden. Berufsrechtliche Besonderheiten können hinzutreten.

Nach der Auflösung ist die Partnerschaft abzuwickeln. Für die **Liquidation** verweist § 10 Abs. 1 PartGG auf die Vorschriften über die Liquidation der oHG. Die aufgelöste Partnerschaft besteht also zunächst als Liquidationsgesellschaft fort. Die Liquidatoren haben die laufenden Geschäfte zu beenden, Forderungen einzuziehen, Verbindlichkeiten zu erfüllen, verbleibendes Vermögen zu verteilen und die Vollbeendigung herbeizuführen. Anders als bei der stillen Gesellschaft ist eine Liquidation erforderlich, weil die PartG rechtsfähig ist und eigenes Gesellschaftsvermögen haben kann.

Nach Abschluss der Liquidation ist die Partnerschaft im Partnerschaftsregister zu löschen. Die Löschung hat registerpublizistische Bedeutung. Materiell setzt die **Vollbeendigung** voraus, dass kein Gesellschaftsvermögen und kein sonstiger Abwicklungsbedarf mehr vorhanden ist. Stellt sich nachträglich weiterer Abwicklungsbedarf heraus, kommt eine Nachtragsliquidation in Betracht.

Die **Haftung der Partner** endet nicht notwendig mit Auflösung oder Ausscheiden. Nach § 10 Abs. 2 PartGG richtet sich die Haftung der Partner aus Verbindlichkeiten der Partnerschaft nach Auflösung der Partnerschaft oder nach Ausscheiden eines Partners nach §§ 137 und 151 HGB. Damit gelten die aus dem oHG-Recht bekannten Grundsätze der Nachhaftung und Sonderverjährung entsprechend. Die Vorschrift verbindet den Schutz der Gläubiger mit dem Interesse der ausgeschiedenen oder ehemaligen Partner an zeitlicher Begrenzung ihrer fortwirkenden persönlichen Haftung.

6. Kapitel: Das Recht der Kapitalgesellschaften

§ 18. Grundlagen des Rechts der Kapitalgesellschaften (E)

Kapitalgesellschaften sind Gesellschaften in der Rechtsform einer Körperschaft. Deshalb sind zunächst die allgemeinen Strukturprinzipien der Körperschaften darzustellen. Erst auf dieser Grundlage lassen sich die besonderen Prinzipien des Rechts der Kapitalgesellschaften verstehen. Jede Kapitalgesellschaft ist Körperschaft, nicht jede Körperschaft ist aber Kapitalgesellschaft. Auch der Verein (§§ 21, 22 BGB) und die Genossenschaft (§ 1 GenG) sind körperschaftlich strukturiert, folgen aber anderen Leitbildern. Kapitalgesellschaften zeichnen sich demgegenüber dadurch aus, dass die Mitgliedschaft wesentlich kapitalistisch geprägt ist: Maßgeblich sind Beteiligung am Kapital, Anteil, Stimmrecht, Gewinnbezugsrecht und Verkehrsfähigkeit der Mitgliedschaft.

I. Besondere Prinzipien des Rechts der Körperschaften

1. Verselbständigung mit Rechtspersönlichkeit

Körperschaften unterscheiden sich von Personengesellschaften vor allem durch ihre stärkere **Verselbständigung** gegenüber den Mitgliedern. Während Personengesellschaften im gesetzlichen Leitbild auf persönliche Zusammenarbeit, Vertrauen und häufig auch persönliche Haftung der Gesellschafter angelegt sind, steht bei Körperschaften der Verband als eigenständige Organisation im Vordergrund. Die Körperschaft ist auf Dauer angelegt und grundsätzlich vom Wechsel ihrer Mitglieder unabhängig. Der Eintritt, Austritt oder Tod eines Mitglieds berührt ihre Identität regelmäßig nicht. Typisch für die rechtsfähige Körperschaft ist ihre eigene **Rechtspersönlichkeit**. Sie ist nicht nur rechtsfähig, sondern juristische Person (vgl. §§ 21, 22 BGB) und kann selbst Trägerin von Rechten und Pflichten sein, Eigentum erwerben, Verbindlichkeiten eingehen, klagen und verklagt werden. Das unterscheidet sie dogmatisch von der rechtsfähigen Personengesellschaft (§ 14 Abs. 2 BGB). Seit dem MoPeG ist zwar auch die rechtsfähige Personengesellschaft selbst Trägerin von Rechten, Pflichten und Gesellschaftsvermögen, wird aber nicht als juristische Person behandelt. Der Unterschied zeigt sich weiterhin in der Organisationsverfassung, in der Mitgliedschaftsstruktur, in der Haftung und in der stärkeren Verselbständigung der Körperschaft gegenüber ihren Mitgliedern. Mit der Rechtspersönlichkeit geht eine strikte **Trennung zwischen Ver-**

bandsvermögen und Mitgliedervermögen einher. Träger des Vermögens ist die Körperschaft selbst, nicht die Gesamtheit ihrer Mitglieder. Die Mitglieder haben daher keine dingliche oder gesamthänderische Berechtigung am Verbandsvermögen. Ihre Stellung besteht in der Mitgliedschaft, also in der Gesamtheit der ihnen aus Satzung und Gesetz zustehenden Rechte und Pflichten. Deshalb gibt es bei Körperschaften keine An- und Abwachsung der Beteiligung am Gesellschaftsvermögen, wie sie für Personengesellschaften typisch ist (§§712 Abs. 1, 2 BGB). Verändert sich der Mitgliederbestand, bleibt das Vermögen der Körperschaft unverändert der Körperschaft zugeordnet.

2. Organverfassung

Körperschaften beruhen auf einer Satzung oder einem vergleichbaren **Organisationsstatut** (vgl. §25 BGB). Dieses Statut ist zwar rechtsgeschäftlich begründet, wirkt aber nicht nur schuldrechtlich zwischen den Gründern. Es schafft eine Organisation mit eigenen Organen, Zuständigkeiten, Verfahren und Mitgliedschaftsrechten. Änderungen der Satzung folgen daher besonderen Regeln (vgl. §33 BGB). Sie sind nicht bloß Vertragsänderungen, sondern Änderungen der Verfassung des Verbands. Körperschaften handeln durch **Organe**. Da sie als juristische Personen nicht körperlich selbst handeln können, weist ihnen das Gesetz rechtliche Handlungsorgane zu. Typische Organe sind Mitgliederversammlung, Geschäftsführungs- oder Leitungsorgan und gegebenenfalls Aufsichtsorgan. Die konkrete Ausgestaltung hängt von der jeweiligen Rechtsform ab. Beim Verein steht die Mitgliederversammlung (§32 BGB) neben dem Vorstand (§26 BGB), bei der GmbH die Gesellschafterversammlung (§48 GmbHG) neben der Geschäftsführung (§35 GmbHG), bei der AG die Hauptversammlung (§§118ff. AktG) neben Vorstand (§§76ff. AktG) und Aufsichtsrat (§§95ff. AktG). Im Unterschied zu Personengesellschaften gilt bei Körperschaften nicht das Prinzip der **Selbstorganschaft**. Die Organstellung muss nicht zwingend an die Mitgliedschaft gebunden sein. Leitungsorgan kann auch eine Person sein, die selbst nicht Mitglied der Körperschaft ist. Es besteht also ein Wahlrecht zwischen Selbstorganschaft und **Fremdorganschaft**. Letztere ist bei Körperschaften zulässig und häufig praktisch bedeutsam. Der Verband wird dadurch weiter von den individuellen Mitgliedern gelöst. Die Mitglieder müssen nicht selbst führen und vertreten, sondern können Leitungsaufgaben auf Organwalter übertragen. Ein weiteres Strukturmerkmal der Körperschaft ist die organschaftliche **Willensbildung**. Die Körperschaft bildet ihren Willen nicht durch einstimmige Vereinbarung sämtlicher Mitglieder, sondern durch Organbeschlüsse. Dabei gilt regelmäßig das Mehrheitsprinzip (vgl. §32 Abs. 1 S. 3 BGB). Es ermöglicht Handlungsfähigkeit auch bei größerer Mitgliederzahl und wechselndem Mitgliederbestand. Gerade darin liegt ein wesentlicher Unterschied zum personalistischen Leitbild der Personengesellschaft, in dem Einstimmigkeit und individuelle Zustimmung traditionell größere Bedeutung haben (vgl. §714 BGB). Das Mehrheitsprinzip verlangt zugleich Minderheitenschutz, formalisierte Beschlussverfahren und Regeln über fehlerhafte Beschlüsse.

3. Dynamisierte Mitgliedschaft

Die Mitgliedschaft in einer Körperschaft ist stärker **dynamisiert** als die Mitgliedschaft in einer Personengesellschaft. Sie ist weniger an dic höchstpersönliche Zusammenarbeit mit den übrigen Mitgliedern gebunden. Das zeigt sich besonders deutlich bei Kapitalgesellschaften, gilt aber im Grundsatz auch für andere Körperschaften (vgl. § 39 BGB). Die Mitgliedschaft kann deshalb leichter übertragen, vererbt oder in mehreren selbständigen Anteilen gehalten werden, soweit das jeweilige Recht dies vorsieht. Die Person des Mitglieds tritt gegenüber der verbandsrechtlichen Beteiligungsposition zurück.

4. Höhere Publizitätsanforderungen

Körperschaften sind regelmäßig stärker formalisiert und stärker **publizitätsgebunden** als einfache Personengesellschaften. Ihre Entstehung setzt häufig eine Registereintragung voraus (vgl. § 21 BGB). Vertretungsverhältnisse, Satzungsinhalt, Organbestellung und teilweise wirtschaftliche Verhältnisse werden register- oder offenlegungsrechtlich verlautbart. Diese Publizität dient dem Schutz des Rechtsverkehrs, der mit einer rechtlich verselbständigten Organisation kontrahiert und nicht ohne Weiteres auf die persönlichen Verhältnisse der Mitglieder zurückgreifen kann. Neuere Rechtsentwicklungen haben diesen Unterschied nicht beseitigt, aber verschoben. Durch das MoPeG ist die rechtsfähige Personengesellschaft stärker als Verband anerkannt und registerrechtlich aufgewertet worden, insbesondere durch das Gesellschaftsregister für die eingetragene GbR (§§ 706 ff. BGB). Dadurch verläuft die Grenze zwischen Personengesellschaft und Körperschaft heute nicht mehr entlang der einfachen Formel „rechtsfähig“ oder „nicht rechtsfähig“ (vgl. auch § 705 Abs. 2 BGB). Entscheidend ist vielmehr die unterschiedliche Verbandsstruktur: Die rechtsfähige Personengesellschaft bleibt stärker mitgliedschaftlich-personal geprägt, während die Körperschaft als juristische Person stärker institutionell, organschaftlich und vom Mitgliederwechsel unabhängig ausgestaltet ist. Auch die **Digitalisierung** des Gesellschaftsrechts betrifft vor allem körperschaftliche Organisationsformen. Registerverfahren, elektronische Einreichungen, Online-Gründungen bestimmter GmbH-Gestaltungen und virtuelle Hauptversammlungen zeigen, dass die organschaftliche Willensbildung und Publizität zunehmend digitalisiert werden. Das ändert die Grundstrukturen nicht, erleichtert aber Gründung, Registervollzug und Beschlussfassung.

II. Besondere Prinzipien des Rechts der Kapitalgesellschaften

1. Kapitalistische Mitgliedschaft

Kapitalgesellschaften sind Körperschaften, bei denen die Mitgliedschaft in besonderem Maße **kapitalistisch** geprägt ist. Während bei Personengesellschaften das persönliche Zusammenwirken der Gesellschafter, gegenseitiges Vertrauen und häufig auch persönliche Haftung im Vordergrund stehen, knüpft die Mitgliedschaft in der Kapitalgesellschaft vor allem an eine Kapitalbeteiligung an. Bei der GmbH besteht diese Beteiligung im Geschäftsanteil (§ 5 Abs. 2, 3 GmbHG), bei der AG in der Aktie (§1 Abs. 2 AktG). Die Beteiligung vermittelt Vermögensrechte, insbesondere Gewinnbezugsrechte und Teilhabe am Liquidationserlös, sowie Verwaltungsrechte, insbesondere Stimm-, Teilnahme- und Informationsrechte.

Die **Person des Gesellschafters** tritt gegenüber der Beteiligungsposition stärker zurück. Der Gesellschafter muss nicht persönlich im Unternehmen mitarbeiten. Er kann reiner Kapitalgeber sein. Das unterscheidet die Kapitalgesellschaft besonders deutlich von der oHG, der GbR und auch von der Partnerschaftsgesellschaft, die jeweils stärker auf persönliche Mitwirkung und persönliche Bindung der Gesellschafter angelegt sind. Besonders ausgeprägt ist diese Kapitalisierung der Mitgliedschaft bei der AG. Dort ist die Aktie regelmäßig auf Verkehrsfähigkeit, Standardisierung und Kapitalanlage zugeschnitten. Die GmbH steht demgegenüber zwischen personalistischer Binnenstruktur und kapitalistischer Beteiligung: Auch ihr Geschäftsanteil ist übertragbar (§15 Abs. 1 GmbHG), seine Übertragung bedarf aber der notariellen Form (§15 Abs. 3 GmbHG) und kann gesellschaftsvertraglich beschränkt werden.

Die kapitalistische Prägung zeigt sich auch darin, dass Herrschaft und wirtschaftliche Beteiligung typischerweise nach **Kapitalanteilen** bemessen werden. Bei der GmbH richtet sich das Stimmrecht im gesetzlichen Ausgangspunkt nach den Geschäftsanteilen (§47 Abs. 2 GmbHG). Bei der AG knüpft das Stimmrecht grundsätzlich an die Aktie an (§12 Abs. 1 AktG). Auch Gewinnverteilung und Vermögensbeteiligung folgen regelmäßig dem Anteil am Stamm- oder Grundkapital. Abweichungen sind möglich, insbesondere bei der GmbH durch gesellschaftsvertragliche Gestaltung und bei der AG durch aktienrechtlich zugelassene Aktiengattungen. Das Grundmodell bleibt aber: Mitgliedschaftliche Macht und wirtschaftliche Teilhabe werden im Ausgangspunkt kapitalmäßig vermittelt.

2. Haftungsabschirmung und Vermögenstrennung

Das zentrale Strukturprinzip der Kapitalgesellschaft ist die **Haftungsabschirmung**. Für Verbindlichkeiten der Gesellschaft haftet grundsätzlich nur das Gesellschaftsvermögen. Bei der GmbH ist dies ausdrücklich in §13 Abs. 2 GmbHG geregelt. Bei der AG folgt es aus §1 Abs. 1 S. 2 AktG. Die Gesellschafter haften den Gesellschaftsgläubigern nicht persönlich allein deshalb, weil sie Gesellschafter sind. Gerade darin liegt der schärfste Gegensatz zur rechtsfähigen Personengesellschaft, bei der jedenfalls die persönlich haftenden Gesellschafter den Gesellschaftsgläubigern regelmäßig persönlich, unmittelbar und gesamtschuldnerisch haften (vgl. §721 BGB).

Die Haftungsabschirmung setzt die Verselbständigung der Körperschaft (s.o.) fort und steigert sie kapitalgesellschaftsrechtlich. Gesellschaftsvermögen und Gesellschaftervermögen sind strikt **getrennt**. Die Gesellschaft ist eigene Rechtsträgerin (§13 Abs. 1 GmbHG, §1 Abs. 1 S. 1 AktG). Die Gesellschafter sind nicht Träger des Unternehmensvermögens, sondern Inhaber einer Mitgliedschaft. Das wirtschaftliche Risiko der Gesellschafter ist grundsätzlich auf den Verlust ihrer Einlage oder des für den Anteil aufgewendeten Erwerbspreises beschränkt. Umgekehrt können Gesellschaftsgläubiger grundsätzlich nicht auf das Privatvermögen der Gesellschafter zugreifen.

Diese Trennung prägt auch das **Steuerrecht**. Kapitalgesellschaften sind regelmäßig selbständige Steuersubjekte und unterliegen der Körperschaftsteuer (§ 1 KStG). Gesellschaft und Gesellschafter werden steuerlich getrennt behandelt. Ausschüttungen an Gesellschafter bilden daher eine zweite Besteuerungsebene. Dieses steuerliche Trennungsprinzip entspricht der zivilrechtlichen Trennung von Gesellschaftsvermögen (vgl. § 713 BGB) und Gesellschaftervermögen.

Die Haftungsabschirmung weist allerdings gewisse **Schranken** auf. Gesellschafter müssen die übernommenen Einlagen leisten (§§ 14, 19 GmbHG, §§ 27 ff. AktG). Verbotene Rückzahlungen können Erstattungsansprüche auslösen (§ 31 GmbHG, § 62 AktG). In besonderen Ausnahmefällen kommen außerdem Durchgriffshaftung, Existenzvernichtungshaftung oder deliktische Eigenhaftung in Betracht. Diese Ausnahmen ändern aber nichts am Grundsatz: Die Kapitalgesellschaft ist eine haftungsabschirmende Organisationsform.

3. Kapitalaufbringung und Kapitalerhaltung

Weil die persönliche Gesellschafterhaftung grundsätzlich entfällt, kommt dem Kapitalaufbringungs- und Kapitalerhaltungsrecht besondere Bedeutung zu. Das Recht der Kapitalgesellschaften ersetzt die persönliche Haftung der Gesellschafter nicht vollständig, schafft aber einen formalen **Vermögens- und Ordnungsrahmen**. Der Gesellschaft soll bei Gründung und Kapitalmaßnahmen das versprochene Kapital zugeführt werden. Gebundenes Gesellschaftsvermögen soll nicht ohne Rechtsgrund an die Gesellschafter zurückfließen. Bei der GmbH ist ein **Stammkapital** von mindestens 25.000 Euro erforderlich (§ 5 Abs. 1 GmbHG). Die Unternehmergesellschaft (haftungsbeschränkt) kann zwar mit geringerem Stammkapital gegründet werden, unterliegt aber besonderen Rücklagepflichten (§ 5a GmbHG). Bei der AG ist ein **Grundkapital** von mindestens 50.000 Euro erforderlich (§ 7 AktG). Hinzu treten Regeln über Einlageleistung, Sacheinlagen und registergerichtliche Kontrolle (§§ 7 ff., 19 GmbHG; §§ 23 ff., 36 ff. AktG). Das Kapital muss nicht nur versprochen, sondern nach Maßgabe der gesetzlichen Vorschriften tatsächlich **aufgebracht** werden.

Das **Kapitalerhaltungsrecht** verhindert, dass das zur Erhaltung des Stamm- oder Grundkapitals erforderliche Vermögen beliebig an die Gesellschafter zurückgezahlt wird. Bei der GmbH dürfen Auszahlungen an Gesellschafter grundsätzlich nicht erfolgen, soweit dadurch das zur Erhaltung des Stammkapitals erforderliche Vermögen angegriffen wird (§ 30 Abs. 1 GmbHG). Verbotene Zahlungen sind zu erstatten (§ 31 GmbHG). Bei der AG dürfen den Aktionären die Einlagen nicht zurückgewährt werden; vor Auflösung darf grundsätzlich nur der Bilanzgewinn verteilt werden (§ 57 Abs. 1, 3 AktG).

Das gesetzliche Kapital ist allerdings kein **Garantiekapital** in dem Sinne, dass es Gläubigern stets tatsächlich ungeschmälert zur Verfügung stünde. Geschäftliche Verluste können das Gesellschaftsvermögen mindern oder aufzehren. Kapitalaufbringung und Kapitalerhaltung schützen daher nicht vor jedem **Insolvenzrisiko**. Sie sichern aber die formale Vermögensbindung, verhindern unzulässige Vermögensverlagerungen an Gesellschafter und bilden einen zentralen Ausgleich für die Haftungsbeschränkung.

4. Kaufmannseigenschaft

Kapitalgesellschaften sind kraft Rechtsform Kaufmann, sog. **Formkaufmann** (§6 Abs. 2 HGB). Die GmbH gilt als Handelsgesellschaft im Sinne des HGB (§13 Abs. 3 GmbHG). Die AG ist ebenfalls Handelsgesellschaft und juristische Person (§3 Abs. 1 AktG, §1 Abs. 1 AktG). Formkaufleute sind unabhängig davon Kaufleute, ob sie tatsächlich ein Handelsgewerbe im Sinne des §1 Abs. 2 HGB betreiben. Das unterscheidet sie von der GbR, der Partnerschaftsgesellschaft und anderen nicht notwendig kaufmännischen Personengesellschaften.

Aus der Formkaufmannseigenschaft folgen handelsrechtliche **Organisations-, Buchführungs- und Publizitätspflichten**. Kapitalgesellschaften unterliegen der kaufmännischen Buchführung (§§238 ff. HGB) und besonderen Rechnungslegungsvorschriften für Kapitalgesellschaften (§§264 ff. HGB). Jahresabschluss, Lagebericht und Offenlegungspflichten sind nicht nur interne Rechenschaftsinstrumente, sondern dienen auch dem Schutz von Gläubigern, Gesellschaftern, Kapitalmarkt und Rechtsverkehr.

Die **Rechnungslegung** übernimmt damit eine ähnliche Ausgleichsfunktion wie Registerpublizität und Kapitalerhaltung. Wer mit einer haftungsbeschränkten Gesellschaft kontrahiert, kann nicht ohne Weiteres auf persönlich haftende Gesellschafter zurückgreifen. Deshalb gewinnt die Information über Vermögens-, Finanz- und Ertragslage besondere Bedeutung. Je größer, kapitalmarktnäher und wirtschaftlich bedeutsamer die Gesellschaft ist, desto stärker verdichten sich Rechnungslegungs-, Prüfungs- und Offenlegungspflichten.

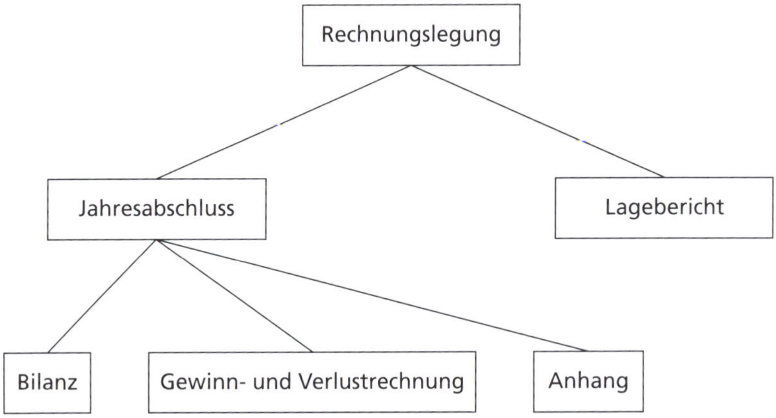

Abb. 55: Rechnungslegung

5. Organschaftliche Unternehmensverfassung

Kapitalgesellschaften handeln durch **Organe**. Diese allgemeine körperschaftliche Struktur ist bei Kapitalgesellschaften besonders ausgeprägt. Bei der **GmbH** stehen Geschäftsführung und Gesellschafterversammlung im Mittelpunkt (§§35, 46, 48 GmbHG). Die Geschäftsführer vertreten die Gesellschaft (§35 Abs. 1 GmbHG). Die

Gesellschafter entscheiden über die grundlegenden Angelegenheiten, insbesondere über Feststellung des Jahresabschlusses, Ergebnisverwendung, Bestellung und Abberufung der Geschäftsführer sowie Maßnahmen zur Überwachung der Geschäftsführung (§46 GmbHG). Bei der **AG** ist die Organverfassung stärker verselbständigt und zwingender (§23 Abs. 5 AktG) ausgestaltet. Der Vorstand leitet die Gesellschaft unter eigener Verantwortung (§76 Abs. 1 AktG). Der Aufsichtsrat bestellt, überwacht und berät den Vorstand (§§84, 111 AktG). Die Hauptversammlung übt die Rechte der Aktionäre in den gesetzlich vorgesehenen Angelegenheiten aus (§§118, 119 AktG). Anders als bei der GmbH können die Aktionäre die Geschäftsführung nicht allgemein an sich ziehen. Die AG ist deshalb stärker institutionell verfasst und weniger unmittelbarer Herrschaft der Mitglieder unterworfen.

Damit tritt bei Kapitalgesellschaften an die Stelle personengesellschaftlicher **Selbstorganschaft** eine organschaftliche Unternehmensverfassung. Geschäftsführer und Vorstandsmitglieder müssen nicht Gesellschafter oder Aktionäre sein (§6 Abs. 3 GmbHG; §76 Abs. 3 AktG). **Fremdorganschaft** ist nicht nur zulässig, sondern praktisch der Regelfall. Gerade dadurch löst sich die Leitung der Gesellschaft von der Person der Kapitalgeber. Die Mitglieder stellen Kapital bereit und üben Mitgliedschaftsrechte aus. Die Unternehmensleitung liegt bei Organwaltern.

6. Satzungsautonomie

Kapitalgesellschaften beruhen auf Satzung oder Gesellschaftsvertrag. Bei der GmbH spricht das Gesetz vom **Gesellschaftsvertrag** (§2 GmbHG), bei der AG von der **Satzung** (§23 AktG). In beiden Fällen handelt es sich nicht nur um einen schuldrechtlichen Vertrag zwischen den Gründern, sondern um die **Verfassung** einer juristischen Person. Änderungen unterliegen deshalb besonderen Form- und Registeranforderungen (§§53, 54 GmbHG; §§179 ff. AktG).

Die **Gestaltungsfreiheit** ist bei GmbH und AG unterschiedlich stark ausgeprägt. Die **GmbH** ist in weitem Umfang dispositiv und kann personalistisch ausgestaltet werden. Der Gesellschaftsvertrag kann insbesondere Geschäftsführung, Zustimmungsvorbehalte, Gewinnverteilung, Anteilsübertragung, Einziehung und Abfindung näher regeln. Gleichwohl bleiben zentrale Strukturvorgaben zwingend (vgl. §25 GmbHG), etwa die juristische Person, die organschaftliche Vertretung, die Kapitalaufbringung und Kapitalerhaltung sowie der Schutz von Gläubigern und Minderheiten. Bei der **AG** gilt demgegenüber der Grundsatz der Satzungsstrenge. Die Satzung kann von den Vorschriften des Aktiengesetzes nur abweichen, wenn dies ausdrücklich zugelassen ist; ergänzende Satzungsbestimmungen sind nur zulässig, soweit das Aktiengesetz keine abschließende Regelung enthält (§23 Abs. 5 AktG). Die AG ist deshalb stärker standardisiert. Das hängt mit der Verkehrsfähigkeit der Aktie, der potentiellen Vielzahl von Aktionären und der Kapitalmarktnähe der Rechtsform zusammen. Anleger und Rechtsverkehr sollen sich auf eine gesetzlich typisierte Organisationsordnung verlassen können.

Mehrheitsentscheidungen sind in Kapitalgesellschaften unverzichtbar, weil sie Handlungsfähigkeit ermöglichen. Zugleich erzeugen sie Konflikte zwischen Mehrheit und Minderheit. Deshalb bedarf das Mehrheitsprinzip eines flankierenden Minderheitenschutzes. Bei der GmbH bestehen etwa Minderheitsrechte auf

Einberufung der Gesellschafterversammlung (§50 GmbHG) sowie Auskunfts- und Einsichtsrechte (§51a GmbHG). Bei der AG finden sich Minderheitsrechte und Aktionärsschutz insbesondere im Recht der Hauptversammlung, im Auskunftsrecht und im Beschlussmängelrecht (§§122, 131, 241 ff. AktG).

7. Verkehrsfähigkeit der Mitgliedschaft

Die Mitgliedschaft in der Kapitalgesellschaft ist **in höherem Maße verkehrsfähig** als die Beteiligung an einer Personengesellschaft. Bei der **GmbH** können Geschäftsanteile veräußert und vererbt werden (§15 Abs. 1 GmbHG). Die Abtretung bedarf allerdings notarieller Form (§15 Abs. 3 GmbHG). Der Gesellschaftsvertrag kann die Übertragung weiter erschweren, insbesondere von Zustimmungserfordernissen abhängig machen (sog. Vinkulierung). Die GmbH verbindet damit kapitalistische Beteiligung mit personalistischer Kontrollmöglichkeit. Bei der **AG** ist die Verkehrsfähigkeit noch ausgeprägter. Die Aktie ist das typische kapitalmarktfähige Mitgliedschaftsrecht (§1 Abs. 2 AktG). Sie kann als Nennbetrags- oder Stückaktie ausgegeben werden (§8 AktG), auf den Inhaber oder auf den Namen lauten (§10 AktG) und grundsätzlich leicht übertragen werden. Beschränkungen sind möglich, etwa bei vinkulierten Namensaktien (§68 Abs. 2 AktG), ändern aber nichts am Grundtypus der Aktie als verkehrsfähiger Kapitalbeteiligung.

Bei der GmbH zeigt sich die **registerrechtliche Objektivierung** besonders deutlich an der Gesellschafterliste. Im Verhältnis zur Gesellschaft gilt grundsätzlich nur derjenige als Inhaber eines Geschäftsanteils, der in der im Handelsregister aufgenommenen Gesellschafterliste eingetragen ist (§16 Abs. 1 GmbHG). Unter den Voraussetzungen des §16 Abs. 3 GmbHG kann die Gesellschafterliste sogar Grundlage eines gutgläubigen Erwerbs sein. Die Gesellschafterliste (§40 GmbHG) wird damit zu einem zentralen Publizitäts- und Legitimationsinstrument der GmbH-Mitgliedschaft.

8. Hohe Publizitätsanforderungen

Kapitalgesellschaften unterliegen **gesteigerten Publizitäts- und Formalisierungspflichten**. Ihre **Entstehung** setzt Registereintragung voraus (§11 Abs. 1 GmbHG; §41 Abs. 1 AktG). Firma, Sitz, Kapital, Vertretungsorgane und Satzungsinhalt werden registerrechtlich verlautbart (§§7 ff., 10 GmbHG; §§36 ff., 39 AktG). Hinzu treten **Rechnungslegung und Offenlegung** nach dem HGB (§§264 ff., 325 HGB). Diese Publizität ist funktional eng mit der Haftungsbeschränkung verbunden. Wer mit einer Kapitalgesellschaft kontrahiert, soll sich jedenfalls über Existenz, Vertretung, Kapitalverhältnisse und grundlegende wirtschaftliche Informationen informieren können.

Neuere Rechtsentwicklungen verstärken diese Publizitäts- und Organisationsdimension. Die **Digitalisierung** betrifft insbesondere Gründung, Registervollzug und Beschlussfassung. Bei der GmbH sind unter bestimmten Voraussetzungen Online-Verfahren für notarielle Beurkundung und Beglaubigung vorgesehen (§2a GmbHG). Gesellschafterversammlungen können fernmündlich oder mittels Videokommunikation abgehalten werden, wenn sämtliche Gesellschafter sich in Textform einverstanden erklären (§48 Abs. 1 S. 2 GmbHG). Bei der AG ist die virtuelle Hauptversammlung gesetzlich geregelt (§118a AktG). Diese Entwicklungen ändern die Grundstrukturen nicht, erleichtern aber die organschaftliche Willensbildung und den registerrechtlichen Vollzug.

Daneben ist das Kapitalgesellschaftsrecht zunehmend **europäisiert** und **reguliert**. Dies betrifft unter anderem die Societas Europaea, grenzüberschreitende Umwandlungen, Zweigniederlassungen, Kapitalmarktpflichten, Transparenzregister, Compliance, Corporate Governance und Nachhaltigkeitsberichterstattung. Besonders intensiv ist diese Regulierung bei börsennotierten und großen kapitalmarktorientierten Gesellschaften. Kapitalgesellschaftsrecht ist deshalb nicht nur Organisationsrecht privater Unternehmen, sondern zugleich Infrastrukturrecht moderner Unternehmens-, Kapitalmarkt- und Gläubigerschutzordnung.

§ 19. Die Gesellschaft mit beschränkter Haftung (GmbH)

I. Begriff, Bedeutung und rechtliche Qualifikation (E)

Nach §1 GmbHG können Gesellschaften mit beschränkter Haftung nach Maßgabe der Bestimmungen des GmbHG zu jedem gesetzlich zulässigen Zweck durch eine oder mehrere Personen errichtet werden. Die GmbH ist Gesellschaft iSd Gesellschaftsrechts, ihre Errichtung und Organisation richten sich jedoch vorrangig nach dem GmbHG. Allgemeine gesellschaftsrechtliche Grundgedanken (vgl. §705 Abs. 1 BGB) können ergänzend Bedeutung haben. Die Besonderheit besteht bei der GmbH jedoch darin, dass diese gem. §1 GmbHG auch durch nur eine Person errichtet werden kann (sog. **Einmann-GmbH**), sodass es sich bei ihrer Rechtsgrundlage in diesem Fall folglich nicht um einen Vertrag, sondern ein einseitiges Rechtsgeschäft handelt.

Wie die GbR steht die GmbH zu jedem gesetzlich zulässigen (§§134, 138 BGB) **gemeinsamen Zweck** offen. Insoweit unterscheidet sie sich deutlich von oHG, KG, stG und PartG.

Aufgrund ihrer weitgehenden Zweckoffenheit ist die GmbH als Rechtsform flexibel einsetzbar und von großer **Bedeutung**. In Betracht kommt zunächst die Verfolgung **ideeller Zwecke**. Von Bedeutung sind vor allem Berufs- und Wirtschaftsverbände, ebenso Forschungsinstitute und andere wissenschaftliche, künstlerische oder kulturelle Einrichtungen sowie nur teilweise privatisierte staatliche Aktivitäten (sog. **public-private Partnership**). Für Unternehmen der öffentlichen Hand bietet die Rechtsform der GmbH verbreitet den Vorteil, dass die handelsrechtliche Buchführung für Unternehmen geeigneter ist als das veraltete kameralistische Haushaltsrecht. Im Bereich der Verfolgung **wirtschaftlicher Zwecke** ist die GmbH in erster Linie eine Gesellschaftsform für kleine und mittlere Unternehmen (sog. **KMU**), bei denen keiner der Gesellschafter eine persönliche Haftung übernehmen will. Die GmbH ist der typische Unternehmensträger, wenn die Form einer Kapitalgesellschaft gewollt ist, wegen geringer Unternehmensgröße sowie überschaubarer Gesellschafterzahl die AG aber ungeeignet ist. Deshalb findet sich unter den GmbH eine Vielzahl von Gesellschaften mit zwei oder drei, jedenfalls nur wenigen Gesellschaftern, die aktiv an der Geschäftsführung teilnehmen. Die Insolvenzanfälligkeit der kleineren GmbH ist verhältnismäßig groß. Die GmbH genießt deshalb, sofern nicht das Unternehmen im Einzelfall einen besonders guten Ruf hat, trotz großer Verbreitung nur überschaubares Ansehen und hat tendenziell geringeren Kredit als eine oHG oder AG gleicher Größe. Die Verwendung der GmbH als Rechtsform für **Großunternehmen** ist ohne weiteres zulässig, aber eher selten. Anwendungsfälle sind etwa Inlandstöchter ausländischer Unternehmensgruppen, die nicht selbständig den Kapitalmarkt in Anspruch nehmen (z.B. Ford GmbH als Tochtergesellschaft von Ford Motors Inc.). GmbH kommen oft im **Konzernverbund** vor und werden dort auf verschiedenen Organisationsstufen unterhalb der Muttergesellschaft eingesetzt. Betriebswirtschaftlich ist es in solchen Fällen sinnvoll und verbreitete Praxis, die Zahlungsströme im ganzen Konzern in einem sog. **cash-pool** zusammenzufassen. Ferner eignet sich die GmbH für Gemeinschaftsunternehmen (sog. **Joint Ventures**), in dem zwei, zuweilen auch mehr, übergeordnete Unternehmen spezielle Aufgaben oder Interessen (z.B. technische Entwicklung) bündeln.

An sich ist der Begriff Gesellschaft mit beschränkter Haftung irreführend. Denn die **Haftung der GmbH** für ihre Verbindlichkeiten ist keineswegs als betragsmäßig oder gegenständlich beschränkt, sondern unbeschränkt zu qualifizieren. Die GmbH haftet mit ihrem gesamten Gesellschaftsvermögen unbeschränkt. Die Gesellschafter haften den Gesellschaftsgläubigern grundsätzlich nicht persönlich (§13 Abs. 2 GmbHG). Das Stammkapital von mindestens 25.000 Euro (§5 Abs. 1 GmbHG) ist ein Kapitalaufbringungs- und Kapitalerhaltungsinstrument, aber kein Garantiefonds. Dies ist aber kein besonderes Merkmal der GmbH, da die Befriedigungsaussichten eines jeden Gläubigers von dem Vermögen seines Schuldners abhängig sind. Auch die **Gesellschafter** der GmbH haften keineswegs beschränkt, sondern – im Grundsatz – überhaupt nicht, wie sich implizit aus §13 Abs. 2 GmbHG ergibt. Eine Haftung der Gesellschafter ist nur in besonderen Ausnahmefällen anerkannt: Eine allgemeine Gesellschafteraußenhaftung wegen *materieller Unterkapitalisierung* ist im deutschen GmbH-Recht nicht als allgemeiner Durchgriffstatbestand anerkannt. *Existenzvernichtungshaftung* läuft heute im Kern über §826 BGB und richtet sich typischerweise auf Ersatz gegenüber der Gesellschaft. *Vermögensvermischung* bleibt ein enger Ausnahmefall.

Ausgangspunkt für die **rechtliche Qualifikation** der GmbH ist die bereits gewonnene, aus der Systematik des Gesellschaftsrechts folgende Erkenntnis, dass die GmbH **Kapitalgesellschaft** ist (s.o.§1 II.). Führt man sich sodann vor Augen, dass die GmbH ausweislich der eindeutigen Anordnung des Gesetzgebers in §13 Abs. 1 Hs. 1 GmbHG als solche selbständig ihre Rechte und Pflichten hat, folgt daraus nicht nur ihre **Rechtsfähigkeit** („ihre Recht und Pflichten"), sondern zudem ihre **Rechtssubjektivität** („als solche") als juristische Person. Letztere weisen Körperschaften (insb. also auch die Kapitalgesellschaften) auf, nicht aber die rechtlich weniger stark verselbständigten Personengesellschaften. Aus der Rechtsfähigkeit der GmbH folgt ohne Weiteres ihre **Namensfähigkeit**, die sich daran zeigt, dass für die GmbH nach §4 S. 1 GmbHG eine Firma iSd §§17ff. HGB gebildet werden muss, welche die Bezeichnung „Gesellschaft mit beschränkter Haftung" oder eine allgemein verständliche Abkürzung dieser Bezeichnung enthält. Verfolgt die Gesellschaft ausschließlich und unmittelbar steuerbegünstigte Zwecke nach §§51–68 AO (z.B. Förderung von Wissenschaft, Kunst, Tierschutz oder Sport) kann die Abkürzung „gGmbH" lauten. Nachdem es sich bei einer Firma gem. §17 Abs. 1 HGB um den Namen handelt, unter dem ein Kaufmann seine Geschäfte betreibt und die Unterschrift abgibt, kann man bereits vermuten, dass die firmenfähige GmbH über die **Kaufmannseigenschaft** verfügen muss. Dass diese Vermutung der Realität entspricht, zeigt ein Blick in §13 Abs. 3 GmbHG iVm §6 Abs. 2 HGB, wobei in letzterer Vorschrift der Begriff „Verein" nach ganz h.M. durch „Körperschaft" zu ersetzen ist. Dort wird die GmbH als sog. **Formkaufmann** qualifiziert, also als rechtliches Gebilde, welchem bereits aufgrund seiner Rechtsform und unabhängig davon, ob ein Handelsgewerbe betrieben wird, Kaufmannseigenschaft zukommt. Auf die GmbH sind demnach die für Kaufleute geltenden Vorschriften des HGB (z.B. das Recht der Handelsgeschäfte, §§343 ff. HGB) anzuwenden. Die einem jeden Kaufmann zukommende **Registerfähigkeit**, also die Fähigkeit, in das Handelsregister eingetragen zu werden, ergibt sich für die GmbH aus §§7, 8, 9c, 10, 11 GmbHG. Weitere Folge der Rechtsfähigkeit der GmbH ist ihre **Parteifähigkeit**, wofür es eines Rückgriffs auf §50 ZPO bedarf. Als rechtliches Gebilde ohne körperliche Organe (s.o. §1 III.) ist die GmbH **prozessunfähig**, wird aber gem. §51 Abs. 1 ZPO iVm §35 Abs. 1 S. 1, Abs. 2 S. 1 GmbHG vor Gericht durch ihre Geschäftsführer **vertreten**.

Das GmbH-Recht ist in großem Umfang **dispositiv**. Wegen seiner geringeren Regelungsdichte ist gegebenenfalls zu prüfen, ob im konkreten Fall eine Analogie zum Recht der AG (z.B. Mängel der Gesellschafterbeschlüsse, §§241 ff. AktG) oder – bei personalistischer Ausgestaltung des Gesellschaftsvertrages – zum Recht der oHG und GbR (z.B. Ausschluss eines Gesellschafters, Abfindung des ausgeschiedenen Gesellschafters, Treuepflicht, actio pro socio) in Betracht kommt.

II. Errichtung (E)

1. Satzung

Die GmbH wird durch Gesellschaftsvertrag errichtet. Das GmbHG spricht traditionell vom **Gesellschaftsvertrag**. Funktional handelt es sich um die Satzung der GmbH. Sie ist nicht nur **schuldrechtliche Vereinbarung**, die Rechte und Pflichten zwischen den Gründern erzeugt, sondern **Organisationsstatut**, welche die Verfassung der künftigen juristischen Person festlegt. Zu dieser Verfassung der Gesellschaft gehören insbesondere Firma, Sitz, Unternehmensgegenstand, Stammkapital, Geschäftsanteile, Gesellschafterrechte und Organisationsstruktur.

Der Gesellschaftsvertrag bedarf notarieller **Form** (§128 BGB) und ist von sämtlichen Gesellschaftern zu unterzeichnen (§2 Abs. 1 GmbHG). Die GmbH kann durch eine oder mehrere Personen gegründet werden (§1 GmbHG). Möglich ist daher auch die Einpersonengründung. Seit der Digitalisierung des Gesellschaftsrechts kann die notarielle Beurkundung unter den Voraussetzungen des §2 Abs. 3 GmbHG auch mittels Videokommunikation erfolgen. Die GmbH-Gründung bleibt damit notariell kontrolliert, kann aber in geeigneten Fällen vollständig digital vollzogen werden.

Der für jede GmbH **Mindestinhalt** des Gesellschaftsvertrags ergibt sich aus §3 Abs.1 GmbHG. Er muss die Firma und den Sitz der Gesellschaft, den Gegenstand des Unternehmens, den Betrag des Stammkapitals sowie die Zahl und die Nennbeträge der Geschäftsanteile enthalten, die jeder Gesellschafter gegen Einlage auf das Stammkapital übernimmt. Die Firma muss die Bezeichnung „Gesellschaft mit beschränkter Haftung" oder eine allgemein verständliche Abkürzung dieser Bezeichnung enthalten (§4 GmbHG). Das Stammkapital muss mindestens 25.000 Euro betragen (§5 Abs.1 GmbHG). Der Nennbetrag jedes Geschäftsanteils muss auf volle Euro lauten (§5 Abs.2 GmbHG). Die Summe der Nennbeträge aller Geschäftsanteile muss mit dem Stammkapital übereinstimmen (§5 Abs.3 GmbHG). Für bestimmte Fälle enthält §3 Abs.2 GmbHG eine weitere Regelung über den Satzungsinhalt: Soll das Unternehmen auf eine gewisse Zeit beschränkt sein (§§163, 158 BGB) oder sollen den Gesellschaftern außer der Leistung von Kapitaleinlagen noch andere Verpflichtungen gegenüber der Gesellschaft auferlegt werden (sog. Nebenleistungspflichten), so bedürfen auch diese Bestimmungen der Aufnahme in den Gesellschaftsvertrag. Darüber hinaus kann der Gesellschaftsvertrag zahlreiche weitere Regelungen enthalten. Praktisch bedeutsame **fakultative Regelungen** sind insbesondere Regelungen über Geschäftsführung, Vertretung, Zustimmungsvorbehalte, Gesellschafterversammlung, Beschlussmehrheiten, Gewinnverteilung, Vinkulierung von Geschäftsanteilen, Einziehung, Ausschluss, Abfindung, Wettbewerbsverbote und Nachfolge. Die GmbH ist insoweit wesentlich flexibler als die AG (vgl. dort §23 Abs.5 AktG). Ihre Satzung kann personalistisch ausgestaltet werden und eignet sich deshalb besonders für kleinere und mittlere Unternehmen, Familiengesellschaften, Joint Ventures und Start-ups.

Für einfache Standardgründungen kann das **Musterprotokoll** nach §2 Ia GmbHG verwendet werden. Es verbindet Gesellschaftsvertrag, Geschäftsführerbestellung und Gesellschafterliste. Zulässig ist dieses vereinfachte Verfahren nur bei höchstens drei Gesellschaftern und einem Geschäftsführer. Es reduziert Gründungsaufwand und Kosten, ist aber nur für einfache Gestaltungen geeignet. Sobald besondere Regelungen über Gesellschafterrechte, Geschäftsführung, Anteilsübertragung oder Nachfolge erforderlich sind, ist ein individueller Gesellschaftsvertrag vorzugswürdig.

2. Neugründung

Die in §§1–12 GmbHG relativ detailliert normierte Errichtung einer GmbH, zu verstehen als rechtliche Neugründung, erfolgt in **drei Schritten**, die scharf voneinander zu trennen sind.

a) Vorgründungsstadium

Das Vorgründungsstadium beginnt, wenn die Beteiligten sich mit Rechtsbindungswillen (vgl. §311 Abs.1 BGB) darauf **verständigen**, eine GmbH zu errichten, der notarielle Gesellschaftsvertrag aber noch nicht geschlossen ist. Die **Vorgründungsgesellschaft** ist noch keine GmbH und auch keine Vor-GmbH. Sie ist vielmehr eine eigenständige Gesellschaft, deren Rechtsnatur sich nach den allgemeinen Regeln richtet: Beschränkt sich die Zusammenarbeit auf die interne

Vorbereitung der GmbH-Gründung, liegt regelmäßig eine nicht rechtsfähige Innengesellschaft vor (§§705 Abs. 2 Alt. 2, 740 ff. BGB). Tritt die Vorgründungsgesellschaft dagegen bereits nach außen auf, kann sie rechtsfähige GbR sein (§§705 Abs. 2 Alt. 1, 706 ff. BGB). Betreibt sie bereits ein Handelsgewerbe iSd §1 Abs. 2 HGB, kann sie auch oHG iSd §§105 Abs. 1 HGB sein.

Zwischen Vorgründungsgesellschaft und späterer GmbH besteht **keine Rechtsträgeridentität**. Rechte und Pflichten aus dem Vorgründungsstadium gehen nicht von selbst auf die Vor-GmbH oder die GmbH über. Soll die künftige (Vor-)GmbH Verträge, Vermögensgegenstände oder Verbindlichkeiten übernehmen, bedarf es besonderer Übertragungs- oder Übernahmeakte iSd §§398, 413, 929, 873 BGB. Wer bereits im Vorgründungsstadium handelt, haftet daher nach den Regeln der jeweils entstandenen Gesellschaftsform oder nach allgemeinen rechtsgeschäftlichen Grundsätzen (s.o. §14 III. 3. d)).

b) Gründungsstadium

Das Gründungsstadium beginnt mit der **notariellen Beurkundung des Gesellschaftsvertrags** iSd §2 Abs. 1 GmbHG und endet mit der Eintragung der Gesellschaft in das Handelsregister. In dieser Phase besteht die sogenannte **Vor-GmbH** oder GmbH in Gründung. Sie ist noch keine GmbH im Sinne des §13 GmbHG, weil die GmbH als solche erst mit Eintragung entsteht (§11 Abs. 1 GmbHG). Die Vor-GmbH ist ein rechtlich verselbständigter Verband eigener Art (sui generis).

Das bedeutet konkret: Die Vor-GmbH ist **rechtsfähig**, soweit dies zur Erreichung ihres Gründungszwecks erforderlich ist. Sie kann Vermögen erwerben, Verbindlichkeiten eingehen, klagen und verklagt werden. Auf sie findet GmbH-Recht entsprechend Anwendung, soweit dieses nicht die Eintragung voraussetzt. Die Vor-GmbH ist auf die Entstehung der GmbH gerichtet. Mit Eintragung setzt sich ihre **Identität** in der GmbH fort. Anders als bei der Vorgründungsgesellschaft besteht zwischen Vor-GmbH und eingetragener GmbH also grundsätzlich Kontinuität.

Die Vor-GmbH wird durch ihre Geschäftsführer **vertreten**. Handeln Personen vor Eintragung im Namen der Gesellschaft, haften sie nach §11 Abs. 2 GmbHG persönlich und solidarisch. Diese **Handelndenhaftung** schützt den Rechtsverkehr in der Phase, in der die GmbH als haftungsbeschränkte juristische Person noch nicht entstanden ist. Sie endet grundsätzlich mit der Eintragung, soweit die Verbindlichkeiten auf die GmbH übergehen.

Die Gesellschafter trifft im Gründungsstadium die Pflicht zur ordnungsgemäßen **Kapitalaufbringung**. Bei Bareinlagen muss auf jeden Geschäftsanteil mindestens ein Viertel des Nennbetrags eingezahlt sein. Insgesamt muss auf das Stammkapital mindestens so viel eingezahlt sein, dass der Gesamtbetrag der eingezahlten Geldeinlagen zuzüglich des Gesamtnennbetrags der Geschäftsanteile, für die Sacheinlagen zu leisten sind, mindestens die Hälfte des Mindeststammkapitals erreicht (§7 Abs. 2 GmbHG). Sacheinlagen müssen vor Anmeldung vollständig bewirkt sein (§7 Abs. 3 GmbHG). Die Geschäftsführer haben bei der Anmeldung entsprechende Versicherungen abzugeben (§8 GmbHG).

Wird die GmbH eingetragen, obwohl das Gesellschaftsvermögen hinter dem satzungsmäßigen Stammkapital zurückbleibt, kommt eine **Unterbilanzhaftung** der

Gründer in Betracht. Scheitert die Eintragung endgültig, ist die Vor-GmbH abzuwickeln. Dann haften die Gründer grundsätzlich im Wege der **Verlustdeckungshaftung** für die Verbindlichkeiten der Vorgesellschaft. Diese Haftung ist von der Handelndenhaftung nach § 11 Abs. 2 GmbHG zu unterscheiden: Die Handelndenhaftung trifft denjenigen, der im Namen der Gesellschaft handelt; die Verlustdeckungs- oder Unterbilanzhaftung knüpft an die Gründerstellung und die Kapitalausstattung der Vor-GmbH an.

c) Eintragungsstadium

Die GmbH ist zur Eintragung in das Handelsregister anzumelden (§ 7 Abs. 1 GmbHG). Die **Anmeldung** erfolgt durch sämtliche Geschäftsführer in öffentlich beglaubigter Form. Beizufügen sind insbesondere der Gesellschaftsvertrag, die Legitimation der Geschäftsführer, die Gesellschafterliste, gegebenenfalls Sachgründungsunterlagen und die gesetzlich vorgeschriebenen Versicherungen.

Das Registergericht prüft die gesetzlichen **Voraussetzungen der Eintragung**. Nach § 9c GmbHG hat es insbesondere zu prüfen, ob die Gesellschaft ordnungsgemäß errichtet und angemeldet ist. Bei erheblichen Mängeln, insbesondere bei unzureichender Kapitalaufbringung oder unzulässigem Unternehmensgegenstand, kann es die Eintragung ablehnen. Die registergerichtliche Prüfung dient dem Schutz des Rechtsverkehrs und der Sicherung der Gründungsvoraussetzungen.

Mit der Eintragung entsteht die GmbH als **juristische Person** (§ 11 Abs. 1 GmbHG). Ab diesem Zeitpunkt haftet für Gesellschaftsverbindlichkeiten grundsätzlich nur noch das Gesellschaftsvermögen (§ 13 Abs. 2 GmbHG). Die bisherige Vor-GmbH wird nicht aufgelöst, sondern setzt sich identitätswahrend als GmbH fort. Die im Gründungsstadium begründeten Rechte und Pflichten werden daher grundsätzlich Rechte und Pflichten der eingetragenen GmbH.

3. Sonderformen der Gründung

a) Vorrats- und Mantelgründung

Bei der **Vorratsgründung** wird eine GmbH zunächst ohne konkreten Geschäftsbetrieb gegründet, um sie später an Erwerber zu übertragen oder erst später wirtschaftlich zu aktivieren. Eine solche Vorratsgesellschaft ist rechtlich zulässig, sofern die Gründung ordnungsgemäß erfolgt und nicht nur zum Schein vorgenommen wird. Problematisch ist die spätere wirtschaftliche Aktivierung. Sie wird als wirtschaftliche Neugründung behandelt, wenn die Gesellschaft erstmals mit einem Unternehmen ausgestattet wird.

Von der Vorratsgründung zu unterscheiden ist die **Mantelgründung**. Dabei wird eine bereits bestehende, aber wirtschaftlich inaktive oder vermögenslose GmbH als „Mantel" für eine neue unternehmerische Tätigkeit genutzt. Auch dies ist grundsätzlich zulässig, unterliegt aber den Regeln über die wirtschaftliche Neugründung. Maßgeblich ist, dass der Rechtsverkehr nicht über die Kapitalausstattung und die wirtschaftliche Lage der Gesellschaft getäuscht wird.

Bei der wirtschaftlichen Neugründung, sowohl im Falle einer Gründung auf Vorrat als auch der Verwendung eines Mantels, sind insbesondere **Offenlegung** gegenüber dem Registergericht, **erneute Versicherung der Kapitalaufbringung** und entsprechende **Anwendung der Gründungshaftung** zu beachten. Das vorhandene Gesellschaftsvermögen muss dem Stammkapital entsprechen, soweit der Rechtsverkehr auf die Kapitalausstattung vertrauen darf. Vorrats- und Mantelgesellschaften sind daher keine Möglichkeit, die Regeln über Kapitalaufbringung und Registerkontrolle zu umgehen.

b) Gründung durch Umwandlung

Eine GmbH kann nicht nur durch Neugründung entstehen, sondern auch im Wege einer Umwandlung. Maßgeblich ist dann das Umwandlungsgesetz (UmwG). Praktisch kommen als **Arten der Umwandlung** iSd §1 UmwG insbesondere Verschmelzung (§§2ff. UmwG), Spaltung (§§123ff. UmwG) und Formwechsel (§§190ff. UmwG) in Betracht. Beim Formwechsel wird ein bestehender Rechtsträger unter Wahrung seiner Identität in eine GmbH umgewandelt. Bei Verschmelzung oder Spaltung kann eine GmbH als übernehmender, neuer oder gespaltener Rechtsträger beteiligt sein.

Die Gründung durch Umwandlung unterscheidet sich von der Neugründung dadurch, dass nicht notwendig ein vollständig neuer Verband aus dem Nichts geschaffen wird. Vielmehr wird ein bestehendes Vermögen oder ein bestehender Rechtsträger gesellschaftsrechtlich **neu geordnet**. Gleichwohl dürfen die kapitalgesellschaftsrechtlichen Schutzmechanismen nicht unterlaufen werden. Auch bei der Umwandlung müssen Kapitalaufbringung, Gläubigerschutz, Registerpublizität und gegebenenfalls besondere Berichts- und Prüfungsanforderungen beachtet werden.

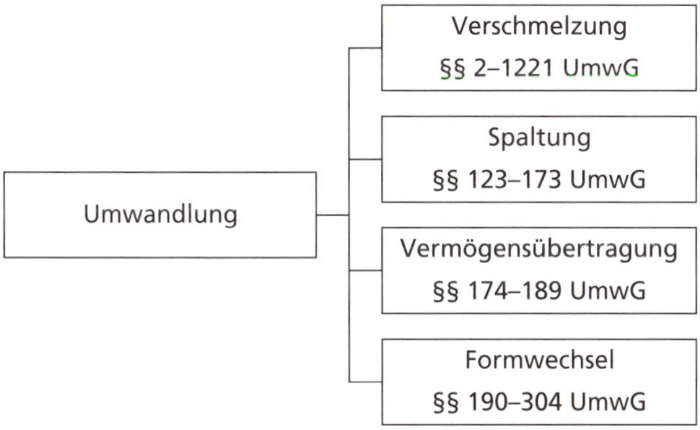

Abb. 56: Umwandlungsarten nach dem Umwandlungsgesetz

4. Gründungsfehler

Gründungsfehler können vor und nach Eintragung unterschiedliche Folgen haben. **Vor Eintragung** führen erhebliche Mängel regelmäßig dazu, dass das Registergericht die Eintragung ablehnt (vgl. §9c GmbHG). Das betrifft insbesondere fehlende notarielle Form, unvollständigen Mindestinhalt des Gesellschaftsvertrags, unzulässigen Unternehmensgegenstand, fehlende Geschäftsführerbestellung, mangelhafte Kapitalaufbringung oder unrichtige Versicherungen.

Nach Eintragung (§11 Abs. 1 GmbHG) ist der Bestand der GmbH aus Verkehrsschutzgründen weitgehend stabilisiert. Die Gesellschaft soll nicht wegen jedes Gründungsmangels rückwirkend als nicht existent behandelt werden. Fehler der Gründung führen daher regelmäßig nicht zur rückwirkenden Nichtigkeit der GmbH, sondern zu besonderen registerrechtlichen, haftungsrechtlichen oder strafrechtlichen Folgen. Falsche Angaben im Gründungsverfahren können insbesondere Haftung und Strafbarkeit auslösen (§§9a, 82 GmbHG). Eine Nichtigkeitsklage gegen die eingetragene GmbH ist nur in engen Fällen vorgesehen. Nach §75 GmbHG kann die Gesellschaft insbesondere für nichtig erklärt werden, wenn der Gesellschaftsvertrag keine Bestimmungen über die Höhe des Stammkapitals oder den Gegenstand des Unternehmens enthält oder die Bestimmungen über den Unternehmensgegenstand nichtig sind. Bestimmte Mängel können durch Gesellschafterbeschluss geheilt werden (§76 GmbHG). Wird die Nichtigkeit rechtskräftig festgestellt, wirkt dies nicht rückwirkend wie ein Nichtbestehen der Gesellschaft, sondern führt zur Abwicklung (§77 GmbHG).

III. Geschäftsführung (E)

Die GmbH ist als rechtliches Gebilde ohne körperliche Organe selbst nicht handlungsfähig. Zur Willensbildung und zur Teilnahme am Rechtsverkehr benötigt sie daher rechtliche Organe. Das GmbHG sieht für die GmbH als Organe den **Geschäftsführer** (§§6, 35ff. GmbHG) und die **Gesellschafterversammlung** (§§45ff. GmbHG) vor. Ein **Aufsichtsrat** ist bei der GmbH nur dann zwingend zu bilden, wenn es sich um eine sog. mitbestimmte GmbH (§52 Abs. 2 GmbHG) handelt, nicht aber bei einer sog. nicht mitbestimmten GmbH (§52 Abs. 1 GmbHG). Zwischen den Organen der GmbH besteht ein **Hierarchieverhältnis**. Die Gesellschafterversammlung ist das oberste Organ der Gesellschaft und das Entscheidungszentrum des Unternehmens, wie sich implizit aus §37 Abs. 1 GmbHG ergibt. Die Gesellschafter können grundsätzlich alle Entscheidungen an sich ziehen, namentlich auch Geschäftsführungsangelegenheiten. Anders als in der AG (§76 AktG) leiten die Geschäftsführer die Gesellschaft also nicht eigenständig.

Hinweis: Pflichtstoff des Ersten Juristischen Staatsexamens ist üblicherweise – hier exemplarisch für Bayern dargestellt – gem. §18 Abs. 2 Nr. 2 c) JAPO insbesondere die **Geschäftsführung** in der GmbH. Damit dürften (tiefergehende) Fragen zu anderen Organen als dem Geschäftsführer nicht prüfungsrelevant sein.

Zunächst stellt sich die Frage, aus welchem Grund sich ein Rechtssubjekt überhaupt bereit erklären sollte, als Geschäftsführer einer GmbH tätig zu werden. Regelmäßig ist dieser – neben der Möglichkeit, als Leiter eines Unternehmens tätig zu werden – in der Aussicht auf eine verhältnismäßige attraktive Vergütung zu erblicken. Rechtsgrundlage für die Gewährung einer solchen Geschäftsführervergütung ist der sog. **Anstellungsvertrag**, den die GmbH mit dem Geschäftsführer schließt. Durch den Anstellungsvertrag verpflichtet sich der Geschäftsführer schuldrechtlich zur Wahrnehmung der Organstellung gegen Vergütung.

Es handelt sich dabei um einen *Dienstvertrag*, der eine Geschäftsbesorgung zum Gegenstand hat (§§ 611, 675 BGB) und der insbesondere nicht als Arbeitsvertrag zu qualifizieren ist, da der Geschäftsführer Arbeitgeberfunktionen wahrnimmt. Jedoch kann im Hinblick auf unionsrechtliche Regelungen eine Anwendbarkeit einzelner arbeitsrechtlicher Normen auf den sog. Fremdgeschäftsführer, also den Geschäftsführer, welcher nicht zugleich Gesellschafter ist, geboten sein (EuGH ZIP 2010, 2414 ff. – Danosa). Der Anstellungsvertrag ist strikt von der organschaftlichen Bestellung des Geschäftsführers zu trennen. Sein rechtliches Schicksal ist unabhängig von der Organstellung. Wann der Anstellungsvertrag endet, hängt von der Vertragsgestaltung ab (Befristung, ordentliche Kündigung usw.). Im Unterschied zur Organstellung kann der Anstellungsvertrag von der Gesellschafterversammlung regelmäßig nicht ohne Wahrung einer Frist einseitig willkürlich beendet werden. Eine außerordentliche Kündigung bedarf gem. § 626 BGB eines wichtigen Grundes.

Die Begründung der Organstellung des Geschäftsführers erfolgt hingegen durch die **Bestellung**. Sie kann entweder im Gesellschaftsvertrag vorgenommen werden (§ 6 Abs. 3 S. 2 GmbHG) oder durch Mehrheitsbeschluss der Gesellschafter erfolgen (§§ 6 Abs. 3 S. 2, 46 Nr. 5 GmbHG) und bedarf der Zustimmung (§ 182 BGB) des Betroffenen. Die organschaftliche Bestellung ist damit ein *Rechtsgeschäft*, das durch zwei empfangsbedürftige Willenserklärungen iSd § 130 BGB zustande kommt. Als Geschäftsführer kommen nur *natürliche Personen* in Betracht (§ 6 Abs. 2 S. 1 GmbHG). Die Geschäftsführer können *Gesellschafter* sein, müssen das aber nicht. Anders als im Personengesellschaftsrecht gilt im Kapitalgesellschaftsrecht nämlich der Grundsatz der *Fremdorganschaft*, § 6 Abs. 3 S. 1 GmbHG. Die *Zahl der Geschäftsführer* lässt das GmbHG offen (§ 6 Abs. 1 GmbHG). Auch zur Dauer der Bestellung schweigt das Gesetz. Die Bestellung kann daher unbefristet erfolgen, sofern die Satzung nichts anderes vorsieht. Die Organstellung wird durch *Widerruf* beendet. Der Widerruf ist gem. § 38 Abs. 1 GmbHG grundsätzlich jederzeit und ohne Gründe möglich. Es genügt also ein einfacher Gesellschafterbeschluss (§ 46 Nr. 5 GmbHG). Die Satzung kann den Widerruf allerdings gem. § 38 Abs. 2 GmbHG von einem wichtigen Grund abhängig machen. Beim Widerruf handelt es sich um eine empfangsbedürftige Willenserklärung iSd § 130 BGB. Folglich ist die Wirksamkeit des Widerrufs nicht von der Zustimmung des betroffenen Geschäftsführers abhängig – alles andere wäre auch widersinnig.

Die **Aufgabe** des Geschäftsführers besteht – ohne dass das GmbHG diese Selbstverständlichkeit explizit ausspricht – zunächst in der *Führung der Geschäfte* der GmbH. Geschäftsführung ist jedwede tatsächliche oder rechtsgeschäftliche Tätigkeit für die GmbH, die nicht das rechtsgeschäftliche Außenverhältnis betrifft. Erfasst ist damit das „Ob" sowie das „abstrakte Wie" (Rahmen) jeder unternehmerischen Entscheidung. Der Geschäftsführer kann die Geschäfte der GmbH aber nicht nach seinem Belieben führen. Das unternehmerische Entscheidungszentrum der GmbH ist vielmehr die Gesellschafterversammlung. Daher können die Satzung und die Gesellschafterversammlung die Geschäftsführungsbefugnis gem. § 37 Abs. 1 GmbHG beschränken. Der Geschäftsführer ist also an *Weisungen* der Gesellschafterversammlung gebunden. Möglich sind generelle Beschränkungen und Einzelweisungen freilich nur, soweit diese rechtmäßig sind. Im

Umkehrschluss ergibt sich aus §37 Abs. 1 GmbHG eine umfassende Geschäftsführungsbefugnis, sofern dem Geschäftsführer keine Beschränkungen durch Gesellschaftsvertrag oder Einzelweisung auferlegt sind. Ihre Schranke findet sie – wie im Personengesellschaftsrecht – in den *Grundlagengeschäften*, der im GmbH-Recht aber klarer abgrenzbar ist, zumal Satzungsänderungen hier stark formalisiert sind (§§53f. GmbHG) und ein „Beitritt" neuer Gesellschafter ohne Kapitalerhöhung (die eine Sonderform der Satzungsänderung darstellt, §55 GmbHG) nicht denkbar ist. Denn die Summe der Nennbeträge der Geschäftsanteile muss immer dem Stammkapitalbetrag entsprechen (§5 Abs. 3 S. 2 GmbHG). Doch auch ohne förmliche Weisungen dürfen sich Geschäftsführer nicht über den erkennbaren oder mutmaßlichen Willen der Gesellschafter hinwegsetzen. Entscheidungen sind daher, wie in der oHG gem. §116 Abs. 2 HGB, der Gesellschafterversammlung vorzulegen, wenn sie *ungewöhnliche Geschäfte* betreffen. Neben der Geschäftsführung hat der Geschäftsführer weitere Aufgaben zu erfüllen, wie insbesondere die ersatzweise Führung der Gesellschafterliste (§40 Abs. 1 GmbHG), die Buchführung (§41 GmbHG), die Einberufung der Gesellschafterversammlung (§49 GmbHG), die Verwirklichung der Auskunfts- und Einsichtsrechte der Gesellschafter (§51a GmbHG) und die Stellung des Insolvenzantrags (§15a Abs. 1 InsO). Ergänzend verpflichtet §1 StaRUG die Geschäftsleiter haftungsbeschränkter Unternehmen zur fortlaufenden Überwachung bestandsgefährdender Entwicklungen.

IV. Vertretung (E)

Weitere Aufgabe des Geschäftsführers ist die Vertretung der GmbH. Vertretung ist derjenige Teilbereich der Geschäftsführung, der das rechtsgeschäftliche Außenhandeln des Geschäftsführers betrifft. Erfasst ist damit das „konkrete Wie" (Ausgestaltung) einer unternehmerischen Entscheidung.

Die **Vertretungsmacht** des Geschäftsführers (§164 Abs. 1 S. 1 BGB) ist gem. §35 Abs. 2 S. 2 GmbHG regelmäßig als Gesamtvertretungsmacht zu begreifen, wenn mehrere Geschäftsführer bestellt sind. Sie ist ihrem Umfang nach gem. §35 Abs. 1 S. 1 GmbHG *unbeschränkt* und gem. §37 Abs. 2 GmbHG im Außenverhältnis *unbeschränkbar*. Beschränkungen der Geschäftsführungsbefugnis wirken nur im Innenverhältnis zur Gesellschaft. Der Geschäftsführer kann die Gesellschaft daher gegenüber Dritten wirksam verpflichten, auch wenn er seine Geschäftsführungsbefugnis dabei überschreitet. Rechtsgeschäfte können nach der Lehre vom *Missbrauch der Vertretungsmacht* unwirksam sein. Der evidente Missbrauch der Vertretungsmacht kann dabei dem Dritten stets entgegengehalten werden. Bei Kollusion sind die geschlossenen Geschäfte gem. §138 Abs. 1 BGB nichtig.

Bei der **Haftung** der Geschäftsführer ist zwischen der Haftung gegenüber der Gesellschaft im Innenverhältnis sowie gegenüber Dritten – dies können auch Gesellschafter sein – im Außenverhältnis zu differenzieren. Anknüpfungspunkt für eine *Haftung der Geschäftsführer gegenüber der Gesellschaft* ist die Anspruchsgrundlage des §43 Abs. 2 GmbHG. Der strenge Haftungsmaßstab ist in §43 Abs. 1 GmbHG niedergelegt. Danach hat der Geschäftsführer in den Angelegenheiten der Gesellschaft die Sorgfalt eines ordentlichen Geschäftsmannes zu beachten. §708 BGB findet keine Anwendung. Durch die Aufgabe des Geschäftsführers, fremde Vermögensinteressen wahrzunehmen, wird die zu wahrende Sorgfalt maßgeblich geprägt. Rechtsirrtümer lassen das Verschulden nur entfallen, wenn die Rechtslage sorgfältig geprüft und ggf. Rechtsrat eingeholt wurde. Allerdings steht dem Geschäftsführer bei *unternehmerischen Entscheidungen* ein weiter Ermessensspielraum im Rahmen von unternehmerischen Entscheidungen zu, soweit er nicht durch Weisungen und sonstige Beschränkungen gebunden ist (§93 Abs. 1 S. 2 AktG analog). Die für den Geschäftsführer ungünstige Beweislastverteilung des §93 Abs. 2 S. 2 AktG gilt nach h.M. für die GmbH analog. Demnach trägt grundsätzlich die GmbH die Beweislast für den Eintritt eines Schadens sowie eines Geschäftsführerhandelns (Tun oder Unterlassen), das hierfür ursächlich war. Der Geschäftsführer muss dagegen darlegen und nachweisen, dass er keine Pflichtverletzung begangen hat bzw. ihn kein Verschulden trifft, sowie ggf., dass der Schaden auch durch ein sorgfaltsgemäßes Alternativverhalten eingetreten wäre. Einen besonderen Haftungstatbestand beinhaltet §43 Abs. 3 S. 1 GmbHG, wonach eine Ersatzpflicht insbesondere eintritt, wenn entgegen §30 GmbHG Zahlungen aus dem zur Erhaltung des Stammkapitals erforderlichen Vermögen gemacht oder zuwider der Bestimmung des §33 GmbHG eigene Geschäftsanteile erworben worden sind. Auf diesen Ersatzanspruch kann die GmbH grundsätzlich nicht verzichten (§§43 Abs. 3 S. 2, 9b Abs. 1 GmbHG). Führt der Geschäftsführer eine rechtmäßige Weisung der Gesellschafterversammlung aus, haftet er dafür nicht. Dies folgt aus einem Umkehrschluss zu §43 Abs. 3 S. 3 GmbHG. Daneben genügt auch ein stillschweigendes Einverständnis sämtlicher Gesellschafter (BGHZ 197, 304 (Tz. 33)). Neben den ordnungsgemäß bestellten Geschäftsführern haften nach §43 Abs. 2 GmbHG auch sog. *faktische Organe*. Dabei handelt es sich um Personen, welche die Aufgaben eines Geschäftsführers übernommen haben, ohne wirksam bestellt worden zu sein. Im Einzelnen sind die Voraussetzungen der Rechtsfigur des faktischen Organs umstritten. Die Rechtsprechung verlangt für die Einbeziehung in die Organpflichten, dass die betreffende Person nach außen für die Gesellschaft aufgetreten ist (BGHZ 104, 44; BGHZ 150, 61; BGH, NZG 2005, 755; BGH, NZG 2005, 816.). Besondere Bedeutung hat die Geschäftsführerhaftung in der Krise. Der frühere §64 GmbHG ist aufgehoben worden. An seine Stelle ist das rechtsformübergreifende Zahlungsverbotsregime des §15b InsO getreten. Danach dürfen nach Eintritt der Zahlungsunfähigkeit oder Überschuldung grundsätzlich keine Zahlungen mehr geleistet werden, die mit der Sorgfalt eines ordentlichen und gewissenhaften Geschäftsleiters nicht vereinbar sind. Verstöße können zu persönlicher Haftung der Geschäftsführer führen. Die Insolvenzantragspflicht nach §15a InsO bleibt daneben bestehen. Über die Geltendmachung sämtlicher Ansprüche der Gesellschaft entscheidet die Gesellschafterversammlung durch einen Beschluss, der mit einfacher Mehrheit zu fassen ist (§46 Nr. 8 GmbHG). Beschließt die Gesellschafterversammlung die Entlastung eines Geschäftsführers, so verzichtet die Gesellschaft damit auf Schadensersatzansprüche, die für alle Gesellschafter bekannt oder erkennbar waren. Eine Haftung der Geschäftsführer gegenüber Dritten besteht grundsätzlich nicht. Die organschaftlichen Pflichten berühren nur das Verhältnis zur Gesellschaft.[4] §43 GmbHG ist kein Schutzgesetz

4 BGHZ 194, 26.

iSd §823 Abs. 2 BGB. Für eine Haftung gegenüber Dritten bedarf es daher immer der Verwirklichung einer Anspruchsgrundlage des allgemeinen Zivilrechts. In Betracht kommen vertragliche Anspruchsgrundlagen (z.B. §765 Abs. 1 BGB bei Übernahme einer Bürgschaft für die GmbH), eine Haftung aus culpa in contrahendo gem. §§280 Abs. 1, 311 Abs. 2, 241 Abs. 2 BGB, eine deliktische Haftung nach §823 Abs. 1 BGB bei Verletzung absoluter Rechte, eine deliktische Haftung nach §823 Abs. 2 BGB (insbesondere bei nicht rechtzeitiger Stellung des Insolvenzantrags nach §15a Abs. 1 InsO) und – in seltenen Fällen – eine Haftung nach §826 BGB.

V. Gesellschafterversammlung

1. Kompetenzen

Die Gesellschafterversammlung ist das **oberste Willensbildungsorgan** der GmbH (vgl. §37 Abs. 1 GmbHG). Sie verkörpert die Mitgliedschaftsherrschaft der Gesellschafter. Ihre Zuständigkeiten ergeben sich aus Gesetz und Gesellschaftsvertrag.

Zentrale gesetzliche Kompetenzen enthält §46 GmbHG. Danach entscheiden die Gesellschafter insbesondere über Feststellung des Jahresabschlusses und Ergebnisverwendung, Einforderung der Einlagen, Rückzahlung von Nachschüssen, Teilung, Zusammenlegung und Einziehung von Geschäftsanteilen, Bestellung und Abberufung der Geschäftsführer, Entlastung der Geschäftsführer, Maßnahmen zur Prüfung und Überwachung der Geschäftsführung, Bestellung von Prokuristen und Handlungsbevollmächtigten sowie Geltendmachung von Ersatzansprüchen gegen Geschäftsführer oder Gesellschafter. Hinzu treten **weitere grundlegende Kompetenzen**, insbesondere für Satzungsänderungen (§§53, 54 GmbHG), Kapitalmaßnahmen, Umwandlungen und Auflösung der Gesellschaft (§60 GmbHG). Die Gesellschafterversammlung kann den Geschäftsführern Weisungen erteilen (§37 Abs. 1 GmbHG). Dadurch unterscheidet sich die GmbH deutlich von der AG, deren Vorstand die Gesellschaft grundsätzlich eigenverantwortlich leitet (§76 Abs. 1 AktG).

Die Kompetenzen der Gesellschafterversammlung können im **Gesellschaftsvertrag** erweitert und konkretisiert werden. Häufig werden Zustimmungsvorbehalte für wichtige Geschäftsführungsmaßnahmen vereinbart, etwa Erwerb und Veräußerung wesentlicher Vermögensgegenstände, Aufnahme größerer Kredite, Abschluss langfristiger Verträge, Investitionen, Beteiligungserwerb oder Einstellung von Schlüsselpersonal. Solche Zustimmungsvorbehalte wirken grundsätzlich im Innenverhältnis.

2. Willensbildung

Die Gesellschafter entscheiden durch **Beschluss**. Nach §47 Abs. 1 GmbHG erfolgen die Beschlüsse grundsätzlich mit der **Mehrheit** der abgegebenen Stimmen. Jeder Euro eines Geschäftsanteils gewährt eine **Stimme** (§47 Abs. 2 GmbHG), sofern der Gesellschaftsvertrag nichts anderes bestimmt. Das Stimmrecht folgt damit im gesetzlichen Ausgangspunkt der Kapitalbeteiligung. Bei bestimmten **Interes-**

senkonflikten ist ein Gesellschafter vom Stimmrecht ausgeschlossen. Nach §47 Abs. 4 GmbHG darf ein Gesellschafter insbesondere nicht mitstimmen, wenn er entlastet oder von einer Verbindlichkeit befreit werden soll oder wenn die Beschlussfassung ein Rechtsgeschäft oder einen Rechtsstreit ihm gegenüber betrifft. Die Vorschrift konkretisiert den allgemeinen Gedanken, dass niemand Richter in eigener Sache sein soll.

Beschlüsse werden grundsätzlich in **Gesellschafterversammlungen** gefasst (§48 Abs. 1 S. 1 GmbHG). Versammlungen können auch fernmündlich oder mittels Videokommunikation abgehalten werden, wenn sämtliche Gesellschafter sich damit in Textform einverstanden erklären (§48 Abs. 1 S. 2 GmbHG). Einer Versammlung bedarf es nicht, wenn sämtliche Gesellschafter sich in Textform mit der zu treffenden Bestimmung oder mit der Stimmabgabe in Textform einverstanden erklären (§48 Abs. 2 GmbHG). Das GmbH-Recht ist damit gegenüber digitalen und vereinfachten Beschlussverfahren deutlich geöffnet worden, hält aber im gesetzlichen Leitbild an der Gesellschafterversammlung fest. Die Gesellschafterversammlung wird grundsätzlich durch die Geschäftsführer einberufen (§49 Abs. 1 GmbHG). Sie ist einzuberufen, wenn es im Interesse der Gesellschaft erforderlich erscheint (§49 Abs. 2 GmbHG), insbesondere bei Verlust der Hälfte des Stammkapitals (§49 Abs. 3 GmbHG). Minderheitsgesellschafter, deren Geschäftsanteile zusammen mindestens ein Zehntel des Stammkapitals erreichen, können die Einberufung oder die Ankündigung von Beschlussgegenständen verlangen (§50 GmbHG). Die Einberufung erfolgt nach §51 GmbHG grundsätzlich durch eingeschriebenen Brief mit einer Frist von mindestens einer Woche, soweit der Gesellschaftsvertrag nichts anderes vorsieht.

Das GmbHG enthält kein geschlossenes **Beschlussmängelrecht**. Die Rechtsprechung wendet daher die aktienrechtlichen Regeln über Nichtigkeit und Anfechtbarkeit von Beschlüssen (s.u. §20) entsprechend an, allerdings mit GmbH-spezifischen Anpassungen. Schwere Mängel führen zur **Nichtigkeit**, sonstige Gesetzes- oder Satzungsverstöße regelmäßig zur **Anfechtbarkeit**. Die konkrete Ausgestaltung hängt von Art des Mangels, Bedeutung des Verstoßes und Schutzbedürfnis des Rechtsverkehrs ab.

3. Rechte der Gesellschafter

Die Gesellschafter haben Vermögens- und Verwaltungsrechte. Zu den **Vermögensrechten** gehören insbesondere das Recht auf Ergebnisverwendung und Gewinnauszahlung (§29 GmbHG), die Beteiligung am Liquidationserlös (§72 GmbHG) und gegebenenfalls Bezugsrechte bei Kapitalerhöhungen (§§55 ff. GmbHG). Ein allgemeines gesetzliches Bezugsrecht wie im Aktienrecht enthält das GmbHG zwar nicht. Es kann sich aber aus dem Gesellschaftsvertrag oder aus der gesellschaftsrechtlichen Treuepflicht ergeben, insbesondere wenn eine Kapitalerhöhung sonst zu einer unangemessenen Verwässerung einzelner Gesellschafter führen würde. Nach §29 Abs. 1 GmbHG haben die Gesellschafter Anspruch auf den Jahresüberschuss zuzüglich eines Gewinnvortrags und abzüglich eines Verlustvortrags, soweit der Betrag nicht nach Gesetz, Gesellschaftsvertrag oder Gesellschafterbeschluss von der Verteilung ausgeschlossen ist.

Zu den **Verwaltungsrechten** gehören insbesondere das Teilnahmerecht an der Gesellschafterversammlung (§ 48 Abs. 1 GmbHG), das Stimmrecht (§ 47 GmbHG), das Recht zur Mitwirkung an der Beschlussfassung (§ 47 Abs. 1 GmbHG), Minderheitsrechte auf Einberufung der Gesellschafterversammlung oder Ankündigung von Beschlussgegenständen (§ 50 GmbHG), das Auskunfts- und Einsichtsrecht (§ 51a GmbHG) sowie das Recht, fehlerhafte Beschlüsse gerichtlich überprüfen zu lassen. Das Stimmrecht richtet sich grundsätzlich nach der Kapitalbeteiligung. Jeder Euro eines Geschäftsanteils gewährt eine Stimme (§ 47 Abs. 2 GmbHG). Der Gesellschaftsvertrag kann das Stimmrecht abweichend ausgestalten. Sonderrechte einzelner Gesellschafter sind ebenfalls möglich, bedürfen aber einer hinreichend klaren Grundlage im Gesellschaftsvertrag. Satzungsänderungen unterliegen den besonderen Anforderungen der §§ 53, 54 GmbHG. Von besonderer Bedeutung ist dabei das Auskunfts- und Einsichtsrecht nach § 51a GmbHG. Die Geschäftsführer haben jedem Gesellschafter auf Verlangen unverzüglich Auskunft über die Angelegenheiten der Gesellschaft zu geben und Einsicht in Bücher und Schriften zu gestatten (§ 51a Abs. 1 GmbHG). Die Auskunft oder Einsicht darf nur verweigert werden, wenn zu besorgen ist, dass der Gesellschafter sie zu gesellschaftsfremden Zwecken verwendet und der Gesellschaft oder einem verbundenen Unternehmen dadurch ein nicht unerheblicher Nachteil entsteht (§ 51a Abs. 2 GmbHG). Die Verweigerung bedarf eines Gesellschafterbeschlusses. Von § 51a GmbHG kann im Gesellschaftsvertrag nicht abgewichen werden (§ 51a Abs. 3 GmbHG).

Die Gesellschafterrechte dienen nicht nur individuellen Interessen, sondern auch der **Kontrolle der Geschäftsführung** und der **Mitwirkung an der Verbandswillensbildung**. Gerade bei kleineren und personalistisch geprägten GmbHs können Gesellschafterrechte funktional den Kontrollrechten eines Mitunternehmers nahekommen. Gleichwohl bleibt die GmbH Kapitalgesellschaft: Die Gesellschafter führen nicht kraft Mitgliedschaft selbst die Geschäfte, sondern handeln durch Beschlüsse und Kontrollrechte.

4. Pflichten der Gesellschafter

Die wichtigste Pflicht des Gesellschafters ist die **Einlagepflicht**. Jeder Gesellschafter muss die von ihm übernommene Stammeinlage leisten (§§ 14, 19 GmbHG). Die Einlagepflicht ist Grundlage der Kapitalaufbringung und damit zentraler Ausgleich für die Haftungsbeschränkung. Wird die Einlage nicht ordnungsgemäß erbracht, kommen gesellschaftsrechtliche und haftungsrechtliche Folgen in Betracht.

Ein **gesetzliches Wettbewerbsverbot** der Gesellschafter besteht im GmbH-Recht nicht allgemein. Es kann sich aber aus dem Gesellschaftsvertrag oder aus der Treuepflicht ergeben (s. dazu sogleich). Besonders naheliegend ist dies bei beherrschenden Gesellschaftern, geschäftsführenden Gesellschaftern oder Gesellschaftern mit besonderem Informationszugang.

Weitere Pflichten können sich aus dem Gesellschaftsvertrag ergeben. Nach § 3 Abs. 2 GmbHG können besondere Verpflichtungen der Gesellschafter vorgesehen werden. Möglich sind etwa Nebenleistungspflichten, Wettbewerbsverbote,

Zustimmungspflichten, Mitwirkungspflichten, Vertraulichkeitspflichten oder Finanzierungsbeiträge. Nachschusspflichten bedürfen einer besonderen Grundlage im Gesellschaftsvertrag (§§26 ff. GmbHG). Ohne solche Grundlage besteht grundsätzlich keine Pflicht, über die übernommene Einlage hinaus weiteres Kapital zuzuführen.

Alle Gesellschafter unterliegen der gesellschaftsrechtlichen **Treuepflicht** iSd §§241 Abs. 2, 242 BGB. Sie müssen auf die Interessen der Gesellschaft und der Mitgesellschafter Rücksicht nehmen. Die Treuepflicht kann Stimmrechtsausübung, Informationsverwendung, Wettbewerb, Anteilsübertragung und Verhalten in Krisensituationen beeinflussen. Ihre Intensität hängt von der Struktur der Gesellschaft ab. In einer personalistisch geprägten Familien- oder Zwei-Personen-GmbH ist sie regelmäßig stärker als in einer kapitalistisch geprägten Beteiligungsgesellschaft mit größerem Gesellschafterkreis.

VI. Aufsichtsrat

Die GmbH muss **grundsätzlich** keinen Aufsichtsrat haben, wie sich einem Umkehrschluss zu §52 GmbHG entnehmen lässt. Anders als die AG ist sie nicht notwendig dreigliedrig organisiert. Neben Geschäftsführung und Gesellschafterversammlung tritt ein Aufsichtsrat nur, wenn der Gesellschaftsvertrag ihn vorsieht (§52 Abs. 1 GmbHG) oder besondere gesetzliche Vorschriften ihn verlangen (§52 Abs. 2 GmbHG).

Ein **fakultativer Aufsichtsrat** kann nach §52 Abs. 1 GmbHG im Gesellschaftsvertrag vorgesehen werden. Dann finden bestimmte aktienrechtliche Vorschriften entsprechend Anwendung, soweit der Gesellschaftsvertrag nichts anderes bestimmt. Der fakultative Aufsichtsrat dient vor allem der Überwachung und Beratung der Geschäftsführung. Er kann insbesondere bei größeren Familiengesellschaften, Unternehmensgruppen, Beteiligungsgesellschaften oder Gesellschaften mit externen Investoren sinnvoll sein.

Ein **obligatorischer Aufsichtsrat** ist gem. §52 Abs. 2 GmbHG bei mitbestimmten GmbH erforderlich. Je nach Unternehmensgröße und Arbeitnehmerzahl können das Drittelbeteiligungsgesetz, das Mitbestimmungsgesetz oder besondere Mitbestimmungsgesetze eingreifen. Dann ist der Aufsichtsrat nicht nur gesellschaftsvertragliches Kontrollorgan, sondern gesetzlich vorgeschriebenes Mitbestimmungsorgan.

Der Aufsichtsrat der GmbH unterscheidet sich vom Aufsichtsrat der AG dadurch, dass die GmbH insgesamt stärker durch die Gesellschafterversammlung beherrscht bleibt. Der Aufsichtsrat tritt also nicht notwendig an die Stelle der Gesellschafterkontrolle. Seine konkrete Bedeutung hängt maßgeblich davon ab, ob er fakultativ oder gesetzlich zwingend eingerichtet ist und welche Kompetenzen ihm der Gesellschaftsvertrag zuweist.

VII. Finanzverfassung

1. Kapitalaufbringung

Die Finanzverfassung der GmbH beginnt mit dem **Stammkapital**. Es muss mindestens 25.000 Euro betragen (§5 Abs. 1 GmbHG). Das Stammkapital ist in Geschäftsanteile zerlegt, wobei die Summe der Nennbeträge aller Geschäftsanteile dem Stammkapital entsprechen muss (§5 Abs. 3 GmbHG). Jeder Gesellschafter übernimmt bei der Gründung einen oder mehrere Geschäftsanteile und schuldet hierfür die vereinbarte Einlage.

Einlagen können als Bareinlagen oder Sacheinlagen geleistet werden. **Bareinlagen** sind Geldleistungen. **Sacheinlagen** sind andere Vermögensgegenstände, etwa Sachen, Rechte, Forderungen, Unternehmen oder Beteiligungen. Sacheinlagen müssen im Gesellschaftsvertrag genau bezeichnet werden (§5 Abs. 4 GmbHG). Sie sind vor Anmeldung vollständig zu bewirken (§7 Abs. 3 GmbHG). Dadurch soll das Registergericht prüfen können, ob der Gesellschaft das versprochene Vermögen tatsächlich zugeführt wird.

Die Einlage muss der Gesellschaft **endgültig zur freien Verfügung** stehen. Problematisch sind daher verdeckte Sacheinlagen und das sogenannte Hin- und Herzahlen. Bei einer **verdeckten Sacheinlage** wird formal eine Bareinlage vereinbart, wirtschaftlich soll die Gesellschaft aber einen Gegenstand des Gesellschafters erwerben. Das Gesetz behandelt solche Fälle nicht schlicht als nichtig, sondern rechnet den Wert des eingebrachten Gegenstands unter den Voraussetzungen des §19 Abs. 4 GmbHG auf die fortbestehende Geldeinlagepflicht an. Beim **Hin- und Herzahlen** fließt die Einlage zwar zunächst an die Gesellschaft, wird aber aufgrund einer Abrede wieder an den Gesellschafter zurückgewährt. Auch hierfür enthält §19 Abs. 5 GmbHG besondere Voraussetzungen.

Die Kapitalaufbringungsregeln sind **zwingendes Gläubigerschutzrecht**. Sie können nicht durch Gesellschaftsvertrag abbedungen werden. Wer eine haftungsbeschränkte Gesellschaft gründet, muss das gesetzlich vorausgesetzte Kapital ordnungsgemäß aufbringen. Unrichtige Angaben im Gründungsverfahren können eine Haftung der Gesellschafter und Geschäftsführer sowie strafrechtliche Folgen auslösen (§§9a, 82 GmbHG).

2. Kapitalerhaltung

Nach der Kapitalaufbringung schützt das Kapitalerhaltungsrecht das **gebundene Gesellschaftsvermögen**. Kernnorm ist §30 GmbHG. Danach darf das zur Erhaltung des Stammkapitals erforderliche Vermögen der Gesellschaft grundsätzlich nicht an die Gesellschafter ausgezahlt werden. Die GmbH soll ihr haftendes Vermögen nicht beliebig an die Gesellschafter zurückverlagern können, solange Gläubiger darauf angewiesen sind, dass die Gesellschaft selbst Schuldnerin bleibt. Wie der Passus „das zur Erhaltung des Stammkapitals erforderliche" zeigt, greift §30 GmbHG nur ein, wenn durch die Ausschüttung eine Unterbilanz hervorgerufen oder vertieft würde. Eine Unterbilanz liegt vor, soweit das in der Satzung ausgewiesene Stammkapital der GmbH nicht mehr durch Aktivreinvermögen der GmbH gedeckt ist.

Verboten sind nicht nur **offene Rückzahlungen** von Einlagen. Erfasst werden auch **verdeckte Vermögensverlagerungen**, etwa überhöhte Vergütungen, unangemessene Kaufpreise, ungesicherte Darlehen, Forderungsverzichte oder sonstige Leistungen ohne gleichwertige Gegenleistung. Entscheidend ist, ob wirtschaftlich Gesellschaftsvermögen zulasten des gebundenen Vermögens an einen Gesellschafter oder auf dessen Veranlassung an einen Dritten verlagert wird. Maßgeblich ist ferner ein sog. Drittvergleich, also die Frage, ob eine entsprechende Ausschüttung an einen gesellschaftsfremden Dritten unter kaufmännischen Gesichtspunkten ebenso erfolgt wäre wie an einen Gesellschafter.

Eine Auszahlung ist nicht schon deshalb verboten, weil sie an einen Gesellschafter erfolgt. **Zulässig** sind insbesondere Leistungen aufgrund vollwertiger Austauschgeschäfte oder bei Bestehen eines vollwertigen Rückgewähranspruchs. Dies ist besonders wichtig für konzerninterne Finanzierung und Cash-Pooling. Der Rückgewähranspruch muss aber werthaltig sein. Ist er das nicht, kann die Zahlung gegen § 30 GmbHG verstoßen.

Verstößt eine Auszahlung gegen § 30 GmbHG, ist sie nach § 31 GmbHG zu **erstatten**. Geschäftsführer, die verbotene Auszahlungen veranlassen, können nach § 43 III GmbHG haften. In der Insolvenz treten zusätzlich insolvenzrechtliche Anfechtungs- und Haftungsregeln hinzu. Das Kapitalerhaltungsrecht wird dadurch zu einem zentralen Instrument des Gläubigerschutzes in der GmbH.

3. Kapitalerhöhung

Das Stammkapital der GmbH kann erhöht werden. Die **ordentliche Kapitalerhöhung** erfolgt durch Satzungsänderung und Übernahme neuer Geschäftsanteile (§§ 55 ff. GmbHG). Der Kapitalerhöhungsbeschluss bedarf daher grundsätzlich der qualifizierten Mehrheit und notariellen Beurkundung (§ 53 GmbHG). Die Erhöhung wird erst mit Eintragung in das Handelsregister wirksam. Die Kapitalerhöhung dient der Zuführung neuen Eigenkapitals, der Aufnahme neuer Gesellschafter, der Sanierung oder der Finanzierung von Wachstum. Die neuen Geschäftsanteile können von bisherigen Gesellschaftern oder von Dritten übernommen werden. Bestehende Gesellschafter haben nicht kraft Gesetzes stets ein Bezugsrecht wie im Aktienrecht. Ein Bezugsrecht kann sich aber aus dem Gesellschaftsvertrag, dem Kapitalerhöhungsbeschluss oder der gesellschaftsrechtlichen Treuepflicht ergeben, insbesondere wenn anderenfalls eine unzulässige Verwässerung droht.

Seit Einführung des § 55a GmbHG kann der Gesellschaftsvertrag die Geschäftsführer für höchstens fünf Jahre nach Eintragung der Gesellschaft oder nach Eintragung der Ermächtigung ermächtigen, das Stammkapital bis zu einem bestimmten Nennbetrag durch Ausgabe neuer Geschäftsanteile gegen Einlagen zu erhöhen. Dieses **genehmigte Kapital** darf die Hälfte des Stammkapitals zur Zeit der Ermächtigung nicht übersteigen. Die Regelung erhöht die Flexibilität der GmbH, insbesondere bei Finanzierungsrunden und Beteiligungsprogrammen.

Neben der Kapitalerhöhung gegen Einlagen gibt es die **Kapitalerhöhung aus Gesellschaftsmitteln** (§§ 57c ff. GmbHG). Dabei werden Rücklagen in Stammkapital umgewandelt. Der Gesellschaft fließt kein neues Vermögen zu. Es wird lediglich bereits vorhandenes Eigenkapital rechtlich in Stammkapital umgebucht. Die Kapitalerhöhung aus Gesellschaftsmitteln stärkt daher die formale Kapitalbindung, nicht aber die Liquidität der Gesellschaft.

4. Kapitalherabsetzung

Die GmbH kann ihr Stammkapital auch herabsetzen. Die **ordentliche Kapitalherabsetzung** richtet sich nach § 58 GmbHG. Sie bedarf eines satzungsändernden Gesellschafterbeschlusses, der Eintragung in das Handelsregister und besonderer Gläubigerschutzmaßnahmen. Gläubiger sollen nicht dadurch benachteiligt werden, dass gebundenes Stammkapital freigegeben und an Gesellschafter zurückgezahlt wird. Die Kapitalherabsetzung kann unterschiedliche Zwecke haben. Sie kann der Rückzahlung nicht mehr benötigten Kapitals dienen, der Anpassung der Kapitalstruktur oder der Vorbereitung einer Sanierung. Wird Kapital an Gesellschafter zurückgezahlt, ist der Gläubigerschutz besonders bedeutsam. Deshalb enthält das Gesetz Bekanntmachungs-, Sicherstellungs- und Fristenregelungen.

Daneben kennt das GmbHG die **vereinfachte Kapitalherabsetzung** (§§ 58a ff. GmbHG). Sie dient insbesondere dazu, Wertminderungen auszugleichen oder sonstige Verluste zu decken. Da dabei kein Vermögen an die Gesellschafter ausgeschüttet werden soll, sind die Anforderungen an den Gläubigerschutz gegenüber der ordentlichen Kapitalherabsetzung erleichtert. Die vereinfachte Kapitalherabsetzung ist vor allem ein Sanierungsinstrument.

Das Stammkapital darf grundsätzlich nicht unter den gesetzlichen **Mindestbetrag** sinken. Eine vorübergehende Herabsetzung unter 25.000 Euro ist nur in besonderen Fällen zulässig, insbesondere wenn gleichzeitig eine Kapitalerhöhung beschlossen wird, durch die der Mindestbetrag wieder erreicht wird (sog. Kapitalschnitt iSd § 58f GmbHG, s. sogleich). Damit wird verhindert, dass die GmbH dauerhaft ohne das gesetzlich vorgesehene Mindeststammkapital fortbesteht.

5. Kapitalschnitt

Der Kapitalschnitt iSd § 58f GmbHG ist die **Kombination aus Kapitalherabsetzung und anschließender Kapitalerhöhung**. Er wird vor allem in Sanierungssituationen eingesetzt. Durch die Kapitalherabsetzung werden Verluste bilanziell verarbeitet und die Kapitalstruktur bereinigt. Durch die anschließende Kapitalerhöhung wird neues Eigenkapital zugeführt. Praktisch kann der Kapitalschnitt zu einer erheblichen Verwässerung oder faktischen Verdrängung der Altgesellschafter führen. Wer sich an der neuen Kapitalzufuhr nicht beteiligt, verliert wirtschaftlich an Einfluss. Dies kann sanierungsrechtlich notwendig und sachgerecht sein, darf aber nicht missbräuchlich erfolgen. Kapitalmaßnahmen müssen daher den gesetzlichen Anforderungen, dem Gesellschaftsvertrag und der gesellschaftsrechtlichen Treuepflicht entsprechen.

Der Kapitalschnitt zeigt besonders deutlich, dass das Stammkapital nicht nur Haftungs- und Publizitätsfunktion hat, sondern auch Instrument der **Unternehmensfinanzierung** und **Sanierung** ist. Gerade in der Krise kann eine geordnete

Kapitalmaßnahme sinnvoller sein als eine ungeregelte Fortsetzung mit aufgezehrtem Eigenkapital.

VIII. Veränderungen im Gesellschafterbestand

Die Mitgliedschaft in der GmbH ist im **Geschäftsanteil** verkörpert. Geschäftsanteile sind veräußerlich und vererblich (§15 Abs. 1 GmbHG). Dadurch unterscheidet sich die GmbH von stärker personalistisch geprägten Personengesellschaften, bei denen die Übertragung der Mitgliedschaft regelmäßig der Zustimmung der übrigen Gesellschafter bedarf (vgl. §711 Abs. 1 S. 1 BGB). Gleichwohl kann auch die GmbH personalistisch ausgestaltet werden. Beim **Tod eines Gesellschafters** geht der Geschäftsanteil grundsätzlich auf die Erben über (§1922 Abs. 1 BGB). Der Gesellschaftsvertrag kann Nachfolge, Einziehung, Abtretungspflichten oder Abfindung näher regeln. Gerade bei Familiengesellschaften ist eine sorgfältige Nachfolgeregelung wesentlich, weil sonst Erben in den Gesellschafterkreis eintreten können, die von den übrigen Gesellschaftern nicht gewünscht sind.

Die **Abtretung eines Geschäftsanteils** bedarf notarieller Form (§15 Abs. 3 GmbHG). Auch die Verpflichtung zur Abtretung ist notariell zu beurkunden (§15 Abs. 4 GmbHG). Der Gesellschaftsvertrag kann die Übertragung zusätzlich beschränken, insbesondere von der Zustimmung der Gesellschaft, der Gesellschafterversammlung oder einzelner Gesellschafter abhängig machen. Solche **Vinkulierungsklauseln** sind in personalistisch geprägten GmbHs besonders verbreitet.

Für die Stellung als Gesellschafter ist die **Gesellschafterliste** von zentraler Bedeutung. Nach §16 Abs. 1 GmbHG gilt im Verhältnis zur Gesellschaft im Fall einer Veränderung in den Personen der Gesellschafter oder des Umfangs ihrer Beteiligung nur derjenige als Gesellschafter, der in der im Handelsregister aufgenommenen Gesellschafterliste eingetragen ist. Die Gesellschafterliste hat daher Legitimationswirkung. Sie entscheidet nicht zwingend endgültig über die materielle Rechtsinhaberschaft, bestimmt aber, wer gegenüber der Gesellschaft Gesellschafterrechte ausüben kann. Unter den Voraussetzungen des §16 Abs. 3 GmbHG kann ferner ein Geschäftsanteil **gutgläubig** von demjenigen erworben werden, der in der Gesellschafterliste als Inhaber eingetragen ist. Die Liste wird dadurch zu einem registerbezogenen Rechtsscheinträger. Ihre Richtigkeit ist deshalb von erheblicher praktischer Bedeutung. Änderungen sind nach §40 GmbHG durch die Geschäftsführer oder bei notarieller Mitwirkung durch den Notar zum Handelsregister einzureichen.

Ein Geschäftsanteil kann auch **eingezogen** werden. Die Einziehung richtet sich nach §34 GmbHG und setzt grundsätzlich eine Grundlage im Gesellschaftsvertrag voraus. Sie führt zum Untergang des Geschäftsanteils. Zulässig ist sie insbesondere bei gesellschaftsvertraglich bestimmten wichtigen Gründen, etwa schwerer Pflichtverletzung, Insolvenz eines Gesellschafters, Zwangsvollstreckung in den Geschäftsanteil oder sonstigen Störungen des Gesellschafterkreises. Die Einziehung muss mit einer angemessenen Abfindungsregelung verbunden sein; sittenwidrige oder treuwidrige Abfindungsklauseln sind unwirksam oder anzupassen.

Neben der Einziehung kennt die Praxis **Ausschluss** und **Austritt** des Gesellschafters. Das GmbHG regelt diese Institute nicht explizit. Sie werden aus Gesellschaftsvertrag, Treuepflicht und allgemeinen gesellschaftsrechtlichen Grundsätzen hergeleitet. Der Ausschluss eines Gesellschafters kommt insbesondere bei wichtigem Grund in Betracht (vgl. §727 BGB). Der Austritt kann erforderlich sein, wenn dem Gesellschafter das Verbleiben in der Gesellschaft unzumutbar ist (vgl. §725 BGB). In allen Fällen ist regelmäßig eine Abfindung zu leisten (vgl. §728 Abs. 1 S. 1 BGB).

IX. Beendigung

Die Beendigung der GmbH erfolgt regelmäßig in **drei Stufen**: Auflösung, Liquidation und Vollbeendigung.

Die **Auflösung** beendet die GmbH noch nicht als Rechtsträgerin. Sie führt lediglich dazu, dass an die Stelle des werbenden Gesellschaftszwecks der Abwicklungszweck tritt. Die Gesellschaft besteht als GmbH in Liquidation fort. Die Auflösungsgründe ergeben sich insbesondere aus §60 GmbHG. Die GmbH wird unter anderem durch Ablauf der im Gesellschaftsvertrag bestimmten Zeit, durch Gesellschafterbeschluss, durch gerichtliches Urteil, durch Eröffnung des Insolvenzverfahrens oder durch rechtskräftige Ablehnung der Eröffnung des Insolvenzverfahrens mangels Masse aufgelöst. Der Auflösungsbeschluss bedarf grundsätzlich einer Mehrheit von drei Vierteln der abgegebenen Stimmen, soweit der Gesellschaftsvertrag nichts anderes bestimmt (§60 Abs. 1 Nr. 2 GmbHG). Die Auflösung ist zur Eintragung in das Handelsregister anzumelden (§65 GmbHG).

Mit der Auflösung und dem daraus folgenden Übergang ins Stadium der **Liquidation** treten grundsätzlich die Liquidatoren an die Stelle der Geschäftsführer. Liquidatoren sind im gesetzlichen Regelfall die bisherigen Geschäftsführer, sofern nicht der Gesellschaftsvertrag oder ein Gesellschafterbeschluss etwas anderes bestimmt (§66 GmbHG). Sie haben die laufenden Geschäfte zu beenden, Forderungen einzuziehen, Verbindlichkeiten zu erfüllen und das verbleibende Vermögen zu verteilen. Die Liquidatoren haben die Auflösung bekannt zu machen und die Gläubiger aufzufordern, sich bei der Gesellschaft zu melden. Das Vermögen darf grundsätzlich erst nach Ablauf des Sperrjahres verteilt werden (§73 GmbHG). Das Sperrjahr dient dem Gläubigerschutz. Erst wenn die Gläubiger befriedigt oder gesichert sind, darf ein verbleibender Überschuss an die Gesellschafter verteilt werden.

Ist die Liquidation beendet, ist der Schluss der Liquidation zur Eintragung in das Handelsregister anzumelden (§74 GmbHG). Mit Abschluss der Liquidation und Vermögenslosigkeit tritt die **Vollbeendigung** ein. Stellt sich später heraus, dass noch Vermögen vorhanden ist oder weitere Abwicklungsmaßnahmen erforderlich sind, kommt eine Nachtragsliquidation in Betracht.

In der **Insolvenz** gelten die besonderen Regeln der Insolvenzordnung. Die Liquidation nach GmbHG tritt dann hinter das Insolvenzverfahren zurück (§66 Abs. 1 GmbHG). Die Geschäftsführer müssen bei Zahlungsunfähigkeit oder Überschuldung rechtzeitig Insolvenzantrag stellen (§15a InsO). Zahlungen nach Insolvenzreife unterliegen den Beschränkungen des §15b InsO. Die Insolvenz ist damit nicht nur Beendigungsgrund, sondern auch ein zentraler Haftungs- und Pflichtenkreis der Geschäftsführung.

X. Sonderform der UG

Die **Unternehmergesellschaft (haftungsbeschränkt)** ist keine eigene Rechtsform, sondern eine Sonderform der GmbH (§5a GmbHG). Auf sie findet grundsätzlich das GmbH-Recht Anwendung, soweit §5a GmbHG keine Sonderregeln enthält. Sie soll die Gründung einer haftungsbeschränkten Gesellschaft mit geringem Anfangskapital ermöglichen. Die UG kann mit einem Stammkapital unter 25.000 Euro gegründet werden. Theoretisch genügt ein **Stammkapital von einem Euro**. In der Praxis muss das Stammkapital aber so bemessen sein, dass die Gesellschaft ihre Anfangskosten und den geplanten Geschäftsbetrieb tragen kann. Eine völlig unterkapitalisierte UG kann schnell insolvenzreif werden und Geschäftsführerhaftung auslösen.

Die **Firma** muss die Bezeichnung „Unternehmergesellschaft (haftungsbeschränkt)" oder „UG (haftungsbeschränkt)" enthalten (§5a Abs. 1 GmbHG). Andere Abkürzungen oder Weglassungen des Haftungszusatzes sind unzulässig. Der Rechtsverkehr soll klar erkennen können, dass es sich um eine haftungsbeschränkte Gesellschaft mit geringerem Stammkapital handelt.

Bei der UG gelten **besondere Kapitalaufbringungsregeln**. Die Anmeldung darf erst erfolgen, wenn das Stammkapital vollständig eingezahlt ist (§5a Abs. 2 GmbHG). Sacheinlagen sind ausgeschlossen. Die UG ist daher nur als Bargründung möglich. Dadurch soll sichergestellt werden, dass wenigstens das geringe Stammkapital tatsächlich in Geld vorhanden ist. Besonders wichtig ist die gesetzliche Rücklagenbildung. Die UG muss in ihrer Bilanz eine gesetzliche Rücklage bilden, in die ein Viertel des um einen Verlustvortrag geminderten Jahresüberschusses einzustellen ist (§5a Abs. 3 GmbHG). Diese Rücklage darf nur für bestimmte Zwecke verwendet werden, insbesondere zur Kapitalerhöhung aus Gesellschaftsmitteln, zum Ausgleich eines Jahresfehlbetrags oder zum Ausgleich eines Verlustvortrags. Die UG soll dadurch schrittweise Eigenkapital aufbauen. Erreicht die UG durch Kapitalerhöhung ein Stammkapital von mindestens 25.000 Euro, kann sie zur normalen GmbH werden (§5a Abs. 5 GmbHG). Sie muss dies aber nicht zwingend. Die Gesellschaft bleibt rechtlich dieselbe juristische Person. Es handelt sich nicht um eine Umwandlung. Der Übergang erfolgt durch Kapitalerhöhung und entsprechende Änderung des Gesellschaftsvertrags. Erst dann kann sie den Rechtsformzusatz „GmbH" führen.

Die UG ist besonders für kleine Gründungen, **Start-ups** und haftungsbeschränkte Einzelunternehmen attraktiv. Ihre Vorteile liegen in geringen Gründungskosten und niedrigem Mindestkapital. Ihre Nachteile liegen in geringerer Kreditwürdigkeit, strenger Rücklagenbildung und erhöhter Insolvenzgefahr bei zu knapper Kapitalausstattung. Didaktisch ist daher wichtig: Die UG erleichtert die Gründung, hebt aber die Grundprobleme der Kapitalgesellschaft nicht auf. Sie ist eine GmbH mit geringem Startkapital und gesetzlichem Kapitalaufbau.

§ 20. Die Aktiengesellschaft (AG)

I. Begriff, Bedeutung und rechtliche Qualifikation

Nach § 1 Abs. 1 S. 1 AktG ist die Aktiengesellschaft eine **Gesellschaft mit eigener Rechtspersönlichkeit**. Für die Verbindlichkeiten der Gesellschaft haftet den Gläubigern nach § 1 Abs. 1 S. 2 AktG nur das Gesellschaftsvermögen. Nach § 1 Abs. 2 AktG hat die Aktiengesellschaft ein in Aktien zerlegtes Grundkapital. Die AG ist damit Kapitalgesellschaft, Körperschaft, juristische Person und Formkaufmann iSd § 6 Abs. 2 HGB. Sie gilt nach § 3 Abs. 1 AktG als Handelsgesellschaft, auch wenn der Gegenstand des Unternehmens nicht im Betrieb eines Handelsgewerbes besteht.

Die AG unterscheidet sich von der GmbH vor allem durch ihre stärkere **Kapitalmarkt- und Organisationsorientierung**. Während die GmbH besonders für kleine und mittlere Unternehmen, personalistische Gesellschafterkreise und flexible Satzungsgestaltung geeignet ist, ist die AG stärker auf Standardisierung (vgl. § 23 Abs. 5 AktG), Verkehrsfähigkeit der Beteiligung (vgl. §§ 68 AktG, 413, 389, 929 ff. BGB), Trennung von Anteilseigentum und Unternehmensleitung (vgl. § 76 Abs. 3 AktG) sowie mögliche Kapitalmarktfinanzierung (§§ 32 Abs. 3 Nr. 1, 34 Nr. 1 b) BörsG, § 5 BörsZulV) ausgerichtet. Ihre Mitgliedschaft ist in Aktien verkörpert. Der Aktionär ist typischerweise Kapitalgeber, nicht Mitunternehmer im personalistischen Sinne.

Die **Haftungsbeschränkung** ist bei der AG besonders konsequent ausgestaltet. Die Aktionäre haften den Gesellschaftsgläubigern grundsätzlich nicht persönlich (§ 1 Abs. 1 S. 2 AktG). Ihr wirtschaftliches Risiko beschränkt sich regelmäßig auf den Verlust des für die Aktie aufgewendeten Kapitals. Als Ausgleich dafür enthält das AktG ein besonders strenges Kapitalaufbringungs-, Kapitalerhaltungs-, Organisations- und Publizitätsrecht.

Anders als bei der GmbH ist die **Satzungsautonomie** der AG stark begrenzt. Nach § 23 Abs. 5 S. 1 AktG kann die Satzung von den Vorschriften des AktG nur abweichen, wenn dies ausdrücklich zugelassen ist. Nach § 23 Abs. 5 S. 2 AktG sind ergänzende Satzungsbestimmungen zulässig, es sei denn, das AktG enthält eine abschließende Regelung. Dieser Grundsatz der Satzungsstrenge ist eines der wichtigsten Strukturprinzipien des Aktienrechts und gleichsam die Umkehrung des Prinzips der Privatautonomie (vgl. § 311 Abs. 1 BGB). Er dient der Standardisierung der Rechtsform, der Verkehrsfähigkeit der Aktie und dem Schutz von Aktionären, Gläubigern und Kapitalmarkt.

Die AG ist besonders geeignet für größere Unternehmen, kapitalmarktorientierte Gesellschaften, Publikumsgesellschaften, Unternehmensgruppen und Unternehmen mit breitem Investorenkreis. Eine Börsennotierung ist aber nicht erforderlich. Auch nichtbörsennotierte Familien- oder Beteiligungsgesellschaften können in der Rechtsform der AG geführt werden. In der **Praxis** ist die AG gleichwohl deutlich stärker als die GmbH mit Kapitalmarkt, institutioneller Unternehmensverfassung und Publizität verbunden.

II. Errichtung

1. Satzung

Die AG wird durch **Feststellung der Satzung** errichtet. Die Gründer müssen die Satzung nach §23 Abs. 1 S. 1 AktG feststellen. Die Satzung bedarf nach §23 Abs. 1 S. 2 AktG **notarieller Beurkundung** (§128 BGB). Gründer sind nach §28 AktG die Aktionäre, welche die Satzung festgestellt haben. Die AG kann nach §2 AktG durch eine oder mehrere Personen gegründet werden. Auch die Einpersonen-AG ist daher zulässig.

Die Satzung ist das **Organisationsstatut** der Aktiengesellschaft. Sie ist nicht nur schuldrechtliche Vereinbarung der Gründer (vgl. §311 Abs. 1 BGB), sondern Verfassung der juristischen Person. Ihr zwingender **Mindestinhalt** ergibt sich aus §23 Abs. 3, 4 AktG. Danach muss die Satzung insbesondere Firma und Sitz der Gesellschaft, den Gegenstand des Unternehmens, die Höhe des Grundkapitals, die Zerlegung des Grundkapitals in Nennbetrags- oder Stückaktien, die Art der Aktien, die Zahl der Vorstandsmitglieder oder die Regeln für deren Festlegung sowie die Form der Bekanntmachungen der Gesellschaft enthalten. Die **Firma** der AG muss nach §4 S. 1 AktG die Bezeichnung „Aktiengesellschaft" oder eine allgemein verständliche Abkürzung dieser Bezeichnung enthalten. Das **Grundkapital** muss nach §7 AktG mindestens 50.000 Euro betragen. Es ist in Aktien zerlegt (§1 Abs. 2 AktG). Die Aktien können als Nennbetragsaktien oder Stückaktien ausgegeben werden (§8 Abs. 1 AktG). Nennbetragsaktien müssen nach §8 Abs. 2 S. 1 AktG auf mindestens einen Euro lauten. Stückaktien haben nach §8 Abs. 3 S. 1 AktG keinen Nennbetrag und sind am Grundkapital in gleichem Umfang beteiligt.

Die Satzung kann Namensaktien oder Inhaberaktien vorsehen (§10 AktG). **Inhaberaktien** sind nach §10 Abs. 1 S. 1 AktG nur unter den dort genannten Voraussetzungen zulässig. **Namensaktien** werden in das Aktienregister eingetragen (§67 Abs. 1 S. 1 AktG). Seit der Öffnung für elektronische Aktien ist außerdem zu beachten, dass Aktien unter den Voraussetzungen des eWpG und des AktG auch elektronisch ausgegeben werden können (§1 Nr. 2, 3 eWpG). §10 Abs. 6 AktG verlangt dafür eine entsprechende Satzungsgrundlage, wenn Aktien als elektronische Aktien in ein elektronisches Wertpapierregister eingetragen werden sollen.

Besonders wichtig ist die **Satzungsstrenge** des §23 Abs. 5 AktG. Bei der GmbH kann der Gesellschaftsvertrag nach dem Grundsatz der Privatautonomie (vgl. §311 Abs. 1 BGB) die innere Ordnung weitgehend frei gestalten. Bei der AG ist das anders. Das AktG enthält ein weitgehend zwingendes Organisationsmodell. Abweichungen sind nur zulässig, soweit das Gesetz sie erlaubt. Deshalb müssen Satzungsgestaltungen bei der AG stets daraufhin geprüft werden, ob das Gesetz eine Abweichung tatsächlich zulässt.

2. Neugründung

a) Vorgründungsstadium

Das Vorgründungsstadium beginnt, wenn die Beteiligten mit **Rechtsbindungswillen** (vgl. §311 Abs. 1 BGB) eine AG errichten wollen, die Satzung aber noch nicht notariell festgestellt ist. In dieser Phase besteht noch keine AG und auch keine Vor-AG. Die Beteiligten können lediglich durch schuldrechtliche Abreden miteinander verbunden sein. Die rechtliche Einordnung dieser Übereinkunft richtet sich nach den allgemeinen Regeln. Beschränkt sich die Tätigkeit auf interne Vorbereitungshandlungen, liegt regelmäßig eine nicht rechtsfähige GbR vor (§§705 Abs. 2 Alt. 2, 740 ff. BGB). Tritt die Vorgründungsgesellschaft bereits nach außen auf, kann sie rechtsfähige GbR sein (§§705 Abs. 2 Alt. 1, 706 ff. BGB). Betreibt sie bereits ein Handelsgewerbe iSd §1 Abs. 2 HGB, kann sie oHG iSd §105 Abs. 1 HGB sein. Das entspricht den für die GmbH dargestellten Grundsätzen. Auch bei der AG besteht zwischen Vorgründungsgesellschaft und späterer Vor-AG keine Identität.

Wer im Vorgründungsstadium handelt, **haftet** daher nach den Regeln der jeweils entstandenen Gesellschaftsform oder nach allgemeinen rechtsgeschäftlichen Grundsätzen. Sollen Rechte, Pflichten oder Vermögensgegenstände später auf die Vor-AG oder die eingetragene AG übergehen, bedarf es besonderer Übertragungsakte. Eine automatische Gesamtrechtsnachfolge findet nicht statt.

b) Gründungsstadium

Das Gründungsstadium beginnt mit der **notariellen Feststellung der Satzung** nach §23 Abs. 1 S. 2 AktG. Ab diesem Zeitpunkt besteht die Vor-AG. Sie ist noch keine Aktiengesellschaft iSd §1 AktG, weil die AG vor der Eintragung in das Handelsregister nach §41 Abs. 1 S. 1 AktG als solche nicht besteht. Gleichwohl ist die Vor-AG ein rechtlich verselbständigter Verband eigener Art (sui generis).

Auf die Vor-AG finden die **Vorschriften des Aktienrechts** grundsätzlich entsprechende Anwendung, soweit sie nicht die Eintragung voraussetzen. Die Vor-AG ist auf Entstehung der AG gerichtet. Mit Eintragung in das Handelsregister setzt sie sich identitätswahrend als AG fort. Darin liegt der entscheidende Unterschied zur Vorgründungsgesellschaft.

Im Gründungsstadium sind die **Organe** Vorstand und Aufsichtsrat zu bestellen. Der erste Aufsichtsrat und der Abschlussprüfer für das erste Voll- oder Rumpfgeschäftsjahr werden nach §30 Abs. 1 S. 1 AktG von den Gründern bestellt. Der Aufsichtsrat bestellt sodann den ersten Vorstand (§30 Abs. 4 AktG). Die Gründer haben außerdem einen **Gründungsbericht** zu erstatten (§32 AktG). In besonderen Fällen findet eine **Gründungsprüfung** statt (§§33 ff. AktG), insbesondere bei Sacheinlagen oder Sachübernahmen.

Für die **Kapitalaufbringung** gelten strengere und formalere Regeln als bei der GmbH. Die Gesellschaft darf nach §36 Abs. 2 AktG grundsätzlich erst angemeldet werden, wenn auf jede Aktie der eingeforderte Betrag ordnungsgemäß eingezahlt ist. Nach §36a Abs. 1 AktG muss bei Bareinlagen der eingeforderte Betrag mindestens ein Viertel des geringsten Ausgabebetrags und bei Ausgabe der Aktien für einen höheren Betrag auch den Mehrbetrag umfassen. Sacheinlagen sind nach §36a Abs. 2 S. 1 AktG vollständig zu leisten. Besteht die Sacheinlage in der Verpflichtung zur Übertragung eines Vermögensgegenstands, muss die Leistung nach §36a Abs. 2 S. 2 AktG innerhalb von fünf Jahren nach Eintragung der Gesellschaft bewirkt werden.

Wird vor Eintragung im Namen der Gesellschaft gehandelt, haften die Handelnden nach §41 Abs. 1 S. 2 AktG persönlich und solidarisch. Diese **Handelndenhaftung** entspricht der Funktion nach der Haftung aus §11 Abs. 2 GmbHG. Sie schützt den Rechtsverkehr, solange die AG als haftungsbeschränkte juristische Person noch nicht entstanden ist.

c) Eintragungsstadium

Die AG ist zur Eintragung in das Handelsregister anzumelden (§36 Abs. 1 AktG). Die **Anmeldung** erfolgt durch Gründer, Vorstandsmitglieder und Aufsichtsratsmitglieder (§36 Abs. 1 AktG). In der Anmeldung ist nach §37 Abs. 1 S. 1 AktG zu erklären, dass die Voraussetzungen des §36 Abs. 2 AktG und des §36a AktG erfüllt sind. Außerdem ist nachzuweisen, dass der eingezahlte Betrag endgültig zur freien Verfügung des Vorstands steht (§37 Abs. 1 S. 2 AktG).

Das Registergericht **prüft** die Gründung. Nach §38 Abs. 1 S. 1 AktG hat es zu prüfen, ob die Gesellschaft ordnungsgemäß errichtet und angemeldet ist. Bei Unrichtigkeiten, Unvollständigkeiten oder Gesetzesverstößen kann die Eintragung abgelehnt werden. Die Prüfung ist bei der AG besonders bedeutsam, weil die Rechtsform auf Kapitalaufbringung, Publizität und Standardisierung angelegt ist.

Mit der Eintragung entsteht die AG als **juristische Person**. Vorher besteht sie als solche nicht (§41 Abs. 1 S. 1 AktG). Ab Eintragung haftet für Gesellschaftsverbindlichkeiten grundsätzlich nur das Gesellschaftsvermögen (§1 Abs. 1 S. 2 AktG). Die Vor-AG wird nicht aufgelöst, sondern setzt sich identitätswahrend als AG fort.

3. Sonderformen der Gründung

a) Vorrats- und Mantelgründung

Eine AG kann als **Vorratsgesellschaft** gegründet werden. Dabei wird zunächst eine AG ohne konkreten operativen Geschäftsbetrieb errichtet, um sie später zu veräußern oder zu aktivieren. Eine solche Vorratsgründung ist grundsätzlich zulässig, wenn die Gründung ordnungsgemäß erfolgt und die registerrechtlichen Angaben zutreffen.

Von der Vorratsgründung zu unterscheiden ist die **Mantelgründung**. Dabei wird eine bereits bestehende, wirtschaftlich inaktive oder vermögenslose AG für einen neuen Geschäftsbetrieb genutzt. Auch dies ist grundsätzlich zulässig. Die wirtschaftliche Neugründung darf aber nicht zur Umgehung der Gründungsvorschriften führen.

Bei allen Formen der wirtschaftlichen Neugründung sind die Grundsätze über Kapitalaufbringung und Registerpublizität entsprechend zu beachten. Insbesondere muss **offengelegt** werden, dass die Gesellschaft wirtschaftlich neu aktiviert wird. Außerdem muss das **Gesellschaftsvermögen** dem satzungsmäßigen Grundkapital entsprechen, soweit der Rechtsverkehr auf die Kapitalausstattung vertrauen darf. Die Vorrats- oder Mantelverwendung darf nicht dazu führen, dass eine unterkapitalisierte Aktiengesellschaft ohne erneute Kapitalkontrolle am Rechtsverkehr teilnimmt.

b) Gründung durch Umwandlung

Eine AG kann nicht nur durch Neugründung entstehen, sondern auch im Wege einer Umwandlung. Maßgeblich ist dann das Umwandlungsgesetz (UmwG). Praktisch kommen als **Arten der Umwandlung** iSd §1 UmwG insbesondere Verschmelzung (§§2 ff. UmwG), Spaltung (§§123 ff. UmwG) und Formwechsel (§§190 ff. UmwG) in Betracht. Beim Formwechsel wird ein bestehender Rechtsträger unter Wahrung seiner Identität in eine AG umgewandelt. Bei Verschmelzung oder Spaltung kann eine AG als übernehmender, neuer oder gespaltener Rechtsträger beteiligt sein.

Die Gründung durch Umwandlung unterscheidet sich von der Neugründung dadurch, dass nicht notwendig ein vollständig neuer Verband aus dem Nichts geschaffen wird. Vielmehr wird ein bestehendes Vermögen oder ein bestehender Rechtsträger gesellschaftsrechtlich **neu geordnet**. Gleichwohl dürfen die kapitalgesellschaftsrechtlichen Schutzmechanismen nicht unterlaufen werden. Auch bei der Umwandlung müssen Kapitalaufbringung, Gläubigerschutz, Registerpublizität und gegebenenfalls besondere Berichts- und Prüfungsanforderungen beachtet werden.

4. Gründungsfehler

Gründungsfehler sind bei der AG wegen der registerrechtlichen Kontrolle und der Kapitalmarktfähigkeit der Rechtsform besonders sensibel. **Vor Eintragung** führen wesentliche Mängel regelmäßig dazu, dass das Registergericht die Eintragung ablehnt (§38 Abs.1 S.1 AktG). Das betrifft etwa Mängel der Satzung, fehlende notarielle Beurkundung, unzureichende Kapitalaufbringung, unzulässige Sacheinlagen, fehlende Organbestellung oder unrichtige Anmeldeversicherungen.

Nach Eintragung ist der Bestand der AG aus Gründen des Verkehrsschutzes weitgehend stabilisiert. Die Gesellschaft soll nicht wegen jedes Gründungsmangels rückwirkend als nicht existent behandelt werden. Das AktG enthält daher besondere Regeln über die Nichtigerklärung der Gesellschaft (§§275 ff. AktG). Eine Nichtigerklärung kommt nur in engen Fällen in Betracht. Sie wirkt nicht wie rückwirkende Nichtigkeit von Anfang an, sondern führt zur Abwicklung der Gesellschaft.

Gründungsfehler können daneben **Haftungsfolgen** auslösen. Gründer, Vorstandsmitglieder und Aufsichtsratsmitglieder können insbesondere nach §§46 ff. AktG haften, wenn sie die Gesellschaft, Aktionäre oder Gläubiger durch unrichtige Angaben, mangelhafte Einlagen oder sonstige Gründungsverstöße schädigen. Unrichtige Angaben im Gründungsverfahren können außerdem straf- oder bußgeldrechtliche Folgen haben (§§399 ff. AktG).

III. Geschäftsführung

Der Vorstand ist das **Leitungsorgan** der AG. Nach §76 Abs.1 AktG hat der Vorstand die Gesellschaft unter eigener Verantwortung zu leiten. Diese eigenverantwortliche Leitung ist eines der zentralen Strukturprinzipien der AG. Sie unterscheidet die AG grundlegend von der GmbH. Geschäftsführer der GmbH sind Weisungen der Gesellschafter grundsätzlich unterworfen (§37 Abs. 1 GmbHG). Der Vorstand der AG ist dagegen nicht an Weisungen der Hauptversammlung oder des Aufsichtsrats gebunden.

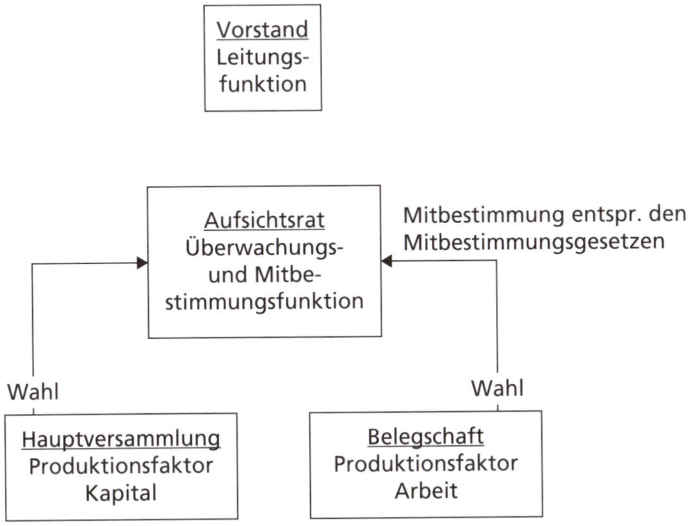

Abb. 57: Organisationsschema einer Aktiengesellschaft

Der **Vorstand** kann aus einer oder mehreren Personen bestehen (§76 Abs. 2 S. 1 AktG). Bei Gesellschaften mit einem Grundkapital von mehr als drei Millionen Euro muss er grundsätzlich aus mindestens zwei Personen bestehen, sofern die Satzung nicht bestimmt, dass er aus einer Person besteht (§76 Abs. 2 S. 2 AktG). Vorstandsmitglied kann nur eine natürliche, unbeschränkt geschäftsfähige Person sein (§76 Abs. 3 S. 1 AktG). Bestimmte Personen sind ausgeschlossen, etwa bei einschlägigen Berufsverboten oder bestimmten strafrechtlichen Verurteilungen (§76 Abs. 3 S. 2 AktG).

Die – von der Anstellung iSd §611 BGB zu unterscheidende – **Bestellung** erfolgt durch den Aufsichtsrat (§84 Abs. 1 S. 1 AktG). Die Höchstdauer der Bestellung beträgt grundsätzlich fünf Jahre (§84 Abs. 1 S. 1 AktG). Eine wiederholte Bestellung ist zulässig, bedarf aber eines erneuten Aufsichtsratsbeschlusses (§84 Abs. 1 S. 2 AktG). Die Bestellung kann nach §84 Abs. 4 S. 1 AktG nur aus wichtigem Grund widerrufen werden. Ein wichtiger Grund liegt nach §84 Abs. 4 S. 2 AktG insbesondere bei grober Pflichtverletzung, Unfähigkeit zur ordnungsgemäßen Geschäftsführung oder Vertrauensentzug durch die Hauptversammlung vor, sofern das Vertrauen nicht aus offenbar unsachlichen Gründen entzogen worden ist.

Die Vorstandsmitglieder führen die **Geschäfte** gemeinschaftlich, wenn der Vorstand aus mehreren Personen besteht. Abweichungen können sich aus Satzung, Geschäftsordnung oder Geschäftsverteilung ergeben (§77 Abs. 1 S. 2 AktG). Trotz Ressortverteilung bleibt jedes Vorstandsmitglied für die Gesamtleitung mitverantwortlich. Ressortzuständigkeiten entlasten nicht von Überwachungs-, Informations- und Einschreitungspflichten.

Der Vorstand unterliegt umfassenden **Legalitäts-, Sorgfalts- und Treuepflichten**. Nach §93 Abs. 1 S. 1 AktG haben Vorstandsmitglieder – orientiert am Leitbild des sog. ehrbaren Kaufmanns – bei ihrer Geschäftsführung die Sorgfalt eines ordentlichen und gewissenhaften Geschäftsleiters anzuwenden. Nach der **Business Judgement Rule** des §93 Abs. 1 S. 2 AktG liegt eine Pflichtverletzung bei einer unternehmerischen Entscheidung nicht vor, wenn das Vorstandsmitglied vernünftigerweise annehmen durfte, auf der Grundlage angemessener Information zum Wohl der Gesellschaft zu handeln. Sie schützt unternehmerisches Ermessen, nicht aber Gesetzesverstöße. Verletzen Vorstandsmitglieder ihre Pflichten, **haften** sie der Gesellschaft nach §93 Abs. 2 S. 1 AktG als Gesamtschuldner auf Schadensersatz. Ist streitig, ob sie die Sorgfalt eines ordentlichen und gewissenhaften Geschäftsleiters angewandt haben, trifft sie nach §93 Abs. 2 S. 2 AktG die Beweislast. Die Gesellschaft muss hingegen Pflichtverletzung, Schaden und Kausalität darlegen und beweisen. Die Vorstandsmitglieder müssen wiederum beweisen, dass sie pflichtgemäß gehandelt haben. Der Vorstand hat außerdem geeignete Überwachungs- und Risikomanagementstrukturen einzurichten. Nach §91 Abs. 2 AktG hat der Vorstand geeignete Maßnahmen zu treffen, insbesondere ein Überwachungssystem einzurichten, damit den Fortbestand der Gesellschaft gefährdende Entwicklungen früh erkannt werden. Für börsennotierte Gesellschaften bestimmt §91 Abs. 3 AktG zusätzlich, dass ein im Hinblick auf Umfang der Geschäftstätigkeit und Risikolage angemessenes und wirksames internes Kontrollsystem und Risikomanagementsystem einzurichten ist. In der **Krise** treffen den Vorstand besondere Pflichten. Bei Zahlungsunfähigkeit oder Überschuldung ist rechtzeitig Insolvenzantrag zu stellen (§15a InsO). Zahlungen nach Eintritt der Insolvenzreife unterliegen §15b InsO. §92 Abs. 1 AktG verpflichtet den Vorstand außerdem, bei Verlust der Hälfte des Grundkapitals unverzüglich die Hauptversammlung einzuberufen und ihr den Verlust anzuzeigen.

IV. Vertretung

Der Vorstand vertritt die Gesellschaft gerichtlich und außergerichtlich (§78 Abs. 1 S. 1 AktG). Die **Vertretungsmacht** ist organschaftlich. Sie beruht auf der Bestellung zum Vorstand, nicht auf rechtsgeschäftlicher Vollmacht iSd §167 BGB.

Besteht der Vorstand aus mehreren Personen, sind nach §78 Abs. 2 S. 1 AktG sämtliche Vorstandsmitglieder nur **gemeinschaftlich** zur Vertretung befugt, soweit die Satzung nichts anderes bestimmt. Die Satzung kann insbesondere Einzelvertretung oder Gesamtvertretung mit einzelnen Vorstandsmitgliedern vorsehen. Nach §78 Abs. 2 S. 2 AktG kann die Satzung auch bestimmen, dass einzelne Vorstandsmitglieder in Gemeinschaft mit einem Prokuristen zur Vertretung befugt sind (sog. unechte Gesamtvertretung). Für die passive Vertretung genügt nach §78 Abs. 2 S. 3 AktG die Abgabe einer Erklärung gegenüber einem Vorstandsmitglied.

Die Vertretungsmacht des Vorstands ist im Außenverhältnis grundsätzlich **unbeschränkt** und **unbeschränkbar**. Nach §82 Abs. 1 AktG ist die Vertretungsmacht des Vorstands Dritten gegenüber unbeschränkt. Nach §82 Abs. 2 AktG ist eine Beschränkung der Vertretungsmacht unwirksam, insbesondere durch Satzung, Aufsichtsratsbeschluss, Hauptversammlungsbeschluss oder Geschäftsordnung. Interne Bindungen können daher Pflichtverletzungen im Innenverhältnis begründen, berühren aber grundsätzlich nicht die Wirksamkeit des Geschäfts im Außenverhältnis. Eine Korrektur kommt nur ausnahmsweise nach den Grundsätzen des **Missbrauchs der Vertretungsmacht** in Betracht. Das gilt insbesondere bei kollusivem Zusammenwirken zwischen Vorstand und Vertragspartner zulasten der Gesellschaft oder bei Evidenz des Missbrauchs. Diese Fälle bleiben eng begrenzt. Der Rechtsverkehr soll sich grundsätzlich auf die organschaftliche Vertretungsmacht des Vorstands verlassen können.

V. Hauptversammlung

1. Kompetenzen

Die Hauptversammlung ist das Organ, in dem die Aktionäre ihre Rechte in Angelegenheiten der Gesellschaft ausüben (§118 Abs. 1 S. 1 AktG). Anders als die Gesellschafterversammlung der GmbH ist sie aber nicht oberstes Leitungsorgan der Gesellschaft. Die Leitung liegt beim Vorstand (§76 Abs. 1 AktG). Die Hauptversammlung entscheidet nur in den gesetzlich oder satzungsmäßig **zugewiesenen Angelegenheiten**.

Die wichtigsten **geschriebenen Kompetenzen** der Hauptversammlung nennt §119 Abs. 1 AktG. Danach beschließt sie insbesondere über die Bestellung der Mitglieder des Aufsichtsrats, soweit diese von ihr zu wählen sind (§119 Abs. 1 Nr. 1 AktG), die Verwendung des Bilanzgewinns (§119 Abs. 1 Nr. 2 AktG), die Entlastung von Vorstand und Aufsichtsrat (§119 Abs. 1 Nr. 3 AktG), die Bestellung des Abschlussprüfers (§119 Abs. 1 Nr. 4 AktG), Satzungsänderungen (§119 Abs. 1 Nr. 5 AktG), Maßnahmen der Kapitalbeschaffung und Kapitalherabsetzung (§119 Abs. 1 Nr. 6 AktG), die Bestellung von Prüfern zur Prüfung von Vorgängen bei Gründung oder Geschäftsführung (§119 Abs. 1 Nr. 7 AktG) sowie die Auflösung der Gesellschaft (§119 Abs. 1 Nr. 8 AktG).

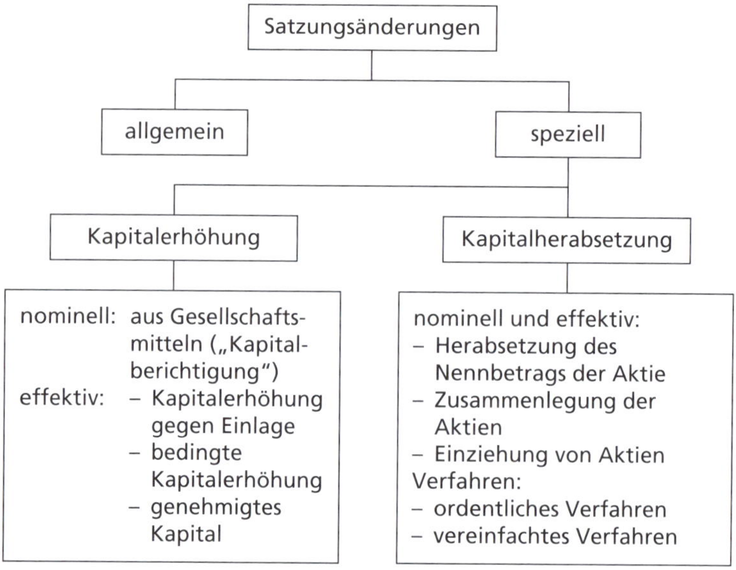

Abb. 58: Satzungsänderungen

Über **Fragen der Geschäftsführung** kann die Hauptversammlung nach § 119 Abs. 2 AktG nur entscheiden, wenn der Vorstand es verlangt. Diese Vorschrift zeigt besonders deutlich den Unterschied zur GmbH. Die GmbH-Gesellschafter können der Geschäftsführung Weisungen erteilen (§ 37 Abs. 1 GmbHG). Die Aktionäre können die Geschäftsführung grundsätzlich nicht an sich ziehen.

Ungeschriebene Hauptversammlungskompetenzen sind in der Rechtsprechung nur ausnahmsweise anerkannt. Prüfungsrelevant sind die sogenannten Holzmüller- (BGHZ 83, 122 = NJW 1982, 1703) und Gelatine-Grundsätze (BGHZ 159, 30 = NJW 2004, 1860 – Gelatine I; BGH, ZIP 2004, 1001 – Gelatine II). Danach kann die Hauptversammlung bei **besonders tiefgreifenden Struktur**maßnahmen zuständig sein, wenn die Maßnahme zwar formal in die Leitungskompetenz des Vorstands fällt, aber die Mitgliedschaftsrechte der Aktionäre in ihrer Substanz berührt. Diese Zuständigkeiten sind eng zu handhaben und dürfen die Leitungsverantwortung des Vorstands nicht allgemein aushöhlen.

2. Willensbildung

Die Hauptversammlung wird grundsätzlich durch den Vorstand **einberufen** (§ 121 Abs. 2 S. 1 AktG). Die Einberufung muss nach § 121 Abs. 3 S. 1 AktG Firma, Sitz, Zeit und Ort der Hauptversammlung enthalten. Bei börsennotierten Gesellschaften bestehen zusätzliche Informationspflichten (§ 121 Abs. 3 S. 3 AktG). Die Einberufungsfrist beträgt grundsätzlich mindestens dreißig Tage (§ 123 Abs. 1 S. 1 AktG). Minderheitsaktionäre können die Einberufung verlangen, wenn ihre Anteile zusammen den zwanzigsten Teil des Grundkapitals erreichen (§ 122 Abs. 1 S. 1 AktG). Die Satzung kann das Recht an eine geringere Beteiligung knüpfen

(§ 122 Abs. 1 S. 2 AktG). Aktionäre können außerdem unter den Voraussetzungen des § 122 Abs. 2 AktG verlangen, dass Gegenstände auf die Tagesordnung gesetzt und bekannt gemacht werden.

Die **Beschlussfassung** erfolgt grundsätzlich nach der Mehrheit der abgegebenen Stimmen (§ 133 Abs. 1 AktG). Soweit das Gesetz eine Kapitalmehrheit vorschreibt, ist zusätzlich die Mehrheit des bei der Beschlussfassung vertretenen Grundkapitals erforderlich. Für Satzungsänderungen verlangt § 179 Abs. 2 S. 1 AktG grundsätzlich eine Mehrheit von mindestens drei Vierteln des bei der Beschlussfassung vertretenen Grundkapitals, soweit die Satzung keine andere Kapitalmehrheit bestimmt. Für Änderungen des Unternehmensgegenstands darf die Satzung nach § 179 Abs. 2 S. 2 AktG nur eine größere Kapitalmehrheit vorsehen.

Die Hauptversammlung kann als **Präsenzversammlung** stattfinden. Daneben sieht § 118a AktG die **virtuelle Hauptversammlung** vor. Nach § 118a Abs. 1 S. 1 AktG kann die Satzung vorsehen oder den Vorstand dazu ermächtigen, vorzusehen, dass die Hauptversammlung ohne physische Präsenz der Aktionäre oder ihrer Bevollmächtigten am Ort der Hauptversammlung abgehalten wird. Wird eine virtuelle Hauptversammlung durchgeführt, müssen die Voraussetzungen des § 118a Abs. 1 S. 2 AktG eingehalten werden. Dazu gehören insbesondere Bild- und Tonübertragung, elektronische Stimmrechtsausübung, Antrags- und Auskunftsrechte sowie elektronische Kommunikation.

Beschlüsse der Hauptversammlung sind zu **beurkunden**. Nach § 130 Abs. 1 S. 1 AktG ist jeder Beschluss der Hauptversammlung durch eine über die Verhandlung notariell aufgenommene Niederschrift zu beurkunden. Bei nichtbörsennotierten Gesellschaften genügt in bestimmten Fällen eine vom Vorsitzenden des Aufsichtsrats zu unterzeichnende Niederschrift (§ 130 Abs. 1 S. 3 AktG). Die Beurkundung dient Rechtssicherheit und Registervollzug.

3. Beschlussmängel

Fehlerhafte Hauptversammlungsbeschlüsse unterliegen dem besonderen aktienrechtlichen **Beschlussmängelrecht** der §§ 241 ff. AktG. Das AktG unterscheidet vor allem zwischen nichtigen und anfechtbaren Beschlüssen. Nichtigkeit bedeutet, dass der Beschluss von Anfang an unwirksam ist. Anfechtbarkeit bedeutet demgegenüber, dass der Beschluss zunächst wirksam ist, aber durch erfolgreiche Anfechtungsklage rückwirkend beseitigt wird. Diese Unterscheidung ist bei der AG besonders wichtig, weil Hauptversammlungsbeschlüsse häufig Grundlage registerrechtlicher Vollzugsakte sind und gegenüber einer Vielzahl von Aktionären Wirkung entfalten.

Nichtigkeitsgründe ergeben sich aus § 241 AktG. Ein Hauptversammlungsbeschluss ist danach insbesondere nichtig, wenn die Hauptversammlung unter Verstoß gegen zentrale Einberufungsvorschriften einberufen wurde (§ 241 Nr. 1 AktG), wenn der Beschluss nicht ordnungsgemäß beurkundet wurde (§ 241 Nr. 2 AktG iVm § 130 Abs. 1 bis 2 S. 1 und Abs. 4 AktG), wenn der Beschluss mit dem Wesen der Aktiengesellschaft unvereinbar ist oder seinem Inhalt nach Vorschriften verletzt, die ausschließlich oder überwiegend dem Gläubigerschutz oder sonst dem öffentlichen Interesse dienen (§ 241 Nr. 3 AktG), wenn er seinem Inhalt nach gegen die guten Sitten verstößt (§ 241 Nr. 4 AktG), wenn er aufgrund erfolgreicher Anfechtungsklage rechtskräftig für nichtig erklärt worden ist (§ 241 Nr. 5 AktG), oder wenn besondere registerrechtliche Löschungstatbestände eingreifen (§ 241 Nr. 6 AktG). Daneben verweist der Eingangssatz des § 241 AktG auf weitere besondere Nichtigkeitsgründe, etwa im Recht der bedingten Kapitalerhöhung und der Kapitalherabsetzung (§§ 192 Abs. 4, 212, 217 Abs. 2, 228 Abs. 2, 234 Abs. 3, 235 Abs. 2 AktG). Die Nichtigkeit ist nicht in jedem Fall zeitlich unbegrenzt praktisch durchsetzbar. § 242 AktG enthält **Heilungsregeln**. Ein Beurkundungsmangel nach § 241 Nr. 2 AktG kann nach § 242 Abs. 1 AktG nicht mehr geltend gemacht werden, wenn der Beschluss in das Handelsregister eingetragen worden ist. Bei Nichtigkeitsgründen nach § 241 Nr. 1, Nr. 3 oder Nr. 4 AktG kann die Nichtigkeit nach § 242 Abs. 2 S. 1 AktG grundsätzlich nicht mehr geltend gemacht werden, wenn der Beschluss in das Handelsregister eingetragen worden ist und seitdem drei Jahre verstrichen sind. Ist bei Fristablauf eine Nichtigkeitsklage rechtshängig, verlängert sich die Frist bis zur rechtskräftigen Entscheidung oder anderweitigen endgültigen Erledigung (§ 242 Abs. 2 S. 2 AktG).

Anfechtbar ist ein Hauptversammlungsbeschluss nach § 243 Abs. 1 AktG, wenn er gegen Gesetz oder Satzung verstößt. Erfasst sind insbesondere Verfahrensfehler, Einberufungsmängel unterhalb der Nichtigkeitsschwelle, Verletzungen von Teilnahme-, Rede-, Auskunfts- oder Stimmrechten, fehlerhafte Beschlussfeststellung und Verstöße gegen materielle Beschlussvoraussetzungen. § 243 Abs. 2 AktG erfasst außerdem den Fall, dass ein Aktionär mit der Ausübung des Stimmrechts für sich oder einen Dritten Sondervorteile zum Schaden der Gesellschaft oder der anderen Aktionäre zu erlangen sucht und der Beschluss geeignet ist, diesem Zweck zu dienen. Bei Informationsmängeln ist § 243 Abs. 4 AktG besonders wichtig. Danach kann die Anfechtung wegen unrichtiger, unvollständiger oder verweigerter Information nur darauf gestützt werden, dass ein objektiv urteilender Aktionär die Information als wesentliche Voraussetzung für die sachgerechte Wahrnehmung seiner Teilnahme- und Mitgliedschaftsrechte angesehen hätte. Für technische Störungen bei elektronischer Teilnahme oder virtueller Hauptversammlung enthält § 243 Abs. 3 AktG eine haftungs- und anfechtungsbegrenzende Sonderregel.

Die **Anfechtungsbefugnis** ist in § 245 AktG geregelt. Anfechtungsbefugt sind insbesondere Aktionäre, die in der Hauptversammlung erschienen sind und gegen den Beschluss Widerspruch zur Niederschrift erklärt haben (§ 245 Nr. 1 AktG). Nicht erschienene Aktionäre sind unter den Voraussetzungen des § 245 Nr. 2 AktG anfechtungsbefugt, insbesondere bei unberechtigter Nichtzulassung, fehlerhafter Einberufung oder fehlerhafter Bekanntmachung des Beschlussgegenstands. In den Fällen des § 243 Abs. 2 AktG genügt die besondere Anfechtungsbefugnis nach § 245 Nr. 3 AktG. Außerdem können der Vorstand (§ 245 Nr. 4 AktG) und einzelne Mitglieder von Vorstand oder Aufsichtsrat (§ 245 Nr. 5 AktG) anfechtungsbefugt sein, wenn sie durch die Ausführung des Beschlusses eine strafbare, ordnungswidrige oder schadensersatzpflichtige Handlung begehen würden.

Die Anfechtungsklage muss innerhalb einer **Klagefrist** von einem Monat nach der Beschlussfassung erhoben werden (§ 246 Abs. 1 AktG). Sie ist gegen die Gesellschaft zu richten (§ 246 Abs. 2 S. 1 AktG). Die Gesellschaft wird grundsätzlich durch Vorstand und Aufsichtsrat vertreten (§ 246 Abs. 2 S. 2 AktG). Zuständig ist ausschließlich das Landgericht, in dessen Bezirk die Gesellschaft ihren Sitz hat (§ 246 Abs. 3 S. 1 AktG). Mehrere Anfechtungsprozesse sind zur gleichzeitigen Verhandlung und Entscheidung zu verbinden (§ 246 Abs. 3 S. 6 AktG). Die Erhebung der Anfechtungsklage ist bekannt zu machen (§ 246 Abs. 4 AktG). Der Streitwert richtet sich nach § 247 AktG. Das rechtskräftige Urteil wirkt nach § 248 Abs. 1 S. 1 AktG für und gegen alle Aktionäre sowie die Mitglieder von Vorstand und Aufsichtsrat, auch wenn sie nicht Partei sind. Bei börsennotierten Gesellschaften sind außerdem die Bekanntmachungspflichten des § 248a AktG zu beachten.

Erheben ein Aktionär, der Vorstand oder ein Mitglied von Vorstand oder Aufsichtsrat **Klage auf Feststellung der Nichtigkeit** eines Hauptversammlungsbeschlusses gegen die Gesellschaft, gelten nach § 249 Abs. 1 S. 1 AktG unter anderem § 246 Abs. 2, Abs. 3 S. 1 bis 5, Abs. 4 sowie §§ 246a, 247, 248 und 248a AktG entsprechend. Die Nichtigkeit kann nach § 249 Abs. 1 S. 2 AktG aber auch auf andere Weise als durch Klage geltend gemacht werden. In der Praxis werden Anfechtungs- und Nichtigkeitsgründe häufig gemeinsam vorgebracht. Das Gericht ordnet den gerügten Mangel dann der zutreffenden Fehlerkategorie zu.

Besondere Regeln bestehen für **bestimmte Beschlussgegenstände**. Für die Wahl von Aufsichtsratsmitgliedern gelten §§ 250 bis 252 AktG. Für den Beschluss über die Verwendung des Bilanzgewinns enthalten §§ 253, 254 AktG Sonderregeln. § 253 AktG betrifft die Nichtigkeit des Gewinnverwendungsbeschlusses, insbesondere bei Nichtigkeit des zugrunde liegenden Jahresabschlusses. § 254 AktG regelt zusätzliche Anfechtungsgründe bei unangemessener Thesaurierung. Für Kapitalerhöhungen gegen Einlagen gilt § 255 AktG. Besonders wichtig ist, dass die Anfechtung eines Kapitalerhöhungsbeschlusses nach § 255 Abs. 2 AktG nicht mehr ohne Weiteres auf bestimmte Bewertungsrügen gestützt werden kann. Stattdessen können Ausgleichsmechanismen nach §§ 255a, 255b AktG eingreifen.

Von großer praktischer Bedeutung ist das Problem des sog. **räuberischen Aktionärs**. Gemeint ist ein Aktionär, der Beschlussmängelklagen nicht in erster Linie zur Wahrung legitimer Mitgliedschaftsrechte erhebt, sondern um wichtige Strukturmaßnahmen der Gesellschaft zu blockieren und sich die Rücknahme der Klage wirtschaftlich abkaufen zu lassen. Besonders anfällig sind Beschlüsse, die erst mit Eintragung in das Handelsregister wirksam oder vollziehbar werden, etwa Kapitalmaßnahmen (vgl. § 189 AktG), Unternehmensverträge, Eingliederungen, Squeeze-out-Beschlüsse und Umwandlungen. Wird gegen einen solchen Beschluss Klage erhoben, kann das Registergericht die Eintragung wegen des anhängigen Beschlussmängelstreits zurückstellen oder das Registerverfahren nach § 21 Abs. 1 S. 1 FamFG aussetzen. Man spricht insoweit von einer Registersperre oder jedenfalls von einer **faktischen Registersperre**. Die Klage kann dann erheblichen wirtschaftlichen Druck erzeugen, selbst wenn sie in der Sache schwach ist. Als Gegengewicht sieht das Aktienrecht das sog. **Freigabeverfahren** vor. Für bestimmte Hauptversammlungsbeschlüsse regelt § 246a AktG, dass das Prozessgericht auf Antrag der Gesellschaft feststellen kann, dass die Erhebung der Klage der Eintragung nicht entgegensteht und dass Mängel des Beschlusses die Wirkung der Eintragung unberührt lassen (§ 246a Abs. 1 AktG). Erfasst sind insbesondere Beschlüsse zur Satzungsregelung über die virtuelle Hauptversammlung

(§ 118a Abs. 1 S. 1 AktG), Kapitalmaßnahmen nach §§ 182 bis 240 AktG und Unternehmensverträge nach §§ 291 bis 307 AktG. Der Freigabebeschluss ergeht nach § 246a Abs. 2 AktG insbesondere, wenn die Klage unzulässig oder offensichtlich unbegründet ist, wenn der Kläger das gesetzlich verlangte Mindestquorum nicht rechtzeitig nachweist, oder wenn das alsbaldige Wirksamwerden des Beschlusses vorrangig erscheint, weil die wesentlichen Nachteile für Gesellschaft und Aktionäre schwerer wiegen als die Nachteile des Klägers. Bei besonders schwerer Rechtsverletzung scheidet eine Freigabe allerdings aus. Neben § 246a AktG bestehen besondere Freigaberegelungen für strukturverändernde Maßnahmen. Für Umwandlungsvorgänge ist § 16 Abs. 3 UmwG zentral. Bei der Eingliederung gilt § 319 Abs. 6 AktG. Beim aktienrechtlichen Squeeze-out verweist § 327e Abs. 2 AktG auf das Freigabeverfahren des § 319 Abs. 6 AktG. Diese Freigabeverfahren sollen verhindern, dass einzelne Aktionäre durch möglicherweise unbegründete Klagen registerabhängige Strukturmaßnahmen über längere Zeit blockieren. Zugleich bleiben die Aktionärsrechte nicht schutzlos. Die Klage kann weitergeführt werden. Die Eintragung und die Strukturmaßnahme werden aber unter den gesetzlichen Voraussetzungen gegen die Blockadewirkung der Klage abgesichert.

Das aktienrechtliche Beschlussmängelrecht ist damit deutlich **formalisierter** als das Beschlussmängelrecht der GmbH. Das erklärt sich aus der Vielzahl potentieller Aktionäre, der Verkehrsfähigkeit der Aktie, der Kapitalmarktnähe der AG und der häufig registerabhängigen Wirkung zentraler Hauptversammlungsbeschlüsse. Es muss zwei Ziele miteinander ausgleichen: Einerseits schützt es Aktionäre vor gesetz- und satzungswidriger Mehrheitsmacht. Andererseits soll es verhindern, dass einzelne Aktionäre durch taktische Klagen die Handlungsfähigkeit der Gesellschaft missbräuchlich blockieren.

4. Rechte der Aktionäre

Die Aktionäre haben Vermögens- und Verwaltungsrechte. Zu den **Vermögensrechten** gehören insbesondere das Recht auf Anteil am Bilanzgewinn (§ 58 Abs. 4 S. 1 AktG), die Beteiligung am Abwicklungserlös (§ 271 Abs. 2 AktG) und Bezugsrechte bei Kapitalerhöhungen (§ 186 Abs. 1 S. 1 AktG). Der Anspruch auf Auszahlung des Bilanzgewinns entsteht nicht schon mit Erwirtschaftung eines Jahresüberschusses, sondern grundsätzlich erst aufgrund des Gewinnverwendungsbeschlusses der Hauptversammlung (§ 119 Abs. 1 Nr. 2 AktG, § 174 Abs. 1 S. 1 AktG).

Zu den **Verwaltungsrechten** gehören insbesondere Teilnahme- und Rederecht in der Hauptversammlung (§ 118 Abs. 1 S. 1 AktG), Stimmrecht (§ 134 Abs. 1 S. 1 AktG), Auskunftsrecht (§ 131 Abs. 1 S. 1 AktG), Antrags- und Wahlvorschlagsrechte (§§ 126, 127 AktG), Minderheitsrechte auf Einberufung und Ergänzung der Tagesordnung (§ 122 Abs. 1, 2 AktG) sowie Klagerechte nach dem Beschlussmängelrecht (§§ 241 ff. AktG). Das **Auskunftsrecht** ist eines der wichtigsten Aktionärsrechte. Nach § 131 Abs. 1 S. 1 AktG ist jedem Aktionär auf Verlangen in der Hauptversammlung vom Vorstand Auskunft über Angelegenheiten der Gesellschaft zu geben, soweit sie zur sachgemäßen Beurteilung des Gegenstands der Tagesordnung erforderlich ist. Der Vorstand kann die Auskunft nur aus den in § 131 Abs. 3

AktG genannten Gründen verweigern. Bei virtuellen Hauptversammlungen sind die besonderen Ausgestaltungen des § 118a AktG und des § 131 AktG zu beachten.

Das **Stimmrecht** wird nach § 134 Abs. 1 S. 1 AktG nach Aktiennennbeträgen, bei Stückaktien nach deren Zahl ausgeübt. Durch das Zukunftsfinanzierungsgesetz sind Mehrstimmrechtsaktien wieder zugelassen worden. Nach § 135a Abs. 1 S. 1 AktG kann die Satzung Namensaktien mit Mehrstimmrechten vorsehen. Die Mehrstimmrechte dürfen nach § 135a Abs. 1 S. 2 AktG höchstens das Zehnfache des Stimmrechts nach § 134 Abs. 1 S. 1 AktG betragen. Mehrstimmrechtsaktien sind damit zulässig, aber gesetzlich begrenzt. Ihre Einführung bedarf einer klaren Satzungsgrundlage.

Der **Gleichbehandlungsgrundsatz** ist in § 53a AktG geregelt. Danach sind Aktionäre unter gleichen Voraussetzungen gleich zu behandeln. Der Grundsatz schützt nicht vor jeder Ungleichbehandlung, sondern vor sachlich nicht gerechtfertigter Ungleichbehandlung innerhalb gleicher Lage. Er ist wichtig bei Kapitalmaßnahmen, Informationsgewährung, Bezugsrechten, Sondervorteilen und Strukturmaßnahmen.

5. Pflichten der Aktionäre

Die zentrale Pflicht des Aktionärs ist die **Einlagepflicht**. Nach § 54 Abs. 1 S. 1 AktG sind die Aktionäre verpflichtet, die Einlagen zu leisten. Die Einlagepflicht richtet sich nach dem Ausgabebetrag der übernommenen Aktien. Aktionäre und ihre Vormänner können nach § 66 Abs. 1 S. 1 AktG von ihren Leistungspflichten nach §§ 54 und 65 AktG nicht befreit werden. Gegen eine Forderung der Gesellschaft nach §§ 54 und 65 AktG ist die Aufrechnung nach § 66 Abs. 1 S. 2 AktG unzulässig.

Nach Leistung der Einlage bestehen grundsätzlich keine weiteren Beitragspflichten. Das ist ein wesentlicher Unterschied zur personalistisch ausgestaltbaren GmbH, bei der Nachschusspflichten gesellschaftsvertraglich vorgesehen werden können (§§ 26 ff. GmbHG). Im Aktienrecht sind zusätzliche Leistungspflichten nur in engen Grenzen möglich. **Nebenleistungsverpflichtungen** können nach § 55 Abs. 1 AktG nur in der Satzung und nur als wiederkehrende, nicht in Geld bestehende Leistungen begründet werden.

Aktionäre unterliegen außerdem **Treuepflichten** aus §§ 241 Abs. 2, 242 BGB. Diese sind im AktG nicht allgemein kodifiziert, ergeben sich aber aus der Mitgliedschaft. Ihre Intensität ist regelmäßig geringer als bei Personengesellschaften oder personalistischen GmbHs. Bei Mehrheitsaktionären, Aktionärsbindungsverträgen, Konzernlagen oder existenzrelevanten Beschlüssen kann sie aber erhebliche Bedeutung gewinnen. Aktionäre dürfen ihre Rechte nicht missbräuchlich ausüben und die Gesellschaft oder Mitaktionäre nicht treuwidrig schädigen.

Ein allgemeines **Wettbewerbsverbot der Aktionäre** besteht nicht. Der Aktionär ist grundsätzlich Kapitalgeber und darf außerhalb der Gesellschaft eigene wirtschaftliche Interessen verfolgen. Wettbewerbsbeschränkungen können sich nur aus besonderen Umständen ergeben, etwa aus Treuepflicht, Organstellung, schuldrechtlichen Nebenvereinbarungen oder konzernrechtlichen Bindungen.

VI. Aufsichtsrat

Der Aufsichtsrat ist **notwendiges Organ** der AG. Anders als bei der GmbH ist er nicht nur fakultativ oder mitbestimmungsrechtlich bedingt, sondern zwingender Bestandteil der aktienrechtlichen Organverfassung. Die AG hat damit grundsätzlich drei Organe: Vorstand, Aufsichtsrat und Hauptversammlung.

Der Aufsichtsrat besteht nach §95 S.1 AktG grundsätzlich aus **drei Mitgliedern**. Die Satzung kann eine höhere Zahl festsetzen (§95 S.2 AktG). Die Zahl muss durch drei teilbar sein, soweit dies zur Erfüllung mitbestimmungsrechtlicher Vorgaben erforderlich ist. Sonderregeln ergeben sich aus dem Mitbestimmungsrecht, insbesondere DrittelbG und MitbestG. Bei börsennotierten und mitbestimmten Gesellschaften sind außerdem die Vorgaben zur Geschlechterquote nach §96 Abs.2 AktG zu beachten.

Die Mitglieder des Aufsichtsrats werden grundsätzlich von der Hauptversammlung **gewählt** (§101 Abs.1 S.1 AktG). Soweit Arbeitnehmermitbestimmung eingreift, werden Arbeitnehmervertreter nach den mitbestimmungsrechtlichen Vorschriften bestellt. Aufsichtsratsmitglieder können grundsätzlich nach §103 Abs.1 S.1 AktG vor Ablauf ihrer Amtszeit von der Hauptversammlung abberufen werden. Dafür bedarf es einer Mehrheit, die mindestens drei Viertel der abgegebenen Stimmen umfasst, sofern die Satzung nichts anderes bestimmt.

Die wichtigste **Aufgabe** des Aufsichtsrats ist die Überwachung des Vorstands. Nach §111 Abs.1 AktG hat der Aufsichtsrat die Geschäftsführung zu überwachen. Er kann nach §111 Abs.2 S.1 AktG die Bücher und Schriften der Gesellschaft sowie die Vermögensgegenstände einsehen und prüfen. Er bestellt und entlässt den Vorstand (§84 AktG). Außerdem **vertritt** er die Gesellschaft gegenüber Vorstandsmitgliedern (§112 S.1 AktG). Der Aufsichtsrat darf die **Geschäftsführung** nicht selbst übernehmen. Nach §111 Abs.4 S.1 AktG können Maßnahmen der Geschäftsführung dem Aufsichtsrat nicht übertragen werden. Die Satzung oder der Aufsichtsrat hat aber nach §111 Abs.4 S.2 AktG zu bestimmen, dass bestimmte Arten von Geschäften nur mit Zustimmung des Aufsichtsrats vorgenommen werden dürfen. Zustimmungsvorbehalte sind daher zulässig und praktisch sehr wichtig. Sie ändern aber nichts an der Leitungsverantwortung des Vorstands.

Die Mitglieder des Aufsichtsrats unterliegen **Sorgfalts- und Treuepflichten**. Nach §116 S.1 AktG gilt §93 AktG für die Sorgfaltspflicht und Verantwortlichkeit der Aufsichtsratsmitglieder sinngemäß. Auch Aufsichtsratsmitglieder können daher der Gesellschaft bei Pflichtverletzung auf Schadensersatz haften. Prüfungsrelevant ist insbesondere, ob der Aufsichtsrat den Vorstand hinreichend überwacht, rechtzeitig einschreitet (BGHZ 135, 244 = NJW 1997, 1926 – ARAG/Garmenbeck), zustimmungspflichtige Geschäfte kontrolliert und in Krisenlagen angemessen reagiert.

Bei börsennotierten Aktiengesellschaften wird die aktienrechtliche Organverfassung durch den Deutschen Corporate Governance Kodex ergänzt. Der Kodex ist kein Gesetz, sondern enthält Grundsätze, Empfehlungen und Anregungen für gute Unternehmensführung. Rechtliche Bedeutung erlangt er vor allem über §161 AktG. Danach erklären Vorstand und Aufsichtsrat einer börsennotierten Gesellschaft jährlich, dass den im Bundesanzeiger bekannt gemachten Empfehlungen der Regierungskommission Deutscher Corporate Governance Kodex entsprochen wurde und wird oder welche Empfehlungen nicht angewendet wurden oder werden und warum nicht (§ 161 Abs. 1 S. 1 AktG). Man spricht vom Prinzip „comply or explain". Die Erklärung ist auf der Internetseite der Gesellschaft dauerhaft öffentlich zugänglich zu machen (§ 161 Abs. 2 AktG). Der Kodex zwingt die Gesellschaft daher grundsätzlich nicht zur Befolgung seiner Empfehlungen. Er begründet aber Transparenz- und Rechtfertigungsdruck gegenüber Aktionären, Kapitalmarkt und Öffentlichkeit. Die Entsprechenserklärung ist außerdem Bestandteil der Erklärung zur Unternehmensführung (§ 289f Abs. 2 Nr. 1 HGB).

VII. Finanzverfassung

1. Kapitalaufbringung

Das **Grundkapital** der AG muss mindestens 50.000 Euro betragen (§ 7 AktG). Es ist in Aktien zerlegt (§ 1 Abs. 2 AktG). Die Aktien dürfen nicht unter pari ausgegeben werden. Nach § 9 Abs. 1 AktG dürfen Aktien nicht für einen geringeren Betrag als den Nennbetrag oder den auf die einzelne Stückaktie entfallenden anteiligen Betrag des Grundkapitals ausgegeben werden. Eine Ausgabe über pari ist zulässig. Der Mehrbetrag ist das sog. Agio (Aufgeld).

Die Kapitalaufbringung ist streng geregelt. Bei **Bareinlagen** muss nach § 36a Abs. 1 AktG mindestens ein Viertel des geringsten Ausgabebetrags und bei Ausgabe über pari zusätzlich der Mehrbetrag geleistet sein. **Sacheinlagen** müssen nach § 36a Abs. 2 S. 1 AktG vollständig bewirkt werden. Die Gründer haben im Gründungsbericht die wesentlichen Umstände der Gründung offenzulegen (§ 32 AktG). Bei Sacheinlagen und Sachübernahmen greifen besondere Prüfungsregeln (§§ 33 ff. AktG).

Die Kapitalaufbringungsregeln sind **zwingendes** Gläubiger- und Aktionärsschutzrecht. Die Aktionäre können von ihren Einlagepflichten nicht befreit werden (§ 66 Abs. 1 S. 1 AktG). Aufrechnung ist grundsätzlich ausgeschlossen (§ 66 Abs. 1 S. 2 AktG). Damit soll sichergestellt werden, dass das Grundkapital der Gesellschaft tatsächlich zugeführt wird.

2. Kapitalerhaltung

Das Kapitalerhaltungsrecht verhindert, dass **gebundenes Gesellschaftsvermögen** an Aktionäre zurückfließt. Nach § 57 Abs. 1 S. 1 AktG dürfen den Aktionären die Einlagen nicht zurückgewährt werden. Nach § 57 Abs. 3 AktG darf vor Auflösung der Gesellschaft nur der Bilanzgewinn unter die Aktionäre verteilt werden. Die Vorschrift ist der aktienrechtliche Kern der Kapitalerhaltung und ist – anders als die Parallelnorm des § 30 Abs. 1 GmbHG – nicht auf das Gesellschaftsvermögen beschränkt, welches zur Verhinderung einer Unterbilanz erforderlich ist, sondern gilt unabhängig davon. Das Verbot der Einlagenrückgewähr erfasst nicht nur **offene Rückzahlungen**. Erfasst werden auch **verdeckte Vermögenszuwendungen**, wenn ein Aktionär oder eine ihm nahestehende Person ohne angemessene

Gegenleistung (sog. Drittvergleich) einen Vermögensvorteil erhält. Zulässig sind demgegenüber Austauschgeschäfte zu angemessenen Bedingungen und gesetzlich erlaubte Ausschüttungen aus Bilanzgewinn.

Besonders geregelt ist der **Erwerb eigener Aktien**. Nach § 71 Abs. 1 AktG darf die Gesellschaft eigene Aktien nur in den dort genannten Fällen erwerben. Die Vorschrift schützt Kapitalbindung, Aktionärsgleichbehandlung und Marktintegrität. Eigene Aktien vermitteln nach § 71b AktG keine Rechte. Die AG soll sich nicht selbst über eigene Aktien kontrollieren oder gebundenes Vermögen zum Rückerwerb ihrer Mitgliedschaftsrechte einsetzen.

Vorstandsmitglieder, die gegen Kapitalerhaltungsvorschriften verstoßen, können nach § 93 AktG haften. Aktionäre, die verbotswidrige Leistungen erhalten, müssen diese nach Maßgabe des § 62 AktG erstatten. In der Insolvenz können außerdem insolvenzrechtliche Anfechtungs- und Haftungsregeln eingreifen.

3. Kapitalerhöhung

Das AktG kennt mehrere Formen der Kapitalerhöhung. Die **ordentliche Kapitalerhöhung** gegen Einlagen richtet sich nach §§ 182 ff. AktG. Sie erfordert einen Hauptversammlungsbeschluss. Nach § 182 Abs. 1 S. 1 AktG kann die Erhöhung des Grundkapitals gegen Einlagen nur mit einer Mehrheit beschlossen werden, die mindestens drei Viertel des bei der Beschlussfassung vertretenen Grundkapitals umfasst, soweit die Satzung nichts anderes bestimmt. Bei börsennotierten Gesellschaften ist die Herabsetzung der Kapitalmehrheit eingeschränkt.

Die Aktionäre haben bei Kapitalerhöhungen grundsätzlich ein **Bezugsrecht**. Nach § 186 Abs. 1 S. 1 AktG ist jedem Aktionär auf sein Verlangen ein seinem Anteil an dem bisherigen Grundkapital entsprechender Teil der neuen Aktien zuzuteilen. Das Bezugsrecht schützt vor Verwässerung der Beteiligung und des Stimmrechts. Es kann nach § 186 Abs. 3 S. 1 AktG ganz oder teilweise ausgeschlossen werden. Der Ausschluss bedarf besonderer sachlicher Rechtfertigung und der gesetzlichen Mehrheitserfordernisse (BGHZ 71, 40 = NJW 1978, 1316 – K+S; BGHZ 136, 133 = NJW 1997, 2815 – Siemens/Nold; BGH, NJW-RR 2023, 952 – Zapf Creation).

Daneben gibt es die **bedingte Kapitalerhöhung** (§§ 192 ff. AktG), insbesondere zur Bedienung von Umtausch- und Bezugsrechten aus Wandel- oder Optionsschuldverschreibungen, zur Vorbereitung von Unternehmenszusammenschlüssen oder zur Ausgabe von Aktien an Arbeitnehmer und Mitglieder der Geschäftsführung. Das bedingte Kapital wird nur insoweit wirksam, wie Bezugs- oder Umtauschrechte ausgeübt werden.

Das **genehmigte Kapital** ist in §§ 202 ff. AktG geregelt. Danach kann die Satzung den Vorstand für höchstens fünf Jahre ermächtigen, das Grundkapital bis zu einem bestimmten Nennbetrag durch Ausgabe neuer Aktien gegen Einlagen zu erhöhen (§ 202 Abs. 1, 2 AktG). Die Ermächtigung darf nach § 202 Abs. 3 S. 1 AktG die Hälfte des zur Zeit der Ermächtigung vorhandenen Grundkapitals nicht übersteigen. Das genehmigte Kapital gibt der Gesellschaft Flexibilität bei Kapitalmarkt- und Finanzierungsmaßnahmen.

Die **Kapitalerhöhung aus Gesellschaftsmitteln** richtet sich nach §§207ff. AktG. Dabei werden Rücklagen in Grundkapital umgewandelt. Der Gesellschaft fließt kein neues Vermögen zu. Die Maßnahme stärkt die formale Kapitalbindung, verändert aber nicht die Liquidität.

4. Kapitalherabsetzung

Die Kapitalherabsetzung ist in §§222ff. AktG geregelt. Die **ordentliche Kapitalherabsetzung** bedarf eines Hauptversammlungsbeschlusses. Nach §222 Abs. 1 S. 1 AktG kann das Grundkapital nur durch Satzungsänderung herabgesetzt werden. Der Beschluss bedarf grundsätzlich einer Mehrheit von mindestens drei Vierteln des bei der Beschlussfassung vertretenen Grundkapitals (§222 Abs. 1 S. 2 AktG). Die ordentliche Kapitalherabsetzung kann der Rückzahlung von Kapital, der Anpassung der Kapitalstruktur oder der Vorbereitung einer Sanierung dienen. Sie ist gläubigerschutzrechtlich sensibel, weil gebundenes Grundkapital freigegeben wird. Deshalb enthält das AktG besondere Bekanntmachungs- und Sicherungsregeln.

Die **vereinfachte Kapitalherabsetzung** ist in §§229ff. AktG geregelt. Sie dient insbesondere dazu, Wertminderungen auszugleichen, sonstige Verluste zu decken oder Beträge in die Kapitalrücklage einzustellen (§229 Abs. 1 AktG). Da keine Rückzahlung an Aktionäre im Vordergrund steht, sind die Gläubigerschutzanforderungen erleichtert. Die vereinfachte Kapitalherabsetzung ist vor allem Sanierungsinstrument.

Außerdem ist die **Kapitalherabsetzung durch Einziehung von Aktien** möglich (§§237ff. AktG). Sie setzt voraus, dass die Einziehung in der Satzung zugelassen oder durch Satzungsänderung beschlossen wird (§237 Abs. 1 AktG). Die Einziehung kann zwangsweise oder nach Erwerb eigener Aktien erfolgen. Sie ist streng an die gesetzlichen Voraussetzungen gebunden.

5. Kapitalschnitt

Der Kapitalschnitt iSd §228 AktG verbindet **Kapitalherabsetzung** und **anschließende Kapitalerhöhung**. Er wird vor allem in Sanierungssituationen eingesetzt. Durch die Kapitalherabsetzung werden Verluste verarbeitet und die Kapitalstruktur bereinigt. Durch die anschließende Kapitalerhöhung wird neues Eigenkapital zugeführt.

Für Aktionäre kann der Kapitalschnitt erhebliche Folgen haben. Wer sich an der neuen Kapitalzufuhr nicht beteiligt, kann wirtschaftlich stark **verwässert** werden. In Extremfällen werden Altaktionäre nahezu vollständig verdrängt. Das kann sanierungsrechtlich gerechtfertigt sein, muss aber die gesetzlichen Anforderungen, Gleichbehandlung (§53a AktG), Treuepflicht, Bezugsrechtsschutz (§186 AktG) und Missbrauchskontrolle beachten. Der Kapitalschnitt zeigt, dass Grundkapital nicht nur Haftungs- und Publizitätsfunktion hat, sondern auch **Sanierungsinstrument** sein kann. Er ist besonders bei börsennotierten Gesellschaften kapitalmarktrechtlich und kommunikativ sensibel, weil er unmittelbar die Vermögens- und Stimmrechtsposition der Aktionäre betrifft.

VIII. Veränderungen im Aktionärsbestand

Die Mitgliedschaft in der AG ist in der Aktie verkörpert. Aktien sind grundsätzlich **verkehrsfähig**. Gerade diese Verkehrsfähigkeit unterscheidet die AG wesentlich von der GmbH. Der Geschäftsanteil der GmbH ist zwar übertragbar, seine Abtretung bedarf aber notarieller Form (§ 15 Abs. 3 GmbHG). Die Aktie ist demgegenüber auf einfache Übertragbarkeit und gegebenenfalls Handelbarkeit am Kapitalmarkt angelegt. Zu unterscheiden sind insoweit Inhaberaktien und Namensaktien (§ 10 AktG). **Inhaberaktien** werden durch Einigung und Übergabe nach sachenrechtlichen Grundsätzen (§§ 929 ff. BGB) übertragen, soweit sie verbrieft sind. Mit dem Eigentum an der Aktienurkunde geht die Aktionärsstellung mit über – das Recht aus dem Papier folgt dem Recht an dem Papier. **Namensaktien** sind nach § 67 Abs. 1 S. 1 AktG in das Aktienregister einzutragen. Im Verhältnis zur Gesellschaft bestehen Rechte und Pflichten aus Namensaktien nach § 67 Abs. 2 S. 1 AktG nur für und gegen den im Aktienregister Eingetragenen. Das Aktienregister hat daher Legitimationsfunktion. Namensaktien werden nach § 68 Abs. 1 AktG iVm Artt. 12, 13, 16 WG durch Indossament übertragen. Alternativ ist eine Übertragung gem. §§ 413, 398 BGB möglich. Die Satzung kann die Übertragung von Namensaktien an die Zustimmung der Gesellschaft binden. Solche Aktien nennt man vinkulierte Namensaktien. Die rechtliche Grundlage findet sich in § 68 Abs. 2 S. 1 AktG. Die Vinkulierung ermöglicht der Gesellschaft Kontrolle über den Aktionärskreis. Sie ist besonders bei Familiengesellschaften, Versicherungen, Luftfahrtunternehmen oder sicherheitsrelevanten Unternehmen bedeutsam. Bei Publikumsgesellschaften ist sie weniger typisch.

Besondere Bedeutung haben **elektronische Aktien**. § 67 Abs. 1 S. 1 AktG erfasst iVm § 1 Nr. 2 eWpG Namensaktien unabhängig von einer Verbriefung. § 67 Abs. 1 S. 7 AktG sieht für elektronische Aktien ein Meldesystem in Zusammenarbeit mit der registerführenden Stelle vor. Die Digitalisierung der Aktie verändert nicht die Mitgliedschaft als solche, erleichtert aber Registerführung, Übertragung und Kapitalmarktinfrastruktur. § 1 Nr. 3 eWpG erfasst zudem Inhaberaktien, wenn sie in einem zentralen Register eingetragen sind.

Der Wechsel im Aktionärsbestand berührt die Identität der AG nicht. Tod, Veräußerung oder Erwerb von Aktien verändern nicht die Rechtsträgerschaft der Gesellschaft. Das ist Ausdruck der kapitalistischen und körperschaftlichen Struktur der AG. Anders als bei Personengesellschaften gibt es grundsätzlich keine Anwachsung, kein Ausscheiden mit Abfindungsrechnung und keine persönliche Aufnahmeentscheidung der Mitgesellschafter.

IX. Beendigung

Die Beendigung der AG vollzieht sich regelmäßig in **drei Stufen**: Auflösung, Abwicklung und Vollbeendigung.

Die **Auflösung** beendet die AG noch nicht als Rechtsträgerin. Sie führt nur dazu, dass an die Stelle des werbenden Gesellschaftszwecks der Abwicklungszweck tritt. Die Gesellschaft besteht als Aktiengesellschaft in Abwicklung fort. Die Auflösungsgründe sind in §262 AktG geregelt. Nach §262 Abs. 1 AktG wird die AG insbesondere aufgelöst durch Ablauf der in der Satzung bestimmten Zeit, durch Beschluss der Hauptversammlung, durch Eröffnung des Insolvenzverfahrens über das Vermögen der Gesellschaft, durch rechtskräftige Ablehnung der Eröffnung des Insolvenzverfahrens mangels Masse oder durch gerichtliche Entscheidung. Der Auflösungsbeschluss bedarf nach §262 Abs. 1 Nr. 2 AktG einer Mehrheit von mindestens drei Vierteln des bei der Beschlussfassung vertretenen Grundkapitals, soweit die Satzung nichts anderes bestimmt.

Nach der Auflösung findet die **Abwicklung** statt (§§264 ff. AktG). Abwickler sind grundsätzlich die Vorstandsmitglieder, soweit nicht Satzung oder Hauptversammlungsbeschluss andere Personen bestellen (§265 Abs. 1 AktG). Die Abwickler haben die laufenden Geschäfte zu beenden, Forderungen einzuziehen, das übrige Vermögen in Geld umzusetzen, Gläubiger zu befriedigen und das verbleibende Vermögen unter die Aktionäre zu verteilen (§268 Abs. 1 AktG). Die Abwickler haben die Auflösung bekannt zu machen und die Gläubiger aufzufordern, sich bei der Gesellschaft zu melden (§267 AktG). Das Vermögen darf nach §272 Abs. 1 AktG grundsätzlich erst nach Ablauf eines Jahres seit dem Tag verteilt werden, an dem die Aufforderung der Gläubiger bekannt gemacht worden ist. Dieses Sperrjahr dient dem Gläubigerschutz.

Nach Beendigung der Abwicklung ist der Schluss der Abwicklung zur Eintragung in das Handelsregister anzumelden (§273 Abs. 1 AktG). Stellt sich nach Löschung heraus, dass noch Vermögen vorhanden ist oder weitere Abwicklungsmaßnahmen erforderlich sind, kommt eine Nachtragsabwicklung in Betracht. Die **Vollbeendigung** setzt voraus, dass kein Vermögen und kein Abwicklungsbedarf mehr vorhanden sind.

X. Sonderformen

1. Kommanditgesellschaft auf Aktien

Die Kommanditgesellschaft auf Aktien ist in §§278 ff. AktG geregelt. Nach §278 Abs. 1 AktG ist sie eine Gesellschaft mit eigener Rechtspersönlichkeit, bei der mindestens ein Gesellschafter den Gesellschaftsgläubigern unbeschränkt haftet und die übrigen an dem in Aktien zerlegten Grundkapital beteiligt sind, ohne persönlich für die Verbindlichkeiten der Gesellschaft zu haften. Die unbeschränkt haftenden Gesellschafter heißen persönlich haftende Gesellschafter (sog. **Komplementäre**). Die kapitalistisch beteiligten Gesellschafter sind **Kommanditaktionäre**.

Die KGaA verbindet Elemente der KG und der AG. Wie die AG hat sie ein in Aktien zerlegtes **Grundkapital**. Wie bei der KG gibt es mindestens einen persönlich haftenden Gesellschafter. Dieser haftet den Gesellschaftsgläubigern persönlich und unbeschränkt. Die Kommanditaktionäre haften dagegen nicht persönlich, sondern sind wie Aktionäre nur kapitalmäßig beteiligt.

Nach §278 Abs. 3 AktG gelten für die KGaA grundsätzlich die **Vorschriften des Ersten Buchs des AktG** sinngemäß, soweit sich aus den §§278 ff. AktG oder aus dem Fehlen eines Vorstands nichts anderes ergibt. Die KGaA hat keinen Vorstand wie die AG. Die Geschäftsführung liegt bei den persönlich haftenden Gesellschaftern. Der Aufsichtsrat hat daher eine andere Stellung als bei der AG. Er überwacht nicht einen Vorstand in gleicher Weise, sondern ist gegenüber den persönlich haftenden Gesellschaftern strukturell schwächer.

Die **Firma** der KGaA muss nach §279 Abs. 1 AktG die Bezeichnung „Kommanditgesellschaft auf Aktien" oder eine allgemein verständliche Abkürzung enthalten. Die Auflösung richtet sich nach §289 AktG. Für die Abwicklung verweist §290 AktG grundsätzlich auf die aktienrechtlichen Abwicklungsvorschriften.

Praktisch eignet sich die KGaA vor allem für Unternehmen, in denen **Kapitalmarktfinanzierung** über Aktien mit **stabiler unternehmerischer Leitung** verbunden werden soll. Sie ermöglicht die Aufnahme vieler Kapitalgeber, ohne dass diese die Leitung in gleichem Maße beeinflussen können wie Aktionäre einer normalen AG. Besonders relevant ist dies für Familienunternehmen, die kapitalmarktfähig sein wollen, aber die Leitungsmacht in der Hand persönlich haftender Gesellschafter oder einer Komplementärgesellschaft halten möchten.

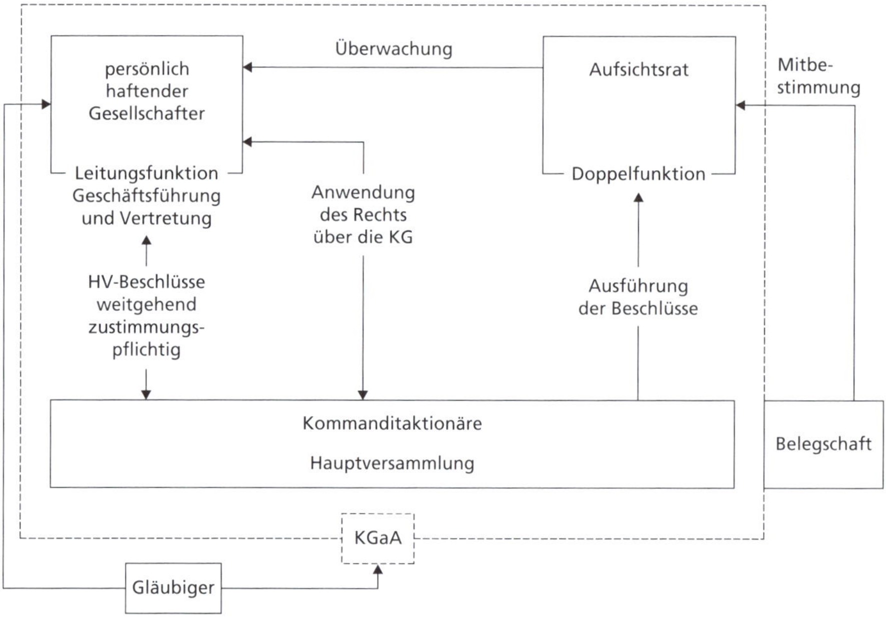

Abb. 59: Organisationsschema der Kommanditgesellschaft auf Aktien (KGaA)

2. Societas Europaea (SE)

Die Societas Europaea (SE) ist die Europäische Aktiengesellschaft. Ihre Grundlage ist die **SE-Verordnung** (Verordnung (EG) Nr. 2157/2001), ergänzt durch das **SE-Ausführungsgesetz** und das **SE-Beteiligungsgesetz**. Sie ist eine supranationale Kapitalgesellschaft europäischen Rechts. Für in Deutschland ansässige SE gelten ergänzend die nationalen Vorschriften, soweit die SE-Verordnung oder das SEAG dies vorsehen.

Die SE besitzt **Rechtspersönlichkeit** und ein **in Aktien zerlegtes Kapital**. Das gezeichnete Kapital muss mindestens 120.000 Euro betragen (Art. 4 Abs. 2 SE-VO). Die SE kann nur in den in der SE-VO vorgesehenen Formen gegründet werden. Dazu gehören insbesondere Verschmelzung, Gründung einer Holding-SE, Gründung einer Tochter-SE und Formwechsel einer bestehenden AG in eine SE. Die SE ist daher stärker als die nationale AG auf grenzüberschreitende Unternehmensstrukturen zugeschnitten.

Eine zentrale Besonderheit der SE ist die Wahl zwischen dualistischem und monistischem System. Im **dualistischen System** bestehen Leitungsorgan und Aufsichtsorgan. Es ähnelt der deutschen AG mit Vorstand und Aufsichtsrat. Im **monistischen System** gibt es einen Verwaltungsrat. Wählt eine SE mit Sitz in Deutschland das monistische System, gelten nach § 20 SEAG anstelle der §§ 76 bis 116 AktG die besonderen Vorschriften des SEAG. Der Verwaltungsrat leitet nach § 22 Abs. 1 SEAG die Gesellschaft, bestimmt die Grundlinien ihrer Tätigkeit und überwacht deren Umsetzung. Die laufende Geschäftsführung kann geschäftsführenden Direktoren übertragen werden (§ 40 SEAG). Diese vertreten die Gesellschaft nach § 41 Abs. 1 S. 1 SEAG.

Besonders wichtig ist die **Beteiligung der Arbeitnehmer**. Das SEBG regelt die Beteiligung der Arbeitnehmer in einer SE. Ziel des Gesetzes ist nach § 1 Abs. 1 S. 2 SEBG, erworbene Rechte der Arbeitnehmer auf Beteiligung an Unternehmensentscheidungen zu sichern. Vor Gründung einer SE sind regelmäßig Verhandlungen über die Arbeitnehmerbeteiligung zu führen. Die SE ist deshalb nicht nur gesellschaftsrechtlich, sondern auch mitbestimmungsrechtlich eine besondere Rechtsform.

Praktisch wird die SE von **größeren und international tätigen Unternehmen** genutzt. Vorteile liegen in europäischer Identität, grenzüberschreitender Mobilität, einheitlicher Rechtsform und der Möglichkeit, zwischen dualistischem und monistischem Leitungssystem zu wählen. Zugleich bleibt die SE komplex. Sie verlangt die Beachtung europäischen Rechts, nationalen Ergänzungsrechts und besonderer mitbestimmungsrechtlicher Regeln.